Dimensionen internationaler Geschichte

Studien zur Internationalen Geschichte

Herausgegeben von Wilfried Loth
und Eckart Conze, Anselm Doering-Manteuffel,
Jost Dülffer und Jürgen Osterhammel

Band 30

Oldenbourg Verlag München 2012

Dimensionen internationaler Geschichte

Herausgegeben von
Jost Dülffer und Wilfried Loth

Oldenbourg Verlag München 2012

Gedruckt mit Hilfe der Geschwister Boehringer Ingelheim Stiftung für Geisteswissenschaften in Ingelheim am Rhein und des Kulturwissenschaftlichen Instituts in Essen.

Bibliografische Information der Deutschen Nationalbibliothek

Die Deutsche Nationalbibliothek verzeichnet diese Publikation in der Deutschen Nationalbibliografie; detaillierte bibliografische Daten sind im Internet über http://dnb.d-nb.de abrufbar.

© 2012 Oldenbourg Wissenschaftsverlag GmbH
Rosenheimer Straße 145, D-81671 München
Tel: 089 / 45051-0
www.oldenbourg-verlag.de

Das Werk einschließlich aller Abbildungen ist urheberrechtlich geschützt. Jede Verwertung außerhalb der Grenzen des Urheberrechtsgesetzes ist ohne Zustimmung des Verlages unzulässig und strafbar. Das gilt insbesondere für Vervielfältigungen, Übersetzungen, Mikroverfilmungen und die Einspeicherung und Bearbeitung in elektronischen Systemen.

Titelbild: Birds getting ready for migration. © akg-images / RIA Nowosti.
Satz: Satz: Typodata GmbH, Pfaffenhofen a.d. Ilm
Druck und Bindung: Memminger MedienCentrum, Memmingen

Dieses Papier ist alterungsbeständig nach DIN/ISO 9706

ISBN 978-3-486-71260-5
eISBN: 978-3-486-71707-5

Inhalt

Jost Dülffer und Wilfried Loth
Einleitung 1

Jörg Echternkamp
Krieg 9

Wilfried Loth
Angst und Vertrauensbildung 29

Johannes Paulmann
Diplomatie 47

Jessica C. E. Gienow-Hecht
Nation Branding 65

Friedrich Kießling
(Welt-)Öffentlichkeit 85

Madeleine Herren
Netzwerke 107

Holger Nehring
Transnationale soziale Bewegungen 129

Jörg Fisch
Völkerrecht 151

Jost Dülffer
Recht, Normen und Macht 169

Eckart Conze
Völkerstrafrecht und Völkerstrafrechtspolitik 189

Matthias Schulz
Internationale Institutionen 211

Ursula Lehmkuhl
Umwelt 233

Jochen Oltmer
Migration 251

Niels P. Petersson
Globalisierung 271

Marc Frey
Entwicklungspolitik 293

Anselm Doering-Manteuffel
„Soziale Demokratie" als transnationales Ordnungsmodell
im 20. Jahrhundert 313

Simone Derix
Transnationale Familien 335

Kiran Klaus Patel
Europäische Integration 353

Wolfram Pyta
Hegemonie und Gleichgewicht 373

Christine Hatzky
Hierarchien? Die Sowjetunion, Kuba und Angola. Ein Fallbeispiel 389

Jürgen Osterhammel
Weltordnungskonzepte 409

Autorenverzeichnis 429

Jost Dülffer und Wilfried Loth
Einleitung

Als die Herausgeber der *Studien zur Internationalen Geschichte* vor zwölf Jahren den Band „Internationale Geschichte. Themen – Ergebnisse – Aussichten" veröffentlichten, wählten sie als Titelbild eine Fotografie, die zu einer Ikone des Kalten Krieges geworden war: eine Aufnahme aus dem Herbst 1948, die Berliner aller Altersgruppen zeigt, die den Anflug eines amerikanischen Versorgungsflugzeuges auf den Flughafen Tempelhof beobachteten. Diese Berliner standen offensichtlich auf einem der Trümmerberge, die vom „Endkampf" um die Reichshauptstadt übrig geblieben und noch nicht weggeräumt waren. Als die Aufnahme gemacht wurde, war noch nicht klar und auch noch nicht entschieden, wie die Kraftprobe der Berlin-Blockade ausgehen würde. Es hing zum Teil von den technischen Möglichkeiten der westlichen Alliierten ab, nicht zuletzt aber auch von der Wahrnehmung und der Reaktion dieser Berliner Zuschauer. Das Bild handelte also von einem zentralen Ereignis bei der Etablierung des bipolaren Mächtesystems des Kalten Krieges, es wies auf historische Voraussetzungen dieses Ereignisses hin und es machte wesentliche Bestimmungsfaktoren dieses Ereignisses sichtbar. Das machte es möglich, es als Sinnbild für die programmatische Aussage zu nutzen, die mit dem Sammelband getroffen werden sollte: „Die Historiker sollten sich bemühen," so schloss die Einleitung zu dem Band ab, „internationale Geschichte in der Vielschichtigkeit zu erfassen, wie sie in dieser Szene sichtbar wird – das ist, kurzgefasst, die Botschaft dieses Bandes."[1]

Woher rührte diese Forderung, internationale Geschichte in ihrer Vielschichtigkeit zu erfassen? Die Kollegen, die sich in der Mitte der 1990er Jahre zur Herausgabe der *Studien zur Internationalen Geschichte* verabredet hatten – Wilfried Loth, Anselm Doering-Manteuffel, Jost Dülffer und Jürgen Osterhammel; später kam noch Eckart Conze hinzu –, waren deutsche Historiker der damals mittleren Generation, die über die Geschichte internationaler Beziehungen gearbeitet hatten, aber auch in anderen historischen Themenfeldern zu Hause waren, von der Innenpolitik bis zur Sozial- und Kulturgeschichte. Dabei fiel uns auf, dass über „Internationale Geschichte" in der deutschen Geschichtswissenschaft nur selten systematisch nachgedacht wurde. Methodische Reflexionen und theoretische Anstrengungen galten seit den sechziger Jahren des 20. Jahrhunderts vorwiegend der Sozialgeschichte, seit den achtziger Jahren auch der noch politikferneren historischen Anthropologie; danach rückte die Kulturgeschichte mehr und mehr in das Zentrum des Interesses. Wer hingegen über internationale Beziehungen arbeitete, über Au-

---

[1] *Wilfried Loth*, Einleitung, in: Wilfried Loth/Jürgen Osterhammel (Hrsg.), Internationale Geschichte. Themen – Ergebnisse – Aussichten. München 2000, S. VII–XIV, hier S. XIV.

ßenpolitik, die Geschichte des internationalen Systems oder die wechselseitige Beeinflussung von Staaten und Gesellschaften, verwendete in der Regel wenig Anstrengungen auf die explizite Darlegung seiner theoretischen Annahmen und Verfahrensweisen.

Die weitgehende Blockierung der Diskussion über die theoretischen Grundlagen der Geschichtsschreibung von den internationalen Beziehungen hat Praktiker der Teildisziplin aber nicht davon abgehalten, empirische Studien vorzulegen, die erhebliche methodische Reflexivität aufwiesen. Wir nahmen das für unsere eigenen Studien in Anspruch und sahen es als unsere Aufgabe an, diese Tendenz weiter zu fördern. Dabei gingen wir davon aus, dass – so noch einmal ein Zitat aus der Einleitung unseres Programmbandes aus dem Jahr 2000 – „eine Geschichte des internationalen Systems neben den Beziehungen zwischen den Staaten, Nationen und Gesellschaften immer auch deren Vernetzung mitthematisieren muss: wechselseitige Beeinflussung, Verflechtung, Integration und den Einfluss von Akteuren und Strukturen jenseits der staatlichen Ebene. Sie ist damit nicht nur Politikgeschichte, sondern notwendigerweise auch immer Gesellschaftsgeschichte und Kulturgeschichte, die sich nicht auf die Bindungen an nationale Kontexte und nationalstaatliche Formationen einengen lassen. Sie wird es immer mehr, je deutlicher jene Prozesse in den Blick der Historiker kommen, die anderswo unter dem Schlagwort der ‚Globalisierung' diskutiert werden."[2]

Um diese thematische Ausweitung bewusst zu machen, schlugen wir in Anlehnung an eine Tendenz in der amerikanischen Geschichtswissenschaft vor, dem Begriff „Geschichte der internationalen Beziehungen" einen Gattungsbegriff „Internationale Geschichte" überzuordnen.[3] Im Geleitwort zu den „Studien zur Internationalen Geschichte", deren erster Band 1996 erschienen war, bekannten wir uns zu einem „umfassenden Verständnis von internationaler Geschichte": „Die Studien […] befassen sich mit außenpolitischen Entscheidungsprozessen ebenso wie mit dem Einfluss von historischen Prägungen, wirtschaftlichen und innenpolitischen Entwicklungen. Sie fragen nach Strukturen und Funktionen von *belief systems* und Perzeptionen, spüren transnationalen Kontakten und Verpflichtungen unterhalb der Regierungsebene nach, untersuchen Auswirkungen internationaler Kontexte und Wandlungen internationaler Regime. Ebenso beschäftigen sie sich mit historischen Formen der Friedenssicherung, Kriegsursachenforschung und der Analyse des Wandels militärischer Auseinandersetzungen."[4]

---

[2] *Loth/Osterhammel*, S. XI.
[3] Vgl. *Alexander DeConde*, On the Nature of International History, in: The International History Review 10, 1988, S. 282–301.
[4] Geleitwort zur Reihe „Studien zur Internationalen Geschichte", herausgegeben von Wilfried Loth, Anselm Doering-Manteuffel, Jost Dülffer und Jürgen Osterhammel; erstmals im Band 1: *Gerhard Th. Mollin*, Die USA und der Kolonialismus. Amerika als Partner und Nachfolger der belgischen Macht in Afrika 1939–1965. Berlin 1996, S. 13.

Sodann betonten wir: „Die Studien greifen dabei auf, was die systematischen Sozialwissenschaften zur Erklärung der internationalen Beziehungen bereitstellen und tragen mit empirisch dichten Untersuchungen zur Präzisierung theoretischer Einsichten bei."[5] Mit dem Programmband haben wir dann den Versuch unternommen, die Reflexion über die Disziplin der „internationalen Geschichte" auch systematisch voranzutreiben. Dabei ging es uns nicht darum, *ein* neues Paradigma internationaler Geschichtsschreibung zu entwickeln oder gegen andere durchzusetzen. Es schien uns produktiver, die thematische Erweiterung und die methodische Verfeinerung der Disziplin immer dort voranzutreiben, wo dies vom Stand und den Interessen der empirischen Forschung her möglich war. Insofern stellte unsere Initiative ein Unternehmen mit offenem Ausgang dar: Wir wollten Anregungen geben und unterschiedliche Ansätze zur Erforschung internationaler Geschichte auf ihre Tragfähigkeit hin überprüfen. Dabei wurde bewusst in Kauf genommen, dass solche Ansätze auch in Konkurrenz zueinander stehen konnten. Mit „Ansätzen" meinten wir zum einen methodische Konzepte, die sich bei der Analyse bestimmter Themenfelder als hilfreich erwiesen haben, zum anderen aber auch solche Themenfelder selbst, die als Bedingungen oder Aspekte internationaler Geschichte identifiziert werden können. Konzepte und Themenfelder sind analytisch nicht immer klar voneinander zu trennen; wir haben aber gleichwohl versucht, eine gewisse Ordnung in die manchmal etwas diffuse Diskussion zu bringen.

Im Hinblick auf die methodischen Konzepte haben wir insbesondere Konzepte mittlerer Reichweite aufgegriffen. Darunter verstanden wir Konzepte, die es erlaubten, die Akteure internationaler Politik in ihren Kontexten zu sehen und solche Kontexte systematisch zu analysieren: also innenpolitische Einflüsse auf die Gestaltung der Außenpolitik, das Spannungsverhältnis von öffentlicher Meinung und politischer Führung, die Rolle von Weltbildern und langfristigen historischen Prägungen, die unterschiedlichen Formen der Kommunikation und die Schwierigkeiten, einander angemessen wahrzunehmen, schließlich der Einfluss von Geographie und Umwelt. Die gesellschaftsgeschichtliche Dimension von internationaler Geschichte kam damit ebenso in den Blick wie geopolitische Aspekte, die mentalitätsgeschichtliche Perspektive und das Verhältnis von Realität und Perzeption.

An Themenfeldern haben wir das internationale Staatensystem und seine Wandlungen in den Blick genommen, ebenso die Integration unterschiedlicher regionaler Staatensysteme im Zuge des Globalisierungsprozesses, die europäische Expansion und den Imperialismus, die hierbei eine zentrale Rolle gespielt haben. Weiterhin haben wir die Prägungen des internationalen Systems durch das Militär, durch das Völkerrecht und durch die Vielfalt der Kulturen thematisiert. Drittens ging es uns um die Analyse der interkulturellen und der transnationalen Beziehungen. Schließlich haben wir viertens auch

[5] Ebd.

das Problem der Integration von Staaten und Gesellschaften behandelt, als einen Sonderfall der Transformation von Staatensystem und Staatlichkeit, der bei der Entwicklung der Europäischen Union in besonderem Maße augenfällig wird.

In den zwölf Jahren, die seit dem Erscheinen des Programmbandes „Internationale Geschichte" vergangen sind, sind einige der dort thematisierten Ansätze empirisch und theoretisch weiterentwickelt worden. Zur Empirie darf man zunächst auf die 30 Bände verweisen, die mittlerweile in den *Studien zur Internationalen Geschichte* erschienen sind und denen bald weitere folgen werden. Aber auch außerhalb dieser Reihe hat die deutschsprachige Forschung zur internationalen Geschichte einen erfreulichen Aufschwung genommen. Ein kürzlich erschienener Forschungsüberblick spricht geradezu euphorisch von einer „Wiederkehr des Internationalen."[6] Im Hinblick auf Forschungsdesigns haben Eckart Conze, Ulrich Lappenküper und Guido Müller Überlegungen präsentiert, welche Erweiterungen eine Geschichtsschreibung internationaler Beziehungen vornehmen muss, um auf die Phänomene zunehmender Internationalisierung, Transnationalisierung und Globalisierung angemessen zu reagieren.[7] Sodann haben Johannes Paulmann und Susanne Schattenberg die Bedeutung kultureller Codes in der Diplomatie herausgearbeitet und damit Grundlagen für eine genauere Analyse der Perzeptionsproblematik gelegt.[8] In den gleichen Zusammenhang gehören Überlegungen zur systematischen Analyse von Außenbeziehungen, die auch für die Zeit vor der Durchsetzung des Nationalstaatsprinzips anwendbar sind; hierzu haben Hillard von Thiessen und Christian Windler kürzlich einen instruktiven Themenband vorgelegt.[9]

Sodann sind Studien zur transnationalen Beziehungen zahlreicher geworden: Studien zur unterschiedlichen Graden der Interaktion, Verbindung, Zirkulation, Beeinflussung, Überschneidung und Verflechtung über nationalstaatliche Grenzen hinweg. Gleichzeitig hat sich in mehreren Ländern eine lebhafte Diskussion über die transnationale Dimension von Geschichte entwickelt. Wie Kiran Klaus Patel bemerkt hat, hat sich dabei ein spezifischer Modus der transnationalen Geschichte herausgebildet: die verfremdende Per-

---

[6] *Iris Schröder*, Die Wiederkehr des Internationalen. Eine einführende Skizze, in: Zeithistorische Forschungen 8, 2011, H. 3.
[7] *Eckart Conze/Ulrich Lappenküper/Guido Müller* (Hrsg.), Geschichte der internationalen Beziehungen. Erneuerung und Erweiterung einer historischen Disziplin. Köln/Weimar/Wien 2004.
[8] Vgl. *Johannes Paulmann*, Pomp und Politik. Monarchenbegegnungen in Europa zwischen Ancien Régime und Erstem Weltkrieg. Paderborn 2000; ders. (Hrsg.), Auswärtige Repräsentationen. Deutsche Kulturdiplomatie nach 1945. Köln 2005; *Susanne Schattenberg*, Die Sprache der Diplomatie oder Das Wunder von Portsmouth. Überlegungen zu einer Kulturgeschichte der Außenpolitik, in: Jahrbücher für Geschichte Osteuropas 56, 2008, S. 3–26; *dies.*, Diplomatie als interkulturelle Kommunikation, in: Zeithistorische Forschungen 8, 2011, H. 3.
[9] *Hillard von Thiessen/Christian Windler* (Hrsg.), Akteure der Außenbeziehungen. Netzwerke und Interkulturalität im historischen Wandel. Köln/Weimar/Wien 2010.

spektive auf vermeintlich wohlbekannte Phänomene nationaler Geschichte.[10] Schließlich hat die Auseinandersetzung mit der Diskussion über Globalisierungsprozesse zu unterschiedlichen Versuchen geführt, Globalgeschichte als ein neues Forschungsfeld in der Fortführung von Weltgeschichte und Universalgeschichte zu etablieren. Ihr Verhältnis zu den anderen Dimensionen von internationaler Geschichte blieb dabei vielfach unklar. Allerdings haben Dietmar Rothermund und Wolfgang Schwentker mit guten Gründen dafür argumentiert, den Begriff auf die transkulturelle Interaktion in globaler Perspektive zu beschränken. Auch ist versucht worden, globale Aspekte und transnationalen Blick miteinander in Beziehungen zu setzen.[11]

Nun sind diese neueren Forschungsrichtungen nicht einfach Ausformulierungen der Ansätze, die wir seinerzeit vorgelegt haben. Die Debatte über transnationale Geschichte war vielfach Ausfluss des Unbehagens an einer Gesellschaftsgeschichte, die sich im nationalstaatlichen Rahmen bewegte, ohne die dadurch akzeptierten Prämissen zu bedenken. Generell haben die Wiederentdeckung des Politischen im Kontext des Zusammenbruchs des sowjetischen Imperiums und die seitherige Erfahrung globaler Interdependenz viel dazu beigetragen, das Interesse der Historikerinnen und Historiker an der internationalen Geschichte zu steigern. Dennoch wird man die Kulturgeschichte der Diplomatie, die transnationale Geschichte und die Globalgeschichte als Teile der internationalen Geschichte verstehen können – als Teile neben den vielen anderen Gebieten von der Friedensforschung bis zum Studium nationaler Stereotypen oder der Umweltgeschichte. Internationale Geschichte, wie sie die Herausgeber der *Studien zur Internationalen Geschichte* verstehen, ist kein Paradigma, sondern ein Forschungs*programm*, dessen wesentlichstes Kennzeichen der Pluralismus ist. Es gibt unterschiedliche Fragen, die sich bei der Beschäftigung mit der Welt jenseits moderner Staatlichkeit und gesellschaftlicher Formationen in staatlichen Kontexten stellen; und je nach Fragestellung wird man unterschiedliche Fokussierungen vornehmen und unterschiedliche Erklärungsmuster heranziehen.

---

[10] *Kiran Klaus Patel*, Überlegungen zu einer transnationalen Geschichte, in: Zeitschrift für Geschichtswissenschaft 52, 2004, S. 626–645. Vgl. auch *Jürgen Osterhammel*, Transnationale Gesellschaftsgeschichte: Erweiterung oder Alternative?, in: Geschichte und Gesellschaft 27, 2001, S. 464–479; und *Gunilla Budde/Sebastian Conrad/Oliver Janz* (Hrsg.), Transnationale Geschichte. Themen, Tendenzen und Theorien. Göttingen 2006.

[11] Vgl. *Margarethe Grandner/Dietmar Rothermund/Wolfgang Schwentker* (Hrsg.), Globalisierung und Globalgeschichte. Wien 2005; *Barry K. Gills/William R. Thompson* (Hrsg.), Globalization and Global History. London/New York 2006; *Sebastian Conrad/Andreas Eckert/Ulrike Freitag* (Hrsg.), Globalgeschichte. Theorien, Ansätze, Themen. Frankfurt a. M./New York 2007; *Jürgen Osterhammel* (Hrsg.), Weltgeschichte. Stuttgart 2008; *Dominic Sachsenmaier*, Global History, in: http://docupedia.de/zg/Global_History, erstmals 10.2.2010; *ders.*, Global perspectives on global history: theories and approaches in a connected world. Cambridge 2001; sowie die bisherigen Ausgaben der seit 1991 erscheinenden Zeitschrift Comparativ. Zeitschrift für Globalgeschichte und vergleichende Gesellschaftsforschung, und des seit 2006 erscheinenden Journal of Global History.

Pluralismus heißt allerdings nicht Beliebigkeit. Neben der Angemessenheit des jeweiligen methodischen Zugangs ist uns die tendenzielle Universalität der Ausrichtung wichtig. Insbesondere halten wir Forschungsansätze für ungenügend, die von einer oftmals polemischen Gegenüberstellung von „alter" Diplomatiegeschichte und „neuer" internationaler Geschichte ausgehend[12] Fragen nach Regierungshandeln, Krieg und Friedenssicherung, Machtgefällen und Politik mehr oder weniger systematisch ausblenden. Hier wirkt noch die alte Rivalität um Deutungshegemonie nach, die sich auch in der Vergangenheit nicht als erkenntnisfördernd erwiesen hat. Auseinandersetzungen über Leistungen und Kosten unterschiedlicher methodischer Ansätze sind fruchtbar, die ausschließliche Orientierung am jeweils neuesten „turn" der Kulturwissenschaften führt dagegen regelmäßig in die Irre.

Ein weiteres Charakteristikum unseres Verständnisses von internationaler Geschichte stellt der enge Theorie-Empirie-Bezug dar. Über die Tragfähigkeit konzeptioneller Entwürfe kann man Vermutungen anstellen; zu Gewissheiten werden sie erst, wenn sie sich bei der empirischen Rekonstruktion vergangener Welten als hilfreich erweisen. Dabei ist davon auszugehen, dass empirische Befunde auch immer wieder zur Revision oder zur Erweiterung der Konzepte zwingen. Wir haben uns daher entschlossen, der mittlerweile beachtlichen Reihe von konzeptionellen und thematischen Entwürfen nicht noch ein weiteres Set von Anregungen hinzuzufügen. Vielmehr sollen im Folgenden Erfahrungen in der Arbeit an Themen und Problemfeldern der internationalen Geschichte vornehmlich des 19. und 20. Jahrhunderts in einer Reihe von Essays gebündelt werden, die sich zentralen Phänomenen und Kategorien dieses Forschungsfeldes widmen. Die Essays dieses Bandes verbinden in jeweils unterschiedlichen Varianten Begriffs-, Real- und Forschungsgeschichte. Sie verfolgen dabei das jeweilige Phänomen je nach Forschungslage entweder über einen längeren Zeitraum hinweg oder sie diskutieren es in exemplarischer Verdichtung. Auf diese Weise werden wesentliche Erträge der neueren Forschungen auf den Begriff gebracht, und es werden im Streit der methodischen Ansätze orientierende Empfehlungen gegeben.

Am Anfang der bilanzierenden und perspektivischen Betrachtungen steht der Krieg als Extremfall internationaler Unordnung (*Jörg Echternkamp*). Es folgt eine Analyse des Phänomens der Angst in den internationalen Beziehungen und der Möglichkeiten zu ihrer Bewältigung (*Wilfried Loth*). Dies führt weiter zu einer Diskussion des Wandels im Verständnis der Diplomatie und ihrer Praxis als klassischem Instrument der Gestaltung der zwischenstaatlichen Beziehungen (*Johannes Paulmann*). Als ein besonderer Aspekt der Gestaltung von Außenbeziehungen wird *nation branding*, das heißt die kulturelle Repräsentation zum Zweck der Steigerung von Macht und Einfluss hervorge-

---

[12] Vgl. etwa die Begriffsprägung der „new international history" bei *Patricia Clavin*, Time, Manner, Place: Writing Modern European History in Global, Transnational and International Contexts, in: European History Quarterly 40, 2010, S. 624–640, hier S. 625.

hoben (*Jessica Gienow-Hecht*). Sodann werden die Wandlungen im Verhältnis von Außenpolitik und Öffentlichkeit beleuchtet, und es wird die Entstehung internationaler, transnationaler und globaler Öffentlichkeiten thematisiert (*Friedrich Kießling*). Neben den staatlichen Akteuren der Gestaltung der internationalen Ebene werden auch die nichtstaatlichen Akteure in den Blick genommen: Netzwerke, die sich informell bilden (*Madeleine Herren*), und transnationale soziale Bewegungen, die in Wechselwirkung mit Öffentlichkeiten entstehen (*Holger Nehring*). Daran anschließend werden systematischere Ansätze zur Friedenssicherung untersucht: die Entwicklung des Völkerrechts (*Jörg Fisch*), Normbildung in ihrem Verhältnis zur Macht (*Jost Dülffer*) und die Entwicklung des Völkerstrafrechts und der Völkerstrafrechtspolitik (*Eckart Conze*). Ebenso werden internationale Institutionen als Rahmen für die Produktion allgemeinverbindlicher Entscheidungen und Erzeuger von Regeln und Normen diskutiert (*Matthias Schulz*).

Von den Gestaltern internationalen Geschehens und ihren Instrumenten richtet sich der Blick sodann auf Phänomene, die die Grenzen moderner Staaten überschreiten und diese zugleich verändern. Neben dem Wechselverhältnis zwischen Mensch und Umwelt (*Ursula Lehmkuhl*) werden hier die Migrationen diskutiert (*Jochen Oltmer*), die unterschiedlichen Phasen und Reichweiten von Globalisierung (*Niels P. Petersson*) und die Förderung von Entwicklung (*Marc Frey*). Daran anschließend wird das Ordnungsmodell der Sozialen Demokratie als Beispiel für nationenübergreifende Prägungen moderner Nationalstaaten vorgeführt (*Anselm Doering-Manteuffel*). Als aufschlussreicher Aspekt des Wechselverhältnisses von Nationalem und Internationalem wird die Analyse transnationaler Familienbande präsentiert (*Simone Derix*). Sodann wird die Integration von Staaten in eine supranationale Gemeinschaft, bislang am deutlichsten in der Europäischen Union realisiert, als ein spezifischer Fall der Verschmelzung nationaler und internationaler Geschichte diskutiert (*Kiran Klaus Patel*).

Schließlich gilt die Aufmerksamkeit dem Gesamtbild der internationalen Staaten- und Gesellschaftswelt: Wieweit trägt die geläufige Vorstellung von einer Spannung zwischen Hegemonie und Gleichgewicht in der Analyse von Staatensystemen (*Wolfram Pyta*)? Wie verlässlich sind die Vorstellungen von hierarchischen Ordnungen in den Staatenbeziehungen (*Christiane Hatzky*)? Was lässt sich aus der Diskussion über Weltordnungskonzepte, die seit dem Ende des Kalten Krieges stark zugenommen hat, an Erkenntnissen für die Analyse internationaler Geschichte gewinnen (*Jürgen Osterhammel*)?

Insgesamt wird mit dieser Diskussion von *Dimensionen internationaler Geschichte* versucht, den Forschungsfortschritt, der in den letzten Jahren auf dem Feld der internationalen Geschichte erzielt wurde, bewusst zu machen und die begriffliche und methodische Präzisierung auf diesem Feld weiter zu fördern. Gleichzeitig soll er zur Integration des Forschungsfeldes beitragen, läuft es doch angesichts der Dynamik, die es in den letzten Jahren entwickelt hat, durchaus schon Gefahr, sich erneut in abgeschotteten Spezialisten-Diskursen zu verlieren. Internationale Geschichte ist vielschichtig; sie ist aber auch klar strukturiert, und sie sollte möglichst im Zusammenhang gesehen werden. Dazu mag auch das Bild anregen, das wir dieses Mal für den Titel des Bandes gewählt haben: eine Aufnahme von Zugvögeln, die die begrenzten Räume moderner Staatlichkeit großzügig hinter sich lassen und doch feste Bestandteile der Ökosysteme ihrer Sommer- wie ihrer Winterquartiere bilden. Auf ihren Zügen folgen sie klaren Vorgaben, auch wenn diese von den Beobachtern, die ihnen vom Boden aus nachsehen, nicht gleich erkannt werden können.

Der Dank der Herausgeber dieses Bandes gilt in erster Linie den Kolleginnen und Kollegen, die sich trotz vielfältiger anderer Verpflichtungen auf das Experiment einer Zwischenbilanz mit verteilten Rollen eingelassen haben und dabei auch bereitwillig den Vorgaben gefolgt sind, die wir im Interesse an der Stimmigkeit des Gesamtbildes gemacht haben. Besonders möchten wir in diesem Zusammenhang den Mit-Herausgebern der *Studien zur Internationalen Geschichte* danken: Eckart Conze, Anselm Doering-Manteuffel und Jürgen Osterhammel waren an der Konzeption des Bandes von Anfang an beteiligt; seine jetzige Gestalt ist ganz wesentlich auch ihren Anregungen zu verdanken. Unser Kollege Gottfried Niedhart hat sich der Mühe unterzogen, die Beiträge vorab zu lesen und unser Vorhaben mit einem aufschlussreichen Gutachten zu unterstützen. Herrn Martin Rethmeier, dem Leiter des Programmbereichs Geisteswissenschaften im Oldenbourg Verlag danken wir sehr herzlich für sein konstantes Interesse an der Reihe und insbesondere an diesem Band. Dr. Julia Schreiner hat auch diesen Band, wie so viele zuvor, kompetent und engagiert betreut; es war wie immer eine Freude, mit ihr zusammenzuarbeiten. André Postert M.A. hat sich mit Sorgfalt der Vereinheitlichung der Texte angenommen und dabei auch inhaltlich wichtige Rückmeldungen gegeben; auch dafür danken wir herzlich. Für finanzielle Unterstützung danken wir der Geschwister Boehringer Ingelheim Stiftung für Geisteswissenschaften in Ingelheim am Rhein und dem Kulturwissenschaftlichen Institut in Essen. Das Kulturwissenschaftliche Institut setzt damit die Tradition wissenschaftlicher Innovationsförderung im Bereich der Forschungen zur globalen Moderne fort, die schon dem Vorgänger-Band aus dem Jahr 2000 zugute gekommen ist.

Jörg Echternkamp
Krieg

Krieg ist international. Weil die militärische Gewalt über die nationalstaatlichen Grenzen hinausgreift, müssen Kriege zwangsläufig Gegenstand einer internationalen Geschichte sein, so scheint es. Dagegen fällt einerseits auf, dass die Geschichtsschreibung, die von Kriegen handelt, mehrheitlich eine nationalgeschichtliche Perspektive bevorzugt und den jeweiligen Staat, seine militärische Macht und, seltener, seine Zivilbevölkerung ins Verhältnis zu bestimmten kriegerischen Ereignissen setzt.[1] Andererseits hat die historische Forschung längst neue Herangehensweisen entwickelt, die der Vielschichtigkeit ihres Untersuchungsgegenstandes besser gerecht werden als die ältere, auf das Handeln militärischer Führer und die „große Politik" fixierte Militärgeschichte in der Tradition des Historismus. Seit den 1980er Jahren ist das Interesse der Historiker und der historisch interessierten Politik- und Sozialwissenschaftler an militärischen Fragen sprunghaft angestiegen. Welche Ursachen, Formen und Folgen hatten militärische Konflikte? Welche Rolle spielte das Militär als Institution? Wie wandelte sich das Bild des Soldaten? Wie wirkten sich die aktiven und passiven Gewalterfahrungen auf den Einzelnen, die Gesellschaft und die internationalen Beziehungen aus? Um diese Fragen kreisen spannende Forschungen und Projekte. Namentlich die sozial- und kulturgeschichtliche Erweiterung der Militärgeschichte hat das Themenfeld gegenüber der Geschichtswissenschaft anschlussfähig gemacht.[2]

Dieser Tendenz der Forschung entspricht ein gewachsenes Interesse der Öffentlichkeit. Das hängt zum einen mit der Gegenwart des Krieges zusammen, der nach dem Ende des Kalten Krieges auch wieder auf europäischem Territorium geführt wird und aufgrund der modernen Medien bisweilen in Echtzeit verfolgt werden kann. Wenn deutsche Soldaten wieder Krieg führen, wenn wieder um Gefallene getrauert wird, wenn die Zahl der multinationalen „Auslandseinsätze" in Zukunft weiter zunimmt, steigt auch die Nachfrage nach historischer Selbstvergewisserung. Zum anderen ist der Eindruck entstanden, dass sich der Krieg als solcher geändert hat und wir es heute mit „neuen" Kriegen zu tun haben. Nicht nur, dass sich aus mitteleuropäischer Sicht sein geopolitischer Fokus vom Zentrum an die Peripherie verschoben hat. Zu militärischen

---

[1] Vgl. nur *Michael Salewski*, Deutschland und der Zweite Weltkrieg. Paderborn 2005; *Rolf-Dieter Müller*, Der letzte deutsche Krieg 1939–1945. Stuttgart 2005; sowie die Reihe Das Deutsche Reich und der Zweite Weltkrieg, hrsg. vom Militärgeschichtlichen Forschungsamt, 10 Bde. München 1979–2008.
[2] Vgl. mit weiterführender Literatur *Jörg Echternkamp/Wolfgang Schmidt/Thomas Vogel* (Hrsg.), Perspektiven der Militärgeschichte. Raum, Gewalt und Repräsentation in historischer Forschung und Bildung. München 2010. Als Einführung: *Edgar Wolfrum*, Krieg und Frieden in der Neuzeit. Vom Westfälischen Frieden bis zum Zweiten Weltkrieg. Darmstadt 2003.

Konflikten kommt es überdies nicht länger, könnte man meinen, unter den großen Industrienationen der westlichen Welt, sondern unter den weniger entwickelten Staaten oder in asymmetrischen Kräfteverhältnissen, was wiederum Folgen für die Kriegführung habe. Der Eindruck, es gebe auf diesem Gebiet der internationalen Geschichte etwas Neues, wird schließlich durch den technologischen Sprung genährt, der sich in Hightech-Waffensystemen niederschlägt. Keine Frage, der Krieg hat sein Gesicht verändert. Ob dies jedoch bedeutet, dass er ein *neues* Gesicht bekommen hat, ist umstritten.[3]

Die aktuelle Diskussion über den Wandel des Krieges eröffnet so eine geeignete Perspektive für die Erörterung seiner Bedeutung als einer internationalen Dimension der Geschichte seit dem 19. Jahrhundert. Nicht um die „Kriegskultur" des Menschen als eine anthropologische Konstante[4] oder um die – mit Clausewitz – unveränderliche Natur des Krieges geht es. Aufschlussreicher für das pluralistische Programm einer internationalen Geschichte ist vielmehr die Historizität des Krieges. Zieht man den langen Bogen über zwei Jahrhunderte hinweg, lässt sich auf mehreren Problemfeldern ein Strukturwandel des Krieges herausarbeiten. Sinnvoller als ein chronologischer Durchgang durch die Ereignisgeschichte der Kriege ist es daher, in einem systematischen Zugriff zentrale Aspekte des Krieges auszuwählen, anhand von historischen Längsschnittanalysen näher zu beleuchten und internationale Perspektiven zu eröffnen. In einem ersten Durchgang ist nach der Kriegführung im weiten Sinn zu fragen: Wie wurde der Einsatz militärischer Gewalt gerechtfertigt? Welchen Einfluss hatte die technische Entwicklung auf die Kriegführung? Welche Rolle spielt die Trias von Staat, Nation und Krieg? In einem zweiten Anlauf geht es um die Akteure: Wie wandelte sich die Soldatenrolle? Welchen Anteil hatte die Zivilbevölkerung am Krieg? Wie „transnational" war der Nachkrieg? Am Ende steht ein Fazit.

I. Rechtfertigungsgründe: Zwischen „totalem Krieg" und „humanitärer Intervention"

Doch was ist eigentlich ein Krieg? In dem Maße, wie das vertraute Bild vom Staatenkrieg verblasst, scheinen auch die begrifflichen Trennlinien zu verschwimmen. Eine Forschergruppe in Oxford hat kürzlich fünf Kriterien formu-

---

[3] Vgl. für das 20. Jh. das Ergebnis des „Oxford Programme on the Changing Character of War": *Hew Strachan/Sibylle Scheipers* (Hrsg.), The Changing Character of War. Oxford 2011; *dies.*, Introduction: The Changing Character of War, in: dies. (Hrsg.), Changing Character, S. 1–24; zeitlich weiter greifend und interdisziplinär: *Dietrich Beyrau/Michael Hochgeschwender/Dieter Langewiesche* (Hrsg.), Formen des Krieges. Von der Antike bis zur Gegenwart. Paderborn 2007. Die folgenden Literaturhinweise konzentrieren sich auf international angelegte Arbeiten; auf länderspezifische Fachliteratur muss hier dagegen verzichtet werden.

[4] *Martin van Creveld*, Kriegs-Kultur. Warum wir kämpfen: Die tiefen Wurzeln bewaffneter Konflikte. Graz 2011.

liert, anhand derer sich entscheiden lässt, ob es sich bei einem Konflikt um einen „Krieg" handelt. Erstens schließt Krieg den gewaltsamen Gebrauch von Macht ein, wenngleich es Phasen des Krieges ohne aktives Gewalthandeln gibt und, so mag man einwenden, bereits die Androhung von Gewalt wie im Kalten Krieg[5] einen „Krieg" konstituiert. Zweitens beruht Krieg auf Reziprozität: Dem Angriff der einen Seite muss die andere ihrerseits mit Gewalt begegnen, sei es auch in einem „asymmetrischen" Kräfteverhältnis. Drittens setzt „Krieg" ein Mindestmaß an Intensität und Dauer der Kampfhandlung voraus, was ihn etwa von einem aufflackernden Grenzkonflikt unterscheidet. Viertens handeln die Akteure eines Krieges nicht als Privatpersonen. Und fünftens verfolgen die Kriegsparteien mit dem Krieg ein Ziel, das über das Kriegführen selbst hinausgeht.[6]

An so verstandenen Kriegen herrscht in der Moderne bekanntlich kein Mangel. Indes entstünde ein Zerrbild, wollte man zu Beginn des 21. Jahrhunderts, im langen Schatten der Weltkriege, das 19. und 20. Jahrhundert als eine Hochphase fortgesetzter militärischer Gewalt begreifen. Eher trifft das Gegenteil zu. Bevor vom Krieg die Rede ist, sei daher an die langen Friedensperioden erinnert. Nach Napoleon Bonapartes letzter Schlacht, am 18. Juni 1815 bei Waterloo, folgte eine 39-jährige Friedensphase, in der die Großmächte keinen Krieg geführt haben. Der Krimkrieg (1853–1856) und der italienische Einigungskrieg (1859) waren räumlich begrenzt; der Französisch-Österreichische Krieg (1859) sowie die deutschen Reichseinigungskriege (1864, 1866, 1870–1871) dauerten nicht lange. Von 1871 bis 1914 folgten 43 Friedensjahre unter den Großmächten – ein neuer Rekord in der europäischen Geschichte. Zu einem großen, allgemeinen Krieg kam es selbst im Zeitalter des Imperialismus nicht, auch wenn die Großmächte manches Mal kurz davor standen.[7] An die durch eine 21-jährige Zwischenkriegszeit getrennten Weltkriege 1914–1918 und 1939–1945 schloss sich ein weiterer Rekord an: ein bis heute mehr als 60-jähriger Frieden zwischen den Großmächten, der sich nicht zuletzt mit der Existenz der Atomwaffen begründen lässt. Der Trend zu einem langen Frieden zeichnete sich jedoch bereits im 19. und 20. Jahrhundert ab. Die drei längsten Friedensphasen im System der Großmächte erstreckten sich in den Jahren nach 1815.[8] Dagegen ist es eine Illusion, dass sich seit 1945 die Zahl der Kriege deutlich verringert habe. Tatsächlich trifft das nur dann zu, wenn

---

[5] Als Überblicke über die Konfrontation der Supermächte *John Lewis Gaddis*, Der Kalte Krieg. Eine neue Geschichte. 2. Aufl. Berlin 2008; *Bernd Stöver*, Der Kalte Krieg 1947–1991. Geschichte eines radikalen Zeitalters. München 2011.
[6] *Strachan/Scheipers*, Introduction, S. 6–7.
[7] Vgl. *Jost Dülffer/Martin Kröger/Rolf-Harald Wippich* (Hrsg.), Vermiedene Kriege. Deeskalation von Konflikten der Großmächte zwischen Krimkrieg und Erstem Weltkrieg (1856–1917). München 1997. *Jost Dülffer*, Im Zeichen der Gewalt. Frieden und Krieg im 19. und 20. Jahrhundert. Wien 2003.
[8] *Azar Gat*, The Changing Character of War, in: Strachan/Scheipers (Hrsg.), Changing Character, S. 27–47. Vor der staatlichen Monopolisierung der Gewalt und der sozialen Selbstzivilisierung seit der Aufklärung sei die Tötungsrate deutlich größer gewesen, meint jüngst der Psychologe *Steven Pinker*, Gewalt: Eine neue Geschichte der Menschheit. Frankfurt a. M. 2011.

man – wohl unter dem Eindruck des nuklearen Szenarios des Kalten Krieges – von dem großen, allgemeinen Krieg ausgeht. Kleinere Staaten-Kriege hat es mit Ausnahme der kurzen Spanne von 1990 bis 1992 ebenso häufig gegeben.

Die positive Tendenz wird häufig mit der internationalen wirtschaftlichen Entwicklung erklärt: Die Industrielle Revolution habe die Wahrscheinlichkeit eines Krieges verringert; Wohlstand sei fortan keine Verteilungsfrage mehr, bei der wie in einem Nullsummenspiel das Wachstum der einen Seite auf Kosten der anderen gehe; die Internationalisierung der Märkte und ihre wechselseitige Abhängigkeit habe den eigenen nationalen Wohlstand von dem des Auslandes abhängig gemacht; schließlich habe die Aussicht auf Landgewinn – ein zentraler vorindustrieller Kriegsgrund – an Wert verloren, weil man angesichts der wirtschaftlichen Offenheit auch ohne politische Herrschaft Nutzen aus einem anderen Territorium ziehen könne. Allerdings findet dieser Gedanke in seiner Prämisse der Rationalität eine Grenze, wie zuletzt die Bedeutung nationalistischer Ideologien für die Konflikte der 1990er Jahre gezeigt hat. Dass sich Ideologien wenig um die Fakten scheren, sie seien ökonomischer oder anderer Art, wenn es um die Rechtfertigung eines Krieges geht, hat der totale Krieg des nationalsozialistischen Regimes besonders einprägsam vor Augen geführt. Wer hat nicht die Rede im Berliner Sportpalast am 18. Februar 1943 im Ohr, in der Joseph Goebbels die Massenmobilisierung der deutschen Volksgemeinschaft für den Krieg proklamierte?

Tatsächlich war die Dimension dieses letzten Weltkrieges ohne Beispiel, wie Gerhard L. Weinberg bereits Mitte der neunziger Jahre in einer ersten, ganz auf den Kriegsverlauf konzentrierten Synthese gezeigt hat.[9] Die Kriegsschauplätze erstreckten sich über fast alle Kontinente, nie waren so viele Menschen, über 70 Millionen, für den Militärdienst mobilisiert worden in Streitkräften, die auf eine immer radikalere Weise Krieg führten, unterstützt von Wirtschaftssystemen, in denen Männer und Frauen, darunter Millionen Kriegsgefangene und Zwangsarbeiter, ein Bruttosozialprodukt erzeugten, das zu mehr als die Hälfte in die Kriegführung gepumpt wurde. Auch die Brutalität der Kriegführung vor allem auf deutscher, sowjetischer und japanischer Seite ebenso wie die Radikalität der Kriegsziele und ihrer Unterfütterung durch unmenschliche Feindbilder waren so noch nicht vorgekommen. Dass die Vorstellung eines „totalen Krieges" ihrerseits 1945 weithin akzeptiert war, bereitete schließlich auch den mentalen Boden für seine letzte Steigerung: den Abwurf der Atombombe.

Das Modell des „totalen Krieges" diente Historikern wie Roger Chickering denn auch als heuristisches Instrument für die Analyse der Entwicklung des Krieges in den letzten zwei Jahrhunderten. Folgende Merkmale signalisieren idealtypisch die Totalität des Krieges: die Mobilisierung der Menschen und der Wirtschaft für den Krieg, die Kontrolle der kriegführenden Gesellschaften, die Methoden der Kriegführung und die Kriegsziele. Seine Dynamik er-

---

[9] *Gerhard L. Weinberg*, A World At Arms. A Global History of World War II. Cambridge 1994.

hält das Modell durch die These, dass sich die betrachteten Kriege im Zuge einer „Radikalisierung", das heißt der immer totaleren Ausprägung der Einzelmerkmale, zu einem totalen Krieg entwickelt hätten, der dem Idealtypus am nächsten komme: dem Zweiten Weltkrieg.[10]

Ein solches Modell birgt freilich die Gefahr der teleologischen Verkürzung von 150 Jahren Kriegsgeschichte auf die fünfeinhalb Jahre von 1939 bis 1945. Deshalb ist an die Konsequenz zu erinnern, welche die Definition des Zweiten Weltkrieges als eines totalen Krieges für die narrative Logik seiner Historiographie hat. Wo frühere Kriege an der Messlatte ihrer Nähe zum Zweiten Weltkrieg gemessen werden, liegt der modernen Militärgeschichte allzu rasch eine Meistererzählung zugrunde, die 1939/45 zum Fluchtpunkt, um nicht zu sagen: zum Höhepunkt einer Entwicklung macht, die im ausgehenden 18. Jahrhundert mit den Volkskriegen der Revolutionszeit einsetzte. Die Gefahr besteht, dass die historische Kontingenz unberücksichtigt bleibt und zeitgenössische Besonderheiten und Entwicklungen, die nicht in das Deutungsschema passen, allzu leicht ausgeblendet werden.

Einwände gibt es auch gegen die vorschnelle Annahme der Totalität selbst des Krieges von 1939 bis 1945. Denn neuere Forschungsergebnisse schränken die landläufige Behauptung ein, dass der Zweite Weltkrieg ein „totaler" gewesen sei.[11] Blickt man auf die genannten Elemente der Totalität, wird der je unterschiedliche Grad deutlich. So gab es geographische Schwerpunkte in Asien, Mittel- und Osteuropa. Der Grad der ökonomischen Mobilisierung und der sozialen Kontrolle variierte. Das gilt für die USA, deren Krieg zwar global, nicht aber total war, aber auch für das totalitäre NS-Regime, wenngleich die Ausbeutung von Zwangsarbeitern zweifellos einen Höhepunkt der „totalen" Kriegführung darstellte. Für Großbritannien lässt sich etwa das Zusammenwirken von staatlicher Kontrolle und Marktmechanismen beobachten. Es gibt sogar zahlreiche Beispiele dafür, dass der Zweite Weltkrieg in mancher Hinsicht weniger total ausfiel als seine Vorläufer. Das Leben an der deutschen „Heimatfront" zum Beispiel wurde lange Zeit weit geringer beeinträchtigt, als das im Ersten Weltkrieg der Fall gewesen war; schließlich hatten die Nationalsozialisten die Lektion gelernt, Massenstreiks wie zwischen 1916 und 1918 zu vermeiden. Die überlieferten Geschlechterrollen zogen der militärischen Verwendung von Frauen in Deutschland wie in Großbritannien Grenzen. Wer in Westeuropa oder Nordafrika in Kriegsgefangenschaft geriet, hatte gute Aussichten, unter vergleichsweise humanen Bedingungen zu über-

---

[10] Vgl. *Stig Förster/Jörg Nagler* (Hrsg.), On the Road to Total War. The American Civil War and the German Wars of Unification, 1861–1871. Cambridge 1997; *Manfred F. Boemeke* (Hrsg.), Anticipating Total War. The German and American Experiences. 1871–1914. Cambridge 1999; *Roger Chickering/Stig Förster* (Hrsg.), Great War, Total War. Combat and Mobilization on the Western Front, 1914–1918. Cambridge 2000; *Stig Förster/Roger Chickering* (Hrsg.), The Shadows of Total War. Europe, East Asia, and the United States, 1919–1939. Cambridge 2003.
[11] Vgl. die entsprechenden Beiträge in *Roger Chickering/Stig Förster/Bernd Greiner* (Hrsg.), A World at Total War.

leben. Und die totalen Kriegsziele? Hier hat man das nationalsozialistische Ziel einer Neuordnung Europas nach rassistischen Kriterien vor Augen. Doch die Alliierten hatten keineswegs vor, die Gesellschaften ihrer Gegner grundlegend zu zerstören – der immer wieder irreführend genannten Formel der „bedingungslosen Kapitulation" zum Trotz. Bei genauerem Hinsehen ist es deshalb auch für 1939/45 sinnvoll, Mischungsverhältnisse auszuloten statt Totalität zu unterstellen.

In den Weltkriegen ging es ganz in der Tradition des „gerechten Krieges" darum, dass Soldaten den Feind im Namen einer gemeinsamen Identität (der nationalsozialistischen Volksgemeinschaft, um bei dem Beispiel zu bleiben) töteten. Dagegen erfuhr das Töten in sogenannten humanitären Interventionen seine Rechtfertigung im Namen einer höheren Moral. In diesem Fall sollte der militärische Einsatz oder seine Androhung Verbrechen gegen die Menschheit ahnden. Von einer militärischen Intervention aus humanitären Gründen ist deshalb die Rede, wenn drei Kriterien erfüllt sind: Die Intervention findet in einem fremden Land statt; sie ist mit Zwangsausübung oder Gewaltandrohung verbunden, die sich gegen die Regierung jenes Landes richtet; und sie zielt zumindest pro forma darauf, dem von dem Staat zu verantwortenden Sterben oder Leiden großer Teile seiner Bevölkerung vorzubeugen, es zu stoppen oder den Wiederholungsfall zu verhindern.

Im Gegensatz zu den im nationalen Interesse geführten Staaten-Kriegen sind Kriege als Ausdruck einer humanitären Intervention ein jüngeres Phänomen. So stellen es jedenfalls Militärs wie Politiker oft dar, wenn sie ihr Verantwortungsbewusstsein für die Opfer von Gräueltaten in anderen Staaten mit dem Genozid im Zweiten Weltkrieg begründen. Doch wieder täuscht der Eindruck, wie der historische Weitblick zeigt. Militärische Interventionen im Namen der Menschlichkeit gab es nicht erst seit dem Ende des Kalten Krieges. Nicht fortwährend, aber immer wieder hat es in Europa seit dem 16. Jahrhundert militärische Eingriffe von außen zugunsten Dritter gegeben, die unter einer „Tyrannei" zu leiden hatten.[12] Selbst die Begrifflichkeit geht auf die zweite Hälfte des 19. Jahrhunderts zurück, das nachgerade als Hochzeit der Interventionen gilt. Erinnert sei nur an die zahlreichen Interventionen der Großmächte im Osmanischen Reich, die Recht und Ordnung herstellen sowie Christen und Juden gegen Gewalt in Schutz nehmen sollten; an die Einsätze der *Royal Navy* vor Westafrika in den 1820er und 1830er Jahren, die durch eine Blockade den Sklavenhandel unterbinden sollte; oder an die US-amerikanische Invasion Kubas 1898/99, die auch mit dem zivilisatorischen Ziel legitimiert wurde, die Kubaner aus der Hand der Spanier zu befreien. Im 19. Jahrhundert hatte sich eine „humanitäre Öffentlichkeit" herausgebildet, in deren Augen die Unterdrückung einer (vorzugsweise christlichen) Minderheit

---

[12] *David J.B. Trim*, Humanitarian Intervention, in: Strachan/Scheipers (Hrsg.), Changing Character, S. 151–166, hier S. 151 f.; *Brendan Simms/ders.* (Hrsg.), Humanitarian Intervention. A History. Cambridge 2011.

einen Kriegsgrund bildete und die durch Propaganda entsprechend beeinflusst werden sollte. Kein Wunder, dass die Experten der neuen akademischen Disziplin des Völkerrechts diese internationale Dimension des Krieges als „humanitäre Intervention" auf einen neuen Begriff brachten.

Deren Zeit schien indes mit der Ratifizierung der UN-Charta 1945 vorbei. Art. 2, Abs. 4 verbot den Mitgliedsstaaten „in ihren internationalen Beziehungen jede gegen die territoriale Unversehrtheit oder politische Unabhängigkeit eines Staates gerichtete [...] Androhung oder Anwendung von Gewalt". Art. 2, Abs. 7 stellte klar, dass aus der Charta eine Befugnis der Vereinten Nationen – von den einzelnen Nationalstaaten zu schweigen – zum „Eingreifen in Angelegenheiten, die ihrem Wesen nach zur inneren Zuständigkeit eines Staates gehören", nicht abgeleitet werden konnte.[13] Wenngleich dieses Prinzip der Nichteinmischung breite Anerkennung fand, kam es in den folgenden 45 Jahren wiederholt zu Militäreinsätzen, die als humanitäre Intervention legitimiert wurden oder als notwendig für die Einhaltung des Prinzips der Nichteinmischung nach der Einmischung der anderen (sowjetischen) Seite wie im Falle der US-Invasion im Karibikstaat Grenada im Herbst 1983. Nach dem Ende des Systemkonflikts sah es eine Zeit lang so aus, als würde das Konzept der humanitären Intervention die höheren Weihen des UN-Sicherheitsrates erlangen. Humanitäre Gründe rechtfertigten zu einem gewissen Grad nach außen, in den Pressemitteilungen, die Anwendung militärischer Gewalt beispielsweise durch die USA und westliche Staaten im Irak 1991, durch die USA und die UN in Somalia 1992–1993 oder durch die NATO im Kosovo 1999. Die Zerstörung von Massenvernichtungswaffen wurde dagegen als Hauptgrund für den Angriff der USA und Großbritanniens auf den Irak 2003 präsentiert – zu Unrecht, wie die verblüffte Weltöffentlichkeit später erfahren musste. Dennoch bleibt festzuhalten, dass seit den 1990er Jahren humanitäre Aspekte in der Praxis als ein legitimer Kriegsgrund weithin akzeptiert sind, auch wenn sie in der Theorie des Völkerrechts bislang nicht verankert wurden. Der rüstungstechnische Fortschritt und die Illusion, saubere Kriege mit nur minimalen Verlusten von Menschenleben führen zu können, trugen dazu bei.

II. Kriegführung: Technischer Fortschritt und kulturelle Vorgaben

In der konventionellen wie in der atomaren Kriegführung lassen sich technologische Quantensprünge beobachten. Von einer „revolution in military affairs" (RMA) sprechen Militärtheoretiker und -historiker gerne. Als Antriebskräfte des Wandels gelten gemeinhin wirtschaftliche, technische oder

---

[13] Charta der Vereinten Nationen, San Francisco, 26. 6. 1945: www.unric.org/de/charta (Zugriff 14. 11. 2011).

politische Veränderungen innerhalb eines Staates oder des internationalen Systems. Militärische Transformationen sind, so lautet die organisationstheoretische Annahme, Antworten auf diese Herausforderungen und werden durch gezielte Anpassungen der strategischen und operativen Ziele sowie der soldatischen Ausbildung befeuert. Die geläufige, aber keineswegs eindeutige RMA-Formel zielt insbesondere auf die strategischen Folgen „revolutionärer" Entwicklungen auf dem Gebiet der herkömmlichen Waffentechnik.

In der Tat hing das Entwicklungstempo der Militärtechnologie im 19. und 20. Jahrhundert stets von dem Fortschritt der Technik ab. Drei Phasen beschleunigten Wandels lassen sich unterscheiden. Erstens hat im Laufe der ersten Industriellen Revolution die Nutzung der Dampfmaschine im Eisenbahnwesen die Mobilität und Logistik der Armeen verändert. Für die Schifffahrt hat sie die Kriegführung und den Bau von Kriegsschiffen beeinflusst. Gleichzeitig verkürzte der Telegraph die Kommunikationswege drastisch. Seit den 1880er wirkten sich dann, zweitens, chemische Erfindungen wie Dynamit und Kampfstoffe, die Elektrik sowie vor allem der Verbrennungsmotor auf die Kriegführung aus. Kraftfahrzeuge, Traktoren, im Ersten Weltkrieg schließlich, Panzer erhöhten die militärische Mobilität über das starre Gleisnetz hinaus. Rundfunk machte die Informationsübertragung ohne Zeitverzug möglich und von festen Telegraphenmasten unabhängig. Ohne den Verbrennungsmotor hätte es keine Flugzeuge, ohne den Elektromotor keine Unterseeboote gegeben. Diese sogenannte zweite industrielle Revolution veränderte das Gesicht des Krieges.

Drittens gab die „Informationsrevolution" dem Krieg eine neue Gestalt: Das Radar in den späten 1930er Jahren, dann Elektrooptik, Fernsehen und lasergestützte Raketensysteme seit den 1970er Jahren revolutionierten die Erkennung und Zerstörung von Zielen, die nun beinahe unabhängig von ihrer Entfernung möglich geworden waren. In den beiden Golf-Kriegen 1990/91 und 2003 erlebte diese Kriegführung mit elektronischen Waffensystemen ihren vorläufigen Höhepunkt. Wer hat nicht die CNN-Bilder der zoomenden Zielkamera vor Augen? Mit der Operation *Desert Storm* 1991 und dem Luftkrieg im Kosovo 1999 verband sich ein technizistischer Determinismus: der Glaube an die alles entscheidende technische Überlegenheit der eigenen Waffen. Unbemannte Flugkörper, per Sattelitenfunk ferngesteuerte Drohnen wie der „Predator", dienten zur Aufklärung und Überwachung, konnten aber auch in der mit Waffen bestückten Variante bei Kampfeinsätzen verwendet werden. Die Roboter machten den menschlichen Krieger nicht obsolet, wohl aber verleiteten sie die Öffentlichkeit zu dem Fehlschluss, dass Kriegführung zu Beginn des 21. Jahrhunderts eine (beinahe) risikolose Angelegenheit geworden sei.[14] Allerdings haben die weltweite Verbreitung der neuesten Technologie wie etwa des GPS-Systems, die Verfügbarkeit globaler Computernetzwerke

---

[14] Vgl. die Details bei *Peter W. Singer*, Robots at War. The New Battlefield, in: Strachan/Scheipers (Hrsg.), Changing Character, S. 333–353.

und die Allgegenwart des Mobiltelefons dazu geführt, dass auch weniger entwickelte Staaten High-Tech-Produkte für die militärische Auseinandersetzung auf konventionellem Gebiet nutzten.

Auf nicht-konventionellem Gebiet haben atomare, biologische und chemische Massenvernichtungswaffen die Kriegführung im 20. Jahrhundert massiv verändert. Mehr noch als die technologische Entwicklung gab hier die Weiterverbreitung ihrer Produkte (im Fachjargon: die Proliferation) den Ausschlag. Terror, wie wir ihn heute verstehen, wurde erst im späten 19. Jahrhundert möglich, als Sprengstoff und automatische Waffen, Kraftfahrzeuge und Telekommunikationsmittel Menschen die Macht gaben, einen im Verhältnis zu ihrer kleinen Zahl großen Schaden anzurichten – und dank der Massenmedien ein überproportionales Echo zu finden. Nuklearwaffen nahmen hier weiterhin eine Sonderstellung ein, weil es für sie kein Gegenmittel gab – außer der gegenseitigen Abschreckung. Doch was im Kalten Krieg zwischen den Supermächten funktioniert haben mag, griff seitdem im Fall kleiner, flüchtiger Terrorgruppen nicht mehr. Zum einen eigneten sie sich nicht als Ziel für einen Vergeltungsschlag. Zum anderen verpuffte die Abschreckungslogik dort, wo der Gegner aus religiöser Überzeugung bereitwillig sein Leben riskierte. Im Gegensatz zu dem abschreckenden Funktionsprinzip des strategischen Denkens im Atomzeitalter, der *mutual assured destruction,* hält man es für möglich, dass Terroristen Atomwaffen einsetzen. Dies ist nicht länger eine Fiktion der James-Bond-Filme. Der Terror einzelner ist zu einer weltweiten Bedrohung geworden.

Kulturgeschichtlich orientierte Militärhistoriker warnen jedoch davor, den Einfluss der technischen Entwicklung zu überschätzen. Sie unterstreichen die Funktion all jener *unspoken assumptions,* der Weltbilder einer spezifischen militärischen Kultur, die zwischen den „realen" Veränderungen und dem Handeln der Entscheidungsträger militärischer Organisationen vermitteln. Die deutsche Militärgeschichte der Zwischenkriegszeit ist bezeichnend für die Zählebigkeit überkommener Deutungs- und Sinnstiftungsmuster: Das Kriegsziel der „Vernichtung" prägte das Denken und Handeln vor wie nach dem Ersten Weltkrieg. Wie selbstverständlich zeigten sich deutsche Militärtheoretiker zwischen 1918 und 1939 davon überzeugt, dass Deutschland seinen Platz in der Welt nur durch einen Krieg wiedererlangen könne und dass dieser militärischen Notwendigkeit alle zivilen Belange untergeordnet werden müssten.

Technische Neuerungen hatten funktionale Äquivalente in der Vergangenheit. So erhielt zwar das Schlachtfeld mit der Erfindung der Luftfahrt eine „dritte Dimension", ohne die es den strategischen Bombenkrieg nicht gegeben hätte. Doch als strategisches Mittel, die Zivilbevölkerung des Gegners zu zermürben, stand das neue Instrument in der Tradition von Seeblockade und Belagerung. Immer wieder zeigte sich zudem, dass die Strategen bahnbrechende Erfindungen in altbekannte Konzepte einbanden. Weil die deutschen Militärs die Mechanisierung der Kriegführung in den 1920er und 30er Jahren in die geläufigen Operationskonzepte integrierten, kam die Operationsplanung für den Zweiten Weltkrieg einem „Schlieffen-Plan auf Rädern" gleich.[15] Diese Gleichzeitigkeit des Ungleichzeitigen prägte auch die einzelnen Soldaten. In dem Aufeinanderprallen überkommener soldatischer Tugenden und Traditionen auf der einen Seite und dem Umgang mit moderner Technik auf der anderen lag die Ambivalenz der „modernen Krieger", wie das Beispiel des Luftwaffenpiloten zeigt.[16]

Die jeweilige militärische Kultur stellte nicht nur die Weichen für den Wandel, sondern förderte auch eine Kontinuitätsgläubigkeit, die über Brüche und Unwägbarkeiten hinweghelfen sollte. Nach dieser Lesart ist das strategische Verhalten weniger eine Funktion des technologischen Fortschritts oder der sicherheitspolitischen Entwicklung als der tief verankerten kulturellen Muster in der militärischen Führung (der militärischen Kultur) oder in der Sicherheitspolitik (der strategischen Kultur).[17] Der unbestreitbare Einfluss des technischen Fortschritts auf den Wandel des Krieges sollte daher nicht zu hoch eingeschätzt werden. Kaum zu überschätzen ist dagegen eine andere Steuergröße: die Neudefinition der Verbindung von Krieg und Staat zu Beginn des 19. Jahrhunderts.

III. Die Nationalisierung des Krieges

Kriegsgeschichte war immer auch Staatengeschichte. Der Wandel des Krieges seit etwa 1800 muss deshalb nicht zuletzt als eine Veränderung seines Verhältnisses zum Staat verstanden werden. Blickt man genauer hin, wird schnell deutlich, dass dies mit dem Wandel des Staatsverständnisses selbst zusammenhängt. Weil der Staat immer mehr als *National*staat definiert wurde, nahm das Bild des Krieges eine neue Gestalt an. Die ideologische Überhöhung militärischer Gewalt durch den modernen Nationalismus machte die Nation zu einer Kampfgemeinschaft und den Krieg zu ihrem Handlungsinstrument.[18] Die gewaltsamen Konflikte des 19. und 20. Jahrhunderts erhielten aufgrund dieser Nationalisierung des Militärs – und der Militarisierung der Nation – einen ganz neuen Charakter. Für Minderheiten dagegen war der Krieg nicht selten eine Nagelprobe auf ihre Zugehörigkeit zur Nation, insbesondere dann, wenn sie im Verdacht standen, im Namen einer übergeordne-

---

[15] Vgl. für das Beispiel der Reichswehr *Gil-li Vardi*, The Change from Within, in: Strachan/Scheipers (Hrsg.), Changing Character, S. 79–90.
[16] *Christian Kehrt*, Moderne Krieger. Die Technikerfahrung deutscher Luftwaffenpiloten 1910–1945. Paderborn 2010.
[17] Vgl. *Isabel V. Hull*, Absolute destruction. Military Culture and the Practices of War in Imperial Germany. Ithaca 2005; *Elizabeth Kier*, Imagining War. French and British Military Doctrine Between the Wars. Princeton 1997.
[18] *Dieter Langewiesche*, Nationalismus – ein generalisierender Vergleich, in: Gunilla Budde/Sebastian Conrad/Oliver Janz (Hrsg.), Transnationale Geschichte. Themen, Tendenzen und Theorien. 2. Aufl. Göttingen 2010, S. 175–189, hier S. 188f.

ten Religion oder Ideologie für die andere Seite zu kämpfen. Viele deutsche Juden beispielsweise suchten durch ihre Teilnahme am Deutsch-Französischen Krieg von 1870/71 zu gleichberechtigten Bürgern zu werden, sahen sich aber zugleich Anwürfen ausgesetzt, mit Frankreich zu sympathisieren, das seit der Revolution als Vorreiter der jüdischen Emanzipation galt.[19]

Auch Bürgerkriege waren zunächst durch einen häufig marxistisch aufgeladenen Nationalismus geprägt. Das Ziel der Massenmobilisierung lag darin, staatliche Strukturen in jenen Gebieten durchzusetzen, die von Aufständischen beherrscht wurden. Diese wandten sich entweder gegen die nationale Überhöhung des Krieges oder aber griffen selbst darauf zurück, wie das vor allem in den Dekolonialisierungskriegen nach 1945 der Fall war. Mit dem Ende des Kalten Krieges zerbrach hier auch – im Gegensatz zu den Jugoslawienkriegen am Ende des 20. Jahrhunderts – die Verbindung von Nation und Bürgerkrieg. Seitdem schöpft die Ideologie der Rebellen aus den Quellen lokaler oder transnationaler Identitäten. Wo sie terroristische Ziele verfolgt, hat sie mit dem auf *state-building* ausgerichteten Aufstand nach marxistisch-nationalistischem Muster nichts mehr gemein.[20] Den Warlords von heute geht es im Unterschied zu den frühneuzeitlichen Kriegsherren nicht um eine Rolle auf der zentralen politischen Ebene, weshalb sie lieber an der Peripherie eines Staates operieren.[21]

Als eine gewaltsame Form transkultureller Konflikte, die militärische Gewalt nicht nur über Staats-, sondern auch Kulturgrenzen hinweg tragen, sind Kolonialkriege seit Kurzem verstärkt in den Fokus der Forschung geraten. Im Zeitalter des Imperialismus und der kolonialen Expansion leitete der gewaltsame Zusammenstoß von Gegnern, die einander bis dahin unbekannt waren, nicht zuletzt einen Transfer im Bereich der Rüstung wie der Doktrin ein, der sich als ein Lernprozess unter den Bedingungen der Feindschaft verstehen lässt. Das trifft auf die Kämpfe der deutschen Kolonialtruppen in Ostafrika gegen die Hehe 1891 zu; das gilt erst recht für Terrorgruppen wie Al-Qaida, deren antiwestliche Ideologie einer Rezeption westlicher Strategien und Waffen nicht entgegensteht.[22]

Dem Eindruck, dass der asymmetrische Krieg ein Novum sei, liegt die unausgesprochene Annahme zugrunde, dass der Staatenkrieg der typologische Normalfall ist. Doch die Kopplung von Staat und Krieg war eine historische

---

[19] *Christine G. Krüger,* „Sind wir denn nicht Brüder?" Deutsche Juden im nationalen Krieg 1870/71. Paderborn 2006.
[20] *Stathis N. Kalyvas,* The Changing Character of Civil Wars, 1800–2009, in: Strachan/Scheippers (Hrsg.), Changing Character, S. 202–219.
[21] Zur Debatte über *warlordism* vgl. *Kimberley Marten,* Warlords, in: Strachan/Scheippers (Hrsg.), Changing Character, S. 220–301.
[22] Vgl. demn. *Dierk Walther/Birthe Kundrus* (Hrsg.), Waffen Wissen Wandel. Anpassung und Lernen in transkulturellen Erstkonflikten. Hamburg 2012; *Tanja Bührer/Dierk Walter/Christian Stachelbeck* (Hrsg.), Imperialkriege von 1500 bis heute. Strukturen – Akteure – Lernprozesse. Paderborn 2011.

Ausnahme, die sich auf die vergleichsweise kurze Spanne von 200 Jahre zwischen 1750 und 1950 datieren lässt. Hebt man auf die skizzierte Nationalisierung von Staat und Krieg im Gefolge der Französischen Revolution ab, verkürzt sich der Zeitraum der Anomalie noch um knapp 50 Jahre. Doch als analytische Kategorie einer Militärgeschichte jenseits des Nationalen ist die Trias von Krieg, Staat, Nation weiterhin hilfreich, wenngleich sie ihre realhistorische Bedeutung spätestens seit den 1990er Jahren verloren hat.

Die Kehrseite dieser Nationalisierung des Krieges ist die Internationalisierung der Versuche, ihn einzuhegen. Multinationale Organisationen wie der nach dem Ersten Weltkrieg gegründete Völkerbund mit Sitz in Genf (1920–1946) und die nachfolgenden Vereinten Nationen (UNO) sollen bis heute als Garanten eines dauerhaften Friedens in der Welt dienen. Nach der Ur-Katastrophe des Ersten Weltkrieges – „the war to end all wars", wie der britische Schriftsteller H.G. Wells gehofft hatte – wurde Frieden als zwischenstaatlicher Normalzustand definiert. Dass diese multilateralen Sicherheitssysteme zum Abwenden militärischer Gewalt auf eben diese angewiesen sind, darin liegt seit jeher ein Paradoxon – und ein Grund für ihr wiederholtes Scheitern.

IV. Das Militär im Zeichen der Wehrpflicht

Mit dem technischen Fortschritt und der nationalen Überhöhung des Krieges wandelte sich seit der Wende zum 19. Jahrhundert auch das Berufsbild des Soldaten – eine innerstaatliche Veränderung, die mit der Herausbildung staatlicher Strukturen aufs engste verknüpft war. Die Französische Revolution führte aufgrund der politischen und gesellschaftlichen Umwälzungen auch zu einem radikalen militärischen Strukturwandel in Europa.[23] Insbesondere zwei de facto miteinander verflochtene Entwicklungen lassen sich zum besseren Verständnis auseinanderhalten.

Zum einen konnten durch die Einführung der allgemeinen Wehrpflicht nun Massenheere aufgestellt werden. Doch wer glaubt, dass die Kriege zwischen 1782 und 1815 einen dramatischen Wendepunkt in der Kriegführung zwischen der Frühen Neuzeit und dem 19. Jahrhundert markieren, sitzt der zeitgenössischen Propaganda auf. Bei genauerem Hinsehen wird rasch klar, dass es sich weniger um einen ersten „totalen Krieg"[24] als um den letzten großen Krieg handelt, der noch mit frühneuzeitlicher Taktik und Technik geführt wurde. Die Soldaten marschierten oder ritten auf das Schlachtfeld, kämpften überwiegend mit Musketen und Schwertern und handelten nur auf Befehl.

---

[23] Vgl. anhand von Beispielen aus den Rheinbundstaaten, dem Elsass, den Niederlanden, der Schweiz, dem italienischen Tirol *Ute Planert* (Hrsg.), Krieg und Umbruch: Mitteleuropa um 1800. Erfahrungsgeschichte(n) auf dem Weg in eine neue Zeit. Paderborn 2009.

[24] *David A. Bell*, The first Total War. Napoleon's Europe and the Birth of Warfare as We Know It. Boston 2007.

Die Revolutions- und Napoleonischen Kriege stehen daher nicht am Beginn einer neuen Ära, sondern am Ende einer Epoche.[25] Neu war dagegen, wie der Staat, seine Gendarmerie und seine Verwaltung den Krieg mit den aufklärerischen Vorstellungen von moderner Bürokratie „gemanagt" haben, vor allem durch die Mobilisierung der Landbevölkerung mit Hilfe der verhassten Wehrpflicht.[26]

Zum anderen änderten sich das Selbstbild und die Fremdwahrnehmung des Soldaten. Weit entfernt davon, sich als Söldner zu verdingen, zogen Männer für ihre „Nation" in die Schlacht. Das eigene „Volk" schützen und für die Unabhängigkeit des „Vaterlandes" eintreten! – So lautete die Parole der Patrioten im Waffenrock. Andererseits zeichnete sich ein neues Feindbild ab. Der Soldat in den gegnerischen Reihen war, folgt man der ideologischen Überhöhung, nicht länger ein Kamerad, der im Grunde dasselbe Handwerk betrieb, sondern ein „Feind".

Innergesellschaftlich lässt sich die Wehrpflicht als ein Ritus der Initiation in die Welt erwachsener Bürger verstehen. Weniger die adelige Herkunft als die persönliche Tapferkeit und das *Know how* gaben den Ausschlag für die Auswahl der Offiziere; die soziale Öffnung des Offizierkorps für Bildungsbürger war die Folge. Die Wehrpflicht verfestigte die dreistufige Hierarchie von Offizieren, Unteroffizieren und Mannschaften. Anders als noch im 18. Jahrhundert lebten die Soldaten fortan in Kasernen. Das ebenso isolierte wie kontrollierte Leben in militärischen Unterkünften machte die Armee zu einer „Schule der Nation". Dass sie gegenüber den liberalen und gar demokratischen Ideen relativ resistent blieb, zeigte sich in der von Frankreich ausgehenden Revolution von 1848/49, als sich das Militär gegen die Bürgermilizen einsetzen ließ.[27] Je mehr die Gesellschaft des 19. Jahrhunderts zugespitzt als eine „kasernierte Nation" bezeichnet werden kann[28], desto stärker wirkten Militär und Krieg auch als Prägekräfte der Geschlechterordnung. Bestimmte Bilder von Männern und Frauen gingen mit ihrer Mobilisierung für den Krieg einher und flossen wiederum in die nationale Identitätsstiftung ein. Krieg wurde männlich konnotiert: soldatische Tugenden galten als männliche Tugenden, Helden waren Männer.[29]

---

[25] Vgl. auch den abschließenden Band der „Total-War-Tagungsreihe" *Roger Chickering/Stig Förster* (Hrsg.), War in an Age of Revolution, 1775–1815. Cambridge 2010.
[26] *Alan Forrest*, Conscripts and Deserters. The Army and French Society during the Revolution and the Empire. Oxford 1989.
[27] *Sabrina Müller*, Soldaten in der deutschen *Revolution* von 1848/49. Paderborn 1999.
[28] *Ute Frevert*, Die kasernierte Nation. Militärdienst und Zivilgesellschaft in Deutschland. München 2001; *dies.* (Hrsg.), Militär und Gesellschaft im 19. und 20. Jahrhundert. Stuttgart 1997.
[29] Zur Geschlechtergeschichte des Krieges aus deutscher Sicht *Karen Hagemann*, „Mannlicher Muth und Teutsche Ehre". Nation, Militär und Geschlecht zur Zeit der Antinapoleonischen Kriege Preußens. Paderborn 2002; *René Schilling*, Kriegshelden. Deutungsmuster heroischer Männlichkeit in Deutschland 1813–1945. Paderborn 2002.

Die nationale Wehrpflicht politisierte zudem die Soldatenrolle. Im Gegensatz zu dem eher handwerklichen Selbstverständnis des Söldners, das den erwerbsmäßigen Militärdienst in der Vormoderne zu einem internationalen Geschäft gemacht hatte, identifizierten sich die Soldaten der Moderne ausschließlich mit dem politischen System des Staates, dem sie dienten. Eine Gemeinsamkeit des Militärs ließ sich allerdings weiterhin durch die Unterscheidung von den „Zivilisten" herstellen.

V. Die Zivilbevölkerung im Krieg: Opfer oder Kombattanten?

Auf den ersten Blick hat der Zivilist mit dem Krieg nichts zu tun, definiert er sich doch dadurch, dass er den regulären Streitkräften eines Landes *nicht* angehört, auch nicht den bewaffneten Kräften nichtstaatlicher Bürgerkriegsparteien. Theoretisch, in einem idealtypischen Krieg, ist militärische Gewalt daher eine Sache der Kombattanten. In der Praxis dagegen sind auch die Nicht-Kombattanten in das Kampfgeschehen auf vielfältige Weise involviert. Kriege wurden und werden nicht in menschenleeren Räumen geführt. Dabei greift zu kurz, wer hier einzig an die zivilen Opfer denkt.

Weiter führt ein Konzept, das von der Ambivalenz der zivilen Situation ausgeht und so der Rollenvielfalt der Zivilisten im Krieg besser gerecht wird. Zivilisten beobachteten den Krieg, unterstützten ihn, nahmen am Krieg teil oder wurden sein Opfer – so lässt sich die Bandbreite umreißen. Die Geschichtswissenschaft hat bislang vor allem die passive Rolle, die Zivilisten als leidende Objekte der Kriegführung, beleuchtet: als Ziele im strategischen Bombenkrieg oder als menschlicher Unterpfand in der Hand des Gegners, sei es in besetzten Gebieten, sei es in Internierungslagern. Dagegen liegen Zivilisten als handelnde Subjekte des Krieges noch im Windschatten historischer Forschungstrends. Das mag mit der Rechtslage zusammenhängen, in der die Figur des „Zivilisten" lange nicht auftauchte. Erst die Vierte Genfer Konvention hat 1949 die Zivilbevölkerung – hier: in der Hand des Gegners – ausdrücklich hervorgehoben und unter Schutz gestellt. Sie wurde 1977 durch das erste Genfer Zusatzprotokoll und andere Vereinbarungen weiterentwickelt. Unter Zivilist war nun *ex negativo* jeder zu verstehen, der kein Kriegsgefangener sein konnte. Grundsätzlich gilt seitdem, dass jederzeit zwischen Zivilbevölkerung und Kombattanten zu unterscheiden ist und dass sich Kriegshandlungen nur gegen militärische Ziele richten dürfen (Art. 48, 51). Seit dem Zweiten Weltkrieg zählten internationale Gerichtshöfe „Verbrechen gegen die Zivilbevölkerung" zu den Kriegsverbrechen; der Straftatbestand „Verbrechen gegen die Menschheit" bezog sich exklusiv auf die Zivilbevölkerung; das Ottawa-Abkommen von 1997 verbot Anti-Personenminen, unter denen gerade die Zivilbevölkerung lange nach Ende der Kriegshandlung zu leiden hatte. Doch die Trennschärfe des Konzeptes „Zivilist" stieß weiterhin dort an ihre

Grenzen, wo Einzelpersonen, die nicht den Streitkräften angehörten oder Teil einer *levée en masse* waren, in Kampfhandlungen verwickelt waren: als Partisanen etwa, als „menschliche Schutzschilde" oder als zivile Subunternehmer für vormals militärische Aufgaben. Problematisch ist nicht zuletzt die Verquickung von Identitäten, wenn zivile Mitarbeiter von Nichtregierungsorganisationen (NGOs) im Rahmen von friedenschaffenden Maßnahmen mit Soldaten Seite an Seite arbeiten.

Was genau Nicht-Kombattanten sind, ist unklar geworden. Ihr Status erodierte im „totalen Krieg" mit der nationalen Kampfgemeinschaft. Bildete der zivile Arbeiter in einer Rüstungsfabrik nicht ein legitimes Angriffsziel? War der Selbstmordattentäter, womöglich ein Kind, Kombattant oder nicht? Und wie steht es mit Bauern, die für kriegswichtige Lebensmittel sorgten? Nach dem rasseideologischen Krieg des NS-Regimes markierte der Atombombenabwurf auf Hiroshima und Nagasaki so gesehen den historischen Moment, an dem die nationale Sicherheit der einen Seite die Massentötung unschuldiger Zivilisten der anderen Seite legitimieren sollte. In diesem finalen Akt, nicht in ihrer umstrittenen Abschreckungsfunktion während des Kalten Krieges liegt womöglich die eigentliche Bedeutung der Bombe.[30]

Drei weitere Entwicklungen haben lange vor 1945 zu dieser tendenziellen Annäherung, ja Austauschbarkeit von Soldaten und Zivilisten beigetragen, die Raymond Aron 1951 beobachtet hat.[31] Erstens wurde der Krieg zu einem Medienereignis. Medien rückten den fernen Krieg in beängstigende Nähe.[32] Die Burenkriege des Britischen Empire waren, um ein Beispiel zu geben, ein Dauerthema nicht nur der österreichischen und deutschen Presse. Zeitungen und Zeitschriften formten durch ihre Berichte von den Kriegsschauplätzen ein englandfeindliches Bild unter den deutschen Lesern, die ihrerseits aufgrund einer vermeintlichen ethnischen Nähe mit den Buren sympathisierten.[33] Zur gleichen Zeit sorgte die beliebte monarchisch-nationale Kriegsmalerei für ein Bild vom Krieg.[34]

---

[30] Die USA und die UdSSR hätten höchstwahrscheinlich auch ohne die Bombe keine Krieg gegeneinander geführt, lautet das kontrafaktische Argument; vgl. *John Mueller*, Atomic Obsession. New York 2010, S. 29–54. Vgl. *Gerard J. DeGroot*, ‚Killing is Easy': The Atomic Bomb and the Temptation of Terror, in: Strachan/Scheipers (Hrsg.), Changing Character, S. 91–108. *Beatrice Heuser*, The Bomb. Nuclear Weapons in their Historical, Strategic and Ethical Context. London 1999.

[31] *Raymond Aron*, Les guerres en chaînes. Paris 1951.

[32] *Florian Keisinger*, Unzivilisierte Kriege im zivilisierten Europa? Die Balkankriege und die öffentliche Meinung in Deutschland, England und Irland 1876–1913. Paderborn 2008. Vgl. *Ute Daniel* (Hrsg.), Augenzeugen. Kriegsberichterstattung vom 18. zum 21. Jahrhundert. Göttingen 2006.

[33] *Steffen Bender*, Der Burenkrieg und die deutschsprachige Presse. Wahrnehmung und Deutung zwischen Bureneuphorie und Anglophobie 1899–1902. Paderborn 2009.

[34] *Susanne Parth*, Zwischen Bildbericht und Bildpropaganda. Kriegskonstruktionen in der deutschen Militärmalerei des 19. Jh.s. Paderborn. Zur visuellen Repräsentation von Krieg vgl. *Arbeitskreis Historische Bildforschung* (Hrsg.), Der Krieg im Bild – Bilder vom Krieg. Frankfurt a. M. 2003.

Zweitens waren Frauen und Kinder am Kampfgeschehen beteiligt. Die Mobilisierung und Selbstmobilisierung von Frauen für reguläre und irreguläre Kämpfe – ein kaum bearbeitetes Forschungsfeld – machte Frauen einerseits zu einem Teil der kämpfenden Truppe: polnische und ukrainische Legionärinnen im Ersten Weltkrieg, „Rotarmistinnen" in den sowjetischen Streitkräften und „Flintenweiber" in der Wehrmacht sind Beispiele.[35] Andererseits spielten Frauen im Widerstand gegen ein Besatzungsregime ihren Part: im Zweiten Weltkrieg etwa als Partisaninnen in Jugoslawien oder als Angehörige der Résistance in Frankreich.[36] Selbst Kinder tauchten nicht nur als passive Opfer von Kriegshandlungen auf, sondern wurden zur aktiven Ausübung von Gewalt als Kindersoldaten missbraucht, wie man sie von afrikanischen Kriegsschauplätzen kennt.[37]

Drittens gehörte die Vergewaltigung von Frauen im Kriegsgebiet oder im besetzten Territorium zu den Kriegserfahrungen, die wegen der extremen, traumatisierenden Gewalterfahrungen eine Belastung für die internationalen Beziehungen in der Nachkriegszeit darstellten.[38] Der Zusammenhang von sexueller und kriegerischer Gewalt zeigte sich etwa in der unterschiedlichen Ahndung von Sexualstraftaten deutscher Soldaten in West- und in Osteuropa, wo Vergewaltigungen im Zuge des „Vernichtungskrieges" verharmlost, zum Teil geduldet wurden.[39] Anfang 1945 waren es vor allem die Soldaten der Roten Armee, die durch massenhafte Vergewaltigungen bei ihrem Vormarsch auf Berlin unter den Frauen aller Altersstufen Angst und Schrecken verbreiteten. Diese Gewalterfahrung riss eine tiefe Kluft zwischen den privaten Kriegserinnerungen und der offiziellen Befreiungsrhetorik in der SBZ/DDR auf und belastete das Verhältnis der Deutschen zu den sowjetischen „Befreiern".

Die theoretische Trennung zwischen (militärischen) Kombattanten und (zivilen) Nicht-Kombattanten lässt sich, soviel ist sicher, in der Praxis der militärischen Gewalt nicht ohne Verrenkungen aufrecht halten. Die „Kriegserfahrungen" beider Gruppen, der Soldaten wie der Zivilbevölkerung, wirkten auf das zwischenstaatliche Verhältnis zurück. Die individuellen Deutungen der Ereignisse und die Sinnstiftungen zu ihrer „Bewältigung" verweisen auf kollektive Muster von Bedeutungszuschreibungen, die auch für die politische und militärische Führung handlungsrelevant wurden.[40] Ob Kriegsbegeiste-

---

[35] Vgl. die Beiträge in: *Klaus Latzel/Franka Maubach/Silke Satjukow* (Hrsg.), Soldatinnen. Gewalt und Geschlecht im Krieg vom Mittelalter bis heute. Paderborn 2011.
[36] *Corinna von List*, Frauen in der Résistance 1940–1944. „Der Kampf gegen die ‚Boches' hat begonnen!" Paderborn 2010.
[37] *Dittmar Dahlmann* (Hrsg.), Kinder und Jugendliche in Krieg und Revolution. Vom Dreißigjährigen Krieg bis zu den Kindersoldaten Afrikas. Paderborn 2000.
[38] Vgl. allgemein für das 20. Jh. *Raphaëlle Branche, Fabrice Virgili* (Hrsg.), Viols en temps de guerre. Paris 2011.
[39] Das zeigt anhand der Prozesse *Birgit Beck*, Wehrmacht und sexuelle Gewalt. Sexualverbrechen vor deutschen Militärgerichten 1939–1945. Paderborn 2004.
[40] Vgl. auch zur programmatischen Bedeutung des Begriffs: *Nikolaus Buschmann/Horst Carl* (Hrsg.), Die Erfahrung des Krieges. Erfahrungsgeschichtliche Perspektiven von der Französi-

rung oder Kriegsmüdigkeit, ob Siegeszuversicht oder Angst vor der Niederlage: die Moral der kriegführenden Gesellschaft gewann im 20. Jahrhundert immer mehr an Gewicht. Sie entschied mit über einen militärischen Konflikt, seine Fortführung und seine Beendigung.

VI. Nachkrieg

Das Kriegsende ist nicht das Ende des Krieges. Jedenfalls lässt es sich nicht mehr auf ein fixes Datum wie den Waffenstillstand oder die Unterzeichnung eines Friedensvertrags festlegen. Den sicherheitspolitischen und strategischen Planungen seit Ende des 20. Jahrhunderts lag die Vorstellung zugrunde, dass Krieg und Frieden als äußere Punkte die Bandbreite eines komplexen Transformationsprozesses bestimmen, zumal der moderne Friedensbegriff über die bloße Abwesenheit von Krieg weit hinausreichte und Gerechtigkeit, politische Stabilität und „Sicherheit" für die Menschen in einem umfassenden Sinn beinhaltete. Kriege haben die Geschichte des internationalen Systems, der Beziehungen zwischen Staaten und Gesellschaften ebenso wie ihrer Vernetzungen, weit über die Einstellung der Kampfhandlungen hinaus geprägt. Zu denken ist daher nicht nur an die materiellen und menschlichen Verluste und die Millionen von Kriegsinvaliden – 2,7 Mio. waren es nach dem Weltkrieg allein in Deutschland[41] – auf der nationalen Ebene, sondern auch an die transnationale Räume, die infolge des Krieges auf lange Zeit die wechselseitige Wahrnehmung prägten und den internationalen Beziehungen ihren Stempel aufdrückten. Drei Kriegsfolgen mit internationaler Bedeutung stehen im Zentrum der jüngeren Forschung: Kriegsgefangenschaft, Besatzungsherrschaft und *Transitional Justice*.

Erstens gerieten bereits während des Krieges Soldaten in Kriegsgefangenschaft. Zwischen 1914 und 1918 waren es an allen Fronten rund 8 bis 9 Millionen Soldaten, die dem Gegner in die Hände fielen.[42] Nach dem Ersten Welt-

---

schen Revolution bis zum Zweiten Weltkrieg. Paderborn 2001; *Georg Schild/Anton Schindling* (Hrsg.), Kriegserfahrungen. Krieg und Gesellschaft in der Neuzeit. Neue Horizonte der Forschung. Paderborn 2010; für die USA, von den Kolonialkriegen zum Irakkrieg von 2003, vgl. *Georg Schild* (Hrsg.), The American Experience of War. Paderborn 2010.

[41] Nach einer anderen Lesart signalisierte die Reparatur des Körpers als Beleg der medizintechnischen Überwindung von Kriegsinvalidität; vgl. dazu *Sabine Kienitz*, Beschädigte Helden. Kriegsinvalidität und Körperbilder 1914–1923. Paderborn 2008.

[42] Für 1914/18 vgl. zu den Gefangenen in Gefangenen in Deutschland, Frankreich, Russland, Großbritannien und in der Habsburger Monarchie *Jochen Oltmer* (Hrsg.), Kriegsgefangene im Europa des Ersten Weltkriegs. Paderborn 2005. Für 1939/45 vgl. *Rüdiger Overmans*, Die Kriegsgefangenenpolitik des Deutschen Reiches 1939 bis 1945, in: Jörg Echternkamp (Hrsg.), Die deutsche Kriegsgesellschaft. Ausbeutung, Deutungen, Ausgrenzung. München 2005, S. 729–875 (= Das Deutsche Reich und der Zweite Weltkrieg, Bd. 9/2); *ders.*, Das Schicksal der deutschen Kriegsgefangenen des Zweiten Weltkriegs, in: Rolf-Dieter Müller (Hrsg.), Der Zusammenbruch des Deutschen Reiches 1945. München 2008, S. 379–507 (= Das Deutsche Reich und der Zweite Weltkrieg, Bd. 10/2).

krieg kehrten die letzten deutschen, österreichischen und russischen Soldaten 1922 zurück. Nach dem Zweiten Weltkrieg gehörte die offene Frage der Spätheimkehrer bis Mitte der fünfziger Jahre zu den innen- und außenpolitischen Problemen der jungen Bundesrepublik. Deutsche Kriegsgefangene im Gulag dienten der sowjetischen Führung als Faustpfand im außenpolitischen Machtpoker. Für internationale Verwicklungen sorgten auch Fahnenflüchtige, die auf fremdem Territorium zum Gegner übergelaufen waren und eine Rolle in dessen Besatzungsherrschaft spielten, wie ehemalige Angehörigen des „Nationalkomitees Freies Deutschland" (NKFD).[43]

Zweitens blieben fremde Truppen nicht selten über das Kriegsgeschehen hinaus als Besatzungsmächte auf dem gegnerischen Territorium – über 40 Jahre waren die amerikanischen und sowjetischen Streitkräfte in West- bzw. Ostdeutschland stationiert[44] –, und gehörten zum internationalen Beziehungsgeflecht ebenso wie zum Alltag der Bevölkerung. Während dieser militärischen Fremdherrschaft auf Zeit beeinflussten sich Besatzer und Besetzte wechselseitig. Wie internationale Vergleiche gezeigt haben, lässt sich die Besatzung als eine erzwungene Begegnung mit dem „Anderen" interpretieren, die sich regelmäßig auf die politische, gesellschaftliche und kulturelle Lage sowie die Geschlechterverhältnisse auswirkte. Das traf beispielsweise auf die vom US-Heer besetzten Südstaaten in der Phase der *Reconstruction* im 19. Jahrhundert prinzipiell ebenso zu wie auf das von der Wehrmacht besetzte Norwegen im 20. Jahrhundert.[45] Die sexuellen Kontakte zwischen Soldaten der Besatzungstruppe und Frauen der besetzten Gesellschaft sind bis in die 1990er Jahre tabuisiert worden. Erst in jüngster Zeit haben Historiker herausgearbeitet, wie die unterschiedlichen Gesellschaften nach dem Ende des Krieges oder der Besatzungszeit die Frauen wie auch die „Besatzungskinder" stigmatisiert haben.[46]

Drittens gilt die Aufmerksamkeit den politischen und juristischen „Säuberungen" dort, wo das Kriegsende mit einem Regimewechsel von der Diktatur zur Demokratie verbunden war. Im nationalen und im internationalen Rahmen geht es um die Aufarbeitung der Verbrechen und die Stabilisierung einer zivilgesellschaftlichen Nachkriegsordnung mit dem Ziel der innergesellschaftlichen wie internationalen Versöhnung. Der Begriff *Transitional Justice* bündelt verschiedene Ansätze, die von Gerichtsverfahren über historische Aufklärung und Entschädigung bis zur Entfernung belasteter Personen aus ihren Ämtern

---

[43] Vgl. auch die Fallstudien von *Magnus Koch*, Fahnenfluchten. Deserteure der Wehrmacht im Zweiten Weltkrieg. Lebenswege und Entscheidungen. Paderborn 2008.

[44] *Christian Th. Müller*, US-Truppen und Sowjetarmee in Deutschland. Erfahrungen, Beziehungen, Konflikte im Vergleich. Paderborn 2011.

[45] Vgl. die entsprechenden Beiträge in *Günther Kronenbitter/Markus Pöhlmann/Dierk Walter* (Hrsg.), Besatzung. Funktion und Gestalt militärischer Fremdherrschaft von der Antike bis zum 20. Jahrhundert. Paderborn 2006.

[46] Vgl. als deutsch-französisches Beispiel: *Fabrice Virgili*, La France virile. Des femmes tondues à la Libération. Paris 2000; ders., Naître ennemi. Les enfants de couples franco-allemands nés pendant la Seconde Guerre mondiale. Paris 2009.

reichen. Der internationale Militärgerichtshof in Nürnberg 1945/46 ist das bekannteste historische Beispiel für den Versuch, Kriegsverbrechern des ehemaligen Gegners mit juristischen Mitteln beizukommen.[47]

VII. Fazit

Hat der Krieg in den letzten zwanzig, dreißig Jahren ein grundsätzlich neues Gesicht bekommen? Die Antwort auf die eingangs aufgegriffene Frage der gegenwärtigen Diskussion lässt sich nicht mit einem klaren Ja oder Nein beantworten. Im 19. und 20. Jahrhundert hat sich der Krieg gewandelt – wie könnte es anders sein? Die Kriegführung wurde durch die technische Entwicklung revolutioniert, ist durch asymmetrische Machtverhältnisse gekennzeichnet und nicht auf die kriegführenden Soldaten begrenzt. Doch wie die historische Kriegsforschung gezeigt hat, verlief dieser Wandel nicht immer linear, sondern auch in Pendelbewegungen oder mit unterschiedlichen Geschwindigkeiten der einzelnen Entwicklungsprozesse. Die wechselnden Grade der „Totalität" von Kriegen verdeutlichen das ebenso wie die Zählebigkeit der militärischen und strategischen Kulturen.

Was nun die These betrifft, dass die „neuen" Kriege die „klassischen" zwischenstaatlichen Kriege des 19. und 20. Jahrhunderts abgelöst hätten und der asymmetrische Krieg ein Novum sei, ist daher Skepsis angebracht.[48] Kein Zweifel, die These hat eine reflektierte Debatte über den aktuellen Charakter des Krieges wie auch eine Kriegs-Geschichte in der longue durée befeuert. Doch in der Stärke ihrer Weitläufigkeit liegt zugleich ihre Schwäche: Weil sie vergleichsweise vage ist, lässt sie spezifische Kontinuitäten und Brüche kaum ins Blickfeld geraten.[49] Fest steht, dass der unterstellte Normalzustand symmetrischer Staaten-Kriege eine historische Ausnahme darstellt, die an die Kopplung von Staat, Nation und Krieg gebunden war. Würden die Medien heute über die vorindustriellen Kriege berichten, käme den Zuschauern manches bekannt vor: der Guerillakrieg etwa, der verdeckte Kampf, der Einsatz kleiner Kontingente und die Regellosigkeit eines Krieges, in dem es keine klaren Fronten gab.[50] Blickt man noch weiter zurück auf eintausend Jahre mittelalterlicher Waffengänge, lassen sich allemal Parallelen zwischen neuer und alter Kriegführung nachweisen.[51] Zudem veränderten sich Kriege nur

---

[47] Für Ost- und Westeuropa sowie die USA und die Sowjetunion *Kerstin von Lingen* (Hrsg.), Kriegserfahrung und nationale Identität in Europa nach 1945. Erinnerung, Säuberungsprozesse und nationales Gedächtnis. Paderborn 2009.
[48] So die meisten Beiträger in *Strachan/Scheipers* (Hrsg.), Changing Character of War.
[49] Die Bilanz zieht *Mats Berdal*, The ‚New Wars' Thesis Revisited, in: *Strachan/Scheipers* (Hrsg.), Changing Character, S. 108–133, hier S. 127f.
[50] Zur Veränderung des Kriegsbildes vgl. *Dirk Freudenberg*, Theorie des Irregulären. Partisanen, Guerillas und Terroristen im modernen Kleinkrieg. Wiesbaden 2008.
[51] Vgl. zum Folgenden *Hans-Henning Kortüm*, Kriege und Krieger 500–1500. Stuttgart 2011.

schleppend. Zwar hatte das Ende des Kalten Krieges drastische und lang anhaltende Auswirkungen auf das internationale Staatensystem. Doch zu einem Paradigmenwechsel der Kriegspraxis führte es nicht.[52] Veränderung in der Militärgeschichte bedeutete nicht immer Fortschritt, wie es eine auf die Gegenwart schielende Geschichtsauffassung gerne hätte.

Am Ende eines Rückblicks auf den Wandel des Krieges seit dem 19. Jahrhundert steht deshalb die methodologische Einsicht, dass seine Geschichte durch die vertrauten Schwarz-Weiß-Bilder nicht trennscharf abgebildet werden kann. Vertraute Dichotomien wie (militärische) Kombattanten / (zivile) Nicht-Kombattanten, alte/neue Kriege oder Krieg/Frieden haben sich in der historischen Praxis zugunsten von Mischformen aufgelöst.[53]

Für eine internationale Geschichte, die Krieg als ein Themenfeld berücksichtigt und deshalb seiner Geschichtlichkeit Rechnung trägt, bedeutet das, ihren Gegenstand flexibel auf einem Kontinuum möglicher Erscheinungsformen zu orten, statt ihn in ein typologisches Prokrustesbett zu zwängen. Man kann am Ende die Perspektive auch umkehren und auf den methodischen Mehrwert der Kriegsgeschichte für die internationale Geschichte schauen. Begreift man Krieg als eine Dimension und Bedingung des internationalen Systems, dann hat das konzeptionelle wie empirische Vorzüge für beide Seiten: Zum einen ermöglicht es den verfremdenden Blick von außen auf nationalgeschichtliche Phänomene, die bekannt erschienen. Zum anderen erweitert sich unser Verständnis für die Vielschichtigkeit der internationalen Interaktionen und der transnationalen Verflechtungen für die Zeit des Krieges, die im Wechsel mit der des Friedens als ein spezifischer Zustand von Staat und Gesellschaft konzipiert werden sollte, der wiederum eine Bedingung jener Vielschichtigkeit ist. Die Geschichte des Krieges und der militärischen Konflikte eignet sich, so gesehen, als ein Feld der Zusammenarbeit zwischen Historikern der Internationalen Geschichte, der Kultur- und Sozialgeschichte.[54]

---

[52] *Strachan/Scheipers*, Introduction, S. 16.
[53] So lautet auch das Fazit von *Strachan/Scheipers*, Introduction, S. 13.
[54] Aus entgegengesetzten Blickwinkeln argumentieren in diesem Sinne auch *Eckart Conze* (Abschied von Staat und Politik? Überlegungen zur Geschichte der internationalen Politik, in: ders./Ulrich Lappenküper/Guido Müller (Hrsg.), Geschichte der Internationalen Beziehungen. Erneuerung und Erweiterung einer historischen Disziplin. Köln 2004, S. 15–43, hier S. 43) und *Hartmut Kaelble* (Transnationalität aus der Sicht eines Sozialhistorikers, in: ebd., S. 277–292, hier S. 289).

Wilfried Loth
Angst und Vertrauensbildung

Am Anfang war die Angst: Angst vor Vernichtung, vor Gewalt, vor Unterwerfung, vor Demütigung, vor dem Verlust von Macht und Ansehen. So könnte man eine Grundbedingung internationaler Politik beschreiben. Der konservative britische Historiker Herbert Butterfield hat die internationale Welt jenseits der staatlichen Ordnung einmal mit dem Urzustand einer Gesellschaft ohne Staatsgewalt verglichen, wie sie Thomas Hobbes in seinem Plädoyer für den modernen Leviathan beschrieben hat, einer Gesellschaft, die von „beständige[r] Furcht und Gefahr eines gewaltsamen Todes" geprägt war.[1] „Fear and suspicion", so Butterfield, „are not merely factors in the story, standing on a level with a lot of other factors. They give a certain quality to human life in general, condition the nature of politics, and imprint their character on diplomacy and foreign policy." Weil es auf der Ebene über den souveränen Staaten keinen Leviathan gebe, befinde sich die internationale Welt immer noch in einer „situation of Hobbesian fear."[2]

Angst in der internationalen Politik

In der „realistischen" Tradition der Geschichtsschreibung von den internationalen Beziehungen geht es in der internationalen Politik um die Vertretung nationaler oder allgemeiner formuliert staatlicher Interessen. Staatsmänner werden daran gemessen, in welchem Maße sie diese Interessen im Auge haben, wie geschickt und wie erfolgreich sie bei ihrer Vertretung sind; langfristig erfolgreiches Auftreten wird als „Staatskunst" gewürdigt. Das Ergebnis des Ineinanderwirkens unterschiedlicher nationaler Interessen ist ein „Staatensystem", das spezifische Machtbeziehungen und Regeln aufweist. Sie zugunsten des eigenen Staates zu optimieren, wird als das „natürliche" Ziel jeder Außenpolitik aufgefasst.

Dass dieses ganz auf Rationalität basierende Handlungsmodell zu kurz greift, wird nicht nur bei der Frage nach der Definition nationaler Interessen und der Definitionsmacht über diese Interessen deutlich. Es lässt auch außer Acht, dass außenpolitische Akteure nie allein aus rationalen Motiven handeln. Gefühle bestimmen ihre Handlungen stets mit, auch und meist sogar in besonderem Maße, wenn sie diese Gefühle leugnen. Selbst langfristig angelegte

---

[1] *Thomas Hobbes*, Leviathan oder Stoff, Form und Gewalt eines kirchlichen und bürgerlichen Staates, hg. und eingeleitet von Iring Fetscher. 8. Aufl., Frankfurt/Main 1988, S. 96.
[2] *Herbert Butterfield*, Human Nature and the Dominion of Fear, in: ders., International Conflicts in the Twentieth Century. A Christian View. New York 1960, S. 81–98, hier S. 85.

und mit äußerster Konsequenz umgesetzte Strategien basieren nicht zuletzt auch auf Gefühlen, und bei spontanen Handlungen sind sie meist ganz offenkundig. Unter Neurobiologen herrscht unterdessen weitgehend Übereinstimmung dahingehend, dass Fühlen, Denken und Handeln stets zusammenwirken. In dem Entscheidungsprozess, der zu bestimmten Handlungen führt, haben Emotionen sozusagen das erste und das letzte Wort: „Sie haben das erste Wort insofern, als sie maßgeblich unsere Ziele und Wünsche prägen, und sie haben das letzte Wort insofern, als sie in letzter Instanz darüber entscheiden, welche von den rational erwogenen Handlungsoptionen durchgeführt werden und welche nicht."[3]

Um Gefühle analytisch in den Griff zu bekommen, ist es zunächst notwendig, zwischen Gefühlskulturen und individuellem Empfinden zu unterscheiden. Gefühlskulturen und die daraus hervorgehenden „emotionalen Standards" (Peter und Carol Stearns), „emotionalen Regime" (William M. Reddy), und „emotionalen Gemeinschaften" (Barbara H. Rosenwein) sind Ergebnisse von Lernprozessen und damit historisch geprägt und zugleich ständigem Wandel unterworfen. Sie wirken auf das Individuum ein, lassen zugleich aber auch Freiraum für individuelle Empfindungen, die nicht der gesellschaftlich vermittelten Norm entsprechen. Je nach mentaler, charakterlicher und aktueller Disposition kann das Resultat der Verknüpfung von emotionalen Standards und emotionaler Erfahrung ganz unterschiedlich ausfallen. Ebenso können sich im Rahmen einer emotionalen Kultur unterschiedliche Subkulturen herausbilden; das wird etwa anhand der unterschiedlichen Lebensstile deutlich, die sich innerhalb einer Gesellschaft beobachten lassen.[4]

Weitere Unterscheidungen betreffen die Intensität eines Gefühls, seine Dauerhaftigkeit und seine Handlungsmacht. Man kann zwischen Empfindungen, Stimmungen und mehr oder weniger starker Erregung unterscheiden, ebenso zwischen kurzzeitig auftretenden Affekten, wiederholten mehr oder weniger starken Aufwallungen des gleichen Gefühls und anhaltenden Emotionen. Schließlich gibt es Gefühle, die zu bestimmten Handlungen drängen und dies

---

[3] So *Rainer Schützeichel*, Emotionen und Sozialtheorie – eine Einleitung, in: ders. (Hrsg.), Emotionen und Sozialtheorie. Disziplinäre Ansätze. Frankfurt a. M. und New York 2006, S. 7–26, hier S. 10. Zur Diskussion unter den Neurobiologen *Gerhard Roth*, Fühlen, Denken, Handeln. Wie das Gehirn unser Verhalten steuert. Frankfurt a. M. 2003, S. 292–297; zur Diskussion in der Geschichtswissenschaft *Ute Frevert*, Angst vor Gefühlen? Die Geschichtsmächtigkeit von Emotionen im 20. Jahrhundert, in: Paul Nolte u. a. (Hrsg.), Perspektiven der Gesellschaftsgeschichte. München 2000, S. 95–111; *dies.*, Was haben Gefühle in der Geschichte zu suchen?, in: Geschichte und Gesellschaft 35, 2009, S. 183–208; *Birgit Aschmann* (Hrsg.), Gefühl und Kalkül. Der Einfluss von Emotionen auf die Politik des 19. und 20. Jahrhunderts. Stuttgart 2005.

[4] *Peter N./Carol Z. Stearns*, Emotionology. Clarifying the History of Emotions and Emotional Standards, in: The American Historical Review 90, 1985, S. 813–836; *William M. Reddy*, The Navigation of Feeling. A Framework for the History of Emotions. Cambridge 2001; *Barbara H. Rosenwein*, Worrying about Emotions in History, in: American Historical Review 107, 2002, S. 821–845; zum historischen Wandel von Gefühlskulturen *Ute Frevert u. a.*, Gefühlswissen. Eine lexikalische Spurensuche in der Moderne. Frankfurt a. M./New York 2011.

je intensiver tun, je stärker sie sind, während andere Gefühle als mehr oder weniger angenehme oder unangenehme Umstände des Lebens hingenommen werden. Die empirische Zuordnung von Gefühlsäußerungen zu diesen Kategorien ist nicht immer ganz einfach; sie müssen aber mitgedacht werden, wenn man die Äußerungen zutreffend deuten will.

Angst erweist sich in der historischen Betrachtung als die weitläufigste und intensivste Emotion überhaupt, als „a powerful driving force in the history of humanity."[5] Sie wird durch die Erwartung von Bedrohungen ausgelöst – Bedrohungen des Lebens, des körperlichen und seelischen Wohlergehens, der Sicherheit, des subjektiv empfundenen oder erstrebten Glücks. Diese Erwartung kann diffus sein oder sehr konkret auf mögliche Ereignisse und Handlungen bezogen, auf unmittelbar bevorstehende Ereignisse oder auf längerfristige Entwicklungen; sie kann einen sehr realen Hintergrund haben oder auch gänzlich eingebildet sein. In jedem Fall beruht sie auf früheren Erfahrungen, eigenen und tradierten; dabei machen sich nicht selten persönliche oder kollektive Traumata bemerkbar. Da die realen und eingebildeten Bedrohungen menschlichen Glücks denkbar vielfältig sind, ist auch die Liste der Ängste, mit denen sich Menschen auseinandersetzen müssen, schier unerschöpflich. Gleichzeitig löst die empfundene Bedrohung einen Abwehrimpuls aus. Er fällt umso stärker aus, je existenzieller die Bedrohung wahrgenommen wird. Manchmal wird sie aber auch verdrängt; dann macht die Angst einer neurotisch grundierten Unbekümmertheit Platz.[6]

Angst tritt in unterschiedlichen Dosierungen auf. Von *Panik* sprechen wir bei einem Anfall von extremer Angst, der plötzlich auftritt, aber nicht allzu lange anhält. Wer von Panik befallen wird, ist rationalen Argumenten praktisch nicht zugänglich. Psychologen gehen davon aus, dass Panik der willkürlichen Kontrolle vollständig entzogen ist.[7] Weiter wird seit Sören Kierkegaard vor allem im deutschen Sprachraum zwischen der gegenstandsärmeren und diffuseren *Angst* und einer inhaltlich konkreteren *Furcht* unterschieden.[8] Viele Autoren verwenden beide Begriffe jedoch auch synonym, und im englischen Sprachraum wird *fear* meist für beide Varianten des sich Ängstigens gebraucht, während der eindeutig auf ein diffuses Gefühl zielende Begriff der

---

[5] *Joanna Bourke*, Fear: A Cultural History. London 2005, S. XII.

[6] Vgl. neben Beobachtungen von Joanna Bourke zur Angst bei Briten und Amerikanern im 20. Jahrhundert die Beispiele für Angst im politischen Leben vorzugsweise des Mittelalters und der Frühen Neuzeit bei *Franz Bosbach* (Hrsg.), Angst und Politik in der europäischen Geschichte. Dettelbach 2000.

[7] *Jürgen Markgraf/Silvia Schneider*, Panik. Angstanfälle und ihre Behandlung. Berlin u. a. 1990, S. 14; vgl. den Überblick über die psychologischen Befunde bei *Patrick Bormann/Thomas Freiberger/Judith Michel*, Theoretische Überlegungen zum Thema Angst in den internationalen Beziehungen, in: dies. (Hrsg.), Angst in den internationalen Beziehungen. Göttingen 2010, S. 13–46, hier S. 26–29.

[8] *Sören Kierkegaard*, Der Begriff der Angst [1844], in: ders., Die Krankheit zum Tode; Furcht und Zittern; Die Wiederholung; Der Begriff der Angst. München 2007, S. 441–640.

anxiety nur selten verwandt wird.⁹ Will man an der Unterscheidung zwischen den beiden Varianten festhalten, muss man den Übergang zwischen ihnen jedenfalls als gleitend verstehen. Das Gleiche gilt für den Begriff der *Sorge*, der weniger Beunruhigung transportiert als die *Angst* und noch mehr Realitätsbezug als die *Furcht*. Generell hat man den Eindruck, dass unsere Sprachen zu wenig Begriffe bieten, um die unterschiedlichen Qualitäten und Dimensionen von Angst präzise ausdrücken zu können. Umso nachdrücklicher muss man auf Sorgfalt in ihrer Beobachtung wie in der Beschreibung achten.

Weil Angst ein so universales Gefühl ist, das gleichzeitig zur Abwehr drängt, führt es Menschen sehr schnell über unterschiedliche Interessen, soziale Schichten und kulturelle Prägungen hinweg zusammen. Angst kann daher leicht zur Begründung und Legitimation von Herrschaft genutzt werden; häufig führt sie überhaupt erst zur Schaffung von Institutionen, die bei der Abwehr der wahrgenommenen Bedrohung helfen sollen. Amtsträger und politische Führer können Ängste manipulieren und bewusst schüren, um ihre Herrschaft zu sichern. Umgekehrt können sich aber auch Ängste in der öffentlichen Kommunikation zuspitzen und dann den Handlungsspielraum der Herrschenden einschränken. So oder so spielen Ängste bei der Organisation von Gesellschaften stets eine elementare Rolle.

Die gemeinschaftsstiftende Kraft von Ängsten geht freilich auch über nationale und sonstige staatliche Grenzen hinaus. Insofern tragen Ängste auch zur Entstehung von transnationalen Bewegungen bei und sie helfen beim Knüpfen von transnationalen Netzwerken. Noch fundamentaler und prägender ist ihre Rolle auf dem Feld der zwischenstaatlichen Beziehungen. Die internationale Ebene ist zwar nie so völlig unstrukturiert und frei von jeglicher Einhegung von Gewalt, wie Hobbes sich das für die vorstaatliche Gesellschaft vorgestellt hat. Auf Perioden extremer Unsicherheit und Gewaltausübung folgten in der Geschichte stets Versuche, die Gewalt einzudämmen: das System des Westfälischen Friedens nach dem Dreißigjährigen Krieg, das „Europäische Konzert" nach den napoleonischen Kriegen, der Völkerbund nach dem Ersten Weltkrieg und die Vereinten Nationen nach dem Zweiten. Aber diese Versuche blieben eben immer unvollkommen. Die internationale Ebene verfügt folglich nicht über ein Gewaltmonopol, das dem staatlichen Monopolanspruch entsprechen würde, und sie bietet darum prinzipiell mehr Anlass zur Angst vor existenziellen Bedrohungen, als dies innerhalb von staatlich verfassten Gesellschaften und erst recht von rechtsstaatlichen Ordnungen der Fall ist.

Die Angst vor einem Angriff, vor Vernichtung und vor Unterwerfung führt in der Regel zu Verteidigungsmaßnahmen: Man akkumuliert Macht, rüstet auf, sucht Verbündete, entwaffnet besiegte Gegner. Diese Maßnahmen zur Bewältigung der Angst erweisen sich jedoch als ungenügend und zum Teil sogar als kontraproduktiv – insofern, als sie von dem potenziellen Angreifer eben-

---

⁹ Vgl. *Joanna Bourke*, Fear and Anxiety. Writing about Emotion in Modern History, in: History Workshop 55, 2003, S. 111–133, hier S. 126–129.

falls als Maßnahmen zur Vorbereitung eines Angriffs wahrgenommen werden können. Der potentielle Angreifer entwickelt folglich in gleicher Weise Angst vor einem Angriff und trifft gleichartige Vorkehrungen zu seiner Abwehr oder Vermeidung. Beide Seiten geraten damit, wie der deutsch-amerikanische Völkerrechtler und Politikwissenschaftler John H. Herz wenige Jahre nach dem Zweiten Weltkrieg argumentiert hat, in ein „Sicherheitsdilemma", aus dem es keinen leichten Ausweg gibt.

Dieses Dilemma, so Herz, „entspringt einer grundlegenden Sozialkonstellation, derzufolge eine Vielzahl miteinander verflochtener Gruppen politisch letzte Einheiten darstellen, d. h. nebeneinander bestehen, ohne in ein noch höheres Ganzes integriert zu sein. Wo und wann auch immer eine solche ‚anarchische' Gesellschaft existiert hat – und in den meisten Epochen der uns bekannten Geschichte hat sie das auf irgendeiner Ebene –, ergab sich für Menschen, Gruppen, Führer eine Lage, die sich als ‚Sicherheitsdilemma' bezeichnen lässt. Gruppen oder Individuen, die in einer derartigen, eines Schutzes ‚von oben' entbehrenden Konstellation leben, müssen um ihre Sicherheit vor Angriffen, Unterwerfung, Beherrschung oder Vernichtung durch andere Gruppen oder Individuen fürchten, eine Besorgnis, die sich aus der Sachlage selber ergibt. Und in dem Streben nach Sicherheit vor solchen Angriffen sehen sie sich gezwungen, immer mehr Macht zu akkumulieren, nur um der Macht der anderen begegnen zu können. Dies wiederum macht die anderen unsicherer und zwingt sie, sich auf ‚das Schlimmste' vorzubereiten. Da sich in einer Welt derart konkurrierender Einheiten niemand je ganz sicher fühlen kann, ergibt sich ein Wettlauf um die Macht, und der Teufelskreis von Sicherheitsbedürfnis und Machtanhäufung schließt sich."[10]

Einen Ausweg aus dem Teufelskreis findet nur, wer sich um Vertrauen bemüht: Vertrauen der Gegenseite in die guten Absichten des Gegenübers und, darauf beruhend, eigenes Vertrauen in die guten Absichten der Gegenseite. Vertrauen, von Georg Simmel zu Recht als eines der Fermente bezeichnet, auf denen die Bildung und Veränderung von „Gesellschaft" beruht,[11] stellt sich im Unterschied zu Angst fast nie spontan ein. Es bedarf intensiver Kommunikation, gepaart mit gezielter Demonstration von Belegen für die guten Absichten, ehe Misstrauen und Fehlwahrnehmungen überwunden werden können. Die Schwierigkeiten, die der Bildung von Vertrauen entgegenstehen, sind umso größer, je weiter die auch hier unterschiedlichen kulturellen Codes auseinanderliegen. Gelingen kann sie nur, wenn beide Seiten eine gewisse Hartnäckigkeit und eine gewisse Risikobereitschaft mitbringen, aber selbst dann ist einmal erworbenes Vertrauen nicht vor Zerrüttung gefeit. Gelungene Kom-

---

[10] *John H. Herz*, Idealist Internationalism and the Security Dilemma, in: World Politics, Bd. 2, Nr. 2, Januar 1950, S. 157–180; deutsche Übersetzung in *John H. Herz*, Staatenwelt und Weltpolitik. Aufsätze zur internationalen Politik im Nuklearzeitalter. Hamburg 1974, S. 39–56, das Zitat S. 39.
[11] *Georg Simmel*, Soziologie. Untersuchungen über die Formen der Vergesellschaftung [1908]. Frankfurt a. M. 1992, S. 383 ff.

munikation setzt daher in aller Regel *face-to-face*-Begegnungen voraus, und die Aufrechterhaltung häufigen persönlichen Austauschs über einen längeren Zeitraum hinweg ist Voraussetzung für eine Stabilisierung des Vertrauensverhältnisses.[12]

Generell schließt politische Führung auf der internationalen Ebene die Fähigkeit zum Management der Angst mit ein, der eigenen Ängste ebenso wie der Ängste in der Gesellschaft, die die politische Führung repräsentiert. Anders gesagt: Die Qualität politischer Führung auf der internationalen Ebene lässt sich daran bemessen, wieweit es den Politikern gelingt, berechtigte von unberechtigten Ängsten zu unterscheiden und Maßnahmen zur tatsächlichen Reduzierung der wahrgenommenen Bedrohung zu unternehmen. Zu diesen gehören notwendigerweise sowohl Maßnahmen zur Verringerung des eigenen Risikos, das heißt: Maßnahmen zur Vergrößerung des Risikos eines potentiellen Angreifers als auch Maßnahmen zur Eindämmung des Wettrüstens und der Kriegsgefahr. Der potentielle Widerspruch zwischen beiden Arten von Maßnahmen löst sich auf, wenn man sie im Hinblick auf das Ziel der Friedenssicherung aufeinander abstimmt.

Angst im Kalten Krieg

Die Bedeutung des Faktors Angst in der Weltpolitik lässt sich exemplarisch anhand der Geschichte des Kalten Krieges vorführen. Ohne die systematische Einbeziehung der Ängste und ihrer Überwindung lassen sich weder die Entstehung des Kalten Krieges noch sein überraschendes Ende erklären, und auch bei seinem Verlauf bleibt Manches rätselhaft. Man kommt dann zu Pseudoerklärungen wie der These vom Kalten Krieg als „geschlossene[m], selbstreferentielle[n] System", in dem beide Seiten ganz auf die Bekämpfung der Gegenseite konzentriert waren: „Da sie militärisch durch den erreichten Stand der (nuklearen) Rüstung zu einem Krieg gegeneinander nicht mehr in der Lage waren, führten sie die Auseinandersetzung so lange auf Ersatzfeldern, bis einer der beiden ‚Motoren' des Konflikts ausfiel."[13] Oder man flüchtet sich in die mystifizierende Vorstellung, „dass man den Kalten Krieg nur beenden konnte, wenn man der Entspannung ein Ende setzte" – womit dann ausgerechnet Ronald Reagan als der eigentliche Überwinder des Kalten Krieges erscheint.[14]

---

[12] Vgl. *Barbara A. Misztal*, Trust in Modern Societies. The Search for the Bases of Social Order. Cambridge 1996; *Ute Frevert*, Vertrauen. Historische Annäherungen an eine Gefühlshaltung, in: Claudia Benthien/Anne Fleig/Ingrid Kasten (Hrsg.), Emotionalität. Zur Geschichte der Gefühle. Köln/Weimar/Wien 2000, S. 178–197.

[13] So *Bernd Stöver*, Der Kalte Krieg. Geschichte eines radikalen Zeitalters 1947–199. München 2007, S. 466, 463.

[14] So bei *John Lewis Gaddis*, Der Kalte Krieg. Eine neue Geschichte. München 2007, das Zitat S. 270. – Zur Kritik an Gaddis vgl. *Geir Lundestad*, The Cold War According to John Gaddis,

Tatsächlich erscheint die Inkubationsphase des Kalten Krieges auch im Licht der neu erschlossenen Quellen östlicher Provenienz vom Phänomen der „doppelten Eindämmung" geprägt, das ich seinerzeit bei einer Auswertung des Revisionismusstreits zu den Ursprüngen des Kalten Krieges diagnostiziert hatte.[15] Beide Hauptakteure – die Truman-Administration in Washington und Stalin an der Spitze des Sowjetregimes – fürchteten eine Ausdehnung des Einflusses der Gegenseite im kriegszerstörten Europa und griffen daher zu Maßnahmen, die die befürchtete Expansion verhindern sollten. Die wechselseitigen Befürchtungen waren jedoch im Wesentlichen unbegründet. Daher führten die Eindämmungsmaßnahmen nicht nur zur de-facto-Aufkündigung der Anti-Hitler-Koalition, sondern auch zur Verfestigung von Feindbildern, die eine Verständigung über konkrete Streitfragen praktisch unmöglich machten.[16]

Auf der amerikanischen Seite entsprang die Furcht vor sowjetischer Expansion der Frustration über die Vergeblichkeit der Versuche, in Polen, Rumänien und Bulgarien die Durchführung freier Wahlen und damit die Etablierung tatsächlich demokratischer Regime zu sichern. Intellektuell unterfüttert wurde sie durch die Diplomaten der „Riga-Schule" um George F. Kennan, die das sowjetische Vorgehen im westlichen Vorfeld der Sowjetunion mit einem prinzipiellen Expansionismus erklärten, der angeblich zwingend aus dem sowjetischen Herrschaftssystem hervorging. Die Sowjets, schrieb Kennan in seinem berühmt gewordenen „langen Telegramm" an Außenminister James F. Byrnes im Februar 1946, würden alles tun, um das sozialistische Lager zu stärken und zugleich die kapitalistischen Nationen zu schwächen und untereinander aufzuhetzen; mit Hilfe der kommunistischen Parteien, gelenkt von einem „Untergrundgeneralstab des Weltkommunismus", einer „heimlichen, von Moskau straff koordinierten und dirigierten Komintern", würden sie versuchen, „die allgemeine strategische und politische Potenz der stärkeren Westmächte auszuhöhlen", würden sie Druck ausüben, um Regierungen, die „den sowjetischen Bestrebungen im Weg sind", von der Türkei über die Schweiz bis zu England, aus dem Amt zu entfernen, würden sie „im Ausland [...] in der Regel auf die Zerstörung aller Formen der persönlichen Unabhängigkeit, der wirtschaftlichen, politischen und moralischen, hinarbeiten."[17]

---

in: Cold War History 6, 2006, S. 535–542; zum gegenwärtigen Stand der internationalen Debatte *Wilfried Loth*, The Cold War: What it Was About and Why It Ended, in: Poul Villaume/Odd Arne Westad (Hrsg.), Perforating the Iron Curtain. European Détente, Transatlantic Relations, and the Cold War, 1965–1985. Kopenhagen 2010, S. 19–34; *Gottfried Niedhart*, Der Ost-West-Konflikt. Konfrontation im Kalten Krieg und Stufen der Deeskalation, in: Archiv für Sozialgeschichte 50, 2010, S. 557–594; sowie die Essays in Melvyn P. Leffler/Odd Arne Westad (Hrsg.), The Cambridge History of the Cold War. 3 Bde. Cambridge 2010.

[15] *Wilfried Loth*, Die doppelte Eindämmung. Überlegungen zur Genesis des Kalten Krieges 1945–1947, in: HZ 238, 1984, S. 611–631.

[16] Zum Ertrag der Erschließung neuer Quellen *Wilfried Loth*, Die Teilung der Welt. Geschichte des Kalten Krieges 1941–1955 [1980], erweiterte Neuausgabe München 2000, S. 352–389.

[17] Telegramm vom 22.2.1946, hier zitiert nach der deutschen Übersetzung in *George F. Kennan*, Memoiren eines Diplomaten, Taschenbuchausgabe. München 1971, S. 552–568.

Konkretisiert wurde die eher diffuse Angst, die aus dieser Wahrnehmung resultierte, in der Befürchtung, die Kommunisten könnten die wirtschaftliche Not, die nach Kriegsende in Europa drohte, zur Förderung von Unruhen und damit letztlich zur Machtergreifung nutzen. Diese Befürchtung bildete schon den Hintergrund für Harry S. Trumans Entscheidung vom Sommer 1945, Reparationslieferungen aus dem besiegten Deutschland zu vertagen, bis die akute Wirtschaftskrise in Europa überwunden war. Ganz entscheidend war sie dann für die Konzipierung des Marshall-Plans. „Voller Hunger, wirtschaftlichem Elend und Enttäuschung", so formulierte es William Clayton, Unterstaatssekretär für Wirtschaftsfragen im State Department in einem Memorandum vom 5. März 1947, stünden die meisten europäischen Länder „hart am Rande des Abgrunds" und könnten „jederzeit hinuntergestoßen werden; andere sind schwer bedroht." Auf wirtschaftliche Zusammenbrüche, beginnend mit Griechenland und Frankreich, könne die rasche Ausbreitung kommunistischer Regime folgen.[18]

Von den tatsächlichen Absichten der sowjetischen Führung waren diese Befürchtungen meilenweit entfernt. Tatsächlich ging es Stalin in erster Linie um eine Restituierung des zaristischen Imperiums, dann um die Verhinderung eines abermaligen deutschen Angriffs und, damit zusammenhängend, um Vorkehrungen gegen die erneute Verwandlung des ostmitteleuropäischen und südosteuropäischen Raums in ein antisowjetisches Aufmarschgebiet. Selbst in diesem neuen Vorfeld sowjetischer Sicherheit implizierte das nicht die Übernahme des sowjetischen Herrschafts- und Gesellschaftsmodells. So suchte Stalin etwa die polnischen Kommunisten noch im November 1945 explizit auf den parlamentarischen Weg zum Sozialismus zu verpflichten, und er sah den polnischen Nachbarn auch auf mittlere Sicht noch als ein Land „unter einem nicht-sowjetischen System."[19] In den Staaten West- und Südeuropas setzte er auf eine breite Koalition nationaler Kräfte und rasche Förderung des wirtschaftlichen Wiederaufbaus. Gesellschaftliche Reformbewegungen wurden abgebremst, um dem befürchteten Vordringen des US-amerikanischen Kapitalismus nicht auch noch Vorschub zu leisten. Die Widerstandsbewegung, ließ er den Generalsekretär der französischen Kommunisten, Maurice Thorez im November 1944 wissen, sollte in eine „Bewegung zum Wiederaufbau eines starken Frankreichs und zur Stärkung der Demokratie" überführt werden.[20]

Dass die amerikanischen Eliten die weitgehende Übereinstimmung amerikanischer und sowjetischer Europapolitik nicht bemerkten und sich darum um die Eindämmung einer Gefahr sorgten, die in Wahrheit gar nicht bestand, lässt sich nur mit der besonderen Kombination von außenpolitischer Uner-

---

[18] Zitiert bei *Ellen Clayton-Garwood*, Will Clayton. A Short Biography. Austin 1958, S. 115–118.
[19] Unterredung mit Wladyslaw Gomulka am 14.11.1945, Aufzeichnung Gomulkas, veröffentlicht in Cold War International History Project Bulletin Nr. 22, Winter 1998, S. 135–139; Mitteilung Stalins an Molotow u. a. ebd. S. 138f.
[20] *M. M. Narinskij*, I. V. Stalin i M. Torez, 1944–19477gg. Novie materiali, in: Novaja i nowejschaja istorija 1996, Nr. 1, S. 18–30, das Zitat S. 23.

fahrenheit mit einem spezifischen Sendungsbewusstsein und leidvollen Erfahrungen erklären, die sie prägte. Einerseits hatten sie erfahren müssen, wie die Weltwirtschaftskrise zum Aufstieg des Nationalsozialismus geführt und dieser die Welt in einen Krieg gestürzt hatte; da lag die Befürchtung nahe, das verbündete totalitäre Regime sei ebenso expansionistisch wie das gegnerische und die neue Wirtschaftskrise werde der Expansion dieses Regimes Vorschub leisten. Andererseits war ihnen weder die antisowjetisch-autoritäre Tradition im östlichen Europa geläufig noch die demokratisch-sozialistische im Westen; darum war die sowjetische Repressionspolitik im Machtbereich der Roten Armee für sie nur als Ausdruck eines grundsätzlichen Eroberungswillens verständlich, und der Vormarsch der Linken erschien als Bedrohung für die Demokratie. Dass sich die Furcht vor sowjetischer Expansion auch zu einer Reihe innenpolitischer Zwecke instrumentalisieren ließ, hat ihre Ausbreitung beschleunigt; ausschlaggebend für ihre Entstehung war sie nicht.

Für die sowjetischen Machthaber waren die Gründe für die amerikanische Furcht vor einer sowjetischen Expansion freilich kaum zu erkennen. In ihrer Sicht mussten die amerikanische Eindämmungspolitik und die Warnungen vor sowjetischer Expansion, die sie begleiteten, als völlig unangemessene Reaktionen auf das amerikanisch-sowjetische Kräfteverhältnis und die sowjetische Politik gegenüber dem westlichen Europa erscheinen. Erklärbar waren sie nur, wenn man sie als zynisch eingesetzte Mittel jenes amerikanischen Dominanzstrebens auffasste, das man ohnehin voller Argwohn auf sich zukommen gesehen hatte. Das zeitweilige Beharren auf freien Wahlen im östlichen Europa erschien als Versuch, der Sowjetunion die mehr oder weniger deutlich zugestandene Sicherheitssphäre wieder streitig zu machen; die Verweigerung von Reparationslieferungen und das Angebot eines Deutschland-Pakts wurden als Versuche wahrgenommen, sich der Verpflichtung zur Beseitigung der gesellschaftlichen Grundlagen des Nationalsozialismus zu entziehen; und die wirtschaftliche Schwäche der europäischen Länder wurde als Einladung an das „amerikanische Monopolkapital" verstanden, „in ihre nationalen Wirtschaften einzudringen."[21]

Die sowjetische Führung entwickelte nun aus dieser Wahrnehmung der amerikanischen Politik ihrerseits überzogene Ängste. Nikolai Nowikow, der sowjetische Botschafter im Washington, erklärte sie in einem Memorandum vom 27. September 1946 mit einem angeblichen Durchbruch der „imperialistischen Tendenzen des amerikanischen monopolistischen Kapitals." Sie hatten in seiner Interpretation dazu geführt, dass die amerikanische Politik nach Weltherrschaft strebte und sich sogar auf einen „Krieg gegen die Sowjetunion" vorbereitete, „die in den Augen der amerikanischen Imperialisten das Haupthindernis auf dem Weg der Vereinigten Staaten zur Weltherrschaft

---

[21] So der sowjetische Botschafter in Washington, Nikolai Nowikow in einem Memorandum vom 27.9.1946, das Außenminister Wjatscheslaw Molotow in Auftrag gegeben hatte; englische Übersetzung in Diplomatic History 15, 1991, S. 527–537.

darstellt." Nowikow räumte ein, dass zum gegenwärtigen Zeitpunkt niemand sagen könne, wann dieser Krieg stattfinden werde. Gleichzeitig warnte er aber vor einer Politik der Hochrüstung und der „Wiederbelebung eines imperialistischen Deutschlands, das die Vereinigten Staaten in einem künftigen Krieg auf ihrer Seite zu nutzen beabsichtigen."[22]

Stalin selbst hat die Lage zu diesem Zeitpunkt wohl nicht so dramatisch eingeschätzt. In nicht weniger als vier ausführlichen Interviews mit westlichen Gesprächspartnern vom September 1946 bis zum April 1947 betonte er, dass keine Kriegsgefahr drohe und der Ausbau der Kooperation mit den Westmächten nicht nur wünschenswert, sondern auch möglich sei. Bei Beratungen mit der SED-Führung Ende Januar 1947 strahlte er eine im Kern geradezu unerschütterliche Zuversicht aus.[23] Die optimistischen Beteuerungen erscheinen freilich auch als Versuch, die Gefahren zu bannen, vor denen Nowikow warnte. Als die Truman-Regierung das Hilfsangebot des Marshall-Plans formulierte, sah auch er die Gefahr einer „wirtschaftlichen und politischen Unterjochung der europäischen Länder unter das amerikanische Kapital."[24] Folglich bestand er auf individuellen Hilfszusagen an die europäischen Länder anstelle eines gemeinsamen europäischen Wiederaufbau-Plans sowie auf Zugeständnissen in der Reparationsfrage als Voraussetzung für eine Einbeziehung Deutschlands in das Wiederaufbau-Programm. Die Hoffnung auf Unterstützung dieser Forderungen durch die Europäer, die die Unterjochung unter den amerikanischen Kapitalismus seiner Überzeugung nach ebenfalls abwehren mussten, wurde jedoch enttäuscht: Der britische Außenminister Ernest Bevin und sein französischer Kollege Georges Bidault lehnten seine Bedingungen für eine Teilnahme am Marshall-Plan nur zu gerne ab.

Die militärische Blockbildung, die auf die Ost-West-Spaltung Europas und Deutschlands folgte, vollzog sich nach der Logik des Sicherheitsdilemmas. Als Bevin und Bidault im Winter 1947/48 die Bildung eines atlantischen Bündnisses verlangten, reagierte die Truman-Administration zunächst zurückhaltend. Nicht nur die idealistische Tradition einer Nation, die die Machtpolitik des alten Europa hinter sich gelassen zu haben glaubte, sprach eigentlich dagegen. Kennan und andere einflussreiche Berater des State Department fürchteten, an sich überflüssige Rüstungsanstrengungen könnten dem wirtschaftlichen Wiederaufbauprogramm die erforderlichen Ressourcen streitig machen und damit seinen Erfolg gefährden. Die Vereinigten Stabschefs sorgten sich, von dem ohnehin knappen Verteidigungsbudget zu viel an die neuen Verbündeten abzweigen zu müssen. Zu einer Beistandsgarantie rang man sich erst

---

[22] Ebd.
[23] *Wilfried Loth*, Stalins ungeliebtes Kind. Warum Moskau die DDR nicht wollte. Berlin 1994, S. 107 f.
[24] So Nowikow in einem Telegramm vom 24.6.1947, zitiert bei *Scott Parish*, The Marshall Plan, Soviet-American-Relations, and the Division of Europe, in: Norman Naimark/Leonid Gibianskii (Hrsg.), The Establishment of Communist Regimes in Eastern Europe, 1944–1949. Boulder, Co. 1997, S. 267–290, hier S. 279–282.

durch, als Frankreich davon die Zustimmung zur Schaffung eines westdeutschen Staates abhängig machte. Sie blieb bewusst vage formuliert und war aus amerikanischer Sicht als vertrauensbildende Maßnahme vorwiegend symbolischer Natur gedacht, die die Europäer anstiften sollte, selbst mehr für ihre Verteidigung und den Erfolg des Wiederaufbauprogramms zu tun.[25]

Mit einer konkreten militärischen Bedrohung glaubten sich auch die übrigen Gründungsmitglieder der nordatlantischen Allianz nicht konfrontiert. Die Regierung de Gasperi strebte gegen beträchtlichen Widerstand im eigenen Land eine Mitgliedschaft im Bündnis an, um Italien einen möglichst gleichberechtigten Platz im westlichen Staatensystem zu sichern. Norwegen entschied sich für den Beitritt zur atlantischen Allianz, nachdem Versuche, ein skandinavisches Bündnis zum Westen hin zu öffnen, am Widerstand Schwedens gescheitert waren. Dänemark schloss sich der Allianz an, nachdem Norwegen dafür optiert und Schweden ein Bündnis allein mit Dänemark als problematisch abgelehnt hatte. Portugal trat dem Bündnis bei, um das amerikanische Interesse an Stützpunkten auf den Azoren zur Finanzierung der eigenen Streitkräfte-Modernisierung und zur Sicherung seiner Übersee-Besitzungen zu nutzen. Den beiden Ländern, die am ehesten von einer militärischen Bedrohung sprechen konnten – Griechenland und der Türkei – wurde der Beitritt zum Bündnis zunächst verwehrt.

Die Logik militärischen Präventivdenkens stellte dieses begrenzte Verständnis der atlantischen Allianz jedoch bald in Frage. Wenn das Bündnis von den Europäern als Sicherheitsgarantie wahrgenommen werden sollte, dann musste es Sicherheit von Anfang an bieten. Die Sicherheitsvorkehrungen mussten so organisiert werden, dass ein Vordringen von Truppen und Waffen des sowjetischen Blocks auf das Territorium der Verbündeten mit einiger Glaubwürdigkeit ausgeschlossen war. Die ursprüngliche amerikanische Konzeption, Europa nach einem Vormarsch der Roten Armee bis an den Atlantik von den Azoren aus zurückzuerobern, war für die europäischen Bündnismitglieder nicht akzeptabel. Wollte man aber eine Verteidigungslinie möglichst weit im Osten des europäischen Kontinents, benötigte man mehr und besser ausgerüstete Truppen, eine möglichst sichtbare Präsenz der amerikanischen Verbündeten sowie eine Beteiligung des westlichen Deutschlands, das für den Westen gesichert werden sollte und zugleich ein strategisches Vorfeld für die Sicherheit seiner Nachbarn im Westen und Norden darstellte. All das war nicht einfach durchzusetzen und wäre möglicherweise ohne den Koreakrieg auch nie durchgesetzt worden. In nahezu allen Mitgliedsstaaten des Bündnis-

---

[25] Zum Zusammenhang von Weststaatsgründung und Bündniszusage *Wilfried Loth*, Die deutsche Frage in französischer Perspektive, in: Ludolf Herbst (Hrsg.), Westdeutschland 1945–1955. München 1986, S. 37–49, hier S. 46f.; allgemein zur Entstehung der NATO *Norbert Wiggershaus/Roland G. Foerster* (Hrsg.), Die westliche Sicherheitsgemeinschaft 1948–1950. Gemeinsame Probleme und gegensätzliche Interessen in der Gründungsphase der Nordatlantischen Allianz. Boppard 1988; *Norbert Wiggershaus/Winfried Heinemann* (Hrsg.), Nationale Außen- und Bündnispolitik der NATO-Mitgliedsstaaten. München 2000.

ses hat erst der Angriff der nordkoreanischen Kommunisten auf Südkorea am 25. Juni 1950 einen Umschwung der Meinungen und Kräfteverhältnisse zugunsten der NATO-Lösung herbeigeführt.

Die westliche Entscheidung zum Aufbau einer integrierten Verteidigungsorganisation in Europa brachte dann Stalin dazu, ebenfalls systematische Vorkehrungen für eine militärische Konfrontation zu treffen. Hatte er im Gespräch mit Gomulka im November 1945 Mutmaßungen über einen Krieg mit den Westmächten noch als vollkommenen „Unsinn" abgetan,[26] so sprach er bei einer Zusammenkunft der Parteichefs und Verteidigungsminister der osteuropäischen „Volksdemokratien" im Januar 1951 nur noch von „zwei, drei Jahren", in denen man noch nicht mit einer „Auslösung des Dritten Weltkriegs" durch die USA zu rechnen brauche. Als wesentlichen Grund für das Fehlen einer unmittelbaren Kriegsgefahr nannte er die Verwicklung der USA in den Koreakrieg; und tatsächlich bemühte er sich dann nach Kräften, das Zustandekommen eines Waffenstillstands in Korea hinauszuzögern. In das umfassende Aufrüstungsprogramm, das er jetzt auf den Weg brachte, wurde lediglich die DDR noch nicht einbezogen; diese folgte dann aber binnen Jahresfrist.[27]

Die Überwindung der Angst

Während das allmähliche Entschwinden glaubwürdiger Alternativen dafür sorgte, dass sich die Ost-West-Blockstruktur in Europa schließlich durchsetzte – definitiv erst mit dem NATO-Beitritt der Bundesrepublik Deutschland und der parallelen Bildung des Warschauer Pakts unter Einschluss der DDR im Mai 1955 – , führten die spürbaren Kosten der Konfrontation und insbesondere die Angst vor der Selbstvernichtung in einem Atomkrieg immer wieder zu Bemühungen um Vertrauensbildung. Das gilt nicht nur für die westliche Seite, sondern auch für die östliche – auch wenn das auf der westlichen Seite infolge des erreichten Grades an wechselseitiger Dämonisierung häufig nicht wahrgenommen wurde und folglich vergeblich blieb.

Im Grunde müssen schon die sowjetischen Bemühungen um einen Friedensvertrag mit Deutschland in diesem Zusammenhang gesehen werden, auch wenn die darin eingeschlossene Bereitschaft zum Verzicht auf ein kommunistisches Machtmonopol in der DDR nie deutlich genug formuliert

---

[26] Unterredung vom 14.11.1945, Cold War International History Project Bulletin Nr. 11, Winter 1998, S. 136.
[27] Vgl. *Gerhard Wettig*, Stalins Aufrüstungsbeschluss. Die Moskauer Beratungen der Parteichefs und Verteidigungsminister der „Volksdemokratien" vom 9. bis 12. Januar 1951, in: VfZ 53, 2005, S. 635–650, das Zitat S. 641; zur Blockierung eines Waffenstillstands in Korea *Kathryn Weathersby*, Stalin, Mao and the End of the War in Korea, in: Odd Arne Westad (Hrsg.), Brothers in Arms: The Rise and Fall of the Sino-Soviet Alliance, 1945–1963. Stanford 1998, S. 90–116.

wurde und Stalin in ideologischer Verblendung nicht das direkte Gespräch mit Truman suchte, sondern stattdessen auf den Druck auf die westlichen Regierungen setzte, den er in erster Linie bei den Deutschen und den Franzosen zu erzeugen suchte.[28] Als die Stalin-Nachfolger ihre westlichen Verhandlungspartner direkt und vertraulich darauf ansprachen, waren diese insgesamt schon zu sehr auf die Konsolidierung des westlichen Bündnisses festgelegt, um darauf noch einmal flexibel reagieren zu können.[29]

Immerhin gelang den Stalin-Nachfolgern aber auf der Genfer Gipfelkonferenz vom 18. bis 23. Juli 1955 eine grundsätzliche Verständigung mit den Regierungschefs der drei Westmächte über die Notwendigkeit einer Begrenzung der atomaren Rüstung und einer Einhegung des Kalten Krieges. US-Präsident Dwight D. Eisenhower unterhielt sich mit seinem alten Kriegskameraden und nunmehrigen Verteidigungsminister Georgij Schukow über die verheerenden Folgen einer atomaren Konfrontation. Zusammen mit anderen vertraulichen Gesprächen am Rande der offiziellen Sitzungen ergab sich daraus auf beiden Seiten der Eindruck, dass man um die Verpflichtung zur Sicherung des Friedens wusste und ungeachtet machtpolitischer und ideologischer Differenzen letztlich bereit war, ihnen Rechnung zu tragen. Der Genfer Gipfel, bekannte der sowjetische Partei- und Regierungschef Nikita Chruschtschow später, „überzeugte uns einmal mehr, dass wir uns nicht am Vorabend eines neuen Krieges befanden und dass sich unsere Feinde in der gleichen Weise vor uns fürchteten wie wir uns vor ihnen."[30] Der britische Premierminister Anthony Eden notierte als Ergebnis der Genfer Begegnung: „Alle Beteiligten lernten, dass keine der anwesenden Mächte einen Krieg wollte, und alle verstanden, warum das so war. Die Russen entdeckten ebenso wie wir, dass diese Situation durch die Abschreckungsmacht der thermonuklearen Waffen entstanden war."[31]

Die Verhandlungen, die auf diese erste Gipfelbegegnung seit Kriegsende folgten, führten nicht zu schnellen Erfolgen, und sie konnten auch neue krisenhafte Zuspitzungen des Ost-West-Verhältnisses nicht verhindern. Aber nie wurde es zugelassen, dass der Gesprächsfaden ganz abriss, und manchmal gelangen auch bemerkenswerte Fortschritte in der Verständigung. So fanden Chruschtschow und John F. Kennedy im vertraulichen Kontakt – über Kennedys Bruder Robert und den Washingtoner Sowjetbotschafter Anatolij

---

[28] Die sowjetische Bereitschaft zum militärischen und politischen Rückzug aus Deutschland wird unter dem Einfluss des Expansionismus-Dogmas immer wieder gerne geleugnet. Unterdessen liegen aber so viele einschlägige Dokumente vor, dass sie nicht mehr ernsthaft bestritten werden kann. Vgl. zuletzt *Wilfried Loth*, The German question from Stalin to Khrushchev: The meaning of new documents, in: Cold War History 10, 2010, S. 229–245.

[29] *Geoffrey Roberts*, Molotov. Stalin's Cold Warrior. Washington, D.C. 2012, S. 131–174.

[30] Aus Chruschtschows Erinnerungen. Voprosi istorii 8–9, 1992, S. 76.

[31] *Anthony Eden*, Full Circle. London 1960, S. 306. Zum Genfer Gipfel *Günter Bischof/Saki Dockrill* (Hrsg.), Cold War Respite. The Geneva Summit of 1955. Baton Rouge, La. 2000; zu den Verhandlungen über Abrüstung und Entspannung, die auf ihn folgten, generell *Wilfried Loth*, Helsinki, 1. August 1975: Entspannung und Abrüstung. München 1998.

Dobrynin – nicht nur einen Ausweg aus der Kuba-Krise; im Erschrecken über die Möglichkeit eines Versagens der Abschreckung entwickelten beide Blockführer ein breites Programm zur Intensivierung der Entspannung. Richard M. Nixon konnte sich mit Leonid Breschnew über das Prinzip der Parität in der strategischen Atomrüstung verständigen, Willy Brandt über die Möglichkeit eines friedlichen Wandels im sowjetischen Block. Bei beiden Verhandlungen spielten vertrauliche Kontakte eine maßgebliche Rolle: Bei Nixon liefen sie über Henry Kissinger, bei Brandt über Egon Bahr.[32]

Ost und West verfolgten in der Entspannungspolitik weitgehend übereinstimmende Ziele: Sicherung des Friedens, Minderung der Rüstungslasten, Zusammenarbeit zum wechselseitigen Vorteil. In einem Punkt aber schlossen sich die Erwartungen, die mit der Entspannungspolitik verbunden waren, gegenseitig aus: Während man in Moskau und den anderen Hauptstädten des Ostblocks darauf bedacht war, durch die Vereinbarungen mit dem Westen die eigene Herrschaft abzusichern, zielte die westliche Entspannungspolitik auch darauf, die Freiheitsbeschränkungen im Osten zu überwinden. Insofern war die östliche Entspannungspolitik zumindest nach Chruschtschow in der Anlage defensiv, die westliche dagegen in unterschiedlicher Intensität offensiv. Bei der „Konferenz über Sicherheit und Zusammenarbeit in Europa" von 1973 bis 1975 wurden beide Momente sehr deutlich sichtbar. In der Schlussakte der Konferenz, die am 1. August 1975 in Helsinki unterzeichnet wurde, fiel die Verpflichtung zum Wandel dann aber stärker aus als die Anerkennung des Status quo.[33]

Die „vertrauensbildenden Maßnahmen" im militärischen Bereich, die in Helsinki vereinbart worden waren – die Verpflichtung zur vorherigen Ankündigung größerer militärischer Manöver sowie die Einladung von Manöverbeobachtern und der Austausch von militärischem Personal auf freiwilliger Basis – , führten mittelfristig zu einem Abbau überzogener Bedrohungsvorstellungen und zur Sensibilisierung militärischer Experten für die Notwendigkeit intensiver Kommunikation und einer Verständigung über den Zuschnitt wie über die Begrenzung des beiderseitigen Rüstungsdesigns. Insbesondere in der „Unabhängigen Kommission für Abrüstung und Sicherheit", die der schwedische Ministerpräsident Olof Palme 1980 unter der Schirmherrschaft der Vereinten Nationen zusammenstellte, wurde hierüber intensiv diskutiert. Hier fand auch das Konzept der „Gemeinsamen Sicherheit" Anklang, das Bahr als deutsches Mitglied dieser Kommission unter dem Eindruck dynamischer Perfektionierung der atomaren Arsenale entwickelte. Es

---

[32] Zu letzterem *Gottfried Niedhart*, Deeskalation durch Kommunikation. Zur Ostpolitik in der Bundesrepublik Deutschland in der Ära Brandt, in: Corinna Hauswedell (Hrsg.), Deeskalation von Gewaltkonflikten seit 1945. Essen 2006, S. 99–114.

[33] Vgl. *Andreas Wenger/Vojtech Mastny/Christian Nuenlist* (Hrsg.), Origins of the European Security System. The Helsinki Process Revisited, 1965–75. London/New York 2008; *Angela Romano*, From Détente in Europe to European Détente. How the West Shaped the Helsinki CSCE. Brüssel u. a. 2009.

besagte, dass angesichts der wachsenden Gefahr atomarer Selbstvernichtung Sicherheit letztlich nur noch gemeinsam mit dem Gegner erreichbar sei.[34]

Für die Überwindung der Kriegsgefahr, die in der Ost-West-Konfrontation latent enthalten war, war es von entscheidender Bedeutung, dass das Konzept der „Gemeinsamen Sicherheit" seinen Weg von der Palme-Kommission an die Spitze der sowjetischen Führung fand. Das sowjetische Kommissionsmitglied Georgij Arbatow, der Bahr seit den Verhandlungen über den Moskauer Vertrag im Frühjahr 1970 kannte und schätzte, fand es überzeugend und übermittelte es Michail Gorbatschow. Dieser machte es sich gleich zu Beginn seiner Amtszeit als Generalsekretär zu Eigen und verwickelte dann Ronald Reagan in einen intensiven Dialog über einen Abbau der atomaren und schließlich auch der konventionellen Rüstung. Als er Bahr Ende April 1985 zu einem ersten Gespräch empfing, wurde dem Vordenker der „neuen Ostpolitik" deutlich, dass ein Durchbruch in den Abrüstungsverhandlungen bevorstand: „Was er sagte, war frappierend. Neues Denken sei nötig; Überlegenheit, atomar wie konventionell, sinnlos geworden, Abschreckung gefährlich; Sicherheit könnten Ost und West nur gemeinsam finden und dann auch abrüsten. Kurz: Zu meinem Erstaunen entwickelte Gorbatschow mir die Idee der Gemeinsamen Sicherheit. Sie war seine außenpolitische Konzeption, fertig zur Durchführung."[35]

Um mit seinem Werben für die Organisation gemeinsamer Sicherheit Erfolg zu haben, benötigte Gorbatschow freilich auch einen Partner auf der westlichen Seite, der das Konzept verstand und bereit war, sich darauf einzulassen. Hier erwies es sich als ein außerordentlicher Glücksfall, dass Reagan schon einige Monate vor Gorbatschows Amtsantritt, angesichts der panischen Reaktion des KGB auf das „Able Archer"-Manöver im November 1983, die Reziprozität der Abschreckungsdrohung und die Kriegsgefahr, die daraus resultierte, für sich entdeckt hatte. „Drei Jahre", schrieb er rückblickend, „haben mich etwas Überraschendes über die Russen gelehrt. Viele Leute an der Spitze der sowjetischen Hierarchie hatten wirklich Angst vor Amerika und den Amerikanern. Vielleicht sollte mich das nicht überrascht haben, aber es tat es."[36]

Um den neuen Generalsekretär hinsichtlich der Friedfertigkeit seiner Absichten zu versichern, lud Reagan Gorbatschow daher gleich zu einem Gipfeltreffen ein; und dieser nutzte die Gesprächsbereitschaft des amerikanischen Präsidenten, um ihn mit substantiellen Abrüstungsvorschlägen in Zugzwang zu bringen. Bei ihrer zweiten Begegnung, am 11. und 12. Oktober 1986 in

---

[34] *Egon Bahr*, Zu meiner Zeit. München 1996, S. 511–515.
[35] Ebd. S. 516. Vgl. *Wilfried Loth*, Die sowjetische Führung, Michail Gorbatschow und das Ende des Kalten Krieges, in: Hauswedell, Deeskalation, S. 128–146; *ders.*, Willy Brandt, Michail Gorbatschow und das neue Europa, in: Andreas Wilkens (Hrsg.), Wir sind auf dem richtigen Weg. Willy Brandt und die europäische Einigung. Bonn 2010, S. 413–432.
[36] *Ronald Reagan*, An American Life. New York 1990, S. 588. Vgl. *Melvyn P. Leffler*, For the Soul of Mankind. The United States, the Soviet Union, and the Cold War. New York 2007, S. 358–360.

Reykjavik, entwickelte sich daraus eine Art gemeinsamer Verschwörung der beiden Spitzenpolitiker gegen die etablierten Sicherheitsdoktrinen und ihre Exponenten auf beiden Seiten. Als Reagan nach der Rückkehr nach Washington von seinem Sicherheitsberater John Poindexter gemahnt wurde, „dass wir diese Sache aufklären müssen, dass Sie der Abschaffung aller Atomwaffen zugestimmt haben sollen", demonstrierte er, dass er wirklich weiter zu gehen bereit war als seine Umgebung: „Aber John", antwortete er, „ich habe dem wirklich zugestimmt." – „Nein", beharrte Poindexter. „das kann nicht sein." – „John", sagte der Präsident, „ich bin dort gewesen, und ich habe zugestimmt."[37]

Bis zur dritten Begegnung von Reagan und Gorbatschow vom 7. bis 10. Dezember 1987 in Washington gelang auf diese Weise die Verständigung über einen Abbau aller Mittelstreckenraketen, dazu eine Grundsatz-Einigung über die Halbierung der strategischen Offensivwaffen und die Vereinbarung weiterer Verhandlungen über die sonstigen Komponenten der beiderseitigen Abschreckungssysteme. Auch wenn es bei der Implementierung dieser Verabredung noch etwas haken sollte, war damit der Durchbruch zur Organisation gemeinsamer Sicherheit und zu tatsächlicher Abrüstung erreicht. Die Spitzenpolitiker der beiden Weltmächte betrachteten sich nicht mehr als Gegenspieler, sondern als Partner bei der Schaffung einer neuen Weltordnung. Zum Abschluss ihres nächsten Treffens vom 28. Mai bis 2. Juni 1988 in Moskau – der vierten persönlichen Begegnung in einem Zeitraum von zweieinhalb Jahren – versicherte Reagan Gorbatschow, dass er und seine Frau Nancy ihn und seine Frau Raissa „als Freunde betrachteten", und er bat ihn, „dem sowjetischen Volk auszurichten, dass wir und unser Land uns ihm in tiefer Freundschaft verbunden fühlen."[38]

Die Auflösung kommunistischer Parteiherrschaft im Sowjetblock, die der Beendigung der Ost-West-Konfrontation genau besehen folgte und ihr nicht etwa vorausging, erfolgte so in einer Atmosphäre grundsätzlichen Vertrauens zwischen Ost und West, das auf der westlichen Seite auch die Bereitschaft einschloss, Gorbatschow bei der Umsetzung seines Perestroika-Programms zu helfen. Gemessen an den Ängsten, die die Entstehung des Kalten Krieges begleitet hatten, und ihrer Petrifizierung im bipolaren System atomarer Abschreckung war dies eine bemerkenswerte Leistung, auf die die Beteiligten zu Recht stolz sein durften.

---

[37] Berichtet bei *Jane Mayer/Doyle McManus*, Landslide. The Unmaking of the President 1984–1988. Boston 1988, S. 283. Zu den Verhandlungen zwischen Reagan und Gorbatschow vgl. *Raymond L. Garthoff*, The Great Transition. American-Soviet Relations and the End of the Cold War. Washington, D.C. 1994, S. 197–372; sowie *Loth*, Helsinki, S. 232–248.
[38] Presidential Documents, Bd. 24, S. 734.

Forschungsfragen

Zur Geschichte des Kalten Krieges und seiner Überwindung gehören auch die Instrumentalisierung des Feindbildes zur Förderung der Hysterie des McCarthyismus und zur Sicherung als fragil empfundener Herrschaft in den Schauprozessen der späten Stalin-Ära, die Entstehung einer westlichen Sicherheitsgemeinschaft im partei- und staatenübergreifenden Konsens, die Entwicklung einer transnational vernetzten Friedensbewegung, schließlich die dynamische Entwicklung von Freiheits- und Nationalbewegungen im sowjetischen Imperium infolge der öffentlichen Aufkündigung der Gewaltdrohung durch Gorbatschow im Juni und Dezember 1988. All diese Entwicklungen haben jedoch nur in zweiter Linie mit der bipolaren Konfrontation zu tun; und es muss als offene Frage bezeichnet werden, ob sie nicht auch ohne diese Konfrontation in ähnlicher Weise zustande gekommen wären.

Dennoch verdienen sie natürlich, genauer untersucht zu werden, im Hinblick auf ihr Verhältnis zum Kalten Krieg ebenso wie zur Bestimmung des Handlungsspielraums der Akteure auf der internationalen Ebene. Ebenso verdient die Vermengung der wechselseitigen Bedrohungsvorstellungen in der Ost-West-Konfrontation mit anderen Ängsten nähere Betrachtung: der Angst vor den Deutschen, der Angst vor der Abhängigkeit vor einer nicht immer im eigenen Interesse agierenden Führungsmacht, der Angst vor dem Verlust der eigenen Herrschaftsposition, der Angst vor der Ausplünderung des Planeten. Zu fragen ist schließlich auch nach der Wechselwirkung von politischer Aktion und gesellschaftlicher Bewegung bei der Entfachung wie bei der Bewältigung von Angst.[39]

Die letztgenannte Fragestellung führt über den Kalten Krieg hinaus beziehungsweise vor seine Zeit zurück. Generell muss das Angstthema immer berücksichtigt werden, wenn es um Kriegsgefahr und Kriegsverhinderung geht, um Unterdrückung und um Auflehnung. Über die Entwicklung von kulturellen Kodierungen der Angst wissen wir noch wenig. Auch waren die unterschiedlichen Strategien zu ihrer Bewältigung bislang noch selten Gegenstand einer systematischen Betrachtung.[40] Aufschlussreich wären zudem ver-

---

[39] Der Sammelband von *Bernd Greiner/Christian Th. Müller/Dirk Walter* (Hrsg.), Angst im Kalten Krieg. Hamburg 2009 bietet ein breites Spektrum von Themen, die freilich kaum auf einen Nenner zu bringen sind: „Luftschutz"-Maßnahmen, Angstpropaganda in der Stalin-Ära, Chruschtschows Angst vor Erniedrigung, die Angst vor Atomwaffen in der Hand der Deutschen und deutsche Ängste angesichts des Atomwaffenverzichts, Spiegelungen der Angst in kulturellen Produktionen der 1950er und 1960er Jahre, Phasen der Friedensbewegung. Bei *Bormann/Freiberger/Michel*, Angst in den internationalen Beziehungen finden sich unter anderem Beiträge zum Umgang der Regierungen Truman, Eisenhower, Adenauer, Schmidt und Kohl mit der Angst vor der Atombombe.

[40] Einen anregenden Überblick über Angstkulturen in der Weltpolitik nach dem Ende des Kalten Krieges bietet *Dominique Moïsi*, Kampf der Emotionen. Wie Kulturen der Angst, Demütigung und Hoffnung die Weltpolitik bestimmen. München 2009.

gleichende Untersuchungen über das Verhältnis der individuellen Bewältigung von Angst zum Umgang mit gesellschaftlicher Angst in der Politik.

Die Langzeitbetrachtung von Angst im Kalten Krieg macht immerhin deutlich, dass mit der technischen Beschleunigung und Vervielfältigung direkter Kommunikation – von der Verbesserung der Flugverbindungen über die Telekommunikation bis zur Internetkommunikation in Echtzeit – auch die Chancen für das Gelingen vertrauensbildender Anstrengungen gestiegen sind. Anders gesagt: Mit den Gefahren, die sich aus der Entwicklung der Atomwaffe ergeben haben, sind auch die Möglichkeiten zu ihrer Beherrschung größer geworden. Insofern ist die pessimistische Zukunftsbetrachtung, die John Herz seiner Analyse des Sicherheitsdilemmas angesichts erster Anzeichen für eine Krise der Entspannung 1973/74 hinzufügte,[41] nicht zwangsläufig.

---

[41] „Mir selber allerdings erscheinen die Chancen, dass es früher oder später zum Scheitern, wenn nicht gar zum absoluten Untergang kommen wird, überwältigend": *Herz*, Staatenwelt und Weltpolitik, S. 36.

Johannes Paulmann
Diplomatie

Im *Damen Conversations Lexikon* von 1835 wird Diplomatie erklärt als „die Kunst und Wissenschaft, gesandtschaftliche Unterhandlungen zu führen".[1] Der Eintrag dieses Lemmas in eine Enzyklopädie, die sich an Frauen aus dem Bürgertum richtete, zeigte einen Anspruch auf Mitsprache an: den der bürgerlichen Öffentlichkeit, einschließlich seiner weiblichen Mitglieder, in Fragen der auswärtigen Politik. Diplomatie sollte demnach keine rein höfische Angelegenheit mehr sein. Johann Friedrich Gottfried Eiselen, Professor für Kameralistik in Halle, erläuterte unter dem Stichwort „Diplomatie" in der *Allgemeinen Encyclopädie der Wissenschaften und Künste* 1834, dass nur ein „aus dem innern Bildungstriebe sich kräftig entwickelndes und mit dem Staatsorganismus verwebtes Bürgerthum" verhindern könne, dass die Völker „einer Heerde gleich von dem Wink ihres Treibers in Bewegung gesetzt" würden.[2] Der Eintrag im *Damen Conversations Lexikon* zeigte auch an, dass der Herausgeber, seine Leserinnen *au courant* halten wollte, denn er nahm einen Begriff auf, der überhaupt erst im Zeitalter der Französischen Revolution und der napoleonischen Kriege aufgekommen war. Die großen Sammelwerke des 18. Jahrhunderts, Zedlers *Großes Universal-Lexicon* und die *Encyclopédie* von Diderot und d'Alembert, kannten das Wort Diplomatie noch gar nicht. Wenn also eine ganz kurze Einführung in die Thematik aus dem Jahr 2010 mit dem Satz beginnt „Diplomacy [...] has been around a very long time" und dann auf das Bronzezeitalter, das Zweistromland im 8. Jahrhundert und Ägypten im 4. Jahrhundert vor unserer Zeitrechnung verweist, fehlt zumindest ein begriffsgeschichtliches Bewusstsein.[3] Das aktuelle Büchlein möchte seine allgemeine Leserschaft zwar ausdrücklich aus historischer Perspektive in die Kunst der Diplomatie einführen, legt jedoch ein stark reduziertes Verständnis zugrunde. Der Kern der Diplomatie liege, wenn man offensichtliche Unterschiede der Rahmenbedingungen, wie die wechselnden Regierungssysteme und die Kommunikationsrevolution, nicht berücksichtige, in der „universal role of negotiations".[4] Diese enthistorisierende Definition gleicht derjenigen, die sich fast zweihundert Jahre zuvor im *Damen Conversations Lexikon* befand und damals aktuell war.

---

[1] Damen Conversations Lexikon, hrsg. im Verein mit Gelehrten und Schriftstellerinnen v. Carl Herloßsohn, Bd. 3. Leipzig 1835, S. 187.
[2] *J. F. G. Eiselen*, Diplomatie, in: Allgemeine Encyclopädie der Wissenschaften und Künste in alphabetischer Folge von genannten Schriftstellern bearbeitet und hrsg. v. J. S. Ersch u. J. G. Gruber. Leipzig: Brockhaus 1834, Erste Section A-G, 25. Teil, S. 430–441.
[3] *Joseph M. Siracusa*, Diplomacy: A Very Short Introduction. Oxford 2010.
[4] Ebd., S. xiv.

Begriffsgeschichte

Im Folgenden soll eine erste Begriffsgeschichte der „Diplomatie" geboten werden. Sie konzentriert sich auf maßgebliche Enzyklopädien und Handbücher, ohne umfassend sein zu können. Damit lassen sich die wesentlichen Einschnitte beleuchten: der Übergang vom Ancien Régime in das frühe 19. Jahrhundert, der Erste Weltkrieg und die Nachkriegszeit, der Kalte Krieg mit der Dekolonisation und schließlich die globale Gegenwartsgeschichte. Über die Begriffsgeschichte kann auch die zeitgenössische Wahrnehmung der sich wandelnden Rahmenbedingungen, die für die historisch unterschiedliche Rolle der Diplomatie im 19. und 20. Jahrhundert entscheidend waren, erfasst werden. Die zentralen Faktoren bildeten dabei die Transformation von Staatlichkeit, die Evolution zwischenstaatlicher Einrichtungen und transnationaler Regime sowie die Veränderung der Kommunikationsformen.[5] Der Aufsatz möchte so einen Einstieg in die Geschichte der Diplomatie der letzten zwei Jahrhunderte ermöglichen, behandelt aber mithin *nicht* die Diplomatiegeschichte dieser Zeit oder das, was als *haute diplomatie* und hohe Kunst der Diplomatie gilt.

Die Erfindung der „Diplomatie" am Ende des Ancien Régime

Es wird selten erwähnt, weil die Praxis historisch weiter zurückreicht und ihr gern ein gleichbleibender, wenn nicht universeller Charakter zugesprochen wird, doch der Begriff „Diplomatie" tauchte tatsächlich erst gegen Ende des 18. Jahrhunderts auf. Erstmals in einem Druckwerk verwandte ihn offenbar 1791 der aufklärerische Publizist Simon-Nicolas Henri Linguet in den *Annales politiques, civiles et littéraires*; die Académie Française nahm ihn dann 1798 in ihr Wörterbuch auf.[6] Zuvor war die Bezeichnung „l'art de négocier" gebräuchlich, und der „diplomate", den zuerst Robespierre 1792 so nannte, firmierte als „négociateur".[7] 1793 veröffentlichte der radikal-utopische Revolutionär Anacharsis Cloots, ein bei Kleve geborener Adeliger holländisch-katholischer Herkunft, ein Pamphlet unter dem Titel *Diplomatie révolutionnaire*,

---

[5] Vgl. den Überblick zum 20. Jahrhundert von *Ralph Blessing*, A Changing Diplomatic World, in: Gordon Martel (Hrsg.), A Companion to International History 1900–2001. Malden, Mass./Oxford 2007, S. 65–77.

[6] Siehe den kurzen begriffsgeschichtlichen Hinweis von *Amédée Outrey*, Histoire et principes de l'administration française des Affaires Etrangères (I), in: Revue française de science politique, 3/2 (1953), S. 298–318, hier S. 298–300. „Diplomate" fand 1801 noch als Neologismus Eingang in *Louis-Sébastien Mercier*, Néologie ou Vocabulaire des mots nouveaux. Paris 1801, Bd. 1, S. 189.

[7] Zur Debatte seit dem späten 17. Jahrhundert um eine Professionalisierung der Gesandten und des Gesandtschaftswesens siehe *Heidrun Kugeler*, „Le parfait Ambassadeur": Zur Theorie der Diplomatie im Jahrhundert nach dem Westfälischen Frieden, in: Dies./Christian Sepp/Georg Wolf (Hrsg.), Internationale Beziehungen in der Frühen Neuzeit: Ansätze und Perspektiven. Münster 2006, S. 180–211.

mit dem er sich an die niederländischen Unterstützer der französischen Republik wandte; ein Jahr später erläuterte Joseph Eschassériaux, ein Abgeordneter des Nationalkonvents und Angehöriger der Montagnards, in seiner kurzen Schrift *De la Diplomatie, des droits des peuples,* nach welchen Prinzipien ein republikanisches Volk seine äußeren Beziehungen gestalten solle.[8] Der Begriff tauchte in dieser Zeit auch im Zusammenhang der französischen Handelsbeziehungen auf.[9] „Diplomatie" wurde aber keineswegs nur von republikanisch gesinnten Autoren gebraucht. De Flassan, Kabinettschef von Außenminister Talleyrand und Historiograph des Außenministeriums, publizierte 1809–11 eine siebenbändige Darstellung *Histoire générale et raisonée de la diplomatie française* von der Begründung der französischen Monarchie bis zum Ende der Herrschaft Ludwig XVI.[10] Darin hieß es, Diplomatie bezeichne seit einigen Jahren „la science des rapports extérieurs, laquelle a pour base les diplômes ou actes écrits émanés des souverains". Im Deutschen erschienen die ersten Bücher mit dem Titelstichwort erst nach dem Wiener Kongress. Dem Geographen und Statistiker Joseph Marx Freiherr von Liechtenstern zufolge umfasste die Diplomatie einerseits die Sicherung der Selbständigkeit eines Staates, andererseits sollte sie auch gemeinsamen Menschheitszwecken dienen: Die Wissenschaft der Diplomatie beschäftige sich entsprechend, so schrieb er 1820, mit den „Regeln, wie man mit Weisheit [...] und mit Klugheit die persönliche Freiheit und ursprüngliche Gleichheit coexistierender Staaten und deren Glieder, als einer großen Familie der Menschheit aufrecht erhält und ihre gemeinsame Wohlfahrt zugleich befördert".[11]

Als der Begriff Diplomatie am Ende des 18. Jahrhunderts in Umlauf kam, wurde er trotz seiner Entstehung in der Französischen Revolution nicht unmittelbar ideologisch aufgeladen. Partei- und lagerübergreifend belegte er die Verhandlungen zwischen Staaten mit einer Bezeichnung, die einerseits die Praxis als Kunst der Diplomatie und andererseits die Reflexion über sie als

---

[8] *Anacharsis Cloots,* Diplomatie révolutionnaire: Adresse aux sans-culottes bataves. Paris (5. Okt.) 1793; *Joseph Eschassériaux,* De la Diplomatie, des droits des peuples, des principes qui doivent diriger un peuple républicain dans ses relations étrangères. Paris 1794.

[9] *G.-J.-A. Ducher,* Acte de navigation, avec ses rapports au commerce, aux finances, à la nouvelle diplomatie des Français. Paris 1793.

[10] *Gaëtan de Raxi de Flassan,* Histoire générale et raisonée de la diplomatie française, ou de la politique de la France. 6 Bde., Paris 1809, 2. Aufl. 7 Bde., 1811, S. 1, zit. nach *Outrey,* Histoire, S. 299. Im Englischen wurde „diplomacy" erstmals 1796 von Edmund Burke gebraucht; Oxford English Dictionary. 2. Aufl., Oxford 1989, s. v. Diplomacy.

[11] *Joseph Marx Freiherr von Liechtenstern,* Was hat die Diplomatie als Wissenschaft zu umfassen und der Diplomat zu leisten? Ein Umriß der Hauptmomente der erstern und der Pflichten der letzteren. Altenburg 1820. Der Autor wird gelegentlich fälschlich als „Liechtenstein" zitiert; ein weiteres zitiertes Werk desselben Autors mit dem Titel „Über den Begriff der Diplomatie", das in Wien 1814 erschienen sein soll, ist bibliothekarisch nicht zu identifizieren. Frhr. v. Liechtenstern (geb. 1765 in Wien, gest. 1828) stammte aus einer Offiziersfamilie; er verband Kartographie und Staatswissenschaft und bemühte sich vergeblich um die Einrichtung eines statistischen Amtes in Wien.

Wissenschaft von der Diplomatie umfasste.[12] Wie erklärten diejenigen, die im Folgenden über die Diplomatie nachdachten, die Begriffsbildung? Welche Veränderungen diagnostizierten sie im Laufe des 19. Jahrhunderts?

Der bereits erwähnte Hallenser Kameralist Eiselen beschrieb die Entstehung der „Diplomatie" 1834 als Ausdifferenzierung aus Staatslehre und Staatskunst. Ihre eigentümliche Sphäre im Gebiet der Politik sei die friedliche Vermittlung der Staatszwecke nach außen in den Beziehungen zu anderen Staaten. Warum man das bisher so wenig erkannte und daher nicht eigens bezeichnete, sah er in der seines Erachtens falschen Vorstellung von der äußeren Politik als einem „Inbegriff von Täuschungen und Überlistungen einer sich selbst überbietenden sogenannten Klugheit" begründet.[13] Erst seit die Staatenpolitik auf einer anderen Grundlage betrieben werde, konnte demnach die differenzierende Benennung erfolgen. Der bürgerliche Professor markierte damit in den 1830er Jahren eine Abgrenzung gegenüber früheren Zeiten, als die Bevollmächtigten an fremden Höfen seines Erachtens mehr durch Ränke und List wirkten als völkerrechtlichen Grundsätzen zu folgen.[14] Er verband ferner den Staatszweck explizit mit den Interessen des Bürgertums und legte als Ziel die Bewahrung staatlicher Souveränität fest, wobei die Eigenheit des Staates im Sinne der Nationalität und der „politischen Bildungsstufe" wesentlich sei. Territorialerwerbungen waren demnach, wenn sie „blos Äußerliches" wären, nicht erstrebenswert.

Zusammengenommen verdichtete sich der Verweis auf Völkerrecht, bürgerlichen Staatszweck, nationale Homogenität und politische Partizipation zu dem seit der Zeit um 1800 immer wiederkehrenden Topos von der Unterscheidung zwischen „alter" und „neuer" Diplomatie. Diese historisierende Betrachtung gegenwärtiger Verhältnisse konstatiert eine grundlegende Veränderung der Diplomatie; sie hat in der Regel nach Zeiten größerer Instabilität oder Unsicherheit in den internationalen Beziehungen Konjunktur. Keineswegs kam sie, wie häufig angenommen, erst mit dem Ersten Weltkrieg auf, sondern bereits im Übergang vom Ancien Régime in das 19. Jahrhundert. Prägnant zusammengefasst findet sich die Vorstellung von „alt" und „neu" bezogen auf die Zeit um 1800 noch in der *Encyclopædia Britannica* von 1910–11, die gleichsam das Wissen des 19. Jahrhunderts zusammenfasste.[15] Der Ox-

---

[12] Daneben wurde um 1900 mit Diplomatie auch noch die Gesamtheit der mit auswärtigen Angelegenheiten beschäftigten Amtsorgane bezeichnet und somit die im Ausland als Gesandte oder in den Auswärtigen Ministerien tätigen Personen erfasst; siehe Meyers Großes Konversations-Lexikon. Bd. 5, Leipzig 1906, s. v. Diplomatie, S. 37–39. Wenig präzise wird „Diplomatie" gelegentlich, vor allem im Amerikanischen, auch mit der Außenpolitik eines Staates oder mit der internationalen Politik der Staaten insgesamt gleichgesetzt; siehe *G.R. Berridge/ Alan James*, A Dictionary of Diplomacy. 2. Aufl., Basingstoke 2003, s. v. Diplomacy, S. 69f.

[13] *Eiselen*, Diplomatie, S. 432. Siehe auch *Friedrich Kölle*, Betrachtungen über Diplomatie. Stuttgart 1838.

[14] Ähnlich wenig später auch Pierer's Universal-Lexikon. Altenburg 1858, Bd. 5, s. v. Diplomatie, S. 173–175.

[15] Encyclopædia Britannica. 11. Aufl., Cambridge 1910, Bd. 8, s. v. Diplomacy, S. 294–300.

forder Historiker W. Alison Phillips, der 1914 auf den Lecky-Lehrstuhl an das Trinity College in Dublin berufen wurde, beschrieb darin die hohe Kunst der gesandtschaftlichen Unterhandlung bis zum 18. Jahrhundert als „a process of exalted haggling, conducted with an utter disregard of the ordinary standards of morality, but with the most exquisite politeness".[16] Das elaborierte höfische Zeremoniell habe sich in der Klasse der adeligen Diplomaten zwar bis ins 19. Jahrhundert erhalten, der Charakter der Diplomatie selbst erfuhr jedoch in dreifacher Hinsicht fundamentale Veränderungen. Erstens habe sich infolge der Französischen Revolution und durch die Kongressdiplomatie ein größerer Gemeinsinn zwischen den Nationen entwickelt. So wechselhaft seine konkrete Wirksamkeit auch sei, meint Phillips, die Vorstellung von „Europa" als einer politischen Einheit existiere seither und der Diplomat sei nicht mehr alleine seiner Regierung verantwortlich, sondern auch Europa und dem „public law of the world", als dessen Übersetzter und Wächter er auftrete.[17]

Die neue Diplomatie des 19. Jahrhunderts sah Phillips zweitens von einer gesteigerten Verantwortlichkeit gegenüber der öffentlichen Meinung geprägt. Bedingt wurde dies durch den Aufstieg der Demokratie, die in den parlamentarischen Versammlungen und in der Presse ihren Ausdruck gefunden habe. Ob dies durchweg positiv zu beurteilen sei, bezweifelte er, denn die Notwendigkeit der öffentlichen Unterstützung für diplomatisches Handeln berge auch Gefahren.[18] Eine einseitige offene Darlegung der Politik gewähre dem Verhandlungspartner unnötige Vorteile. Parlamentsabgeordnete verstünden oft wenig von den Bedingungen, unter denen auswärtige Angelegenheiten vertreten würden. Schließlich könnten Regierungen auch die öffentliche Meinung über regierungsnahe Presse als diplomatische Waffe benutzen, wofür Bismarck ein Beispiel an Zynismus abgeben habe. Insgesamt solle man die negative Rolle aber nicht überschätzen, die öffentliche Meinung sei nur ein, wenn auch wichtiger Faktor mehr, den die Kunst der Diplomatie heute berücksichtigen müsse. Mit der Kommunikationsrevolution des 19. Jahrhunderts erörterte Phillips eine dritte grundlegende Veränderung. Durch die Verbreitung des Telegraphen könnte ein Diplomat nun fast jederzeit Instruk-

---

[16] Zur gegenwärtigen geschichtswissenschaftlichen Perspektive auf die Diplomatie der Frühen Neuzeit siehe *Hillard von Thiessen/Christian Windler* (Hrsg.), Akteure der Außenbeziehungen: Netzwerke und Interkulturalität im historischen Wandel. Köln 2010.

[17] Zur Wirksamkeit des „public law of Europe" im Staatensystem des frühen 19. Jahrhunderts *Anselm Doering-Manteuffel*, Vom Wiener Kongress zur Pariser Konferenz: England, die deutsche Frage und das Mächtesystem 1815–1856. Göttingen 1991, S. 10–13, 28–41 u. 361f.; siehe ferner *Heinhard Steiger*, Völkerrecht, in: Geschichtliche Grundbegriffe. Bd. 7, Stuttgart 1992, S. 119–121 u. 132f.

[18] Zur Rolle der Presse in jener Epoche, in der Phillips seine Ausführungen schrieb, *Dominik Geppert*, Pressekriege: Öffentlichkeit und Diplomatie in den deutsch-britischen Beziehungen (1896–1912). München 2007. Durch die Nachrichtenagenturen seit Mitte des Jahrhunderts und die Etablierung fester Auslandskorrespondenten im letzten Drittel gehörten Journalisten zu den Beobachtern vor Ort und verstanden ihre Tätigkeit durchaus in Analogie zur diplomatischen Tätigkeit.

tionen seiner Regierung empfangen. Die Außenminister hielten damit die Fäden der Diplomatie fester in ihrer Hand. Dennoch sei die Zentrale weiterhin auf zuverlässige Informationen, das Verhandlungsgeschick und das Urteilsvermögen ihrer Gesandten vor Ort angewiesen. Die Botschafter hätten im Übrigen als Repräsentanten ihrer Nationen gegenüber der alten Zeit, als sie nur ihre Fürsten vertraten und als Spione betrachtet wurden, an Gewicht gewonnen.[19]

Der am Ende des Ancien Régime aufgekommene Begriff wurde also im 19. Jahrhundert dahingehend gefüllt, dass der neu gebildete Kollektivsingular ein von der Person des fürstlichen Souveräns abgelöstes Teilsystem zwischenstaatlicher Politik zwischen Theorie und Empirie bezeichnete.[20] Im Unterschied zur vorherigen Periode fürstlicher Politik und aristokratischer Intrige sollte die „moderne" Diplomatie sowohl am Gemeinwohl der bürgerlichen Nation orientiert sein als auch den Frieden Europas im Blick haben. Als regelbasiertes System betrieben von Personen, deren Status völkerrechtlich gesichert war, existierte Diplomatie aus der Perspektive derjenigen, die in Enzyklopädien über sie reflektierten, erst seit der Zeit um 1800. Sie war zur öffentlichen Angelegenheit erklärt worden. Bemerkenswert ist, dass und wie es dem Adel und den monarchischen Staaten gelang, dieses neue Verständnis, das im frühen 19. Jahrhundert als bürgerliches Ansinnen formuliert wurde, in der Praxis gleichsam mit Alleinvertretungsanspruch zu übernehmen.[21] Die im Wesentlichen bis zum Ersten Weltkrieg fortdauernde adelige Dominanz im diplomatischen Personal mag als Beleg für die weitgehend ideologiefreie Verwendung des Begriffs „Diplomatie" herhalten. Das sollte sich zu Beginn des 20. Jahrhunderts ändern – und zwar wieder durch die Abgrenzung einer „neuen" von der „alten" Diplomatie. Diplomatie blieb im reflexiven Selbstverständnis der Epoche zugleich auch eine Angelegenheit europäischer Zivilisation, die sich in dieser Form erst spät im 19. Jahrhundert in der Welt aus-

---

[19] Dieser Aspekt fehlte in Meyers Großem Konversations-Lexikon von 1906, dessen Erläuterung der Diplomatie sich ansonsten im Wesentlichen nicht von der Encyclopædia Britannica unterschied. Im Deutschen stand stattdessen der Hinweis auf die völkerrechtliche Vertretung durch den Kaiser.

[20] Zu den neuartigen Möglichkeiten symbolischer Diplomatie, die sich mit der Trennung von Staat und Person für den Monarchen und der Regelung der diplomatischen Rangordnung ergaben, siehe *Johannes Paulmann*, Pomp und Politik: Monarchenbegegnungen in Europa zwischen Ancien Régime und Erstem Weltkrieg. Paderborn 2000, hier S. 66–108.

[21] Zur Geschichte der diplomatischen Dienste siehe die einschlägigen Bände des Handbuchs der Geschichte der Internationalen Beziehungen von *Heinz Duchhardt*, Balance of Power und Pentarchie: Internationale Beziehungen 1700–1785. Paderborn 1997, S. 19–40; *Michael Erbe*, Revolutionäre Erschütterung und erneuertes Gleichgewicht: Internationale Beziehungen 1785–1830. Paderborn 2004, S. 44–64; *Winfried Baumgart*, Europäisches Konzert und nationale Bewegung: Internationale Beziehungen 1830–1978. Paderborn 1999, S. 113–145; ferner *M. S. Anderson*, The Rise of Modern Diplomacy 1450–1919, London 1993; *Keith Hamilton/Richard Langhorne*, The Practice of Diplomacy: Its Evolution, Theory and Administration. London 1995.

breitete.[22] Der Kolonialismus wurde nicht als Angelegenheit zwischen völkerrechtlich Gleichen betrachtet und die Beziehungen zwischen den Beteiligten wurden daher nicht der Diplomatie zugerechnet.[23]

Die Zumutungen der „demokratischen Diplomatie" nach dem Ersten Weltkrieg

Da Diplomatie den Ausbruch des Ersten Weltkriegs nicht zu verhindern wusste, setzte ein erneuter Reflexionsprozess darüber ein, wie denn eine neue Diplomatie beschaffen sein müsste. Die „alte" Form war jetzt diejenige des 19. Jahrhunderts: So musste es zumindest nach dem Programm erscheinen, das Präsident Woodrow Wilson im Januar 1918 vor dem Kongress der Vereinigten Staaten in 14 Punkten vorstellte. Bereits einleitend verkündete er: „It will be our wish and purpose that the processes of peace, when they are begun, shall be absolutely open and that they shall involve and permit henceforth no secret understandings of any kind. The day of conquest and aggrandizement is gone by; so is also the day of secret covenants entered into in the interest of particular governments and likely at some unlooked-for moment to upset the peace of the world."[24] Wilson fuhr fort, dass das vorherige Zeitalter tot und vorbei sei. Sein erster Programmpunkt für einen dauerhaften Frieden forderte konsequent öffentliche Friedensverträge, die offen zustande kommen sollten, keinerlei geheime internationale Abmachungen mehr, sondern nur noch eine „Diplomatie, die immer aufrichtig und im Lichte der Öffentlichkeit vorgehe". Lenin hatte bereits am 8. Nov. 1917 auf dem Zweiten gesamtrussischen Kongress der Sowjets der Arbeiter- und Soldatendeputierten in seiner Rede „Über den Frieden" verkündet: „Die Regierung schafft die Geheimdiplomatie ab, sie erklärt, dass sie ihrerseits fest entschlossen ist, alle Verhandlungen offen vor dem ganzen Volk zu führen, und wird unverzüglich darangehen, alle Geheimverträge zu veröffentlichen, die von der Regierung

---

[22] So, mit Bezug auf China und Japan, die Encyclopædia Britannica, s. v. Diplomacy, S. 294. Die Verbreitung der europäischen Diplomatie auf der Welt müsste als interkultureller Prozess noch näher untersucht werden; siehe *Christian Windler*, Interkulturelle Diplomatie in der Sattelzeit: Vom inklusiven Eurozentrismus zur „zivilisierenden" Ausgrenzung, in: Thiessen/Windler (Hrsg.), Akteure, S. 445–470; *Antony Best*, The Role of Diplomatic Practice and Court Protocol in Anglo-Japanese Relations, 1867–1900, in: Markus Mösslang/Torsten Riotte (Hrsg.), The Diplomats' World: A Cultural History of Diplomacy, 1815–1914. Oxford 2008, S. 231–253; *Sabine Mangold*, Oriental Slowness? Friedrich Rosen's Expedition to the Sultan of Morocco's Court in 1906, in: ebd., S. 255–283; auch *Niels P. Petersson*, König Chulalongkorns Europareise 1897: Europäischer Imperialismus, symbolische Politik und monarchisch-bürokratische Modernisierung, in: Saeculum 52 (2001), S. 297–328.
[23] Vgl. *Jörg Fisch*, Das Selbstbestimmungsrecht der Völker: Die Domestizierung einer Illusion. München 2010.
[24] http://avalon.law.yale.edu/20th_century/wilson14.asp [24. März 2012]; das folgende Zitat lautet im englischen Wortlaut: „diplomacy shall proceed always frankly and in the public view"; siehe *Thomas J. Knock*, To End All Wars: Woodrow Wilson and the Quest for a New World Order. New York 1992.

der Gutsbesitzer und Kapitalisten [...] bestätigt oder abgeschlossen wurden."²⁵ In den beiden Positionen, die nur oberflächlich das Gleiche forderten, deutete sich bereits die partielle Ideologisierung von Diplomatie im 20. Jahrhundert an.

Weder hielten sich die Verhandlungen in Versailles und die weiteren diplomatischen Beziehungen in der Zwischenkriegszeit an Wilsons Appell noch fand er einhelligen Zuspruch bei denen, die jetzt über die Diplomatie nachdachten. Gerade das wohl bekannteste sowie mehrfach aufgelegte und übersetzte Buch der Zeit zur „Diplomatie" setzte sich von dieser Art neuer Diplomatie recht dezidiert ab. Es stammte aus der Feder des britischen Diplomaten Harold Nicolson (1886-1968). Nicolson war seit 1909 im Foreign Office tätig, nahm 1919 an der Versailler Konferenz teil, quittierte 1929 den Dienst und saß von 1935 bis 1945 als Abgeordneter für National Labour im Unterhaus, konnte aber 1945 als Kandidat der Labour Party keinen Sitz mehr gewinnen.²⁶ *Diplomacy* erschien am Ende der dreißiger Jahre, als die zunehmende Anarchie des Staatensystems offenkundig war. Nicolson entnahm sein Verständnis von „alter" und „neuer" Diplomatie in Teilen wörtlich der *Encyclopædia Britannica* von 1910-11 und bezog sich damit in seinem Selbstverständnis weiter auf den Umbruch um 1800. Die zeitgenössisch neue Diplomatie hingegen bezeichnete er als „Democratic Diplomacy". Sie werde laut Nicolson in Anlehnung an Wilsons „offene Diplomatie" häufig missverstanden. Tatsächlich müsse zwischen der Außenpolitik einerseits und den diplomatischen Verhandlungen andererseits unterschieden werden. Erstere unterliege selbstverständlich demokratischer parlamentarischer Kontrolle, letztere, die „Diplomatie", hingegen nicht. Es könne nicht offen verhandelt werden, weil Diplomatie damit in praktischer Hinsicht undurchführbar würde.²⁷

Nicolsons Schrift sollte nicht als Ausdruck eines neuen Verständnisses von Diplomatie nach dem Ersten Weltkrieg, sondern als der Versuch eines Praktikers gelesen werden, sich den Zumutungen der damals als neu deklarierten Diplomatie zu erwehren. Die Schwierigkeiten erblickte der Autor in der Unverantwortlichkeit des souveränen Volkes, die von populistischen Zeitungen

---

²⁵ *W.I. Lenin*, Werke. Bd. 26, Berlin-Ost 1961, S. 241. Siehe zum neuen sowjetischen Verständnis *Susanne Schattenberg*, 1918 – Die Neuerfindung der Diplomatie und die Friedensverhandlungen in Brest-Litovsk, in: Matthias Stadelmann/Lilia Antipow (Hrsg.): Schlüsseljahre: Zentrale Konstellationen der mittel- und osteuropäischen Geschichte. Festschrift für Helmut Altrichter zum 65. Geburtstag. Stuttgart 2011, S. 273–292.
²⁶ *Harold Nicolson*, Diplomacy. Oxford 1939; weitere Auflagen 1950, 1963, Tb. 1969 (im folgenden zit. Auflage), Nachdruck der 3. Aufl. 1973, letzte amerik. Ausgabe 1988; dt. Übers. 1947, frz. Übers. 1948. Ausführlich über die theoretischen Grundlagen Nicolsons *Derek Drinkwater*, Sir Harold Nicolson and International Relations: The Practicioner as Theorist. Oxford 2005.
²⁷ *Nicolson*, Diplomacy, S. 42 f.: „[The] public misconceived the true nature of the problem, and in their rightful desire to establish democratic control over what they carelessly called ‚diplomacy' they failed [...] to make the essential distinction between policy, which was a legitimate subject of their control, and negotiation, which was not. [...] And it shows how false was the position into which President Wilson [...] had placed himself, by having failed [...] to foresee that there was all the difference in the world between ‚open covenants' and ‚openly arrived at' – between policy and negotiation."

noch gefördert werde.[28] Er verurteilte die Ignoranz darüber, dass auswärtige Politik nach eigenen Regeln und in der Interaktion mit den fremden Mächten gemacht werde. Es brauche auch zu lange, bis die Überzeugung, die ein Experte gewonnen habe, zur Einsicht des gemeinen Wählers geworden sei. Vor allem sei der demokratische Politikstil gefährlich, weil er dazu neige, Gefühle, Drama und Moralität einer Situation zu betonen anstatt sachliche Gesichtspunkte abzuwägen. Schließlich hielt Nicolson es für eine noch gefährlichere Innovation, dass demokratische Politiker seit dem Weltkrieg persönlich an Verhandlungen teilnahmen. Diese seien grundsätzlich schlechte Unterhändler, Diplomatie sollte besser dem „professional diplomatist" überlassen bleiben.

Nicolson sprach offenkundig für den diplomatischen Profi, dessen eigenständiges Handlungsfeld er von verschiedenen Kräften bedroht sah: den „diplomatischen" Methoden autoritärer Staaten, aber auch von den missverstanden Ansprüchen einer „demokratischen Diplomatie", wie sie aus den Vereinigten Staaten und anderswo propagiert wurde. Nicolson war somit eigentlich ein Vertreter der „alten" Schule, d.h. ein Mann des 19. Jahrhunderts. Er reflektierte die Charakteristika, die bereits vor dem Ersten Weltkrieg den Begriff der Diplomatie ausmachten. Der Erfolg seines Buches bis in die Zeit nach dem Zweiten Weltkrieg beleuchtet nochmals die zentrale konzeptionelle Prägekraft dieser seit dem Ersten Weltkrieg politisch vergangenen Epoche für das Selbstverständnis von Diplomaten. Verstärkt wurde dies auch durch die Geschichtswissenschaft: Die großen Akteneditionen zur Politik der europäischen Kabinette, die in Auseinandersetzung mit der Frage nach der Schuld am Ausbruch des Ersten Weltkriegs entstanden, bestätigten durch Auswahl und Anliegen die Vorstellung, dass Diplomatie eine rein staatliche Angelegenheit mit eigenen Regeln und einschlägig bewandertem Personal sei, eine hohe Kunst eben, die einen Ausgleich zwischen Einzelinteressen und Gemeinwohl anstrebe, die allerdings auch gründlich scheitern konnte.[29] Politische Partizipationsansprüche und Massenöffentlichkeit bildeten erschwerende Faktoren, aber in dieser Sicht keine wirklich zum Wesen der Diplomatie gehörigen Elemente. Konzeptionell waren die Rahmenbedingungen der „neuen" Diplomatie des 20. Jahrhunderts, auch wenn sie die Praxis bereits mitprägten, bei Männern wie Nicolson noch nicht angekommen.

Ausbreitung, Entgrenzung und Ideologisierung der „Diplomatie" zwischen Kaltem Krieg und Dekolonisation

Fast noch gar nicht in den Blick einschlägiger Reflexionen geriet zunächst die „Diplomatie" im Umfeld internationaler Organisationen wie dem Völkerbund.

---

[28] Das folgende ebd., S. 46–53.
[29] Die Vorstellungen, welche die Geschichtswissenschaft über die Diplomatie entwickelte, kann hier nicht weiter im Einzelnen analysiert werden, wäre aber eine eigene Abhandlung wert. Zu den amtlichen Akteneditionen siehe *Sacha Zala*, Geschichte unter der Schere politischer Zensur: Amtliche Aktensammlungen im internationalen Vergleich. München 2001.

Als Nicolson sie in Gestalt der Vereinten Nationen zu Beginn der 1960er Jahre anerkannte, bewertete er sie ausgesprochen negativ. In einem 1961 veröffentlichten Aufsatz über „Diplomatie damals und heute" setzte er sich unter anderem mit den Konsequenzen der Einrichtung der Vereinten Nationen und der Dekolonisation auseinander. Sein Haupteinwand richtete sich gegen das in den Vereinten Nationen verankerte Prinzip des „Egalitarianism".[30] Das Prinzip „Ein Staat, eine Stimme" erweise sich als irrational. International herrsche Unsicherheit, weil der Sicherheitsrat der Großmächte von der Sowjetunion per Veto in seiner Aktionsfähigkeit blockiert werde, so dass die Generalversammlung eine Bedeutung erlange, die ihr nicht zugedacht war und die sie als realitätsferne Versammlung der Schwachen nicht ausfüllen könnte.

Das skeptische Urteil des britischen Vorkriegsdiplomaten findet sich in gemäßigter Form auch in wissenschaftlichen Handbüchern. Erich Kordt, ehemaliger Diplomat des „Dritten Reichs" und ab 1951 Völkerrechtslehrer an der Universität zu Köln, konstatierte 1968 eine nicht unwesentliche Veränderung des Stils der Diplomatie aufgrund der multilateralen Konferenzen und der Tätigkeit der internationalen Organisationen.[31] Die Verfahren der Diplomatie im Rahmen der UN glichen, anders als in der „klassischen" bilateralen Diplomatie, weitgehend parlamentarischen Methoden, deren Ziel es weniger sei kontroverse Fragen zu lösen als vielmehr Zweidrittelmehrheiten zu erreichen. Kennzeichnend für diese Form der internationalen Diplomatie seien sich „vielfach überkreuzende Loyalitäten oder Illoyalitäten" sowie Publizität und der Druck der Öffentlichkeit. Der Begriff der Diplomatie war an dieser Stelle noch wesentlich von der Vertretung souveräner Nationalstaaten geprägt. Skeptisch wertend wurde damit benannt, was an anderer Stelle bereits 1960 von dem Politikwissenschaftler Arnold Bergstraesser analytisch als „semi-diplomatische Aufgabe" beschrieben wurde.[32] Die internationalen Beamten in internationalen Organisationen wie den Vereinten Nationen, dem Europarat, der NATO oder der damals noch Europäischen Gemeinschaft für Kohle und Stahl entwickelten eine „Ethik der Verantwortlichkeit für den Institutionszweck", doch zugleich machten sich einzelstaatliche Sonderinteressen geltend. Diese neue und wachsende Gruppe von Unterhändlern galten zwar nicht als „Diplomaten" im Sinne der Vertretung eines auftraggebenden Staates, ihre

---

[30] *Harold Nicolson*, Diplomacy Then and Now, in: Foreign Affairs 40/1 (October, 1961), S. 39–49, hier S. 47f.

[31] Sowjetsystem und Demokratische Gesellschaft, Bd. II, Freiburg 1968, s. v. Diplomatie, Spalte 1–25. Zu Kordt (1903–1969) siehe *Maria Keipert/Peter Grupp* (Hrsg.), Biographisches Handbuch des deutschen Auswärtigen Dienstes 1871–1945, Bd. 2. Paderborn 2005, S. 605f.; *Hans-Jürgen Döscher*, Das Auswärtige Amt im Dritten Reich: Diplomatie im Schatten der Endlösung. Berlin 1987, S. 188f.; *Eckart Conze/Norbert Frei/Peter Hayes/Moshe Zimmermann*, Das Amt und die Vergangenheit: Deutsche Diplomaten im Dritten Reich und in der Bundesrepublik. München 2010, S. 296f., 330f., 350f., 355, 421–427, 473f. 527 u. 551–560.

[32] Wörterbuch des Völkerrechts, 2. Aufl. hrsg. v. Hans-Jürgen Schlochauer. Berlin 1960, s. v. Diplomatie, hier S. 368f. (Verf. des Artikels Arnold Bergstraesser); siehe auch ebd., s. v. Beamte, internationale.

Berücksichtigung unter dem Stichwort zeigte aber ein wesentlich erweitertes Verständnis von Diplomatie an.[33]

Außer der veränderten Diplomatie in Internationalen Organisationen und der Zunahme der Mitgliederzahl im Staatensystem registrierte die Reflexion über Diplomatie eine Ausdifferenzierung von Funktionen. Zu den Faktoren, welche die Rolle der Diplomatie nach dem Zweiten Weltkrieg wesentlich beeinflussten, zählte der bereits genannte Kordt einen „Zug zum Spezialistentum", der den diplomatischen Dienst der Gegenwart auszeichne.[34] Er drücke sich in den Wirtschafts- und Kulturabteilungen der Ministerien aus[35], in der zunehmenden Bedeutung der Presseabteilungen und Presseattachés und auch in speziellen Abteilungen oder Ministerien für Entwicklungshilfe. Schließlich wird auch die zunehmende, wenngleich schwer im Detail festzumachende Rolle der Nachrichtendienste zu den Wandlungen gerechnet. Diese Diagnose einer unaufhaltsamen Differenzierung in der Expertise, die der wirtschaftlich-sozialen Dynamik der Welt geschuldet sei, wird bis heute immer wieder als Kennzeichen der zeitgenössischen Diplomatie aufgeführt. Indirekt wirkt in dieser repetitiven Erwähnung allerdings auch immer noch das Gegenbild des Diplomaten als eines Generalisten nach.

Jenseits dieser organisatorisch-fachlichen Veränderungen konstatierten die Zeitgenossen in den sechziger Jahren auch einen Bedeutungswandel der Diplomatie.[36] Man stellte fest, dass die Staaten tatsächlich nicht mehr die allein maßgeblichen Akteure in der Welt waren.[37] Beziehungen unterhalb der Regierungsebene nahmen offenbar zu, und das Informationsmonopol, das die Diplomatie einmal besaß, erschien durch die modernen Kommunikationsmittel und die Korrespondentennetze der Medien weitgehend gebrochen. Die bereits seit dem späten 19. Jahrhundert gängige Feststellung bzw. Klage über die

---

[33] Siehe für die fluiden Übergänge *Madeleine Herren*, Internationale Organisationen seit 1865: Eine Globalgeschichte der internationalen Ordnung. Darmstadt 2009, S. 46–50, 60f., 64, 80–84; exemplarisch *Dies./Sacha Zala*, Netzwerk Außenpolitik: Internationale Organisationen und Kongresse als Instrumente der schweizerischen Außenpolitik 1914–1950. Zürich 2002; ein Überblick aus politikwissenschaftlicher Perspektive *Cornelia Navari*, Internationalism and the State in the Twentieth Century. London 2000.

[34] Sowjetsystem und Demokratische Gesellschaft, s. v. Diplomatie, Spalte 6; in gleicher Weise Wörterbuch des Völkerrechts, s. v. Diplomatie, S. 369–373; Staatslexikon, 7. Aufl., Freiburg 1985, s. v. Außenpolitik, S. 441–444 (Autor: Wilhelm G. Grewe); The New Encyclopædia Britannica. 15. Aufl., Chicago 2010, s. v. Diplomacy.

[35] Siehe exemplarisch zur zeitgenössischen französischen Wirtschaftsdiplomatie *Laurence Badel*, France's Renewed Commitment to Commercial Diplomacy in the 1960s, in: Contemporary European History 21/1 (2012), S. 61–78; *Dies.*, L'information économique extérieure en France au 20e siècle: redistribution des rôles entre les acteurs étatiques et privés, in: Sébastien Laurent (Hrsg.), Information économique, intelligence économique et veille stratégique en France: entre le marché et l'État (19e–20e siècles). Paris 2010, S. 205–241.

[36] Die Bestimmung der Diplomatie im Rahmen der Theoriebildung einer Disziplin „Internationale Beziehungen" bliebe noch zu untersuchen; einführend in die Disziplingeschichte *Martin Hollis/Steve Smith*, Explaining and Understanding International Relations. Oxford 1990.

[37] Wörterbuch des Völkerrechts, s. v. Diplomatie, S. 376; Sowjetsystem und Demokratische Gesellschaft, s. v. Diplomatie, Spalte 10.

zunehmende Bedeutung der Öffentlichkeit, der Presse und der Parlamente fand sich so auch in den 1960er Jahren, als ob sie immer noch etwas grundlegend Neues wäre. Insgesamt wurde ein schleichender Bedeutungsverlust der amtlichen Diplomatie diagnostiziert. Manchen Beobachtern bereitete dies in den 1960er Jahren Sorge, denn sie identifizierten diese Faktoren als Kräfte, welche das Instrument der Außenpolitik in seiner vermeintlich sachlich gerechtfertigten Autonomie, einschränkten.[38] Bergstraesser wünschte sich daher eine „breite Schicht weltpolitisch einsichtiger und der Vielfältigkeit der diplomatischen Aufgaben bewusster Staatsbürger" als Pendant zu den amtlichen Diplomaten.

Den Hintergrund für diesen Wunsch nach einer gefestigten inneren Verständigung bildete der Kalte Krieg. Denn eine besondere Aufmerksamkeit erhielt unter dem Stichwort Diplomatie die Frage, wie die kommunistische Diplomatie sich von der westlichen unterschied und ob hier grundlegende Differenzen vorlägen. In der vergleichenden Enzyklopädie „Sowjetsystem und Demokratische Gesellschaft", die zwischen 1961 und 1974 im Herder Verlag erschien, war dieser Fokus selbstverständlich zentral. Im entsprechenden Artikel zog der Herausgeber und Chefredakteur, der Politikwissenschaftler Claus D. Kernig, selbst den Vergleich.[39] Er sah zwar im protokollarischen, formalen und gesellschaftlichen Alltag der Diplomatie eine Reihe von Übereinstimmungen zwischen westlicher und sowjetisch-kommunistischer Seite, hob jedoch auch klare Unterschiede hervor: Vor dem Zweiten Weltkrieg hatte sich seiner Beobachtung nach das Auftreten sowjetischer Diplomaten dem „Stil der Berufsdiplomaten" angepasst. In dem Maße, in dem Diplomatie seither zu einem publikumswirksamen Propagandamittel wurde, seien Diplomatie und öffentliche Meinung aber in nicht wieder aufhebbarer Weise miteinander verklammert.[40] Die sowjetischen Diplomaten verletzten systematisch die Sprachnormen, indem sie „Unterstellungen, Verdächtigungen und Anklagen" formulierten und sich auch nicht vor „Brüskierungen" scheuten. Kernig sah darin eine „Pervertierung der sprachlichen Kommunikation". Zudem erhielten dieselben, zentralen Worte einen verschiedenen Sinngehalt: z. B. Demokratie, Friede, Freiheit, Volk.[41]

Tatsächlich traf die unterschiedliche Sinndeutung auch auf die Begriffsbestimmung der Diplomatie selbst zu. Während die westlichen Enzyklopädien erklärten, dass das sowjetische Außenministerium eine vergleichsweise kleine

---

[38] Wörterbuch des Völkerrechts, s. v. Diplomatie, S. 376.
[39] Sowjetsystem und Demokratische Gesellschaft, s. v. Diplomatie, Spalte 19–23.
[40] Wie gelungen die Verklammerung gerade auch auf westlicher Seite genutzt wurde, zeigt exemplarisch *Andreas W. Daum*, Kennedy in Berlin: Politik, Kultur und Emotionen im Kalten Krieg. Paderborn 2003.
[41] Vgl. *Georg Stötzel/Martin Wengeler u. a.*, Kontroverse Begriffe: Geschichte des öffentlichen Sprachgebrauchs in der Bundesrepublik Deutschland. Berlin 1995; zum Verständnis von Propaganda *Ute Daniel*, Die Politik der Propaganda. Zur Praxis gouvernementaler Selbstrepräsentation vom Kaiserreich bis zur Bundesrepublik, in: Ute Daniel/Wolfram Siemann (Hrsg.), Propaganda: Meinungskampf, Verführung und politische Sinnstiftung 1789–1989. Frankfurt a. M., S. 44–82.

Behörde unter der Kontrolle des ZK der Partei war und neben den Botschaften im Ausland zahlreiche andere Vertretungen für Handel, Wirtschaft, Kultur, Information und Militär oft sehr einflussreich und autonom agierten, wurden im Westen die Vervielfältigung der Aufgabenbereiche sowie die geschilderte Einbuße des Alleinvertretungsanspruchs der amtlichen Diplomatie als Anpassung an die ökonomisch-soziale Dynamik einer interdependenten Welt interpretiert. Ob es sich dabei mindestens teilweise um funktionale Äquivalente gehandelt haben könnte, fand in den Reflexionen über Diplomatie keinen Ausdruck.[42] Ebenfalls wurde der andere diplomatische Stil nur als Normverletzung wahrgenommen, und nicht als vielschichtiger kommunikativer Akt begriffen, der etwa auch als ein erlerntes Verhaltensmuster gedeutet werden konnte, das im internationalen Kontext die erfolgreichen internen Kommunikationsformen der sowjetischen Parteiführung reproduzierte.[43] Der diplomatische Stil war jedoch abhängig von regimespezifischen Politikmustern. Um dies zu verstehen, war eine Übersetzungsleistung notwendig, die durch die Ideologisierung von „Diplomatie" im Kalten Krieg offenbar nicht erbracht werden konnte.[44] Gleichwohl variierte in westlichen Ländern das diplomatische Auftreten je nach Adressat oder der besonderen Situation einzelner Staaten.[45]

---

[42] Konstatiert wurde, dass die westlichen Diplomaten als Vertreter nationaler Interessen die Anpassung an den Prozess übergreifender internationaler Verflechtung zum strategischen Ziel erhoben. Die sowjetischen Diplomaten hingegen mit Worten den proletarischen Internationalismus verfolgten, in der Praxis aber als Vertreter eines Staates Grenz- und Ausreisekontrollen sowie Kommunikationskontrolle betrieben und kaum multilaterale Abkommen im eigenen Blockbereich abschlossen; Sowjetsystem und Demokratische Gesellschaft, s.v. Diplomatie, Spalte 22f.

[43] *Susanne Schattenberg*, „Gespräch zweier Taubstummer"? Die Kultur der Chruščevschen Außenpolitik und Adenauers Moskaureise 1955", in: Osteuropa 57/7 (2007), S. 27–46; *Dies.*, Diplomatie als interkulturelle Kommunikation, in: Zeithistorische Forschungen Online-Ausgabe 8/3 (2011), Abschn. 3. Vgl. die Analyse von Kennedys und Chruschtschows Berlinbesuchen 1963 von *Daum*, Kennedy in Berlin, S. 162–166. Allgemein zu einer kulturgeschichtlichen Herangehensweise *Ursula Lehmkuhl*, Diplomatiegeschichte als internationale Kulturgeschichte: Theoretische Ansätze und empirische Forschung zwischen Historischer Kulturwissenschaft und Soziologischem Institutionalismus, in: Geschichte und Gesellschaft 27 (2001), S. 394–423.

[44] Anregend hierzu die frühneuzeitliche Forschung *Martin Espenhorst* (Hrsg.), Frieden durch Sprache? Studien zum kommunikativen Umgang mit Konflikten und Konfliktlösungen. Göttingen 2012; *Heinz Duchhardt/Martin Espenhorst* (Hrsg.): Wie Frieden übersetzt wird. Studien zu Translationsleistungen im vormodernen Friedensprozess (VIEG Beiheft 92). Göttingen 2012; siehe auch theoretisch *Doris Bachmann-Medick*, Übersetzung als Medium interkultureller Kommunikation und Auseinandersetzung, in: Handbuch der Kulturwissenschaften, Bd. 2, hrsg. v. Friedrich Jaeger/Jürgen Straub. Stuttgart 2004, S. 449–465.

[45] Siehe für die Debatte darum, welcher Stil für die Vertretung der Bundesrepublik vor der westlichen Welt angemessen wäre, *Johannes Paulmann*, Die Haltung der Zurückhaltung: Auswärtige Selbstdarstellungen nach 1945 und die Suche nach einem erneuerten Selbstverständnis in der Bundesrepublik, Bremen 2006; ein anderes Auftreten wurde gegenüber sogen. Entwicklungsländern praktiziert – *Christiane Fritsche*, Schaufenster des „Wirtschaftswunders" und Brückenschlag nach Osten: Westdeutsche Industriemessen und Messebeteiligungen im Kalten Krieg (1946–1973). München 2008; *Simone Derix*, Bebilderte Politik: Staatsbesuche in der Bundesrepublik Deutschland 1949–1990. Göttingen 2009.

In den 1960er Jahren gelangten schließlich auch die ehemaligen Kolonien Europas nicht nur als Mitglieder der Vereinten Nationen in das Blickfeld dessen, was unter Diplomatie verstanden wurde. Nach Erlangen der Unabhängigkeit erkannte man, dass Diplomatie zu den Attributen der Staatlichkeit gehörte und daher seine äußeren Formen von den „jungen Staaten" hoch geschätzt wurden.[46] Zugleich bildete die sogenannte „Entwicklungshilfe" einen politisch brisanten, neuen Bereich. Die davon betroffenen Beziehungen wurden lange als asymmetrische aufgefasst und nur bedingt der Diplomatie zugerechnet. Dies lag an unterschiedlichen materiellen Interessen, aber auch an den divergierenden Meinungen, welche Form der wirtschaftlichen Zusammenarbeit am zweckmäßigsten sei. Schließlich manifestierte sich in der Konkurrenz um die Länder der „Dritten Welt" auch die ideologisch-machtpolitische Rivalität des Kalten Krieges.[47]

„Globalisierte Diplomatie" der Gegenwart

Mit dem Ende des Kalten Kriegs kam zunächst eine Art Windstoß der Diplomatiegeschichte. Exemplarisch stand hierfür Henry Kissingers Buch *Diplomacy*.[48] Der Autor wollte zwar etwas anderes schreiben als das viel zitierte Werk von Harold Nicolson. Man kann das Buch aber einerseits durchaus als eine Reihe von Fallstudien lesen, welche die Bestimmung der „Diplomatie" als eine Kunst illustrieren, die besser ausgewiesenen Kennern überlassen bleiben sollte. Andererseits war es außerordentlich selbstbezogen, denn in seiner durchgängigen Gegenüberstellung von historischen „Realisten" und „Idealisten" erscheint es wie ein Spiegel für Kissingers Selbstbild als überzeugter Realist – keine besonders gute Geschichtsschreibung, aber stimmige, ideologisch eingefärbte Eigenpropaganda. Die Verhandlungen um die Deutsche Vereinigung gaben aber gleichzeitig auch Stoff für hervorragende Diplomatiegeschichte.[49]

Die wissenschaftlich orientierte Begriffsbestimmung setzte jedoch wesentliche Elemente der begrifflichen Tendenzen seit den 1960er Jahren zugespitzt fort: Ausbreitung der Arbeitsfelder und Entgrenzung staatlicher Souveränität. In der *International Encyclopedia of the Social and Behavioral Sciences* wurde

---

[46] Sowjetsystem und Demokratische Gesellschaft, s. v. Diplomatie, Spalte 9. Die Übernahme und ggf. Anpassung sowie die allgemeine Veränderung des diplomatischen Stils durch die Zunahme der Zahl souveräner Staaten mit unterschiedlicher politischer Kultur ist m. W. bisher nicht untersucht; siehe vor allem bezogen auf die von der westlichen Norm abweichenden Verhaltensweisen der Sowjetunion *Schattenberg*, Diplomatie als interkulturelle Kommunikation; *Dies.*, „Gespräch", S. 46; sowie für den Übergang ins 19. Jahrhundert *Windler*, Interkulturelle Diplomatie.

[47] Zur Überlagerung des Kalten Krieges mit der Dekolonisation und der Entwicklung der Nord-Süd-Beziehungen siehe *Odd Arne Westad*, The Global Cold War: Third World Interventions and the Making of Our Times. Cambridge 2007.

[48] *Henry Kissinger*, Diplomacy. New York 1994.

[49] *Philip Zelikow/Condoleezza Rice*, Germany Unified and Europe Transformed: A Study in Statecraft. Cambridge, Mass., 1995.

2002 gleichzeitig wiederum eine „neue Diplomatie", diesmal für die globale Gegenwart reklamiert.[50] Die Gegenstände, mit denen sich Diplomatie befasse, berührten heute fast jeden Politikbereich und verlangten gut ausgebildete, spezialisierte Diplomaten. Als Kennzeichen galt immer noch die Evolution weg von einem System des Manövrierens und der geheimen Abkommen zwischen Königen und ihren Gesandten hin zur gegenwärtigen Praxis einer Fortsetzung der Innenpolitik nach Außen mittels öffentlicher Reden und Medienmanipulation.[51] Verhandlungen und Informationsübermittlung erfolge nicht mehr nur durch nationalstaatliche Akteure in bi- oder multilateralen Begegnungen, sondern auch in den Arenen Internationaler Organisationen sowie mit bzw. in Konkurrenz oder Kooperation mit nichtregierungsamtlichen Akteuren und Zusammenschlüssen. Das Ende des Monopols staatlichen Handelns in der Diplomatie wurde jetzt verkündet.[52]

War in den sechziger Jahren noch Zurückhaltung gegenüber neuen Formen, der Ausbreitung der diplomatischen Handlungsfelder und den nicht dem Auswärtigen Dienst eines Staates angehörenden Akteuren spürbar, werden diese gegenwärtig als selbstverständlicher Teil einer neuen globalen Diplomatie betrachtet. Regierungen müssten ihre Rolle bei der Bewältigung von Problemen mit supranationalen und unterhalb der Nationalstaaten sich bewegenden „authorities" teilen.[53] Der Alleinvertretungsanspruch der Auswärtigen Dienste werde abgelöst von einer koordinierenden und steuernden Rolle zwischen unterschiedlichen Interessen und Akteuren.[54] Damit geht heute in die Begriffsbildung ein, was in vielen Bereichen schon viel länger Praxis war.[55] Exemplarisch mag hierfür die Rolle der Medien in der Diplomatie hervorgehoben werden. Öffentliche Meinung und Medienproduzenten werden als dauerhafter Bestandteil der Diplomatie erkannt, obgleich sie das schon seit der Wende vom 19. zum 20. Jahrhundert gewesen sind.[56] Eytan Gilboa unter-

---

[50] Amsterdam 2002, s. v. Diplomacy, S. 3695–3697 (Autor: Seyom Brown), hier S. 3696.
[51] Der Eintrag ist stark amerikanisch gefärbt, indem er „diplomacy" und „foreign policy", ähnlich wie im übrigen auch Kissinger, nicht klar trennt, sich stark auf die innenpolitische Dimension auswärtiger Politik kapriziert und schließlich historisch mit dem „Westphalian System" argumentiert; siehe zum letzteren *Heinz Duchhardt*, Das „Westfälische System": Realität und Mythos, in: Thiessen/Windler (Hrsg.), Akteure, S. 393–401.
[52] *Wichard Woyke* (Hrsg.), Handwörterbuch Internationale Politik, 10. Aufl. Opladen 2006, s. v. Diplomatie, S. 62–68, hier S. 62 (Autor: Johannes Varwick).
[53] International Encyclopedia of the Social and Behavioral Sciences, s. v. Diplomacy, S. 3696.
[54] Handwörterbuch Internationale Politik, S. 67; siehe auch zum „Global Governance", ebd., s. v. Globalisierung, S. 159–169, hier 167 f.
[55] Siehe etwa *Madeleine Herren*, Hintertüren zur Macht: Internationalismus und modernisierungsorientierte Außenpolitik in Belgien, der Schweiz und den USA 1865–1914. München 2000; *Dies.*, Internationale Organisationen; vgl. für die Bestimmung der Funktion von Internationalismus im Verhältnis zur Diplomatie im 19. Jahrhundert *Johannes Paulmann*, Reformer, Experten und Diplomaten: Grundlagen des Internationalismus im 19. Jahrhundert, in: Thiessen/Windler (Hrsg.), Akteure, S. 173–197.
[56] Das Folgende nach *Eytan Gilboa*, Diplomacy in the Media Age: Three Models of Uses and Effects, in: Diplomacy & Statecraft 12/2 (2001), S. 1–28.

scheidet zwischen (1) „public diplomacy", d. h. der Versuche über verschiedene Formen und Medien Einfluss auf die Meinungsbildung in fremden Ländern zunehmen – eine Form der „neuen" Diplomatie, die in der Praxis vor allem im Kalten Krieg stark ausgebaut wurde;[57] (2) „media diplomacy": der Verwendung von Medien und medial inszenierten Auftritten als Kommunikationskanal im Rahmen von diplomatischen Verhandlungen;[58] und (3) „media-broker diplomacy", bei der Journalisten selbst zeitweise die Rolle von inoffiziellen Diplomaten übernahmen, etwa als Deutschland nach 1945 zunächst keine amtlichen Auslandsvertretungen hatte.[59]

Die komplexen Beziehungen zwischen der Diplomatie und den Medien rücken gegenwärtig offensichtlich aufgrund der allgemeinen Mediatisierung vieler Lebensbereiche, des Wachstums der Informationsproduktion und der Schnelligkeit der Übermittlung in den Blick. Dahinter steht aber auch eine Betonung der Kommunikationsfunktion gegenüber der Repräsentationsfunktion von Diplomatie. Einher geht damit zugleich eine Neubewertung der „soft power".[60] Zusammengefasst ist die „neue Diplomatie" als „interventionist diplomacy" bezeichnet worden, die nicht mehr nur die Beziehungen zwischen den Staaten zu regulieren suche, sondern die Bedingungen innerhalb der fremden Staaten zu verändern trachte.[61] Damit rückt schließlich auch die humanitäre Intervention als ein Mittel ins Blickfeld, dessen Stellung zwischen friedlich-diplomatischer und kriegerisch-militärischer fließend scheint. Sie erscheint in dieser Perspektive ebenfalls als eine Konsequenz aus der wahrgenommene Erosion territorial definierter Nationalstaaten, wenngleich ihre Geschichte tatsächlich viel weiter als bis in die 1990er Jahre zurückreicht.[62]

---

[57] Siehe u. a. *Walter L. Hixson*, Parting the Curtain: Propaganda, Culture, and the Cold War, 1945–1961. New York 1997; *Gary D. Rawnsley*, Radio Diplomacy and Propaganda: The BBC and VOA in International Politics, 1956–1964. London 1996; *Volker R. Berghahn*, America and the Intellectual Cold Wars in Europe: Shepard Stone between Philanthropy, Academy, and Diplomacy. Princeton 2001; *Jessica C. E. Gienow-Hecht/Mark C. Donfried* (Hrsg.), Searching for a Cultural Diplomacy. New York 2010; *Johannes Paulmann* (Hrsg.), Auswärtige Repräsentationen: Deutsche Kulturdiplomatie nach 1945. Köln 2005.

[58] Hierzu zählen Pressekonferenzen, Interviews, aber auch Reisen und Staatsbesuche; siehe exemplarisch *Daum*, Kennedy.

[59] *Fritz Sänger*, Die Interpreten: Über die Auslandsberichterstattung, in: Außenpolitik 1 (1950), S. 59–63; *Ders.*, Botschafter ohne Amt: Die Berichter im Ausland, in: Frankfurter Hefte 28 (1973), S. 466f.; *Jan G. Reifenberg*, Die Unbefangenheit des Auslandskorrespondenten, in: Walter J. Schütz (Hrsg.), Aus der Schule der Diplomatie: Beiträge zu Außenpolitik, Recht, Kultur, Menschenführung. Fschr. f. Peter Pfeiffer. Düsseldorf 1965, S. 101–107; siehe allgemein *Bernhard Gißibl*, Auslandskorrespondenten zwischen Kosmopolitismus und Kaltem Krieg – eine mediengeschichtliche Spurensuche in deutschen Rundfunkarchiven, in: Markus Behmer/Birgit Bernard/Bettina Hasselbring (Hrsg.), Das Gedächtnis des Rundfunks: Die Archive der öffentlich-rechtlichen Sender und ihre Bedeutung für die Forschung. Wiesbaden 2012.

[60] Siehe *Joseph S. Nye*, Jr., Soft Power, in: Foreign Policy 80 (Fall 1990), S. 153–171; International Encyclopedia of the Social and Behavioral Sciences, s. v. Diplomacy, S. 3697.

[61] International Encyclopedia of the Social and Behavioral Sciences, s. v. Diplomacy, S. 3696.

[62] Siehe *Brendan Simms/D. J. B. Trim* (Hrsg.), Humanitarian Intervention: A History. Cambridge 2011.

Offenkundig bedarf es zu ihrer Rechtfertigung jedoch spezifischer, „humanitärer" Argumente, denen im Rahmen eines Verständnisses von „Diplomatie" als Verhandlungen zwischen souveränen Nationalstaaten keine politische Zugkraft zuerkannt wurde.

Die wiederholte Neuheit der Diplomatie

Die Geschichte der „Diplomatie" ist eine Geschichte der wiederholten Neuheit, nicht die einer zeit- und kulturübergreifenden Universalität. Am Anfang stand die Erfindung eines neuen Begriffs, mit dem im Übergang vom Ancien Régime zum 19. Jahrhundert ein Teilsystem zwischenstaatlicher Politik zwischen Theorie und Empirie reklamiert wurde. Die Neuschöpfung war verbunden mit einer Abgrenzung von der als „alt" bezeichneten Verhandlungskunst der fürstlichen Höfe. Spätestens die europäische Krise des Ersten Weltkriegs stellte dann jedoch die Effizienz der damit etablierten Normen des diplomatischen Verkehrs grundlegend infrage. Die jetzt geäußerten Forderungen nach einer neuen Diplomatie propagierten erneut Offenheit im Dienste der liberalen Demokratie oder des Klassenkampfs. Gegen diese „Zumutungen" bemühten sich geschulte Diplomaten der Auswärtigen Dienste, jenes „klassische" Selbstverständnis zu bewahren, das langfristig vom Umbruch um 1800 geprägt worden war.

Eine Revolution der diplomatischen Gepflogenheiten blieb zwar aus, dennoch änderte sich das Verständnis von „Diplomatie" allmählich, indem die Begriffsbestimmungen versuchten, die Ausweitung der Aufgabenfelder, die Vermehrung der offiziellen Mitspieler durch die Dekolonisation und die neuen Arenen der Internationalen Organisationen mit den dort tätigen andersartigen Akteuren einzuschließen. Die Bestimmung der „Diplomatie" wurde nach dem Zweiten Weltkrieg gewissermaßen schleichend entgrenzt, gleichzeitig im Kalten Krieg auch ideologisiert. In der globalen Gegenwart wird dieser Trend soweit zugespitzt, dass die im 19. Jahrhundert etablierten begrifflichen Abgrenzungen, welche „Diplomatie" bestimmten, aufgehoben scheinen: Das zugesprochene Monopol der Auswärtigen Ämter auf die politischen Außenbeziehungen, die abgestufte Autorität von staatlichen und gesellschaftlichem Akteuren, die Verhandlungsführung durch Experten außerhalb der Öffentlichkeit und die Trennung von Politik und Kultur. Es wird schließlich das Verwischen der Unterscheidung zwischen Innen- und Außenpolitik konstatiert und damit die Frage nach dem Ende der Diplomatie gestellt.[63]

Der Begriff der Diplomatie veränderte sich mehrfach seit seiner Erfindung. Er reflektierte die Zunahme der internationalen Wechselbeziehungen im 19. und 20. Jahrhundert und die Ausweitung der potentiellen Arbeitsfelder. Gleichbleibend charakterisiert seine Geschichte nur das Postulat der Neuheit.

[63] *Blessing*, Changing Diplomatic World, S. 77.

Tatsächlich belegen das Ausrufen eine jeweils neuen Diplomatie und die Wiederkehr bestimmter Topoi, mit denen sich die amtlichen Akteure des einmal neu benannten Handlungsfeldes ihre Expertise angesichts des Wandels der Staatlichkeit, der internationalen Arenen und der Kommunikationsbedingungen zu bewahren suchten, dass verschiedene Begriffsbestimmungen einander überlagerten. Verschiedene Auffassungen von „Diplomatie" wurden jeweils gleichzeitig vertreten. Es galt in der Praxis dennoch miteinander zu kommunizieren, Missverständnisse zu vermeiden, interkulturell zu übersetzen. Die „diplomatischen" Vorstellungen verschiedener Länder und ihre Praktiken konkurrierten miteinander. Die mehr oder weniger berufenen Akteure – vom Botschafter bis zum Entwicklungshelfer – standen ebenfalls in einem gewissen Wettbewerb um Handlungskompetenz. Historisch existierte nie ein geschlossenes, autonomes System der Diplomatie.

Die Begriffsgeschichte war also nicht lediglich Ausdruck diplomatischer Praxis, sondern sie prägte das internationale Verhandeln. Die hier vorgestellte Geschichte wurde von reflektierenden Diplomaten wie Harold Nicolson oder Erich Kordt, von wissenschaftlichen Politikberatern wie Arnold Bergstraesser oder Seyom Brown und von Gelehrten verschiedener Disziplinen (Staatslehre, Völkerrecht, Geschichtswissenschaft, Politikwissenschaft und schließlich der Lehre der International Relations) geschrieben. Ihre Erforschung sollte ausgeweitet werden, indem der Gebrauch des Diplomatie-Begriffes in der politischen Auseinandersetzung seitens der Staatsmänner, Diplomaten, internationalen Beamten, Politiker, Journalisten oder Vertretern und Vertreterinnen von Nichtregierungsorganisationen untersucht wird. Soziale und genderspezifische Mechanismen des Ein- und Ausschlusses müssen beachtet werden. Schließlich gilt es auch, vergleichend zu suchen und das „Europäische" der Diplomatie zu hinterfragen, indem die Modifikationen und Aneignungen eines Merkmals europäischer Staatlichkeit im Zusammenhang mit der Globalisierung erkundet werden.

Jessica C. E. Gienow-Hecht
Nation Branding*

Nation Branding ist ein Konzept, entliehen aus der Welt der Markt- und Markenwissenschaft, dessen Theorie und Historisierung Ansatzpunkte bietet, um der Diskussion um die Rolle von Kultur als Movens innerhalb der internationalen Geschichte eine neue Richtung zu verleihen. Im Folgenden werden diese Diskussion und ihre Problematik zunächst skizziert. In einem zweiten Schritt wird das Konzept des *Nation Branding* (wörtlich etwa „Nationsprägung") als Denkansatz definiert und als Baustein theoretischer Überlegungen zum Thema der auswärtigen Selbstdarstellung vorgestellt. Abschließend wird das Konzept anhand eines Fallbeispiels kontextualisiert.

Das zentrale Thema der internationalen Geschichte ist die Genese und Beschaffenheit von Beziehungen, Begegnung und Bewegungen zwischen Menschen und Staaten vor dem Hintergrund der Sehnsucht nach Dominanz. Diese Sehnsucht, so argumentiere ich in diesem Essay, wird heterogen verhandelt: Macht ist undenkbar ohne Inszenierung. Somit geht es nie allein um die Konstatierung interstaatlicher Macht sondern immer auch um die Vermarktung und den Anspruch noch nicht existenter Macht – der Sehnsucht nach Einfluss und Anerkennung – sowie innerstaatliche Konflikte darüber, wer diese Macht wie und anhand welcher Mechanismen darstellen soll. Diese Mechanismen sind spätestens seit der frühen Neuzeit nachweisbar: Seitdem haben Staaten, Herrscher und Nationen in ihrem Verlangen nach Legitimation und Hegemonie sich zu Markenprodukten entwickelt, d.h. Gütern, die mit einem deutlichen Alleinstellungsmerkmal durch Bild oder Wort versehen werden und sich vorgeblich von ähnlichen „Gütern" (also Staaten) anderer Herkunft oder Machart unterscheiden. *Nation Branding* kann uns helfen, diese Komplexität von Machtanspruch sowie deren Inszenierung und Vermarktung zu erfassen.[1]

---

* Herzlichen Dank an Stephen Schuker, Jost Dülffer, Hillard von Thiessen, Wilfried Loth und Carolin Fischer für ihre Kommentare, ebenso wie an die Teilnehmer der Tagung der Historischen Kommission der Österreichischen Akademie der Wissenschaften „Internationale Geschichte in Theorie und Praxis: Traditionen und Perspektiven" am 2. Dezember 2011 in Wien.

[1] Nation Branding operiert bewusst elastisch mit den verschiedenen und oft künstlichen Begriffszuschreibungen für den Begriff der Nation. Die Definitionen Benedict Andersons und Francis Fukuyamas werden hierbei ebenso berücksichtigt wie das moderne Nationskonzept Fichtes im 19. Jahrhundert. *Francis Fukuyama*, Nation-building: Beyond Afghanistan and Iraq. Baltimore 2006; *Benedict Anderson*, Die Erfindung der Nation. Frankfurt a. M./New York 2005.

1. Historiographie: Kulturdiplomatie, Kulturbeziehungen, Debatten

Wie viele etablierte Felder hat auch die internationale Geschichte in den letzten zwanzig Jahren gleichsam einen Umsturz erlebt, der sich in erster Linie beiderseits des Atlantiks abgespielt hat. Terrorismus, Rassismus, Gender Studies, Milieustudien, ansteckende Krankheiten, Medizin, Menschenrechte, Tourismus, NGOs (Non-governmental organizations) bilden inzwischen wichtige Faktoren in der Untersuchung internationaler Beziehungen. Sie alle teilen die Auffassung, dass der Staat nur einer von vielen Akteuren, Politik nur eine von vielen Beziehungsformen ist.[2]

Diese Entwicklung hat den Staat als politisch handelnden Akteur sowie als Untersuchungsgegenstand ebenso dezentralisiert wie die Funktion von Entscheidungsträgern. Wir haben viel gelernt über die Signifikanz von Touristen in den internationalen Beziehungen, über transnationale Tier-, Klima- und Umweltschützer, die identitätsstiftende Rolle von Ärzten, Künstlern, Bankiers, Unternehmern oder die Magie globaler musischer und medizinischer Kooperationen, die in ihrem Handlungsradius sogar die tiefen Gräben des Kalten Krieges überbrücken konnten.[3] Aber diese neue internationale Geschichte hat uns auch ein Problem beschert, nämlich die Frage nach dem Stellenwert von Macht.[4] Staat, Macht, Machtpolitik und Machtgefälle standen traditionell im Zentrum von Diplomatie und Diplomatiegeschichte und selbst die Väter der britischen internationalen Geschichte oder der Geschichte deutscher Außenpolitik hielten sich vorrangig innerhalb dieser Parameter auf.[5] In der neuen internationalen Geschichte rückt die Untersuchung von Macht zunehmend an den Rand. Kein Feld zeigt dies so deutlich wie die jüngere Forschung um Kultur in den internationalen Beziehungen, oft auch umschrieben mit dem für die Diplomatiegeschichte in den 1990er Jahren geprägten Begriff „cultural turn".[6] Gemeint ist zunächst die Untersuchung von Kultur als Kondition in den diplomatischen Beziehungen zweier oder mehrerer Länder, entweder als

---

[2] *Philipp Gassert/Manfred Berg* (Hrsg.), Von fremden Ländern und Menschen oder: Wo bleibt der internationale Diskurs in der internationalen Kulturgeschichte? Deutschland und die USA in der internationalen Geschichte des 20. Jahrhunderts. Festschrift für Detlev Junker. Stuttgart 2004, S. 80–97.

[3] *Christopher Endy*, Cold War Holidays: American Tourism in France. Chapel Hill 2004; *Barbara Keys*, Globalizing Sports: National Rivalry and International Community in the 1930s. Cambridge 2006; *Thorsten Schulz*, Umweltsicherheit in der internationalen Politik Europas. Die Beispiele Bundesrepublik Deutschland, Großbritannien und USA 1969 bis 1975 (Diss.). Köln 2011.

[4] *Melvyn P. Leffler*, New Approaches, Old interpretations, and Prospective Reconfigurations, in: Diplomatic History 19/2, 1995, S. 173–196; *Robert Buzzanco*, Where's the Beef? Culture without Power in the Study of U.S. Foreign Relations, Diplomatic History 24/4, 2002, S. 623–32.

[5] Hier stellvertretend *Jon Jacobson*, Is There a New International History of the 1920s?, in: American Historical Review 88, Juni 1983, S. 617–45.

[6] *Frank Ninkovich /Liping Bu* (Hrsg.), The Cultural Turn: Essays in the History of U.S. Foreign Relations. Chicago 2001.

Instrument, Architektur oder Motor handelnder Akteure. Besonderes Augenmerk hat die Forschung dabei auf die Untersuchung von kultureller Außenpolitik gelegt („cultural diplomacy").[7] Sowohl deutschsprachige als auch französische, anglo-amerikanische, spanische, australische und ostasiatische Wissenschaftler beschäftigen sich seit mindestens einer Dekade mit dem Stellenwert kultureller Aspekte in der Geschichte der internationalen Beziehungen. Kulturdiplomatie als Forschungsfeld, um den anglophonen Begriff einmal aufzugreifen,[8] hat sich in Europa und Nordamerika seit den achtziger Jahren etabliert, zunächst durch die Arbeiten von Franz Knipping, Kurt Düwell, Frank Ninkovich, Michel Espagne, seit den 1990er Jahren durch viele andere mehr.[9] Mit Abstand die meisten Studien wurden seit den 1990er Jahren in den USA produziert; die meisten davon haben sich mit Kultur als einem Instrument von Außenpolitik.[10] Ihnen gemeinsam war zunächst das Anliegen, eine bisher wenig beachtete Facette von Außenpolitik – den Einsatz von kulturellen Mitteln zum Zwecke des Dialoges und der Verständigung – zu untersuchen und thematisch einzuordnen. Die US-amerikanische Forschung hat also das Feld inhaltlich maßgeblich geprägt, v. a. die Annahme, dass Kulturdiplomatie und „public diplomacy" (Informationspolitik für Bevölkerungen in anderen Ländern) ein Beiprodukt nationaler Politik darstellten. In Folge operiert fast alles, was wir über die Rolle von Kultur in der Geschichte der internationalen Beziehungen wissen, in den Parametern der Geschichte der Zwischenkriegszeit und des Ost-West Konfliktes.[11]

---

[7] *Kenneth Osgood/Brian Etheridge* (Hrsg.), The United States and Public Diplomacy: New Directions in Cultural and International History. Leiden 2010; *Manuela Aguilar*, Cultural Diplomacy and Foreign Policy: German-American Relations, 1955–1968. New York 1996; *Jessica Gienow-Hecht*, Searching for a Cultural Diplomacy. Oxford/New York 2010.

[8] *Jessica Gienow-Hecht*, Cultural Diplomacy and Civil Society Since 1850 or the Anomaly of the Cold War, in: Culture and International History. New York/Oxford 2003, S. 29–56.

[9] *Franz Knipping*, Frankreichs Kulturpolitik in Deutschland 1945–1950. Ein Tübinger Symposium. Tübingen 1987; *Kurt Düwell*, Deutsche auswärtige Kulturpolitik seit 1881. Geschichte und Struktur. Köln 1981; *Frank Ninkovich*, The Diplomacy of Ideas: U.S. Foreign Policy and Cultural Relations 1938–1950. New York/Cambridge 1981. Für Arbeiten der jüngeren Zeit im deutschsprachigen Raum siehe z. B. *Johannes Paulmann* (Hrsg.), Auswärtige Repräsentationen. Deutsche Kulturpolitik nach 1945. Köln 2005; *Eckard Michels*, Von der Deutschen Akademie zum Goethe-Institut. Sprach- und auswärtige Kulturpolitik 1923–1960. München 2005; *Ulrike Stoll*, Kulturpolitik als Beruf. Dieter Sattler (1906–1968) in München, Bonn und Rom. Paderborn 2005.

[10] Siehe z. B. *Volker R. Berghahn*, America and the Intellectual Cold Wars in Europe: Shepard Stone between Philanthropy, Academy, and Diplomacy. Princeton, 2001; *Laura A. Belmonte*, Selling America: Propaganda, National Identity, and the Cold War. Philadelphia 2009; *Walter Hixson*, Parting the Curtain: Propaganda, Culture and the Cold War, 1945–1961. New York 1997.

[11] *David Pike*, The Politics of Culture in Soviet-Occupied Germany. Stanford 1992; *Norman Naimark*, The Russians in Germany: A History of the Soviet Zone of Occupation, 1945–1949. Cambridge 1997; *Richard L. Walker*, The Developing Role of Cultural Diplomacy in Asia, in: George L. Anderson (Hrsg.), Issues and Conflicts. Studies in Twentieth Century American Diplomacy. Lawrence 1959, S. 43–62.

Aber der Kalte Krieg war eine Ausnahme. Niemals vorher und niemals danach haben Regierungen so viel Personal, Finanzmittel, Energie und Ideen in die Förderung der Künste, des wissenschaftlichen Austausches und der kulturellen Selbstpräsentation im Namen von Ideologie investiert. Diese geographische und zeitliche Einengung auf die Zeit zwischen 1945 und 1990 hat somit auch zu einer Eingrenzung von Verständnis und Interpretation geführt: Kultur und Kulturdiplomatie wurden zunächst weiterhin im Kontext von Staatskontrolle und strukturell subordiniert wahrgenommen, ein Nebenschauplatz an der Seite harter geopolitischer Strategie, wirtschaftlicher Interessen und militärischer Abkommen.

Die jüngste Historiographie hat sich nun vermehrt vier Themen zugewandt: Das erste betrifft die Frage der Akteure, die im Namen der Supermächte und im Rahmen staatlicher Programme in Übersee kulturelle Überzeugungsarbeit leisten sollten. Hier geht es um Entscheidungsfindungsprozesse und die Durchführung von Kulturpolitik in den jeweiligen Einrichtungen. Laura Belmonte z. B. hat in ihrer Untersuchung der United States Information Agency (USIA) auf den Stellenwert von Intrigen innerhalb der Regierung für die Richtung US-amerikanischer Kulturpolitik hingewiesen.[12] Ein weiterer Trend beschäftigt sich mit der Funktion von Kulturdiplomatie bei den Verbündeten der Supermächte, also in Staaten wie der Bundesrepublik, Großbritannien, den Niederlanden, Dänemark, Frankreich, Ungarn, Polen, darüber hinaus auch in neutralen Ländern wie etwa Schweden, Finnland oder Österreich. Diese Arbeiten zeigen, dass kulturelle Beziehungen und Selbstdarstellung oft eine Schlüsselfunktion entwickelten, wenn politische Verbindungen abgebrochen wurden und stellen damit die These von Kulturdiplomatie als untergeordneter Facette von „harter" Außenpolitik in Frage. China entwickelte beispielsweise 1949 ein intensives auswärtiges Kulturprogramm mit Staaten jenseits des Eisernen Vorhanges und unterhielt trotz politischer Nichtanerkennung mit Japan eine engere kulturelle Beziehung als zu irgendeinem anderen Land in der Welt (mit Ausnahme der Sowjetunion).[13]

---

[12] *Penny van Eschen*, Satchmo Blows Up the World: Jazz Ambassadors Play the Cold War. Cambridge 2004; *Naima Prevots*, Dance for Export: Cultural Diplomacy and the Cold War. Middletown 1998; *Emily Ansari*, Shaping the Policies of Cold War Musical Diplomacy: An Epistemic Community of American Composers, in: Diplomatic History 36/1, Januar 2012, S. 41–52; *Laura Belmonte*, Selling America: U.S. Propaganda and the Cold War. Philadelphia 2009; *Lisa Davenport*, Jazz Diplomacy: Promoting America in the Cold War Era. Jackson 2009; *Jonathan Rosenberg*, How Far the Promised Land? World Affairs and the American Civil Rights Movement from the First World War to Vietnam. Princeton 2006; *Jessica Gienow-Hecht*, Shame on US? Cultural Transfer, Academics, and the Cold War. A Critical Review, in: Diplomatic History 24, Sommer 2000, S. 466–47; *David Caute*, The Dancer Defects: The Struggle for Cultural Supremacy during the Cold War. Oxford 2003; *Kenneth Osgood/ Brian Etheridge*, The United States and Public Diplomacy: New Directions in Cultural and International History. Leiden 2010.

[13] *Herbert Passin*, China's Cultural Diplomacy. New York 1963, S. 2–10 u. S. 41, 107; *Andrea Orzoff*, Battle for the Castle: The Myth of Czechoslovakia in Europe, 1914–1948. New York 2009; *Anikó Macher*, Hungarian Cultural Diplomacy 1957–1963: Echoes of Western Cultural Activity in a

Ein dritter Forschungstrend widmet sich informellen Beziehungen, hier vor allem Einzelpersonen sowie sozialen regionalen oder übernationalen Organisationen. So zeigen Arbeiten über transnationale Netzwerke im Bereich der Medizin, der Musik und der Menschenrechte, dass es trotz der sich verhärtenden konfrontativen Beziehungen zwischen den Supermächten und Satellitenstaaten über den Eisernen Vorhang hinweg nicht nur die Möglichkeit, sondern sogar die Notwendigkeit von informellen Beziehungen gab.[14]

Der jüngste Ansatz schließlich beschäftigt sich mit der Rolle von kulturellen Beziehungen vor oder nach dem Kalten Krieg und orientiert sich an Netzwerk- oder Globalgeschichte ebenso wie an kulturellen Paradigmen wie Austausch, Verständigung, Übertragung, Imitation, Theatralik. Diese Studien implizieren, dass Akteure wie z. B. Touristen, Heiratsvermittler, Dirigenten, Maler, Journalisten, Schriftsteller, Unternehmer und Bankiers eine internationale Beziehung *sui generis* darstellen.[15] Diese vier Forschungstrends – Kulturdiplomatie und -austausch zwischen den Supermächten und in den Vasallenstaaten, die Rolle informeller Akteure ebenso wie der Blick über den Kalten Krieg hinaus – eint, dass sie sich einerseits an klassischem historiographischem Interesse der Internationalen Geschichte orientieren. Gleichzeitig je-

---

Communist Country, in: Jessica Gienow-Hecht/Mark Donfried, Searching for a Cultural Diplomacy. New York 2010, S. 75–108; *Annika Frieberg*, Catholics in Ostpolitik? Networking and Nonstate Diplomacy in the Bensberger Memorandum, 1966–1970, in: ebd., S. 109–133; *Alexander Stephan* (Hrsg.), The Americanization of Europe: Culture, Diplomacy, and anti-Americanism after 1945. New York 2006; *Brian McKenzie*, Remaking France: Americanization, Public Diplomacy, and the Marshall Plan. New York 2005; *Simone Derix*, Bebilderte Politik: Staatsbesuche in der Bundesrepublik Deutschland 1949–1990. Göttingen 2009; *Johannes Paulmann* (Hrsg.), Auswärtige Repräsentationen. Deutsche Kulturdiplomatie nach 1945. Köln 2005. Ein Beispiel für eine „Blockdarstellung" ist *Kenneth Osgood*, Total Cold War: Eisenhower's Secret Propaganda Battle at Home and Abroad. Lawrence 2006. Siehe auch *Andrew Fenton Cooper*, Canadian Cultural Diplomacy: An Introduction, in: ders. (Hrsg.), Canadian Culture: International Dimensions. Waterloo 1985, S. 3–26; *Claude Ryan*, The Origins of Quebec's Cultural Diplomacy, in: ebd., S. 59–68; *Robert J. Williams*, International Cultural Programs: Canada and Australia Compared, in: ebd., S. 83–137; *G. O. Olusanya*, Cultural Diplomacy: A Neglected Aspect of Nigeria's Foreign Policy, in: Sule Bello (Hrsg.), Culture and Decision Making in Nigeria. Lagos 1991, S. 135–141.

[14] *Annette Karpp*, Die Bundesrepublik Deutschland, Frankreich und die europäische Sicherheitskonferenz 1972–1975 (M.A.). Universität zu Köln 2011; *Annika Estner*, Die nationale und transnationale Vernetzung der sowjetischen Dissidentenbewegung am Beispiel der Moskauer Helsinki Gruppe (M.A.). Universität zu Köln 2011; *Erez Manela*, A Pox on Your Narrative: Writing Disease Control into Cold War History, in: Diplomatic History 34/2, April 2010, S. 299–323.

[15] *Frank Ninkovich*, Global Dawn: The Cultural Foundation of American Internationalism. Cambridge 2009; *Megan McCarthy*, The Empire on Display: Exhibitions of Germanic Art & Design in America, 1897–1914 (Diss.). Columbia University 2011; *Wolfram Kaiser*, The Great Derby Race: Strategies of Cultural Representation at Nineteenth-Century World Exhibitions, in: Jessica Gienow-Hecht (Hrsg.), Culture and International History, S. 45–59; *Niels Peterson*, Imperialismus und Modernisierung. Siam, China und die europäischen Mächte, 1895–1914. München 2000; *Dana Cooper*, Informal Ambassadors: American Women, Transatlantic Marriage, and Anglo-American Relation 1865–1945 (unveröffentliches Buchmanuskript).

doch problematisieren sie die Frage der Macht ganz unterschiedlich. Während Macht noch im Vordergrund der beiden erstgenannten Trends steht, geht es in Untersuchungen zu konfliktübergreifenden Kooperationen ebenso wie in Untersuchungen zum 19. Jahrhundert (also dem dritten und vierten Trend) zunehmend um die kulturhistorische Erforschung von Handlungsmilieus: Wie breiteten Netzwerke sich aus, welchen kulturellen Einflüssen sahen sie sich ausgesetzt und welche kulturellen Einflüsse vermittelten sie selbst?

Damit verbunden ist bei vielen Autoren eine Grundannahme, dass Kulturbeziehungen a priori „positiv", „weich" und „smart" zu bewerten seien und sich vorrangig um friedliche Darstellung, gewaltlosen Dialog, Austausch und Verständigung und weniger um harte Machtambition bemühten. In der US-Literatur spiegelt dies die in der Politik bestehende Überzeugung wider, dass die Unwiderstehlichkeit westlicher Kultur notwendigerweise Nicht-Westler nach einer Phase des Übergangs überzeugen und kooptieren muss. Doch ob modern oder vormodern, bestimmte Länder und Systeme (wie z.B. die USA, die UdSSR, das Deutsche Reich) unterliegen unabhängig von ihren tagespolitischen Interessen dem machtorientierten Reflex, ihre Ideologie exportieren zu müssen. Diese Kehrseite kultureller Kontakte – Kultur als inszenierte Macht – hat über die Auseinandersetzung mit dem „US-Kulturimperialismus" hinaus bisher kaum Aufmerksamkeit gefunden.[16]

Dies ist, kurz gefasst, die zentrale Herausforderung der Kinder des „cultural turns": Die Fragestellungen haben sich vereinzelt; gemeinsam ist ihnen die Überzeugung, die freundlichere Seite internationaler Beziehungen zu beschreiben. Das Ansinnen, ein methodologisches Interesse, einen Ansatz in den Vordergrund zu stellen, hat diese Autoren dazu geführt, wenig über die Beziehung zu den klassischen Fragen der internationalen Geschichte nachzudenken bzw. diese gelegentlich als antagonistisch wahrzunehmen.

So fehlt bei allem zu begrüßendem Pluralismus ein Deutungshorizont.[17] Was ist das qualitative Anliegen internationaler Geschichte nach dem *cultural turn*? Was kann sie leisten außer das quantitative Aufzeigen neuer Strukturen, Akteure, Verbindungen und Milieus? Was wäre, wenn Netzwerke und private Akteure keinen nachweisbaren Zweck in den internationalen Beziehungen er-

---

[16] In seinem Essay „The Protestant Deformation"(American Interest, Winter 2005) verweist der Politikwissenschaftler James Kurth auf die Transformation puritanischer Theologie in eine Kreuzzugsideologie des „Imperiums der Freiheit" in der jüngsten US-Außenpolitik; siehe auch *Walter McDougall*, Promised Land, Crusader State: The American Encounter with the World since 1776. Boston 1997. Zur Debatte um Kulturimperialismus siehe *Jessica Gienow-Hecht*, Shame on US? Cultural Transfer, Academics, and the Cold War. A Critical Review, in: Diplomatic History 24/3, Sommer 2000, S. 465–494.

[17] *Ulrich Lappenküper*, Primat der Außenpolitik! Die Verständigung zwischen der Bundesrepublik Deutschland und Frankreich 1949–1963, in: Eckart Conze/Ulrich Lappenküper/Guido Müller, Neue Wege in den Internationalen Beziehungen: Erneuerung und Erweiterung einer historischen Disziplin. Köln 2004, S. 45–63; *Robert Buzzanco*, Where's the Beef? Culture without Power in the Study of U.S. Foreign Relations, Diplomatic History 24/4, Herbst 2000, S. 631.

füllten – außer dem, dass sie existierten? Am Ende geht es in allen Beziehungen immer um Gleichgewicht und Ungleichgewicht und in ihrer Geschichte um die Genese und Beschaffenheit einer Beziehung zwischen Menschen und Staaten vor dem Wechselspiel der Dominanz. Macht jedoch muss erfahrbar, darstellbar sein, um realisiert werden zu können und es ist diese Sehnsucht und ihre Inszenierung – nicht allein ihr Objekt: die Macht – die inner- und außerhalb von Staaten heterogen verhandelt wird: Neben der internationalen Darstellung und Anwendung von interstaatlicher Macht anhand kultureller Instrumente geht es immer auch um noch nicht existente Macht (Machtsehnsucht) und um heterogene Perspektiven und Konflikte darüber, wer diese Macht wie anhand welcher Mechanismen darstellen soll.

Ausgehend von der Prämisse, dass Macht kulturell heterogen inner- und interstaatlich verhandelt wird, stellt sich die Frage: Welche Mechanismen, Strategien, Informationen und Träger finden wir, wenn wir andere Epochen, andere Regionen und andere Völker betrachten? Anders gesagt: Was passiert, wenn Politik und Entscheidungsträger und Bilder sich ändern, wenn Regierungen ihr Interesse an kulturellen Kontakten verlieren oder diese Vertretern übergeben, die gar nicht aus den Kreisen eines Regierungsapparates stammen? Was ist die Essenz einer kulturellen Beziehung, einer Selbstdarstellung und Beeinflussung über Zeit und Raum hinaus?

Wenn wir Zeit und Raum als kritische Variablen der Analyse von kultureller Politik marginalisieren, dann gibt es zwei weitere Möglichkeiten, durch die wir die Bedeutung von Kulturdiplomatie analysieren können: Konzept und Struktur. Der konzeptuelle Ansatz beschäftigt sich mit den Inhalten kultureller Beziehungen: Wie unterscheiden sich Eigen- und Fremdperzeption und wie wird die Lücke zwischen beiden überbrückt? Was wollen Nationen, Herrscher, Regierungen, Interessengruppen, Bürger erreichen, wenn sie anderen Menschen ihre Kultur nahelegen und inwiefern reflektierten lokale Reaktionen die ursprüngliche Eigenwahrnehmung? Warum geben sie sich überhaupt diese Mühe?

Seit der Antike haben Staaten und Herrscher Strategien entwickelt, um sich – aus welchen Gründen auch immer – in ein besseres Licht zu rücken. Auch hier hat die Frühe Neuzeit die Funktion eines „Durchlauferhitzers" insofern, als diese Epoche ein wichtiges Sprungbrett kulturdiplomatischen Handelns bedeutete. Jesuiten wie zum Beispiel der Italiener Matteo Ricci reisten nach China mit der expliziten Mission zu bekehren, asiatische Fremdenfeindlichkeit zu zerstreuen und westliche mit chinesischen Ideen zu verbinden.[18] Auch im 20. Jahrhundert finden wir erhebliche konzeptuelle Variablen kultureller Beziehungen und Selbstdarstellungen. Anders als die USA haben viele Staaten, darunter insgesamt 160 neue Nationen nach 1945, erst einmal mit der Konstruktion eines Images begonnen; ihre Motivationen dazu variierten von der Hoffnung auf Entwicklungsvorteile bis zur politischen Positionierung als

---

[18] *Richard Arndt*, The First Resort of Kings. Washington 2005, S. 1–23

neuer einflussreicher Spieler; oft konvergierten diese Ziele sogar. Die kulturelle Selbstdarstellung von Staaten wie z. B. Nigeria reflektierte vor allen Dingen das Interesse, kulturelle Schätze als Orte kultureller und nationaler Identifikation und Besonderheit zu identifizieren, im Land zu behalten und nicht durch legalen oder illegalen Export zu verlieren.[19] Ihre Herausforderung lag darin, nationale Besonderheit hervorzuheben und dem gemeinsamen Nenner Afrikas als unterentwickelter Kontinent zu entgehen. Zeigt der konzeptuelle Ansatz zur Analyse von globalen kulturellen Selbstdarstellungen also eine Reihe von deutlichen Abweichungen vom US-dominierten „Modell" des Kalten Krieges, so gilt gleiches für den strukturellen Ansatz. Hier wird nach Organisation und Aufbau von Kulturdiplomatie gefragt: Wer organisiert kulturelle Aktivitäten, wer führt sie durch, wer bezahlt die Rechnungen und wie verhalten sich Agenten und Finanzen zum Staat? Wer sind die verantwortlichen Träger und in welcher Position stehen sie zum nationalen Interesse? Kulturelle Beziehungen spielten beispielsweise eine entscheidende Rolle in der frühneuzeitlichen Politik Südwesteuropas. Spanische Botschafter auf italienischen Posten agierten oft als kulturelle Vermittler und Brückenbauer. Sie schufen Kontakte zu italienischen Künstlern wie z. B. Tizian und Tintoretto in ihrem Bemühen, die italienische Renaissance in Form von Büchern, Bildern und Kunstwerken nach Spanien zu holen, sehr zum Missfallen einiger italienischer Eliten: In deren Augen stahl der spanisch imperiale Adel italienische Kunst im Dienste des spanischen Staates.[20]

Ein erheblicher Teil der bestehenden Forschung betont den staatlichen Hintergrund kulturdiplomatischer Aktivitäten, insbesondere für das 20. Jahrhundert. NGOs, Stiftungen und private Akteure spielen eine untergeordnete Rolle als Inspiratoren, Kritiker oder ausführende Organe.[21] Der Vergleich mit anderen Ländern seit 1945 zeigt jedoch deutliche organisatorische Unterschiede auf: Frankreich gab dieses Mandat direkt dem Staat; Großbritannien dagegen hielt mit dem *British Council* einen gewissen Abstand zwischen Staat und Kultur aufrecht; und das föderale Prinzip der Bundesrepublik Deutschland wiederum benutzte beide Ansätze: Innerhalb des Auswärtigen Amtes operiert die Kulturabteilung, während die prinzipiellen Trägern Mittlerorganisationen sind (Goethe-Institute, Institut für Auslandsbeziehungen, Deutscher Akademische Auslandsdienst).[22] Diese Fallstudien differieren also ganz wesentlich im Hinblick darauf, welche konzeptuellen und strukturellen

---

[19] *Ade Obayemi*, Management of Artifacts and Institutions, in: Bello, Culture and Decision Making in Nigeria, 90.

[20] *Michael J. Levin*, Agents of Empire: Spanish Ambassadors in Sixteenth-Century Italy. Ithaca 2005, S. 183–99.

[21] AHR Forum: Historical Perspective on Anti-Americanism, American Historical Review 111/4, Oktober 2006, S. 1041–1129.

[22] *Freeman M. Tovell*, A Comparison of Canadian, French, British, and German International Cultural Policies, in: Cooper (Hrsg.), Canadian Culture: International Dimensions. Toronto 1985, S. 69–82.

Variablen die Entscheidungsprozesse, Darstellung, Organisationsformen, Ziele und Effizienz eben jene Politik beeinflussen. Sie unterscheiden sich zudem erheblich von jenem Modell kultureller Performanz und Diplomatie, das wir mit den Supermächten, dem 20. Jahrhundert und dem Kalten Krieg assoziieren, und wir müssen überlegen, wie wir diese Aktivitäten und das dahinter stehende Interesse an Selbstvergewisserung, staatlicher Weiterentwicklung, Eigenrepräsentation und auch Erfolg oder Misserfolg konzeptuell – und nicht nur narrativ – fassen, deuten und historiographisch einordnen können. Dies gilt es unbedingt zu berücksichtigen, wenn es um die Analyse von Hegemonieansprüchen geht. So betont beispielsweise Niall Ferguson in seinem jüngsten Buch, dass der Aufstieg „des Westens" in den letzten 500 Jahren sich auf sechs „killer applications" zurückführen ließe, die andere Kulturen und Kontinente Länder nicht besaßen, darunter Wettbewerb, Wissenschaft und Konsumverhalten.[23] Außer Acht jedoch lässt Ferguson eine zentrale Frage:[24] Wie inszenierte der Westen denn seine vorgebliche Unwiderstehlichkeit?

2. Nation Branding als analytischer Ansatz: Definition, Ursprünge, Umgang

Der Terminus Technicus *Nation Branding* ist in den vergangenen Jahren zu einem zentralen Begriff im Rahmen von Kulturpolitik unter politischen Entscheidungsträgern, Kulturdiplomaten, Bürokraten, Marketingexperten und Werbebeauftragten geworden.[25] Fand Google im Juli 2008 noch 130 000 Einträge unter diesem Stichwort, so stieg deren Anzahl bis Mai 2012 auf 5 210 000. Entscheidungsträger von Litauen bis Zimbabwe, von Turkmenistan bis zu den Philippinen holen sich Rat von Kreativmanagern, Werbetextern und Designbeauftragten, um das Image ihres Landes aufzupeppen, all dies unter dem Slogan *Nation Branding*. Große Werbeagenturen jonglieren inzwischen ganze Länder als Kunden, deren internationales Bild sie verschönern, neu verpacken und dann global plakatieren: Saatchie & Saatchi betreut den Werbeetat für

---

[23] *Niall Ferguson*, Civilization: The West and the Rest. London 2011.
[24] *Julian Go*, Patterns of Empire: The British and American Empires, 1688 to the Present. Cambridge 2011; *Michael Auslin*, Pacific Cosmopolitans: A Cultural History of U.S.-Japanese Relations. Cambridge 2011; *David Armitage/Michael Braddick* (Hrsg.), The British Atlantic World, 1500–1800. 2. Aufl. Houndmills 2009. Eine Ausnahme, wenngleich wieder auf den Kalten Krieg bezogen, bildet *Geir Lundestad*, Empire by Invitation: The United States and European Integration, 1945–1997. Oxford 1998.
[25] „The Anholt-GfK Roper Nation Brands Index", http://www.gfkamerica.com/practice_areas/roper_pam/nbi_index/index.en.html (zuletzt: 11.04.2011); „Anholt's Nation Brand Index 2008 released" http://nation-branding.info/2008/10/01/anholts-nation-brand-index-2008-released/ (zuletzt: 11.04.2011).

den Kosovo, während Saffron Brand Consultants Polen und Interbrand Estland vermarkten.[26]

Nation Branding geht von einer engen Verbindung zwischen dem geographischen Ort der Nation und einem damit korrespondierenden Bild der Nation aus (Verhaltensweisen, Ansichten, Töne, kulinarische Spezialitäten, Landschaft, Produkte) und davon, dass beide wechselseitig zur gegenseitigen Förderung eingesetzt werden. Experten des *Nation Branding* stellen dem nationalen Interesse der internationalen Selbstdarstellung einen marktorientierten Ansatz zur Seite. Sie untersuchen die Fremd- und Selbstbilder von Staaten, insbesondere die oft dazwischen liegende Diskrepanz. So rücken Entscheidungsträger im Iran gern dessen stolze Tradition und Kulturgeschichte in den Vordergrund, während die Fremdwahrnehmung sich auf die gegenwärtig regierende repressive Theokratie stützt. Werbestrategen Ugandas wiederum weisen auf die landschaftliche Schönheit des Landes hin, während die internationale Berichterstattung sich im Wesentlichen um Korruption und den Bürgerkrieg im Norden des Landes dreht. Darauf aufbauend suchen *Nation Branding*-Experten, einem bestimmten Land mit Hilfe von Bildern, Eindrücken und Schlagwörtern eine positive Prominenz zu verleihen, die die Lücke zwischen Fremd- und Eigenwahrnehmung überbrückt: Im Falle Irans drückt sich dies durch den Webeslogan „Land of Birds and Flowers" (eine Anspielung auf die in im Westen bekannten Märchen aus *Tausendundeiner Nacht*), im Falle Ugandas durch den Zusatz „Gifted By Nature" (eine Geste an die internationale Umweltbewegung) aus.[27]

Die Ziele von Marketing-Experten, die sich mit *Nation Branding* auseinandersetzen, sollen uns hier weniger interessieren als deren Ansatz: Ähnlich wie Kulturdiplomatie geht *Nation Branding* von der Idee aus, dass der politische und wirtschaftliche Erfolg eines Landes von dessen Ruf und Glaubwürdigkeit abhängt. Im Gegensatz zu Kulturdiplomatie allerdings operiert er tendenziell unabhängig von ideologischen Vorgaben, Urteilen und Intentionen; *Nation Branding* unterscheidet nicht zwischen „Diplomatie" und „Propaganda" und ebenso wenig zwischen politischen und privaten Akteuren. Stattdessen bildet es die Diskrepanz zwischen Fremd- und Eigenwahrnehmung ab und geht von einem direkten Zusammenhang zwischen Selbstdarstellung und Einflussanspruch aus.

Der Aufstieg des Konzeptes von *Nation Branding* in Politik und Werbung hat zu einer Flut von wissenschaftlichen Schwerpunkten und Publikationen geführt, und genau an dieser Stelle wird das Konzept des *Nation Branding*s nicht nur als historisches Phänomen sondern als methodologisches Instrument für Historiker der internationalen Kulturbeziehungen interessant. Europäische und US-amerikanische Expertenkommissionen und Denkfabriken

---

[26] http://eastwestcoms.com/index.htm (zuletzt: 16.04.2011).
[27] *Lee Hudson Teslik*, „Nation Branding Explained," 9. November 2007, http://www.cfr.org/information-and-communication/nation-branding-explained/p14776#p5 (zuletzt: 09.06.2011).

wie z.B das Research Center *Nation Branding* an der Hochschule RheinMain in Wiesbaden, die *Association for Place Branding & Public Diplomacy* oder das *Institute for Cultural Diplomacy* in Berlin haben umfangreiche Forschungs- und Informationsprogramme entwickelt, die untersuchen, wie Staaten den Dialog mit anderen Staaten oder Staatengemeinschaften finden, sich selbst darstellen und dadurch ihren eigenen Marktwert erhöhen können. Neue Publikationen wie z.B *Competitive Identity, Brand America, Marketing Places, DestiNation Branding, Trading Identities* und Fachzeitschriften wie *Place Branding and Public Diplomacy* prüfen, wie ein Land gesehen wird, wie es gesehen werden will, wer das Image kontrolliert und welche Rolle eben jene Entscheidungsträger in der internationalen Arena spielen wollen.

Die Historisierung des Konzeptes *Nation Branding* trägt dazu bei, den Kanon der klassischen Fragestellungen aufzubrechen und somit den Blick auf mögliche Interpretationsformen zu erweitern. Der wichtige Punkt bei dieser Selbstrepräsentation ist nicht der ideologische Hintergrund des Landes sondern die Inszenierung unter bestimmten Konditionen (z. B. das Verlangen nach einem Einfluss, der noch nicht existiert oder unter erschwerten geopolitischen Bedingungen) und nach bestimmten Kriterien, die dezidiert das Wechselspiel zwischen Selbsteinschätzung und Fremdwahrnehmung eruieren. Damit kann der Ansatz helfen, vier Dinge über die Grenzen von Zeit, Raum und Ideologie hinweg zu analysieren: Erstens, wie versucht ein Staat, sich unter Hinzuziehung bestimmter Kommunikationstechniken ein vermarktbares Image zu schaffen, mit Hilfe dessen er Ziele erreicht, die – aus welchen Gründen auch immer – anders (z. B. durch Gewaltanwendung oder wirtschaftliche Sanktionen) nicht oder weniger effizient erreicht werden können oder sollen? Zweitens, welche geographisch unabhängigen und epochenübergreifenden Typisierungen erlauben diese Darstellungen bzw. der Vergleich mehrerer Analysen? Mit der Integration beider Fragen bietet das Konzept bereits einen Zugriff auf bisher einander ausschließende Sachverhalte; vor allen Dingen unterscheidet es nicht zwischen vermeintlich positiver „Kulturdiplomatie" und ebenso vermeintlich negativer „Propaganda". Dementsprechend ist es irrelevant, ob ein Staat vormodern oder modern, demokratisch oder autoritär regiert wird.

Drittens fragt *Nation Branding* weniger nach der Intention handelnder Akteure sondern setzt auf Analyse der Ausführung anhand dreier Faktoren: Perzeption, Kommunikation und Aktion (handelnde Akteure): Wie differieren Fremdwahrnehmung und Selbstinszenierung, welche Kommunikationsformen gibt es und wer kommt als handelnder Akteur in Frage? Wer übernimmt die Aufgabe der Inszenierung, welche Diskurse zwischen Fremdwahrnehmung und Selbstinszenierung werden angeregt, welche Identitäten werden konstruiert und welche Kommunikations- und Aktionsmuster lassen sich daraus ableiten? Gefragt wird also nicht nach den lauteren oder unlauteren Zielsetzungen des Senders sondern nach tatsächlichen Inhalten und ausführenden Organen. *Nation Branding* erkennt alle Akteure aller Institutionen und Organisationen in einer bestimmten Region oder einem bestimmten Land an, die zur Schaffung eines positiv gemeinten Images beitragen. Diese Akteure können Regierungsbeamte sein ebenso wie Mitglieder der Zivilgesellschaft oder von transnationalen Gesellschaften. Ihre Beziehung zu Staat und Gesellschaft ebenso wie ihre eigentliche Intention, ideologische Überzeugung und Medien sind nebensächlich. Einzig wichtiges Kriterium bleibt, dass es sich um einen Prozess anhand spezifischer Untersuchungsmerkmale handelt, in dessen Verlauf das internationale Bild eines Landes geschaffen oder verändert werden soll.[28]

Viertens schließlich operiert das Konzept mit einem offenen Nationenbegriff, dessen Zuschreibung, wie die Nationalismusforschung der letzten 20 Jahre gezeigt hat, in den vergangenen Epochen stark variierte – oder kaum existierte. *Nation Branding* geht davon aus, dass sich durch jegliche Form von gewollter territorialer Außenrepräsentanz und Interaktion eine Form gemeinschaftlicher Existenz ergibt; aus diesem Grund wird das Konzept neuerdings auch oft mit *Place Branding* umschrieben. Orte, Staaten, Territorien und Dynastien werden nicht allein „imaginiert", sondern durch intendierte Selbstdarstellung außerhalb der eigenen Grenzen etabliert und expandiert.

Diese Offenheit wiederum ermöglicht die Reise zwischen Territorien und Epochen. Marketingexperten wie Wally Olins argumentieren, dass Staaten sich seit hunderten von Jahren über ihre Image, ihr Auftreten und ihre Selbstdarstellung gesorgt haben; manche von ihnen waren sehr erfolgreich in der innen- und außenpolitischen Neuerfindung ihrer Identität.[29] Dies trifft vor allen Dingen auf Staaten zu, die sich am Rande der Bedeutungslosigkeit, einer Entdeckung oder einer Revolution befanden, Länder wie z. B. Portugal im 16. oder Deutschland im 19. Jahrhundert, die aus der Notwendigkeit ihrer Situation in dem Bestreben nach zukünftiger Größe sich selbst erfanden, indem sie ein vorteilhaftes Images ihrer selbst in der Hoffnung auf bleibenden Eindruck zusammenstellten und international vermarkteten. Spanien im 15. Jahrhundert, England im 17. Jahrhundert, und Japan im 19. Jahrhundert waren ursprünglich keine Imperien. Entdeckung, Vermarktung und Selbstdarstellung diente dazu, Ansehen und Einfluss, Wohlstand und Macht zu konsolidieren. England beispielsweise suchte im 17. Jahrhundert eine umfangreiche Flotte zu bauen ebenso wie seinen Handel und geographische Stützpunkte auszudehnen und damit den Niederlanden, Spanien und Frankreich Konkurrenz zu machen. Diesen Anspruch näherte die Überzeugung, dass das Land mit besonderen Fähigkeiten ausgestattet sei, die es grenzübergreifend zu vermarkten galt. *Nation Branding* war nicht der Name, den die Entscheidungsträger der

---

[28] *Simon Anholt*, Brand America. The Mother of all Brands. London 2004; *dies.*, Competitive Identity. The New Brand Management for Nations, Cities and Regions. Basingstoke u. a. 2007; *dies.*, Places. Identity, Image and Reputation. Basingstoke u. a. 2010; siehe auch *Keith Dinnie*, Nation Branding. Concepts, Issues, Practice. Amsterdam/Boston u. a. 2008.

[29] *Wally Olins*, Making a National Brand, in: Jan Melissen (Hrsg.), The New Public Diplomacy: Soft Power in International Relations. New York 2005, S. 169–179. Siehe auch *ders.*, Branding the Nation – the Historical Context, in: The Journal of Brand Management 9, 2002, 4/5, S. 241–248.

Entdeckungsjahre und des Merkantilismus jener Jahre nutzten; sie nannten es „Gesandtschaft" oder später „auswärtige Kulturmission". Doch am Ende ging es um die gleichen Ziele, nämlich den Wunsch nach der Veränderung von Fremdwahrnehmung, nationaler Neuverpackung und Selbstdarstellung zum Zwecke der Ausdehnung politischen, diplomatischen, wirtschaftlichen und kulturellen Ansehens und Einflusses.

3. Anwendung

Auf den ersten Blick ist *Nation Branding* ein auf die Moderne zugeschnittenes Konzept, denn es ist nicht nur terminologisch sondern auch in seiner Orientierung an Vermarktungstechniken an den modernen Nationalstaat gebunden. Die Vorgeschichte des *Nation Branding* allerdings beginnt spätestens in der Frühen Neuzeit, denn bereits hier lässt sich das Bewusstsein feststellen, eine orchestrierte Außendarstellung mit dem Ziel von Legitimitätsgewinn sei erforderlich. In einer kontrovers diskutierten Studie hat Caspar Hirschi argumentiert, dass „Nationalisierung" ein – wenngleich gebrochener – Prozess sei, der bereits in der königlichen Propaganda im ausgehenden Mittelalter nachgewiesen werden kann und von frühneuzeitlichen Humanisten aufgegriffen und neu konzipiert wurde. Der Wertehimmel jener Ära, so Hirschi, zeichnete sich nicht durch die bekannte Bipolarität von eigen versus fremd und heidnisch aus, sondern durch eine frühe Konzeptualisierung der Nation als Gegenpol zu vielen anderen „Nationen".[30]

Der von Hirschi analysierte humanistische Nationsdiskurs stellt einen wichtigen Aspekt dieser Inszenierung gewollter und existierender Macht dar. Zwar trat schon im 16. Jahrhundert diese Idee des „humanistischen" *Nation Branding* hinter der intensiv wettbewerbsorientierten fürstlichen Selbstdarstellung zurück, doch Vorstellungen von Nationalcharakteren blieben erhalten. Denn auf politischer Ebene zeichnete sich diese Epoche durch die extrovertierte Selbstdarstellung von Dynastien aus, wie z.B. in der Darstellung als perfekter Patron oder als idealer Herrscher, der den Herrschertugenden folgte. In der von Reinhart Koselleck so genannten „Sattelzeit" verschob sich das Verständnis von Nation und Macht zusehends und in diesem Wandel von personaler zu staatlich-abstrakter Herrschaft zwischen der Frühen Neuzeit und Moderne lag ein qualitativer, epochaler Wandel, der für das Konzept des *Nation Branding* zentral war. „Was eine Nation ausmache", so Ernest Renan in einer Vorlesung an der Sorbonne im März 1882, liege nicht in einer gemeinsamen Sprache oder Ethnie begründet, sondern darin, dass man gemeinsam

---

[30] *Caspar Hirschi*, Wettkampf der Nationen. Konstruktionen einer deutschen Ehrgemeinschaft an der Wende vom Mittelalter zur Neuzeit. Göttingen 2005. Siehe auch *Hillard von Thiessen/ Christian Wendler*, Akteure der Außenbeziehungen. Netzwerke und Interkulturalität im historischen Wandel. Köln 2010.

„große Dinge" in der Vergangenheit geleistet habe und noch weitere in Zukunft vollbringen werde.[31] Staatlich-abstrakte Macht schrieb der Nation als vages Abgrenzungs- und Identifikationsobjekt größere Bedeutung und damit ein breiteres Vermarktungspotenzial zu.

In der Nationenforschung ist bekannt, dass diese Konstellation zu intensiverem Konfliktpotential führte; so war das späte 19. Jahrhundert in Europa und Nordamerika durch dramatische Allianzbildungen und -wechsel gekennzeichnet. Insbesondere Frankreich, Großbritannien und Deutschland versuchten, dem Ziel politischer Freundschaften durch kulturelle Verbindungen näherzukommen. In vielerlei Weise glichen diese Versuche den staatspolitisch schwer fassbaren Strategien der Frühen Neuzeit. Wie schon an den oben erwähnten spanischen, italienischen und auch französischen Höfen spielten informelle Akteure eine zentrale Rolle in diesem Bemühen: nichtstaatliche Verbände und Personen, Unternehmer, Künstler, Akademiker, Kleriker, französische Sprachvereine, italienische Literaten und britische Aristokraten.[32]

Anders als in der Frühen Neuzeit konzentrierte sich die Selbstdarstellung dieser Akteure im 19. Jahrhundert zwar nicht mehr auf die Vermarktung personaler Herrschaft bzw. einer Dynastie als Grundverständnis eines Staates. Während jene Portugiesen, die 1483 in das Königreich Kongo kamen, berichteten, dass sie und ihre Geschenke – Pferde, Stoffe, Kleider, Schmuck, Instrumente – „vom König von Portugal" kämen, betrachteten sich Austauschwissenschaftler wie der deutsche Germanistikprofessor Eugen Kühnemann 400 Jahrhundert später als Vertreter des Deutschen Reiches im Ausland.[33] Gleichzeitig jedoch blieben Vorstellungen von Nationalcharakteren erhalten. Für frühneuzeitliche Humanisten wie Jakob Wimpfeling und Ulrich von Hutten war das Römische Reich das Vorbild einer neuen deutschen Nation gewesen, dem sie zur Abgrenzung von seinen Nachbarn (hier vor allen Dingen Frankreich und Italien) mehr Ehrgefühl und mehr Männlichkeit empfahlen[34] – eine Argumentation, die Kühnemann nicht fremd war.

Keiner dieser reisenden Privatiers hatte ein staatliches Mandat für solche Austauschbeziehungen, doch ihre Aktivitäten hatten einen diplomatischen Effekt: Sie beschäftigten sich mit der Diskrepanz zwischen Fremd- und Eigen-

---

[31] *Ernest Renan*, Qu'est-ce qu'une nation? Conférence faite en Sorbonne, le II mars 1882, 2. Aufl. Paris: Levy, 1882.
[32] *Jessica Gienow-Hecht*, Sound Diplomacy: Music and Emotions in Transatlantic Relations. Chicago 2009, S. 20–39.
[33] *Anne Hilton*, The Kingdom of Kongo. Oxford 1985, S. 50–68; *Ruth Schilling*, Kommunikation und Herrschaft im Moment der Ankunft: Ein Empfang in Moskau (1603) und eine Audienz in Versailles (1686), in: Susann Baller/Michael Pesek/Ruth Schilling/Ines Stolpe (Hrsg.), Die Ankunft des Anderen. Repräsentationen sozialer und politischer Ordnungen in Empfangszeremonien. Frankfurt a. M./New York 2008, S. 135–52; *Thomas Löwer*, Deutsche Professoren in den USA während des Ersten Weltkrieges. Eugen Kühnemann, Hugo Münsterberg und Kuno Francke und ihr Werben für die Deutsche Sache. Norderstedt 2003; *Eugen Kühnemann*, Mit unbefangener Stirn: Mein Lebensbuch. Heilbronn 1937.
[34] *Hirschi*, Wettkampf der Nationen.

wahrnehmung des Deutschen, des Franzosen, des Engländers, des Italieners, des Amerikaners, des Japaners in der Welt. Sie waren die führenden Kulturdiplomaten des 19. Jahrhunderts. Sie trugen keinen diplomatischen Pass. Ihre Ziele waren heterogen und reichten von der Zivilisierungsmission Frankreichs in den Kolonien (nach heutigem Dafürhalten Propaganda) bis hin zum eigenen Modernisierungs- und Innovationsanspruch Japans, der jenen spanischen Kulturbeauftragten auf der Suche nach der Renaissance in Italiens im sechzehnten Jahrhunderts in nichts nachstand. Doch sie alle agierten im Interesse ihrer Staaten im Ausland.

Hier zeigt sich, wie das Konzept des *Nation Branding* inhaltlich helfen kann zu verstehen, welche Formen der Staatsvermarktung sich in jener Periode abspielten. *Nation Branding* versucht die Bekanntheit eines Landes in der Welt positiv zu fördern. Dabei greifen formelle oder informelle Akteure de facto auf Kommunikationstechniken aus der Markenwerbung (*Brand Management*) zurück, um gemeinhin die Perzeption eines attraktiven Akteurs zu fördern, der zur Kooperation einlädt, z. B. in Form von wirtschaftlichen Exporten, ausländischen Investitionen, politischem Vertrauen, Tourismus und andere Dinge mehr. *Nation Branding* orientiert sich an existierenden Impressionen und Meinungen über einen Staat bzw. eine Nation. Dies betrifft sowohl die kulturelle, geographische, politische und wirtschaftliche Struktur eines Staates als auch seine Gesellschaft, die genau wie jene Bilder und Produkte dazu beiträgt, das Image eines Landes zu unterstützen und – im Idealfall – sogar selbst zu transportieren.

Die patriotischen Organisationen des ausgehenden 19. Jahrhundert lassen sich mit diesem heterogenen Zugriff leicht erfassen: Sie waren oft tief nationalistisch und dem Ziel des Imageexportes tief verbunden. Die Deutsch-Türkische Vereinigung z. B. strebte den „Export geistiger Güter" an, um „die Herzen und Gedanken der einheimischen Bevölkerung an uns zu binden."[35] In England etablierte Cecil Rhodes ein prestigeträchtiges Austauschprogramm für Studenten in der Hoffnung, die „Ausdehnung der britischen Herrschaft in der Welt" zu konsolidieren."[36] Und in Frankreich warb die Pariser Zeitschrift „Le Temps" 1908 um die Gründung weiterer nichtstaatlicher Sprachvereine, um der „fortschreitenden Germanisierung" der Welt entgegen zu wirken.[37]

---

[35] *J.H. Russack*, Türkische Jugend in Deutschland, in: Türkische Jugend in Deutschland, S. 10f., zit. nach *Jürgen Kloosterhuis*, Friedliche Imperialisten: Deutsche Auslandsvereine und auswärtige Kulturpolitik 1906–1918. Frankfurt a. M. 1994, S. 606.
[36] *Frank Aydelotte*, The American Rhodes Scholarships: A Review of the First Forty Years. Princeton 1946; *Thomas J. Schaeper/Kathleen Schaeper*, Cowboys into Gentlemen: Rhodes Scholars, Oxford, and the Creation of an American Elite. New York 1998; *Christopher Hitchens*, Blood, Class and Nostalgia: Anglo-American Ironies. New York 1990, S. 298f.
[37] Zit. in *Gerhard Weidenfeller*, VDA: Verein für das Deutschtum im Ausland: Allgemeiner Deutscher Schulverein 1881–1918: Ein Beitrag zur Geschichte des deutschen Nationalismus und Imperialismus im Kaiserreich. Frankfurt a. M. 1962, S. 316–19; *Maurice Brueziere*, L'alliance française: Histoire d'une institution. Paris 1983, S. 10, 28, 42, 50, 76; *Frank Trommler*, Inventing the Enemy: German-American Cultural Relations, 1900–1917, in: Hans-Jürgen Schröder (Hrsg.), Confrontation and Cooperation: The United States and Germany in the Era of World War I, 1900–1924. Providence 1993, S. 103.

Diese nichtstaatlichen Aktivitäten entwickelten eine Dynamik, die deren Regierungen sowohl ge- als auch missfiel. Sie erforderten keine administrativen und finanziellen Investitionen von staatlicher Seite, versprachen dafür aber viele internationale Kontakte, Prestige und langfristig gar wirtschaftliche Vorteile. Allerdings begannen die Staatsbeamten in London, Paris und Berlin mit der Zeit zu befürchten, dass diese privaten Aktionen dem Staat mehr schaden als nützen konnten. Am meisten sorgten sich die Beamten der Auswärtigen Ämter über die Unabhängigkeit und den Radikalismus nichtstaatlicher Organisationen.[38]

Im Zentrum dieser Debatte stand die Auseinandersetzung darüber, wie und anhand welcher Bilder die Nation und ihr hegemonialer Anspruch im Ausland vermarktet werden sollten. Eigenperzeptionen standen im Konflikt miteinander und kollidierten dazu häufig mit anders gearteten Fremdperzeptionen. Männer wie Rhodes, Vereine wie die Deutsch-Türkische Vereinigung und Organe wie „Le Temps" waren überzeugt, dass sie internationale Beziehungen besser verstanden als ihre Auswärtigen Ämter. Oft drohten sie damit, marginale diplomatische Auseinandersetzungen in eine Art tödlichen Konflikt zu verwandeln, in dem die Ehre der Nation auf dem Spiel stand. „Es wird überall und immer gesagt ... ‚Der Deutsche Gedanke, die Deutsche Kultur müssen die Welt erobern'," so kommentierte noch 1914 der deutsche Militärattaché in Washington, von Papen, die übereifrigen Vortragsreisen deutscher Akademiker im Ausland. „Aber die Art und Weise, wie dieses Evangelium verkündigt wird, ist schädlich."[39]

Zivile Interessengruppen konnten dem Staat nützen, aber sie konnten ihm auch schaden, da der von ihnen etablierte „Diskurs" sich kaum mit dem staatlichen Interesses deckte. Staatlicher Mangel an Engagement implizierte immer auch einen Mangel an Kontrolle. Selbst wenn Kulturdiplomatie nicht die Aufgabe des Staates, sondern der Zivilgesellschaft war, so musste der Staat sich doch mit ihren Konsequenzen beschäftigen – darunter möglicherweise Antipathien, Feindseligkeiten und Konflikt.

Dies änderte sich im 20. Jahrhundert: *Nation Branding* wurde nach dem Ersten Weltkrieg zur prinzipiellen Aufgabe nationaler Regierungen. In Diktaturen wie dem faschistischen Italien oder dem nationalsozialistischen Deutschland verwandelten sich Führergestalten durch gekonnte Inszenierung in veritable Markenartikel.[40] In Spanien setzte der Caudillo Francesco Franco

---

[38] *Jessica Gienow-Hecht*, Cultural Diplomacy and Civil Society Since 1850 or the Anomaly of the Cold War, in: Kenneth Osgood/Brian Etheridge (Hrsg.), Washington and Beyond: Public Diplomacy and U.S Foreign Relations Toward an International History. Brill Publishers 2010.

[39] Military attaché, German embassy, Washington, D.C., to Auswärtiges Amt, 30 November 1914, zitiert nach *Reiner Pommerin*, Der Kaiser und Amerika: Die USA in der Politik der Reichsleitung 1890–1917. Köln 1986, S. 281.

[40] *Sabine Behrenbeck*, „Der Führer". Die Einführung eines politischen Markenartikels, in: Gerald Diesener/Rainer Gries (Hrsg.), Propaganda in Deutschland. Zur Geschichte der politischen Massenbeeinflussung im 20. Jahrhundert. Darmstadt 1996, S. 51–78; *Wolfgang Schieder*, Audienz bei Mussolini. Zur symbolischen Politik faschistischer Diktaturherrschaft 1923–1943, in:

dezidiert auf die Attraktivität des Landes über Massenkultur (Filme, Panoramen, Musik). Und der Ost-West-Konflikt wurde für alle beteiligten Länder im Rahmen von Propaganda und Austauschprogrammen Kulturbeziehungen zu einer staatspolitischen Priorität. Sowohl sowjetische als auch US-amerikanische Entscheidungsträger realisierten, dass sie an die kulturelle Identität der europäischen Länder appellieren mussten, wenn sie diese für den einen oder anderen Block gewinnen wollten.[41]

Viele Inhalte der Kultur- und Informationsprogramme waren gar nicht neu. Neu waren jedoch die Akteure und die Struktur dieser Unternehmen. Denn nun wurden alle Formen der kulturellen Kommunikation in die Hände des Staates gelegt. Warum? Erstens: Ein zentraler Grundsatz des Kalten Krieges war die Überzeugung, dass die Perzeption einer Nation – der *Nation Brand* – im Ausland eine direkte Auswirkung auf den diplomatischen Prozess hatte. Der zweite Grund war die Überzeugung, dass regierungsbeauftragte Beamten besser dazu geeignet seien, Fremd- und Eigenperzeption zugunsten des eigenen Staates in Einklang zu bringen als nichtstaatliche Gruppen und Personen. Das war ein revolutionärer Wandel in der gesamten Kulturpolitik Europas wie auch Asiens und Amerikas: Der Staat wurde zur Werbeagentur der Nation. Beide Supermächte entwickelten somit umfangreiche Kulturprogramme, die dazu dienen sollten, bestehende Allianzen zu untermauern und Menschen auf der anderen Seite des Eisernen Vorhanges entweder zu gewinnen oder zumindest zu kontaktieren. Kulturelle Produktionen wurden zu mächtigen Instrumenten des Austausches, der ideologischen Strategie, aber auch des informellen Kontaktes. Bildungsprogramme, Theaterstücke, Ausstellungen, Schulaustausche, wissenschaftliche Stipendien, Sonderreiseprogramme für zukünftige Führungspersönlichkeiten ebenso wie der Empfang ausländischer Besucher waren nur einige der Programme, die Menschen auf die Transitrouten zwischen Ost und West, Nord und Süd schickten.[42] So entwickelten US-Beamte während des Koreakriegs z. B. die „Kampagne der Wahrheit", die sich mit Büchern, Broschüren, Ausstellungen und Vorträgen, dazu Jazz-, Rock'n Roll-, Klassik- und Literaturprogrammen an „Multiplikatoren" wie Lehrer, Dozenten, Journalisten und Politiker wandte, um letztere davon zu überzeugen, dass auch die USA ein Land mit Geschichte und einem Interesse für abendländische Kultur seien. Explizites Ziel der 1953 ins Leben gerufenen *United States Information Agency* war die Schaffung der Marke Amerika und deren Verbreitung unter Millionen von Menschen auf der ganzen Welt.

Nach dem Ende des Kalten Krieges kollabierten viele dieser Strukturen in den USA und Russland, in West- und Osteuropa. Der *British Council* zum Beispiel hat seine Organisation deutlich verkleinert, die Arbeit in Westeuropa

---

Petra Terhoeven (Hrsg.), Italien. Neue Perspektiven der italienischen Geschichte des 19. und 20. Jahrhunderts. Göttingen 2010, S. 107–132.
[41] *Caute*, The Dancer Defects; Belmonte, Selling America.
[42] *Detlef Junker* (Hrsg.), The United States and Germany in the Era of the Cold War, 1945–1990, Bd. 1. New York 2004.

de facto beendet und konzentriert sich hier im Wesentlichen auf das Fernsehen (BBC). In den USA wurde USIA 1999 abgeschafft. Die Motivation war vor allen Dingen finanziell und kulminierte in der bereits bekannten Erkenntnis, dass kulturelle Selbstdarstellung Steuerzahler viel Geld und Parlamentarier viel Rechtfertigungsaufwand kostete. In der westlichen Welt kehrten Staaten nach der Jahrtausendwende zu einer Haltung zurück, die in vielerlei Hinsicht an die Politik der Großmächte vor dem Ersten Weltkrieg erinnert: Heute wendet sich der Staat erneut an den Privatsektor mit dem Anliegen, dieser möge die Darstellung des Landes – das *Brand Management* der Nation – im Ausland übernehmen. So hat das US-Außenministerium in jüngster Zeit Stiftungen wie z. B. *Brookings* oder *Heritage*, Universitäten wie Princeton oder Southern California und Unternehmen wie GM oder *Sarah Lee* kontaktiert, um diese als Agenten für US-Kulturdiplomatie zu gewinnen. Auch die deutsche Regierung hat in den letzten Jahren zunehmend Sponsoren aus der Wirtschaft kontaktiert (z. B. Deutsche Bank), um „die Marke Deutschland" in der Welt zu verbessern. Der Vorteil dieser Organisationen ist ganz offensichtlich. Unternehmen, nichtstaatliche Organisationen und Privatpersonen sind flexibel, unabhängig, klug und sie kompromittieren im Falle eines Problems nicht den Staat. Ihre Gelder sind privat, ihre Kontakte international, ihr Profil ist scheinbar unpolitisch.[43] Diese jahrhundertelange Entwicklung ist mit den gängigen Parametern von Kulturdiplomatie und kulturellen Außenbeziehungen kaum zu erfassen, weil hier durchgängig Struktur und Konzept, nicht jedoch Intention und Staatspräsenz im Vordergrund stehen. *Nation Branding* erlaubt die strukturelle Erfassung und Einteilung kultureller Beziehungen, Selbstdarstellung und Beeinflussung in verschiedenen Epochen und führt darüber hinaus zu neuen Erkenntniswerten: Das oben angeführte Beispiel verdeutlicht, dass das gegenwärtige Modell nationaler Selbstdarstellung bereits vor dem Ersten Weltkrieg existierte und erhebliche Risiken trug. Hier kann die Vergangenheit Aufschluss darüber geben, was in der privat-öffentlichen Partnerschaft fehlschlagen kann, wenn es um die die Inszenierung der Nation und deren politischem Anspruch im Ausland geht. Sie zeigt, dass nichtstaatliche Organisationen Staatsregierungen für ihre eigenen Zwecke manipulieren und sich als Vertreter staatlicher Interessen gerieren können, um ihre eigenen Ziele wirtschaftlicher, kultureller oder ideologischer Art zu verfolgen – mit oft desaströsen Folgen für das öffentliche Interesse.

*

Seit der Frühen Neuzeit hat sich der Staat – wie immer man ihn definieren will – zu einem Markenartikel entwickelt, der seinen Legitimationsanspruch

---

[43] *Giles Scott-Smith*, Cultural Exchange and the Corporate Sector: Moving Beyond Statist Public Diplomacy?, in: Austrian Journal of Political Science 3, 2011; *Lisa Curtis*, America's Image Abroad: Room for Improvement, Heritage Lecture, 1027, 26 April 2007, http://www.heritage.org/Research/NationalSecurity/hl1027.cfm (zuletzt: 6.2.2012); „Partners" (zuletzt: 26.3.2012).

durch sensuelle Inszenierung erfahrbar macht. Macht *ist* Inszenierung; ohne emotionale Meditation kann sie langfristig nicht existieren. Wie auf einer Bühne muss Macht zugänglich, sichtbar, fühlbar, zu schmecken und überzeugend sein, um sich behaupten zu können. Denn Macht und Sinnlichkeit, so zeigen die jüngsten Arbeiten von Sönke Kunkel und Andrew Rotter überzeugend, sind untrennbar miteinander verbunden.[44] Es gibt viele Arten von nationaler Selbstdarstellung und Interaktion, die oft in direkter Konkurrenz zueinander stehen und völlig unterschiedliche Ziele verfolgen. Macht als Kategorie betrifft nur zum Teil den Einfluss von einem auf den anderen Staat. Daneben steht die Inszenierung von Macht ebenso wie Macht als Konfliktanlass für die Beziehung zwischen innerstaatlichen konkurrierenden Gruppen und deren Visionen im Kontext von Selbstdarstellung.

Das Modell des *Nation Branding* lässt, erstens, die Analyse dieser Zusammenhänge eher zu als das Modell der im Kalten Krieg entstandenen, ideologieinteressierten Kulturdiplomatie; vor allen Dingen erlaubt es den Zugriff über die Phase des Ost-West-Konfliktes und über die Parameter von Hoch- und Massenkultur hinaus. Zweitens offeriert *Nation Branding* ein deutliches Verständnis für die Historizität kulturdiplomatischer Praktiken und die dabei ablesbaren Muster, Risiken und Herausforderungen staatlicher und nichtstaatlicher Kulturdiplomatie. Es ermöglicht, drittens, die kultur-, epochen-, raum-, akteurs- und intentionsübergreifende Analyse vergangener und gegenwärtiger Formen nationaler Inszenierung von Attraktivität, Macht und Einfluss und damit verbunden der Herausbildung gemeinsamer Nenner und Charakteristika. Und es erlaubt, viertens, einen offenen und vergleichsorientierten Umgang mit dem Begriff der Nation in der internationalen Geschichte.

Wichtig dabei bleibt zu berücksichtigen, dass die internationale Darstellung und Durchführung von interstaatlicher Macht anhand kultureller Instrumente durch Machtsehnsucht komplementiert wird, der Sehnsucht nach Macht, die ein Staat, ein Territorium, eine Gruppe, ein Herrscher noch nicht erreicht oder schon wieder verloren hat. Daraus erwachsen kontinuierliche Konflikte über die Inhalte, Agenten, Akteure, Instrumente, Darstellung und Mechanismen von Macht. Das Konzept des *Nation Branding* trägt zum Verständnis des Wechselspiels zwischen Nation, Macht, Kultur, Akteuren und Perzeptionen bei. *Nation Branding* verändert nicht die Nation und noch nicht einmal die Begrifflichkeit der Nation. Aber es verändert die Art und Weise, in welcher wir Nationen, ihre Ambitionen und Kontaktpunkte epochenübergreifend sehen und verstehen.

---

[44] *Sönke Kunkel*, Iconic Empire: The United States and the Rise of the Visual Age, 1961–1974, (Diss). Jacobs University Bremen 2011; *Andrew Rotter*, Empire of the Senses: How Seeing, Hearing, Smelling, Tasting, and Touching Shaped Imperial Encounters, in: Diplomatic History 35/1, Januar 2011, S. 3–19.

Friedrich Kießling
(Welt-)Öffentlichkeit

Kommunikation über Grenzen hinweg ist keine Erfindung des 19. oder des 20. Jahrhunderts. Viele frühneuzeitliche und mittelalterliche Kommunikationsströme muten aus der Perspektive der Neuesten Geschichte sehr viel selbstverständlicher „international" an, als es für spätere Jahrhunderte der Fall ist. Das liegt an sprachlichen Voraussetzungen, wie der Stellung des Lateinischen als Sprache der Gebildeten, an der Position von Institutionen wie der Kirche, aber auch daran, dass die Grenze, die in der Neuesten Geschichte oftmals so schwer zu überwinden schien, die des Nationalstaats, zuvor jedenfalls so nicht existierte. Es kommt hinzu, dass nach Ansicht nicht weniger Historiker die Entstehung des modernen Nationalstaats selbst eng mit der Entstehung moderner Öffentlichkeiten verbunden ist.[1] Der Nationalstaat entwickelte sich nicht nur als Handlungsraum, sondern vor allem auch als Kommunikationsraum, in dem die „Nation" nach und nach zum primären Bezugsrahmen von nicht-persönlicher Kommunikation aufstieg. Dass der Faktor Öffentlichkeit[2] dennoch auch für die moderne Internationale Geschichte besondere Aufmerksamkeit verdient, liegt dabei gerade auch an dieser Entwicklung. Mit der Veränderung der Öffentlichkeit, mit der damit verbundenen, gesteigerten politischen Partizipation, mit der zunehmenden Medialisierung des Politischen, veränderte sich auch das Außenpolitische. Außenpolitik wurde zunehmend in der Öffentlichkeit verhandelt. Außenpolitiker bezogen diese zunehmend in ihre Kalküle und Handlungen mit ein. Die Veränderung der Politik, die dann auch die Außenbeziehungen betraf, ist aber nur die eine Seite. Die Revolutionen des Nachrichtenwesens seit dem frühen 19. Jahrhundert schufen auch neue Bedingungen und Möglichkeiten für Kommunikation über Grenzen hinweg, und damit einhergehend veränderte sich nicht nur das Wissen, sondern auch das Bewusstsein von der Welt. Während die erste Entwicklung vor allem unter dem Schlagwort der „Politisierung" verhandelt worden ist, wird der zweite Aspekt meist im Kontext der zunehmenden Verflechtung der Welt bzw. der „Globalisierung" diskutiert. Das Bezugsfeld von Öffentlichkeit und Internationaler Geschichte ist damit

---

[1] *Benedict Anderson*, Die Erfindung der Nation. Zur Karriere eines folgenreichen Konzepts. 2., um ein Nachw. erw. Aufl. Frankfurt a. M./New York 2005 (zuerst 1983).
[2] Die Schwierigkeit, Öffentlichkeit zu definieren, ist häufig beklagt worden. Um den Begriff nicht von vornherein zu stark einzuschränken, wird hier im allgemeinen von einem empirischen Öffentlichkeitsbegriff ausgegangen, der Öffentlichkeit als verschiedene, allgemein zugängliche Kommunikations- und Diskussionsräume begreift. Das schließt Hinweise auf normative Öffentlichkeitsbegriffe nicht aus. Zu den unterschiedlichen Verwendungen und zur Begriffsgeschichte: *Uwe Hohendahl* (Hrsg.), Öffentlichkeit. Geschichte eines kritischen Begriffs. Stuttgart/Weimar 2000.

mehrdimensional. Es betrifft das Wissen voneinander ebenso wie die Frage nach der Entstehung von transnationaler oder globaler Öffentlichkeit oder die nach dem Zusammenhang von Öffentlichkeit und Außenpolitik.

In Forschungen zur Geschichte der internationalen Beziehungen bzw. zur Außenpolitik ist Öffentlichkeit oder „Öffentliche Meinung" seit langem berücksichtigt worden. Der Schwerpunkt lag aber meist nicht auf diesem Faktor.[3] Arbeiten, die Aspekte der Öffentlichkeit selbst zum Thema gemacht haben, konzentrierten sich zudem überwiegend auf Inhalte der zeitgenössischen Presseberichterstattung.[4] Anschlüsse zur allgemeinen Medien- und Kommunikationsgeschichte hat die historische Außenpolitikforschung dagegen erst in jüngerer Zeit gesucht. Die Hinwendung zu kulturhistorischen Fragestellungen hat auch hier eine Rolle gespielt.[5] Die Untersuchung von inter- bzw. transnationalen Öffentlichkeiten besitzt eine noch kürzere Vorgeschichte. Neben einzelnen älteren Arbeiten, die allerdings häufig eher ideengeschichtlich orientiert waren,[6] ergeben sich aber zum Beispiel Anknüpfungspunkte an die seit längerem etablierte Transfergeschichte. Trotz der unbezweifelbaren Konjunktur entsprechender Forschungen in den letzten Jahren, gerade im Bereich transnationaler Öffentlichkeiten,[7] bestehen aber auch weiter Desiderate. Sie betreffen vor allem die Verbindung der existierenden Einzelbefunde. Dass Öffentlichkeit gerade für eine moderne Internationale Geschichte von entscheidender Bedeutung ist, dürfte unbestritten sein. Von einer durchgehenden Geschichte von Öffentlichkeit und Internationaler Geschichte, die mögliche Entwicklungslinien über die Gesamtepoche deutlich macht, sind wir aber noch ein gutes Stück entfernt. Vor diesem Hintergrund wendet sich der Beitrag in zwei größeren Abschnitten zunächst den beiden Themenfeldern von Öffentlichkeit und Außenpolitik sowie von globalen, inter- und transnationalen Öffentlichkeiten seit der Wende zum 19. Jahrhundert zu. Es folgt ein

---

[3] Das gilt für viele klassische Arbeiten zur Außenpolitikgeschichte. Z. B. *Friedrich Meinecke*, Geschichte des deutsch-englischen Bündnisproblems 1890–1901. München/Berlin 1927, z. B. S. 258; *A. J. P. Taylor*, The Struggle for Mastery, 1848–1918. Oxford 1971, S. 229, 498, 519 (zuerst 1954).

[4] Z. B. *Jochen Grube*, Bismarcks Politik in Europa und Übersee. Seine „Annäherung" an Frankreich im Urteil der Pariser Presse (1883–1885). Bern u. a. 1975; *Oron J. Hale*, Germany and the diplomatic revolution. A study in diplomacy and the press, 1904–1906. New York 1971; *Natalie Isser*, The second empire and the press. A study of government-inspired brochures on French foreign policy in their propaganda milieu. The Hague 1974; *Manfred Lessle*, Englands Weg zum Appeasement, 1932–1936. Ein Beitrag zur Vorkriegsgeschichte Englands, dargest. unter bes. Berücks. d. Presse. Karlsruhe 1969.

[5] Z. B. *Dominik Geppert*, Pressekriege. Öffentlichkeit und Diplomatie in den deutsch-britischen Beziehungen (1896–1912). München 2007. Hier auch ein Forschungsbericht: ebd., S. 5–12.

[6] *Heinz Gollwitzer*, Geschichte des Weltpolitischen Denkens. 2 Bde. Göttingen 1972 u. 1982.

[7] Genannt seien nur: *Robert Frank* u. a. (Hrsg.), Building a European Public Sphere. From the 1950s to the Present. Frankfurt a. M. u. a. 2010; *Andreas Hepp/Martin Löffelholz* (Hrsg.), Grundlagentexte zur transkulturellen Kommunikation. Konstanz 2002; *Hartmut Kaelble* u. a. (Hrsg.), Transnationale Öffentlichkeiten und Identitäten im 20. Jahrhundert. Frankfurt a. M./New York 2002.

kürzerer Abschnitt zu transnationalen Medienereignissen. Neben der Bilanz sollen jeweils auch systematische Überlegungen und Hinweise zu möglichen künftigen Forschungsfeldern gegeben werden.

1. Internationale Beziehungen und Öffentlichkeit: Fundamentalpolitisierung der Außenpolitik?

Auch für das Verhältnis von Öffentlichkeit zu staatlicher Außenpolitik bzw. zu den internationalen Beziehungen gilt, dass Öffentlichkeit nicht erst seit dem Übergang zum 19. Jahrhundert für deren Gestaltung relevant war. Flugblätter und Flugschriften, frühe Zeitungsformen oder Pamphlete begleiteten auch in der Frühen Neuzeit das außenpolitische Geschehen – und vor allem frühneuzeitliche Kriege.[8] Die Veränderungen werden dennoch schlaglichtartig klar, wenn man sich die Reden vor Augen hält, die in der französischen Nationalversammlung zu Beginn des ersten Koalitionskrieges von 1792/93 gehalten wurden. Wenn Maximilien de Robespierre im Januar 1792 fragte: „Sollen wir Krieg führen oder Frieden schließen?", und in dieser Lage vorgab, die „Nation über ihre wahren Interessen" aufzuklären, dann tat er es in der Ansprache an einen „öffentlichen Geist", der sich in der Nationalversammlung manifestiere.[9] Gut 60 Jahre später, wieder wurde Krieg in Europa geführt, verkündete die Londoner „Times" in auch heute frappierender Offenheit in einem Leitartikel: „We aspire, indeed, to participate in the government of the world [...]; and we are bold enough to place the duties and the power of a man, be he ever so humble, who contributes to form aright the public opinion of this nation not so far below the worth of those who have served the State with honour."[10] Mit Robespierre verhielt sich ein aktiver Politiker, in späteren Reden auch ein politischer Entscheidungsträger, gegenüber der im nationalen Parlament auf neue Art konstituierten Öffentlichkeit der Nation. Am Leitartikel der „Times" wird die andere Richtung im Verhältnis von Außenpolitik und Öffentlichkeit deutlich, die Selbstermächtigung der Presse, die beansprucht, selbst an der Regierung zu partizipieren und damit gleichsam zum eigenständigen Faktor der internationalen Beziehungen zu werden. Beide Aspekte im Verhältnis von Außenpolitik und Öffentlichkeit lassen sich im 19. Jahrhundert weiterverfolgen. Die neu entstehenden – nationalen – Parlamente bildeten dabei Kristallisationspunkte und Foren, an denen die Öffentlichkeit auch außenpolitisch zum Ausdruck kam. Die Verhandlungen in der

---

[8] Siehe etwa: *Manfred Schort*, Politik und Propaganda. Der Siebenjährige Krieg in den zeitgenössischen Flugschriften. Frankfurt a. M. 2006.
[9] Robespierre, 2. Januar 1792, „Gegen den Krieg", abgedruckt in: *Peter Fischer* (Hrsg.), Reden der Französischen Revolution. München 1974, S. 152.
[10] The Times, 14. März 1854, S. 10, zitiert nach: *Ute Daniel*, Der Krimkrieg 1853–1856 und die Entstehungskontexte medialer Kriegsberichterstattung, in: dies. (Hrsg.), Augenzeugen. Kriegsberichterstattung vom 18. zum 21. Jahrhundert. Göttingen 2006, S. 40–67, hier S. 55.

Paulskirche 1848 etwa zur Frage von Schleswig und Holstein, die britischen Debatten um die Unabhängigkeit Griechenlands während der 20er Jahre sind weitere Beispiele. Die Entwicklung darf man sich freilich auch nicht zu glatt vorstellen. Noch im späten deutschen Kaiserreich, in dem dem nationalen Parlament in der Außenpolitik verfassungsrechtlich nur geringe Kompetenzen zustanden, war die Frage nach der Beteiligung des Reichstags an der Außenpolitik eine wichtige Streitfrage, an der es auch um die prinzipielle Gestaltung von Außenpolitik – als monarchisch-exekutives Reservatrecht oder als prinzipiell öffentlich verhandeltes Gut – ging.[11]

Parlamentsdebatten bilden nur einen kleinen, wenn auch gerade im 19. Jahrhundert wichtigen Ausschnitt im Bezugsfeld von Öffentlichkeit und Außenpolitik. Was die Rolle der im Zitat der „Times" deutlich werdenden Medienöffentlichkeit anbelangt, so ist auch hier seit dem Übergang zum 19. Jahrhundert von einem Bedeutungsgewinn für die Außenpolitik auszugehen.[12] Hintergrund sind die technischen Entwicklungen bei der Kommunikation (und eng verbunden im Verkehr) und deren sozialhistorische Begleiterscheinungen, die Entstehung einer Massenpresse etwa und die damit verbundene Ausweitung des Publikums.[13] Auch außenpolitische Themen waren in der Folge Bestandteil der einsetzenden Politisierungsschübe. Außenpolitik wurde immer wieder Gegenstand von Wahlkämpfen, etwa in der berühmten Midlothian-Kampagne William Gladstones von 1879/80 oder – wenn auch in der Forschung umstritten – in den britischen „Khakiwahlen" von 1900 oder den „Hottentottenwahlen" im Deutschen Reich von 1907, die im Namen von Imperialismus und Weltpolitik geführt wurden.[14] Politische Skandale bezogen sich im späten 19. und frühen 20. Jahrhundert zumindest häufig auf die Kolonialpolitik, oder es wurden – wenn man auf die Daily-Telegraph-Affäre blickt – Auseinandersetzungen um breitere politische Partizipation und Demokratisierung auch an außenpolitischen Themen ausgetragen.[15]

Diese genannten Beispiele – Politiker, die das Parlament oder das Wahlvolk adressieren, die Presse, die Anspruch auf Mitgestaltung in der Außenpolitik

---

[11] Einen Bedeutungszuwachs in der Außenpolitik nimmt zum Beispiel an: *Martin Mayer*, Geheime Diplomatie und öffentliche Meinung. Die Parlamente in Frankreich, Deutschland und Großbritannien und die erste Marokkokrise 1904–1906. Düsseldorf 2002, z. B. S. 327.

[12] Interessant, aber, soweit ich sehe, bisher kaum erörtert, wäre auch die Frage, inwieweit die in der Mediengeschichte viel beachteten Encounter-Öffentlichkeiten bzw. Versammlungsöffentlichkeiten von außenpolitischer Relevanz sein können. Zu den Begriffen z. B.: *Markus Rhomberg*, Politische Kommunikation. Paderborn 2009, S. 71.

[13] Zur technischen Entwicklung liegen eine ganze Reihe von Gesamtdarstellungen vor, z. B.: *Hans-Jürgen Teuteberg/Cornelius Neutsch* (Hrsg.): Vom Flügeltelegraphen zum Internet. Geschichte der modernen Kommunikation. Stuttgart 1998.

[14] Letztere etwas umstritten, weil der Erfolg des konservativ-nationalliberalen Blocks zumindest zum Teil auf das Wahlsystem und den dort möglichen Wahlkreisabsprachen beruhte. Z. B. *Birthe Kundrus*, Moderne Imperialisten. Das Kaiserreich im Spiegel seiner Kolonien. Köln u. a. 2003, S. 39f.

[15] *Frank Bösch*, Öffentliche Geheimnisse. Skandale, Politik und Medien in Deutschland und Großbritannien 1880–1914. München 2009.

erhebt – mögen den Eindruck erwecken, es ginge vor allem um die Frage eines Primats von Außenpolitik und Öffentlichkeit. So einfach ist das aber keineswegs. Es ist vielmehr von einer Wechselwirkung auszugehen, in der außenpolitische Sphäre und die der Öffentlichkeit interagierten. Offizielle Außenpolitik und gesellschaftliche Öffentlichkeit mochten übereinstimmen, es konnten auch Störungen zwischen beiden Bereichen auftreten oder zu einer Integration beider Sphären kommen. Die zunehmend dichten Interaktionsprozesse waren dabei keineswegs konstant. Es gilt vielmehr, die Wechselwirkungen weiter zu verzeitlichen.

Bei der Periodisierung des Verhältnisses von Öffentlichkeit und Außenpolitik gibt es für das „lange 19. Jahrhundert" ein Ungleichgewicht, das aus den Schwerpunkten der Forschung resultiert. Während für das ausgehende 19. und das beginnende 20. Jahrhundert inzwischen viele Analysen vorliegen, existieren für vorausgehende Epochen weniger Arbeiten, die sich speziell der Bedeutung der Öffentlichkeit zuwenden. Es lässt sich dennoch mit einem Modell ganz gut arbeiten, das zwei Konfigurationen im Bezugsgeflecht von Öffentlichkeit und Außenpolitik im langen 19. Jahrhundert unterscheidet: So sah sich die offizielle Außenpolitik bis ins letzte Drittel des 19. Jahrhunderts in einen zunehmend an Bedeutung gewinnenden, gemessen an der späteren Entwicklung aber doch immer noch begrenzten medialen Kontext gestellt.[16] Zwar hat sich die an Jürgen Habermas' orientierte Vorstellung von einer klassischen Epoche der liberalen Öffentlichkeit im frühen und mittleren 19. Jahrhundert längst als Konstrukt erwiesen,[17] aber Öffentlichkeit blieb doch stark eine Frage von Eliten oder blieb an begrenzt legitimierte Parlamente gebunden. Für die historische Analyse von Außenpolitik dieser Zeit bedeutet dies, dass die außenpolitischen Akteure Presse und Öffentlichkeit zwar einbezogen, sie aber doch überwiegend in der Lage waren, Öffentlichkeit als Mittel von Politik zu betrachten, das sich für eigene Zwecke nutzen ließ. Jürgen Osterhammel hat überspitzt von „ein- und ausknipsen" öffentlicher Reaktionen gesprochen.[18] Zwar gab es auch in der ersten Jahrhunderthälfte Momente, in denen Öffentlichkeit stärker hervortrat – die französisch-deutsche Rheinkrise von 1840 etwa –, solche Situationen waren aber punktuell, die sich artikulierende Öffentlichkeit war anders zusammengesetzt als in späteren Jahrzehnten und unterschied sich ebenso in ihren Artikulationsformen.[19] Eine Sonderstel-

---

[16] So zum Beispiel zusammenfassend: *Winfried Baumgart*, Europäisches Konzert und nationale Bewegungen 1830–1878 (Handbuch der Geschichte der internationalen Beziehungen Bd. 6). Paderborn u. a. 2007, S. 100–111.
[17] *Peter Uwe Hohendahl*, Die klassische Öffentlichkeit im Liberalismus 1815–1880, in: ders. (Hrsg.), Öffentlichkeit, S. 38–74; *Jürgen Habermas*, Strukturwandel der Öffentlichkeit. Neuwied 1962.
[18] *Jürgen Osterhammel*, Die Verwandlung der Welt. Eine Geschichte des 19. Jahrhunderts. München 2009, S. 721.
[19] Zur Rheinkrise, mit Hinweisen sowohl auf die politische Wirksamkeit der Öffentlichkeit in Deutschland wie Frankreich als auch auf die Instrumentalisierungsversuche der öffentlichen

lung nimmt der Krimkrieg ein, aus dessen Kontext auch das Zitat aus der „Times" stammte. Hier zeigten sich eine ganze Reihe späterer Mechanismen, so die Kommunikationsbeschleunigung oder die auch dadurch ausgelöste eigenständige Rolle der Presse, die in diesem Fall auch kriegsfördernd wirkte. Der Einfluss von genuinen, am Markt orientierten Medienlogiken auf die Berichterstattung sowie eine begrenzte Ausweitung der Bildberichterstattung kommen hinzu.[20] Neuere Untersuchungen zum Beginn des deutsch-französischen Krieges von 1870/71 blenden dagegen zwar die Öffentlichkeit nicht aus, sehen aber den Schwerpunkt ihrer Erklärungen in der offiziellen Außenpolitik. Das gilt dann auch für die auf charismatisch-plebiszitäre Legitimation setzende Regierung Napoleons III. in Frankreich, zumal dort zu diesem Zeitpunkt, anders als in Großbritannien, noch massive Zensurmaßnahmen galten.[21]

Die Situation änderte sich in den letzten Jahrzehnten des Jahrhunderts. Die internationalen Krisen am Ende des 19. und zu Beginn des 20. Jahrhunderts sind ohne die Medienlogiken kaum noch zu denken. Ob in den deutsch-englischen Beziehungen mit der „Krügerdepesche", den Debatten um die Flottenpolitik oder die Bagdadbahn, den britisch-französischen Spannungen in Afrika oder im Fall der deutsch-russischen Auseinandersetzungen unmittelbar vor dem Ersten Weltkrieg, in all diesen Fällen nahm die Presse eine wichtige eigenständige Funktion wahr. Sie bestimmte die Dynamik mit. Veränderungen im Zeitungswesen, mit dem Aufstieg der preiswerten Massenpresse als wichtigster Neuerung, die Aufhebung oder zumindest die Lockerung von Zensur und die Erweiterung des Wahlrechts sorgten in Verbindung mit der fortgeschrittenen Urbanisierung und dem Aufstieg lautstarker Verbände und politischer „pressure groups" für eine Veränderung der politischen Kultur. Diese „Fundamentalpolitisierung" war keineswegs auf die westlichen parlamentarischen Systeme beschränkt, erfasste zum Beispiel auch den deutschen „Obrigkeitsstaat", wird inzwischen auch für das späte Zarenreich diskutiert – und betraf auch die Außenpolitik.[22] „Die Medien", so Dominik Geppert, „wa-

---

Empörung von staatlicher Seite: *Jürgen Angelow*, Von Wien nach Königgrätz. Die Sicherheitspolitik des Deutschen Bundes im europäischen Gleichgewicht (1815–1866). München 1996, S. 109–125.

[20] *Daniel*, Der Krimkrieg; *Georg Maag* u. a. (Hrsg.), Der Krimkrieg als erster europäischer Medienkrieg. Berlin 2010.

[21] So trotz aller Unterschiede in der Sache: *Josef Becker*, The Franco-Prussian conflict of 1870 and Bismarck's concept of a „provoked defensive war". A response to David Wetzel, in: Central European history 41, 2008, S. 93–109 u. *David Wetzel*, A Duel of Giants. Bismarck, Napoleon III, and the Origins of the Franco-Prussian War. Madison 2001.

[22] *Jose Harris*, Private Lives, Public Spirit: Britain 1870–1914. London 1993, v. a. S. 187–196; *James R. Lehning*, To be a Citizen. The Political Culture of the Early French Third Republic. Ithaka 2002; *James Retallack*, Obrigkeitsstaat und politischer Massenmarkt, in: Sven Oliver Müller/Cornelius Torp (Hrsg.), Das Deutsche Kaiserreich in der Kontroverse. Göttingen 2009, S. 121–135; *Franziska Schedewie*, Selbstverwaltung und sozialer Wandel in der russischen Provinz. Bauern und Zemstvo in Voronež, 1864–1914. Heidelberg 2006.

ren somit seit Ende des 19. Jahrhunderts in viel größerem Maße, als bisher anerkannt wurde, an der Gestaltung außenpolitischer Handlungsoptionen und Wirkungszusammenhänge beteiligt." Es kam zur „Transformation der Diplomatie durch die Massenpresse".[23] Fluchtpunkt dieser Entwicklung ist weiterhin der Kriegsausbruch 1914 sowie die Frage nach der Rolle der Öffentlichkeiten darin. Gegenüber älteren Arbeiten relativieren jüngere Untersuchungen die kriegstreibende Funktion der Presse meist.[24] An der engen Interaktion von Öffentlichkeit und internationalen Beziehungen ändert das nichts. Wenig verdeutlicht diese enge Verzahnung so gut wie die Tatsache, dass die deutsch-russische „Pressefehde" im Gefolge der Liman von Sanders-Affäre von 1913/14 bis heute ganz selbstverständlich als wichtiges außenpolitisches „Ereignis" Eingang in die Darstellungen der Vorgeschichte des Ersten Weltkriegs findet (und von den Außenministerien der Zeit auch genauso wahrgenommen wurde). Öffentliche Meinung und Außenpolitik gingen ineinander über.[25]

Nach dem Ersten Weltkrieg setzten sich viele der beschriebenen Entwicklungen und mithin die enge Integration von Außenpolitik und Öffentlichkeit fort. Die Ablehnung eines Völkerbundsbeitritts durch die USA, die britisch-französische Appeasement-Politik oder die amerikanische Zurückhaltung gegenüber einem stärkeren politischen Engagement in Europa Mitte und auch noch Ende der 1930er Jahre lassen sich ohne Rekurs auf die Öffentlichkeit nicht begreifen. Sieht man auf wichtige außenpolitische Akteure, gehörte im Zeichen von „new diplomacy" die intensive Einbeziehung der Öffentlichkeit schon programmatisch zu einer neuen Außenpolitik. Politiker wie David Lloyd George, Neville Chamberlain oder Aristide Briand verkörperten dies auch in ihrem politischen Stil. Gipfeltreffen vor der Weltöffentlichkeit sollten nicht nur zur rationalen Konfliktlösung beitragen, sondern auch Bilder von Offenheit und Transparenz vermitteln. Unabhängig davon, dass weiterhin hinter verschlossenen Türen verhandelt wurde, setzten Außenpolitiker nicht nur stärker auf öffentlichkeitswirksame Darstellung und Inszenierung, auch eine Politik gegen die Öffentlichkeit trauten sich die meisten Politiker nicht mehr zu, selbst wenn sie persönlich eine anderer Position vertreten mochten als die, die sie bei der öffentlichen Meinung vermuteten.[26] Insgesamt lässt

---

[23] *Geppert*, Pressekriege, S. 434 u. 436.
[24] Neben *Geppert*, Pressekriege auch: *Bernhard Rosenberger*, Zeitungen als Kriegstreiber? Die Rolle der Presse im Vorfeld des Ersten Weltkriegs. Köln u. a. 1998 u. mit einer systematisch-vergleichenden Darstellung des Komplexes für alle Großmächte: *William Mulligan*, The Origins of the First World War. Cambridge u. a. 2010, S. 133–176.
[25] *Konrad Canis*, Der Weg in den Abgrund: Deutsche Außenpolitik 1902–1914. Paderborn u. a. 2011, S. 609–617.
[26] *Gordon A. Craig/A. L. George*, Zwischen Krieg und Frieden. Konfliktlösung in Geschichte und Gegenwart. München 1988, v. a. S. 88–94. Mit dem zeitgenössischen Konzept der „new diplomacy" beschäftigt sich z. B. auch: *Keith Hamilton/Richard Langhorne*, The Practice of Diplomacy. Its Evolution, Theory and Administration. London/New York 1995, S. 136–148.

sich die Zeit von ca. 1900 bis zum Zweiten Weltkrieg in den internationalen Beziehungen also als Fundamentalpolitisierung in der Außenpolitik begreifen. Vermutlich würde es sich auch lohnen, das bisher wenig angewandte Modell der „modernen Außenpolitik" in diesem Zusammenhang genauer zu erproben.[27]

Eine Sonderrolle nimmt die Außenpolitik der autoritären und totalitären Regime der Zwischenkriegszeit ein. Insbesondere der Nationalsozialismus[28] trieb die in der Medialisierung und Modernisierung angelegte Entwicklung in einer radikalen „politischen Ästhetisierung" (Benjamin) auf die Spitze. Außenpolitik zielte für Hitler oder Goebbels vor allem auf die Beeinflussung und die Manipulation der eigenen Bevölkerung bzw. des Auslands. Aufmärsche, Paraden, Reden auf Massenveranstaltungen oder Interviews sollten die eigene wie die ausländische Öffentlichkeit wahlweise für das Regime einnehmen, begeistern, erschrecken oder unter Druck setzen und wurden so zu Hauptinhalten von „Außenpolitik".[29] Solche „propagandistische Außenpolitik"[30] lag durchaus in der Logik der Integration von Außenpolitik und Öffentlichkeit seit dem ausgehenden 19. Jahrhundert und verfehlte ihre Wirkung nicht.[31]

Mit der Bestimmung der Rolle von Öffentlichkeit in den internationalen Beziehungen in der Zeit nach 1945 hat sich vor allem die amerikanische Politikwissenschaft schwer getan. In Anschluss an Gabriel A. Almonds Forschungen wurde lange von einem relativ geringen Einfluss ausgegangen.[32] Ohne Zweifel weiter vorangeschritten nach 1945 ist die Medialisierung von Außenpolitik, sei es durch die Verbreitung des Fernsehens oder, beginnend mit den 1990er Jahren, des Internets.[33] Worin über eine weitere Verdichtung und Beschleunigung hinaus die genaue Auswirkung der Internet-Öffentlichkeit auf die internationalen Beziehungen besteht, ist aus historischer Sicht allerdings noch kaum zu sagen.[34] Zumindest aber förderte sie eine Entwicklung, die bereits zuvor begonnen hatte und die in dem Bedeutungszuwachs transnatio-

---

[27] *Ralph Blessing*, Die Modernisierung der Außenpolitik und die deutsch-französischen Beziehungen 1923–1929. München 2008.
[28] Mit Abstrichen gilt das auch für den italienischen Faschismus. Dagegen ordnet sich die sowjetische Außenpolitik in diesen Kontext weniger ein. Aber dazu: *James Der Derian*, On Diplomacy. A Genealogy of Western Estrangement. Oxford 1987.
[29] Vgl. *Friedrich Kießling*, Nationalsozialistische Außendarstellung und der fremde Blick. Die internationale Dimension der Reichsparteitage, in: ders./Gregor Schöllgen (Hrsg.), Bilder für die Welt. Die Reichsparteitage der NSDAP in der ausländischen Presse. Köln u. a. 2006, S. 1–23.
[30] *Rainer F. Schmidt*, Die Außenpolitik des Dritten Reichs 1933–1939. Stuttgart 2002, S. 53 spricht von der „propagandistischen Seite" der NS-Außenpolitik.
[31] *Kießling*, Nationalsozialistische Außendarstellung, S. 21 ff.
[32] *Gabriel A. Almond*, The American People and Foreign Policy. New York 1950.
[33] *Johanna Neumann*, Lights, Camera, War. Is media technology Driving International Politics? New York 1996 oder *Philipp M. Taylor*, Global Communications, International Affairs and the Media since 1945. New York 1997.
[34] Manche Analysen zielen darauf ab, dass die Informationskontrolle für Regierungen noch schwieriger wird und es zu einer weiteren Informationsdiffusion kommt. Vgl. z. B. *Joseph Nye*, Macht im 21. Jahrhundert. Politische Strategien für ein neues Zeitalter. München 2011, S. 178 ff.

naler Öffentlichkeiten liegt: Transnationale Öffentlichkeiten sind seit dem 19. Jahrhundert bekannt. Mit den neuen Medien haben sich ihre Kommunikationsmöglichkeiten und ihre Kampagnefähigkeit verbessert. Der Zugang zu den Massenmedien nicht nur über Internet, sondern auch zu Radio und Fernsehen ist regelmäßig gegeben. Transnationale Öffentlichkeiten und die eng mit ihnen verbundenen NGOs sind spätestens seit den 1970er Jahren zum *Agenda Setting* und zu einer aktiven Rolle in der internationalen Arena fähig.[35]

Dieser groben Periodisierung lassen sich weitere, systematische Aspekte zuordnen. So ist neben der empirisch-analytischen Frage, welche Bedeutung der Öffentlichkeit zukommt oder dem Zusammenhang mit medienhistorischen Zäsuren, wie dem Aufkommen der Massenpresse, von Fernsehen oder Internet, auch ein akteursorientierter Zugang von Interesse. Außenpolitiker verhielten sich dem Faktor Öffentlichkeit gegenüber oder nahmen diesen auf eine bestimmte Weise wahr. Das konnte zu Netzwerken zwischen Politikern und Journalisten führen,[36] aber auch zu spezifischen Versuchen, mit der Öffentlichkeit umzugehen, zu außenpolitischen Handlungsmustern und Politikstilen. Diese reichten von der tatsächlichen oder versuchten Instrumentalisierung der Presse über die beiderseitige ideologisch-weltanschauliche Übereinstimmung bis hin zur massiven Propagandatätigkeit, die alle Massenmedien nutzte. Unter dieser Perspektive wird dann auch der Umbruch von „old diplomacy" zu „new diplomacy" wieder interessant. Zwar lassen sich, wie beschrieben, vor und nach dem Ersten Weltkrieg für die internationalen Beziehungen Politisierungsschübe ausmachen, aber der Umgang damit unterschied sich. Außenpolitiker und Diplomaten maßen der Öffentlichkeit auch vor 1914 erhebliche Bedeutung zu und versuchten, diese zu bedienen und zu nutzen. Das führte zu Beginn des 20. Jahrhundert immer wieder zu symbolischer Diplomatie, die auf die Wirkung in der europäischen Öffentlichkeit berechnet war.[37] Doch trotz allem nahmen viele Akteure den neuen Faktor sehr viel stärker als ihre Kollegen nach 1918/19 als Störfaktor wahr, gegen dessen Auswirkungen es sich abzuschirmen galt. Diese Haltung konnte paradoxerweise dazu führen, dass vor 1914 Geheimdiplomatie noch geheimer wurde. Diplomaten und Außenpolitiker näherten sich nur partiell den neuen politischen Logiken an. In anderen Fällen suchten sie ihre gewohnten

---

[35] Als ein Schlüsselmoment der Wirksamkeit von transnationalen Öffentlichkeiten gilt der Fall um die Entsorgung der Ölplattform „Brent Star" im Jahr 1995, als die internationale Öffentlichkeit im Zusammenspiel mit Nicht-Regierungsorganisationen wie Greenpeace den Shell-Konzern zum Einlenken zwang. *Miriam Meckel*, Kommunikative Identität und Weltöffentlichkeit. Theoretische Überlegungen zur Rolle der Medien im Globalisierungsprozess, in: Publizistik 43, 1998, S. 362–375, hier S. 368f.

[36] *Andreas Rose*, Zwischen Empire und Kontinent. Britische Außenpolitik vor dem Ersten Weltkrieg. München 2011, z. B. S. 41–58.

[37] *Friedrich Kießling*, Gegen den „großen Krieg". Entspannung in den internationalen Beziehungen 1912–1914. München 2002, S. 117 u.ö.

diplomatischen Handlungsmuster weiterzuführen, was unter den veränderten Bedingungen allenfalls partiell funktionierte. Diese methodisch defensive Reaktion ins Nicht-Öffentliche machte die internationalen Beziehungen vor 1914 noch komplizierter und belastete die Funktionsweise des Mächtesystems.[38]

Tendenzen zur Abschottung, zur Manipulation und Instrumentalisierung, die auf Vorbehalten gegenüber der Öffentlichkeit beruhen, lassen sich aber nicht nur in den letzten Jahren vor 1914 finden oder bei Otto von Bismarck. Auch Gabriel Almond hatte 1950 argumentiert, dass die öffentliche Meinung in außenpolitischen Fragen nicht nur schlecht informiert und teilweise uninteressiert, sondern auch inkohärent und deswegen in der internationalen Politik zu vernachlässigen sei, eine Vorstellung, die großen Einfluss vor allem auf die nach 1945 starke realistische Schule hatte.[39] Auch für die Bundesrepublik ist so argumentiert worden, wobei darauf verwiesen worden ist, dass zwei der wichtigsten außenpolitischen Entscheidungen der Bonner Republik, die Wiederbewaffnung und die Umsetzung des NATO-Doppelbeschlusses, gegen massiven Widerstand in der Öffentlichkeit durchgesetzt wurden.[40] Solche Beispiele sollten davor warnen, die Integration von Öffentlichkeit und Außenpolitik zu teleologisch zu betrachten. Internationale Beziehungen sperren sich aus Sicht nicht weniger Interpreten stärker gegen die moderne Wandlung des Politischen als andere Politikfelder. Es zeigen sich Grenzen der Fundamentalpolitisierung. Für die Entwicklung seit dem späten 19. Jahrhundert lässt sich dennoch feststellen, dass eine Außenpolitik gegen den greifbaren Willen der je nationalen Öffentlichkeit längerfristig keiner Regierung möglich ist. Moderne Öffentlichkeiten definieren ein Spektrum von akzeptierten Handlungsmöglichkeiten, das nicht jede Einzelentscheidung festlegt, sicher auch selbst Wandlungen unterworfen ist, gegen das über einen längeren Zeitraum hinweg aber nicht verstoßen werden kann.[41]

Mit Blick auf die andere Seite, die Öffentlichkeit, wäre zusätzlich zu der Periodisierung jeweils präziser zu erfassen, worin ihr Einfluss besteht. Von Fragen nach ihrem Mobilisierungspotential und der nach dem „Faktor" Öffentlichkeit wären vor allem solche nach den Medien als „Weltbildapparate"[42] zu unterscheiden. Öffentlichkeit vermittelte dann nicht nur Realität oder

---

[38] *Geppert*, Pressekriege, S. 435f.; *Kießling*, Gegen den „großen Krieg", z. B. S. 274ff. Abschottung vor der Öffentlichkeit gerade bei Sir Edward Grey, *Mayer*: Geheime Diplomatie, S. 330.

[39] Z. B. *Christoph Weller*, Machiavellistische Außenpolitik – Altes Denken und seine US-amerikanische Umsetzung, in: Andreas Hasenclever u. a., Macht und Ohnmacht internationaler Institutionen. Frankfurt a. M. 2007, S. 81–114, hier S. 92ff..

[40] *Mathias Oldhaver*, Öffentliche Meinung in der Sicherheitspolitik. Untersuchung am Beispiel der Debatte über einen Einsatz der Bundeswehr im Golfkrieg. Baden-Baden 2000, S. 258.

[41] Dazu, mit Hinweisen vor allem auf die bundesdeutsche Debatte: *Thomas Risse*, Deutsche Identität und Außenpolitik, in: Siegmar Schmidt u. a. (Hrsg.), Handbuch zur deutschen Außenpolitik. Wiesbaden 2007, S. 49–61, hier S. 59f.

[42] *Reinhard Wesel*, Medien, in: Carlo Masala u. a. (Hrsg.), Handbuch der Internationalen Politik. Wiesbaden 2010, S. 477–492, hier S. 480.

transportierte gesellschaftliche Vorstellungen in die politische Sphäre. Öffentlichkeit würde so auch die Wirklichkeit konstituieren. Diese Funktion wurde bereits der Öffentlichkeit vor 1914 zugesprochen, indem diese an außenpolitischen „Wahrnehmungszusammenhängen", an der Ausprägung von Wertvorstellungen und Weltbildern beteiligt gewesen sei.[43] Andere Autoren haben dem auch für die „CNN-Welt" der Wende vom 20. zum 21. Jahrhundert noch widersprochen.[44] Und heuristisch wird es auch in Zukunft sinnvoll sein, die Eigenlogiken sowohl der Öffentlichkeit als auch des außenpolitischen Feldes im Blick zu behalten. Gerade die Frage, inwieweit nicht nur Außenpolitik Medienlogiken übernahm, sondern auch umgekehrt die öffentliche Sphäre sich außenpolitischen Zusammenhängen anpasste und so ihrerseits eigenen außenpolitischen Logiken folgte, ist noch kaum erforscht. Es lohnte sich, genauer nach einem außenpolitischen Diskurs zu fragen, an dem dann auch Medien bzw. Öffentlichkeiten partizipieren mochten.

2. Internationale, transnationale und globale Öffentlichkeit

Die gleichen Entwicklungen in Kommunikation und Verkehr, die die Integration von Gesellschaften zu modernen Nationalstaaten ermöglichten, erleichterten auch den grenzüberschreitenden Austausch. Schon das 19. Jahrhundert bildete nicht nur ein nationales Zeitalter, sondern auch eines der Internationalität. Menschen und Waren, Nachrichten und Ideen waren in einer so vorher nicht bekannten Art und Weise mobil geworden. Auswanderung war nicht neu, die weltumspannende Massenmigration, die „weiße Flut" des 19. Jahrhunderts, wie es Christopher Bayly genannt hat,[45] war es schon. Benötigte eine Nachricht von London nach Bombay zu Beginn des Jahrhunderts noch mehrere Monate, so konnte die Übertragungsgeschwindigkeit gut hundert Jahre später bereits im Minutenbereich liegen.[46]

Zwar begannen die Entwicklungen meist innerhalb der einzelnen Länder und hier wurden auch die politischen und sozialen Folgen am schnellsten beschreibbar, doch folgte diesen bald der Sprung über die Grenzen. Technik- und mediengeschichtlich wichtige Schritte für den internationalen Wissens- und Nachrichtenaustausch waren das Zusammenwachsen der zunächst überwiegend national konzipierten Eisenbahnnetze seit Mitte des 19. Jahrhunderts, der Aufbau eines weltumspannenden Telegraphennetzes im letzten Drittel

---

[43] *Geppert*, Pressekriege, S. 434.
[44] Skeptische Stimmen referiert *Wesel*, Medien, S. 486 ff.
[45] *Christopher A. Bayly*, Die Geburt der modernen Welt. Eine Globalgeschichte 1780–1914. Frankfurt a.M/New York 2006, S. 547.
[46] Vgl. *Michael Wobring*, Die Globalisierung der Telekommunikation im 19. Jahrhundert. Pläne, Projekte und Kapazitätsausbauten zwischen Wirtschaft und Politik. Franfurt a. M. u. a. 2005. Zur asiatisch-europäischen Verbindung v. a. ebd., S. 236–317.

des Jahrhunderts oder der Übergang zur Funktelegraphie in den letzten Jahren vor dem Ersten Weltkrieg. Auch Radio, Fernsehen und Kino waren zunächst national geprägt. Sie spielten aber bald auch im internationalen Informationsfluss eine Rolle. In der Geschichte des Fernsehens gilt die Übertragung der Krönung Elisabeths II. 1953 als ein erstes TV-Medienereignis mit großem internationalem Live-Publikum.[47] Aus diesen Kommunikations- und Verkehrsrevolutionen im 19. und 20. Jahrhundert folgten Integrationsprozesse, die bereits im 19. Jahrhundert beeindruckende Formen annahmen und zudem untereinander verflochten waren. Neben der Politik betraf dies die Ökonomie oder die zahlreichen internationalen Standardisierungsbemühungen im 19. Jahrhundert. Die Geschichte internationaler Öffentlichkeiten im 19., 20. und frühen 21. Jahrhundert ist Teil dieser vielfältigen Interaktionsprozesse der Neuesten Geschichte.[48]

In der historischen Forschung hat sich der Begriff „transnationaler Öffentlichkeiten" für grenzüberschreitende Kommunikationsräume der Moderne durchgesetzt. Ein einzelner Begriff kann aber nicht alle Stränge des Phänomens abdecken. Er wird daher hier durch die der internationalen sowie der globalen Öffentlichkeiten ergänzt. Während „international" die Kategorie tatsächlich eigenständiger, von nationalen Bezügen gelöster Phänomene betrifft, scheint der Begriff des Transnationalen in der historiographischen Praxis stärker als Ergänzung des Nationalen durch außer- und übernationale Bezüge und Anschlüsse zu verstehen zu sein. Der Begriff ist deswegen besonders geeignet, hybride Formen als Ergebnis von grenzüberschreitenden Informations- und Austauschprozessen sowie die äußeren Voraussetzungen nationaler Formierungen sichtbar zu machen.[49] Da sich deswegen nationale Varianten nicht auflösen, scheint mir zudem der Begriff der Transnationalisierung (z. B. von Öffentlichkeiten) eine geeignete Ergänzung zu sein. „Globale Öffentlichkeit" betrifft dem gegenüber den räumlichen Bezug grenzüberschreitender Kommunikation, der bei „internationaler" wie „transnationaler Öffentlichkeit" zunächst unbestimmt bleibt. „Weltöffentlichkeit" verhält sich dem gegenüber synonym, und wäre sozusagen ein Spezialfall einer internationalen Öffentlichkeit. In der Forschung ist darüber hinaus vor allem über „Europäische Öffentlichkeit" nachgedacht worden.[50]

---

[47] *Bösch*, Mediengeschichte, S. 222.
[48] Unter der weiterverzweigten Literatur zu den verschiedenen Globalisierungen immer noch besonders lesenswert: *Knut Borchardt*, Globalisierung in historischer Perspektive. München 2001.
[49] Vgl. im deutschen Kontext die Verwendung von transnational in vielen Beiträgen von: *Sebastian Conrad/Jürgen Osterhammel* (Hrsg.), Das Kaiserreich transnational. Deutschland in der Welt 1871–1914. Göttingen 2004.
[50] Diese Terminologie berührt sich in vielen Punkten mit der, die die Herausgeber des Sammelbandes „Transnationale Öffentlichkeiten und Identitäten im 20. Jahrhundert" gegeben haben. Wenig überzeugend scheint mir lediglich die enge Bindung von „international" an staatliche Beziehungen. Diese entspricht auch nicht dem Konzept der „Internationalen Geschichte". *Hartmut Kaelble* u. a., Zur Entwicklung transnationaler Öffentlichkeiten und Identitäten im

Will man das Phänomen grenzüberschreitender Öffentlichkeit seit dem 19. Jahrhundert verzeitlichen, lassen sich idealtypisch drei Phasen unterscheiden. Ausgangspunkt ist die im 18. Jahrhundert existierende Vorstellung eines gemeinsamen Kommunikationsraums des gebildeten Publikums. Adressiert war dieses „Gespräch" tatsächlich an eine „Weltöffentlichkeit" der Gebildeten, die für viele der Autoren mit einer europäischen Öffentlichkeit identisch war, ein Phänomen, das in der häufigen Identität von Welt- und europäischen Friedensordnungskonzepten der Zeit wiederkehrte. Als zweiter Schritt kam es im 19. Jahrhundert zu einer Institutionalisierung grenzüberschreitender Öffentlichkeiten, die eng an die Ausbildung von transnationalen Organisationen gebunden war und die deswegen auch starke sektorale Prägung trug: Wissenschaftliche und technische Kongresse und Vereinigungen, Weltausstellungen, Sozialistenbewegung, Friedens- oder Frauenbewegung und deren internationale Zusammenschlüsse gehören dazu. Adressat war in vielen Fällen wieder Europa. „Ein Tag wird kommen", so Victor Hugo auf dem Pariser Friedenskongress von 1849, „wo die Kugeln und Bomben durch Stimmzettel ersetzt werden, durch das allgemeine Wahlrecht der Völker, durch die Entscheidungen eines großen souveränen Senates, der für Europa das sein wird, was das Parlament für England und die Nationalversammlung für Frankreich ist."[51] Gut 60 Jahre später machte Alfred Hermann Fried innerhalb seines „wissenschaftlichen Pazifismus" das Zusammenwachsen der Welt, die massiv gesteigerte „gegenseitige[n] Abhängigkeit", zu einer Entwicklung, die beinahe automatisch aus den technischen, politischen oder ökonomischen Integrationen folgte.[52] Medienhistorisch ist neben der erhöhten Übertragungsgeschwindigkeit die Nachrichtendistribution über Nachrichtenagenturen wichtig, die dasselbe Wissen grundsätzlich allen Zeitungen zugänglich machte. Wie weit diese Agenturen die einzelnen Nachrichten standardisierten und international lenkten, bedarf aber weiterer Untersuchungen.[53]

Transnationale und internationale Öffentlichkeiten des langen 19. Jahrhunderts blieben nicht ohne Wirkung. Friedenskongresse fanden unter der Schirmherrschaft von Staatsmännern und Monarchen statt und hatten auch breite inhaltliche Resonanz in die sozialistische oder liberale Presse hinein. Die „Interparlamentarische Union", ein Zusammenschluss meist sozialistischer und liberaler Abgeordneter, wurde am Anfang des 20. Jahrhunderts auch von den europäischen Außenministerien finanziell unterstützt. Einmal gewährt, wagte es wegen der internationalen Öffentlichkeit keine Regierung, die Zahlungen wieder einzustellen.[54] Auch beobachteten die Vertreter der offiziel-

---

20. Jahrhundert. Eine Einleitung, in: ders. u. a. (Hrsg.), Transnationale Öffentlichkeiten, S. 7–29, hier S. 8–11.
[51] Rede Victor Hugos auf dem Weltfriedenskongress in Paris, August 1849, abgedruckt z. B. in: *Rolf Hellmut Foerster* (Hrsg.), Die Idee Europa 1300–1946. München 1963, Dok. 134.
[52] *Alfred Hermann Fried*, Handbuch der Friedensbewegung. Bd. 1. Leipzig 1911, Zitat S. 25.
[53] *Bösch*, Mediengeschichte, S. 142.
[54] *Kießling*, Gegen den „großen Krieg", S. 21.

len Außenpolitik die transnationalen Kontakte genau und fühlten sich durch diese in ihrem eigenen Selbstverständnis herausgefordert.⁵⁵ Internationale Beziehungen und institutionalisierte, grenzüberschreitende Öffentlichkeiten liefen dennoch weitgehend getrennt voneinander.

In der Zwischenkriegszeit sind verschiedene Schritte zur Intensivierung transnationaler Öffentlichkeiten erkennbar. Zudem wurden sie nun auch vom Völkerbund und damit von zwischenstaatlicher Seite gefördert.⁵⁶ Durch den Völkerbund wurde auch die politische Ansprache an die Weltöffentlichkeit gestärkt. Als globales (und/oder europäisches) Forum funktionierte er. Vor allem kleine Staaten, zeitweise aber auch Außenseiter wie das Deutsche Reich, wussten diese Funktion zu schätzen. Zu einem weiteren qualitativen Sprung hinsichtlich transnationaler Öffentlichkeiten bzw. einer „Weltöffentlichkeit" kam es aber wohl erst in den Jahrzehnten nach 1945. Auch wenn die Wirkung der Vereinten Nationen im Ost-West-Konflikt begrenzt blieb, nahmen die Debatten zwischen Ost und West im Sicherheitsrat doch gerade in den späten 40er und 50er Jahren häufig den Charakter des Werbens um eine Weltöffentlichkeit an. So lässt sich der Kalte Krieg als Kampf zweier Systeme mit universalem Anspruch um die Weltmeinung charakterisieren. Die Auseinandersetzung wurde, wie Anselm Doering-Manteuffel bemerkt hat, vom Bewusstsein der Einen Welt überwölbt. „Weltöffentlichkeit" fungierte als imaginierte Zentralinstanz dieses Ringens. Gerade im „globalen" Konfliktmuster des Kalten Krieges zeigte sich so die Verbindung der politischen Interaktionsprozesse mit denen der Öffentlichkeiten.⁵⁷ In der zweiten Hälfte des 20. Jahrhunderts vollzog sich zudem der bereits angeführte Aufstieg transnationaler Öffentlichkeiten zu einem wichtigen Akteur auf der internationalen Bühne. Die jeweiligen Ausprägungen konnten unterschiedlich sein und reichten von der Antivietnambewegung, dem weiteren Bedeutungszuwachs nicht-staatlicher Organisationen, dem Erfolg von Kampagnen wie der um die Ölplattform Brent Spar bis hin zur Ausbildung eines gemeinsamen transnationalen Kommunikationsraums über die Trennungen des Kalten Krieges hinweg und den darin enthaltenen gemeinsamen Konsumbil-

---

⁵⁵ Vgl. *Friedrich Kießling*, Self-perceptions, the Official Attitude towards Pacifism, and Great Power Détente: Reflections on Diplomatic Culture before World War I, in: Jessica Gienow-Hecht (Hrsg.), Decentering America: New Directions in Culture and International History. Oxford/New York 2007, S. 345–380.

⁵⁶ *Anna-Katharina Wöbse*, „To cultivate the international mind". Der Völkerbund und die Förderung der globalen Zivilgesellschaft, in: Zeitschrift für Geschichtswissenschaft 54, 2006, S. 852–863.

⁵⁷ *Anselm Doering Manteuffel*, Internationale Geschichte als Systemgeschichte. Strukturen und Handlungsmuster im europäischen Staatensystem des 19. und 20. Jahrhunderts, in: Loth/Osterhammel (Hrsg.), Internationale Geschichte, S. 93–115, hier S. 109; *David C. Engerman*, Ideology and the origins of the Cold War, 1917–1962, in: Melvyn P. Leffler/Odd Arne Westad (Hrsg.), The Cambridge History of the Cold War. Vol. 1. Origins. Cambridge u. a. 2010, S. 20–43; *Vaughan Lowe* u. a. (Hrsg.), The United Nations Security Council and War. The Evolution of Thought and Practice Since 1945. Oxford 2010.

dern, die dann im späten Ost-West-Konflikt auch politisch machtvoll werden sollten.[58] Vernetzungs- und Integrationsschübe sind also schon vor dem Aufstieg des Internets oder der Verbreitung von Mobiltelefonen auszumachen. Die 70er Jahre scheinen sich dabei als ein Kernzeitraum des Wandels im späten 20. Jahrhundert zu etablieren.[59] Medienhistorisch haben Internet- und Mobiltelefonnutzung dann nicht nur die soziale Reichweite transnationaler Öffentlichkeiten erhöht, zur „Deterritorialität"[60] von Kommunikation beigetragen und das *Agenda Setting* verändert, sondern auch die Bildung von ad-hoc-Öffentlichkeiten transnationaler Art erleichtert. Aus historischer Sicht auffällig ist der zeitgleich zur Deterritorialisierung der Kommunikation sich vollziehende Verlust der Bedeutung von Souveränität in den internationalen Beziehungen, der sich in der Ausweitung des „neuen humanitären Völkerrechts" zeigt, oder auch ein verändertes Bewusstsein von privat und öffentlich, wie er sich in der Wikileaks-Kampagne oder in den Auseinandersetzungen um ein neues Urheberrecht im Internet andeutet.[61]

Der Geschichte von Welt-, inter- und transnationaler Öffentlichkeit lassen sich wiederum systematische Aspekte zuordnen. So ist insbesondere im 19. und frühen 20. Jahrhundert der koloniale Raum zu beachten. Nicht nur vollzogen sich hier wichtige technische Schritte, auch für außereuropäische Emanzipationsbewegungen ist das mediale Zusammenwachsen der Welt wichtig geworden.[62] Auffällig seit dem 19. Jahrhundert ist zudem der Appellcharakter in vielen Stimmen, die sich an die Weltöffentlichkeit richten. Diese dient offenbar phasenübergreifend als imaginierte Gemeinschaft zur Artikulation oder Legitimation eigener Anliegen, die gegenüber anderen Instanzen nicht durchsetzbar scheinen. Hier liegt der Grund, dass es häufig marginalisierte Gruppen waren, die sich an die Weltöffentlichkeit wandten.[63]

---

[58] *Emily S. Rosenberg*, Consumer capitalism and the end of the Cold War, in: Leffler/Westad (Hrsg.), The Cambridge History of the Cold War. Vol. III. Endings, S. 489–512.

[59] *Niall Ferguson* u. a. (Hrsg.), The Shock of the Global. The 1970s in Perspective. Cambridge, MA/London 2010.

[60] *Andreas Hepp*, Medienkultur. Die Kultur mediatisierter Welten. Wiesbaden 2011, S. 103–115.

[61] Vgl. die entsprechenden Passagen im Parteiprogramm der „Piratenpartei" Deutschland. http://wiki.piratenpartei.de/Parteiprogramm#Transparenz_des_Staatswesens (Abruf 14.3.2012). Allgemein zu neuen Medien und Standards von „öffentlich": *Brigitte Nacos* u. a. (Hrsg.), Decision-making in a Class House. Mass Media, Public Opinion, and American and European Foreign Policy in the 21st Century. Lanham 2000.

[62] *Daniel Headrick*, A double-edged sword. Communications and imperial control in British India, in: Historical Social Research 35, 2010, S. 51–65; *Andreas Renner*, Russischer Nationalismus und Öffentlichkeit im Zarenreich 1855–1875. Köln u. a. 2000; *Dominic Sachsenmaier*, Chinese Debates on Modernization and the West after the Great War, in: Gienow-Hecht (Hrsg.), Decentering America, S. 109–131; *Tom Standage*, Das viktorianische Internet. Die erstaunliche Geschichte des Telegraphen und der Online-Pioniere des 19. Jahrhunderts. St. Gallen 1999.

[63] *Nancy Fraser*, Transnationalizing the Public Sphere. On the Legitimacy and Efficacy of Public Opinion in a Post-Westphalian World, in: Theory, Culture & Society 24, 2007, S. 7–30; vgl. zu „Europa": Jörg Requate/Martin Schulze Wessel, Europäische Öffentlichkeit: Realität und Imagination einer appellativen Instanz, in: dies. (Hrsg.), Europäische Öffentlichkeit. Transnationale Kommunikation seit dem 18. Jahrhundert. Frankfurt a. M./New York, S. 11–39, hier S. 17.

Eine weitere Dimension der transnationalen Mediengeschichte liegt in der Frage, inwieweit sich quantitative Entwicklungen qualitativ niederschlagen. So schufen Telegraphie und Nachrichtenagenturen im 19. Jahrhundert zeitliche und räumliche Verdichtungen, die schon den Zeitgenossen auffielen und das Bewusstsein der „Einen Welt" stärkten. Das Bewusstsein zumindest von einer potentiellen globalen Gemeinschaft, an die man sich wenden kann, eine „kollektive Identität" als Bestandteil öffentlicher Kommunikation, existierte damit sicher bereits im 19. Jahrhundert auch für transnationale Öffentlichkeiten. Und es stellt sich die Frage, was weitere technische Entwicklungen wie live-Übertragungen in Radio und Fernsehen oder das Internet an qualitativ Neuem brachten. Hier müssten die verschiedenen Kommunikationsrevolutionen in ihrer Auswirkung auf die Öffentlichkeiten genauer verglichen werden.[64] Die Wahrnehmung einer ungeheuren Beschleunigung und Verdichtung gehörte seit dem 19. Jahrhundert zum Standardrepertoire des jeweiligen Epochenbewusstseins. Der Publizist Max Nordau, der gleichermaßen für französische, österreichische oder deutsche Zeitungen schrieb, formulierte es während der Medienrevolution des späten 19. Jahrhunderts so: „Der letzte Dorfbewohner hat heute einen weitern geographischen Gesichtskreis, zahlreichere und verwickeltere geistige Interessen als vor einem Jahrhundert der erste Minister eines kleinen und selbst mittleren Staates". Er nehme „neugierig verfolgend und empfangend, an tausend Ereignissen theil, die sich auf allen Punkten der Erde zutragen, und er kümmert sich gleichzeitig um den Verlauf einer Umwälzung in Chile, eines Buschkrieges in Deutsch-Ostafrika, eines Gemetzels in Nord-China […] eines Straßenputsches in Südspanien und einer Weltausstellung in Nordamerika."[65] Bei der Wahrnehmung von Verdichtung und zunehmender Verflechtung der Welt scheint es sich ähnlich wie bei der Beschleunigung um ein Grundgefühl modernen Epochenbewusstseins zu handeln. Umso dringlicher scheint der diachrone Vergleich solcher Wahrnehmungen.

Was die Auslandsberichterstattung grundsätzlich anbelangt, ist die manchmal anzutreffende Vorstellung, internationale Nachrichtenanteile hätten sich seit dem frühen 19. Jahrhundert erweitert, aber kaum haltbar. Im Gegenteil, Untersuchungen haben den hohen Anteil von „Auslandsnachrichten" in der Frühen Neuzeit oder zu Beginn des 19. Jahrhunderts gezeigt.[66] Umgekehrt ist aber auch die These einer folgenden Nationalisierung der Nachrichten frag-

---

[64] Vor allem für das Fernsehen liegen einige Detailstudien vor: *Gerd Hallenberger*, Vergleichende Fernsehprodukt- und Programmforschung, in: Hepp u. a. (Hrsg.), Globalisierung der Medienkommunikation, S. 165–185 u. ebd.: *Sonja Kretschmar*, Globalisierung und das Bild von fremden Kulturen im europäischen Fernsehen, S. 279–302; theoretisch-konzeptionell: *Andreas Fickers*, Eventing Europe. Europäische Fernseh- und Mediengeschichte als Zeitgeschichte, in: AfS 49, 2009, S. 391–416; *Friedrich Krotz*, Der Umgang mit Medienangeboten in verschiedenen Kulturen, in: Hepp/Löffelholz (Hrsg.), Grundlagentexte zur transkulturellen Kommunikation, S. 696–722.
[65] *Max Nordau*, Entartung. 2. Bd. 3. Aufl. Berlin 1896, S. 71 f. (zuerst 1892).
[66] *Bösch*, Mediengeschichte, z. B. S. 64–66.

würdig.⁶⁷ In Tageszeitungen waren auch zu Hochzeiten des Nationalismus internationale Nachrichten sehr präsent. So konnten sich die Leser in einer willkürlich ausgewählten Ausgabe der „Frankfurter Zeitung" am 1. Januar 1910 bereits auf der Titelseite über Ereignisse in Russland, Frankreich, Griechenland, in der „Südsee" und Kolumbien informieren. Im Innern der Zeitung fehlten Hinweise auf die Abfahrtszeiten von Dampfschiffen in alle Teile der Welt ebenso wenig wie Anzeigen von Banken, die mit ihrem internationalen Geschäft warben oder denen der internationalen Tourismusbranche. Und wer wollte, konnte an diesem Tag die Dienste gleich zweier(!) „Weltdetektive" in Anspruch nehmen.⁶⁸

Schließlich sind noch einmal die Grenzen von länderübergreifenden Öffentlichkeiten im Blick zu behalten. Insgesamt erscheinen den meisten Interpreten transnationale Öffentlichkeiten im Vergleich zu nationalen Öffentlichkeiten bis heute deutlich weniger verdichtet, deutlich stärker segmentiert und in ihrer zeitlichen Ausdehnung beschränkt, und vor allem bei der Weltöffentlichkeit stellt sich die Frage nach ihrer empirischen Realität. Manche Autoren sehen diese vor allem als imaginierten Kommunikationsraum, dessen Realität eher skeptisch zu beurteilen ist. Andere beschäftigen sich mit der, im Vergleich zu nationalen Öffentlichkeiten, beschränkten Funktion von transnationalen oder globalen Öffentlichkeiten. So sind Zweifel angemeldet worden, ob diese die Habermasschen Grundfunktionen von Öffentlichkeit, Legitimität und Effizienz, auch nur theoretisch zu erfüllen in der Lage sind, und so ähnliche normative Relevanz erhalten können, wie das in Anschluss an Habermas für nationale Öffentlichkeiten diskutiert worden ist.⁶⁹ Der Vergleich mit nationalen Öffentlichkeiten erscheint in solchen Überlegungen nicht nur historisch (wegen der beschriebenen Wechselwirkungen), sondern auch methodisch fruchtbar. Klassische Fragen der Öffentlichkeitsforschung, wie die nach Funktionen, Adressaten, Teilnehmern, Zugängen oder Themenagenden, sind auch bei der Untersuchung von transnationalen Öffentlichkeiten gewinnbringend anzuwenden und können zum Beispiel auch das zuweilen bis heute zu spürende Staunen über die Möglichkeiten der elektronischen Medien als Ausgangspunkt einer neuen „Weltöffentlichkeit" in analytisch fruchtbarere Bahnen lenken.⁷⁰

---

⁶⁷ So teilweise: *Requate/Schulze Wessel*, Europäische Öffentlichkeit, S. 25.
⁶⁸ Frankfurter Zeitung vom 1. 1. 1910.
⁶⁹ Ausführlich hier: *Fraser*, Transnationalizing the Public Sphere. Was die Realität von Weltöffentlichkeit anbelangt, hat Miriam Meckel eine „Weltgesellschaft" als strukturell-technisch vernetzte Welt von einer „kommunikativ und kulturell integrierte[n] Weltgemeinschaft" abgegrenzt. Erstere liege vor, Letztere bisher nicht; *Meckel*, Kommunikative Identität, hier S. 367.
⁷⁰ Wobei natürlich auch Segmentierungen bzw. Fragmentierungen von nationalen Öffentlichkeiten nicht übersehen werden dürfen; *Peters*, Nationale und transnationale Öffentlichkeiten, S. 660–664.

3. Internationale Medienereignisse

Als im Januar 1848 auf Sizilien und bald auch in Neapel Unruhen ausbrachen, die schon nach wenigen Tagen zu einer Umbildung der Regierung und einem Verfassungsversprechen führten, registrierte man das außerhalb Italiens sehr wohl, die Reaktionen blieben aber begrenzt. Als nur wenige Wochen später in Paris Straßenkämpfe begannen, war ganz Europa alarmiert und elektrisiert. Die Nachricht verbreitete sich in Windeseile, sie schuf Erwartungen auf weitere dramatische Entwicklungen in der nahen Zukunft. Am Ende geriet halb Europa in den Sog von Revolutionen. Was ist es, was dem einen Geschehen zwar Aufmerksamkeit verschafft, aber es doch als ein entferntes Phänomen erscheinen lässt, während in anderen Momenten sofort klar wird, dass etwas passiert ist, das auch einen selbst betrifft oder bald betreffen wird? Angesichts bestehender Zweifel an der empirischen Realität von transnationalen oder globalen Öffentlichkeiten, verdienen solche Momente hoher grenzüberschreitender Aufmerksamkeit besondere Beachtung. Sie seien deshalb auch hier gesondert angesprochen.

Die Analyse von internationalen Medienereignissen verspricht vor allem dreierlei: Zunächst erlaubt sie, Bedingungen zu klären, unter denen sich inter- oder transnationale Öffentlichkeiten zu bilden vermögen, und so deren Mechanismen besser zu verstehen. Sie bietet zudem Fallbeispiele, an denen sich mögliche Veränderungen internationaler Öffentlichkeiten zu zeigen vermögen. Und nicht zuletzt zieht das offensichtlich transitorische Moment solcher Situationen die Interpreten an. Internationale Ereignisse werden dann als Wendepunkte verstanden, an denen etwas Neues beginnt oder an denen zumindest Grundprobleme der jeweiligen Epochen offenbar werden, sie werden zu potentiellen oder tatsächlichen „transnational moments of change".[71] Da es dabei um Wirkungen zwischen verschiedenen Ländern und Regionen geht, sprechen sie ein Grundanliegen jeder Internationalen Geschichte ganz unmittelbar an, nämlich deutlich zu machen, worin die Bedeutung des Internationalen für die einzelnen Gesellschaften und deren Geschichte liegt.

Zahlreiche dieser internationalen Ereignisse sind in ihrer medialen Struktur gut erforscht. Das betrifft das Erdbeben von Lissabon von 1755 und dessen Einfluss auf die „Gelehrtenrepublik" ebenso wie die Revolutionen von 1789 und 1848. „1968" ist ein weiteres Beispiel, an dem die Bedeutung transnationaler Öffentlichkeit intensiv erörtert worden ist. Schließlich sind einmal mehr Kriege zu nennen, deren Verdichtungspotential für grenzüberschreitende Kommunikation bzw. Wahrnehmungen deutlich wird.[72] Viele der im letz-

---

[71] *Gerd-Rainer Horn/Padraic Kenney* (Hrsg.), Transnational Moments of Change. Europe 1945, 1968, 1989. Lanham u. a. 2004.
[72] Z. B. *Theodor E.D. Braun/John B. Radner* (Hrsg.), The Lisbon Earthquake of 1755. Representations and Reactions. Oxford 2005; *Paulina Bren*, 1968 East and West: Visions of Political Change and Student Protest from across the Iron Curtain, in: Horn/Kenney (Hrsg.), Transnational Moments, S. 119–135; *Dieter Langewiesche,* Kommunikationsraum Europa: Revolution

ten Kapitel angesprochenen Momente grenzüberschreitender Öffentlichkeiten sind gerade an internationalen Ereignissen und deren medialen Repräsentationen gezeigt worden. Das gilt für die Hybridität der einzelnen „Übersetzungsprozesse"[73] oder für Bedingungen wie die von gemeinsamen Erinnerungspunkten, die als Elemente von möglichen transnationalen (Teil-)Identitäten den Resonanzraum für die Wahrnehmungen bilden und Aufmerksamkeitsschwellen senken können.[74] Auch der Zusammenhang zwischen weltweiter Aufmerksamkeit und einer vorgestellten Weltgemeinschaft, durch die man an den weit entfernten Geschehen Teil hat, ist gezeigt worden.[75] In anderen Fällen wird das Mobilisierungspotential einzelner Bewegungen durch die Herstellung von internationalen Anschlüssen deutlich.[76]

Spezifischer an grenzüberschreitenden Medienereignissen scheint der enge Ereigniszusammenhang. Er erzeugt nicht nur den Eindruck von transnationaler oder auch globaler Simultanität, hieraus ergibt sich auch eine spezifische Dynamik, die sich narrativ niederschlägt. Häufig sind Semantiken von „Plötzlichkeit" oder von „Anfang und Ende" anzutreffen.[77] Auch die Bedeutung von genuinen Medienlogiken tritt bei der Herstellung von internationalen „Ereignisses" besonders hervor. So berichtete die europäische Presse nach dem Untergang der Titanic 1912 nicht nur dicht über die internationalen Beileidsbekundungen und den gegenseitigen Dank dafür, sondern brachte auch Berichte über Berichte in der ausländischen Presse. Die Medien beobachteten sich selbst, machten Meldungen selbst zur Meldung und steigerten dadurch die Bedeutung des Geschehens nur weiter.[78] Die aktive Seite der Medien bei der „Produktion" von Aufmerksamkeit bzw. transnationalen Öffentlichkeiten wird hier besonders deutlich. Schließlich liegt im Momenthaften der Medien-

---

und Gegenrevolution, in: ders. (Hrsg.), Demokratiebewegung und Revolution 1847 bis 1849. Karlsruhe 1998, S. 11–35; *Georg Maag* u. a. (Hrsg.), Der Krimkrieg als erster europäischer Medienkrieg. Berlin 2010 sowie zusammenfassend zur europäischen Wahrnehmung und Auswirkung von 1789: *Rolf E. Reichardt*, Das Blut der Freiheit. Französische Revolution und demokratische Kultur. Frankfurt a. M. 2002, S. 257–334 (zuerst 1998).

[73] *Christian Morgner*, Weltereignisse und Massenmedien. Zur Theorie des Weltmedienereignisses. Studien zu John F. Kennedy, Lady Diana und der Titanic. Bielefeld 2009, z. B. S. 227–232.

[74] Hierin unterschieden sich die Geschehnisse in Neapel und Paris 1848. Paris rief europaweit die Erinnerung an 1789 oder 1830 auf. Theoretisch dazu: *Bernhard Peters/Hartmut Weßler*, Transnationale Öffentlichkeiten – analytische Dimensionen, normative Standards, soziokulturelle Produktionsstrukturen, in: Kurt Imhof u. a. (Hrsg.), Demokratie in der Mediengesellschaft. Wiesbaden 2006, S. 125–144, hier S. 129ff.

[75] *Gordon M. Winder*, Imagining world citizenship in the networked newspaper. La Nación reports the assassination at Sarajevo, 1914, in: Historical Social Research 35, 2010, S. 140–166.

[76] *Ingrid Gilcher-Holtey*, Der Transfer zwischen den Studentenbewegungen von 1968 und die Entstehung einer transnationalen Gegenöffentlichkeit, in: Kaelble u. a. (Hrsg.), Transnationale Öffentlichkeiten, S. 303–325.

[77] Ausführlich dazu: *Morgner*, Weltereignisse.

[78] Zu dieser Selbstreferentialität in transnationalen Medienereignissen: *Morgner*, Weltereignisse, z. B. 303 f. und *Lorenz Engell*, Das Mondprogramm. Wie das Fernsehen das größte Ereignis aller Zeiten erzeugte, in: Lenger/Nünning (Hrsg.), Medienereignisse der Moderne, S. 150–171.

ereignisse aber auch die Fragilität der durch sie gebildeten grenzüberschreitenden Öffentlichkeit begründet. Das Ende der Aufmerksamkeit kam häufig schnell, und bis heute haben es transnationale und globale Öffentlichkeiten, wie gesehen, schwer. Dies kann selbst in einem so engen Zusammenhang wie dem deutsch-französischen zu ernüchternden Befunden führen.[79]

4. Fazit

Die Internationale Geschichte verdankt ihre Attraktivität insbesondere drei Momenten: Zunächst bietet sie über nationale Zusammenhänge hinausreichende Erklärungsmöglichkeiten an. Sodann zeigt sie die grundsätzlich hohen Abhängigkeiten bzw. die Zusammenhänge über Ländergrenzen, über Regionen oder Weltteile hinweg. Dieser Aspekt macht sie angesichts der aktuellen Debatten um die Verflechtung der Welt nur noch attraktiver, vermag sie diesen doch eine historische Tiefendimension zu verleihen. Über die Beziehungs- und Verflechtungsstrukturen hinaus vermag die Internationale Geschichte schließlich die Bedeutung und das Ausmaß genuin internationaler Räume auszuloten. Doch zur Vermittlung zwischen Räumen oder Gesellschaften bedarf es der Medien. Im Innern von Staaten und Gesellschaften wiederum bilden sich die Wahrnehmung und das Wissen über die Welt zu einem beträchtlichen Maß in öffentlichen Debatten darüber aus. Öffentlichkeiten prägen damit auch Handlungsmuster nach innen – und eben auch nach außen. Viele dieser Momente gelten für die Neueste Geschichte in besonderer Weise. 19., 20. und beginnende 21. Jahrhundert waren medial und hinsichtlich der Geschichte von Öffentlichkeiten von einer hohen Dynamik geprägt. Telegraphie, Radio, Fernsehen und Internet revolutionierten die Medienlandschaft. Neue politische Partizipationsformen veränderten den Zugang, die Gestalt oder die Funktionen von Öffentlichkeiten. Arbeiten zur Internationalen Geschichte haben dem seit längerem Rechnung getragen. Sowohl was die Verbindung von Internationalen Beziehungen und Öffentlichkeit als auch die Ausbildung von globalen, trans- oder internationalen Öffentlichkeiten sowie die Transnationalisierung von deren nationalen Ausprägungen anbelangt, liegen zahlreiche Forschungen vor. Auch der, angesichts der spezifischen Logiken von Öffentlichkeiten, so wichtige Anschluss zur Medien- oder Kommunikationsgeschichte wird inzwischen regelmäßig hergestellt. Medien und Öffentlichkeit werden in ihrer funktionalen wie in ihrer wirklichkeitskonstituierenden Dimension für die Internationale Geschichte untersucht. Es bleibt aber auch noch einiges zu tun. Am auffälligsten ist die bisherige Do-

---

[79] *Guido Thiemeyer*, „Maastricht" in der öffentlichen Debatte – Eine deutsche und eine französische Diskussion?, in: Dietmar Hüser/Jean-François Eck (Hrsg.), Medien – Debatten – Öffentlichkeiten in Deutschland und Frankreich im 19. und 20. Jahrhundert. Stuttgart 2011, S. 307-320.

minanz von Arbeiten mit einer mittleren Reichweite der Erklärung. So sind wir über bestimmte Medienereignisse, über die Rolle der Medien in einzelnen außenpolitischen Zusammenhängen oder über regional oder zeitlich begrenzte Formationen transnationaler Öffentlichkeiten ganz gut informiert. Was fehlt, sind in vielen Fällen Synthesen, die versuchen, die Beobachtungen zu einzelnen Epochen, einzelnen Medienereignissen oder bestimmten Regionen zusammenzuführen und zu einer Geschichte der Öffentlichkeit und der internationalen Beziehungen, zu einem diachronen Vergleich von transnationalen Medienereignissen oder zu einer Geschichte der Weltöffentlichkeit in der Moderne zu verdichten. Es bleibt aber auch noch Detailarbeit zu leisten. Wie genau bestimmte Außenpolitiker mit der Öffentlichkeit umgingen, wie genau außenpolitische und mediale Logiken zusammenwirkten, wie genau bestimmte Bilder und Filme in unterschiedlichen Kommunikationsräumen aufgenommen wurden, wie genau sich ein und dieselbe Nachricht überall auf der Welt verbreitete, darüber wissen wir einiges, aber noch längst nicht genug.

Madeleine Herren
Netzwerke

1. Einleitung: Bronislaw und die „Welt von morgen"[1]

In der gespannten politischen Lage der späten dreißiger Jahre luden die Vereinigten Staaten zu einer Weltausstellung ein, die 1939 unter dem Motto „The World of Tomorrow" in New York eröffnet wurde. Unter den Ausstellern mit eigenem Pavillon befand sich auch der Völkerbund, dessen Beamte sich mit dem Ausstellungskonzept schwer taten. Schließlich beschlossen sie, in New York nicht die offensichtlich gescheiterte Mission der Friedenssicherung in den Vordergrund zu stellen, sondern einen Völkerbund zu präsentieren, der ein dichtes Netz von technischen Kooperationen unterhielt. In den wenig benutzten Völkerbundakten zum Weltausstellungspavillon lassen sich die damaligen Überlegungen zur Darstellung technischer Kooperationen gut nachvollziehen. Der Aktenbestand hält allerdings auch unerwartetes Material bereit: Zwischen global standardisierten Medikamentenbeschreibungen, globalen Aktionen zur Seuchen- und Drogenbekämpfung, den großzügigen Darstellungen von sozialpolitischen Abkommen und der Präsentation von Maßnahmen zur weltweiten Koordination von Technik und Verkehr,[2] liegt ein einzelnes Blatt, angeheftet das Foto eines frühzeitig gealterten Mannes in ziviler Kleidung und militärischer Haltung, die Arme auf dem Rücken gekreuzt. Das Blatt trägt den Titel „Case History of Mr. Bronislaw". Das Blatt erzählt eine anonymisierte, auf den Vornamen reduzierte Biographie eines Mannes, der 1905 in Sankt Petersburg geboren wurde. Folgen wir diesen Angaben, so zog Bronislaw im Alter von fünfzehn Jahren nach Polen und reiste mit sechzehn auf der Suche nach Arbeit nach Deutschland. 1924 setzte sich Bronislaws grenzüberschreitendes Leben unter den erschwerten Bedingungen der nun weltweit eingeforderten Ausweise und Visa fort. Die Quelle berichtet, dass Belgien den ‚sans papier' nach Frankreich auswies, eine internationale Flüchtlingsorganisation ihm aber eine Rückkehr nach Polen zur Beschaffung von Geburtsurkunde und Identitätskarte ermöglichte. 1926 zurückgekehrt nach Frankreich, lieferte Bronislaw wenig später den nächsten Ausweisungsgrund. Er wurde nach den vorliegenden Angaben krank, damit arm und verlor seinen Wohnsitz. Diesmal erfolgte eine Ausweisung nach Spanien. Die spanischen und französischen Behörden schoben Bronislaw 1931 nach der Darstel-

---

[1] Der Artikel wurde durch die großzügige Einladung der Universität Genf ermöglicht. Ich bedanke mich sehr herzlich beim Maison de l'Histoire, bei den Genfer Kollegen und Kolleginnen, den Studierenden und Assistierenden, und den Kollegen in den Archiven des Völkerbunds und des Internationalen Komitees vom Roten Kreuz für kritische Diskussionen und freundliche Unterstützung.
[2] League of Nations Archives, UNOG, COL 188: Bulky documents and enclosures.

lung dieser Quelle nicht weniger als dreimal über die gemeinsame Grenze, bis Spanien einen Aufenthalt erlaubte und Bronislaw in einem Hotel als Dolmetscher arbeiten ließ. Doch fünf Jahre später brach der spanische Bürgerkrieg aus, die Flucht über die französische Grenze misslang, ein erneuter Versuch, zu Fuß von Frankreich über die Schweiz nach Österreich zu gelangen, endete erst in Lausanne, dann in Luzern und schließlich in einem österreichischen Gefängnis. Von dort brachten die österreichischen Behörden Bronislaw 1937 zur italienischen Grenze. Der Grenzübertritt führte direkt in ein italienisches Gefängnis und zog in der Folge mehrere Festnahmen an der italienisch-französischen Grenze nach sich. Bronislaws Biographie endet im Dezember 1938 und schließt mit der Bemerkung, dass Bronislaw weiterhin dazu verurteilt sei, von Land zu Land und von Gefängnis zu Gefängnis zu wandern.[3]

Es gibt keinen Hinweis, weshalb Bronislaws Biographie in diesem Aktenbestand abgelegt wurde und wer sie verfasst hatte. Die Deutung, dass die Geschichte zur Dokumentation der vom Völkerbund unterstützten Flüchtlingshilfe gedacht war, ergibt wenig Sinn, der Zeitpunkt wäre denkbar schlecht. Bronislaw passte weder in die Kategorisierung der Flüchtlinge noch der Migranten. Er hatte offenbar polnische Papiere, war damit 1938 (noch) nicht staatenlos, und es gibt keinen Grund, Bronislaw unter die jüdischen Flüchtlinge und die politisch Verfolgten zu zählen. Aus der Logik der technischen Kooperation hätten internationale Organisationen die fehlenden nationalen Regelungen ersetzen und Bronislaws Fall aufhalten müssen. Doch für ihn passten weder die über die Flüchtlingsorganisation des Völkerbunds eingeführten Nansen-Pässe, noch waren Flüchtlingsorganisationen oder das Rote Kreuz für ihn zuständig. Sollten die Völkerbundbeamten versucht haben, das neue Profil der technischen Kooperation nicht nur als grenzübergreifende Beziehungsnetze zwischen Programmen und Institutionen vorzustellen, waren sie jedenfalls mit Bronislaws Biographie an eine Grenze gestoßen, die netzwerktheoretische Überlegungen bis heute beschäftigt: Wer fällt zwischen die Maschen des Netzes, und wer kann sich der grenzübergreifenden Beziehungen bedienen? Sind Netzwerke letztendlich nur auf Eliten ausgerichtet und der Völkerbundpavillon Selbstdarstellung seiner weltweit tätigen Experten? Allerdings gilt auch der Umkehrschluss: Erst die Konzeptualisierung von Netzwerken macht die Leere zwischen den Maschen greifbar, ohne farbige Erfolgsstatistiken und Völkerbundpavillon ist keine Erinnerung an Bronislaw möglich. Kritisch gegengelesen, öffnen Netzwerke daher nicht nur neue historiographische Optionen, die in der Berücksichtigung bislang unterbewerteter grenzübergreifender Beziehungen bestehen. Es wäre zu wünschen, dass der deutliche Hinweis auf die Leere zwischen den Maschen des Netzes eine „internationale Geschichte von unten" zu initiieren vermag. Ob mit dieser Erweiterung die disziplinäre Spezifizierung ‚Internationale Geschichte' noch angebracht ist, oder ob diese in einer globalen Sozialgeschichte aufgelöst wird?

---

[3] Case History of Mr. Bronislaw – nicht unterz. o. D. League of Nations Archives, COL 188.

Walter Benjamins zeitgenössische Aufforderung, die historische Konstruktion „dem Gedächtnis der Namenlosen" zu widmen[4], öffnet im globalen 21. Jahrhundert eine überaus sinnvolle Erweiterung der Internationalen Geschichte und bestätigt letztendlich das innovative Potential eines Netzwerkansatzes, der breit konzipiert ist und Beziehungsmuster jenseits von hierarchisierten Zentren erlaubt. Allerdings ist ein Vorbehalt anzubringen. Bronislaw und die „Welt von morgen" bestätigen zwar die Existenz von Verbindungen, die als Netzwerke zu beschreiben sind. Ein Erkenntnisgewinn wird aber nur zu erreichen sein, wenn es gelingt, den Begriff der Netzwerke von einer deskriptiven in eine analytische Kategorie umzubauen. Historiographisch operationalisierbar sind Netzwerktheorien dann, wenn sie Verbindungen nachzeichnen und diese in ihren historischen, sozialen und politischen Konsequenzen aufzeigen, wenn sie neben der Breite der Verknüpfungen historischen Wandel dokumentieren – und wenn die Leere zwischen den Maschen mit einer Geschichte aufgefüllt werden kann, welche neben den Bronislaws weitere bislang unberücksichtigte Akteure einbezieht. Die hier vorgestellten Überlegungen messen den intellektuellen Mehrwert netzwerkbezogener Ansätze daher am analytischen Zugang zur Vielfalt grenzübergreifender Verflechtungen und deren Interaktionen am Beispiel des Völkerbunds. Netzwerke sind dabei global und translokal gedacht. Sie verbinden Genf, New Delhi und Shanghai, vernetzen Personen, Institutionen und dynamische Informationsflüsse mit dem Ziel, neue Einsichten in die dreißiger und vierziger Jahre des 20. Jahrhunderts zu gewinnen.

2. Netzwerke: *datascape* und internationale Beziehungen

Netzwerke teilen die Doppeldeutigkeit vieler historischer Kernbegriffe, sie sind analytisches Instrument und zeitgenössisches Programm zugleich. Ihr Nachweis wird in zu spezifizierenden technischen Apparaturen und in der zunehmenden Bedeutung von Kommunikationstechnologien greifbar, aber auch im dumpfen Einverständnis, dass alles mit allem wohl nicht erst im globalisierten 21. Jahrhundert zusammenhängt.

Für Historiker und Historikerinnen ist die unterdessen gut dokumentierte Vorstellung von Netzwerken[5] kein neutrales Seziermesser, dessen Schärfe bislang unentdeckte Nervenstränge zum Vorschein bringt – Netzwerke sind gelegentlich eine historiographische Obszönität. Sie verhindern die Spezifizierung klar begrenzter Entitäten – den Staat, die Gesellschaft, das Individuum –, sie machen Vergleiche zumindest in ihrer sozialwissenschaftlich etablierten Form unmöglich, da Netzwerke als Beziehungsgeflechte analysiert werden müssen.

---

[4] *Walter Benjamin*, Gesammelte Schriften I, S. 1241.
[5] Für eine Übersicht vgl. *Claire Lemercier*, Analyse de Réseaux et Histoire, in: Revue d'Histoire Moderne et Contemporaine, 52/2, 2005, S. 88–112, http://www.cairn.info/revue-d-histoire-moderne-et-contemporaine-2005-2-page-88.htm.

Sie widersprechen normativen Funktionszuweisungen und sind in ihrer Anwendung auf die internationale Politik ebenso problematisch wie schwer auf konventionelle Diplomatiegeschichte zu übertragen, da diese auf einem Konsens über die Grenzen internationalen staatlichen Handelns aufbaut. Sie widerstreben den kulturwissenschaftlich gewonnenen Ansätzen von Performativität und Visualisierung: Netzwerke haben keine Hymnen, Fahnen und Uniformen, keine anerkannten Herrschaftszeichen, keine besonderen Landschaften, keine musealen Strategien der Erinnerungspolitik. Während sich die Geschichte der Nation und des Individuums erzählen und bebildern lässt, bleibt eine netzwerkorientierte Meistererzählung in blutleerer Abstraktion gefangen. Kein „raunendes Imperfekt" für Netzwerke, obwohl diese keineswegs auf moderne Kommunikationstechnologien beschränkt sind. Schlimmer noch, die Vervielfältigung von Akteuren verwischt politische Verantwortlichkeiten und lädt zu Verflechtungsgeschichten jenseits deontologischer Verantwortlichkeiten ein. Und schließlich bestätigt Bronislaws trauriges Schicksal den misstrauischen Umgang mit Netzwerken – zwar gibt es, wie Latour festhält, keinen Zweifel, dass „aiport corridors" für Reisende nützlich sind – „great for travelling, communiting and connecting, but not to live."[6]

Dieser langen Liste von möglichen Bedenken steht die nicht minder eindeutige Erkenntnis entgegen, dass grenzübergreifende Netzwerke eine unübersehbare Präsenz besitzen. Die Pavillons der Weltausstellungen wurden zwar in den meisten Fällen abgebrochen, doch die urbane Struktur von Paris etwa blieb dennoch nachhaltig von diesen Bauten geprägt. Eine ähnliche Erfahrung der sich bislang historiographischen Kategorien der internationalen Geschichte entziehenden, aber dennoch offensichtlichen Präsenz grenzübergreifender Netzwerke wird jedem Besucher von Friedhöfen deutlich, welche einer nicht ortsüblichen Religion oder Konfession angehören.[7]

Netzwerke: Definitionen und historische Umsetzung

Marc Casson bezeichnet Netzwerke als „emerging paradigm for economic and social history" und verweist auf die interdisziplinäre Verwendung des Netzwerkbegriffes, der weder auf die Geistes- noch auf die Sozialwissenschaften begrenzt ist und Mathematik wie Physik einbezieht.[8] Die multidisziplinä-

---

6   *Bruno Latour*, Networks, Societies, Spheres, Reflections of an Actor-Network Theorist, in: International Journal of Communication 5, 2011, S. 800. (http://ijoc.org/ojs/index.php/ijoc/article/view/1094/558).
7   Zwei Beispiele von vielen seien hier aufgeführt: Zum einen die letzte Ruhestätte der chinesischen Teilnehmer am Ersten Weltkrieg im 800 Seelen Dorf Noyelles-sur-Mer, zum anderen den jüdischen Friedhof von Veyrier, Genf, bei dem sich die Staatsgrenze zwischen den Gräbern durchzieht.
8   *Mark Casson*, Networks in Economic and Business History: A Theoretical Perspective, in: Andreas Gestrich/Margrit Schulte Beerbuehl, Cosmopolitan Networks in Commerce and Society 1660–1914 (German Historical Institute London, Bulletin Supplement Nr. 2). London 2011, S. 17–49.

re Präsenz führt entweder zu einer Vielzahl von Definitionen oder zu solchen mit einem hohen Abstraktionsgrad, wie etwa die von Castells vorgeschlagene Definition „A network is a set of interconnected nodes. A node is the point at which a curve intersects itself."[9] Netzwerkansätze teilen folgende Merkmale: Sie stellen Beziehungsmuster ins Zentrum der wissenschaftlichen Untersuchungen und wenden sich damit gegen struktur- und modellorientierte sowie gegen hierarchisierende Ansätze. *Social network analysis* hat sich insbesondere in der (amerikanischen) Soziologie zu einem Forschungsdesign ausgeprägt, das eine relationale Soziologie entwirft und statt Einheiten wie Gruppen, Parteien, Staaten Beziehungsmuster zwischen Akteuren untersucht. Die Knoten im Netz wären demnach Akteure, das Netz die sie verbindenden Beziehungen. Als verwandte Bereiche und Konzepte werden Globalisierungsvorstellungen (Netzwerke mit globaler Reichweite), Kosmopoliten und Migranten als netzwerk-generierende Akteure dargestellt. Netzwerkanalysen untersuchen die jeweiligen Beziehungsmuster nach unterschiedlichen Kategorien, welche die Dichte der Verknüpfungen, die Reichweite und Positionierung berücksichtigen. Diese Faktoren sollen die Bedeutung der Knoten im Netz und deren Fähigkeit zur Clusterbildung messen. Spezielle Software kann solche Berechnungen leisten und darüber hinaus Beziehungsmuster visualisieren.[10] Obwohl Netzwerktheoretiker wie Manuel Castells Netzwerke an die Existenz von Informationstechnologien des digitalen Zeitalters knüpfen, lokalisieren Historiker die Ausprägung von Netzwerken als Merkmal des 19. Jahrhunderts. Jürgen Osterhammel sieht in der Zeit zwischen 1850 und 1914 eine „Periode beispielloser Netzwerkbildung"[11] und weist diese Feststellung mit kolonialer Herrschaft, der Bedeutung von Migration sowie der spezifischen Ausprägung von Verkehr, Kommunikationstechnologien, Handels- und Finanzbeziehungen nach. Netzwerke erlauben zumindest im Rahmen der Globalgeschichte grenzübergreifende Beziehungsmuster außerhalb historiographischer Ordnungsvorstellungen analytisch fassbar oder zumindest deren „methodischen Nationalismus" sichtbar zu machen.[12] Der für historiographische Überlegungen wohl bedeutendste netzwerktheoretische Ansatz wird derzeit vom französischen Soziologen Bruno Latour entwickelt.[13] Die mit diesem Autor verbundene *Actor-Network-Theory* bereitet zwar aus einer historiographischen Per-

---

[9] Zit nach: *Felix Stalder,* Manuel Castells. Cambridge 2008, S. 169.

[10] So stellt die Datenbank LONSEA für die Zeit zwischen 1919 und 1946 Informationen bereit, welche internationale Organisationen, die dafür tätigen Personen und die lokale Präsenz solcher Institutionen verbinden. http://www.lonsea.de/. Vgl. *Christiane Sibille,* LONSEA – Der Völkerbund in neuer Sicht. Eine Netzwerkanalyse zur Geschichte internationaler Organisationen, in: Zeithistorische Forschungen/Studies in Contemporary History, Online-Ausgabe 8/3, 2011, http://www.zeithistorische-forschungen.de/16126041-Sibille-3-2011.

[11] *Jürgen Osterhammel,* Die Verwandlung der Welt (hier: Netze: Reichweite, Dichte, Löcher). München 2009, S. 1011.

[12] *Daniel Chernilo,* A Social Theory of the Nation State. The Political Forms of Modernity beyond Methodological Nationalism. Milton Park 2007.

[13] *Bruno Latour,* Eine neue Soziologie für eine neue Gesellschaft. Frankfurt a. M. 2010.

spektive zuweilen kaum zu überbrückende methodische Schwierigkeiten – aber klärt auf der anderen Seite die neuen Rahmenbedingungen für sozial- und geisteswissenschaftliche Forschung im digitalen Zeitalter. Denken in Netzwerken ist aus dieser Sicht eine aus historischer Perspektive höchst bedeutende Auseinandersetzung mit der Verfügbarkeit und Lokalisierung von Information und deren Transformation in Wissen. Latour geht dabei so weit, die für die Soziologie seit zweihundert Jahren prägende Auseinandersetzung um Individuum und Gesellschaft als schlichte Konsequenz fehlender Daten zur Entwicklung von Kollektiven zu bezeichnen: „We have the social theory of our datascape. If you change this datascape you have to change the social theory."[14] Diese Feststellung gilt für die Internationale Geschichte nicht minder.

Internationale Organisationen, auf den ersten Blick als Institutionalisierung grenzübergreifender Netzwerke nahezu ideale Akteure, sind vor 1945 nur marginal archivalisch greifbar. Selbst nach dem Zweiten Weltkrieg beschränkt sich der *datascape* auf zwischenstaatliche Organisationen der UN-Familie. Zu internationalen zivilgesellschaftlichen Organisationen sind Informationen immer noch schwierig zu finden.[15] Nun mögen in der Tat neue Informationstechnologien verstreutes Material in einer Weise zugänglich machen, die nachgerade eine methodische Vorbedingung zur Beschäftigung mit Netzwerken darstellt. Information ist aber für Historiker und Historikerinnen nach wie vor eine an Institutionen und Personen gebundene Kategorie. Wenn wir Latours Vorschlag folgen, ist jedoch „jedes Ding, das eine gegebene Situation verändert"[16] ein Akteur, also auch Viren oder grenzübergreifend gehandelte Objekte.

Bruchstellen, Grenzen, transkulturelle Austauschprozesse

Netzwerktheorien erlauben also, Beziehungsmuster ins Zentrum einer innovativen internationalen Geschichte zu stellen. Einsichten sind zu erwarten, wenn grenzübergreifende Beziehungen breit gefasst und deren institutionelle Begrenzungen eher als stets herausgeforderte Intention denn als Zustandsbeschreibung verstanden werden. Um solche Muster zu denken, braucht es im doppelten Sinne eine räumliche Dimension:

Erstens kontrastieren grenzübergreifende internationale Beziehungen staatlich fundierte Strukturen. Zwischenstaatliche Politik ist Herrschaftswissen und mit Mechanismen der Geheimhaltung versehen. Solche Elemente leisteten trotz Parlamentarisierung bemerkenswert lange Widerstand gegen vertikale Einflüsse. Ebenso blieben die Vertreter der Diplomatie selbst unter republikanischen Regimen an aristokratische Netzwerke gebunden – Arno Mayers

---

[14] *Latour*, Networks, S. 802.
[15] S. dazu http://www.unesco.org/archives/sio/Eng/.
[16] *Latour*, Soziologie, S. 123.

These von der Dauerhaftigkeit des *Ancien Régime*[17] hat auch dreißig Jahre nach der Publikation nichts von ihrer Bedeutung verloren. Wenn Denken in Netzwerken erfolgreich sein sollte, so sind die Bruchstellen und die Durchlässigkeit behaupteter staatlicher Infrastrukturen ein verlässliches Mittel diese nachzuweisen. Netzwerke sollten also mit dem historiographisch gut etablierten Begriff der Grenzen verbunden werden.[18] Reaktionen auf Grenzüberschreitungen produzieren Quellen und diese erlauben zumindest indirekt die Spuren von Vernetzungen nachzuweisen. Vor allzu einfachen Schlüssen sollte man sich dagegen hüten. Wenn wir fortan Macht vom Grad grenzübergreifender Verknüpfungen ableiten, würde die Weltausstellung von 1939 bedeutender als das Münchner Abkommen und Bronislaw hätte mehr zwischenstaatliche Kontakte aufzuweisen als Chamberlain.

Zweitens haben sich Informationsflüsse seit der Durchsetzung der Telegrafie immer mehr entmaterialisiert[19], sind aber dennoch nicht ohne räumliche Dimension zu denken. Die Verbindungen und Verknüpfungen zwischen den Knoten im Netz sind nicht linear, sie nehmen nicht immer den kürzesten Weg und sie weisen Räumen Bedeutung zu.[20] Die Örtlichkeit von Netzwerken ist aus der Perspektive einer Internationalen Geschichte von besonderer Bedeutung. Dieser Ebene wird eine spezifische Eigenständigkeit zugewiesen. Transkulturelle Austauschprozesse sind also keine Beziehungen, die von (a) nach (b) verlaufen, sondern dichte Verflechtungen mit regionaler und globaler Verortung und translokaler Präsenz.[21] Diese Annahmen erlauben behauptete und nachweisbare globale Zentren zu spezifizieren und zumindest die behauptete Dominanz Europas im Netz kritisch gegenzulesen.

Die beiden Feststellungen bedeuten *drittens*, dass sich die Anwendung von Netzwerktheorien auf die internationalen Beziehungen vor dem Narrativ der Modernisierung zu hüten hat. Zwar sind Kommunikationstechnologien wie Telegraphenstationen, Radiosender, Autos, Flughäfen und Kinos netzwerkrelevante Merkmale von Modernisierung und schrumpfender Distanzen. Doch deren Gebrauch folgt nicht auf jeder Ebene dem angenommenen Modernisie-

---

[17] *Arno Mayer,* The Persistence of the Old Regime: Europe to the Great War. New York 1981.
[18] Dabei seien auch borders, frontiers, die Debatten um Grenzen als Zonen und Übergänge einbezogen. Vgl. *Osterhammel,* Verwandlung der Welt Kap. VII, Frontiers: Unterwerfung des Raumes und Angriff auf nomadisches Leben, S. 465 ff.
[19] *Roland Wenzlhuemer,* The Dematerialization of Communication: Communication Centres and Peripheries in Europe and the World, 1850–1920, in: Journal of Global History 2, 2007, S. 345–372.
[20] Dieser Aspekt wird für den Bereich der Kommunikationstechnologien zusehends berücksichtigt. Vgl. *Roland Wenzlhuemer,* Connecting the Nineteenth-Century World: The Telegraph and Globalization. Cambridge 2012 (im Erscheinen).
[21] Zur räumlichen Verortung und zum Konzept der Transkulturalität vgl. *Arjun Appadurai,* How Histories Make Geographies, in: Transcultural Studies, 1, 2010, http://archiv.ub.uni-heidelberg.de/ojs/index.php/transcultural/article/view/6129. *Ulrike Freitag,* Translokalität als ein Zugang zur Geschichte globaler Verflechtungen, in: H-Soz-u-Kult, 10.06.2005, http://hsozkult.geschichte.hu-berlin.de/forum/2005-06-001. *Madeleine Herren, Martin Rüesch, Christiane Sibille,* Transcultural History. Berlin 2012 (im Erscheinen).

rungsgefälle. Die globale Verbreitung der indischen Presse ist im Vergleich zu Diplomatie und Außenpolitik keine Form der aufholenden Modernisierung. Kommunikationstechnologien wurden keineswegs schnell, automatisch und problemlos von Diplomaten und Außenministerien übernommen. Der neue, moderne und mobile Mensch der zwanziger Jahre war in den traditionsreichen Außenministerien von Paris und London selten zu finden. Diplomaten gehören nicht zu den rastlos Reisenden, sondern zu jenen, die unter der Ausnahmeregelung der Exterritorialität London in Afrika simulierten. Die Nutzung von Kommunikationstechnologien zum Zweck der Propaganda war – zumindest in Europa – nicht den Außenministerien zugewiesen. Netzwerke sind demnach als dichte Beziehungsmuster auch innerhalb etablierter Systeme Zonen labiler Spannungen, die gelegentlich in unerwarteten Kontexten aufbrachen. Die Frage, ob Frauen in die Diplomatie eintreten sollten, macht eine Bruchlinie zwischen traditioneller außenpolitischer Repräsentation und Modernisierung der Informationsvermittlung sichtbar: Die Gewährung politischer Rechte und die Feminisierung der Arbeit mit Kommunikationstechnologien sprach dafür, doch die großen europäischen Außenministerien entschieden dagegen. In dieser Hinsicht wurden sie von neugegründeten Staaten überholt.[22]

Als analytisches Instrument werden Vorstellungen von Netzwerken wohl am besten als die von Carol Gluck vorgeschlagenen „Überblendungen" zu verstehen sein.[23] Diese lassen die Möglichkeit eines schichtenweisen Vorgehens offen und ermöglichen Aussagen über die Bedeutung von Grenzräumen, ohne zum Narrativ einer fortschrittsgerichteten Modernisierung greifen zu müssen. War bislang im Bereich der Internationalen Geschichte zu wenig vom Einfluss des Medienwandels und von Visualisierungen die Rede, so wird man sich vor der gegenteiligen Gefahr ebenfalls hüten müssen – schöne Standbilder vielfach vernetzter Clouds haben ebenfalls eine begrenzte Aussagekraft.

3. „Universality is now fully *localizable*". Die Territorialität von Netzwerken und deren Nachweis in den späten dreißiger Jahren

Latour weist Netzwerken eine räumliche Existenz zu, die sogar eine universale Dimension einnimmt.[24] Auf den ersten Blick trifft dieser Ansatz die versuchte Neuordnung der Welt nach dem Ersten Weltkrieg verblüffend gut. Woodrow Wilson und Leo Trotzky hatten aus ideologisch entgegen gesetzter Richtung

---

[22] Die wohl berühmteste Diplomatin der Zwischenkriegszeit war die sowjetische Diplomatin Alexandra Kollontai. *Madeleine Herren*, Die Liaison. Gender und Globalisierung in der internationalen Politik, in: E. Schöck-Quinteros/A.Schüler/A.Wilmers (Hrsg.), Politische Netzwerkerinnen. Internationale Zusammenarbeit von Frauen 1830–1960. Berlin 2007, S. 183–204.
[23] *Carol Gluck*, The End of Elsewhere: Writing Modernity Now, in: AHR 116/3, 2011, S. 676–687.
[24] *Latour*, Networks, S. 802: „Thanks to the notion of networks, universality is now fully *localizable*."

das Ende der klassischen Diplomatie herbeigeführt. Wilson hatte mit dem Ziel einer Abkehr vom Europäischen Konzert eine *open diplomacy* eingefordert und damit die internationale Zivilgesellschaft zum Akteur im internationalen System bestellt. Trotzky hatte die zaristischen Archive geöffnet und den Arkanbereich der Geheimdiplomatie der zivilen Öffentlichkeit preisgegeben. Selbst im British Empire hatten die Folgen des Ersten Weltkriegs die asymmetrische Machtverteilung zwischen Zentrum und Peripherie so weit unterspült, dass die Dominions und Indien Mitglieder des neu geschaffenen Völkerbunds wurden. Und obwohl dieser Völkerbund als Idee nicht neu und sein Erfolg begrenzt war, gibt es gute Gründe, dieser internationalen Organisation eine paradigmatische Rolle bei der Neukalibrierung der internationalen Beziehungen zuzugestehen.[25] Der Völkerbund lässt sich aus netzwerktheoretischer Sicht als Beispiel dafür analysieren, mit welchen Konsequenzen und Schwierigkeiten sich etablierte und eurozentrische Formen zwischenstaatlicher Kommunikation mit unübersichtlichen, vielschichtigen Netzwerken auseinandersetzten, deren Akteure mit gutem Grund eine Partizipation an einem „internationalen System" behaupten konnten. In dem hier diskutierten Fall ist die Feststellung zentral, dass sich die Anzahl der Mitgliedstaaten im internationalen System des Völkerbunds zwar ständig verringerte, die grenzübergreifenden Beziehungsmuster sich aber global erweiterten, verdichteten und sogar jene einschlossen, die formal nicht oder nicht mehr zu den Mitgliedstaaten des Völkerbunds gehörten. Belege für diese These sind leicht zu finden: Der Nichtmitgliedstaat USA war in den vielen technischen Kommissionen des Völkerbunds vertreten und übernahm sogar politische Mandate.[26] Die gleiche Strategie pragmatischer Partizipation bei formaler Abwesenheit befolgten auch jene Staaten, die aus dem Völkerbund austraten. Japan blieb 1933 nach der dramatischen Austrittserklärung dennoch Mandatsmacht.

Das Konzept der technischen Kooperation

Im Auftrag der Generalversammlung untersuchte eine Völkerbundkommission unter der Leitung des australischen Politikers Stanley Bruce die Möglichkeiten der technischen Kooperation und legte 1939 einen Bericht vor. Der Bruce Report entwickelte aus dem Konzept der technischen Kooperation ein Programm, das die Akteure des Völkerbunds substantiell erweiterte. Die bereits bestehende Kooperation von Nichtmitgliedsländern wurde in diesem Bericht offizialisiert, die internationalen Organisationen besser einbezogen und die Schaffung eines *Central Committee for Economic and Social Questions*

---

[25] Zur derzeitigen Renaissance des Völkerbunds als Forschungsgegenstand und die unterschiedlichen daran beteiligten Institutionen vgl. http://www.leagueofnationshistory.org/weblinks.shtml. Zu einer ausführlichen Bibliographie der Völkerbundliteratur vgl. http://www.lonsea.de/.

[26] Als der Völkerbund 1931 nach dem japanischen Angriff auf chinesisches Territorium eine Untersuchungskommission bestellte, vertrat in dieser Lytton Kommission General Frank Ross McCoy die Vereinigten Staaten.

vorgeschlagen. Die zeitgenössische Völkerbundliteratur war sich sowohl der politischen Auswirkungen als auch des Widerspruchs bewusst, durch technische Kooperation die Teilnahme formal Abwesender zu ermöglichen.[27]

Die analytische Differenz zwischen einer netzwerkbezogenen Interpretation und der bisherigen Würdigung des Bruce-Reports liegt in der Zuweisung eines unterschiedlichen Zeithorizonts. Letztere beschränkt dessen Bedeutung auf eine weitsichtige Vorwegnahme des Sozial- und Wirtschaftsrats der Vereinten Nationen[28] oder sieht ihn als verpasste Chance eines durch den Ausbruch des Weltkriegs hinfällig gewordenen Plans.[29] In neuer Interpretation ist der Report eine Legitimation faktisch bestehender, institutionen- und themenübergreifender Beziehungen, deren territoriale Verortung sich von den bisherigen politischen Zielsetzungen des Völkerbunds grundsätzlich unterschied.

Friedenssicherung und Abrüstung waren Fragen, die der Völkerbund bislang mit den europäischen Kabinetten auszuhandeln hatte; selbst die bereits wesentlich globaler angelegte kulturelle Kooperation war mit dem *Institut de Coopération intellectuelle* in Paris eng an die französische Regierung gebunden. Die Projekte der technischen Kooperation, also Gesundheitspolitik, Seuchen- und Drogenbekämpfung, sozialpolitische Maßnahmen gegen Kinder- und Frauenhandel, Katastrophenhilfe, Agrarpolitik[30], fanden allerdings vornehmlich in Asien statt.[31] Die Nutzung von Netzwerken als analytisches Instrument ermöglicht eine Fragestellung, welche den als technische Kooperation beschriebenen komplexen Beziehungsmustern Einflüsse auf die internationale Politik zugesteht. Statt also von deren regionalen Auswirkungen auszugehen, wird nach der Territorialität der Informationsflüsse gefragt, die Verbindung von lokaler und internationaler Politik untersucht. Die Fragestellung „provinzialisiert" also die bislang primär berücksichtigten Genfer Informationskanäle und stellt diesen die Aktivitäten regionaler Völkerbundvertretungen gegenüber.

„Secondary importance"? Der Streit um die Bedeutung einer regionalen Völkerbundvertretung

Das Völkerbundsekretariat wurde durch eine Reihe von freiberuflichen Korrespondenten und durch sogenannte *Liaison Offices* mit Informationen ver-

---

[27] *Arthur Sweetser*, The Non-political Achievements of the League, in: Foreign Affairs 19/1, 1940, S. 179–192.
[28] Benjamin Gerig, Associated Chief Division of International Security and Organization, State Department, Washington 30. 4. 1943. League of Nations Archives C 1633.
[29] *Francis P. Walters*, A History of the League of Nations, Bd. 2. London 1952, S. 762.
[30] Vgl. dazu die Mitglieder der League of Nations Social Questions and Opium Section http://www.lonsea.de/pub/org/1213.
[31] Als Beispiel vgl. *Leonard S. Hsu*, Rural Reconstruction in China, in: Pacific Affairs 1073, 1937, S. 249–265. Zur nach wie vor eher unterschätzten Bedeutung der technischen Kooperation in der Völkerbundsgeschichte vgl. *Susan Pedersen*, Back to the League of Nations, in: AHR 112/4, 2007, S. 1091–1117.

sorgt. Ranshofen-Wertheimers offiziöse Darstellung der Völkerbundverwaltung beschränkt die Aufzählung der regionalen Vertretungen auf die Büros in London, Paris, Berlin, Rom und Tokyo.[32] Die Aufgabe dieser Büros bestand ursprünglich darin, in den jeweiligen Ländern die Öffentlichkeit über die Tätigkeit des Völkerbunds zu informieren und über die Haltung der Öffentlichkeit dem Völkerbund gegenüber zu berichten. In den dreißiger Jahren veränderten sich Funktion, Anzahl und Situierung dieser Vertretungen. Es gab nun wesentlich mehr Vertretungen in Asien, die in Maßnahmen zur Seuchenbekämpfung und andere sozialpolitische Projekte eingebunden waren und daher auch nicht mehr in den Kompetenzbereich und das ausschließliche Interesse der *Information Section* fielen. In China gab es Völkerbundorgane in Nangking, in Chongqing, in Kunming und in Hongkong. In Hanoi wurde in den dreißiger Jahren ebenfalls ein Stützpunkt eingerichtet. Diese arbeiteten wiederum mit dem 1925 in Singapur eröffneten *Eastern Epidemiological Intelligence Centre* zusammen. Sparmaßnahmen unterstützten paradoxerweise die Bündelung und Vernetzung dieser sehr unterschiedlich konzipierten Vertretungen. Die Zusammenlegung der Büros der Internationalen Arbeitsorganisation und des Völkerbunds brachte institutionell und thematisch bislang getrennte Bereiche zusammen. Diese Entwicklung ist zumindest für Asien und Lateinamerika festzustellen. In Europa lösten sich dagegen die *Liaison Offices* mit Ausnahme der Vertretung in London auf.

In der Literatur werden diese „Branch" oder „Liaison" Offices nur am Rande erwähnt. Der Völkerbundbeamte und spätere UNO-Mitarbeiter Egon Ranshofen-Wertheimer legte in seiner Verwaltungsgeschichte sogar besonderen Wert darauf, deren Bedeutung klein zu halten. „External activities" dieser Art seien nie „a major feature of the administration" gewesen, im Gegensatz zur Internationalen Arbeitsorganisation hätte der Völkerbund diese Büros niemals „more than secondary importance" zugestanden.[33] Ranshofen-Wertheimer begründete die Zurückhaltung mit der politischen Notwendigkeit, den Mitgliedstaaten gegenüber den Eindruck zu vermeiden, der Völkerbund würde diplomatische Vertretungen einrichten und damit einen staatsähnlichen Status beanspruchen. Allerdings hatte die lokale Presse in den dreißiger Jahren längst das Arbeitsgebiet der indischen Völkerbundvertretung entsprechend beschrieben: Wie eine Hindu Zeitung ausführte, war das Office „an outpost of the Secretariat in Geneva, symbolizing to some extent India's separate membership"[34].

In der Tat entwickelten sich die asiatischen und insbesondere die indischen *Branch offices* in einer Weise, die vom Völkerbundsekretariat weder geplant

---

[32] *Egon F. Ranshofen-Wertheimer*, The International Secretariat. A Great Experiment in International Administration. Washington 1945, S. 187. Das Office in Indien wird in dieser Aufzählung nicht erwähnt.
[33] *Ranshofen-Wertheimer*, International Secretariat, S. 189.
[34] Indian Branch of League, Transfer to Delhi, in: The Statesman 14.12.1937. League of Nations Archives R 5372.

noch erwünscht war. Statt Völkerbundpublikationen zu verbreiten und eine regionale Berichterstattung über den Völkerbund einzurichten, verfolgten die regionalen Vertretungen ein eigenständiges politisches Programm. Damit geraten Akteure in den Blick, die bislang von der Internationalen Geschichte kaum wahrgenommen wurden. Mit der Fokussierung auf formale Kriterien von Souveränität, transnationale Institutionen und internationale Organisationen[35] werden Akteure ausgeblendet, welche offensichtlich präsent aber normativ nicht greifbar sind. Indien, Kolonie und Teil des British Empire und damit formal von der internationalen Politik ausgeschlossen, bietet dazu ein überzeugendes Beispiel. Wider alle Regeln souveräner Repräsentation stand die indische Unterschrift unter dem Versailler Vertrag, Indien war Mitglied des eigentlich auf souveräne Staaten begrenzten Völkerbunds und der ILO.[36] In der hier gewählten Zeitspanne lässt sich aufzeigen, dass keineswegs nur die indische Nationalbewegung den Völkerbund und weitere internationale Organisationen als Hintertür zur Macht nutzte – auch die britische Regierung sorgte in ihren Bemühungen um Kontrolle und Einbindung dafür, dass „Indien" schlussendlich ein Bündel höchst unterschiedlicher Akteure darstellte.

Die bislang vernachlässigten Akten des indischen Regionalbüros sind demnach für eine Fragestellung besonders geeignet, welche die feinen Verästelungen von Beziehungsmustern verfolgt. Netzwerke erlauben dabei die Dichte der Verknüpfungen und die Auflösung der Grenzen zwischen technischer und politischer Kooperation, aber auch zwischen institutionalisierten zwischenstaatlichen Beziehungen und der Eigendynamik einer Repräsentationsrechte einfordernden grenzübergreifend aktiven Zivilgesellschaft zu zeigen. Diese Vielfalt lässt sich als umstrittene, machtpolitisch relevante und kontroverse Situation darstellen – dicht geknüpfte Netzwerke wurden in den dreißiger Jahren aufmerksam verfolgt und selbst von multilateralen Organisationen wie dem Völkerbund als Variante politischer Machtausübung wahrgenommen, der mit den herkömmlichen Instrumenten der internationalen Politik nicht mehr beizukommen war. Der Wandel von kolonialen Machtstrukturen und Abhängigkeitsverhältnissen zu einem komplexen Beziehungsgeflecht wird an einzelnen, scheinbar nicht aufeinander bezogenen Themen sichtbar. Nicht immer handelt es sich dabei um Themen und Ereignisse, die für sich allein betrachtet Bedeutung beanspruchen könnten. Diesen Umstand gilt es methodisch im expliziten Nachweis solcher Verflechtungen zu berücksichtigen und in einem zweiten Schritt die Verknotung der thematischen Fäden zu analysieren.

---

[35] *Madeleine Herren*, Internationale Organisationen seit 1865. Eine Globalgeschichte der internationalen Ordnung. Darmstadt 2009.
[36] Zur Rolle des Wilsonian Internationalism im Prozess der Dekolonisierung vgl. *Erez Manela*, The Wilsonian Moment. Oxford 2007.

Methodische Nachweise von Verflechtungen

Wie aus der Registratur des Aktenumlaufs deutlich wird, begann die Korrespondenz zwischen Völkerbundsekretariat und dem indischen Büro 1937/38 immer weitere Kreise zu ziehen. Die von der Verwaltungsstruktur vorgesehene Adressierung von Nachrichten aus Indien an die *Information Section* und die gelegentlichen Nachfragen der Rechnungsstelle wurden in den späten dreißiger Jahren zusehends überschritten. Kamal Kumar, verschiedentlich bereits in den dreißiger Jahren im *Branch Office* beschäftigt und 1942 zu dessen Leiter bestellt, dokumentierte die Arbeit des Büros in einem beinahe fordistischen Stil. Er legte Wert darauf, dass zwischen 9:30 und 18:30 Uhr dreißig Zeitungen pro Tag bearbeitet wurden. Kumar schickte während des Zweiten Weltkriegs ausführliche Monatsberichte nach Genf, die neben allgemeinen politischen Informationen jeden Besuch des *Indian Office* aufführten, eine Statistik der empfangenen und abgeschickten Briefe enthielten, und haarklein alle Tätigkeiten der Mitarbeiter vorstellten. Als das *Department for General Affairs* des Völkerbunds 1939 erklärte, „scope and variety" der Beziehungen zu Indien sollten erweitert und zu Organisationen mit politischen, wissenschaftlichen und sozialen Zielen einbezogen werden, konzedierte das Sekretariat längst bestehende Tatsachen. Der zuständige Beamte empfahl dem *Branch Office* „being in constant touch with the various conferences, committees and meetings, which take place", doch die Beziehungen zu den unterschiedlichsten Organisationen von der YMCA bis zu den asiatischen Frauenorganisationen waren in Delhi längst umgesetzt worden.[37] Hinter dem Ratschlag aus Genf stand der Versuch, den offensichtlich in Indien festzustellenden politischen und sozialen Aufbruch im Sinne des (britischen) *Government of India* zu unterstützen und zu kanalisieren.

Die internationale Verwaltung in Genf verfolgte in der Tat eine Strategie der Lokalisierung. Das Völkerbundsekretariat hatte aus diesem Grund auch der Verlegung des *Branch Office* von Bombay, dem Verwaltungszentrum Britisch-Indiens, nach New Delhi, dem Zentrum der indischen Nationalbewegung zugestimmt. Das Völkerbundsekretariat finanzierte überdies die Übersetzung von Völkerbundpublikationen in Marathi, Urdu und Hindi.[38] Das Genfer Sekretariat hatte allen Regionalisierungsversuchen zum Trotz ernsthafte Interessen an guten Beziehungen zur indischen Öffentlichkeit. Nachdem in den dreißiger Jahren zahlreiche Staaten den Völkerbund verlassen hatten, drohte auch die indische Nationalbewegung mit dem Austritt Indiens, wenn nicht angesichts des beträchtlichen Mitgliederbeitrags eine

---

[37] A. Waheed, Dept. of General Affairs, an Wilson, Central Section 18. 8. 1939. League of Nations Archives, R 5370.
[38] Pelt and Stencek, 2. 4. 1938, R 5376: „We shall never succeed in reaching numerous class of Indian middleclass newspaper readers unless we can distribute our communiqués and so on in the principal Indian languages. Experience with Marathi and Bengali clearly shows that we ought to use a few more important languages like Urdu and Hindi."

bessere Repräsentation und Vertretung indischer Interessen in Genf gewährleistet sei.[39] Nun war die Instrumentalisierung der indischen Völkerbundmitgliedschaft als Mittel der Auseinandersetzung zwischen den verschiedenen politischen Akteuren in Indien seit den zwanziger Jahren gut etablierte Praxis. Neu war in den dreißiger Jahren die politische Dynamik, welche die offensichtliche Unmöglichkeit einer Regionalisierung solcher Beziehungsmuster mit sich brachte. Dieser Umstand war zum einen der vielfältigen indischen Presselandschaft und deren enger personeller Verbindungen mit dem *Indian Branch Office* geschuldet. Zum anderen begann das westliche Deutungsmonopol internationaler Politik vielfältige Risse und unkontrollierbare Eigendynamiken zu zeigen.

Aga Khan und das globale Jahr 1937

Asien und Europa waren bislang von einer globalen Staatengemeinschaft als getrennte Entitäten betrachtet worden – die Sowjetunion als Nichtmitglied des Völkerbunds hatte bis zu deren Eintritt 1933 eine mögliche Kontaktzone zwischen Asien und Europa zum politischen Niemandsland gemacht. Informationsflüsse waren nicht erst in den dreißiger Jahren global – aber in dieser Zeit reisten Informationen nicht nur, sie brachten auch ihre jeweiligen regionalen Verflechtungen in einer globalen Öffentlichkeit zur Geltung. Auf dieser Plattform spielten bislang ungewohnte Akteure eine zunehmend wichtige Rolle. Dass es sich dabei um eine auch in ihrer Koinzidenz wahrgenommene Veränderung handelt, zeigt das ‚globale' Jahr 1937. In diesem Jahr, in dem in Paris an der Weltausstellung ein faschistischer, ein nationalsozialistischer und ein stalinistischer Pavillon um totalitäre Größe konkurrierten und Picasso sein Bild ‚Guernica' ausstellte, wurde in Genf die Generalversammlung des Völkerbunds im neu erbauten Konferenzsaal des *Palais des Nations* abgehalten. Präsident der Generalversammlung war der Leiter der indischen Delegation, das Oberhaupt der Ismaeliten, Seine Königliche Hoheit, Aga Khan. Mit dem langjährigen Leiter der britischen Delegation schien dem *Government of India* eine elegante Schadensbegrenzung gelungen – Indien war markant vertreten durch eine Persönlichkeit, die einerseits das Interesse der Öffentlichkeit auf sich zog und andererseits von der indischen Nationalbewegung weit entfernt genug war. Aga Khan galt als „Playboy of the Western World,"[40] wohnte an der Côte d'Azur und in den bekannten Luxushotels in Europas Hauptstädten. Als er im Anschluss an die Völkerbundversammlung in Genf einen Empfang gab, floss der Champagner in Strömen. Die Genfer linke Presse empörte

---

[39] Die Meldung machte ihren Weg bis in die amerikanische Presse, die auch den beträchtlichen indischen Mitgliederbeitrag von 250 000 USD pro Jahr publizierte. *The Christian Science Monitor* 11.2.1939.

[40] The Straits Times 17.4.1936: Der Artikel war von dieser in Singapur erschienenen Zeitung aus der britischen Zeitung The New Statesman übernommen worden.

sich und asiatische Zeitungen merkten an, dass die chinesische Delegation die Feier frühzeitig verlassen hatte.[41] Aga Khans Wirkung in der globalen Presse und seine politischen Möglichkeiten wurden jedoch in London und Genf unterschätzt. Aga Khan hatte keinen Territorialbesitz in Indien und schien damit aus der Sicht des westlichen *nation building* ungefährlich. Er war allerdings Oberhaupt einer schiitischen, islamischen Glaubensgemeinschaft und damit Teil eines Beziehungsnetzes, dessen Bedeutung zunahm – auch in scheinbar säkularen Fragen. Dies sollte sich im selben Jahr 1937 bei der Aufnahme Ägyptens in den Völkerbund zeigen. Die westliche und koloniale Presse begrüßte Ägypten bei dieser Gelegenheit als „pays à l'antique civilisation".[42] Das *Indian Branch Office* konsultierte zum gleichen Anlass die islamische Presse. Der „Star of India", eine muslimische Tageszeitung aus Calcutta, präsentierte eine etwas andere Interpretation: Aga Khan habe die Unabhängigkeit Ägyptens im Namen von 80 Millionen indischen Muslims begrüßt und dabei die pharaonische Vergangenheit von einer Wiege der europäischen Kultur zu einem „meeting ground of the East and West" uminterpretiert.[43] Die allmähliche Profilierung religiöser Netzwerke entsprach keineswegs einer nachholenden Entwicklung islamischer Glaubensrichtungen. Ebenso wenig können solche Äußerungen jenen Organisationen zugewiesen werden, welche in den dreißiger Jahren eine überkonfessionelle Sicherung des Weltfriedens anstrebten und dabei eine eher bescheidene Wirkung entwickelten.[44] Islamische Netzwerke wurden vielmehr als sozialpolitische Akteure anerkannt und damit Organisationen wie der YMCA und anderen westlichen Hilfswerken gleichgestellt. Ein bemerkenswerter Anlass dieser Art fand 1937 in Bandung unter dem reichlich unspezifischen Titel „Conférence d'extrême Orient" statt. Die Tagesordnung ging auf die Vorschläge der *Commission of Enquiry into Traffic in Women and Children* zurück, einer Völkerbundkommission, die erst die Situation in Europa untersucht hatte und 1930 mit beträchtlicher finanzieller Unterstützung der *Rockefeller Foundation* auf Asien erweitert wurde. Zum bereits langen Report wurden 1933 weitere 72 nationale und internationale private Organisationen um Kommentare gebeten und gleichzeitig eine offizielle Konferenz einberufen, welche eine multilaterale Konvention zum Schutz er-

---

[41] The League fiddles while China burns, in: The Straits Times, 12.10.1937, S.16. „La guerre gronde, les brigands fascistes sont déchaînés et ceux qui, à Genève sont là à empêcher l'achèvement du drame festoient!", in: Le Travail quotidien, Genève 27.9.1937. League of Nations Archives, R 5398.

[42] L'Egypte a fait, hier, son entrée officielle à la société des nations, in: Le Figaro, 27.5.1937, S.3.

[43] Recognition of Egypt's sovereignty, in: The Star of India, 1.6.1937, R 5372.

[44] Als Beispiel sei die *League of Neighbors* zitiert, welche sich in den zwanziger Jahren mit zwei ähnlichen Organisationen, der *Fellowship of Faiths* und der *Union of East and West* zusammengeschlossen hatte. Solche Organisationen mit Sitz in den USA und England präsentierten auf Hochglanzprospekten ihre berühmten Mitglieder, die von der Begründerin der theosophischen Gesellschaft, Annie Besant, bis zu Sir Arthur Conan Doyle, dem Spiritisten und Erfinder von Sherlock Holmes, reichten. League of Nations Archives, R 3583.

wachsener Frauen vor Menschenhandel verabschiedete. Die Konvention sorgte nun ihrerseits für breite Aktivitäten, die internationale Verfolgung von Zuhältern als mögliches Ziel einer weiteren Konvention anstrebten. Die regionale Erweiterung auf Asien hatte unterdessen eine weitreichende politische Bedeutung erhalten, da sich die Untersuchung nun vornehmlich auf russische Frauen in China konzentrierte und mit der Planung der Regionalkonferenz in Bandung einherging.[45] Wichtiger als die formal ergebnislose Konferenz war die Vernetzung von religiösen Vereinigungen und Frauenorganisationen, die vom *Liaison Committee of Women's International Organizations* über islamische und jüdische Frauenorganisationen bis zur *Shanghai Women's Organization* reichte, die eigene Untersuchungen über die Prostitution in Shanghai anstellten.[46] Und von einiger Bedeutung war auch, dass diesmal die Völkerbundbeamten zu einer Asienreise aufbrachen. Dass das Treffen in Bandung, die Aktionen des Aga Khan und die wachsende Sensibilisierung für islamische Netzwerke nicht einfach als Aufstieg einer Region verstanden werden können, lässt sich an der Gleichzeitigkeit dieser Entwicklung mit den nun zunehmend nach Genf geschickten Kommentaren der indischen Presse zur internationalen Lage dokumentieren.[47]

Chamberlain liest Gandhi

Die Artikel der indischen Presse im Vorfeld des Münchner Abkommens waren von zynischer Direktheit und präsentierten ein Europa des politischen Zerfalls. Die indischen Berichte bezeichneten das einstige Zentrum imperialer Macht als Hexenkessel[48] und beschrieben „Europe's Tremors".[49] The *Behar Herald* meinte „Mr. Chamberlain has evidently taken a leaf out of Mahatma Gandhi's book by placing his faith in change of heart through personal interview. All to honour to him for that." Der Artikel unterstellte allerdings dem britischen Premier, „purchasing peace for the British Empire by sacrificing other nations".[50] Am 22. November 1938 hatte Adrianus Pelt, Leiter der *Infor-*

---

[45] Review SPB, League of Nations Publications on the Traffic in Women and Children, in: Social Service Review 9/3, 1935, S. 598–606.

[46] Dossier Conférence d'extrême Orient 1937 Représentation des organisations nationales et internationales. League of Nations Archives, R 4692.

[47] Der Perspektivenwechsel von einer indienbezogenen zu einer internationalen Berichterstattung wurde in Genf registriert. Auf einem Begleitbrief des *Indian Branch Office*, der eine Stellungnahme Nehrus zu Äthiopien ankündigte, befindet sich ein handschriftlicher Kommentar, der wohl Lester zugewiesen werden kann: „The increasing interest taken in foreign affairs in India is notable. SL". League of Nations Secretariat, Indian Branch, New Delhi, 4. 5. 1938. League of Nations Archives, R 5373.

[48] The European Cauldron, in: The Civil & Military Gazette 18. 3. 1938. League of Nations Archives, R 5374.

[49] The Times of India, 17. 3. 1938. League of Nations Archives, R 5374.

[50] The Behar Herald, 17. 8. 1938. League of Nations Archives, R 5374. Das entsprechende Dossier „Bureau New Delhi – Coupures de presse – Généralités" lag auch auf dem Tisch von Sean Lester.

mation Section, genug und ließ das *Branch Office* in Delhi wissen, dass das Sekretariat in Genf „would like, on the whole, to receive only such notices as have a bearing on the League of Nations or on the activities of the League of Nations secretariat."[51] Der Genfer Protest gegen die weltpolitischen Kommentare aus Delhi hatte allerdings wenig Erfolg – mit dem Ausbruch des Zweiten Weltkriegs in Europa erhielten die Informationen aus Indien eine zunehmende Bedeutung. Als der Leiter des *Indian Branch Office*, Venkateswaran, 1942 starb, war die Weiterführung des Amtes keine Frage. Der als Interimsleiter bereits seit längerer Zeit tätige Kamal Kumar lieferte weiterhin ausführliche Berichte in allerdings immer kleineren Formaten, da Papier knapp geworden war. Noch 1934 war Indien Empfängerland für Informationen, die über das Sekretariat in Genf nach Bombay gesandt wurden. Zehn Jahre später hatte der Informationsfluss die Richtung gewechselt. Informationen aus Indien versorgten Genf und später die nach Princeton ausgelagerten Völkerbundorganisationen. Mit den fortschreitenden japanischen Eroberungen in Asien wurde Indien Rückzugsgebiet für jene Völkerbundexperten, die erst in China arbeiteten, anschließend in die französischen Gebiete Vietnams auswichen und schließlich die gesamten Unterlagen ihrer Tätigkeiten dem *Branch Office* in Delhi zur Aufbewahrung übergaben. Erst am Ende des Krieges realisierten die Völkerbundbeamten die politischen Konsequenzen dieser Entwicklung. Die Bemühungen, die Netzwerke im Sinne des Kalten Krieges neu zu konfigurieren bestätigen, dass sich ein netzwerkorientierter Ansatz in der Tat eignet, um internationale Veränderungen von globaler Relevanz zu dokumentieren.

4. Grenzgänger und Netzwerke

Die Entwicklung des *Indian Branch Office* ist geeignet, auf der Basis eines für internationale Fragen selten untersuchten regionalen Quellenbestands die Veränderung und Verästelung von grenzübergreifenden Informationsflüssen nachzuweisen, Netzwerke im Bereich der internationalen Politik als Folge einer starken Zunahme von Akteuren und den durchlässigen Grenzen zwischen staatlicher Außenpolitik und zivilgesellschaftlicher internationaler Organisation vorzustellen. Internationale Organisationen unterschiedlicher Ausrichtung spielen dabei eine zentrale Rolle, verlassen aber in einem netzwerkorientierten Ansatz den Rahmen der Institutionengeschichte und werden an den sie prägenden Beziehungsmustern und der Vielseitigkeit ihrer Schnittstellen gemessen. Die Beziehungsmuster sind das Resultat dynamischer Prozesse. Sie besitzen eine Territorialität und generieren machtpolitische Spannungen, wobei ihre Bedeutung keine Frage der Größe sondern der mobilisierbaren Synergien darstellt.

[51] Pelt an Venkateswaran, 22.11.1938. League of Nations Archives, R 5370.

Netzwerke als biographischer Ansatz

Sind Netzwerke geeignet, Personen zu erfassen? In letzter Zeit sind grenzübergreifende Biographien Gegenstand sozialwissenschaftlicher Untersuchungen geworden und geben Anlass zu einer Revision etablierter Begriffe. Besonders hilfreich sind dabei die von Gerard Delanty präsentierten Überlegungen zu einem global gefassten Begriff des Kosmopolitischen.[52] Das Forschungsinteresse konzentriert sich derzeit auf Untersuchungen, welche Migration nicht mehr ausschließlich als vorübergehendes und letztlich von sozialer Normalität weit entferntes Zwischenstadium ansehen, sondern als spezifische und eigenständige Form sozialer Organisation. Grenzübergreifende Formen sozialen Zusammenhalts werden zunehmend als Herausforderung an die territoriale Organisation des Nationalstaates dargestellt. Den institutionellen, nationalen, in staatlichen Ordnungsvorstellungen und gesetzlichen Normen festgehaltenen Rechten und Pflichten des Individuums stehen mithin Vorstellungen einer Gesellschaft „on the move" gegenüber. Soziale Beziehungen basieren in diesem Fall auf Vertrauen und bilden *trust networks*, Expatriates bilden Netzwerke untereinander und über internationale Organisationen. Diesem Kollektiv lassen sich spezifische Politikbereiche (etwa Umwelt und Klimaschutz) zuordnen, die von globaler Expertise abhängig sind. Migration stellt überdies in diesen neueren Untersuchungen einen Kostenfaktor von immenser weltwirtschaftlicher Bedeutung dar.[53] Ebenso hilfreich sind die bereits seit einiger Zeit gut etablierten Forschungsresultate zur internationalen Frauenbewegung, da sich an diesem Beispiel die Etablierung von grenzübergreifenden Kollektiven und deren beträchtliche internationale Wirkung aufzeigen lässt.[54]

Dinner Jacket und Smoking: Vorbilder und Habitus von Grenzgängern

Hier wird vorgeschlagen, das für die Internationale Geschichte relevante Kollektiv als „Grenzgänger" zu beschreiben und dabei Grenzen nicht auf nationale Grenzen zu reduzieren. Die Datenbank LONSEA bietet an, dieses Kollektiv für die Zeit zwischen 1919 und 1946 an jenen Personen zu überprüfen, die eine Anstellung im Völkerbundsekretariat oder/und ein Mandat in einer internationalen Organisation besaßen. Vernetzungen und deren Dichte lassen sich für jede der hier aufgeführten Personen darstellen. Dabei wird festzustellen sein, dass neben alten und neuen Eliten, neben sprachkundigen, aber

---

[52] *Gerard Delanty*, The Cosmopolitan Imagination. The Renewal of Critical Social Theory. Cambridge 2009. *Mike Featherstone*, Cosmopolis: An Introduction, in: Theory, Culture & Society 19/1–2, 2002, S. 1–16.
[53] *Aihwa Ong*, Flexible Citizenship, Durham 1999. *Charles Tilly*, Trust Networks in Transnational Migration, in: Sociological Forum 22/1, 2007, S. 3–24.
[54] *Leila Rupp*, Worlds of Women, The Making of an International Women's Movement. Princeton 1997.

enteigneten russischen Aristokraten und international vernetzten Experten auch subalterne Positionen vertreten sind, etwa Dolmetscher und Übersetzerinnen, die in einer glücklicheren Lage als Bronislaw waren und eine vergleichsweise gut bezahlte Anstellung im Völkerbundsekretariat gefunden hatten. Grenzgänger sind für eine vornehmlich national ausgerichtete Historiographie methodisch schwierig zu fassen. Die über Netzwerke sichtbar gemachten Beziehungsmuster leisten dabei methodische Hilfestellung und eröffnen Forschungsperspektiven, die über nationale Quellenbestände und über einzelne internationale Institutionen nur schwierig und aufwändig zu erhalten sind. Zumindest für die Völkerbundangestellten besteht die Möglichkeit, deren derzeit untersuchten[55] Lebensumstände deutlicher sichtbar zu machen. Die Völkerbundadministration war nach dem Vorbild des englischen diplomatischen Dienstes konzipiert und schloss engmaschige Kontrollen der Reisetätigkeit und des jeweiligen Wohnsitzes ein. Das System der administrativen Kontrollen generierte Unterlagen, die sich einerseits zur Darstellung einer Sozialgeschichte der Grenzgänger nutzen lassen und andererseits die Differenz zwischen entsandten Diplomaten und funktional mehrfach vernetzten Grenzgängern aufzeigen. So war der jährliche Urlaub der Völkerbundangestellten als Heimaturlaub konzipiert – was Grenzgängern mit unklaren und wechselnden nationalen Loyalitäten Schwierigkeiten bereitete. Da auf Dienstreisen alle auch noch so geringe Ausgaben zu belegen waren, sind Informationen zum Habitus der Grenzgänger zu erhalten. Egon Ranshofen-Wertheimers Kleiderrechnungen[56] machen deutlich, dass dieser auch in Asien bemüht war, als Diplomat gekleidet zu erscheinen. Das in der Datenbank vorgestellte Kollektiv muss allerdings mit dem Ausbau staatlicher Kontrollen gegengelesen werden – die hier vorgestellte Zeitspanne ist dabei von schrecklicher Ergiebigkeit.

Datensammlungen und Quellen

Staaten formalisierten Personenkontrollen, Pässe und Visa wurden obligatorisch, nationale Einreisebestimmungen waren gegen die weltweiten Flüchtlingsströme gerichtet. Die Aberkennung der Staatsbürgerschaft generierte Staatenlose, mit dem Verlust des Einkommens verloren Fremde das Niederlassungsrecht. Grenzgänger bewegten sich zwar in der Tat in einem grenzübergreifenden Beziehungsnetz, das selbst die Zeit des Zweiten Weltkriegs überdauerte und dabei erstaunlich stabil war – aber Grenzgänger hatten auch eine sehr viel größere Chance, zwischen die Maschen des Netzes zu geraten. Die Absurdität dieser biographischen Konstellationen lässt sich an Egon

---

[55] Vgl. Forschungsprojekt Networking the International System, http://www.asia-europe.uni-heidelberg.de/de/forschung/a-governance-administration/a3.html.

[56] Ranshofen-Wertheimer hatte u. a. ein „Costume gris fantaisie: changé de soie et galons & smoking", ein weißes Dinnerjacket und Hemden mit Monogramm in seiner Kleiderrechnung. Sein Kollege verrechnete zudem einen Tropenhelm. Liste Juni 1937. League of Nations Archives, R 4692.

Ranshofen-Wertheimer eindringlich aufzeigen: der Herr im Smoking repräsentierte 1937 in Bandung den Völkerbund – ein Jahr später, nach dem „Anschluss" Österreichs, verweigerte das deutsche Konsulat in Genf dem österreichischen Staatsbürger den deutschen Pass. Als Staatenloser konnte Ranshofen-Wertheimer nicht mehr reisen. Er wurde vorerst entlassen, von den Netzwerken der internationalen Organisationen aber zumindest soweit aufgefangen, dass er in die USA emigrieren und sich am Aufbau des UN-Systems beteiligen konnte.[57]

Historische Netzwerkanalysen benötigen einen lokalen und einen biographischen Fokus, die Schwierigkeiten der Quellenlage empfehlen aber jeweils zeitgenössische Datenerhebungen zu berücksichtigen. Ein Archiv, in dessen Repertorien „Netzwerke" als Ordnungsbegriff aufscheint, dürfte schwer zu finden sein. Doch das bedeutet nicht, dass Regierungen und staatliche Verwaltungen die Multiplizierung grenzübergreifender Aktivitäten verpasst hätten. Waren im ausgehenden 19. Jahrhundert noch vornehmlich private internationale Organisationen damit beschäftigt, grenzübergreifende Beziehungen als „Netz" zu begreifen,[58] so sollte sich dies nach dem Ersten Weltkrieg grundlegend ändern: Erhebungen zu und Darstellungen von grenzübergreifenden Beziehungsmustern wurden nun von staatlichen Stellen mit der gleichen Verve betrieben wie die Erhebung nationaler statistischer Daten im 19. Jahrhundert. Neben der Bestandsaufnahme internationaler Netzwerke im völkerbundeigenen „Handbook of International Organizations" ist es naheliegend, von den Kontrollen der totalitären Staaten auszugehen – aber das amerikanische Beispiel zeigt, dass auch demokratisch verfasste Staaten in den dreißiger Jahren auf gesetzlicher Basis die Durchlässigkeit der Grenzen zu erfassen und Netzwerke sichtbar zu machen begannen. Als Beispiel seien die USA und die 1938 verabschiedete „Foreign Agents Registration Act" zitiert. Diese verpflichtete „persons acting as foreign principals in a political or quasi-political capacity to make periodic public disclosure of their relationship with the foreign principal".[59] Damit werden auch grenzüberschreitende Verknüpfungen sichtbar, die nicht an eine fremde Staatsbürgerschaft gebunden sind.

Shanghai und die Kooperationen des Roten Kreuzes

Netzwerkorientierte Ansätze benötigen eine Überprüfung in Bereichen, für die sie nach wie vor eher wenige und dürftige Ergebnisse liefern. Die Organisation der Flüchtlingshilfe in Shanghai während der dreißiger Jahren und der

---

[57] http://www.lonsea.de/pub/person/4890.
[58] Der Begriff eines Netzes fällt bereits bei A.H. Fried. *Alfred H. Fried*, Das internationale Leben der Gegenwart. Leipzig 1908. Für diese Phase sind Datensammlungen mit den privaten Aktivitäten von u. a. Paul Otlet, Alfred H. Fried und William T. Stead verbunden. Von privater Seite veranlasste Datensammlungen finden sich im Folgenden in der vom Institute for Research in Biography in New York seit 1934 herausgegebenen World Biography.
[59] http://www.fara.gov/. Eine erste Liste wurde 1938 in der New York Times veröffentlicht.

Zeit des Zweiten Weltkriegs stellt ein derartiges Thema dar. Die ebenfalls eher selten benutzten regionalen Quellenbestände des *Internationalen Komitees vom Roten Kreuz* bestätigen die Feststellungen, die für die regionalen Völkerbundakten gelten: Diese bieten Einsichten in Netzwerke und Beziehungsmuster jenseits des methodischen Nationalismus und hoffentlich auch jenseits des Eurozentrismus. Sie geben netzwerkspezifische Informationen allerdings erst dann preis, wenn sie quergelesen und über die quellenproduzierenden Institutionen hinaus auf transkulturelle Schnittstellen untersucht werden. Vor dem Hintergrund dieser Lektüre wird am Beispiel von Shanghai deutlich, dass der Handlungsspielraum der Rotkreuzdelegierten eher schmal war. Die Delegierten berichteten aber regelmäßig über ihre Kooperationen mit Personen und Institutionen, die ihrerseits kaum archivalische Spuren hinterlassen haben.[60] So gelesen, berichten diese Bestände weniger über die Aktivitäten des Roten Kreuzes, dafür umso mehr über die Erschließung alternativer Kommunikationswege, über die Umgehung von militärischen und staatlichen Kontrollen, dem Transfer von Geldern jenseits nationaler Devisenkontrollen. Aus diesen Informationen lässt sich eine Karte des Niemandslandes zwischen den Maschen des Netzes entwickeln und den bislang namenlosen Menschen, dem Transfer von Gütern und Ideen jenseits von nationalen Ordnungskriterien ein historisches Gedächtnis zuweisen – doch diese Geschichten müssen erst erzählt und deren Quellen erschlossen werden.

5. Fazit

Netzwerktheoretische Überlegungen sind derzeit zahlreich und gut dokumentiert und deren analytisches Potenzial vielversprechend. Für eine historiographische Nutzung werden folgende drei Voraussetzungen vorgeschlagen: Erstens sollten Netzwerke als grundsätzlich grenzüberschreitende Kategorie verstanden werden. Zweitens sind Konzepte der Verflechtungsgeschichte zu einem transkulturellen Ansatz zu erweitern. Drittens werden Erkenntnisse der Diplomatiegeschichte und der transnationalen Beziehungen nicht verworfen, sondern mit den Erkenntnissen kontrastiert, welche über netzwerkbezogene Ansätze zu erhalten sind. Die erste Annahme geht von einem breiten Ver-

---

[60] Im Archiv des Internationalen Komitees vom Roten Kreuz sind vornehmlich die Aktenbestände über das 1942 errichtete Büro ergiebig. ACICR B G 17 07 015–044. Hier zeigt es sich, dass der im Nebenamt zum Delegierten bestellte schweizerische Industrielle Edouard Eglé auf die Zusammenarbeit insbesondere mit Meir Birman, dem Sekretär der jüdischen Migrationsorganisation HICEM angewiesen war. Das Beispiel der Organisation von Hilfsgütern in Shanghai zeigt ein besonders komplexes Netzwerk, das sich sowohl horizontal über die verschiedenen zivilgesellschaftlichen Organisationen spannte, aber auch die vertikale Hierarchie der Institutionen einbezog. Die vielen unterschiedlichen Akteure und Handlungsebenen öffneten beträchtliche Handlungsspielräume, so dass auch die japanische Regierung die Kontrolle internationaler Vereinigungen verlangte und sich monatlich deren Berichte vorlegen ließ.

ständnis von Grenzen aus und kombiniert die für eine internationale Geschichte zentrale Bedeutung nationaler Grenzen mit einem polyvalenten Grenzbegriff. Die zweite Prämisse bündelt die derzeit entwickelten Vorstellungen von Transkulturalität zur Aussage, dass grenzübergreifende Verflechtungen als Informationsflüsse zu denken sind, die dynamischen Wandel erfahren, aber auch eine eigene Territorialität beanspruchen. Die dritte Annahme konzentriert sich auf die Frage der Dokumentation von Netzwerken, auf die Diskussionen einer möglichen neuen Lektüre von bekannten Quellenbeständen der Internationalen Geschichte und die Frage, wo deren Leerstellen zu verorten sind. Die Geschichte von Bronislaw verdeutlicht die Quellenproblematik. Einen Migranten zu eruieren, von dem nichts weiter als Vorname und das Geburtsjahr bekannt ist, und dessen soziale Zuordnung schwierig ist, stellt eine methodische Herausforderung der besonderen Art dar. Die Frage nach den Quellen bedingt eine Auseinandersetzung mit den Ordnungsvorstellungen der für die Neuzeit vornehmlich nationalen Archivierungspraxis, eine Diskussion über Schriftlichkeit und Multimedialität, ein Denken über den „methodischen Nationalismus" des Faches Geschichte. Am Beispiel der bislang kaum berücksichtigen regionalen Quellenbestände internationaler Organisationen lässt sich allerdings darstellen, dass das Projekt einer „Internationalen Geschichte von unten" den Weg zu einer globalen Historiographie jenseits des Eurozentrismus weisen könnte.

Holger Nehring
Transnationale soziale Bewegungen

Die Geschichte von „Bewegung" als Begriff der politisch-sozialen Sprache ist recht kurz. Im Register zu den „Geschichtlichen Grundbegriffen" finden sich nur drei Verwendungen für die Zeit vor 1750.[1] „Soziale Bewegung" verwies ursprünglich auf den Prozess der gesellschaftlichen Modernisierung: Industrialisierung, Urbanisierung, und das Entstehen nationaler Infrastrukturen. Er verwies zugleich auf jene gesellschaftliche Gruppe, die am engsten mit diesen Prozessen verbunden schien: die Arbeiterbewegung. Dem Begriff sind somit zentrale Vorstellungen von geschichtlichem Wandel eingeschrieben: während der Begriff „Bewegung" auf „Freiheit" und „Emanzipation" verweist, lauten seine Gegenbegriffe „Ordnung" und „Herrschaft".[2] Noch kürzer ist die Geschichte des Begriffs „transnational": er taucht erstmals, mit einigen wenigen Vorläufern im neunzehnten Jahrhundert, während des Ersten Weltkriegs auf, im Zusammenhang mit den Debatten über den Charakter der Vereinigten Staaten als Nationalstaat: der Essayist Randolph Bourne verwies 1916 auf die Pluralität der politischen Kultur des Einwanderungslandes, die es zu einer „trans-nationality of all the nations" mache.[3] Der Begriff „trans-national" ist also nur dann sinnvoll, wenn er für die Analyse des grenzüberschreitenden Verkehrs zwischen Nationalstaaten eingesetzt wird und gerade dadurch neue Blicke auf die nationale Geschichte ermöglicht. Er kann nicht einfach als Passepartout für Forschungsnischen dienen, für die sich sonst kein Platz in den nationalen Geschichtserzählungen findet.

Der Begriff der transnationalen Politik war ursprünglich nicht, wie in den jüngste Debatten über die „transnationale Geschichte" oft angenommen, als Gegenbegriff zur Politik von Regierungen gedacht. Vielmehr spiegelte er die Reflektion über den zeitgenössischen Wandel von Macht in den internationalen Beziehungen seit Ende der sechziger Jahre wieder. Die frühen Protagonisten einer solchen Interpretation, Karl Kaiser in der Bundesrepublik und Robert Keohane und Joseph Nye in den Vereinigten Staaten, versuchten dabei

---

[1] *Reinhart Koselleck/Rudolf Walther* (Hrsg.), Geschichtliche Grundbegriffe: historisches Lexikon zur politisch-sozialen Sprache in Deutschland, Bd. 8/1: Register. Stuttgart 1997, S. 146–147.
[2] *Michael Th. Greven*, Was bewegt sich in sozialen Bewegungen? Bewegungsmetaphorik und politisches Handeln, in: Gabriele Klein (Hrsg.), Bewegung. Sozial- und kulturwissenschaftliche Konzepte. Bielefeld 2004, S. 217–237; *Werner Hofmann*, Ideengeschichte der sozialen Bewegung des 19. und 20. Jahrhunderts. 5. Aufl. Berlin/New York 1974.
[3] *Kiran Klaus Patel*, Nach der Nationalfixiertheit. Perspektiven einer transnationalen Geschichte, Antrittsvorlesung, Humboldt-Universität zu Berlin, 2004, Zitat S. 6; *Madeleine Herren*, Sozialpolitik und die Historisierung des Transnationalen, in: Geschichte und Gesellschaft 32, 2006, S. 542–559; *Patricia Clavin*, Defining Transnationalism, in: Contemporary European History 14, 2004, S. 421–439.

sowohl in der Wissenschaft als auch in der Praxis, das Bewusstsein für die Wechselwirkungen von Innen- und zwischenstaatlicher Politik zu schärfen.[4]

Erst ab Anfang der neunziger Jahre etablierte sich der Begriff „transnationale Bewegung" als Konzept der soziologischen und politikwissenschaftlichen Forschung. Er bezieht sich auf über nationale Grenzen hinweg agierende soziale Bewegungen, also auf „mobilisierend[e] politische Akteur[e]", die „mit einer gewissen Kontinuität auf der Grundlage hoher symbolischer Integration und geringer Rollenspezifikation mittels variabler Organisations- und Aktionsformen das Ziel verfolg[en], grundlegenderen sozialen Wandel herbeizuführen, zu verhindern oder rückgängig zu machen."[5] Transnationale soziale Bewegungen lassen sich aus organisationssoziologischer Perspektive von bloßen Protestereignissen einerseits, die nur punktuell stattfinden, aber unter Umständen transnational wahrgenommen werden, und transnationalen Kooperationen zwischen Parteien und Gewerkschaften andererseits unterscheiden.[6]

Der Begriff transnationale oder internationale Nichtregierungsorganisation (TNGO/INGO) wird, ebenso wie „transnational advocacy network", in der Geschichtswissenschaft oft synonym mit dem Begriff der transnationalen Bewegung verwendet. Die drei Begriffe – transnationale Bewegung, TNGO/INGO und „advocacy network" – beziehen sich aber auf drei unterschiedliche Aspekte transnationaler Beziehungen. Die Konzepte INGO und TNGO heben vor allem auf den Organisationscharakter der Gruppen ab. Den Forschungen zum „transnational advocacy networks" geht es primär um die Analyse der komplexen Wirkungsprozesse solcher Bewegungen, vor allem im Hinblick auf nationale Politik wie auch internationale Normen.[7]

Diese verschiedenen Bedeutungsebenen wurden in den sozialhistorischen Debatten über die transnationale Geschichte jedoch meist ignoriert. Zum einen wurde die transnationale Geschichte besonders in der Bundesrepublik als Gegenpol zur internationalen Geschichte definiert: die Geschichte transnationaler sozialer Bewegungen sollte bewusst ohne den Bezug auf die Staatenwelt auskommen und dabei das Prokustesbrett einer nationalen Sozialgeschichte überwinden helfen, zumal gerade in Deutschland Begriffe von

---

[4] *Karl Kaiser*, Transnationale Politik. Zu einer Theorie der multinationalen Politik, in: Ernst-Otto Czempiel (Hrsg.), Die anachronistische Souveränität. Zum Verhältnis von Innen- und Außenpolitik, PVS Sonderheft 1. Köln/Opladen 1969, S. 80–109, hier S. 81; *Robert O. Keohane* and *Joseph S. Nye*, International Relations Theory. Power and Interdependence. 3. Aufl. New York 2000 und *dies.*, Transnational Relations and World Politics, in: International Organization 25, 1971, S. 329–349.

[5] *Joachim Raschke*, Zum Begriff der sozialen Bewegung, in: Roland Roth/Dieter Rucht (Hrsg.), Neue soziale Bewegungen in der Bundesrepublik Deutschland. Bonn 1987, S. 19–29, hier S. 21.

[6] S. *Wolfram Kaiser*, Christian Democracy and the Origins of the European Union. Cambridge 2007 sowie den Beitrag von Kiran Patel in diesem Band.

[7] *Margaret E. Keck/Kathryn Sikkink* (Hrsg.), Activists beyond borders. Advocacy networks in international politics. Ithaca/NY 1998.

"Gesellschaft" und des „Sozialen" eng mit Vorstellungen von „Nation" verbunden waren.[8]

Die darauf Bezug nehmende transnationale Geschichtsschreibung ergab sich zumindest indirekt aus dem Wunsch nach einer kosmopolitischen Weiterentwicklung einer an Max Weber geschulten Sozialgeschichte Bielefelder Prägung, welche sich ohnehin wenig um die Außen- und Verteidigungspolitik von Regierungen gekümmert hatte.[9] Dabei wurden die Kategorien einer an Weber und Talcott Parsons geschulten Theorie gesellschaftlicher Modernisierung auf die zwischengesellschaftlichen bzw. transnationalen Beziehungen übertragen: zum einen erschien Transnationalität selbst als Zeichen der Moderne, zum anderen ging es meist vor allem um die Erörterung von Einflüssen aus Europa auf andere Kulturkreise, ohne aber die gegenseitigen Wechselwirkungen genauer in den Blick zu nehmen. Die Modernisierungstheorie wurde von der Zeitachse oft auf die Raumachse transferiert.[10] Ähnliche Grundannahmen haben oft zu einem folgenreichen Kategorienfehler geführt. Sie vermengen die kognitive und die relationale Komponente transnationaler Bewegungen und folgerten aus den häufigen Erwähnungen trans-nationaler oder globaler Bezüge, dass tatsächlich solche Netzwerke bestanden oder gar in Kosmopolitismus mündeten. So haben einige Historikerinnen und Historiker sowohl die sozialen Bewegungen der Zeit nach 1945 wie auch ihre Vorgänger aus dem neunzehnten und der ersten Hälfte des zwanzigsten Jahrhunderts als Repräsentanten einer auf die „Welt" – und nicht den Nationalstaat – bezogenen Kultur interpretiert, so dass sie als Zeichen einer globalen Weltkultur erscheinen.[11]

Die Debatte über den Primat von Innen- und Außenpolitik scheint zwar mittlerweile beendet. Es ist aber bislang kaum zu einem wirklichen Dialog

---

[8] *James J. Sheehan*, What is German History? Reflections on the Role of the Nation in German History and Historiography, in: Journal of Modern History 53, 1981, S. 1–23. Zur Bedeutung transnationaler Faktoren bei der Konstitution des deutschen Nationsverständnisses s. *Sebastian Conrad*, Globalisierung und Nation im Deutschen Kaiserreich. München 2006; *Annemarie Sammartino*, The Impossible Border: Germany and the East, 1914–1922. Ithaca/NY 2010; *Johannes Paulmann*, Grenzüberschreitungen und Grenzräume. Überlegungen zur Geschichte transnationaler Beziehungen von der Mitte des 19. Jahrhunderts bis in die Zeitgeschichte, in: Eckart Conze/Ulrich Lappenküper/Guido Müller (Hrsg.), Geschichte der internationalen Beziehungen. Erneuerung und Erweiterung einer historischen Disziplin. Köln 2004, S. 169–196.

[9] *Lutz Raphael*, Nationalzentrierte Sozialgeschichte in programmatischer Absicht. Die Zeitschrift „Geschichte und Gesellschaft. Zeitschrift für Historische Sozialwissenschaft" in den ersten 25 Jahren ihres Bestehens, in: Geschichte und Gesellschaft 25, 1999, S. 5–37, hier S. 24–25.

[10] *James Blaut*, Diffusionism: A uniformitarian critique, in: Annals of the Association of American Geographers 77, 1987, S. 30–47.

[11] *John Boli/George M. Thomas* (Hrsg.), World Polity Formation since 1875: World Culture and International Nongovernmental Organizations. Stanford 1999; *Akira Iriye*, Cultural Internationalism and World Order. Baltimore 2000. Als wichtige Ausnahme: *Jürgen Osterhammel*, Transnationale Gesellschaftsgeschichte: Erweiterung oder Alternative?, in: Geschichte und Gesellschaft 27, 2001, S. 464–479.

zwischen den Teildisziplinen gekommen.[12] Stattdessen stieg der Grad der Arbeitsteilung zwischen Praktikern der internationalen Geschichte einerseits und jenen Historikerinnen und Historikern andererseits, welche sich mit Protestbewegungen, Reformbewegungen und Nichtregierungsorganisationen beschäftigen. Die zukünftige Forschung zu transnationalen Bewegungen sollte deshalb noch einmal zu Eckart Conzes Vorschlag, die „gesellschaftliche Dimension internationaler Geschichte" zu berücksichtigen, zurückkehren.[13] Dieses Kapitel möchte versuchen, durch Beispiele aus dem 19. und 20. Jahrhundert Anregungen dazu zu geben, wie die Geschichte transnationaler Bewegungen für eine internationale Geschichte fruchtbar gemacht werden kann.

Die Komplexität des Transnationalen: Bewegungen als transnationale Vermittler

Der Mangel an Dialog zwischen den Teildisziplinen macht sich vor allem dann bemerkbar, wenn beide Ebenen – jene der transnationalen Vernetzungen sozialer Bewegungen und jene des internationalen Systems – zusammengeführt werden sollen, aber eine der Ebenen in konzeptioneller Hinsicht lediglich als Passepartout dient, etwa dann, wenn es darum geht, transnationale Bewegungen als Mittler zwischen verschiedenen nationalen Gesellschaften darzustellen. Diese Prozesse werden meist unter den Begriffen des Transfers, der Diffusion und des gegenseitigen Austauschs zusammengefasst. Solche Studien sind weniger daran interessiert, den Bewegungscharakter der Bewegungen in den Blick zu nehmen, sondern fokussieren vor allem auf Elemente der wechselseitigen Beeinflussung über Ländergrenzen hinweg.

Die Arbeiten von Jeremi Suri und Martin Klimke zu den Interaktionen zwischen internationalem System und politischem Protest in den 1960er Jahren zeigen besonders gut, wie sich beide Perspektiven produktiv verbinden lassen, verweisen aber zugleich auch auf die Grenzen der von ihnen gewählten Ansätze. Suri argumentiert, dass sich die Entspannungspolitiken der Vereinigten Staaten, Frankreichs, der Bundesrepublik, aber auch der Sowjetunion und China, nur als Antworten auf die als globale Herausforderungen interpretierte Studentenrevolte um 1968 zu verstehen sei. Und Klimke zeigt auf breiter Quellenbasis, wie sich auf der Ebene der Netzwerke zwischen der amerikanischen und der bundesdeutschen Studentenbewegung im Zuge der sechziger eine „andere Allianz" formierte, welche von den Politikern innerhalb der westlichen Allianz in der Tat als Herausforderung gesehen wurde. In politik-

---

[12] Als Versuch, beide Perspektiven zusammenzubringen s. *Holger Nehring/Benjamin Ziemann*, Führen alle Wege nach Moskau? Der NATO-Doppelbeschluß und die Friedensbewegung – eine Kritik, in: Vierteljahrshefte für Zeitgeschichte 59, 2011, S. 81–100.
[13] *Eckart Conze*, Zwischen Staatenwelt und Gesellschaftswelt. Die gesellschaftliche Dimension in der Internationalen Geschichte, in: Wilfried Loth/Jürgen Osterhammel (Hrsg.), Internationale Geschichte. Themen – Ergebnisse – Aussichten. München 2000, S. 117–140.

wissenschaftlichen Arbeiten bezeichnen Keck und Sikkink bezeichnen TNGOs als „transnational advocacy networks", welche durch jenseits der Regierungspolitik vernetzte Kampagnen – wie etwa die Kampagne zur Abschaffung der Sklaverei oder die Kampagne gegen das Apartheid-Regime in Südafrika – Einfluss auf die Regierungspolitik ausüben können.[14]

Alle vier Autoren folgen jedoch einem recht einfachen Schema, welches die Beziehungen im Sinne von Aktion und Reaktion fast und auch die Frage der Übertragung von Wissen und Praktiken in transnationalen Netzwerke vor allem durch Begriffe wie Diffusion und Transfer zu erfassen versucht, welche letztlich ebenfalls dem recht einfachen Mustern einer Newton'schen Mechanik geschuldet sind.[15] Zudem reflektiert keiner der Autoren wirklich über die Praxis der Protestbewegungen selbst, so dass letztlich eine Geschichte der Ideen von Protest entsteht, ohne den Zusammenhang mit internationaler Geschichte. Darüber aber, wie die verschiedenen Bewegungen miteinander kommunizierten, was diese Kommunikationsformen für die allgemeine Geschichte bedeuten und vor allem wie genau sich solche Bewegungen zu den Strukturen des internationalen Systems verhalten besteht Unklarheit. Die relativ einfachen Modelle eines „Transfers" von Ideen und Protestformen wird dabei der historischen Realität nicht wirklich gerecht. Beide Metaphern vernachlässigen den zentralen Faktor, dass das Wissen nicht nur zwischen den nationalen, sondern auch zwischen den lokalen Kontexten erheblich variieren konnte.[16]

Jüngere politikwissenschaftliche Arbeiten lenken deshalb unser Augenmerk auf längere, inkrementale und überaus komplexe Prozesse der Aneignung und Übersetzung.[17] So stellen jüngere Forschungen einen Zusammenhang her zwischen dem „framing" eines bestimmten Problems und der Offenheit für die Aneignung bestimmter Protestformen: die Praxis und Performanz des Protests selbst erscheinen als Teil des „framing" der Protestbewegung.[18]

---

[14] *Keck/Sikkink* (Hrsg.), Activists; *Jackie Smith/Charles Chatfield/Ron Pagnucco* (Hrsg.), Transnational Movements and Global Politics. Solidarity Beyond the State. Syracuse/NY 1997.

[15] *Jeremi Suri/Andreas Wenger*, At the Crossroads of Diplomatic and Social History: The Nuclear Revolution, Dissent, and Détente, in: Cold War History 1, 2001, S. 1–42; *ders.*, Power and Protest. Global Revolution and the Rise of Détente. Cambridge, MA 2003; *Martin Klimke*, The Other Alliance. Student Protest in West Germany and the United States in the Global Sixties. Princeton 2009.

[16] S. wenig überzeugend *Thomas Richard Davies*, The Possibilities of Transnational Activism: The Campaign for Disarmament between the Two World Wars. Leiden/Boston 2007; reflektierter: *Cecelia Lynch*, Beyond Appeasement. Interpreting Interwar Peace Movements in World Politics. Ithaca, NY 1999.

[17] *Sean Chabot*, Transnational Roots of the Civil Rights Movement. African American Explorations of the Gandhian Repertoire. Lanham, MD 2012; *ders./Jan Willem Duyvendak*, Globalization and transnational diffusion between social movements: Reconceptualizing the dissemination of the Gandhian repertoire and the „coming out" routine, in: Theory and Society 31, 2002, S. 697–740; *Sean Scalmer*, Gandhi in the West. The Mahatma and the Rise of Radical Protest. Cambridge 2011; *Rebecca Kolins Givan/Kenneth M. Roberts/Sarah A. Soule* (Hrsg.), The Diffusion of Social Movements. Actors, Mechanisms, and Political Effects. Cambridge 2010.

[18] *Sean Scalmer*, The Labor of Diffusion: The Peace Pledge Union and the adaptation of the Gandhian Repertoire, in: Mobilization: An International Journal 7, 2002, S. 269–286.

„Frames" sind dabei Interpretionsschemata, welche Aktivistinnen und Aktivisten als Diagnose und Lösungsmöglichkeiten für bestimmte Probleme formulieren. Sie sind einerseits Teil der politischen und gesellschaftlichen Auseinandersetzungen auf lokaler und nationaler Ebene, verweisen aber auch sowohl inhaltlich als auch bezüglich der geographischen Reichweite über sie hinaus. Durch das „framing" definieren die sozialen Bewegungen ein Problem als politisch relevant, für das sie dann im Rahmen von Protestveranstaltungen und anderen Kampagnen und anderen Mitteln der politischen Kommunikation Ursachen definieren und Lösungsvorschläge anbieten.

Transnationale Bewegungen greifen dabei auf „frames" zurück, welche nationale Grenzen überschreiten. Sie organisieren ihre Proteste und Kampagnen über transnationale Netzwerke. Und sie nutzen Räume jenseits des eigenen Nationalstaats, etwa in Gesellschaften, die für bestimmte Ziele und Bewegungen besonders offen sind, als Aktions- und Resonanzarenen für ihre Kampagnen. Die Bewegungen gewinnen ihre Dynamik aus den komplexen Wechselbeziehungen zwischen Grenzüberschreitung und nationalstaatlichem Bezug sowie aus dem zentralen Charakteristikum ihrer Protestbewegung, innerhalb der Gesellschaft gegen Grundannahmen der Gesellschaftsordnung einzutreten. Sie stehen also nicht einfach jenseits und gar außerhalb nationaler Gesellschaften, sondern sind dialektisch auf sie rückgebunden, also im Dagegensein dafür.[19] Dabei agieren die Bewegungen stets innerhalb der Strukturen des nationalen und des internationalen politischen Systems, auf deren Ausgestaltung sie keinen direkten Einfluss haben.

Transnationale Bewegungen und die Repräsentation der internationalen Politik

Nähert man sich der Analyse transnationaler Bewegungen aus dieser Perspektive, liegt ihre Bedeutung nicht primär darin, dass sie direkten Einfluss auf die Formulierung von Politikinhalten nehmen.[20] Ihre Relevanz für die Internationale Geschichte lässt sich vielmehr an drei Kernbereichen politischer Repräsentation festmachen. Erstens re-präsentieren transnationale Bewegungen bestimmte Chancen und Grenzen der nationalen und internationalen Politik: Das Entstehen, die Dauer und die Protestformen transnationaler Bewegungen spiegeln zentrale Bereiche der Strukturen des internationalen Systems und der nationalen Gesellschaften wieder, ohne dass transnationaler Kampagnen allein durch diese Strukturen erklärt werden könnten. Denn die Macht-Position der Aktivistinnen und Aktivisten ändert sich durch ihre Beteiligung an transnationalen Kampagnen sowohl in zeitlicher als auch in räumlicher Hin-

---

[19] *David A. Snow* u. a., Frame Allignment Processes, Micromobilization, and Movement Participation, in: American Sociological Review 51, 1986, S. 464–481.
[20] Analytisch brilliant: *Sidney Tarrow*, The New Transnational Activism. Cambridge 2006.

sicht. So konnten Vertreter marginaler protestantischer Sekten im Kontext des britischen Empires auf die Ressourcen der Machthaber zurückgreifen; sie wurden allein durch den Grenzübertritt von Beherrschten zu Herrschern. Gleichzeitig änderte sich dadurch jedoch ihre Selbstwahrnehmung, so dass sich auch ihre eigenen Biographien durch die Beteiligung an der transnationalen Bewegung transformierten. Dies wiederum führte zu einer Verschiebung ihrer politischen und sozialen Position in ihrem Heimatland. Analoge Ambivalenzen und Widersprüchen finden wir praktisch für jede transnationale Bewegung.

Zweitens erlaubte der Raum jenseits des Nationalstaats den Aktivistinnen und Aktivisten überhaupt, ihre politische Ziele im Rahmen einer Bewegung zu vertreten: die Grenzüberschreitung selbst bedeutete damit einen politischen Akt, weil er die Grenzen der politischen Partizipation in den Nationalstaaten oder Imperien transzendierte und einen neuen politischen Aktionsraum schuf. Gerade die politische Macht, die in diesem Überschreiten der Grenzen lag, ist vom Mainstream der historischen Forschung, mit der wichtigen Ausnahme der Geschichtsschreibung zu Imperien, bisher nur am Rande in die Analysen einbezogen worden. (Nationale) politische Grundannahmen und gesellschaftliche Organisation sowie Kernbestandteile der (politischen) Kultur wurden so in Räumen jenseits der Nation gespiegelt und wirkten spannungsreich auf die Politik zurück. Das wird etwa besonders deutlich wenn durch die grenzüberschreitenden Aktivitäten von Sozialreformern und Solidaritätsbewegungen im transnationalen Raum Fragen von ethnischer Zugehörigkeit, Staatsbürgerschaft, Definitionen von Armut und Reichtum, politischer Repräsentation oder Gefahren industrieller Entwicklung erst dadurch auf die nationalen politischen Tagesordnung gesetzt wurden. Oft wurden Aktivistinnen und Aktivisten sich selbst der Spannungen innerhalb dieser Konzepte erst durch ihre Teilnahme an den transnationalen Netzwerken bewusst.[21]

Drittens kommt transnationalen Bewegungen eine zentrale Rolle bei der Repräsentation von Problemen zu, die als politisch relevant gelten. Dabei wirken sie an der Transformation von Normen der internationalen Politik, also an Kernbereichen der Grundannahmen darüber mit, was die internationale Politik ausmacht. Sie machen bestimmte Probleme sichtbar, von denen sie annehmen, dass sie von der Politik der Regierungen nicht angemessen gelöst

---

[21] *Ann Laura Stoler/Frederick Cooper*, Between Metropole und Colony. Rethinking a Research Agenda, in: dies. (Hrsg.), Tensions of Empire. Colonial Cultures in a bourgeois world. Berkeley 1997, S. 1–56; *Margaret Lavinia Anderson*, „Down in Turkey, far away": Human Rights, the Armenian Massacres, and Orientalism in Wilhelmine Germany, in: Journal of Modern History 79, 2007, S. 80–113; *Abigail Green*, Nationalism and the „Jewish International": religious internationalism in Europe and the Middle East c. 1840–1880, in: Comparative Studies in Society and History 50, 2008, S. 535–558; *Rebekka Habermas*, Mission im 19. Jahrhundert – Globale Netze des Religiösen: in: Historische Zeitschrift 56, 2008, 629–679; *Andrew Oppenheimer*, West German Pacifism and the Ambivalence of Human Solidarity, 1945–1968, in: Peace & Change 29, 2004, S. 353–389.

werden. Sie machen so diese Probleme politisch verhandelbar. Das lässt sich etwa an den Kampagnen zum Schutz von Soldaten vor Kriegsverbrechen zeigen.[22]

Formen transnationaler Bewegungen im neunzehnten und zwanzigsten Jahrhundert

Bei der historischen Analyse transnationaler Bewegungen gilt es somit, ihre jeweilige Form zu erkunden. Vieles spricht dafür, dass man mit dem Konzept der „sozialen Bewegung" für das neunzehnte und große Teile des zwanzigsten Jahrhunderts nicht weiterkommt, wenn man die vielen Facetten und Differenzierungen grenzüberschreitender politischer, gesellschaftlicher und kultureller Kampagnen erfassen möchte.[23] Allgemein lässt sich für das neunzehnte und zwanzigste Jahrhundert ein Wandel von Organisationsformen aus dem Kontext der organisierten Arbeiterbewegung und dem Bürgertum hin zu lockeren Verbänden beobachten, welche dem Idealtypus der von den Sozialwissenschaften entworfenen sozialen Bewegungen entspricht.[24] Dabei sollte man allerdings eine modernisierungstheoretische Sicht auf diese Entwicklung vermeiden: Es kam nicht zu einer grundlegenden Transformation der Organisationsformen sozialer Bewegungen, sondern vielmehr zur Erweiterung und Ergänzung ihres Spektrums. Es handelte sich um unterschiedliche Zeitschichten transnationaler Organisation, welche dem Wandel der dominanten Bilder gesellschaftlicher Ordnung jeweils entsprachen, aber nie völlig in ihnen aufging: von den Fortschrittsvorstellungen des klassischen Liberalismus, über den fordistischen und gesellschaftlicher Planung orientierten Vorstellungen von Modernisierung hin zu einem an der Metapher des „Netzwerks" orientierten Modell gesellschaftlicher Selbstorganisation.[25]

Neu waren solche transnationale Bewegungen freilich zu Beginn des neunzehnten Jahrhunderts nicht: während der Reformation, der Renaissance und der Aufklärung gab es schon derartige Bewegungen, die vor allem von intellektuellen Strömungen getragen wurden. Bedeutend für das neunzehnte Jahrhundert war, dass es sich um prononciert *national*-staatliche Grenzen überschreitende Bewegungen handelte. Auch nahm ihr Wachstum ab dem letzten Drittel des neunzehnten Jahrhunderts deutlich zu. So gab es 1874 32 transnationale Nichtregierungsorganisationen, am Vorabend des Ersten Weltkriegs

---

[22] *Mary A. Favret*, War at a Distance. Romanticism and the Making of Modern Wartime. Princeton 2009.
[23] *Stefan-Ludwig Hoffmann*, Democracy and Associations in the Long Nineteenth Century: Toward a Transnational Perspective, in: Journal of Modern History 75, 2003, S. 269–299.
[24] *F. S. L. Lyons*, Internationalism in Europe, 1815–1914. Leiden 1963.
[25] *Anselm Doering-Manteuffel*, Konturen von „Ordnung" in den Zeitschichten des 20. Jahrhunderts, in: Thomas Etzemüller (Hrsg.), Die Ordnung der Moderne. Social Engineering im 20. Jahrhundert. Bielefeld 2009, S. 41–64.

1914 schon 466, 1083 im Jahre 1944 und heute zwischen 1500 und 2000 solcher Organisationen.[26] Einen ersten Höhepunkt der Aktivitäten bildete die Zeit zwischen den 1880er und den 1930er Jahren. Das Wachstum nach 1945 war auch beträchtlich. Akira Iriye hat deshalb sogar für das zwanzigste Jahrhundert von einem „Jahrhundert der Nichtregierungsorganisationen" (NGOs) gesprochen.[27]

Neu für das letzte Drittel des neunzehnten Jahrhunderts waren außerdem die Grundlagen für diese Kooperation über die Grenzen hinweg. Die allmähliche Normierung von Zeit- und Raummaßen auf der Basis europäischer Vorstellungen, die zunehmende Medialisierung politischer Kommunikation und die Standardisierung von grenzüberschreitendem Handel und Verkehr sind nur die wichtigsten dieser Faktoren. Für die sozialen Bewegungen der sechziger, siebziger und achtziger Jahre ist diese Bedeutung schon recht gut erforscht. Für die Zeit vor 1945 mangelt es allerdings noch an quellenbasierten Studien, welche die Bedeutung dieser „mechanics of internationalism" systematisch für die Analyse von transnationalen Bewegungen im Rahmen der internationalen Geschichte fruchtbar macht.[28] Die Bedeutung der transnationalen Bewegungen lag darin, dass sie auf Grundlage dieser technischen Entwicklungen durch Kommunikation und Vernetzung über Nationalstaatsgrenzen hinweg zur Integration des internationalen Systems beitrugen.

Dabei lässt sich ein Wandel der Semantiken solcher transnationaler Bewegungen feststellen: Was heute als „transnational" bezeichnet wird, firmierte bis weit in die 1960er Jahre hinein noch als „international". Die Begriffe „international" und „Internationalismus" verwiesen vor allem auf den Rahmen, den die Bewegungen umgestalten wollten: es ging ihnen um den Wandel der Normen von internationaler Politik in ganz unterschiedlichen Bereichen. Transnationale Bewegungen (bzw. die verschiedenen Internationalen) stellten dabei die Mittel, Foren und Wege zur Verfügung, im Wettbewerb untereinander jeweils über Formen gesellschaftlicher Organisation, Mittel und Wege der Lösung politischer, gesellschaftlicher und internationaler Konflikte beizutragen. Sie fungierten damit oft als „norm entrepreneurs" im internationalen System, regten also Bildung neuer Normen an und dachten über ihre Umsetzung nach. Gerade war für viele Regierungen einerseits besonders hilfreich, machte die am Rande und jenseits der nationalstaatlichen Grenzen operierenden Bewegungen aber andererseits in einem internationalen System suspekt, das auf der Legitimität territorial organisierter Nationalstaaten beruhte.[29] Auch die radikalnationalistischen Bewegungen der Zwischenkriegszeit nutz-

---

[26] *Charles Chatfield*, Intergovernmental and Nongovernmental Associations to 1945, in: Smith/ders./Pagnucco (Hrsg.), Transnational Social Movements, S. 19–41, hier S. 21.
[27] *Akira Iriye*, A Century of NGOs, in: Diplomatic History 23, 1999, S. 421–435.
[28] Siege dazu *Martin H. Geyer/Johannes Paulmann* (Hrsg.), The Mechanics of Internationalism. Culture, Society and Politics from the 1840s to the First World War. Oxford 2001.
[29] *Martha Finnemore/Kathryn Sikkink*, International norm dynamics and political change, in: International Organization 52, 1998, S. 887–917; *Patricia Clavin*, Conceptualising Interna-

ten diese Foren und Wege im transnationalen Raum für ihre Zwecke aus, und es passte, dass ihre bevorzugte Form der gesellschaftlichen Organisation nicht der Nationalstaat, sondern das Imperium war. Seit den 1920er Jahren war der Begriff im Zusammenhang mit den ideologischen Debatten über Kommunismus und liberalen Internationalismus hochgradig ideologisch besetzt, was sich bis ins Zeitalter des Kalten Krieges fortsetzte.[30]

Im neunzehnten Jahrhundert fanden sich grob drei Gruppen solcher Internationalismen, die sich alle als „Korrektiv gegen normativen Minimalismus der Anarchie unter den Völkern und Staaten" verstanden.[31] Es gab viele Querverbindungen zwischen den verschiedenen Bewegungen, etwa wenn Frauen sich für Frieden engagierten, oder Arbeiterbewegungen an anti-militaristischen Kampagnen teilnahmen. Erstens finden sich verschiedene Spielarten eines direkt politischen Internationalismus, der oft an die Arbeiterbewegungen gekoppelt war, der aber gerade auch für den politischen Liberalismus – zu denken wäre hier etwa an die Kongresse liberaler Wissenschaftler – noch genauer zu erforschen wäre. Die Erste Internationale, von Karl Marx 1864 gegründet, und die Zweite Internationale sozialistischer Parteien, 1889 in Paris gegründet sind wohl die prominentesten Beispiele. Die frühere Forschung hat dabei vor allem auf den Widerspruch von Nationalismus und Internationalismus der Arbeiterbewegung verwiesen.[32] Die Bedeutung dieses Gegensatzes für den Internationalismus der Arbeiterbewegung im 20. Jahrhundert ist noch kaum erforscht. Auch fehlen Studien, welche die Erkenntnisse der bahnbrechenden Studien von James Joll und anderen für das neunzehnte Jahrhundert aktualisieren und systematischer die Bedeutung für die Normbildung in den internationalen Beziehungen zurückbinden. Die Geschichte des Anarchismus wäre in ihren globalen Vernetzungen aus dieser Perspektive ebenfalls neu zu vermessen, verweist doch seine Betonung von gesellschaftlicher Selbstorganisation auf eine Fundamentalkritik von Staatlichkeit als Grundlage der internationalen Beziehungen.[33] Auch für das zwanzigste Jahrhundert mangelt es an entsprechenden Arbeiten, obwohl transnationale Kooperationen im Bereich der Arbeiterbewegung für den Prozess der Dekolonisierung und für den Übergang zur Demokratie in Spanien und Portugal eine erhebliche Bedeutung hatten, die im Einzelnen noch empirisch

---

tionalism, in: Daniel Laqua (Hrsg.), Internationalism Reconfigured. Transnational Ideas and Movements between the world wars. London 2011, S. 1–14.
[30] *Peter Friedemann/Lucian Hölscher*, International, Internationale, Internationalismus, in: Otto Brunner/Werner Conze/Reinhart Koselleck (Hrsg.), Geschichtliche Grundbegriffe, Bd. 3. Stuttgart 1995, S. 367–397.
[31] *Jürgen Osterhammel*, Die Verwandlung der Welt. Eine Geschichte des 19. Jahrhunderts. München 2009, S. 725.
[32] *James Joll*, The Second International 1889–1914, 2. Aufl. London 1975; *Beverly J. Silver*, Forces of Labor: Workers' Movements and Globalization since 1870. Cambridge 2003.
[33] *Benedict Anderson*, Under Three Flags. Anarchism and the anti-colonial imagination. London 2005; *Susan Milner*, The Dilemmas of Internationalism. French Syndicalism and the Internationalism of the Labour Movement, 1900–1914. New York 1990.

nachzuweisen wäre.³⁴ Forschungen zu diesen Themenbereichen könnten etwa besonders auf Fragen der Legitimität von Gewalt in Gesellschaften und im internationalen System, auf Forderungen von politischer Repräsentation im Rahmen transnationalen Austauschs und auf die Bedeutung trans- und internationaler Verbindung von Konterrevolutionären in ihren Wechselwirkungen eingehen.³⁵

Eine zweite Gruppe von Internationalismen betonte vor allem innenpolitische Ziele, berief sich dabei aber nicht explizit auf Kategorien sozio-ökonomischer Ungleichheit, sondern auf biologische Kriterien und nutzte den transnationalen Raum – und transnationale Bewegungen – als Schutzraum vor nationalen Repressionen. So lassen sich etwa die Ursprünge der amerikanischen Frauenbewegung Mitte des neunzehnten Jahrhunderts ohne die Zerschlagung der zivilgesellschaftlichen Strukturen der europäischen Bewegungen im Gefolge der Revolutionen von 1830 und 1848 nicht angemessen erfassen.³⁶ Ziel der transnationalen Frauenassoziationen war es, über transnationale Bewegung die nationale politische Repräsentation für Frauen zu erreichen. Die Wechselwirkungen von solchen Debatten über Wahl- und Bürgerrechte für Frauen mit der internationalen Politik waren keineswegs eindeutig.³⁷ Die jüngere Forschung hat die Bedeutung solcher transnationaler Organisationen – als institutionelles Gedächtnis, als Informationsquelle, als zentraler Punkt in einem Netzwerk und als Lieferant wichtiger Argumente – gerade auch für Zeiten betont, zu denen man von einer Protestbewegung nicht sprechen kann. Sie verweist somit auf die *longue durée* des transnationalen Aktivismus innerhalb solcher Strukturen.³⁸

Eine Sonderstellung nahm der organisierte Pazifismus im neunzehnten Jahrhundert ein, die dritte Gruppe des Internationalismus. Denn ihm ging

---

³⁴ Mit einigen Hinweisen: *Bernd Rother*, Between East and West – social democracy as an alternative to communism and capitalism: Willy Brandt's strategy as president of the Socialist International, in: Leopoldo Nuti (Hrsg.): The Crisis of Détente in Europe. From Helsinki to Gorbachev, 1975–1985. London 2009, S. 217–229

³⁵ S. z. B. *Paul W. Schroeder*, The Transformation of European Politics, 1763–1848. Oxford 2004; *Laurent Dubois*, Avengers of the New World: The Story of the Haitian Revolution. Cambridge, MA 2004; *O. Arne Westad*, Cold War and revolution: Soviet-American rivalry and the origins of the Chinese Civil War, 1944–1946. New York 1993; *Fred Halliday*, Revolution and World Politics. The Rise and Fall of the Sixth Great Power. London 1999.

³⁶ *Margaret H. McFadden*, Golden Cables of Sympathy. The Transatlantic Sources of Nineteenth-Century Feminism. Lexington 1999; *Bonnie S. Anderson*, Joyous Greetings. The First International Women's Movement. New York 2000.

³⁷ S. z. B. *Karen Garner*, Shaping a Global Women's Agenda: Women, NGOs and Global Governance, 1925–85. Manchester 2010; *Francisca de Haan*, Hoffnungen auf eine bessere Welt: Die frühen Jahre der Internationalen Demokratischen Frauenförderation (IDFF/WIDF) (1945–1950), in: Feministische Studien 27, 2009, S. 241–257.

³⁸ *Leila J. Rupp*, Worlds of Women: The Making of an International Women's Movement. Princeton 1997; *dies.*, The Persistence of Transnational Organizing: The Case of the Hompophile Movement, in: American Historical Review 116, 2011, S. 1014–1039; *Linda K. Schott*, Reconstructing Women's Thoughts: The Women's International League for Peace and Freedom before World War II. Stanford 1997.

es nicht primär um politische Repräsentation, zumal sich Pazifisten über die Grenzen des Erfolgs im Zeitalter des Bellizismus keine Illusionen machten.[39] Vielmehr war es pazifistischen Organisationen darum zu tun, sich auf der Ebene des internationalen Systems für die Definition und Umsetzung von Normen stark zu machen, die Kriegsgräuel und Exzesse auf den Schlachtfeldern eindämmen sollten. Die Erfahrung der napoleonischen Kriege war deshalb für den frühen organisierten Pazifismus zentral.[40] Die Gründung des Internationalen Komitees vom Roten Kreuz (IKRK) in Genf im Jahre 1863 im Gefolge der Gewalterfahrungen im Krimkrieg verschaffte diesen Zielen einen weiten Resonanzraum. Dieses Komitee, von Genfer Bürgern um Henri Dunant und Carl Christian Reindorf gegründet, war das Resultat transnationaler Bewegungen im Kontext kolonialer Missionsbewegungen: Reindorf war Pastor der Baseler Missionskirche, der an der afrikanischen Goldküste stationiert gewesen war, sich gleichzeitig aber stark in der Genfer Bürgergesellschaft verankert sah. Ähnliches galt für den langjährigen Präsidenten des IKRK Gustave Moynier, der seine Aufgabe auch dazu nutzte, den Imperialismus des belgischen Königs Leopold II. propagandistisch zu unterfüttern.[41]

Die Gründung des IKRK bildete eine wichtige Grundlage für die Verstärkung von Netzwerken, die sich um die Einhegung des Krieges bemühten. Der Erfolg des Roten Kreuzes beruhte auf der Aufteilung einer zentralen Organisation mit Tochtergesellschaften in der Schweiz und in Europa. Das Komitee selbst war dafür zuständig, Nachrichten über Kriege zu sammeln und auf die Einhaltung der 1864 beschlossenen Genfer Konvention „zur Verbesserung des Loses der verwundeten Soldaten der Armeen im Felde" zu dringen. Die einzelnen Rotkreuzgesellschaften, die seit 1863 gegründet wurden, propagierten die Ideen zunächst in Europa und dann auch in anderen Teilen der Welt durch Freiwillige zu fördern.[42]

Vor dem Hintergrund einer gestiegenen Sensitivität für Fragen von Frieden und Krieg trafen sich seit 1889 Pazifisten jährlich zu internationalen Friedenskongressen. Schon lange vor Ausbruch des Ersten Weltkriegs bedienten sie sich an Kernelementen des Nationalismus, so dass der Zusammenbruch der Kongressbewegung (die in ihren Einzelheiten noch einer Erforschung harrt) nicht als das natürliche Resultat externer Faktoren zu interpretieren ist, sondern vielmehr selbst von den Pazifisten durch ihre national geprägten Interpretationen vorbereitet wurden. Das sollte aufgrund der oft normativ besetz-

---

[39] *Verdiana Grossi*, Le pacifisme européen 1889–1914. Brüssel 1994.
[40] *Martin Ceadel*, The Origins of War Prevention. The British Peace Movement and International Relations, 1730–1854. Oxford 1996.
[41] *Albrecht Wirz*, Die humanitäte Schweiz im Spannungsfeld zwischen Philanthropie und Kolonialismus: Moynier, Afrika und das IKRK, in: Traverse 5, Nr. 2, 1998, S. 95–111.
[42] *Dieter Riesenberger*, Für Humanität in Krieg und Frieden. Das Internationale Rote Kreuz 1863–1977. Göttingen 1992.

ten Betonung der „Transnationalität" der Friedensbewegung immer im Blick behalten werden.[43]

Entsprechend war auch nicht Abrüstung das Hauptziel der Pazifisten im neunzehnten Jahrhundert. Es ging ihnen vor allem um die Einrichtung eines internationalen Schiedsgerichtshofs. Dieser sollte Streitigkeiten zwischen den Nationalstaaten schlichten und auf die Einhaltung von Grundnormen des Völkerrechts dringen. Diese Fragen wurden auf zwei Konferenzen in Den Haag 1899 und 1907 diskutiert. Die Initiative zur ersten Konferenz ging – vor dem Hintergrund der Expansion der Vereinigten Staaten in Ostasien, der Expansion der großen Mächte in China sowie der Wahrnehmung der eigenen Schwäche, in dem Rüstungswettlauf mitzuhalten – pikanterweise vom autokratischen Russland aus.[44] Über ihre Teilnahme schrieben sich die pazifistischen Organisationen in den Zivilisierungsdiskurs jener Jahre ein und wirkten selbst an seiner Aufrechterhaltung mit: Völkerrechtliche Normen galten nur für die, welche ein entsprechendes Zivilisationsniveau erreicht hatten. Das Anrufen einer darauf basierenden weltweiten Gemeinschaft diente dazu, ein von den europäischen Mächten etabliertes Modell des Völkerrechts global zu etablieren.[45]

Im Gefolge der Erfahrungen der nationalsozialistischen Gewaltherrschaft und im Rahmen der politischen Kultur des Kalten Krieges wandelte sich der Pazifismus von bürgerlichen Vereinen hin zu sozialen Bewegungen, die „Frieden" nicht mehr unbedingt explizit benannten. Im Rahmen der ideologischen Auseinandersetzungen des Kalten Krieges war der Begriff „Friede" im Westen suspekt geworden, weil er als Mittel der sozialistischen Propaganda diente. Zugleich stand aufgrund der Demokratisierung politischer Systeme nach 1945 die Teilnahme pazifistischer Organisationen am Willensbildungsprozess nicht mehr so radikal in Frage, wie das etwa im neunzehnten Jahrhundert der Fall gewesen war.[46] Friedensbewegungen im Westen stellten ihre Forderungen auf den für die frühe Nachkriegszeit zentralen Begriff der „Sicherheit" um. Gerade deshalb blieben große Unterschiede in der nationalen Perzeption der von dem Rüstungswettlauf ausgehenden Gefahren bestehen.[47] Der kommunistische

---

[43] *Sandi E. Cooper*, Patriotic Pacifism. Waging War on War in Europe. New York 1991; *Annika Wilmers*, Pazifismus in der internationalen Frauenbewegung (1914–1920): Handlungsspielräume, politische Konzeptionen und gesellschaftliche Auseinandersetzungen. Essen 2008.
[44] S. dazu *Jost Dülffer*, Regeln gegen den Krieg. Die Haager Friedenskonferenzen 1899 und 1907 in der internationalen Politik. Frankfurt a. M. 1981 sowie den Beitrag von Jost Dülffer in diesem Band.
[45] S. *Jürgen Osterhammel*, Europe, the „West" and the civilizing mission, GHI London Annual Lecture. London 2005.
[46] *Holger Nehring*, Gewalt, Frieden und soziale Bewegungen. Hagen 2004.
[47] S. dazu *Holger Nehring*, Politics of Security. The British and West German Protests against Nuclear Weapons and the early Cold War. Oxford 2012; *ders.*, National Internationalists: British and West German Protests against Nuclear Weapons, the Politics of Transnational Communications and the Social History of the Cold War, 1957–1964, in: Contemporary European History 14, 2005, S. 559–582.

Weltfriedensrat – und die mit ihm verbundenen Mobilisierungen für den „Frieden" – ist bisher nur aus der Vogelperspektive erforscht.[48] Erst im Gefolge der Entspannungspolitik der späten sechziger und frühen siebziger Jahre diente „Frieden" auch im Westen wieder als zentraler Bewegungsbegriff. Hier sind die wechselseitigen Wahrnehmungen und Netzwerke zwischen östlichen und westlichen Friedensbewegungen im Zusammenhang der Geschichte der internationalen Bewegungen ein lohnenswertes Forschungsfeld.[49]

Auch für die Bewegungen gegen Atomwaffen, welche ab Mitte der fünfziger Jahre bis Mitte der sechziger und dann wieder von Mitte der 1970er bis Mitte der 1980er Jahre einen Höhepunkt der Mobilisierung erfuhren, lässt sich eine komplexe Wechselwirkungen zwischen Aktionen und internationalen Strukturen sehr gut erkennen.[50] Die beliebten Schablonen eines Wertewandels oder eines generationellen Protests erfassen sie nur unzureichend, gerade weil diese Interpretamente von den Wechselwirkungen zwischen Akteuren und Strukturen abstrahieren und die Aufmerksamkeit auf Intentionen lenken.[51] Zwar wandten sich die Bewegungen mit ihren Proteste gegen das nukleare Wettrüsten als einen zentralen Parameter des Kalten Krieges.[52] Doch griffen sie dabei gleichzeitig auf Interpretationsversuche zurück und operierten in Strukturen, welche sich direkt aus dem Kalten Krieg ergaben: So waren die frühen Proteste gegen Atomwaffen weiterhin von der Sehnsucht nach Sicherheit gekennzeichnet und teilten ebenso die anti-kommunistischen Vorbehalte der politischen Kulturen der westlichen Länder. Sie schrieben sich dadurch selbst in den Kalten Krieg ein und ermöglichten paradoxerweise das Leben mit der Bombe.

Erst auf der Grundlage eines neuen Verständnisses individuellen Handelns im Kontext internationalen Strukturen entstanden im Zuge der Debatten um die Stationierung neuer Nuklearwaffen in Europa Mitte der siebziger Jahre Bewegungen, welche sich dezidiert als Friedensbewegungen bezeichneten. Sie setzten sich nicht nur kritisch mit dem Modell der inneren und äußeren Sicherheit zusammen, wie es sich in den westeuropäischen Gesellschaften seit Ende des Zweiten Weltkriegs entwickelt hatte.[53] „Frieden" war dabei sowohl

---

[48] *Lawrence S. Wittner*, The Struggle against the Bomb, 3 Bde. Stanford 1995–2003.
[49] *Matthew Evangelista*, Unarmed Forces. The Transnational Movement to end the Cold War. Ithaca, NY 1999; *Wilfried Mausbach*, Vereint marschieren, getrennt schlagen? Die amerikanische Friedensbewegung und der Widerstand gegen den NATO-Doppelbeschluss, in: Philipp Gassert/Tim Geiger/Hermann Wentker (Hrsg.), Zweiter Kalter Krieg und Friedensbewegung: Der NATO-Doppelbeschluss in deutsch-deutscher und internationaler Perspektive. München 2011, S. 283–304.
[50] Vgl. die Synthese bei *Benjamin Ziemann*, A Quantum of Solace? European Peace Movements during the Cold War and their Elective Affinities, in: Archiv für Sozialgeschichte 49, 2009, S. 351–389.
[51] S. dazu *Holger Nehring*, „Generation" as political argument in West European Protest Movements in the 1960s, in: Stephen Lovell (Hrsg.), Generations in Twentieth-Century Europe. Basingstoke 2007, S. 57–78.
[52] S. *Nehring*, Politics of Security.
[53] *Eckart Conze*, Modernitätsskepsis und die Utopie der Sicherheit. NATO-Nachrüstung und Friedensbewegung in der Geschichte der Bundesrepublik, in: Zeithistorische Forschungen 7, 2010, S. 220–239.

das Ziel dieser Bewegung, sollte aber gleichzeitig durch die Bewegung selbst verwirklicht werden. Die Betonung von direkten gewaltfreien Aktionen wie Menschenketten und Sitzblockaden ergab sich direkt aus der Betonung von „Frieden" als Praxis der Bewegung.[54] Die Metaphorik des Friedens rief nicht nur christliche Traditionsbestände auf, die sich oftmals selbst der grenzüberschreitenden Diskussion zwischen protestantischen und katholischen Christen verdankte.[55] Sie verwies zugleich darauf, dass sich die Friedensbewegungen des Westens mit der offiziellen Friedensrhetorik des Ostens auseinandersetzten. Zwar haben neuere Forschungen systematischer versucht, die transnationalen Friedensbewegungen der westlichen Gesellschaften in Debatten über „die Moderne" in der Zeit nach dem Boom einzuordnen.[56] Noch fehlen jedoch Studien, welche auf der Basis von Quellen die Wechselwirkungen zwischen dem Wandel des internationalen Systems, den Wandlungen politischer Kulturen und dem Aktivismus transnationaler Friedensbewegungen herausarbeiten. Das wäre besonders deshalb geboten, weil einige der jüngsten Arbeiten – jenseits der Debatten über die Transnationalität der Friedensbewegungen der achtziger Jahre – gerade auf die konkrete Aneignung geographischer Orte und die Bedeutung des Raums für die Friedensbewegung verweisen.[57]

Jeder dieser drei Internationalismen, die sich grob um Arbeiterbewegung, Frauenbewegung und Friedensbewegung gruppieren lassen, folgte einer eigenen temporalen Logik, die sich nicht direkt an die säkularen Zäsuren anschließt. Gerade darin liegt der Reiz einer Geschichte von transnationalen Bewegungen im Rahmen der internationalen Beziehungen. Weil der Blick hierauf den Blick auf das Entstehen und die Persistenz von Normen lenkt, lassen sich über die verschiedenen Chronologien neue Erkenntnisse über den Hintergrund von Stabilität und Wandel des internationalen Systems ganz allgemein gewinnen. Das gilt besonders für die Vorgeschichte von Völkerbund und Vereinten Nationen, die auch Auswirkungen auf innergesellschaftliche Normierungsvorgänge wie etwa das Arbeits- und Migrationsrecht hatten.[58] Umgekehrt lässt sich so auch die Bedeutung des Völkerbundes und der Vereinten Nationen neu bewerten. Nach 1919 erhielten die verschiedenen Inter-

---

[54] S. *Benjamin Ziemann*, The Code of Protest. Images of Peace in the West German Peace Movements, 1945–1990, in: Contemporary European History 17, 2008, S. 237–261.

[55] *Daniel Gerster*, Von Pilgerfahrten zu Protestmärschen? Zum Wandel des katholischen Friedensengagements in den USA und der Bundesrepublik Deutschland 1945–1990, in: Archiv für Sozialgeschichte 51, 2011, S. 311–342; *Jan-Ole Wiechmann*, Der Streit um die Bergpredigt. Säkulare Vernunft und religiöser Glaube in der christlichen Friedensbewegung der Bundesrepublik Deutschland (1977–1984), in: ebd., S. 343–374.

[56] S. *Philipp Gassert*, Viel Lärm um Nichts? Die Debatte um den NATO-Doppelbeschluss als Katalysator gesellschaftlicher Selbstverständigung in der Bundesrepublik, in: ders./Geiger/Wentker (Hrsg.), Zweiter Kalter Krieg, S. 175–202.

[57] *Susanne Schregel*, Der Atomkrieg vor der Wohnungstür. Eine Politikgeschichte der neuen Friedensbewegung in der Bundesrepublik, 1970–1985. Frankfurt a. M. 2011.

[58] Als Beispiel *J. M. Moses*, Foreign Workers and the Emergence of Minimum International Standards for the Compensation of Workplace Accidents, 1880–1914, in: Journal of Modern European History 7, 2009, S. 219–239.

nationalen mit dem Völkerbund die zentrale Anlaufstelle. Das brachte nicht nur transnationale Bewegungen aus dem Nicht-Mitgliedstaat USA in Kontakt mit dieser internationalen Organisation und mit anderen Mitgliedern. Die Bewegungen benutzten oft auch die Vereinten Nationen als Argument für innergesellschaftliche Debatten und nahmen zugleich an der Ausformung internationaler Normen teil, indem sie bei den Vereinten Nationen vorstellig wurden.[59] Diese Funktion übernahmen nach 1945 die Vereinten Nationen.[60] Grundlage für diese transnationalen Vernetzungen war oft die Annahme einer unterschiedlich (oft auch exklusiv) definierten „Menschheit" oder „Weltgesellschaft", aus der dann die Kriterien für ein „humanitäres Engagement" abgeleitet wurden.[61] Dabei ist der Begriff „humanitär" nur scheinbar inklusiv. Er bleibt bis heute an Vorstellungen westlich-europäischer Zivilisierungsmissionen zurückgebunden und birgt durch seine Absolutheit beträchtliche Exklusionspotenziale in sich.[62]

Erst seit Anfang der sechziger Jahre begannen einige transnationale Bewegungen im Zuge der Entwicklungen des Kalten Krieges – und des gestiegenen Bewusstseins für den globalen Charakter des Kalten Krieges – von „Menschheit" auf „Solidarität" umzustellen. „Solidarität" hieß dabei die transnationale Unterstützung von meist national orientierten Kampagnen im Zuge der Dekolonisation.[63] Die verschiedenen Internationalismen aus dem neunzehnten Jahrhundert erfuhren so spätestens seit Ende der sechziger Jahre eine Bündelung und Konzentration. Es entstanden Bewegungen, die sich auf die Menschenrechtscharta der Vereinten Nationen, der Menschenrechtscharta des Europarats und seit Mitte der siebziger Jahre auf die Charta der Grundrechte aus dem Zusammenhang der Konferenz für Sicherheit und Zusammenarbeit in Europa beriefen.

Aus ideengeschichtlicher Perspektive lässt sich die Idee der Menschenrechte zwar auf die Aufklärung und die Französische Revolution zurückverfolgen. Und es gab mit der Bewegung zur Abschaffung der Sklaverei und dem Roten

---

[59] *Susan Pedersen*, The Meaning of the Mandates System: An Argument, in: Geschichte und Gesellschaft 32, 2006, S. 560–582; *Stephanie A. Limoncelli*, The Politics of Trafficking: The first international movement to combat the sexual exploitation of women. Stanford 2010. S. auch das Kapitel von Madeleine Herren in diesem Band.

[60] *Jan Eckel*, Utopie der Moral, Kalkül der Macht. Menschenrechte in der globalen Politik seit 1945, in: Archiv für Sozialgeschichte 49, 2009, S. 437–484. S. auch den Beitrag von Matthias Schultz in diesem Band.

[61] *Lyons*, Internationalism, S. 263.

[62] *Osterhammel*, Verwandlung der Welt, S. 1173–1238. Für den Kalten Krieg: *Christina Klein*, Cold War Orientalism: Asia in the Middlebrow Imagination 1945–1961. Berkeley 2003. Dies übersieht *Akira Iriye*, Global Community. The Role of International Organizations in the Making of the Contemporary World. Berkeley 2004.

[63] *Todd Shepard*, Algeria, France, Mexico, UNESCO: A Transnational History of Anti-Racism and Decolonization, in: Journal of Global History 6, 2011, S. 273–297; *Rob Skinner*, The Foundations of Anti-Apartheid. Liberal Humanitarians and transnational activists in Britain and the United States, c. 1919–64. Basingstoke 2010; *Quinn Slobodian*, Foreign Front: Third World Politics in Sixties West Germany. Durham, NC 2012.

Kreuz wichtige Vorläufer dieser Bewegungen. Vorläufer für derartige transnationale Kampagnen gab es auch schon in der frühen Nachkriegszeit, etwa wenn sich Bewegungen gegen das Apartheid Regime schon während der fünfziger und frühen sechziger Jahre „Menschenrechte" als Argument angeführt hatten.[64] Doch lässt sich der von diesen Bewegungen verwendete Begriff von Menschenrechten, wie er ab Ende der sechziger Jahre gebraucht wurde, ohne die Erfahrung von Krieg und Gewalt im Zusammenhang mit dem nationalsozialistischen Genozid und ohne den Bezug auf bestimmte Rechte demokratischer Partizipation nicht verstehen.[65] Menschenrechte dienten als Ersatz für den Begriff einer homogenen „Menschheit" und waren verbunden mit der Forderung nach Solidarität mit jenen, denen diese Rechte noch nicht zu teil wurden. Sie entwickelten sich zu einer Grundnorm der internationalen Beziehungen im Gefolge der Entspannungspolitik und wirkten auch auf ihre Konzeptionalisierung zurück.[66] Auch für die Menschenrechtspolitik sollte das Exklusionspotenzial nicht vernachlässigt werden. Es schwangen sehr oft weiterhin Ideen von „Zivilisation", Unterschieden zwischen den Geschlechtern und oft auch ethnische Stereotypen mit. Das galt besonders dann, wenn diese Menschenrechte im Zusammenhang mit Forderungen nach nationaler oder ethnischer Repräsentation zur Anwendung kamen.[67] Mark Mazower hat eindrucksvoll belegt, wie sich ein wichtiger Strang der Menschenrechtsbewegung direkt aus imperialen, rassistischen und Vorstellungen sozial homogener Gesellschaften der Zwischenkriegszeit speiste, gerade weil diese Ideen die für die Neuordnung des internationalen Systems nach 1945 im Angesicht des aufziehenden Kalten Krieges so schwierige Frage des Nationalstaats ausklammerte.[68]

Die Forschungen zu anti-kolonialen Befreiungsbewegungen und anderen sozialen Bewegungen im Zusammenhang mit dem Imperialismus haben diese Ambivalenzen und Paradoxien transnationaler Bewegungen auch in anderen Zusammenhängen besonders deutlich herausgearbeitet. Der Fokus auf transnationale Bewegungen erlaubt hier, das komplexe Wechselspiel zwischen ganz verschiedenen Akteuren auf lokaler, regionaler, nationalstaatlicher und globa-

---

[64] *Tom Buchanan*, „The Truth will set you free": The Making of Amnesty International, in: Journal of Contemporary History 32, 2002, S. 575–597.

[65] *Samuel Moyn*, The Last Utopia: Human Rights in History. Cambridge, MA 2010; *Jean H. Quaetart*, Advocating Dignity. Human Rights Mobilizations in Global Politics. Philadelphia 2009.

[66] *Sarah B. Snyder*, Human Rights Activism and the end of the Cold War. A Transnational History of the Helsinki Network. Cambridge 2011.

[67] *Stefan-Ludwig Hoffmann* (Hrsg.), Moralpolitik. Geschichte der Menschenrechte im 20.Jahrhundert. Göttingen 2010; *Lora Wildenthal*, Human Rights Activism in Occupied and Early West Germany: The Case of the German League for Human Rights, in: Journal of Modern History 80, 2008, S. 515–556.

[68] *Mark Mazower*, No enchanted palace. The End of Empire and the origins of the United Nations. Princeton 2009; ders., The Strange Triumph of Human Rights, 1933–1950, in: Historical Journal 47, 2004, S. 379–398; *Glenda Sluga*, Unesco and the (one) world of Julian Huxley, in: Journal of World History 21, 2010, S. 393–418.

ler Ebene in den Blick zu bekommen und so auch die Inklusions- und Exklusionsdynamiken, die alle modernen Gesellschaften kennzeichnen in ihrer Bedeutung für die internationale Politik zu vermessen.[69] Frederick Cooper hat etwa argumentiert, dass die Bewegung gegen Sklaverei nicht eindeutig in einen anti-kolonialen und humanitären Kontext einzuordnen ist. Vielmehr verbarg die von der im England des späten achtzehnten und frühen neunzehnten Jahrhunderts entstehenden Bewegung mit der Sprache des Humanitarismus bestimmte, vor allem wirtschaftliche Exklusionsprozesse. Letztlich handelte es sich bei der Bewegung gegen die Sklaverei um eine transnationale Bewegung, welche die Bedeutung bestimmter kapitalistischer Modelle im Rahmen des internationalen Systems auf die Tagungsordnung setzte und durch die Anbindung an humanitäre Ziele eine solche Resonanz erfahren konnten. Im Grunde war dies eine Debatte über den moralischen Status von Lohnarbeit im Rahmen des Kapitalismus, dessen konkrete Form gerade zu jener Zeit umstritten war und von den Befürwortern von Sklaverei abgestritten wurde. Wegen der binären Codierung der Kampagne – verdammenswerte Sklaverei hier, Fortschritt der Menschheit dort – gerät leicht in Vergessenheit, dass mit der Abschaffung der Sklaverei in den britischen Kolonien im Jahre 1834 zugleich neue Abhängigkeiten im Zusammenhang mit der Arbeitsdisziplin des Kapitalismus geschaffen und gerechtfertigt wurden.[70]

Zu den transnationalen Bewegungen zählten ferner die Nationalbewegungen des neunzehnten Jahrhunderts und die radikal-nationalistischen Bewegungen der zwanziger Jahre sowie Bewegungen, die sich für regionale, auf der Macht von Imperien beruhenden Zusammenschlüsse einsetzten und die wir vor allem nach dem Ersten Weltkrieg im Gefolge von der Forderung von Woodrow Wilson nach nationaler Selbstbestimmung beobachten können.[71]

---

[69] Das Standardwerk ist weiterhin *John L./Jean Comaroff*, Of Revelation and Revolution, 2 Bde. Chicago 1991/97.

[70] *Frederick Cooper*, Networks, moral discourse, and history, in: Thomas Callaghy/Ronald Kassimir/Robert Latham (Hrsg.), Intervention & Transnationalism in Africa. Global-Local Networks of Power. Cambridge 2001, S. 23–46, hier S. 27–36; *Ulrike Lindner*, Koloniale Begegnungen: Deutschland und Großbritannien als Imperialmächte in Afrika 1880–1914. Frankfurt a. M. 2011. Als Beispiele s. *Kevin Grant*, A Civilised Savagery. Britain and the New Slaveries in Africa, 1884–1926. London 2005; *Amalia Ribi*, Humanitarian Imperialism. A History of Anti-Slavery Activism, 1880–1940. Oxford 2010; *Liisa Malkii*, Citizens of Humanity: Internationalism and the Imagined Community of Nations, in: Diaspora 3, 1994, S. 41–68; *Andreas Eckert*, Afrikanische Aktivisten und Intellektuelle in Europa und die Dekolonisierung Afrikas, in: Geschichte und Gesellschaft 37, 2011, S. 244–274; *Penny M. von Eschen*, Race Against Empire: Black Americans and Anticolonialism, 1937–1957. Ithaca, NY 2001.

[71] *Osterhammel*, Welt, S. 722–723; *Sven Reichhardt*, Faschistische Kampfbünde. Gewalt und Gemeinschaft im italienischen Squadrismus und in der deutschen SA. Köln 2002; *Robert Gerwarth*, The Central European Counterrevolution: Paramilitary Violence in Germany, Austria and Hungary after the Great War, in: Past and Present 200, 2008, 175–209; *Andrea Mammone*, The transnational reaction to 1968: Neo-fascist national fronts and political cultures in France and Italy, in: Contemporary European History 17, 2008, S. 213–236; *Sebastian Conrad/Dominic Sachsenmaier* (Hrsg.), Competing Visions of World Order. Global Moments and Movements, 1880s–1930s. New York/Basingstoke 2007; *Erez Manela*, The Wilsonian Moment. Self-Deter-

Diese Bewegungen fanden im transnationalen Raum einen Resonanzboden, welcher ihnen im Rahmen einer durch Parlament und politische Parteien dominierten Innenpolitik gerade nicht zukam. Sie standen dabei in einem komplexen Verhältnis zur jeweiligen Innenpolitik, weil sie diese in der Form und dem Inhalt nach transzendierten, sich aber gleichzeitig erst über ihren Bezug auf die jeweils nationale Politik erst definierten: Aus der Sichtbarkeit jenseits des Nationalstaats leiteten sie direkt die politische Macht innerhalb der Nation ab. Aus dieser Perspektive kommt dann auch in den Blick, dass viele der Kategorien der europäischen Politik über die Auseinandersetzung mit diesen Bewegungen direkt auf koloniale und post-koloniale Kontexte verweisen. Und umgekehrt sind zentrale Interpretamente der europäischen Geschichte des neunzehnten und zwanzigsten Jahrhunderts sogar in jenen Gesellschaften nicht ohne Bezug auf die koloniale Vergangenheit zu verstehen, die selbst wenig oder gar keine kolonialen Erfahrungen sammeln konnten.[72] Wie rassistische und radikalnationalistische Bewegungen versuchten, den Raum zwischen den Nationalstaaten zu nutzen, bleibt deshalb ein zentrales Thema für die weitere Forschung. Diese Seite des Transnationalismus würde dann auch Schlüsse über die Ambivalenzen nationaler gesellschaftlicher Ordnungsmodelle im Rahmen der europäischen und globalen Geschichte des zwanzigsten Jahrhunderts erlauben.[73] Auch viele derjenigen Kategorien, welche Protestbewegungen nach 1945 in den europäischen Kontext einführten, speisten sich aus dem ideengeschichtlichen Reservoir von Zivilisierungsmissionen, wie eine an die Diskussionen des Postkolonialismus anschließende Analyse transnationaler Bewegungen zeigen könnte.

Im Rahmen einer Geschichte transnationaler Bewegungen innerhalb der internationalen Geschichte sollten auch die verwendeten Kategorien reflektiert werden. Andrew Zimmermann hat gezeigt, wie Max Webers Definition von „Kultur", welche er in direkter Auseinandersetzung mit der Praxis der Rassentrennung in den Vereinigten Staaten zu Beginn des zwanzigsten Jahrhunderts entwickelte, selbst Vorstellungen ethnischer Homogenität in die Sozialwissenschaft einführte, die durch die Interaktion über Netzwerke erst ihre Bestätigung erfuhr.[74] Eine solche Perspektive könnte auch zeigen, dass die vom Politikwissenschaftler Fred Halliday eingeführte Unterscheidung zwischen

---

mination and the International Origins of Anticolonial Nationalism. New York 2007; *Selcuk Esenbel*, Japan's Global Claim to Asia and the World of Islam: Transnational Nationalism and World Power, 1900–1945, in: American Historical Review 109, 2004, S. 1140–1170; *Hasan Kayali*, Arabs and Young Turks: Ottomanism, Arabism and Islamism in the Ottoman Empire, 1908–1918. Berkeley 1997; *Carolien Stolte/Harald Fischer-Tiné*, Imagining Asia in India: Nationalism and Internationalism (ca. 1905–1940), in: Comparative Studies in Society and History 54, 2012, S. 65–92.

[72] S. dazu brillant für die frühe Neuzeit *Serge Gruzinski*, Les quatre partie du monde. Histoire d'une mondialisation. Paris 2004.
[73] S. beispielhaft *Gary Wilder*, The French imperial Nation-State. Negritude and Colonial Humanism between the two world wars. Chicago 2005.
[74] *Andrew Zimmermann*, Decolonizing Weber, in: Postcolonial Studies 9, 2006, S. 53–79.

dem „liberalen Internationalismus" der Bürgergesellschaft, dem „revolutionären Internationalismus" der Arbeiterbewegung und einem „hegemonialen Internationalismus" im Kontext imperialer Formationen allenfalls analytisch tragbar ist.[75] In der Praxis überschnitten sich Inklusion und Exklusion im Rahmen der sozialen Organisationsformen, der Protestpraktiken und auch der Semantik, Rhetorik und dem ideengeschichtlichen Gehalt öfter, als es diese saubere begriffliche Trennung zwischen diesen drei Formen von Internationalismus nahelegt.

Strukturen und Akteure: Transnationale soziale Bewegungen in der internationalen Geschichte

Die historische Analyse transnationaler Bewegungen zeigt also, wie die Kategorien von Innen- und Außenpolitik durch von transnationalen Bewegungen angeregte Debatten über Souveränität, Territorialität, aber auch in transnationalen Diskussionen darüber, was jeweils politisch gesagt und gemacht werden konnte, überhaupt erst entstanden. Berücksichtigt man diesen Grundtatbestand, lässt sich eine Geschichte transnationaler Bewegungen schreiben, welche die komplexen Wechselwirkungen zwischen lokalen und nationalen Kontexten und transnationalen Bewegungen zum Zentrum der Analyse macht und dadurch Grundannahmen der Strukturen des internationalen Systems – etwa die Bedeutung von Nationalstaaten als seine Kernbestandteile – zu historisieren hilft.[76] Gerade der transnationale Blick kann dazu beitragen, unser Bewusstsein über die komplizierten Beziehungen zwischen gesellschaftlichen Mobilisierungen, Demokratie und internationaler Ordnung zu schärfen. Besonders Sozialhistorikerinnen und -historiker wären dabei gut beraten, nicht nur über die Bedeutung gesellschaftlicher Strukturen und Ordnungsentwürfe zu diskutieren, sondern auch die Bedeutung der Strukturen des internationalen Systems entsprechend zu würdigen. Zugleich gilt es, die klassischen Themen – zur Internationale der Arbeiterbewegung, zum transnationalen Pazifismus und zur Frauenbewegung – mit diesem methodischen Instrumentarium neu zu bewerten. Dabei wird es wichtig sein, jeweils die konkreten Möglichkeiten und Grenzen des gesellschaftlichen Aktivismus über nationalstaatliche Grenzen hinweg aufzuzeigen.

Wollen wir also die Bedeutung transnationaler Bewegungen im Zusammenhang der internationalen Geschichte analysieren, müssen wir deshalb auch immer die Wirklichkeit konstituierende Kraft solcher Ideen des Transnationalen mitdenken. Transnationale Bewegungen waren immer Grenzphänomene.

---

[75] *Fred Halliday*, Three Concepts of Internationalism, in: International Affairs 64, 1988, S. 187–198.
[76] Vgl. *Andreas Wimmer/Nina Glick Schiller*, Methodological Nationalism and Beyond: Nation-state building, migration and the social sciences, in: Global Networks 2, 2002, S. 301–334.

So lagen die Bewegungen, was ihr Demokratieverständnis, ihre Vernetzung und ihre globale Rhetorik anging, jenseits der jeweils hegemonialen politischen Ordnung, waren aber dennoch in sie eingebunden. Sie waren also so wie „der Fremde" aus der Soziologie Georg Simmels Irritationen der oftmals national definierten Gesellschaftsordnungen und gewannen genau daraus ihren für viele Zeitgenossen so irritierenden Charakter.[77] Zugleich aber reproduzierten sie wichtige Interpretamente der jeweiligen politischen Kulturen. Einige der Annahmen, welche politikwissenschaftliche, soziologische und historische Arbeiten zu sozialen Bewegungen geprägt haben, erweisen sich somit selbst als Produkte jener Ereignisse und Prozesse, die sie eigentlich erklären sollen. Dass wir zu Beginn des 21. Jahrhunderts die Geschichte von transnationalen Bewegungen schreiben, ist damit selbst eine der handfesten Wirkungen dieser Bewegungen und ihrer politischen Projekte.

---

[77] *Georg Simmel*, Soziologie. Untersuchungen über die Formen der Vergesellschaftung. Frankfurt a. M. 1992, S. 764–771.

Jörg Fisch
Völkerrecht

1. Macht und Recht

Wer sich in den letzten Jahrzehnten des 20. Jahrhunderts der Geschichte der internationalen Beziehungen und des Völkerrechts zuwandte, erntete von beiden beteiligten Disziplinen, der Geschichts- wie der Rechtswissenschaft, nur begrenztes Interesse, wenn vielleicht auch aus unterschiedlichen Gründen. Das Studium der Geschichte der internationalen Beziehungen blickte zwar auf eine große Tradition zurück, ja es hatte sogar, zumindest im mächtigen Rankeschen Traditionsstrang, innerhalb der Historie lange Zeit die dominante Richtung gebildet. Doch diese wurde nun, nach Ländern gestaffelt, sukzessive von stärker innenpolitisch orientierten Themen überlagert. Internationale Beziehungen galten als eine Frage des Faktischen, nicht des Rechts. Wer sich mit ihnen beschäftigte, hatte mit Machtverhältnissen zu tun, nicht mit Ansätzen zu einer rechtlichen Ordnung der Welt. Das Völkerrecht und seine Geschichte wiederum waren Gegenstand der Rechtswissenschaft und damit einer systematischen, themenbezogenen Disziplin, deren geschichtliche Komponente der politischen seit jeher klar nachgeordnet gewesen war. Der Geltungsanspruch des Völkerrechts beruhte weniger auf seiner Geschichte oder auf Tradition, als auf der zugrundeliegenden Macht der Beteiligten. Die Geschichte bildete eher einen stereotypisierten Anhang dazu, bei dem sich wieder zwei Aspekte unterscheiden ließen. Den ersten bildete die Dogmengeschichte. Sie hatte traditionell im 17. Jahrhundert mit Grotius als „Vater" des Völkerrechts eingesetzt. Später verlegten manche Autoren ihren Beginn um ein Jahrhundert bis zu den vorwiegend spanischen Spätscholastikern zurück, während nur wenige versuchten, die Anfänge bis ins Mittelalter, in die Antike oder gar in den Alten Orient zurückzuverfolgen. Den zweiten Hauptaspekt der Völkerrechtsgeschichte bildete eine Geschichte der internationalen Beziehungen, die als Praxis des Völkerrechts erschienen.

In den folgenden Überlegungen sollen diese beiden Aspekte miteinander verbunden werden, unter der Fragestellung: wie wird aus internationalen Beziehungen Völkerrecht oder, noch einfacher: wie wird aus Machtverhältnissen Recht, und zwar eine besondere Form von Recht. Dieser Fragestellung scheint eine Teleologie zugrunde zu liegen, die besagt, dass die Macht die Tendenz hat, sich in Recht umzuwandeln und dass das Ziel der Geschichte in einem Weltstaat oder in einer Weltföderation liegt. Eine solche Teleologie liegt in der Tat der heutigen raschen und umfassenden Ausweitung des Völkerrechts zu einer Art Weltrecht häufig zumindest implizit zugrunde. Sie braucht aber nicht übernommen zu werden. Rückschläge für das Recht sind nicht nur denkbar, sondern verbreitet; neben Vorgängen der Verrechtlichung stehen immer auch wieder solche der Entrechtlichung.[1]

Wie ist eine Umwandlung von zwischenstaatlichen Machtverhältnissen in allgemein akzeptierte Rechtsverhältnisse zu denken? Und in welchem Verhältnis zur Geschichte steht die Herausbildung solcher Rechtsverhältnisse? Ein entsprechender Wandel in den internationalen Verhältnissen war die Voraussetzung für die Überwindung eines weitgehenden Stillstands in der Entwicklung der Völkerrechtsgeschichte während langer Perioden des 20. Jahrhunderts. Die damit verbundenen Vorgänge sollen hier an einem bis in das 16. Jahrhundert zurückreichenden Beispiel, nämlich der europäischen Sicht auf die außereuropäischen Gebiete, betrachtet werden. Dabei wird gezeigt, wie Rechtlosigkeit (beziehungsweise ein bloßes Recht des Stärkeren) sich im Lauf der Zeit zu einem ziemlich rigiden Recht auf Erhaltung des territorialen Besitzstands wandelte, das schließlich auch seine eigene wissenschaftliche Bearbeitung freisetzte. Ergänzt wird diese Herausbildung neuen Rechts durch die besondere Betonung des Aspekts der Geschichte im Völkerrecht, weil dieses, im Unterschied zu den systematischen innerstaatlichen Rechtsdisziplinen, angesichts der Souveränität seiner Subjekte keinen Kanon kennt. Damit hängt zusammen, dass das Völkerrecht überwiegend ein Recht des Schwächeren ist. Die Geschichte des modernen Völkerrechts wird so zur Geschichte einer umfassenden, aber nicht geplanten permanenten Umwandlung und räumlichen Ausdehnung. Während im innerstaatlichen Recht der systematische Aspekt überwiegt, ist es im zwischenstaatlichen, internationalen oder Völkerrecht der historische. Innerstaatliches Recht ist hierarchisch und beruht auf der Unterordnung seiner Subjekte, während das Völkerrecht koordinierend ist, indem es auf der Gleichstellung seiner Subjekte beruht.

2. Die Dialektik von Herrenlosigkeit und Okkupationsverbot

Aus der räumlichen Begrenztheit der Erde, die sich am deutlichsten in ihrer Kugelgestalt manifestiert, ergibt sich der Möglichkeit nach ein Konflikt um die Verteilung der Erdoberfläche. Solange der zur Verfügung stehende Raum den Bedürfnissen der Menschen genügt oder für genügend gehalten wird, ist eine Verteilung nach dem Prinzip der Herrenlosigkeit nicht nur denkbar, sondern auch praktikabel: Land, und damit ein Stück der Erdoberfläche, gehört demjenigen, der es zuerst in Besitz nimmt. Damit ist der Zustand der Herrenlosigkeit beendet. Diesen als Rechtszustand zu bezeichnen, fällt zumindest so lange schwer, als nicht gewisse Kriterien etabliert werden, die für eine einigermaßen gleiche, wenigstens die Subsistenz aller Beteiligten und Interessierten

---

[1] Vgl. *Florian Pfeil*, Globale Verrechtlichung. Global Governance und die Konstitutionalisierung des internationalen Rechts. Baden-Baden 2011.

ermöglichende Verteilung sorgen. In der Praxis allerdings erfolgt diese in der Regel weniger nach Bedürfnissen und Gleichheitskriterien als nach den Machtverhältnissen.[2]

Man kann in einem solchen Zusammenhang also, wenn überhaupt, nur mit besonderen Vorbehalten von einem Recht sprechen, das dann zur Grundlage eines Völkerrechts und damit später auch zu einem Bestandteil der Völkerrechtsgeschichte würde, denn das eigentliche Fundament, das über die Landverteilung entscheidet, ist dabei das Recht des Stärkeren. Versteht man unter Recht nur Verfahrensregeln, unter Ausklammerung der Frage nach Gerechtigkeit, so ist immerhin ein klares Vorgehen möglich. Diese Prinzipien, unterstützt durch zusätzliche Rechtfertigungsgründe unterschiedlicher Art, etwa Notwehr oder Verteilungsgerechtigkeit oder Wiederherstellung eines früheren Zustands, galten für die Europäer auch noch zu Beginn ihrer überseeischen Expansion. Die davon in Übersee Betroffenen hatten kaum Gelegenheit, und waren noch weniger darauf vorbereitet, über die traditionellen naturrechtlichen Grundsätze hinaus Rechtsprinzipien zur Abwehr europäischer Ansprüche zu entwickeln. Die Europäer rechtfertigten ihre Expansion formell zwar gegenüber den Angegriffenen. Dabei konnte es zu schon geradezu kuriosen Verfahren kommen, indem etwa die Spanier im 16. Jahrhundert in Amerika vor den Angegriffenen eine Erklärung (*Requerimiento*) verlasen, die ihr Recht auf die beanspruchten Gebiete begründete.[3] In Wirklichkeit aber richteten sich solche und ähnliche Rituale gegen die Konkurrenten, und das waren vorwiegend europäische Staaten. Die europäische Eroberung der Welt war eine ausgesprochen wettbewerbsorientierte Angelegenheit innerhalb einer Gruppe starker europäischer Mächte, keine Schaffung eines beinahe die ganze bekannte Welt umfassenden Universalreiches wie in Rom oder in China.

Die Wirklichkeit war freilich vielgestaltiger. Die europäische Expansion war keineswegs nur eine Angelegenheit der Unter-, sondern auch der Gleichordnung: schon früh und in rasch zunehmendem Ausmaß schlossen die Europäer mit ihren überseeischen Kontrahenten, aber auch mit ihren dortigen Bundesgenossen Verträge auf dem Fuße grundsätzlicher Gleichheit. Materiell mochten solche Abkommen höchst ungleich sein, wie insbesondere ostasiatische Staaten später mit ihrem Kampf und ihrer Polemik gegen die sogenann-

---

[2] Ausführlicher, auch zum Folgenden: *Jörg Fisch*, Die europäische Expansion und das Völkerrecht. Die Auseinandersetzungen um den Status der überseeischen Gebiete vom 15. Jahrhundert bis zur Gegenwart. Stuttgart 1984; *Gerrit W. Gong*, The standard of civilization in international society. Oxford 1984; *Anthony Anghie*, Imperialism, sovereignty and the making of international law. Cambridge 2005.

[3] Gedruckt u. a. bei *Silvio Zavala*, Las instituciones jurídicas en la conquista de América, Mexiko ²1971, S. 215–217. In deutscher Übersetzung bei *Mariano Delgado* (Hrsg.), Gott in Lateinamerika. Texte aus fünf Jahrhunderten. Ein Lesebuch zur Geschichte. Düsseldorf 1991, S. 72–74; vgl. ebd. S. 74–85; *István León-Borja*, Art. Requerimiento, in: J. Michael Francis (Hrsg.), Iberia and the Americas. Culture, politics, and history: a multidisciplinary encyclopedia 3. Santa Barbara 2006, S. 903 f.; *Benno Biermann*: Das Requerimiento in der Spanischen Conquista, in: Neue Zeitschrift für Missionswissenschaft 6, 1950, S. 94–114.

ten ungleichen Verträge monierten. Doch diese Figur der Ungleichheit fand sich auch in innereuropäischen Abkommen. Und sie unterschied sich allemal von einer bloßen Unterwerfung.[4] Rechtfertigungen und Begründungen für Gebietsansprüche europäischer Staaten, die über das bloße Recht des Stärkeren hinausgingen, waren zwar im 15./16. Jahrhundert nicht neu. Aber sie waren bis dahin selten und wenig elaboriert. Sie waren vor allem im Kirchenrecht für den Kampf gegen Ungläubige (worunter im wesentlichen Muslime zu verstehen waren) gebildet worden und liefen auf ein Recht zur Rückeroberung ehemals christlicher Gebiete hinaus. Das Verdienst, die damit verbundenen Fragen in umfassender Weise erörtert zu haben, kommt der spanischen Spätscholastik im 16./17. Jahrhundert zu. Sie konnte ihrerseits mit der Bereitschaft von Teilen der Regierung und der Bürokratie rechnen, bei Eroberungen in Übersee gewisse rechtliche – und damit einschränkende – Bedingungen zu erfüllen. Das diente nicht nur der Beruhigung des eigenen Gewissens, sondern auch der Stärkung der eigenen Besitztitel gegenüber der europäischen Konkurrenz.

Auch wenn die Begründungen nur unter Vorbehalten erfolgten und die westeuropäische Konkurrenz die spanischen Ansprüche zurückwies, so gingen die von der Doktrin aufgestellten Anforderungen für legitimen Gebietserwerb doch weit über die bloße Berufung auf ein Recht des Stärkeren hinaus. Die Okkupation überseeischer Territorien erhielt in zunehmendem Maße Rechtscharakter (oder wenigstens den Anspruch, einen solchen zu haben). Die machtmäßige Überlegenheit genügte nicht mehr, um Legitimität zu verleihen. Schon im 15.und 16. Jahrhundert standen neben defensiven Titeln, die aus einem angeblichen oder tatsächlichen Unrecht der außereuropäischen Seite ein europäisches Recht auf Okkupation ableiteten, auch offensive Titel, die sich vor allem auf einen angenommenen Auftrag zur Verbreitung der christlichen Religion stützten. Daraus wurde im 19. Jahrhundert die Verbreitung der Zivilisation. Eine Okkupation erhielt ihre Legitimation aus dem Wohl der Okkupierten, nicht aus den Vorteilen, die die Okkupanten als eine Art Lohn gewannen.[5] Die Zivilisierung wurde primär rechtlich gesehen – lange bevor das Völkerrecht seit dem späten 20. Jahrhundert seinen Akzent mehr und mehr im humanitär-zivilisatorischen Bereich der Menschenrechte setzte, wodurch diese zur Kontrollinstanz für die Rechtmäßigkeit eines jeglichen Rechts wurden.

Es ist freilich eine Binsenwahrheit, dass der Anspruch, Veränderungen der weltweiten Gebietsverteilung dürften nur zum Wohle der Okkupierten erfolgen, bestenfalls eine Propagandaformel war. Zivilisierung erwies sich in der Regel als Ausbeutung und Ausplünderung, ganz besonders im 19. und

---

[4] Für einen ausführlichen Überblick über den Vertragsverkehr zwischen europäischen und außereuropäischen Staatswesen s. *Jörg Fisch*, Krieg und Frieden im Friedensvertrag. Eine universalgeschichtliche Studie über Grundlagen und Formelemente des Friedensschlusses. Stuttgart 1979, Anhang I.
[5] Dazu ausführlich *Fisch* (Anmerkung 2), Kap. 4.

20. Jahrhundert, vom indischen Aufstand 1857/58 und den berüchtigten Kongo-Gräueln bis zu den postkolonialen Kriegen mit ihrer Zerstörung ganzer Landstriche und Millionenopfern an Menschen. Nun stellte sich aber eine eigentümliche Wende ein. Gerade weil die rechtlichen Vorgaben und Bedingungen für überseeischen Gebietserwerb nicht eingehalten wurden, wurden sie verschärft, und ihr Rechtscharakter gewann wenigstens als Postulat an Gewicht. Überseeischer Gebietserwerb wurde nicht einfach nur erschwert, sondern zunehmend für alle Gebietsfremden untersagt, wobei die Frage, wer denn nun fremd sei, unterschiedlich beantwortet werden konnte. Das war jedenfalls eine nachträgliche Delegitimation des Kolonialismus. An die Stelle des Rechts als bloßes Verfahren trat das Recht als Faktor der Gerechtigkeit: ein Recht auf ein Gebiet hatte nur, wer zu diesem Gebiet gehörte, in ihm kein „Fremder" war. Mit dieser Forderung war an die Stelle eines inhaltlichen Kriteriums erneut ein formales getreten. Dieses wirkte aber viel stärker einschränkend als das frühere Okkupationsrecht, das etwa die Verlesung einer Proklamation, die Hissung einer Flagge oder die Aufstellung eines Kreuzes verlangt hatte. Es hatte den Nachteil eines jeden Formalkriteriums, dass es sich nicht um inhaltliche Gesichtspunkte kümmerte.

Dagegen richtete sich ein neues inhaltliches Kriterium: das Selbstbestimmungsrecht der Völker, das ursprünglich im Zusammenhang der Entkolonisierung stand. Seine Grundidee war nicht negativ der Ausschluss einer jeden Okkupation durch Gebietsfremde, sondern positiv das Recht einer jeden Gruppe, die sich als Volk verstand, auf einen eigenen Staat.[6]

Die Verwirklichung einer solchen Forderung beziehungsweise eines solchen Rechts ist nur dann möglich, wenn die Menschheit zuerst in Völker, denen jeweils ein bestimmtes Gebiet zukommt, eingeteilt wird. Eine abschließende Aufgliederung aber ist nicht möglich, solange sich das Gefühl der Zugehörigkeit zu einer Gruppe ändern kann – die Aufteilung der Welt müsste sonst permanent revidiert werden.

Dennoch erfolgte eine entscheidende Verrechtlichung. Aus dem offensiven Recht des Stärkeren war ein defensives, zumindest der Idee nach demokratisches Recht des Schwächeren geworden, jedenfalls dann, wenn das Selbstbestimmungsrecht als Recht des Individuums im Kollektiv gesehen wurde. Freilich ist es ein machtabhängiges Recht, weil seine Geltung nicht automatisch garantiert ist: In unserer Zeit wird im Südsudan eher eine Volksabstimmung durchgeführt als im Baskenland oder in Tibet. Dennoch ist der Unterschied zum früheren Zustand deutlich. Er führt auch zu einer zunehmend wichtigen Rolle des Völkerrechts. Dieses ist überwiegend ein Instrument des Schwächeren; es schränkt das „Recht" des Stärkeren ein. Das zeigt sich auch im Ausmaß der Betonung, die ein Staat bestimmten Rechtsfragen zukommen lässt. Deutlich wurde das etwa in den Haager Friedenskonferenzen von 1899 und 1907,

---

[6] Als Überblick s. *Jörg Fisch*: Das Selbstbestimmungsrecht der Völker. Die Domestizierung einer Illusion. München 2010.

als der zwar nicht unbedingt stärkste, wohl aber ehrgeizigste und aufstrebendste Staat der damaligen Welt, Deutschland, rechtliche Regelungen für den Krieg weitgehend verhinderte, während sich insbesondere Kleinstaaten in der Regel in stärkerem Maße für weiterreichende friedenssichernde Pläne einsetzten.[7] Diese Interessengebundenheit soll noch an einem Beispiel aus der Forschung gezeigt werden.

3. Die Friedlosigkeit der überseeischen Gebiete aus europäischer Sicht[8]

Die spanische Diskussion über gerechte und ungerechte Titel der Europäer (oder der Christen) für überseeische Gebiete im 16. Jahrhundert diente wesentlich dem Nachweis, dass die europäischen Konkurrenten, vor allem Frankreich, Großbritannien und später die Niederlande, über keine legitimen Titel in Übersee verfügten. Es ging den Spaniern, zuweilen in Verbindung mit den Portugiesen, um Monopolrechte für große Teile der Welt.

Die Reaktion der Feinde Spaniens darauf ließ verständlicherweise nicht lange auf sich warten. Man konnte den Spieß umdrehen und für sich selber solche Monopolrechte beanspruchen oder zumindest die Forderungen des Gegners zurückweisen. Die Nordwesteuropäer gingen in die Offensive. Freilich hätte es angesichts der Kräfteverhältnisse wenig gebracht, alle spanischen Rechte einfach für sich selber zu beanspruchen. Die Nordwesteuropäer waren vorsichtiger, indem sie nur behaupteten, die in Europa abgeschlossenen Friedensverträge würden jenseits des Äquators und bestimmter Längengrade nicht gelten, dort herrsche zwischen den Europäern (und ihren einheimischen Bundesgenossen) immerwährender Krieg, oder zumindest Kriegszustand. Das wäre für sie praktisch gewesen, da sie in den dergestalt zur Friedlosigkeit verurteilten überseeischen Gebieten nur wenige Territorien besaßen, während die Iberer ihren Reichtum hauptsächlich dort gewannen, wo er durch permanenten Krieg großen Gefahren ausgesetzt gewesen wäre. Deswegen wiesen die Iberer die Behauptungen der Nordwesteuropäer mit großer Entschiedenheit zurück – sie konnten bei deren Durchsetzung nur verlieren. Der Streit verlor im 17. und 18. Jahrhundert, als sich der koloniale Besitzstand allmählich fes-

---

[7] Vgl. *Jost Dülffer*, Regeln gegen den Krieg? Die Haager Friedenskonferenzen von 1899 und 1907 in der internationalen Politik. Berlin 1981.
[8] Die neueste umfassende Arbeit dazu ist *Michael Kempe*, Fluch der Weltmeere. Piraterie, Völkerrecht und internationale Beziehungen 1500–1900, Frankfurt a. M. 2010. Des weiteren: *Fisch* (Anmerkung 2), Kap. 2; *Gustav Adolf Rein*: Zur Geschichte der völkerrechtlichen Trennungslinie zwischen Amerika und Europa, in: Ders., Europa und Übersee. Gesammelte Aufsätze. Göttingen 1961, S. 67–80; *Carl Schmitt*, Der Nomos der Erde im Völkerrecht des Jus Publicum Europaeum. Köln 1950; *Hans-Otto Kleinmann*, Der atlantische Raum als Problem des europäischen Staatensystems, in: Jahrbuch für Geschichte Lateinamerikas 38, 2001, S. 7–30; eine konzise Einführung mit Literaturbericht ist *Günther Kahle*, Lateinamerika in der Politik der europäischen Mächte, 1492–1810. Köln 1993, v. a. S. 84f.

tigte und alle Kolonialmächte an längeren Friedensperioden in ihren Besitzungen interessiert waren, an Gewicht.

Die Frage, ob vom 16. bis zum 18. Jahrhundert für die Europäer in Übersee die Formel *No peace beyond the line* gegolten hat, war zuerst in der Diplomatie und in der Politik und danach in der Forschung während Jahrhunderten umstritten. Ihre historisch-politische Bedeutung zumal im Atlantik liegt auf der Hand. Es ging letztlich um die überseeischen Gebiete. Es fällt auf, dass das Thema in den damals von ihm am stärksten betroffenen und zugleich am meisten von ihm profitierenden Staaten, in Großbritannien und den USA, bis heute in der Forschung vergleichsweise wenig behandelt worden ist. Die eigentliche wissenschaftliche Debatte ist nicht im angelsächsischen, sondern im von den einschlägigen Konflikten weniger betroffenen deutschsprachigen Raum geführt worden und wird hier nach wie vor geführt. Umstritten ist dabei, in welchem Umfang man wirklich von einer rechtlich geordneten Rechtlosigkeit sprechen kann. Damit wird eine zentrale völkerrechtliche Frage in erster Linie von den schwächeren Staaten als Rechtsfrage behandelt, nämlich von den Spaniern und Portugiesen, während in den letztlich siegreich gebliebenen Staaten auch die Forschung versucht, anstelle des Rechtscharakters des Vorgangs die Macht als ausschlaggebend erscheinen zu lassen. Das gilt im vorliegenden Falle vor allem von den Nordwesteuropäern und den USA, weniger von den Iberern, und am wenigsten von den nur am Rande Beteiligten.

Im skizzierten Beispiel hat die Völkerrechtsgeschichte einen grundlegenden Wandel offengelegt, vom Recht des Stärkeren über das Recht des Schwächeren in eine Mittelposition, in der sowohl die Macht als auch materielle Gerechtigkeit eine Rolle spielen, etwa aufgrund eines Plebiszits oder generell der Wünsche der Beteiligten.

4. Völkerrecht und Völkerrechtsgeschichte

Nach diesem Überblick über den völkerrechtlichen Gebietserwerb und die Gebietsverteilung soll in allgemeiner Form gefragt werden, welche Faktoren dafür verantwortlich sind, dass Völkerrecht und Völkerrechtsgeschichte in bestimmten Zeiten eine bedeutende, in anderen eine geringere oder so gut wie gar keine Rolle gespielt haben. Daraus ergibt sich dann auch eine Erklärung für die wachsende Bedeutung, die das Völkerrecht und die Völkerrechtsgeschichte in den letzten Jahrzehnten gewonnen haben. Dabei folgt auf einige systematische Überlegungen ein kurzer geschichtlicher Überblick über die Neuzeit.

Ausgangspunkt bildet die bereits skizzierte These, wonach das Völkerrecht primär das Recht des Schwächeren ist. Doch muss die These gleich präzisiert werden. Sind die Kräfteverhältnisse sehr ungleich, so ist damit zu rechnen, dass der Stärkere mit der Zeit den Schwächeren unterwirft. Dann besteht zwischen den beiden Seiten (oder auch zwischen mehreren Beteiligten) ein einseitiges Verhältnis, in dem die überlegene Seite der unterlegenen das Recht vorgibt. Strukturell besteht kein Unterschied zum innerstaatlichen Recht mit seiner Hierarchie von Instanzen. Streng genommen kann man nicht von Völkerrecht sprechen, sind doch dessen Subjekte einander gleichgeordnet. Das Recht erscheint hier vielmehr als Ausfluss innerstaatlicher Souveränität, ausgeübt von der stärkeren Seite. Den Gegensatz dazu bildet der Zustand, in dem zwei oder mehrere Staatswesen in einem ausgeglichenen Verhältnis zueinander stehen. Sie können einzeln gleich oder unterschiedlich stark sein – wichtig ist nur, dass keine Seite stärker ist als alle anderen Beteiligten zusammengenommen. Das Völkerrecht ist dabei deswegen das Recht des Schwächeren, also das Recht, auf das sich der Schwächere bevorzugt beruft, weil der Stärkere tendenziell versucht, dem Schwächeren das Recht aufzuerlegen, also zwischenstaatliches in innerstaatliches Recht umzuwandeln.

Wie ist nun der Zusammenhang zwischen Völkerrecht und Völkerrechtsgeschichte? Wissenschaftsgeschichtlich scheint die Geschichte der einzelnen innerstaatlichen Rechtsdisziplinen wichtiger als diejenige des Völkerrechts. Die Geschichte etwa des Staatsrechts, des Strafrechts oder des Zivilrechts ist akademisch gesehen in aller Regel besser bekannt und bearbeitet als diejenige des Völkerrechts. In umfassender historischer Perspektive aber ist die Geschichte des Völkerrechts wichtiger (sofern denn das Völkerrecht in den beteiligten Staaten überhaupt eine Rolle spielt). Innerstaatliches Recht ergibt sich häufig als Ausfluss der Souveränität des Stärkeren, der sich den Schwächeren unterworfen hat. Die Frage nach der Souveränität lässt sich innerstaatlich im Prinzip stets ohne Schwierigkeiten beantworten: Sie ergibt sich aus dem Verfassungsrecht. Hingegen ist gerade diese Frage im Völkerrecht offen und umstritten. Das Recht, das zwischen zwei oder mehr Staaten gilt, ist das Ergebnis von Aushandlungsprozessen. Wird es einseitig diktiert, so kann man nicht mehr von internationalem Recht sprechen. Die Folgen sind unterschiedliche Geschichten. Die Geschichte des innerstaatlichen Rechts ist letztlich die Geschichte der Verfassungs- und der Gesetzgebung, in der die Zuständigkeiten feststehen. Anders die Geschichte des Völkerrechts. Es ist ein koordinierendes, kein subordinierendes Recht. Zwei (oder mehr) konkurrierende Souveränitäten stehen gegeneinander, und das Verhältnis zwischen ihnen muss permanent neu ausgehandelt (oder ausgekämpft) werden. Die Geschichte des Völkerrechts ist nur am Rande eine solche der Kodifikation, jedenfalls bis weit ins 19. Jahrhundert hinein, und überwiegend eine solche des fallweisen Aushandelns. Damit steht das Völkerrecht in seiner Geschichte den internationalen Beziehungen und der internationalen Geschichte näher als die innerstaatliche Rechtsgeschichte. Deshalb soll noch ein Überblick über die Rolle der Geschichte des Völkerrechts in den internationalen Beziehungen gegeben werden.

5. Das Gewicht der Völkerrechtsgeschichte in den internationalen Beziehungen

Der Einfluss der Geschichte der Völkerrechtshistorie auf die internationalen Beziehungen ist umso geringer, je ausgeprägter die machtmäßige Ungleichheit zwischen den Beteiligten ist. Ist Recht wesentlich ein Recht des Stärkeren, dann gibt der Überlegene das Recht, und der Unterlegene hat zu gehorchen. Das internationale oder Völkerrecht nähert sich dem innerstaatlichen Recht an. Aus einem Prozess des Aushandelns, in dem sich die Beteiligten permanent aneinander reiben und miteinander um die stärkere Stellung konkurrieren, wird ein einseitiges Verhältnis der Unterordnung.

Zunächst gilt es festzuhalten, dass in der Geschichte ein Minimum an völkerrechtlichen Beziehungen besteht, seit überhaupt eine Pluralität politischer Einheiten existiert. Ausgangspunkt der Betrachtung soll hier der Übergang vom Römischen Reich zu seinen Nachfolgestaaten sein. Es ist der Übergang von einem System der (beanspruchten, behaupteten oder auch tatsächlichen) Unterordnung zu einem solchen der Gleichordnung. Insofern war ein guter Ausgangspunkt für die Herausbildung eines Rechtssystems auf der Grundlage des Aushandelns, nicht des Befehls und der Einseitigkeit gegeben. Damit konnte sich bevorzugt Völkerrecht, nicht innerstaatliches Recht bilden. Einer größeren Ausweitung des Völkerrechts stand aber das geringe Ausmaß an internationalen Beziehungen, an tatsächlichem zwischenstaatlichen Verkehr entgegen. Da wenig Regelungsbedarf bestand, bildete sich nur rudimentäres Völkerrecht – von Ansätzen zu einer rechtlichen Globalisierung konnte kaum die Rede sein. Immerhin erfassten solche Beziehungen in zunehmendem Maße die klassischen Gegenstände Krieg, Frieden und Diplomatie, die auch schon im Altertum eine wichtige Rolle gespielt hatten. Jetzt bezogen sie sich weniger auf neue Gegenstände als auf neue Räume und neue Formen der Beziehungen, so ab dem späten 11. Jahrhundert in den Kreuzzügen und ab dem 15. Jahrhundert in Afrika, Amerika und Asien.

Dies war eine Chance (oder, je nach Blickwinkel, eine Gefahr) für eine Ausweitung der völkerrechtlichen Beziehungen, da rasch zusätzlicher Regelungsbedarf entstand. Und das galt nicht nur für den Verkehr mit Übersee, sondern auch für die Beziehungen innerhalb Europas. Ähnliche Wirkungen hatte die Tatsache, dass die europäische Expansion nach Übersee schon sehr früh (spätestens seit Kolumbus) eine kollektive und dadurch zugleich eine kompetitive Angelegenheit war. Selbst auf dem Höhepunkt der spanischen Macht im 16. Jahrhundert und der britischen im 19. Jahrhundert war es angesichts eines ausgeklügelten Gleichgewichtssystems undenkbar und unmöglich, dass ein einziges, allumfassendes Weltreich entstanden wäre. Hier hätte also die Möglichkeit bestanden, ein Völkerrechtssystem auszuhandeln und im Rahmen zunehmender Globalisierung konsequent auf den ganzen Erdkreis auszuweiten. Warum erfolgte keine solche Ausweitung? Ein Faktor war sicher, dass ungeachtet aller Ausweitung insbesondere der Handelsbeziehungen noch keineswegs von einer umfassenden Globalisierung die Rede sein konnte. Wichtiger dürfte indessen ein politischer Faktor gewesen sein. Die Herausbildung eines wirklichen Völkerrechts (verstanden als Gegensatz zum innerstaatlichen, letztlich auf Macht beruhenden Recht, im Sinne eines gleichberechtigten Aushandelns) wurde zwar nicht geradezu verhindert, aber doch erheblich gebremst durch den Aufbau einer Art internationaler Klassengesellschaft. Deren Grundprinzip war zwar die Gleichheit der Staaten. In der Praxis beschränkte sich diese aber auf formelle Gleichheit. Von gleicher Macht konnte nicht die Rede sein. Großmächte – in der Regel drei bis sechs Staaten – erhielten auch sonst eine Sonderstellung. Sie waren zwar nicht dauernd, aber immer wieder im Stande, den übrigen Staaten ihre Stellung zu guten Teilen vorzugeben und ihnen Pflichten aufzuerlegen.

Immerhin hatte damit das Völkerrecht spätestens seit dem 16. Jahrhundert doch an Gewicht gewonnen. Es zeigte zunehmende Eigenständigkeit im Vergleich zum innerstaatlichen Recht. Dabei wurde eine Dialektik sichtbar. Die überlegene Stellung der Großmächte und deren mit wechselndem Erfolg durchgesetzte Überordnung über die mittleren und kleineren Staaten bewirkten eine gewisse Solidarität der Schwächeren untereinander. In deren Interesse lag offensichtlich die Wahrung und Festigung eines wirklichen Völkerrechts, das die grundsätzliche, soweit möglich auch rechtliche und materielle Gleichheit der Staaten sicherte und festigte. Man konnte geradezu von zwei Formen des Völkerrechts sprechen. Die Frage war, welche der beiden sich durchsetzen würde – vorausgesetzt immer, dass der internationale Austausch und die Globalisierung sich weiter intensivieren würden und damit überhaupt Bedarf an einer Ausweitung des Rechts bestehen würde.

An den sich mit der voranschreitenden Globalisierung verbindenden Beziehungen waren auch die Großmächte interessiert. Dennoch galt weiterhin, dass, global betrachtet, die Nicht-Großmächte die eigentlichen Verfechter einer Ausweitung des Völkerrechts waren. Versuche, die Großmächte zu einer solidarischen Haltung zu bringen, scheiterten entweder gleich zu Beginn oder nach einigen Anfangserfolgen, wie etwa die Heilige Allianz. Für die Schwachen blieb ein gewisser Souveränitätsverzicht zugunsten eines übergeordneten Rechts attraktiver als für die Mächtigen. Bis zum 19. Jahrhundert entstand Völkerrecht vornehmlich im Verkehr zwischen den Staaten, daneben aus der rechtswissenschaftlichen Debatte heraus, aus der Autorität der Juristen. Etwa seit der Mitte des 19. Jahrhunderts verbanden sich beide Formen der Rechtschöpfung miteinander. Sowohl die Praxis der sich immer weiter ausdehnenden, sich also globalisierenden, vor allem wirtschaftlichen Beziehungen, als auch die wissenschaftlichen Debatten gewannen rasch an Gewicht und erforderten neues Recht, das immer neue Bereiche erfasste, weit über die klassischen Gebiete des Völkerrechts Krieg, Frieden und Diplomatie hinaus, und man entdeckte neue Seiten des Völkerrechts und weitete sie aus, insbesondere in der Wirtschaft. Zugleich schuf man erstmals internationale Organisationen, an die die Mitglieder bestimmte Rechte abtraten. Ein klassisches Beispiel ist der Weltpostverein von 1874.[9]

Die Jahrzehnte vor dem Ersten Weltkrieg wurden auf diese Weise zu einer Pionierzeit des Völkerrechts, wobei die Initiative überwiegend von den kleinen und mittleren Staaten ausging.[10] Freilich hatte die Zunahme der Zahl der Gegenstände des Völkerrechts noch nicht die Folge, dass die Wissenschaft sich auch in größerem Maße mit dessen Geschichte befasst hätte. Zum Ideal des Völkerrechts wurde eine Analogie zur innerstaatlichen Rechtsetzung durch Parlamente: die internationale Konferenz, die eine Konvention ausarbeitete. Die Beteiligung an solchen Konferenzen oder gar die Initiative dazu verlieh in zunehmendem Maße Prestige, während das zentrale Anliegen des Völkerrechts, die Regelung des Krieges und die Sicherung des Friedens, nur langsam vorankam. Es gelang, gewisse Verbesserungen des Loses der Betroffenen durchzusetzen, nicht aber Einschränkungen, die die Souveränität der einzelnen Staaten ernsthaft beeinträchtigt hätten. Dennoch können die Jahrzehnte vor dem Ersten Weltkrieg für sich beanspruchen, wichtige Grundlagen für das aktuelle Völkerrecht gelegt zu haben. Die Hauptschwäche des bis 1914 entstandenen Völkerrechts lag in der Unverrückbarkeit der Souveränität, die dazu führte, dass das Völkerrecht nur als eine den machtgestützten internationalen Beziehungen klar untergeordnete Größe betrachtet wurde. Das hat zu einer bis weit in das 20. Jahrhundert hinein andauernden verbreiteten Geringschätzung des Völkerrechts und seiner Geschichte geführt.

6. Der Erste Weltkrieg

Betrachtet man die Geschichte des Völkerrechts bis 1914, so steht außer Frage, dass der Erste Weltkrieg einen traumatischen Einschnitt bedeutete. Fast über Nacht verloren die vorangegangenen Bemühungen um eine Weiterentwicklung des Völkerrechts ihre Bedeutung, wurde aus dem Recht des Schwachen wieder dasjenige des Starken – das war ja schließlich seit jeher die Funktion des Krieges. Betrachtete man die personellen und materiellen Opfer, so war der Weltkrieg verlustreicher und gnadenloser als jeder Krieg zuvor, und das bisher geltende Recht wurde gar nicht mehr oder nur begrenzt eingehalten. Es gelang nicht, neue Waffen in ihrer Anwendung einzugrenzen oder gar

---

[9] Weitere Beispiele: Internationaler Telegraphenverein (1865), Zentralbureau der internationalen Eisenbahntransporte (1889) oder die 1815 vom Wiener Kongress geschaffene Zentralkommission für die Rheinschifffahrt. Vgl. dazu: *Werner J. Feld u. a.*, International organizations. A comparative approach. New York 1983; *Craig N. Murphy*, International organization and industrial change. Global governance since 1850. Cambridge 1994; und besonders *Madeleine Herren*, Internationale Organisationen seit 1865. Eine Globalgeschichte der internationalen Ordnung. Darmstadt 2009.

[10] Vgl. *Madeleine Herren*, Hintertüren zur Macht. Internationalismus und modernisierungsorientierte Aussenpolitik in Belgien, der Schweiz und den USA, 1865–1914. München 2000.

sie wirkungsvoll zu verbieten, etwa Giftgas, Flugzeuge und U-Boote. Bestehende Instrumente wurden viel umfassender und rücksichtsloser eingesetzt, insbesondere die Blockade zur Aushungerung der Zivilbevölkerung. Das Völkerrecht wurde klar dem Machtkampf untergeordnet. Aber da, wo dieser nicht beeinträchtigt wurde, blieb es ganz oder teilweise bestehen oder wurde gar ausgeweitet oder verfeinert. Deshalb wäre es falsch, den Ersten Weltkrieg nur als Phase des Verfalls und der Zerstörung zu sehen. Die Haager Konventionen von 1899 und 1907 gelangten in wichtigen Punkten zur Anwendung, etwa was Gefangene und die Stellung der Zivilbevölkerung betraf. Teile des bestehenden Rechts blieben in Kraft; andere wurden zwar nicht oder nur mit Einschränkungen eingehalten, aber sie wurden auch nicht formell außer Kraft gesetzt. Die internationalen Organisationen bestanden weiter; das Rote Kreuz etwa gewann enorm an Bedeutung.

Es lag auf der Hand, dass durch den Krieg die Großmächte noch größeres Gewicht erlangten, fielen doch auf sie die entscheidenden Kriegsanstrengungen, und sie dominierten letztlich das Kriegsgeschehen. Andererseits disqualifizierte gerade der Krieg das System der Großmächte und damit auch die Rechtsbildung durch Überordnung weit stärker als diejenige durch Nebenordnung. Die kleineren Staaten, kriegführende wie neutrale, nahmen für sich eine Art moralisches Recht in Anspruch, das Völkerrecht auf der Grundlage der Nebenordnung, also der Gleichheit, umzugestalten. Sie hatten das Glück, in vielen Punkten von einer Großmacht, oder wenigstens vom Führer einer Großmacht, dem US-Präsidenten Wilson, unterstützt zu werden, insbesondere in der Errichtung eines Völkerbundes, wie er im europäisch-nordamerikanischen Denken Tradition hatte. Das Ergebnis, die Völkerbundsatzung, und der Bund selber, bildete eine Mischung aus den beiden Elementen, in der keines obsiegte, formell aber die Gleichordnung das Übergewicht hatte. Der Völkerbund kannte nur eine einheitliche, allen Staaten offene Form der Mitgliedschaft, und jedes Mitglied hatte eine Stimme.[11] Die Schaffung und Weiterentwicklung von Völkerrecht erfolgte wie vor 1914, verfügte nun aber in der Gestalt des Völkerbunds über einen solideren und breiteren Rahmen, ohne dass das Völkerrecht in diesem Zusammenhang zum Recht des Stärkeren geworden wäre. Die entscheidende Differenz zwischen Nebenordnung im Völkerrecht und Unterordnung im innerstaatlichen Recht hingegen blieb bestehen; das Völkerrecht behielt also seine Sonderstellung. Andererseits konnte sich die Tradition der Sonderstellung der Großmächte halten. Ständige Mitglieder des Rates – das waren zunächst nur die Hauptsiegermächte und damit letztlich ganz traditionell die Großmächte – hatten eine stärkere Stellung. Allerdings zeigten sie sich weitgehend unfähig zur Kooperation. Dadurch schwächten sie sich als Gruppe und vermochten wenig zu erreichen. Die Folge war, dass sich in machtrelevanten Fragen in der Zwischenkriegszeit wenig änderte, dass aber die Schaffung von Recht sich bei wieder stark ausgedehnter

---

[11] Art. 1 und 3 der Völkerbundsatzung.

Zunahme der internationalen Beziehungen in allen Bereichen beschleunigte. Das bedeutete, dass der spezifische Charakter des Völkerrechts eher stärker betont wurde als zuvor.

7. Der Zweite Weltkrieg

Der Zweite Weltkrieg und die Nachkriegszeit (ab 1945) bildeten unter dem Gesichtspunkt der Geschichte des Völkerrechts in vielen Hinsichten eine Wiederholung, in anderen jedoch eine Ausweitung dessen, was Erster Weltkrieg und Zwischenkriegszeit gebracht hatten. Zuerst und am deutlichsten fiel auf, dass das bestehende Recht vielfach nicht eingehalten wurde. Es wurde in extremer Weise der Macht untergeordnet, und zugleich versuchte man es nach Möglichkeit so zu modifizieren, dass es den eigenen Anstrengungen größere Wirkung verschaffte, so etwa im Luftkrieg. Über diese funktionale Nutzung zur Machtgewinnung und -sicherung hinaus kam im Vergleich zum Ersten Weltkrieg eine zwar nicht völlig neue, aber doch entschieden verschärfte Brutalisierung hinzu. Sie lässt sich nicht mehr auf den Willen zum Sieg und den Versuch, sich militärisch die Oberhand zu sichern, reduzieren, sondern kann nur noch als Terror bezeichnet werden, durch Massentötungen in der Zivilbevölkerung und sonstige Vernichtungsaktionen. Das war ein Aspekt, der weit über 1945 hinaus großes Gewicht haben sollte. So wurde 1948 der Völkermord verboten, und gleichzeitig wurde dieser immer häufiger.

Ungeachtet der Brutalisierung der Kriegführung, die durch neue Waffen, insbesondere den Bombenkrieg, noch verschärft wurde, konnte selbst in der Extremsituation des Zweiten Weltkrieges von einem Ende des Völkerrechts nicht die Rede sein. Es wurde zwar vielfach nicht oder nur teilweise eingehalten, aber es wurde nicht einfach außer Kraft gesetzt, schon gar nicht in gegenseitigem Einverständnis. In manchen Fällen erfolgte sogar im Kriege eine Ausweitung, zwar nicht durch förmliche Rechtsbildung, wohl aber durch faktische Einhaltung. 1925 waren in einer internationalen Konvention bakteriologische und chemische Waffen verboten worden – und das Verbot wurde im Kriege im großen und ganzen eingehalten.[12] Damit wurde wenigstens indirekt signalisiert, dass das Völkerrecht nicht abgeschafft werden sollte. Also stand es 1945 als Ausgangspunkt für die Bildung und Weiterentwicklung neuen Rechts zur Verfügung. Die traditionellen Elemente, etwa bezüglich des Rechts von Krieg und Frieden und der Behandlung von Gefangenen und Zivilisten, blieben bestehen und wurden ausgeweitet, insbesondere in den Genfer Abkommen von 1949 und in den Zusatzprotokollen dazu von 1977.

---

[12] Protokoll über das Verbot der Verwendung von erstickenden, giftigen oder ähnlichen Gasen sowie von bakteriologischen Mitteln im Kriege, vom 17.6.1925, in: League of Nations Treaty Series 94, S. 65.

Der Zweite Weltkrieg zeigte einerseits die Gefahren eines Verzichts auf die Pflege des Völkerrechts als Instrument der Gleichordnung; andererseits dominierten in ihm die Großmächte noch weit stärker als in den bisherigen großen europäischen und weltweiten Kriegen der Neuzeit. Die aus dieser Situation hervorgehenden Vereinten Nationen versuchten, beide Elemente stärker zu betonen und wurden dadurch in sich widersprüchlich. Wie im Völkerbund gab es im Wesentlichen nur eine, für alle Staaten gleiche, Mitgliedschaft. Von Über- oder Unterordnung konnte dabei keine Rede sein. Wie im Völkerbund war die Souveränität bei den Mitgliedern. Die Schaffung von Recht mittels internationaler Verträge war grundsätzlich eine Angelegenheit aller Mitglieder. Daneben aber bestand gleichwohl ein System der Unter- und Überordnung wie im Völkerbund, nur noch viel ausgeprägter, in der Form von Privilegien der Großmächte. Kernstück war (und ist) das Vetorecht der ständigen Mitglieder des Sicherheitsrats, mit dem jedes von ihnen jede Form universeller Rechtschöpfung verhindern kann. Die Ungerechtigkeit eines solchen Systems sowohl unter dem Gesichtspunkt der Gleichheit der Staaten als auch, und erst recht, unter demjenigen der demokratischen Gleichheit der Individuen lag auf der Hand. Sein Vorteil ist die ihm innewohnende stabilisierende und konservierende Wirkung, die sich aus dem Zwang zur Einigung ergibt.[13]

Damit war, mit den Vereinten Nationen und deren Dualismus von Generalversammlung und Sicherheitsrat, das Grundmuster der internationalen Beziehungen und insbesondere der Schaffung von Völkerrecht über das Zeitalter der beiden Weltkriege hinweg bestehen geblieben. Die zwei Aspekte, die das Besondere des neuzeitlichen, keineswegs ausschließlich, aber doch überwiegend in Europa entstandenen Völkerrechts ausmachten, bestanden nach wie vor: die Differenz zum innerstaatlichen Recht und die dominante Stellung von Großmächten. Die Frage war weiterhin, welcher dieser beiden Aspekte sich würde durchsetzen können, entweder vollständig oder doch in stärkerem Maße.

Betrachtet man die Verhältnisse von den internationalen Beziehungen her, so überwiegt nach wie vor der Aspekt der Großmacht. Die Vetomächte haben ihre Rechtsstellung allen Reformversuchen zum Trotz bis zum heutigen Tage uneingeschränkt behalten. Entscheidungen fallen im Sicherheitsrat nicht durch Mehrheitsbeschlüsse der Staaten, sondern durch die Ausübung oder Nichtausübung des Vetos, und der Sicherheitsrat steht in den meisten Fragen über der Generalversammlung. Ein solches System hat mit Völkerrecht wenig und viel mehr mit internationalen Beziehungen zu tun. Es geht darin um die Erhaltung des Monopols, oder zumindest der starken Stellung der Großmächte, zumal der stärksten unter ihnen, nicht um die Schaffung und Weiterbildung von Recht. Doch nun gewann eine andere Kraft an Bedeutung. Sie verschaffte schließlich dem Völkerrecht die Priorität gegenüber den internationalen Beziehungen.

---

[13] Charta der Vereinten Nationen, insbesondere Art. 2–6 (Mitgliedschaft) und Art. 23–32 (Sicherheitsrat).

Das – im Kern ganz traditionelle – System der Vetomächte vermochte den Weltfrieden als Hauptziel der Vereinten Nationen wenigstens auf der Ebene der großen Konflikte einigermaßen zu sichern. Doch insgesamt blieb die Welt nach 1945 ein unfriedlicher Platz, mit zahlreichen, oft ausgesprochen blutigen Kriegen. Man konnte in Bezug auf die Staatenordnung nicht von Gleichordnung sprechen. Vielmehr handelte es sich um Unterordnung. Wirkliches Völkerrecht im Sinne rechtlich geordneter, auf Prinzipien der Gerechtigkeit aufgebauter und gleichberechtigter Beziehungen zwischen souveränen Staaten spielte in den Vereinten Nationen eine geringe Rolle. Dafür waren die Machtunterschiede zwischen den Staaten zu groß. Umgekehrt waren diese Unterschiede nicht groß genug, um ein Weltreich oder einen Weltstaat mit einheitlichem Recht nach dem Vorbild des innerstaatlichen entstehen zu lassen. Dennoch war es wenig wahrscheinlich, dass die Rolle des Völkerrechts weiterhin marginal bleiben würde. Ein Dilemma entstand. Die Staaten waren nicht bereit, sich von einer einzigen oder einigen wenigen Großmächten das Recht auferlegen zu lassen. Aber sie waren auch nicht bereit, auf die Vorteile eines weltumspannenden Rechts zu verzichten. Der Gegensatz wurde immer schärfer. Insbesondere im Rahmen der UNO, aber auch regional dehnten sich die internationalen Beziehungen rasch aus, vorzugsweise unter dem Stichwort der Globalisierung. Im Zuge der Verrechtlichung dieser Beziehungen entstand eine Art weltumspannender legislativer Apparat, mit immer neuen Unterorganisationen, die zunehmend nahezu universale Mitgliedschaft aufwiesen. Auch der traditionelle Bereich des Völkerrechts, also die Regelung von Krieg und Frieden, profitierte davon.

Auf diese Weise vermochte das Völkerrecht seinen traditionellen Charakter zu stärken: es stellte mehr und mehr eine Alternative sowohl zum innerstaatlichen als auch zum machtmäßig abgesicherten, von Großmächten durchgesetzten zwischenstaatlichen Recht dar. Dieses sich in immer neuen Formen artikulierende Völkerrecht gewann an Selbstbewusstsein, wie eine terminologiegeschichtliche Beobachtung zeigt. Innerstaatliches Recht ist letztlich stets Zwangsrecht oder zwingendes Recht, da die in der Souveränität gipfelnde Macht des Staates hinter ihr steht. Völkerrecht ist demgegenüber freiwilliges Recht, da kein Staat gezwungen werden kann, ein Recht einzuhalten, dem er seine Zustimmung verweigert. Dennoch hat sich in der Völkerrechtslehre in den letzten Jahrzehnten zunehmend die Rede von völkerrechtlichem *ius cogens* durchgesetzt, von einem Völkerrecht, das immer, überall und für alle Rechtssubjekte gilt, unabhängig vom Willen der einzelnen Staaten.[14] Hält man sich an die hier getroffenen Unterscheidungen, so ist völkerrechtliches *ius cogens* eine *contradictio in adiecto*, weil Völkerrecht kein Zwangsrecht, son-

---

[14] Vgl. *Jochen A. Frowein*, Art. Ius cogens, in: Rüdiger Wolfrum (Hrsg.), Max Planck Encyclopedia of Public International Law, http://www.mpepil.com; *Stefan Kadelbach*, Zwingendes Völkerrecht. Berlin 1992; *Robert Kolb*, Théorie du *ius cogens* international, in: Revue belge de droit international 36, 2003, S. 5–55.

dern freiwillig ist; in Wirklichkeit wird dabei aus dem Völkerrecht innerstaatliches Recht. Vieles spricht dafür, dass sich das Konzept auf Dauer nicht wird durchsetzen können, weil es zu willkürlich ist: die Entscheidung der Frage, was zum *ius cogens* gehört, bleibt offen. Doch wird ein weiterreichender, revolutionärer Aspekt sichtbar: unterschiedliche Kräfte, die alle das Völkerrecht in Staatsrecht umwandeln wollen, entstehen und verbinden sich miteinander. Das würde das Völkerrecht letztlich beseitigen, und an die Stelle eines Dualismus von zwingendem und freiwilligem Recht würde ein Einheitsmodell von ausschließlich zwingendem Recht nach innerstaatlichem Muster treten. Das ist angesichts der immer vielgestaltiger werdenden und kaum generell erzwingbaren internationalen Beziehungen wenig wahrscheinlich.

Andererseits stehen hinter dem Modell eines weltweiten zwingenden Rechts starke und erst noch rasch wachsende Kräfte, die in Richtung auf eine Vereinheitlichung des Rechts wirken, eines Rechts, das gerade kein Völkerrecht mehr ist, weil in ihm Freiwilligkeit und Nebenordnung zunehmend durch Überordnung und Zwang ersetzt werden. Der Grund dafür liegt in den Menschenrechten, die sich, insbesondere kodifikatorisch, nach 1945 in ungeheurem Tempo ausgebreitet und durchgesetzt haben. Dabei wird ein Dilemma sichtbar, für das bisher keine Lösung vorliegt. Die Menschenrechte werden zunehmend als weltweites Einheitsrecht betrachtet und behandelt: schließlich kommen sie per definitionem jedem Menschen zu. Das bedeutet andererseits, dass sie eine zwingende Vorgabe sind und damit zumindest Elemente oder Vorstufen eines Weltstaats. Die Unterordnung der einzelnen Staaten erfolgt, jedenfalls theoretisch, nicht mehr unter andere Staaten oder einen Weltstaat, sondern unter ein Weltrecht, die naturrechtlich abgeleiteten Menschenrechte. Umgekehrt lag und liegt die Attraktivität des Völkerrechts gerade in seiner Freiwilligkeit. Wird es stattdessen zu einem System zwingenden Rechts, so stellt sich die Frage, wie seine Einhaltung gesichert werden soll, jedenfalls so lange, wie keine Weltregierung existiert.

All dies zeigt eine deutlich zunehmende Rolle des Völkerrechts, aber auch dessen immanente Gefährdung, indem sein wichtigstes Element, die Gleichheit und Gleichberechtigung, erodiert und aus ihm klassisches innerstaatliches Recht wird.

8. Die Forschung zur Geschichte des Völkerrechts

Zunächst aber hat das Völkerrecht in den letzten Jahrzehnten zweifellos an Bedeutung gewonnen. Dem entspricht – wenngleich mit einer gewissen Phasenverschiebung – eine zunehmende Bedeutung der Geschichte des Völkerrechts. Im Mittelpunkt des wachsenden Interesses an ihr steht der meist als Globalisierung bezeichnete Vorgang der weltweiten Ausbreitung und Differenzierung des Völkerrechts. Dahinter steht eine aufschlussreiche Schwerpunktverschiebung. War früher die Geschichte des Völkerrechts überwiegend auf die klassischen internationalen Beziehungen ausgerichtet, und damit auf die Machtverhältnisse zwischen den Großmächten, so steht spätestens seit der Entkolonisierung nach dem Ende des Zweiten Weltkrieges die Ausdehnung der internationalen Beziehungen auf den Globus und damit auf alle Staaten im Mittelpunkt. Eine Vorbereitung dafür bildete die Wiederentdeckung der (spanischen) Spätscholastik im 20. Jahrhundert als wichtiger Ausgangspunkt für das Völkerrecht, was gegenüber Grotius einer Vorverlagerung um mehr als ein Jahrhundert entsprach. Auffällig ist die Tendenz, dass größere Forschungsprojekte ihren Ausgangs- und Schwerpunkt weniger von den Groß- und Vetomächten nehmen als von kleineren und mittleren, meist seit langem auf Beziehungen im Rahmen einer Neben-, nicht Unterordnung ausgerichteten Staaten. Das ist umso bemerkenswerter, als sprachlich mit der weitgehenden Übernahme des Englischen als Wissenschaftssprache seit den 1980er Jahren durchaus eine Anpassung an die stärkste Macht, die USA erfolgt ist.

Die Groß- und Vetomächte sind nach wie vor eher auf ein System der Unterordnung ausgerichtet, kleinere und mittlere Staaten hingegen auf ein solches der Gleichberechtigung. Das gilt zunächst für das einflussreichste Nachschlagewerk des Völkerrechts, das aus dem deutschen Sprachraum heraus zuerst 1924–1929 als *Wörterbuch des Völkerrechts und der Diplomatie*, 1960–1962 als *Wörterbuch des Völkerrechts* und 1992–2003 in dritter Auflage als *Encyclopedia of Public International Law* auf Englisch erschien.[15] Auch die seit 2004 zugängliche online-Ausgabe erscheint nur noch in englischer Sprache.[16] Das Werk berücksichtigt die Geschichte in erheblichem Maße, aber keineswegs in bevorzugter Weise. Als Ergänzung erscheint seit 2000 *das Journal of the History of International Law (Cahiers de l'histoire du droit international)*, gegründet von einem Kanadier und herausgegeben in den Niederlanden. Schließlich wird derzeit in der Schweiz und in Deutschland das in Oxford erscheinende *Handbook oft the History of International Law* herausgegeben. Auffälliger ist, dass die wohl bekannteste und einflussreichste Gesamtdarstellung der Völkerrechtsgeschichte der letzten Jahrzehnte, die in ihrer Anlage im Wesentlichen auf den Zweiten Weltkrieg zurückgehenden und entsprechend veralteten *Epochen der Völkerrechtsgeschichte* von Wilhem G. Grewe (1984) zwar (wenngleich erst 2000) in englischer Übersetzung erschienen ist, dass aber bis zum heutigen Tage keine vergleichbare Geschichte aus einem angelsächsischen Staat vorliegt.[17]

---

[15] *Julius Hatschek/Karl Strupp* (Hrsg.), Wörterbuch des Völkerrechts und der Diplomatie. 3 Bde. Berlin 1924–1929; *Karl Strupp/Hans-Jürgen Schlochauer* (Hrsg.), Wörterbuch des Völkerrechts. 3 Bde. Berlin 1960–1962; *Rudolf Bernhard u. a.* (Hrsg.), Encyclopedia of Public International Law. 5 Bde. Amsterdam 1992–2003.
[16] *Rüdiger Wolfrum* (Hrsg.), Max Planck Encyclopedia of Public International Law, http://www.mpepil.com/.
[17] *Wilhelm G. Grewe*, Epochen der Völkerrechtsgeschichte. Baden-Baden 1988; *ders.*, The epochs of international law. Berlin 2000. Eine wirkliche ursprünglich englisch geschriebene Gesamtdarstellung fehlt. Einige knappe Ansätze bei *Rafael Domingo*, The new global law. Cambridge 2010. Reicher ist die einschlägige französischsprachige Literatur: *Dominique Gaurier*, Histoire

Die Regel, dass das Völkerrecht tendenziell das Recht der Kleinen und der Schwachen ist, gilt also nach wie vor. Solange das Völkerrecht an Attraktivität gewinnt, wird auch seine Geschichte trotz vieler einschränkenden Faktoren mit tendenziell wachsendem Interesse und zunehmender Bedeutung rechnen können.

du droit international. Auteurs, doctrines et développement de l'Antiquité à l'aube de la période contemporaine. Rennes 2005; *Slim Laghmani*, Histoire du droit des gens du *jus gentium impérial au jus publicum europaeum*. Paris 2003. Als neuere deutschsprachige Zusammenfassung *Karl-Heinz Ziegler*, Völkerrechtsgeschichte: ein Studienbuch. München 2007. Zur hier verfolgten Thematik siehe etwa *Norman Paech/Gerhard Stuby*, Machtpolitik und Völkerrecht in den internationalen Beziehungen. Baden-Baden 1994; und – teilweise – *Ulrich Lappenküper/Reiner Marcowitz* (Hrsg.), Macht und Recht. Völkerrecht in den internationalen Beziehungen. Paderborn 2010. Speziell zum 19. und 20. Jahrhundert siehe *Martti Koskenniemi*, The gentle civilizer of nations. The rise and fall of international law 1870–1960. Cambridge 2001. Als systematische (und weniger historische) Einführung vgl. *Alexander Orakhelashvili* (Hrsg.), Research handbook on the theory and history of international law. Cheltenham 2011. Ein gründlicher Literaturbericht für die letzten Jahre des 20. Jahrhunderts ist zu finden bei *Ingo J. Hueck*, Völkerrechtsgeschichte: Hauptrichtungen, Tendenzen, Perspektiven, in: Wilfried Loth/Jürgen Osterhammel (Hrsg.), Internationale Geschichte: Themen, Ergebnisse Aussichten. München 2000. Allgemeine Aspekte: *Heinhard Steiger*, Probleme der Völkerrechtsgeschichte, in: Der Staat 26, 1987, S. 103–126.

Jost Dülffer
Recht, Normen und Macht

I. Recht durch Macht oder Macht durch Recht?

„La paix par le droit" hieß die Zeitschrift einer 1887 gegründeten französischen Pazifistengruppierung, die sich bald *Association pour la paix par le droit* nannte. Sie blieb unter dem Philosophen und Kantkenner Théodore Ruyssen bis zum Zweiten Weltkrieg die stärkste Honoratiorenvereinigung des französischen Pazifismus.[1] Aber auch ein Völkerrechtler wie Hans Kelsen trat 1944 programmatisch mit einer Schrift „Peace through Law" hervor.[2] Hinter dem Schlagwort stand die Erwartung einer zunehmend internationale Beziehungen durch Recht friedlicher gestaltenden Politik, ja nach Ablösung von herkömmlichen Machtbeziehungen durch Rechtsakte. Einige Autoren verfolgen diesen Gedanken bis auf Immanuel Kants „Zum ewigen Frieden" zurück, der die Formulierung selbst nicht kannte. Gerade in der europäischen Völkerrechtslehre wie in der Politikwissenschaft war und bleibt das Postulat eine wichtige Position bis in die Gegenwart. Auf den Punkt gebracht hat das der finnische Völkerrechtler Martti Koskenniemi mit seinem Buchtitel „the gentle civilizer of nations", aber auch manche Politikwissenschaftler erkennen in dem Axiom eher eine politisch zu fördernde, nicht aber analytisch belegte oder gar automatische Tendenz.[3]

Auf der Ebene der Staatenpraxis setzten sich die Ratschläge Niccolò Machiavellis für den absoluten Fürsten zwar nie durch; aber noch 1832 argumentierte der Bentham-Schüler und Rechtspositivist John Austin,[4] Recht habe zwar gewisse Funktionen, jedoch sei der Souverän nicht daran gebunden; er könne „abrogate the law at pleasure." Diese Willkür entsprach auch seither dem Herrschaftsstil von konkreten Personen, zu denen etwa der deutsche Kaiser Wilhelm II.[5] oder der US-Präsident George W. Bush gehörten. Es

---

[1] *Michael Clinton*, „Peace through Justice". L'Asscociation de la paix par le droit and the Evolution of Patriotic Pacifism: http://gwyneddmercy.academia.edu/MichaelClinton/Papers/412365/ Peace Through Justice LAssociation de la Paix par le Droit and the Evolution of Patriotic Pacifism; *Verdiana Grossi*, Le pacifisme européen, 1889–1914. Brüssel 1994; *Norman Ingram*, The Politics of Dissent. Pacifism in France 1919–1939. Oxford 1991, S. 4 u. S. 19–120.

[2] *Hans Kelsen*, Peace through Law. Chapel Hill 1944.

[3] *Martti Koskenniemi*, The Gentle Civilizer of Nations: The Rise and Fall of International Law 1870–1969. Cambridge 2002; *Patricia Schneider/Kristina Thony/Erwin Müller* (Hrsg.), Frieden durch Recht. Friedenssicherung durch internationale Rechtsprechung und Rechtsdurchsetzung (Frieden durch Recht V). Baden-Baden 2003 (freundlicher Hinweis durch Heike Krieger); vgl. *Lothar Brock*, Frieden durch Recht. Anmerkungen zum Thema im historischen Kontext, in: Peter Becker/Reiner Braun/Dieter Deiseroth (Hrsg.), Frieden durch Recht? Berlin 2010, S. 15–34.

[4] *John Austin*, The Province of Jurisprudence Determined. London 1832.

[5] Reichskanzler Bernhard von Bülow notierte dazu 1907, „dass alle internationalen Verpflichtungen für den Ernstfall eines großen Krieges doch nur bis zu einem gewissen Grad binden,

gab zwar zahlreiche gescheiterte Versuche, letzteren wegen Verletzung des Völkerrechts etwa beim Beginn des Irakkrieges anzuklagen, aber auch Bush selbst berief sich in seiner *National Security Strategy* von 2002 auf das internationale Recht, das nach seiner Deutung durch den internationalen Terrorismus bedroht werde. Gerade daraus leitete er seinen Anspruch auf Anwendung aller (Gegen-)Mittel ab[6] und maßte sich die zeitgemäße Fortschreibung angeblich alten Rechts an.

Gerade in dieser Hinsicht hatte sich im 20. Jahrhundert viel getan. Vom Kriegsächtungspakt 1928 über den Nürnberger Hauptkriegsverbrecherprozess 1945/46 bis hin zum Internationalen Strafgerichtshof[7], von den Haager Friedenskonferenzen 1899 und 1907 über die Völkerbundsatzung bis zur UN-Charta zieht sich das Bestreben, nicht nur Krieg und Gewalt einzudämmen oder gar zu verbieten, sondern auch und gerade die dafür Verantwortlichen persönlich haftbar zu machen. Einen vorläufigen Höhepunkt erreichte diese Verrechtlichung mit der Bildung des Internationalen Strafgerichtshof (*International Criminal Court*, ICC), der 1998 mit dem *Römischen Statut* vereinbart wurde und 2002 in Kraft trat.[8] In der Präambel vereinbarten die Vertragspartner:

> Mindful that during this century millions of children, women and men have been victims of unimaginable atrocities that deeply shock the conscience of humanity, [...] Affirming that the most serious crimes of concern to the international community as a whole must not go unpunished and that their effective prosecution must be ensured by taking measures at the national level and by enhancing international cooperation, Determined to put an end to impunity for the perpetrators of these crimes and thus to contribute to the prevention of such crimes.

In dieser Aufzählung werden besonders Genozid, Verbrechen gegen die Menschheit[9], Kriegsverbrechen und das Verbrechen der Aggression benannt. Eine ausdifferenzierte Definition von Aggression gibt es seit kurzem in einer Resolution des ICC vom Juni 2010.[10] Nimmt man all dies zusammen und berücksichtigt die Kautelen über primär national wirkende Strafverantwortung und weitergeltende andere Verträge, so steckt hinter dem ICC ein Programm der graduellen Neubewertung von Gewalt aller Art in potenziell nach internationalem Recht zu bewertende Delikte.

120 Staaten von 193 Mitgliedern der UNO sind dem Statut des ICC bis 2011 beigetreten. Aber ratifiziert haben u. a. weder die USA noch Russland.

---

dann heißt es Noth bricht Eisen und ‚salus publica unica lex'", zit b. *Jost Dülffer*, Regeln gegen den Krieg? Die Haager Friedenskonferenzen 1899 und 1907 in der internationalen Politik. Frankfurt u. a. 1981, S. 303.

[6] Siehe http://www.commondreams.org/headlines02/0920-05.htm; im Archiv der White House website George W. Bush steht nur noch die modifizierte Version von 2006: http://georgewbush-whitehouse.archives.gov/nsc/nss/2006/.

[7] Text etwa: http://www.icc-cpi.int/Menus/ICC/Legal+Texts+and+Tools/

[8] Webseite des ICC, u. a. mit dem Statut: http://www.icc-cpi.int/NR/rdonlyres/ADD16852-AEE9-4757-ABE7-9CDC7CF02886/283503/RomeStatutEng1.pdf.

[9] „humanity" wird im Deutschen meist – problematisch – mit Menschlichkeit wieder gegeben.

[10] RC/Res. 6 The crime of aggression: http://www.icc-cpi.int/menus/asp/reviewconference/crime%20of%20aggression?lan=en-GB.

Die Volksrepublik China oder Indien haben nicht einmal unterzeichnet, ebenso fehlt die gesamte arabische Welt. Natürlich sind die Motive hierfür vielgestaltig. Aber schon als erste Annäherung lässt sich sagen, dass sich recht starke Staaten ebenso wie vergleichsweise schwächere einer strafrechtlichen Verfolgung durch den ICC nicht aussetzen wollen. Es gibt also Interessen, die von anderen Kategorien abhängen als dem Recht. Konkret: es ist die Kategorie Macht, die in den internationalen Beziehungen eine Rolle spielt und die mit dem Völkerrecht in einem gewissen Spannungsverhältnis steht. Macht gilt vielfach als eine antiquierte Kategorie, doch ist sie nach wie vor sinnvoll, da diese Relation der Ungleichheit gerade zur Erklärung von internationalen Beziehungen einiges zu leisten vermag. Nach Max Weber bedeutet Macht „jede Chance, innerhalb einer sozialen Beziehung den eigenen Willen auch gegen Widerstreben durchzusetzen, gleichviel worauf diese Chance beruht."[11] Und man wird hinzufügen: gleichviel wie sehr es sich um militärische oder wirtschaftliche Macht handelt oder um *soft power* im Sinne eines indirekten oder kulturellen Einflusses.[12] Oder aber auch mit der Foucaultschen Gouvernementalität, wonach es bei Regierung „um Machtmechanismen der Fremd- und Selbstführung geht, um Kontrolle und Leitung von Einzelnen wie Kollektiven."[13]

Für die internationalen Beziehungen haben sich eine Fülle an Autoren, so vornehmlich die britische Tradition von Edward H. Carr über Hans Morgenthau bis hin zu Hedley Bull und Martin Wight[14], an zentraler Stelle der Kategorie Macht bedient. Wenn man diese Autoren seit langem als Realisten bezeichnet, so wurden diese Ansätze etwa von Kenneth Waltz zum Neo-Realismus weiterentwickelt[15]. Darunter subsumierte man seither eine Sicht auf das internationale System als anarchisches Selbsthilfesystem. „Das Staatensystem ist ein dezentralisiertes Wettbewerbssystem ohne Herrschaftsordnung (also an-archisch)", formulierte Werner Link 2010.[16] Nun sehen auch Realisten oder Neo-Realisten sicherlich eine Verbindung von Macht und Recht. Kaum jemand würde wohl heute noch so hart formulieren wie Georg Schwarzen-

---

[11] *Max Weber*, Wirtschaft und Gesellschaft. Tübingen 1984, Kapitel 1, § 16.
[12] So etwa seit 1990 von Joseph Nye vorgeschlagen, zuletzt *Joseph Nye*, Soft Power. The Means to Success in World Politics. New York 2004, 2. Aufl. 2011.
[13] *Michel Foucault*, Analytik der Macht. Frankfurt a. M. S. 148–174; vgl. etwa *Maren Möhring*, Die Regierung der Körper. „Gouvernementalität" und „Techniken des Selbst", in: Zeithistorische Forschungen, http://www.zeithistorische- forschungen.de/16126041-Moehring-2-2006.
[14] *E. H. Carr*, The Twenty Years Crisis 1919-1939. London 1939; *Hans Morgenthau*, Politics among Nations. The Struggle for Power and Peace. 4. Aufl. New York 1967; *Martin Wight*, Systems of States. Leicester 1967; *Hedley Bull*, The anarchical society: a study of order in world politics. London 1977.
[15] *Kenneth N. Waltz*, Man, the State and War – A Theoretical Analysis. New York 1959, NA 2002.
[16] *Werner Link*, Macht und Völkerrecht zwischen den beiden Weltkriegen, in: Ulrich Lappenküper/Reiner Marcowitz (Hrsg.), Macht und Recht. Völkerrecht in den internationalen Beziehungen. Paderborn 2010, S. 233–250, hier S. 235; *ders.*, Der Ost-West-Konflikt. Die Organisation der internationalen Beziehungen im 20. Jahrhundert. Stuttgart 1980 und öfter.

berger, ein weiterer Pionier des Realismus. In einem ursprünglich 1941 für die alliierte Nachkriegsplanung geschriebenen Buch sah er Völkerrecht im Rahmen von „Recht der Macht".[17] „Das Völkerrecht als reines Recht der Macht dient nicht nur dem Primat der Machtpolitik, sondern sichert zugleich die Monopolstellung souveräner Staaten als Mitglieder der internationalen Aristokratie" – was auf die Rolle der Großmächte abzielte. Das Völkerrecht „erklärt Macht und brutale Gewalt für rechtmäßig und ermöglicht eine geschickte ideologische Verschleierung der mit jedem System internationaler Machtpolitik notwendigerweise verbundenen Ungerechtigkeiten." Sicher steckten hinter dem Urteil des Emigranten Schwarzenberger die Erfahrungen der totalitären Kriegführung der Achsenmächte, aber er diskutierte auch weitere Ansätze internationaler „Regulierungen und Regeln" bis in die Zeit vor dem Ersten Weltkrieg. Schon für die *Atlantic Charter*, erst recht aber für die Vereinten Nationen hatte er nur Skepsis zu bieten: „Die Ideologie der Vereinten Nationen und die Realität der internationalen Machtpolitik" hieß ein antithetisch formulierter Abschnitt, in dem er vor einigen „gefährlichen Illusionen" warnte, wozu auch die Kooperationsmöglichkeiten zwischen totalitären und freiheitlichen Staaten gehörte. Gerade die UN bildete für ihn nur eine Institution für „verschleierter Machtpolitik".

Diese ganz aus dem Geist des intensiven Ost-West-Konflikts geborene Diagnose kann heute nicht mehr befriedigen. Wenn man sich aber die Diskussionen der Großen Drei über ihre Rolle und die der künftigen Weltorganisation ansieht, dann findet man zeitgenössisch verwandte Vorstellungen über die Gestaltung des Staatensystems. Bei ihren Gipfeltreffen in Teheran und Jalta 1943/45 herrschte zwischen Churchill, Roosevelt und Stalin Konsens, dass die Einheit der Großmächte und besonders die ihrer drei Personen zentral sei und den Frieden auf der Welt für die nächsten 50 Jahre sichern solle – also Machtpolitik im Kern, wie er im einvernehmlich beschlossenen Veto zum Ausdruck kam. Darüber hinaus wollte gerade US-Präsident Roosevelt in den künftigen Vereinten Nationen in einem Leitungsgremium (es wurde dann der Sicherheitsrat) nur einige weitere Staaten im Turnus vertreten wissen, während die Vollversammlung nur konsultative Rechte haben sollte. Da war allerdings der sowjetische Diktator skeptisch, ob die kleineren Staaten sich mit einer so dekorativen Rolle zufrieden geben würden.[18]

Anders formuliert, heißt dies, dass Macht und Recht einander nicht ausschließen, sondern wechselseitig bedingen. Recht bedarf einiger Machtmittel zur Durchsetzung, aber bloße Macht hat in den letzten Jahrhunderten ohne rechtliches Fundament an Bedeutung verloren. Aber welche Funktion bean-

---

[17] *Georg Schwarzenberger*, Power Politics; A Study of International Society. 2. Aufl. London 1951 (1941 auf halben Umfang: mit dem Zusatz „post-war planning"); dt. Ausgabe *ders.*, Machtpolitik, Eine Studie über die internationale Gesellschaft. Tübingen 1955, Zit. S. 132, S. 390f., S. 394.

[18] *Jost Dülffer*, Völkerrecht im Ost-West-Konflikt, in: Lappenküper/Marcowitz, S. 252–269, hier S. 252–254.

sprucht Recht im Verhältnis zu Macht zu haben? Was ist Völkerrecht insgesamt? Völkerrechtler pflegen scharfe, aber häufig nicht historisierte Definitionen, die vielfach ihren eigenen Kodifizierungen entsprechen. In Artikel 38 des *International Court of Justice* in Den Haag heißt es zur Grundlage seiner Arbeit:

1. The Court, whose function is to decide in accordance with international law such disputes as are submitted to it, shall apply:
   a. international conventions, whether general or particular, establishing rules expressly recognized by the contesting states;
   b. international custom, as evidence of a general practice accepted as law;
   c. the general principles of law recognized by civilized nations;
   d. subject to the provisions of Article 59, judicial decisions and the teachings of the most highly qualified publicists of the various nations, as subsidiary means for the determination of rules of law.
2. This provision shall not prejudice the power of the Court to decide a case ex aequo et bono, if the parties agree thereto.[19]

Darin liegt eine klare Reihenfolge der Wertigkeit von Grundlagen für Völkerrecht, die von einem Kern fester Konventionen über allgemein akzeptiertes Gewohnheitsrecht bis hin zu subsidiären Lehren der höchstqualifizierten Publizisten – gemeint sein können wohl nur Völkerrechtswissenschaftler. Und schließlich kommen noch Gesichtspunkte der Billigkeit hinzu, also ad hoc gefundene Kriterien für einen bestimmten Einzelfall. An der Nennung von „civilized nations" zeigt sich die Entstehungszeit der Statuten als Anlage zur UN-Charter. Darüber hinaus bleiben sie sehr vage und lassen Raum für so ziemlich alle Vereinbarungen – wenn sie einen völkerrechtlichen Geist atmen. Das kann man mit einer Kugel und darum locker gelagerten Schalen veranschaulichen, aber in manchem ist dies selbstreferentiell.

Hilfreicher ist die das internationale Vertragsrecht zusammenfassende *Vienna Convention on the Law of Treaties (VCLT)*. Hier heißt es in Artikel 53:

Treaties conflicting with a peremptory norm of general international law (jus cogens). A treaty is void if, at the time of its conclusion, it conflicts with a peremptory norm of general international law. For the purposes of the present Convention, a peremptory norm of general international law is a norm accepted and recognized by the international community of States as a whole as a norm from which no derogation is permitted and which can be modified only by a subsequent norm of general international law having the same character.[20]

Auch das ist in manchem selbstreferentiell – Völkerrecht ist, was allgemein als solches anerkannt wird –, aber es lässt Raum für darüber hinaus reichende Abgrenzung von einem *soft law*, das zwar auf Beschlüsse einzelner Internationaler Organisationen zurückgeht, aber nicht allgemein anerkannt ist. Völkerrechtler wie Stephan Hobe stellen die Frage, ob dies wirklich noch als Völker-

---

[19] Freundlicher Hinweis von Stephan Hobe; http://www.icj-cij.org/documents/index.php?p1=4&p2=2&p3=0#CHAPTER_II (Art. 59 bestimmt, dass Urteile des Gerichtshofs nur die Vertragsparteien binden; sie sind also keine allgemein rechtsschöpferischen Akte).

[20] www.http://untreaty.un.org/ilc/texts/1_1.htm.

recht zu bezeichnen sei.[21] Einem Historiker kommt eine solche Anschauung dennoch entgegen, wenn er auch die überwiegende Betonung von Schriftlichkeit nicht unbedingt überzeugend findet.

Der Begriff der Norm kann an dieser Stelle weiterhelfen. In der Rechtswissenschaft ist es üblich, dass einzelne Rechtsvorschriften in Normen unterteilt werden, dass Recht insgesamt als eine Vielzahl von (miteinander verbundenen) Einzelnormen gedacht wird. Das haben auch Historiker wie Matthias Schulz mit Gewinn auf das lange 19. Jahrhundert angewandt.[22] Hierfür lässt sich an die Arbeiten von Heinrich Popitz anknüpfen,[23] der nicht so sehr rechtliche, aber doch soziale Normen allgemein erklärte. Danach begrenzen diese die menschlichen Handlungsmöglichkeiten. Sie müssen immer wieder von neuem gelernt werden, richten sich „an *alle* Mitglieder eines bestimmten Universums geordneter Beziehungen". In diesem Zusammenhang lassen sich „Normstrukturen" unterscheiden, nämlich ein „Gefüge aufeinander bezogener sozialer Rollen", „die soziale Einheiten (Gruppen, Kollektive) kennzeichnen." Ihre relative Geltung erkennt man daran, dass Abweichungen durch (oft ganz milde) Sanktionen geahndet werden. Diese Kategorien lassen sich ohne Schwierigkeiten von der individuellen Sicht, die bei Popitz zugrunde liegt, auf die internationale Politik und ein internationales System oder auch mehrere (Sub-) Systeme anwenden. Dieser Ansatz hat zwei Vorteile: Er nimmt nicht nur die Norm als solche in den Blick, sondern auch den Umgang damit, also das normbestimmte soziale Handeln. Und er handelt nicht nur von schriftlich fixierten oder kodifizierten Normen, sondern beachtet auch konstante Handlungsweisen, nämlich die stillschweigend oder implizit erwarteten Handlungsweisen von Akteuren im Rahmen des jeweiligen internationalen Kontextes. Hier setzt auch der Begriff der Regime an, auf den zurückzukommen ist.

Von völkerrechtlichen allgemeinen Verträgen über Vertragsverhandlungen, bilaterale Abmachungen, anerkannte Rechtslehren bis hin zu informellen Absprachen, gemeinsamen Denk- und Handlungshorizonten ergibt sich also ein weites Spektrum an rechtlicher und normativer Rahmung von Handlungen auch und gerade in der internationalen Politik, die mit dem Begriff des Völkerrechts kaum alle noch angemessen zusammengehalten werden können. Wenn somit dieses internationale System in (neo)realistischen Erklärungsansätzen dominant als ein „dezentrales anarchisches Selbsthilfesystem" charak-

---

[21] http://treaties.un.org/doc/Publication/UNTS/Volume%201155/volume-1155-I-18232-English.pdf; vgl. *Stephan Hobe*, Einführung in das Völkerrecht. 9. Aufl. Tübingen u. a. 2008, S. 205–208.
[22] *Matthias Schulz*, Normen und Praxis. Das europäische Konzert der Großmächte als Sicherheitsrat, 1815–1860 (= Studien zur Internationalen Geschichte, Bd. 21). München 2009; *ders.*, Did Norms Matter in Nineteenth Century International Relations. Progress and Decline in the „Culture of Peace before World War I, in: Holger Afflerbach/David Stevenson (Hrsg.), An Improbable War? The Outbreak of World War I and European Political Culture before 1914. New York u. a. 2007, S. 43–60.
[23] *Heinrich Popitz*, Soziale Normen. Frankfurt a. M. 2006, S. 61–75, zit. S. 65 u. S. 67. Ein weiterer Punkt für Popitz, die Tradierbarkeit, kann hier außer Acht gelassen werden – ich verdanke diesen Hinweis Hillard von Thiessen.

terisiert wird, dann meint dies im Kern, dass sich Staaten letztlich selbst um ihre Sicherheit bemühen müssten, da es keine darüber hinaus reichende, allgemeine Instanz der Rechtsdurchsetzung gebe. Dagegen setzt die Betonung von Normierungen den Akzent darauf, dass in der internationalen Politik nicht immer alle Möglichkeiten des Handelns gleichermaßen zur Verfügung standen oder wahrgenommen wurden. Ferner wurden Handlungsoptionen nicht nur aus nationalen, kulturell oder interessenpolitisch geprägten Gründen ergriffen, sondern auch wegen etablierter, erwarteter und damit voraussehbarer Verhaltensweisen in einem gemeinsamen internationalen Umfeld. Diese Sicht stellt also realistische Theorieansätze gleichsam vom Kopf auf die Füße, vom autonomen Akteur auf die Umwelt, in der er handelt.

II. Ebenen der Normierung seit dem 19. Jahrhundert

Am Wandel des internationalen Systems der letzten zwei Jahrhunderte lässt sich verdeutlichen, wie sich der Grad an relativ konsensualer Steuerung durch Normen historisch entwickelte, wie Verrechtlichung, Normierung und verlässliche Kooperation im globalen System oder in regionalen Subsystemen „funktionierten". Im Wiener System von 1814/15 manifestierte sich eine Fülle an Normen in einem Ensemble von Verträgen, die einen Kontrast zur vorangegangenen napoleonischen Hegemonialzeit bildeten.[24] Es bestand zunächst einmal aus mehreren Verträgen wie der Wiener Schlussakte, der Quadrupelallianz der vier Großmächte und der Heiligen Allianz. Auch wenn letztere von (fast) allen damaligen Staaten oder Staatsführungen gezeichnet wurde, bildete sie bestenfalls temporär einen ideologischen Rahmen. Entscheidend waren die konkreten Verpflichtungen der Großmächte, die sich in einer Militärallianz selbst zu dieser herausgehobenen Rolle ermächtigten, aber damit zugleich auch zu gemeinsamen Aktionen verpflichteten. Friedenswahrung war darin der wesentliche normative Anspruch. Durch Periodizität der Treffen institutionalisierten sie zugleich ihre Rollen.

Ihren Kern hatten diese Verträge zunächst allein in der Friedenssicherung gegenüber Frankreich, das jedoch ab 1818 das Konzert der Mächte ergänzte und ihm damit zu allgemeiner europäischen Bedeutung verhalf. Eine Ausdehnung auf außereuropäische Gebiete fand nicht statt, nachdem der Versuch dazu in den 1820er Jahren mit Blick auf Lateinamerika keine Chance hatte.

---

[24] *Anselm Doering-Manteuffel*, Vom Wiener Kongress zur Pariser Konferenz. England, die deutsche Frage und das Mächtesystem 1815–1856. Göttingen 1991, S. 10–13; *Wolfram Pyta* (Hrsg.), Das europäische Mächtekonzert: Friedens- und Sicherheitspolitik vom Wiener Kongress 1815 bis zum Krimkrieg 1853. Köln 2009; mit eher machtpolitischem Akzent auf die Hegemonialmächte: *Paul W. Schroeder*, The Transformation of European Politics, 1763–1848. Oxford 1994, S. 443–480; klassisch zum ganzen Abschnitt: *Francis H. Hinsley*, Power and the Pursuit of Peace. Theory and Practice in the History of Relations between States. Cambridge 1963; vgl. den Beitrag von Wolfram Pyta in diesem Band.

Die negativen Seiten sind häufig herausgearbeitet worden: die relative Unterordnung der kleineren, durch formale Souveränität nur unzureichend geschützten Staaten, die ab 1820 zunehmend sozialkonservative bis sozialreaktionäre Aufladung auch gegenüber der Tendenz zu neuen Nationalstaaten und schließlich die politischen und sodann auch militärischen Interventionen in Süd- und Südosteuropa. Zum Kern dieses Konzerts entwickelte sich die Vermeidung eines großen Krieges, eines Krieges der Großmächte untereinander – und in dieser Hinsicht überdauerten diese Normierungen einige Jahrzehnte. „Das Konzert der Großmächte führte eine neue ‚Ebene' der diskursiven Regulierung von Konflikten, also des Friedensmanagements, in die Staatengesellschaft ein."[25] Genau dies nennt Matthias Schulz pointiert, aber anachronistisch vordatierend einen „Sicherheitsrat".

Die Institutionalisierung der periodischen Kongresse endete bereits 1823, aber die Wirksamkeit blieb erhalten. Während die deutsche Frage, rechtlich geregelt durch die Deutsche Bundesakte von 1815, die als Teil der Wiener Kongressakte Teil des europäischen Normensystems blieb, vorerst stagnierte, fanden die wichtigsten politischen, auch militärischen Auseinandersetzungen an der europäischen Peripherie statt: Die Frage: Stabilisierung, Abspaltungen oder Teilungen des Osmanischen Reiches – eine Erbschaft schon aus dem 18. Jahrhundert – blieb das zentrale und bis 1856 nicht normativ geregelte Problem. Zu diesem Zeitpunkt wurde das Osmanische Reich zwar ins europäische Konzert aufgenommen, jedoch ohne dadurch seinen Objektcharakter grundsätzlich zu verlieren.

Erst der Krimkrieg 1853–1856 stellte den großen Fast-Weltkrieg im Jahrhundert zwischen 1815 und 1914 dar, als das Normensystem, soweit es den allgemeinen Frieden gesichert hatte, zusammenbrach. Dieser große Krieg blieb nicht durch ein gemeinsames Normbewusstsein auf die Halbinsel Krim (und wenige andere Gebiete) begrenzt, sondern eher durch akzidentielle Faktoren.[26] Ohne dass die Normen von 1815 formal aufgehoben waren, wurden sie in dieser Zeit obsolet. Der Pariser Frieden von 1856 schuf keine neuen vertraglichen Regelungen. Man begnügte sich mit einzelnen Vereinbarungen über die durch den Krieg aufgeworfenen Fragen, unter denen die Neutralisierung des Schwarzen Meeres als gravierendste machtpolitische Einschränkung Russlands nur 15 Jahre aufrechterhalten wurde.

Dass auch im Anschluss keine neue Normenordnung zustande kam, hatte wesentlich mit der preußisch-deutschen Politik zu tun, in der Otto von Bismarck gerade europäisch konzertierte Regelungen etwa des deutschen Einigungsprozesses verhinderte. Kriege fanden nach wie vor statt, jedoch immerhin keine Kriege zwischen mehreren Großmächten. Die zahlreichen Eskalationsprozesse in Richtung auf eine militärische Konfrontation, die dann doch

---

[25] *Schulz*, Normen, S. 3.
[26] Zu denken ist hier vor allem das machtegoistische Bestreben Preußens sich aus einem Krieg herauszuhalten, welcher sein Territorium zum Schlachtfeld machen konnte.

je vermieden wurde, bezogen sich auf Europa, aber für einige Jahrzehnte verstärkt auf außereuropäische Gebiete[27]. Diese Vermeidung eines großen Krieges hatte wenig mit Normen zu tun, wohl aber mit gesellschaftlicher Stabilität der Mächte und einer Scheu vor den materiellen wie kulturellen Folgen. Die Probe aufs Exempel lieferte die Vorgeschichte der ersten Haager Friedenskonferenz von 1899,[28] als weder die zuvor angestrebte Rüstungsbegrenzung zustande kam noch insgesamt ein neues Regime der geregelten Kooperation für das Staatensystem. Die dann vereinbarten und neu kodifizierten Normen zu Schiedsgerichtsbarkeit und sonstiger Konfliktbeilegung wurden von den Mächten vorab darauf überprüft, dass sie auch ja nicht die machtstaatliche Handlungsfreiheit beeinträchtigten. Grundsätzlich beruhte die Staatenordnung von 1815 mit abnehmender Kraft auf der Selbstbindung der Großmächte. Sanktionsmöglichkeiten zur Durchsetzung der Wiener Ordnung gab es letztlich durch Erzwingung durch die anderen Mächte und das hieß: Kriegsdrohung oder Krieg.

Auf einer *zweiten Ebene*, die man als Regimestrukturen charakterisieren kann, brachte das Jahrhundert vor dem Ersten Weltkrieg dennoch und gegenläufig zu dieser allgemeinen Entwicklung eine Vielzahl von Rechts- und Normensetzungen. *Zunächst* einmal waren dies allgemein gültige vertragliche Regelungen über den Status von Territorien und Staaten. Die Inkorporierung der Akte des Deutschen Bundes in die Wiener Kongressakte von 1815, inklusive möglicher politischer Gestaltungsmerkmale Deutschlands, gehörte dazu. Die Vereinbarung der belgischen Neutralität 1839 bildete ebenso wie die Konventionen über die Schleswig-Holsteinfrage nach 1848 oder die Vereinbarung zur Neutralisierung des Schwarzen Meeres 1856 solche völkerrechtlichen Verpflichtungen. Die Durchsetzungsmöglichkeiten neben der Selbstbindung waren dieselben wie die bereits genannten, aber die Sorge vor Sanktionen bei Übertretung bestimmte doch das Verhalten im Staatensystem. So beanspruchten einzelne Mächte immer einmal wieder in der deutschen Frage ein konzertiertes Mitwirkungsrecht; aber spätestens die Revolution von 1848 zeigte, dass die gesamteuropäischen Machtverhältnisse dies nicht (mehr) zuließen.

Die Verletzung der belgischen Neutralität 1914 durch die Reichsleitung in Berlin sicherte für die britischen Innenpolitik die Begründung für den Eintritt in den Krieg und auch der deutsche Reichskanzler zeigte sich öffentlich durchaus dieser Rechtsverletzung bewusst. Entschuldigt wurde sie von Theobald von Bethmann Hollweg mit der Notwendigkeit rascher Vorwärtsverteidigung,[29] eine Begründung, die auch im internationalen Diskurs als Ausnah-

---

[27] *Jost Dülffer/Martin Kröger/Rolf-Harald Wippich*, Vermiedene Kriege. Deeskalation von Konflikten der Großmächte zwischen Krimkrieg und Erstem Weltkrieg (1856–1914). München 1997.
[28] *Jost Dülffer*, Regeln gegen den Krieg? Die Haager Friedenskonferenzen von 1899 und 1907 in der internationalen Politik. Frankfurt a. M. u. a. 1981.
[29] „Wir sind jetzt in der Notwehr; und Not kennt kein Gebot. ...Meine Herren, das widerspricht den Geboten des Völkerrechts. Das Unrecht – ich spreche offen –, das Unrecht, das wir damit tun, werden wir wieder gutzumachen suchen, sobald unser militärisches Ziel erreicht ist." – Schulthess' Europäischer Geschichtskalender, NF 30, 1914. München 1917, S. 384.

me von übernommenen Verpflichtungen üblich war. Dazu kamen bei anderen Gelegenheiten die Klauseln auch in Verträgen, die einen Vorbehalt bei der Bedrohung von vitalen Interessen oder bei Ehrenfragen vorsahen – eine rechtlich verbriefte potenzielle Überschreitung von vereinbarten Normen.

Auf einer *dritten Ebene* stehen Konventionen, welche das Verhalten von Staaten regulieren, zumeist als Kriegsvölkerrecht und humanitäres Völkerrecht bezeichnet. Das reichte vom Verbot der Sklaverei als regulative Norm auf dem Wiener Kongress 1815 über die Pariser Seerechtsdeklaration von 1856 bis hin zur umfänglichen Kodifizierung des Kriegsrechts in zwei Etappen auf den Haager Friedenskonferenzen 1899 und 1907. Auf letzterer wurden allein dreizehn einschlägige Verträge mit einer Vielzahl von Einzelregungen geschlossen, von der Nichtanwendung von Gewalt bei der Eintreibung von Vertragsschulden bis zum Verbot selbsttätiger unterseeischer Kontaktminen.

Auch wenn diese Normen verbindlich vereinbart und zumeist national ratifiziert wurden, so wurden doch gerade – ohne Anerkennung der Relativierung – die Vitalinteressen- und Ehrenklauseln im Vorfeld zum Thema. 1909 wurde in Erweiterung der Haager Regelungen und als Äquivalent zur *Haager Landkriegsordnung* in London eine Seerechtskonvention vereinbart, die jedoch von einem der wichtigsten Protagonisten, Großbritannien, vor dem Weltkrieg nicht ratifiziert wurde, konnte sie doch die Optionen künftiger britischer Seekriegführung beeinträchtigen.[30] Die genannten Beispiele zeigen, wie ernst und wie verbindlich völkerrechtliche Vereinbarungen eingeschätzt wurden: Rechtliche Verpflichtungen enthielten soziale Normen, die mit Bedacht übernommen wurden.

Mit dem Übergang von traditionellen Gesellschaften zu komplexeren und stärker technisierten entstand auf einer *vierten Ebene* aus nationalem, in den internationalen Bereich übergreifender Bedarf ein *set* an neuen Normen, an Normierung im Sinne der Zweckmäßigkeit und der internationalen Kommunikation, Produktion und des Warenaustauschs. Sie standen im Schnittpunkt von Recht, Technik und Wirtschaft und unterlagen seither nicht der Dichotomie von Recht und Unrecht, wurden aber dennoch weitgehend als bindend akzeptiert.[31] Wer sich nicht an einheitliche Schraubengewinde hält, hat möglicherweise Schwierigkeiten solche Produkte auf dem Weltmarkt zu verkaufen. Das war die Grundlage der jeweiligen Selbstverpflichtung. Hier griff ein „mehrfach vernetzter Pluralismus: Internationale Staatengemeinschaft, Wissenschaft, Industrie, Parlament und Verwaltung" bildeten diese technischen Normen in Interaktion aus. Universal wurde dennoch nicht alles: Auch wenn der Urmeter in verschiedenen internationalen Konventionen sogar physisch normiert wurde, hat sich bis in die Gegenwart hinein auf der praktischen Ver-

---

30 *Alexander Rindfleisch*, Die internationalen Debatten über das Seekriegsrecht 1904–1914 (Diss.). Köln 2008.
31 *Milos Vec*, Recht und Normierung in der Industriellen Revolution. Neue Strukturen der Normsetzung in Völkerrecht, staatlicher Gesetzgebung und gesellschaftlicher Selbstnormierung. Frankfurt a. M. 2006, S. 3.

kehrsebene neben diesen Maßeinheiten auch die der Meilen gehalten. Seit dem letzten Drittel des 19. Jahrhundert wuchs der Trend zur Normierung auf dieser Ebene explosionsartig an. Wenn dies auch von einigen Autoren als Teil einer zunehmenden „Verrechtlichung der internationalen Beziehungen" angesehen wird, so bedeutete dies aber doch besser im Kern eine technische Zweckmäßigkeit.[32]

Viele dieser technischen Normierungen hatten ihren Ursprung in Kongressen und Konferenzen, die jetzt nicht mehr als monarchische oder diplomatische Events zusammenfanden, sondern zivilgesellschaftliche Akteure organisierten. Während die genannten Normierungen zum Teil zivilgesellschaftlich vorstrukturiert waren und erst danach zu intergouvernementalen Abkommen führten (sie wurden vielfach von entsprechenden Organisationen – IGOs – überwacht), setzten etwa seit dem letzten Drittel des 19. Jahrhunderts verstärkt auch transnationale Konferenzen und daraus folgend die Bildung von internationalen Vereinen und Assoziationen für ganz andere gesellschaftliche Bereiche wie Soziales und Kultur ein. Dies bildet eine *fünfte Ebene*. Man mag hierfür ein *annus mirabilis* um 1864/65 etwa mit der Internationalen Arbeiterassoziation und der Gründung des *Internationalen Komitees vom Roten Kreuz* erkennen, kann dies aber auch 1889 ansetzen, als die *Sozialistische Internationale* (neu) gegründet wurde, sich die *Interparlamentarische Union* bildete und die Pazifisten auf einem Kongress einen Dachverband institutionalisierten.[33] Hier ging es zumeist nicht unmittelbar um Normen, sondern um auf Wert(ordnung)en beruhende politische Ziele, welche Gesellschaften und/oder internationale Politik auf eine andere Basis stellen sollten. Auch wenn die Abgrenzung von IGOs und diesen *Non Governmental Organizations* fließend war, beeinflussten diese je unterschiedlich innergesellschaftliche wie internationale soziale Normen. Ansätze zu einem Lobbyismus bis hin zu den normsetzenden Staatenkonferenzen lassen sich feststellen. In Den Haag 1899 und 1907 etwa traf sich in geselliger Verschränkung mit Regierungsvertretern und Journalisten ein breites Spektrum an Pazifisten, internationalen Juristen und Lebensreformern sowie Vertretern einer Vielzahl von partikularen Interessen,[34] die nicht primär auf die Völkerrechtskodifikation, sondern eher auf die Umkehr zu einer grundsätzlich anderen Politik abzielten – eine Suche nach neuen Normen also.

Die meisten der bislang genannten Ebenen entstanden im europäischen Rahmen, jedoch entwickelte sich auch die Normen- und Rechtsetzung zu einem zunehmend globaleren Projekt. Das galt weniger für die Systemebene,

---

[32] *Vec*, S. 385, 104 ff.; *Martin Geyer/Johannes Paulmann* (Hrsg.), The Mechanics of Internationalism. Oxford 2002.

[33] *Madeleine Herren*, Internationale Organisationen seit 1865. Eine Globalgeschichte der internationalen Ordnung. Darmstadt 2009, S. 18f (1864/65). Hierzu ausführlicher der Beitrag von Holger Nehring in diesem Band.

[34] *Madeleine Herren/Cornelia Knab*, Die Zweite Haager Friedenskonferenz und die Liberalisierung des politischen Informationsmarktes, in: Die Friedenswarte 82, Heft 4, 2007, S. 51–64 (Themenheft hrsg. von Jost Dülffer).

sondern für die weiteren genannten Kategorien, in denen immer mehr (selbständige) Staaten aus der gesamten Welt vertreten waren. Auf der Ersten Haager Konferenz trafen sich neben fast allen europäischen Staaten nur wenige außereuropäische wie USA, China, Siam. In der Zweiten Haager Konferenz waren aus 26 Teilnehmerstaaten 46 geworden – es fand der Zusammenschluss des europäisch geprägten mit dem Interamerikanischen Rechtssystem statt. Außereuropäische Gebiete und Staaten waren im *Ius Publicum Europaeum* nie ganz rechtlos gewesen,[35] nunmehr wurden aber aus ihnen und ihren Vertretern zunehmend handelnde Subjekte. An dem *First Universal Races Congress* 1911 in London waren viele Vertreter aus außereuropäischen Gebieten beteiligt, er war mit seinen 2100 Teilnehmern tatsächlich annähernd universal aufgestellt.[36] Darüber hinaus waren besonders aus außereuropäischen Staaten neben Regierungen eine Fülle an Völkerrechtlern, anderen Wissenschaftlern, Vertretern unterdrückter Gesellschaften etc. zusammengekommen.

III. Kontinuitäten und Wandel im 20. Jahrhundert

Durch die beiden Weltkriege des 20. Jahrhunderts veränderte sich das Normengefüge nachhaltig. Diese Kriege bedeuteten in unserem Zusammenhang zunächst einmal einen Zusammenbruch der dem internationalen Staatensystem zugrundeliegenden Rechts- und Normsysteme. Beide Kriege hatten globale Implikationen und trugen schon dadurch zur machtpolitischen Dezentralisierung Europas bei. Der Zusammenbruch eines Kerns von internationalem Recht ließ dieses Recht als solches dennoch nicht obsolet werden. Die jeweiligen Kriegsparteien waren über weite Strecken bemüht, ihre Kriegshandlungen auch durch Berufung auf geltendes Völkerrecht zu legitimieren. Einen vollständigen Zusammenbruch des Völkerrechts gab es dennoch nicht.

Einige Waffensysteme wurden nicht eingesetzt (Giftgas im Zweiten Weltkrieg), bei der Behandlung von Kriegsgefangenen gab es Gründe der Zweckmäßigkeit, etwa um keine Repressalien der Gegenseite zu provozieren. Staatliche Friedensinitiativen zur Beendigung des Krieges ohne militärische Entscheidung gab es in beiden Weltkriegen und zumal im Ersten enthielten sie jeweils Angebote zur Wiederherstellung von verletztem Recht. Zwischen den Kriegslagern brach die Zusammenarbeit von IGOs und vielen NGOs weitgehend ab, jedoch wurden gerade die technischen, aber auch sozialen Normen weiter beachtet. Gelegentlich bildeten sich auch zivilgesellschaftliche NGOs, die über die Kriegsparteien hinweg eine Basis für die Kriegsbeendigung suchten, wie es etwa die Stockholmer Friedenskonferenzen der *Sozialistischen In-*

---

[35] *Jörg Fisch*, Die europäische Expansion und das Völkerrecht. Stuttgart 1984; *ders.*, Krieg und Frieden im Friedensvertrag. Stuttgart 1979; siehe vor allem den Beitrag von Fisch in diesem Band.

[36] *Gabriele Schirbel*, Strukturen des Internationalismus. First International Races Congress. Der Weg zur Gemeinschaft der Völker. London 1911, 2 Bde., Münster 1991.

ternationale 1917 unternahm. Darüber hinaus entstanden im Ersten Weltkrieg in beiden großen Lagern, im Zweiten Weltkrieg vornehmlich auf Seiten der späteren Siegerkoalition nicht nur innergesellschaftliche, sondern auch transnationale Initiativen, die auf eine andere und neue Weltordnung zielten, die nicht zuletzt durch Völkerrecht bestimmt werden sollte.

Diese Initiativen trugen wesentlich dazu bei, dass die konkreten Friedensregelungen, die von Regierungen getroffen wurden, neue völkerrechtlichen Vereinbarungen enthielten. Der „war to end all wars" (H.G. Wells 1914) sollte nicht nur auf der militärischen Niederwerfung beruhen, sondern jeweils zu einer anders gearteten neuen internationalen Ordnung führen, welche Kriege wie die gerade geführten, in Zukunft verhindern sollte. Beide Male wurde diese Ordnung von den Großmächten in Verhandlungen vorstrukturiert und sodann von der weiteren Staatengemeinschaft, zunächst unter Ausschluss der besiegten Kriegsgegner, in Vertragsformen gegossen. Aber weder erreichte der Völkerbund jemals, noch die UNO in den ersten Jahrzehnten eine zentrale Rolle in der Gestaltung des internationale Systems. Auch angesichts mangelnder Universalität erkannten die Großmächte den Völkerbund nie als zentrale rechtliche Regelungsinstanz an. Gerade in den Hoch-Zeiten seiner Wirkung schlossen vier europäische Großmächte eines der bedeutsamsten Abkommen 1925 in Locarno lieber außerhalb. Das ging grundsätzlich bis zum Beginn des Zweiten Weltkrieges so weiter.

Wie dargelegt blieb auch nach dem Zweiten Weltkrieg bis in die Gegenwart die Dominanz der Großmächte u. a. durch deren ständigen Sitz im Weltsicherheitsrat festgeschrieben und damit auch ihre – auch unabhängig davon ausgeübte – Rolle im internationalen System. Darüber hinaus nahmen die regionalen, vielfach Kontinente umfassenden Integrationsverträge zu. Die (west)europäische Integration bildet hier nur das am tiefsten die herkömmlichen Staatenbeziehungen auf fast allen Ebenen durchdringende und zunehmend dichter werdende Normensystem; in allen anderen Kontinenten und in einer unabsehbaren Fülle von Regionen entwickelten sich gleichfalls spezifische Rechts- und Normensysteme.

Wenn gerade im Zuge der europäischen Integration supranationale Züge entstanden, welche das Feld internationaler Beziehungen erweiterten, so nahm auch die Dichte der Regulierungen und Normierungen auf allen anderen der für das 19. Jahrhundert unterschiedenen Ebenen zu. Als Indiz mag gelten, dass man für 1874 32 transnationale Nichtregierungsorganisationen zählte, 1914 aber schon 466. Gegen Ende des Zweiten Weltkrieges handelte es sich bereits um 1083 NGOs, während man um die Jahrtausendwende zwischen 1500 und 2000 zählte. Nach anderen Quellen stieg die Zahl der NGOs sogar zwischen 1972 von 2795 auf 1984 12 686, die *der Intergovernmental Organizations* im selben Zeitraum von 1530 auf 2795.[37] Auch wenn die Zahlen stark

---

[37] Die ersten Zahlen zit b. Nehring in diesem Band (nach Chatfield), die zweiten nach: *Mark Atkinson Lawrence*, Containing Globalization: The United States and the Developing World in

abweichen, geht es hier nur um den Trend, dass neue Felder gesellschaftlicher Interaktion auch eine Fülle neuer rechtlicher Verpflichtungen und Normen mit sich brachten.

IV Regime und Normen am Beispiel von Menschenrechten

Organisationen mit ihrer Verpflichtung auf Normen bilden jedoch nur einen Teil der sehr viel weiter zu fassenden Beziehungsgeflechte ab, für die sich in den letzten dreißig Jahren der Begriff Regime eingebürgert hat. Das sind nach einer klassischen Definition:[38]

sets of implicit or explicit principles, norms, rules, and decision-making procedures around which actors' expectations converge in a given area of international relations. Principles are beliefs of fact, causation, and rectitude. Norms are standards of behavior defined in terms of rights and obligations. Rules are specific prescriptions or proscriptions for actions. Decisionmaking procedures are prevailing practices for making and implementing collective choice.

Prinzipien, Regeln und Entscheidungsprozeduren werden definitorisch von Normen geschieden, können aber in dem verwandten Rahmen der sozialen Praxis normierten Handelns durchaus unter dem Begriff der Norm einbezogen werden. Auch wenn die meisten Regimeansätze von staatlichem Handeln ausgehen[39], finden sich diese „standards of behavior" auch und gerade in der noch lockeren Form der nicht-institutionalisierten Verhaltensweisen in internationalen Systemen der jüngeren Geschichte wieder. Regime beinhalten dann in einem weiteren Sinne funktionale Herangehensweisen an sektorale Politikbereiche, in denen bestimmte Normen explizit oder implizit gelten. Das kann ein lohnender Ansatz für internationale Geschichte sein.

Am Beispiel von Menschenrechten lässt sich das im Folgenden in Umrissen zeigen. Dass man seit der Antike und auch in anderen Kulturen von Menschenrechten sprach, kann hier nur konstatiert werden. Mit den atlantischen Revolutionen in Nordamerika und in Frankreich und deren entsprechenden Erklärungen der Menschenrechte begann eine neue Phase innerstaatlicher Programmatik in diesen Fragen.[40] Schon hier wurde deutlich, dass es sich nicht um einen festen Kanon, sondern um ein je auszuhandelndes programmatisches Set an Normen handelte, die situativ ergänzt, neu betont oder auch re-

---

the 1970s, in: Niall Ferguson u. a. (Hrsg.), The Shock of the Global. The 1970s in Perspective. Cambridge, Mass. 2010, S. 205–222, hier S. 213.

[38] *Stephen D. Krasner*, Structural Causes and Regime Consequences. Regimes as Intervening Variables, in: ders. (Hrsg.), International Regimes. Ithaca 1983, 1–21, hier S. 2; *Volker Rittberger/ Andreas Kruck/Anne Romund*, Grundzüge der Weltpolitik. Theorie und Empirie des Weltregierens. Wiesbaden 2010, bes. S. 196–202.

[39] Etwa *Harald Müller*, Die Chance der Kooperation. Regime in den internationalen Beziehungen. Damstadt 1993, S. 26 f.; *Andreas Hasenclever/Peter Mayer/Volker Rittberger*, Theories of International Regimes. 2. Aufl. Cambridge 1997, S. 1–7.

[40] Zum erweiterten Rahmen: *Lynn Hunt*, Inventing Human Rights. A History. New York 2008.

duziert wurden. Das war und blieb seither auch für alle großen ideologischen Systeme charakteristisch. Diese Menschenrechtserklärungen, seit dem 19. Jahrhundert auch Grundrechte genannt, fungierten als innergesellschaftliche Integrationsmechanismen, hatten also keine Bedeutung in der internationalen Politik. Wenn einmal menschenrechtliche Regelungen international vereinbart wurden – wie etwa die Abschaffung der Sklaverei auf dem Wiener Kongress –, dann war damit kein Rechtsanspruch für Dritte gemeint, sondern ein gemeinsamer Appell an jede einzelne Macht, die europäische Zivilisierungsmission aus einer Position grundlegender Ungleichheit zwischen Freien und Sklaven voranzutreiben.[41] Die Durchsetzung solcher eher rhetorischen Formel blieb jedoch ganz der innerstaatlichen Politik anheim gegeben; die Souveränität im internationalen Bereich ließ kein gemeinsames Vorgehen zu.

Transnationale soziale Bewegungen nahmen sich zwar einzelner Normen an, die zu den Menschenrechten gezählt werden konnten, wie etwa Pazifisten des humanitären Völkerrechts oder die Sozialistische Internationale sozialer Gruppenrechte, ein Ensemble dieser Normen kam jedoch nicht ins Blickfeld. Mit den Friedensregelungen nach dem Ersten Weltkrieg traten kollektive Normen wie Selbstbestimmungsrecht und Minderheitenschutz in den Vordergrund und blieben vielfach gekoppelt an nationale Interessen. Die Auslegungen waren in unterschiedlichen politischen Lagern so weit gefasst, dass letztlich auch die Anfänge nationalsozialistischer Expansionspolitik in Österreich, die Sudetengebiete oder den polnischen Korridor mit Normverletzungen der Staatengemeinschaft begründet werden konnten, die doch sonst mit Füßen getreten wurden.

Erst aus der inneramerikanischen Mobilisierung für den Zweiten Weltkrieg („Four Freedoms") mit einem breiten Ensemble von Menschenrechtsnormen wanderte deren Bedeutung ins internationale Feld. Das galt zunächst für die amerikanisch-britische *Atlantic Charter* 1941, ging in die Vorverhandlungen für die Vereinten Nationen im Washingtoner Dumbarton Oaks Ende 1944 ein[42] und setzte sich dann in der UN-Charta fort: „Never before in history had any treaty ever given human rights such a prominent place as did the Charter of the United Nations."[43] Das fing in der Präambel an und setzte sich in zahlreichen Artikeln fort, die insbesondere – hier in der Tradition von britischer oder amerikanischer Sozialgesetzgebung, aber ebenso beeinflusst von Bestrebungen, die sich in der *International Labour Organization* (ILO) artikuliert hatten[44] – auch soziale Rechte enthielten, die aber zumeist im Rahmen

---

[41] *Boris Barth/Jürgen Osterhammel* (Hrsg.), Zivilisierungsmissionen. Konstanz 2005; *Gerrit W. Gong*, The Standard of Civilization in International Society. Oxford 1984.

[42] *Sam Moyn*, The Last Utopia. Human Rights in History. Cambridge 2010, S. 48–66.

[43] *Paul Gordon Lauren*, Human Rights. Visions Seen. Philadelphia 2003, S. 190; zum Folgenden ebd., S. 166–198; *Roger Normand/Sarah Zaidi*, Human Rights at the UN. The Poltical History of Universal Justice. Bloomington 2008, S. 107–176; *Paul M. Kennedy*, Parlament der Menschheit. Die Vereinten Nationen und der Weg zur Weltregierung. München 2007, dort Kapitel 6.

[44] *Daniel Maul*, Menschenrechte, Entwicklung und Dekolonisation – die Internationale Arbeitsorganisation (IAO) 1940–1970. Essen 2007.

der Zuständigkeit der UN-Vollversammlung angesiedelt wurden. Die im Sicherheitsrat privilegierten Großmächte sahen wenig Gründe, das Spannungsverhältnis zwischen ihrer herausgehobenen Rolle und damit insgesamt der Staatssouveränität und den potenziell diese Grenzen überschreitenden Menschenrechten als gravierendes Problem anzusehen. Wie eingeschränkt die menschenrechtlichen Formulierungen zunächst gesehen wurden, zeigt sich in der Tatsache, dass gerade die Präambel auf den Südafrikaner Jan Smuts zurückging, der keineswegs an rassische Gleichberechtigung dachte.[45]

Die *Universal Declaration of Human Rights* vom Dezember 1948 verdankte ihre Entstehung einer vielfältigen Lobbyarbeit von NGOs, zumal außerhalb Europas, darüber hinaus dem persönlichen Engagement einzelner Persönlichkeiten von Eleanor Roosevelt über Jacques Maritain bis zu René Cassin, traf aber bereits auf ein internationales Klima des Kalten Krieges. Hierbei spielte die *UN-Commission of Human Rights* eine wichtige Rolle, in der man sich jedoch in den ersten Jahren im Klaren war, keine wirklich gestaltende politische Rolle gegenüber Verletzungen von Recht spielen zu können. Sie enthielt eher eine „Vision" (Lauren) denn handhabbare Normen.[46]

Im sich integrierenden Westeuropa schuf 1950 der Europarat eine *Europäische Menschenrechtskonvention* mit der Verpflichtung zu nationaler Umsetzung und darüber hinaus einer gemeinsamen Instanz, dem *Europäischen Gerichtshof für Menschenrechte*, die sich zu einem Regime entwickeln konnte.[47] Dagegen verfiel die UN-Menschenrechtsdiskussion um Durchsetzung der vereinbarten Normen für Jahrzehnte in einen „deadlock" (Norman-Zaidi), so dass sich sogar von einem „death from birth" (Moyn) sprechen lässt. Das lag primär am andauernden Ost-West-Konflikt. Die UdSSR hatte sich bei Verabschiedung der Charter der Stimme enthalten, pflegte zwar seither ihr eigenes Verständnis von primär sozialen Menschenrechten, die sie auch international und zumal in der aufkommenden Dritten Welt durchzusetzen trachtete,[48] aber menschenrechtliche Normen hatten es auch in der noch primär westlich bestimmten Staatengesellschaft schwer akzeptiert zu werden. Man kann den Dekolonisierungskampf, der nach dem Zweiten Weltkrieg einsetzte und um 1960 einen Höhepunkt mit der Unabhängigkeit der meisten Staaten Afrikas erreichte, auch als eine Durchsetzung von Menschenrechten auffassen. Doch spricht Vieles dafür – mit Samuel Moyn –, diese Auseinandersetzung in der

---

[45] *Mark Mazower*, No Enchanted Peace. The End of Empire and the Ideological Origins of the United Nations. Princeton u. a. 2009, S. 28–65.
[46] *Lauren*, Human Rights, S. 199–232; *Normand/Zaidi*, Human Rights, S. 177–196.
[47] *Ed Bates*, The Evolution of the European Convention on Human Rights. From its Inception to the Creation of a Permanent Court of Human Rights. Oxford 2011; *Mark Mazower*, The Origin of Human Rights Regimes. Democratic Delegation in Postwar Europe, in: International Organization 54, 2000, S. 217–252.
[48] *Jennifer Amos*, Unterstützen und Unterlaufen. Die Sowjetunion und die Allgemeine Erklärung der Menschenrechte, 1948–58, in: Stefan-Ludwig Hoffmann (Hrsg.), Moralpolitik. Geschichte der Menschenrechte im 20. Jahrhundert. Göttingen 2010, S. 142–168.

Staatengesellschaft um Selbstbestimmung eher als eine sich dieser Normen nur bedienende Entwicklung mit primär anderen Zielen zu sehen.[49]

Das gilt besonders, wenn man die explosionsartige Zunahme von Berufung auf Menschenrechte in einer sich ausbildenden internationalen Zivilgesellschaft seit den siebziger Jahren in den Blick nimmt.[50] Die Bedingungsfaktoren für diese Entwicklung sind derzeit in der Diskussion.[51] Hier seien nur einige Eckpunkte festgehalten. Sicher hatte es auch zuvor Organisationen der Zivilgesellschaften wie amerikanisch-jüdische oder französische (*Ligue des droits des hommes*, seit 1898) gegeben, die aber eher als Lobbyistengruppen u. a. gegenüber den UN wirkten. Eher symptomatisch war eine internationale Menschenrechtskonferenz in Teheran 1968, die im Übrigen auch vom Schahregime unterstützt wurde.[52] Das unterstreicht die in diesem Beitrag schon häufiger gemachten Beobachtungen über die Auslegung von gültigen oder erwünschten Normen auch durch deren diktatoriale Gegner. Die militärische Niederschlagung des Prager Frühlings 1968, der blutige Sturz Salvador Allendes in Chile 1973 bildeten einschneidende Etappen, um in Lateinamerika oder (Ost-)Europa soziale Menschenrechtsbewegungen entstehen zu lassen. Am markantesten wurde hier *Amnesty International* (gegründet 1961), die eine neuartige Vernetzung von weltweiter Massenorganisation und internationalem Beraterstatus erreichte. Nicht zuletzt der Friedensnobelpreis von 1977 und der UN-Preis für Menschenrechte 1978 zeugen von deren Erfolg.[53]

In dem Prozess zu einer *Konferenz für Sicherheit und Zusammenarbeit in Europa* spielte die Argumentation mit Menschenrechten zunächst primär als westliches Druckmittel gegenüber der Sowjetunion eine Rolle. Deren (erneute) Kodifizierung in der Schlussakte von Helsinki 1975 schuf aber eine Basis für die Entstehung von zunächst hartnäckig unterdrückten Menschenrechtsbewegungen in den Staaten des Ostblocks, aber auch für deren transatlantische und westeuropäische Vernetzung mit entsprechenden Unterstützungsbewegungen, die ihrerseits auf mehreren Ebenen Lobbyarbeit leisteten.[54] Diese bürgerrechtlichen Bewegungen fanden darüber hinaus in der weitgehend dekolonisierten „Dritten Welt" gleichfalls seit den siebziger Jahren einen breiten transnationalen Resonanzboden für entsprechende menschenrechtliche Bewegungen. Eine Fülle derartiger NGOs entstand auch dort

---

[49] *Moyn*, Last Utopia, S. 64–119.
[50] *Michael Coty Morgan*, The Seventies and the Rebirth of Human Rights, in: Ferguson u. a., Shock of the Global, S. 237–250.
[51] Breit diskutiert in dem Sammelband von *Ferguson* u. a., Shock of the Global.
[52] *Roland Burke*, Decolonisation and the Evolution of the International Human Rights. Philadelphia 2010, S. 92–111.
[53] *Jan Eckel*, Utopie der Moral, Kalkül der Macht. Menschenrechte in der globalen Politik seit 1945, in: Archiv für Sozialgeschichte 49, 2009, S. 437–484.
[54] *Wilfried Loth*, Helsinki, 1. August 1975. Entspannung und Abrüstung. München 1998; *Sarah B. Snyder*, Human Rights Activism and the End of the Cold War. A Transnational History of the Helsinki Network. Cambridge 2011; *Christian Philip Peterson*, Globalizing Human Rights. Private Citizens, the Soviet Union and the West. New York/London 2012.

in vielen Staaten und vernetzte sich international.[55] Das gilt zumal im Hinblick auf das Apartheid-Regime in Südafrika, dessen Ablösung allerdings erst seit 1994 erfolgte.[56] Hinzu kamen neuartige Formen der weltweiten Kommunikation, aber auch die dezidierte Berufung auf Menschenrechte als Leitmotiv etwa in der programmatischen Auslegung Jimmy Carters oder der pragmatischen Vorgehensweisen Ronald Reagans, die letztlich – gerade durch die breite transnationale Ausrichtung der sozialen Bewegungen – auch die Sowjetunion unter Mikail Gorbatschow erreichte. Auch unter der Berücksichtigung der Tatsache, dass in der UNO im Rahmen der *Human Rights Commission* etliche Staaten eher als Böcke in diesem Kreis der Gärtner angesehen werden müssen und eine Menge wenig qualifizierter Bekenntnisse zu diesen völkerrechtlichen Normen zustande brachten, nahm dennoch die Quantität der durch internationale Verträge eingegangenen Verpflichtungen zu neuen Menschenrechtsnormen (Rechte des Kindes u. a.) in derselben Zeit sprunghaft zu. So scheint es insgesamt berechtigt, bereits für die siebziger Jahre mit Akira Iriye zu summieren:

Something like a universal awareness of human rights abuses was dawning on people everywhere who recognized that those rights transcended national distinctions and that discrimination in any form was an offense against a decent international order.[57]

Eine weitere Stufe in dieser weltweiten Berufung auf Menschenrechte folgte dem Ende des bisherigen Ost-West-Konflikts 1989/90 und damit entstand die Hoffnung, dass eine nun unipolare Welt primär von Recht und Normen getragen würde. Das erwies sich jedoch schnell als Illusion, als sich gerade die zeitweilige Weltvormacht USA unter George W. Bush weigerte, sich selbst potenziell unter die im UN-System übernommenen rechtlichen Verpflichtungen zu stellen. Es lässt sich historisch noch nicht gesichert sagen, ob in den letzten zwei Jahrzehnten erneut wie nach den siebziger Jahren ein weiterer, gleich starker Schub an menschenrechtlichen Normen und deren Durchsetzung zu verzeichnen ist. Jedenfalls hat sich dieser Trend fortgesetzt. Es gibt eine Normenexplosion im humanitären Völkerrecht in der Staatengesellschaft. Es hat sich darüber hinaus eine internationale Zivilgesellschaft gerade um die Durchsetzung von menschenrechtlichen Normen gebildet. In neuartiger Dichte haben sich hier transnationale soziale Bewegungen, internationale Organisationen und auch die Politik von Staaten miteinander verflochten.

---

[55] *Lauren*, Human Rights, S. 277–279.
[56] *Roland Burke*, Decolonisation, S. 59–91; Sue Onslow (Hrsg.), Cold War in Southern Africa. White Power, Black Liberation. London 2009.
[57] *Akira Iriye*, Global Community. The Role of International Organizations in the Making of the Contemporary World. Berkeley 2002, S. 111.

V. Schluss

Was hier für den Sektor humanitärer Normen gezeigt wurde, hat auch insgesamt auf die internationale Politik abgefärbt. Die eingangs aufgeworfene Dichotomie zwischen Recht und Macht bleibt aber dennoch tendenziell erhalten. Jedoch scheinen die Bereiche der Überschneidung und Ergänzung beider Kategorien breiter geworden zu sein. Wenn – wie dargelegt – Emigranten bereits während des Zweiten Weltkrieges für die künftige Weltordnung einerseits auf Recht – wie Hans Kelsen – oder andererseits auf Macht – wie Georg Schwarzenberger – setzten, so mischten sich in der Realität des Staatensystems beide Faktoren je nach Sektor unterschiedlich. Am formell normierten wie effizient praktizierten Vorrang von Großmächten hat sich von 1815 bis 2012 nichts Grundsätzliches geändert. Sie übernahmen in der Wiener Ordnung Selbstverpflichtungen für die unterzeichneten Rechtsnormen, deren Durchsetzung sie untereinander und gegenüber Dritten kollektiv gewährleisteten. Das blieb so trotz internationaler Organisationen seit Völkerbund und UNO bis in die Gegenwart. Darüber hinaus gilt das für staatliche Souveränität als Prinzip bis in die jüngste Zeit. Aber die Mechanismen der Absicherung haben sich grundlegend, wenn auch nicht unilinear gewandelt.

Nicht nur ist auch unter dem Einfluss globaler Kommunikation die Zahl der Normen ständig gewachsen, es haben sich auch die Formen ihrer Anwendung und Umsetzung gewandelt. Macht ohne Recht – wenn auch zumeist mit rechtsförmigen Begründungen – hat es in den letzten Jahrhunderten immer wieder und bis in die Gegenwart gegeben. Doch hat die Verpflichtung wie Gewohnheit der Staaten zugenommen, politisches Handeln auch immer mit seiner Normativität zu begründen und damit zu legitimieren. Das ist vor allem dem Strukturwandel internationaler Beziehungen zu einer wesentlich stärker vernetzten Struktur zu verdanken. Das meint vielfältige IGOs, aber vor allem NGOs. Es geht aber nicht allein um Organisationsmacht, sondern um eine Verankerung in sozialen Bewegungen und spontanen Aktionsformen. Recht bedarf also nach wie vor der Macht zur Durchsetzung, aber dazu gekommen sind außer den Staaten selbst eine große Anzahl an neuen Institutionen, Regimen und zivilgesellschaftlichen Kräften. Das führt seit einigen Jahrzehnten zu einem globalen Wandel im Charakter des ganzen Systems. Diese Organisationen und Regime wirken innerstaatlich und regional, aber auch global, wenn auch in sehr unterschiedlicher Verteilung über die Welt.

Diese Entwicklung ist mit dem Recht als „gentle civilizer of nations" gemeint,[58] das keine teleologische Beschwörung sein sollte. Darüber hinaus lässt sich gerade an der sozialen Rolle von Normen zeigen, dass eine Kombination von horizontalen (also eher herkömmlichen) Strukturen und vertikalen Elementen der Zivilgesellschaften im globalen Maßstab seit dem späten 19. Jahrhundert, verstärkt aber im letzten halben Jahrhundert zu neuen For-

---

[58] *Koskenniemi*, The Gentle Civilizer of Nations.

men der Weltordnung geführt haben. Ob dies eine tragfähige Basis für die Zukunft darstellt, ist zwar zu hoffen, entzieht sich aber dem Urteil eines Historikers.[59]

---

[59] Das ist eine Tendenz bei *Mary Ann Slaughter*, A New World Order. Princeton 2004.

Eckart Conze
Völkerstrafrecht und Völkerstrafrechtspolitik

Die Sicherung des Friedens und die Achtung der Menschenrechte gehören zu den konstitutiven Elementen des Artikels 1 der UN-Charta von 1945, in dem die Ziele der Weltgemeinschaft definiert werden. Als die Charta am 24. Oktober 1945 in Kraft trat, war nahezu zeitgleich, am 20. Oktober 1945, in Berlin der Prozess gegen die deutschen Hauptkriegsverbrecher vor dem Internationalen Militärtribunal eröffnet worden. Ab dem 21. November 1945 tagte dieses internationale Militärgericht in Nürnberg. Das internationale Tribunal, ein historisches Novum, war von der Idee geleitet, durch die strafrechtliche Verfolgung und Ahndung von – deutschen – Verbrechen gegen den Frieden, Kriegsverbrechen und Verbrechen gegen die Menschlichkeit ganz im Sinne der UN-Charta zur Sicherung des Friedens und der Menschenrechte beizutragen.

Obwohl die Vollversammlung der Vereinten Nationen in ihrer Resolution 95/I vom 11. Dezember 1946 die dem Internationalen Militärtribunal zugrunde liegenden Prinzipien eines internationalen Strafrechts bekräftigte und die UN-Völkerrechtskommission (International Law Commission) diese „Nürnberger Prinzipien" bis 1950 ausarbeitete und ausformulierte, verhinderten die machtpolitische Eskalation des Ost-West-Konflikts und der sich in den Folgejahren herausbildende antagonistisch-konfrontative Charakter des internationalen Systems eine Umsetzung beziehungsweise Anwendung der „Nürnberger Prinzipien". Erst mit der Überwindung des Ost-West-Konflikts seit 1990 gewannen Entwicklung und Institutionalisierung von Völkerstrafrecht eine neue Dynamik: Nach der Errichtung der so genannten „Ad-hoc-Tribunale" für das ehemalige Jugoslawien und für Ruanda legte 1998 das Römische Statut die Errichtung eines permanenten Internationalen Strafgerichtshofs fest, der vier Jahre später in Den Haag seine Arbeit aufnahm. Durch diese Entwicklung ist die Anwendung völkerstrafrechtlicher Normen zu einem zentralen Thema der internationalen Politik geworden. Die Geschichte der völkerrechtlichen Strafgerichtsbarkeit reicht jedoch bis ins 19. Jahrhundert zurück, und sie ist über weite Strecken verbunden mit der Entwicklung des internationalen Systems und der internationalen Politik. Darüber hinaus wirft die Geschichte des Völkerstrafrechts und der Völkerstrafrechtspolitik ein Licht auf die rechtliche Dimension internationaler Beziehungen, die jenseits der Rechtsgeschichte im engeren Sinne bislang allenfalls in Ansätzen, sicher aber nicht systematisch behandelt worden ist.[1]

---

[1] Völkerstrafrechtspolitik sei im Folgenden verstanden als jedes politische Handeln (kommunikatives Handeln, Entscheidungshandeln), das das Völkerstrafrecht, seine Normen sowie ihre Entwicklung und Anwendung zum Gegenstand hat. Der Begriff taucht auch auf bei *Claus*

Die geschichtswissenschaftliche Auseinandersetzung mit dem Völkerstrafrecht darf die im engeren Sinne rechtshistorische Entwicklung zwar nicht ausblenden, sie darf sich jedoch nicht darauf beschränken.[2] Vor diesem Hintergrund beschäftigt sich der folgende Beitrag mit drei zentralen Aspekten: Er diskutiert, *erstens*, die Bedeutung der historischen Beschäftigung mit der Entstehung, Entwicklung und Anwendung von Völkerstrafrecht in der Leitperspektive der Verrechtlichung internationaler Politik. Er skizziert, *zweitens*, die Geschichte des Völkerstrafrechts seit dem 19. Jahrhundert und akzentuiert dabei insbesondere die Wechselbeziehung zwischen der Dynamik internationaler Politik und den Konjunkturen völkerstrafrechtlicher Normbildungsprozesse. *Drittens* schließlich stellt er die völkerstrafrechtlichen Entwicklungen in den weiteren Analysekontext der geschichtswissenschaftlichen Erforschung von *Transitional Justice*. Ausgangspunkt ist das Schlagwort „Frieden durch Recht", das sowohl als Imperativ und als Prämisse politischen Handelns die Geschichte des Völkerstrafrechts und der Völkerstrafrechtspolitik durchzieht als auch als These eine kritische Auseinandersetzung mit der Bedeutung des Völkerstrafrechts in der internationalen Politik leiten kann.[3] Denn auch die Beschäftigung mit Völkerstrafrecht und Völkerstrafrechtspolitik wird wie die wissenschaftliche Beschäftigung mit Außenpolitik und internationalen Beziehungen allgemein – und dies nicht nur in der Perspektive einer Historischen Friedensforschung – durch den Anspruch bestimmt, Aussagen zu gewinnen über internationale Stabilität und die Möglichkeit(en) der Herstellung einer internationalen Ordnung ohne Krieg.[4]

Einige begriffliche Klärungen vorab erscheinen wichtig. Während man den Begriff Völkerstrafrecht im Englischen mit *International Criminal Law* und im Französischen mit *Droit Pénal International* übersetzen würde, sind im deutschen Sprachgebrauch Völkerstrafrecht und Internationales Strafrecht nicht identisch. In der Terminologie deutscher Rechtswissenschaftler ist Völkerstrafrecht ein Teilgebiet des Internationalen Strafrechts, zu dem beispielsweise auch das Rechtshilferecht und das immer stärker Gestalt annehmende

---

Kreß, Versailles – Nürnberg – Den Haag. Deutschland und das Völkerstrafrecht, in: Fakultätenspiegel der Juristischen Fakultät der Universität zu Köln 2006, S. 13–55, hier S. 14, wird dort aber nicht definiert.

[2] Rechtshistorische Überblicke bieten in knapper Form (deutschsprachig, aber mit Hinweisen auf die wichtigste internationale Literatur) die einschlägigen juristischen Kompendien zum Völkerstrafrecht, beispielsweise *Christoph Safferling*, Internationales Strafrecht. Strafanwendungsrecht, Völkerstrafrecht, Europäisches Strafrecht. Heidelberg 2011, S. 44–67; oder *Gerhard Werle*, Völkerstrafrecht. Tübingen u. a. 2003, S. 1–28; ausführlicher *Heiko Ahlbrecht*, Geschichte der völkerrechtlichen Strafgerichtsbarkeit im 20. Jahrhundert. Unter besonderer Berücksichtigung der völkerrechtlichen Straftatbestände und der Bemühungen um einen Ständigen Internationalen Strafgerichtshof. Baden-Baden 1999.

[3] Aus rechtswissenschaftlicher Perspektive dazu *Christoph Safferling*, Frieden durch Völkerstrafrecht?, in: Matthias Jahn (Hrsg.), Strafrechtspraxis und Reform. Festschrift für Heinz Stöckel. Berlin 2010, S. 521–539.

[4] Vgl. *Jost Dülffer/Gottfried Niedhart*, Einleitung, in: dies. (Hrsg.): Frieden durch Demokratie? Genese, Wirkung und Kritik eines Deutungsmusters. Essen 2011, S. 9–14, hier S. 9.

Europäische Strafrecht gehören.⁵ Juristische Handbücher definieren Völkerstrafrecht heute als „die Gesamtheit aller Normen, die ein bestimmtes individuell vorwerfbares Verhalten bei Androhung von Strafe verbieten, sich aus Quellen des Völkerrechts speisen und unmittelbar für das Individuum gelten".⁶ Konkret bezieht sich das auf die im Römischen Statut zur Errichtung eines permanenten Internationalen Strafgerichtshofs fixierten Tatbestände des Völkermords, der Verbrechen gegen die Menschheit, der Kriegsverbrechen und des Verbrechens der Aggression (Verbrechen gegen den Frieden). Der Tatbestandskatalog des Römischen Statuts ist das Ergebnis eines nicht abgeschlossenen historischen Prozesses. Über die internationale Strafbarkeit der Piraterie, aber auch des Terrorismus oder des Drogen- und Menschenhandels, wird gegenwärtig diskutiert. Schon in dem Begriff „Völkerstrafrecht" deutet sich an, dass hier zwei Rechtsgebiete miteinander verbunden wurden, die strukturell zunächst nicht zueinander passen. Denn während das Völkerrecht, zumindest in seinem klassischen Verständnis, die Rechtsbeziehungen zwischen Staaten als den Völkerrechtssubjekten regelt, hat das Strafrecht eine primär innerstaatliche und innergesellschaftliche Funktion. Es fixiert Grundregeln gesellschaftlichen Zusammenlebens und droht dem Einzelnen bei Verstößen gegen diese Regeln Sanktionen an.⁷ Die Normen des Völkerstrafrechts sind nun zwar im Völkerrecht festgelegt, ihre Subjekte jedoch sind nicht Staaten, sondern Individuen, die sich durch ihren Verstoß gegen bestimmte völkerrechtliche Normen unmittelbar als Individuen strafbar machen und entsprechend strafrechtlich verfolgt werden können.

I. Geschichtswissenschaft und Völkerstrafrecht

Das Römische Statut von 1998 wies dem Völkerstrafrecht die grundsätzliche Zielsetzung zu, „den Frieden, die Sicherheit und das Wohl der Welt" zu schützen.⁸ Damit wurde es in das System der Vereinten Nationen integriert und mit den gleichgerichteten Interessen der in den Vereinten Nationen organisierten Völkergemeinschaft verknüpft. Es ist kein Zufall, dass die internationale Kodifizierung völkerstrafrechtlicher Normen in eine Entwicklungsphase der Vereinten Nationen fiel, die durch ein erweitertes Verständnis von Frieden und Sicherheit charakterisiert ist. Dieser erweiterte Friedensbegriff bezieht sich nicht nur im engeren Sinne auf die Abwesenheit militärischer Auseinan-

---

[5] Vgl. beispielsweise *Safferling*, Internationales Strafrecht, S. 3–6, oder *Werle*, Völkerstrafrecht, S. 45–47.
[6] *Safferling*, Internationales Strafrecht, S. 38; vgl. auch *Werle*, Völkerstrafrecht, S. 30; oder *Otto Triffterer*, Bestandsaufnahme zum Völkerstrafrecht, in: Gerd Hankel/Gerhard Stuby (Hrsg.), Strafgerichte gegen Menschheitsverbrechen. Zum Völkerstrafrecht 50 Jahre nach den Nürnberger Prozessen. Hamburg 1995, S. 169–269, hier S. 172.
[7] Vgl. *Safferling*, Internationales Strafrecht, S. 37; s. auch Corinna Contag, Der Internationale Strafgerichtshof im System kollektiver Sicherheit. Baden-Baden 2009.
[8] Präambel, IStGH-Statut, Abs. 3.

dersetzungen zwischen Staaten, sondern auch auf die Zustände innerhalb eines Staates.[9] Parallel dazu steht im Zentrum eines erweiterten Verständnisses von Sicherheit nicht nur die primär militärische Sicherheit von Staaten und insbesondere ihre territoriale Integrität, sondern auch die Sicherheit des Individuums. In den Vereinten Nationen wird seit den 1990er Jahren dafür der Begriff *Human Security* verwandt. Der *Human Development Report* der UN von 1994, das erste offizielle UN-Dokument, in dem der Begriff auftauchte, definierte *Human Security* als „safety from the constant threats of hunger, disease, crime and repression. It also means protection from sudden and hurtful disruptions in the patterns of our daily lifes – whether in our homes, in our jobs, in our communities or in our environments".[10] Die Erweiterung des Sicherheitsbegriffs, beispielsweise durch die Denkfigur der *Human Security*, spiegelt den Bedeutungsgewinn der – individuellen – Menschenrechte in der internationalen Politik. Ihm korrespondieren verstärkte Anstrengungen zum Menschenrechtsschutz, also zum Schutz des Individuums durch die internationale Gemeinschaft.

Die aufeinander bezogene Dynamik von Menschenrechtsschutz und Völkerstrafrecht in der allerjüngsten Vergangenheit ist unverkennbar. Man griffe aber zu kurz, in ihr lediglich eine gegenwartsnahe Entwicklung zu sehen. Vielmehr zeigen schon die frühen Versuche der Entwicklung völkerstrafrechtlicher Normen und einer völkerstrafrechtlichen Gerichtsbarkeit in der zweiten Hälfte des 19. Jahrhunderts diesen Konnex. Wenn das humanitäre Völkerrecht, so wie es sich seit der ersten Genfer Konvention von 1864 zunächst als Kriegsvölkerrecht entwickelte, auf den Schutz des Einzelnen (in und durch Kriegshandlungen) abzielte und entsprechende Regeln aufstellte, dann erhob sich die Frage nach Sanktionen bei Regelverstößen. Dieser Logik folgte beispielsweise die Initiative von Gustave Moynier, des Präsidenten des Internationalen Komitees vom Roten Kreuz, der 1872 die Errichtung eines internationalen Strafgerichtshofs vorschlug.[11] Ein aus völkerrechtlichen Normen abgeleiteter Schutz des Individuums und eine entsprechende individuelle strafrechtliche Verantwortung bei Normverletzungen konstituierte nicht nur das rechtliche Novum des Völkerrechtsverbrechens, sondern implizierte in der international und völkerrechtlich legitimierten Strafverfolgung eines Ein-

---

[9] Vgl. *Werle*, Völkerstrafrecht, S. 32 f.
[10] Human Development Report 1994 (UN), S. 3. Vgl. dazu auch *Cornel Zwierlein/Rüdiger Graf*, The Production of „Human Security" in Premodern and Contemporary History, in: Historical Social Research/Historische Sozialforschung 35, 2010, H. 4, S. 9–23; sowie *Christopher Daase*, Der erweiterte Sicherheitsbegriff, in: Mir Ferdowski (Hrsg.), Internationale Politik als Überlebensstrategie. München 2009, S. 137–153.
[11] *Gustave Moynier*, Note sur la Création d'une Institution Juridique Internationale propre à prévenir et à réprimer les Infractions à la Convention de Genève, in: Bulletin International des Sociétés de Secours aux Militaires Blessés 11, 1872, S. 122–131; vgl. dazu ausführlich *Daniel Marc Segesser*, Recht durch Rache oder Rache durch Recht? Die Ahndung von Kriegsverbrechen in der internationalen wissenschaftlichen Debatte 1872–1945. Paderborn u. a. 2010, S. 90–95.

zelnen auch eine „neue Qualität des Völkerrechts, das sich nicht mehr auf die Regelung echter zwischenstaatlicher Angelegenheiten beschränkt, sondern das tief in den staatlichen Innenraum eingreift".[12] Zu den berühmtesten Passagen des Urteils von Nürnberg vom 1. Oktober 1946 zählt der Satz: „Verbrechen gegen das Völkerrecht werden von Menschen und nicht von abstrakten Wesen begangen und nur durch die Bestrafung jener Einzelpersonen, die solche Verbrechen begehen, kann den Bestimmungen des Völkerrechts Geltung verschafft werden."[13] Völkerstrafrecht durchbreche, so hat es schon 1952 Hans-Heinrich Jescheck, der Doyen des Völkerstrafrechts in Deutschland, formuliert, den „Panzer der staatlichen Souveränität".[14] Mit dem Spannungsverhältnis zwischen Idee und Praxis staatlicher Souveränität einerseits und dem Durchbrechen von Souveränität als Anspruch und Wirkung des Völkerstrafrechts andererseits ist eine gerade für die Internationale Geschichte wichtige Analysedimension benannt.

Historiker der internationalen Beziehungen haben die Dimension des internationalen Rechts lange Zeit vernachlässigt. Die wenigen Ausnahmen, darunter in der deutschsprachigen Forschung die wichtigen Studien von Jost Dülffer oder Jörg Fisch, bestätigen die Regel.[15] Mit der Geschichte des internationalen Rechts beschäftigten sich in erster Linie Rechtswissenschaftler.[16] Die Marginalisierung rechtlicher Entwicklungen in der internationalen Sphäre ist dabei gerade im deutschen Wissenschaftsraum eng verbunden mit einer Geringschätzung der Bedeutung des internationalen Rechts in der internationalen Politik und für außenpolitisches Handeln. Idee und Realität des autonomen nationalen Machtstaats, so wie er sich im 19. Jahrhundert ausbildete, waren eng verbunden mit einer sowohl wissenschaftlich als auch politisch einflussreichen, ja dominierenden Haltung, die dem Völkerrecht und seinen Normen einen nur geringen Einfluss auf das außenpolitische Handeln von Staaten zubilligte, wenn sie nicht sogar wie die Schule der „Völkerrechtsleugner" auf Grund der „unbeschränkten Souveränität" des Staates jegliche rechtliche Beziehungen zwischen den Staaten für unmöglich hielt.[17] Darüber

---

[12] *Christian Tomuschat,* Das Statut von Rom für den Internationalen Gerichtshof, in: Die Friedens-Warte 73, 1998, S. 335–347, hier S. 347.

[13] Internationaler Militärgerichtshof (IMG), Urteil vom 1. Oktober 1946, in: Der Prozess gegen die Hauptkriegsverbrecher, 1947, Bd. 1, S. 249.

[14] *Hans-Heinrich Jescheck,* Die Verantwortlichkeit der Staatsorgane nach Völkerstrafrecht. Eine Studie zu den Nürnberger Prozessen. Bonn 1952, S. 11.

[15] *Jost Dülffer,* Regeln gegen den Krieg? Die Haager Friedenskonferenzen von 1899 und 1907 in der internationalen Politik. Frankfurt a. M. 1981; *Jörg Fisch,* Die europäische Expansion und das Völkerrecht. Stuttgart 1984.

[16] Vgl. dazu *Ingo J. Hueck,* Völkerrechtsgeschichte. Hauptrichtungen, Tendenzen, Perspektiven, in: Wilfried Loth/Jürgen Osterhammel (Hrsg.), Internationale Geschichte. Themen – Ergebnisse – Aussichten. München 2000, S. 267–285.

[17] Vgl. *Wilhelm G. Grewe,* Epochen der Völkerrechtsgeschichte. Baden-Baden 1988, S. 591–593. Zur politischen Diskussion der Thematik siehe *Andrea Wiegeshoff,* Nationale Macht und internationales Recht. Völkerrecht und Politik im Deutschen Reich (1870/71–1890), in: Historische Mitteilungen 18, 2005, S. 199–221.

hinaus haben sich Historiker – und dies nicht nur in außenpolitischen Zusammenhängen – lange Zeit schwer getan, die Bedeutung des Rechts für die Entwicklung und Veränderung gesellschaftlicher Verhältnisse und Beziehungen anzuerkennen und entsprechend analytisch zu berücksichtigen, wie auch umgekehrt die Wirkung sozialer Strukturen und Verhältnisse auf die Dynamik des Rechts unterbelichtet blieb.[18]

Entwicklung, Kodifizierung und Institutionalisierung des Völkerstrafrechts gehören in den größeren Kontext der Verrechtlichung internationaler Politik, der in den letzten Jahren die Aufmerksamkeit der politikwissenschaftlichen Forschung gefunden hat.[19] Verrechtlichung wird dabei, oftmals im Bezug auf Kant, als ein Prozess der Zivilisierung verstanden, allerdings nicht innergesellschaftlich, sondern zwischenstaatlich. So spricht Jürgen Habermas über die „zivilisierende Kraft universalistischer Rechtsverfahren", und schon im Titel seiner Studien über die Geschichte des internationalen Rechts nennt der finnische Völkerrechtler Martti Koskenniemi das Völkerrecht „The Gentle Civilizer of Nations".[20] Der Begriff der Verrechtlichung geht auf den Rechtswissenschaftler Otto Kirchheimer (1905-1965) zurück, der darunter die zunehmende juristische Formalisierung originär politischer Entscheidungen verstand und diese Entwicklung scharf kritisierte, weil sie gesellschaftliche Konflikte entpolitisiere und die Politik dadurch letztlich entmachte.[21] Im internationalen Kontext lässt sich dieses Argument ins Positive wenden, wenn man die Schaffung und Institutionalisierung von Rechtsregeln als eine Möglichkeit versteht, durch eine internationale rechtliche Rahmenordnung einen tendenziell globalen normativen Konsens herzustellen, der seinerseits das von Machtinteressen geleitete Handeln des einzelnen Staates reguliert, ein bloßes Recht des Stärkeren verhindert und dadurch friedensfördernd wirkt.

Die Entwicklung und Institutionalisierung völkerstrafrechtlicher Normen spielt im Prozess der Verrechtlichung eine wichtige Rolle. Während aber der Normierungs- und Regulierungsanspruch des Völkerrechts sich im Wesentlichen auf die zwischenstaatlichen Beziehungen beschränkt und sich nach wie vor in starkem Maße aus der traditionellen Vorstellung staatlicher Souveränität speist, ist das Völkerstrafrecht in seiner Verbindung mit dem Menschenrechtsschutz mit solchen Souveränitätsvorstellungen nicht zu vereinbaren. Es

---

[18] Siehe dazu, primär auf den innerstaatlichen und innergesellschaftlichen Kontext bezogen, die Überlegungen von *Dieter Grimm*, Die Bedeutung des Rechts in der Gesellschaftsgeschichte. Eine Anfrage, in: *Paul Nolte* u. a. (Hrsg.), Perspektiven der Gesellschaftsgeschichte. München 2000, S. 47–57.

[19] Siehe zum Beispiel – und auch zum Folgenden – *Florian Pfeil*, Globale Verrechtlichung. Global Governance und die Konstitutionalisierung des internationalen Rechts. Baden-Baden 2011.

[20] *Jürgen Habermas*, Hat die Konstitutionalisierung des Völkerrechts noch eine Chance?, in: ders., Der gespaltene Westen. Frankfurt a. M. 2004, S. 113–193, hier S. 181; *Martti Koskenniemi*, The Gentle Civilizer of Nations. The Rise and Fall of International Law 1870–1960. Cambridge 2002; vgl. dazu auch *Pfeil*, Globale Verrechtlichung, S. 13–15.

[21] Ebd., S. 13; vgl. *Otto Kirchheimer*, Zur Staatslehre des Sozialismus und Bolschewismus, in: Zeitschrift für Politik 17, 1928, S. 593–611.

gehört zu den historischen Erfahrungen des Zweiten Weltkriegs, die für die Dynamisierung der Völkerstrafrechtsentwicklung in den Jahren um 1945 entscheidend waren, dass es unter dem Deckmantel staatlicher Souveränität und des daraus abgeleiteten Verbots einer Einmischung in die inneren Angelegenheiten zu entsetzlichen Massenverbrechen gekommen war. Während man die völkerstrafrechtlichen Tatbestände des „Verbrechens gegen den Frieden", also des Angriffskriegs, und der Kriegsverbrechen noch der Logik eines nationalstaatlich bestimmten internationalen Rechts und einer nationalstaatlich bestimmten internationalen Ordnung allgemein zurechnen kann, widerspricht der Tatbestand der Menschheitsverbrechen (*Crimes against Humanity*) dieser Logik. Entscheidend ist hierfür eine individuelle Täterverantwortlichkeit außerhalb des nationalen Rechts.[22]

In dieser Perspektive waren die Nürnberger Prozesse und insbesondere Hauptkriegsverbrecherprozess 1945/46 der „Anfang vom Ende des Völkerrechts als eines Rechts der Staaten".[23] In der deutschen Öffentlichkeit, die den Nürnberger Prozessen bis weit in die 1960er Jahre hinein überaus kritisch, ja ablehnend gegenüber stand, hatte Karl Jaspers schon früh argumentiert, die Menschheitsverbrechen des Nationalsozialismus begründeten die Notwendigkeit, eine an den Menschenrechten orientierte Weltrechtsordnung zu schaffen, als deren institutionelle Basis er die UNO begriff.[24] Im Zentrum einer solchen auf globalen Menschenrechtsschutz zielenden Weltrechtsordnung stand die Völkerrechtssubjektivität des Individuums. Dieser Individualisierungsprozess spiegelt sich am klarsten im Völkerstrafrecht, auch wenn dessen Entwicklung nach dem Bedeutungsgewinn in Nürnberg in den Jahrzehnten des Ost-West-Konflikts eingefroren wurde. Gleichwohl hat gerade das Völkerstrafrecht – und dies erst recht angesichts seiner Revitalisierung nach 1990 – entscheidenden Anteil an einer Entwicklung, die heute als die Genese eines „Weltinnenrechts" (Jost Delbrück), eines „Weltbürgerrechts" (Jürgen Habermas) oder als Herausbildung einer „Weltrechtsgemeinschaft", so Richard Goldstone, Chefankläger der Jugoslawien- und Ruanda-Tribunale in den 1990er Jahren, betrachtet wird.[25]

Die Individualisierung des internationalen Rechts, für die das Völkerstrafrecht von zentraler Bedeutung ist, gehört zusammen mit der Relativierung der Vorstellung staatlicher Souveränität zu den bestimmenden Veränderungen des internationalen Rechts an der Schwelle zur Gegenwart. Doch handelt es sich bei dieser Entwicklung trotz ihrer aktuellen Dynamisierung um einen historischen Prozess, der nicht nur in der Perspektive der (Völker-)Rechtsgeschichte, sondern auch in der – weiteren – Perspektive der Internationalen

---

[22] Vgl. auch *Ulrich Beck*, Der kosmopolitische Blick oder: Krieg ist Frieden. Frankfurt a. M. 2004, S. 253 f.
[23] *Habermas*, Konstitutionalisierung, S. 157.
[24] *Karl Jaspers*, Die Schuldfrage [1946]. München 1979, S. 42 f.; *ders.*, Die Atombombe und die Zukunft des Menschen [1958]. München 1983, S. 201–220.
[25] Vgl. *Pfeil*, Globale Verrechtlichung, S. 139.

Geschichte genauerer Untersuchung bedarf. Völkerstrafrecht lässt sich wie auch das Völkerrecht allgemein auf die drei Politikdimensionen *polity* (als institutionelles System), *policies* (als Politikfeld) und *politics* (als politischer Prozess) beziehen. Hinter der Entwicklung und Veränderung völkerrechtlicher Normen und ihrer Anwendung verbergen sich politische Prozesse, politische Interessen und politische Akteure – und damit ein genuiner Analysebereich der Internationalen Geschichte.

II. Völkerstrafrecht und internationale Politik

Auch wenn die historische Entwicklung des Völkerstrafrechts bis in das Jahr 1872 zurückreicht und nicht zuletzt immer wieder um die Frage eines internationalen Strafgerichts kreiste, ist vor einer teleologischen Interpretation zu warnen, die die Entwicklung und Institutionalisierung des Völkerstrafrechts von seinen Anfängen bis hin zum Den Haager Strafgerichtshof in ein lineares Verlaufsschema bringt, das noch dazu erfolgsgeschichtliche Züge trägt. Über weite Strecken ist die Geschichte der völkerstrafrechtlichen Gerichtsbarkeit gerade keine Erfolgsgeschichte, sondern eine Geschichte immer neuer Anläufe zu ihrer Durchsetzung – und immer neuer Hindernisse, die dieser Durchsetzung von unterschiedlichen Akteuren in den Weg gelegt wurden. Selbst die aktuellen Entwicklungen im Zusammenhang mit der Errichtung des Internationalen Strafgerichtshofs in Den Haag und seiner Tätigkeit im ersten Jahrzehnt nach der Gründung entziehen sich einer erfolgsgeschichtlichen Deutung. Noch immer verweigert sich etwa ein Drittel der Staaten, unter ihnen die Großmächte USA, Russland und China, der Zusammenarbeit mit dem Gerichtshof, was seine Handlungsmöglichkeiten spürbar einschränkt. Aber auch das Wirken der existierenden völkerstrafrechtlichen Gerichte – neben den permanenten Strafgerichtshof treten ja verschiedene Einzeltribunale – ist immer wieder mit Schwierigkeiten, nicht zuletzt innergesellschaftlichen Akzeptanzproblemen, konfrontiert.

Vergessen wird oftmals die Tatsache, dass sich die Etablierung einer internationalen Strafgerichtsbarkeit, auf die man sich in den 1990er Jahren verständigt hatte, nicht in der Errichtung und dem Wirken des Internationalen Strafgerichtshofs und einiger anderer internationaler oder internationalisierter (hybrider) Gerichte erschöpft, sondern dass insbesondere der Internationale Strafgerichtshof in Den Haag grundsätzlich nur dann tätig werden soll, wenn die nationale Strafjustiz nicht willens oder nicht in der Lage ist, die Strafverfolgung der Völkerrechtsverbrechen zu gewährleisten (Komplementaritätsprinzip).[26] Damit war auch endgültig das auf den deutschen Staats- und Völkerrechtler Heinrich Triepel und seinen italienischen Kollegen Dionisio

---

[26] S. IStGH-Statut (Römisches Statut des Internationalen Strafgerichtshofs), Präambel, Art. 1 und Art. 17; vgl. auch *Safferling*, Internationales Strafrecht, S. 282 f.

Anzilotti zurückgehende einflussreiche Konzept des Dualismus überwunden, welches just in den Jahren um 1900, als sich das moderne Kriegsrecht auszuformen begann, eine scharfe Trennlinie zwischen Völkerrecht und Landesrecht (innerstaatlichem Recht) zog. Völkerrecht, so die Vertreter der dualistischen Theorie, könne innerhalb von Staaten nicht angewandt werden, es sei denn, die nationale Gesetzgebung sehe Bestimmungen zur Transformation völkerrechtlicher Vorgaben vor.[27]

Doch auch jenseits dieses Transformationserfordernisses bedeutet eine nationale Strafverfolgung hohe Ansprüche nicht nur an die rechtlichen und institutionellen Strukturen in den betroffenen Staaten. Sie bedarf vor allem auch des politischen Willens und der gesellschaftlichen Bereitschaft. Gerade die Geschichte der Verfolgung und Ahndung von Kriegs- und Menschheitsverbrechen in Deutschland, sowohl nach dem Ersten, als auch nach dem Zweiten Weltkrieg, liefert eine Vielzahl von Belegen dafür, in welchem Maße die erfolgreiche Anwendung von Völkerstrafrecht nicht nur von internationalen, sondern auch von nationalen, von innergesellschaftlichen Voraussetzungen abhängig ist.[28]

Betrachtet man die Entwicklung von Völkerstrafrecht und Völkerstrafrechtspolitik seit der zweiten Hälfte des 19. Jahrhunderts,[29] lässt sich festhalten, dass diese Entwicklung im Sinne eines konvergenten politischen Handelns der Staatengemeinschaft sich zum einen aus dem Strukturwandel des internationalen Systems speiste, dass sie aber zum anderen immer wieder durch situative Erfahrungen mit den Realitäten von Krieg und staatlichem Gewalthandeln – und den Willen, die Wiederholung solcher Katastrophen zu verhindern – bestärkt wurde. Es ist bekannt, wie sich 1864 in der Gründung des *Internationalen Komitees vom Roten Kreuz* und der ersten Genfer Konvention die Erfahrungen des Krimkriegs und des österreichischen Krieges gegen

---

[27] *Heinrich Triepel*, Völkerrecht und Landesrecht. Leipzig 1899; *Dionisio Anzilotti*, Il diritto internazionale nei giudizi interni. Bologna 1905; vgl. *François Rigaux*, Internationale Tribunale nach den Nürnberger Prozessen, in: Hankel/Stuby (Hrsg.), Strafgerichte gegen Menschheitsverbrechen, S. 142–168, hier S. 144.

[28] Für die Entwicklungen nach 1918 s. insbesondere *Gerd Hankel*, Die Leipziger Prozesse. Deutsche Kriegsverbrechen und ihre strafrechtliche Verfolgung nach dem Ersten Weltkrieg. Hamburg 2003; sowie *Harald Wiggenhorn*, Verliererjustiz. Die Leipziger Kriegsverbrecherprozesse nach dem Ersten Weltkrieg. Baden-Baden 2005. Aus der Fülle der Literatur zu den Entwicklungen nach 1945 siehe den Überblick von *Annette Weinke*, Die Nürnberger Prozesse. München 2006; *dies.*, „Von Nürnberg nach Den Haag"? Das Internationale Militärtribunal in historischer Perspektive, in: Justizministerium des Landes Nordrhein-Westfalen (Hrsg.), Leipzig – Nürnberg – Den Haag. Neue Fragestellungen und Forschungen zum Verhältnis von Menschenrechtsverbrechen, justizieller Säuberung und Völkerstrafrecht. Düsseldorf 2008, S. 20–33; ferner auch *Marc von Miquel*, Ahnden oder Amnestieren? Westdeutsche Justiz und Vergangenheitspolitik in den sechziger Jahren. Göttingen 2004.

[29] Eine geschichtswissenschaftliche Gesamtdarstellung der Entwicklung von Völkerstrafrecht und Völkerstrafrechtspolitik vom 19. bis ins beginnende 21. Jahrhundert existiert bislang nicht. Zu erwähnen ist aber die Darstellung des Politikwissenschaftlers und Journalisten *Gary Jonathan Bass*, Stay the Hand of Vengeance. The Politics of War Crimes Tribunals. Princeton 2000.

Piemont-Sardinien und Frankreich spiegelten, und die Fortentwicklung des seit 1864 kodifizierten humanitären Völkerrechts ist ohne die Bezüge zu anderen Kriegen dieser Zeit, vom amerikanischen Bürgerkrieg bis zum deutsch-französischen Krieg, nicht zu denken. Hinzu trat die Übertragung liberaler Vorstellungen des Rechtsstaats auf die internationalen Beziehungen, ein Argument, das insbesondere in der internationalen Völkerrechtswissenschaft eine Rolle spielte.[30] Gleichwohl scheiterte die Errichtung eines internationalen Strafgerichtshofs oder auch nur das Bemühen um eine international einheitliche Ahndung von Verstößen gegen die Genfer Konvention am Souveränitätsprinzip, das in den Augen vieler Politiker, Diplomaten und Militärs, aber auch von Völkerrechtlern, solche Maßnahmen als Einmischung in die inneren Angelegenheiten der Staaten verbot.

Politisch gewann das Völkerstrafrecht dennoch an Bedeutung. Im Mittelpunkt stand dabei die Frage von Kriegsverbrechen, also von Verstößen gegen das in der Genfer Konvention, vor allem aber in der Haager Landkriegsordnung (1899/1907) kodifizierte *Ius in bello*. Doch schon im Zusammenhang mit den Balkan-Kriegen 1912/13, insbesondere jedoch nach Beginn des Ersten Weltkriegs ging es auch um Verbrechen jenseits der klassischen Kriegsverbrechen. In einem Bericht des *Carnegie Endowment of International Peace* zu den Balkankriegen war von Verbrechen gegen die Menschheit die Rede, und 1915 warnten die Regierungen Großbritanniens, Frankreichs und Russlands das Osmanische Reich, die Verantwortlichen für die Verbrechen der Türkei gegen die Menschheit und die Zivilisation („crimes against humanity and civilization") würden am Ende des Krieges zur Rechenschaft gezogen.[31] Derartige Äußerungen verweisen auf den politischen Bedeutungsgewinn des Völkerstrafrechts, und in der Tat war am Ende des Ersten Weltkriegs in der Pariser Friedenskonferenz die Bestrafung von Kriegsverbrechen (und der für sie Verantwortlichen) ein wichtiges Thema. Dahinter stand nicht zuletzt der Druck der öffentlichen Meinung in den Siegerstaaten.

Angesichts des neuen Gewichts von Propaganda und von Berichten über Kriegsverbrechen war an eine Rückkehr zu der in Europa über Jahrhunderte gepflegten Amnestiepraxis am Ende von Kriegen, also den Verzicht auf eine Strafverfolgung von Kriegsverbrechen, nicht mehr zu denken.[32] Gerade weil man den Kriegsgegner bereits in den Kriegsjahren öffentlich kriminalisiert hatte, fand die Denkfigur der Kriminalisierung nach Kriegsende fast zwangsläufig Eingang in die Friedenskonferenz und den Friedensvertrag. Schon in der alliierten Mantelnote zum Versailler Vertrag vom 16. Juni 1919, nicht erst

---

[30] *Segesser*, Recht durch Rache, S. 140.
[31] Vgl. *Daniel Marc Segesser*, Der verschlungene Weg nach Nürnberg. Tatbestände und fachwissenschaftliche Debatten, in: Leipzig – Nürnberg – Den Haag, S. 7–19, hier S. 9–11.
[32] Vgl. *Christopher Simpson*, Die seinerzeitige Diskussion über die in Nürnberg zu verhandelnden Delikte, in: Hankel/Stuby (Hrsg.), Strafgerichte gegen Menschheitsverbrechen, S. 39–72, hier S. 41–43; sowie *Hermann Weber*, Die Vielzahl von Verbrechen und das „zivilisatorische Minimum", in: ebd., S. 355–383, hier S. 367 f.

in den einzelnen relevanten Bestimmungen des Vertrags, kam das zum Ausdruck: Nicht nur setzten sich die Siegermächte, anknüpfend an die Propaganda der Kriegsjahre, gleich mit „practically the whole civilized mankind", sondern sie betrachteten den Friedensvertrag auch als ein Urteil – „judgement" – über Deutschland als einen „criminal state": „Germany saw fit to gratify her lust for tyranny by resort to war", „the greatest crime against humanity and the freedom of peoples".[33]

Die Entwicklung unmittelbar nach dem Ersten Weltkrieg war freilich ambivalent, und diese Ambivalenz konstituiert in geschichtswissenschaftlicher Perspektive einen zentralen Untersuchungsbereich, nämlich die Abhängigkeit der Entwicklung, Fixierung und Anwendung völkerstrafrechtlicher Normen von politischen Interessen und Zielen, anders gewendet: das Spannungsverhältnis zwischen politischen und rechtlichen Entwicklungen. So war der Versailler Friedensvertrag mit Deutschland in seinen einschlägigen Bestimmungen eindeutig. Nicht nur verlangte Artikel 227 eine Anklage und einen Prozess vor einem eigens zu diesem Zweck errichteten internationalen Gerichtshof (ohne deutsche Beteiligung) gegen Wilhelm II., sondern in Artikel 228 hatte die deutsche Regierung den Siegermächten auch das Recht einzuräumen, die „wegen eines Verstoßes gegen die Gesetze und Gebräuche des Krieges angeklagten Personen vor ihre Militärgerichte zu ziehen", was eine Auslieferungsverpflichtung implizierte.[34] Doch die friedensvertraglich festgelegte Regelung kam nicht zur Durchführung. Das lag nicht nur an dem heftigen Widerstand gegen diese Bestimmungen in den betroffenen Staaten, sondern auch daran, dass insbesondere Repräsentanten der Vereinigten Staaten fürchteten, eine Umsetzung der völkerstrafrechtlichen Bestimmungen der Friedensverträge würde die Stabilisierung der betroffenen Nachkriegsgesellschaften und damit auch die Stabilisierung der europäischen Nachkriegsordnung gefährden. US-Außenminister Robert Lansing, Vorsitzender der in Paris ins Leben gerufenen *Commission on the Responsibilities of the Authors of the War and the Enforcement of Penalties*, betonte noch während der Paris Konferenz:

> We must look to the future even though we forget the immediate demands of justice. Reprisals and reparations are all very well, but will they preserve society from anarchy and give the world enduring peace?[35]

Lansings Einschätzung muss man nicht als Absage an die Ahndung von Kriegsverbrechen bewerten. Aber der amerikanische Außenminister betonte eine Zweckhaftigkeit von Völkerstrafrecht, die in dem Primärziel der Sanktionie-

---

[33] Vgl. *Werner Link*, Macht und Völkerrecht zwischen den beiden Weltkriegen, in: Ulrich Lappenküper/Reiner Marcowitz (Hrsg.), Macht und Recht. Völkerrecht in den internationalen Beziehungen. Paderborn 2010, S. 233–248, hier S. 239, dort auch die Zitate.

[34] Der Friedensvertrag zwischen Deutschland und den Alliierten und Assoziierten Mächten. Amtlicher Text der Entente und amtliche deutsche Übertragung. Berlin-Charlottenburg 1919, S. 120f.

[35] US Secretary of State Robert Lansing, 15.5.1919, zit. nach: *James F. Willis*, Prologue to Nuremberg. The Politics and Diplomacy of Punishing War Criminals of the First World War. Westport 1982, S. 94f.; vgl. auch *Simpson*, Die seinerzeitige Diskussion, S. 43f.

rung von Völkerrechtsverbrechen nicht aufgeht, sondern die auf weiter reichende politische Ziele (Stabilität, Frieden) hin ausgerichtet ist. Völkerrechts- oder Völkerstrafrechtsidealismus und (außen-)politischer Realismus widersprechen sich in einer solchen Perspektive nicht, sondern bilden zwei Seiten einer Medaille. Der Nutzen der Anwendung von Völkerstrafrecht musste sich seiner stabilitätsfördernden und friedenssichernden Wirkung zeigen, wie es am Ende des Zweiten Weltkriegs Robert H. Jackson, der amerikanische Chefankläger in Nürnberg und Vordenker einer globalen völkerstrafrechtlichen Ordnung, betonte. Die nationalsozialistischen Verbrechen waren für Jackson in diesem Sinne auch eine Chance, die internationale Gemeinschaft von der Notwendigkeit eines weltweiten Strafrechtsregimes zu überzeugen, das, juristisch gesprochen, nicht primär individualpräventiv im Sinne von Abschreckung wirken sollte, sondern vielmehr generalpräventiv: erziehend, bewusstseinsbildend, normstabilisierend und damit letztlich pazifizierend.[36]

Nach dem Ersten Weltkrieg mangelte es den Alliierten an dem gemeinsamen politischen Willen und der entsprechenden Geschlossenheit bei der Anwendung völkerstrafrechtlicher Normen. Das wiederum bot dem Deutschen Reich günstige Bedingungen für die Zurückweisung und Obstruktion der vertraglich fixierten völkerstrafrechtlichen Maßnahmen. Auf deutscher Seite wurde die Zurückweisung dieser Maßnahmen ein wichtiger Teil der politisch betriebenen und gesellschaftlich auf breitem Konsens beruhenden nationalen Verteidigungsstrategie gegenüber dem „Schmachfrieden" von Versailles. Die Zurückweisung des alliierten Strafverfolgungsanspruchs lässt sich mit dem Kampf gegen die alliierten Reparationsforderungen vergleichen, weil sich aus deutscher Sicht sowohl in den Reparations- als auch in den Strafverfolgungsbestimmungen des Versailler Vertrags die ungerechte und demütigende Behandlung Deutschlands spiegelte. Die unter deutscher Regie vor dem Reichsgericht durchgeführten Leipziger Prozesse zwischen 1921 und 1927, die entweder mit Freisprüchen oder mit ausgesprochen milden Urteilen für eine minimale Zahl von Angeklagten endeten, waren ebenso sehr das Resultat einer obstruktiven deutschen Haltung wie eines nachlassenden alliierten und insbesondere amerikanischen und britischen Interesses an einer umfassenden und harten Strafverfolgung.

Gleichwohl ist die Bedeutung der Völkerstrafrechts- und Strafverfolgungspolitik der Zeit nach dem Ersten Weltkrieg für die weitere Entwicklung einer internationalen Strafgerichtsbarkeit nicht zu unterschätzen. Zum einen hat-

---

[36] Vgl. dazu die rechtswissenschaftliche Argumentation in zeitlicher Nähe zu den NS-Verbrechen und den Nürnberger Prozessen bei *Gustav Radbruch*, Vorwort, in: Robert H. Jackson, Staat und Moral. Zum Werden eines neuen Völkerrechts. München 1946, S. 3–6, oder *Jescheck*, Verantwortlichkeit der Staatsorgane, S. 195; siehe auch *Herbert Jäger*, Makroverbrechen als Gegenstand des Völkerstrafrechts. Kriminalpolitisch-kriminologische Aspekte, in: Hankel/Stuby (Hrsg.), Strafgerichte, S. 325–354, hier S. 341; *Manfred Mohr*, Strafrechtliche Verantwortlichkeit und Staatenverantwortlichkeit für internationale Verbrechen, in: ebd., S. 401–428, hier S. 407.

ten die Pariser Verträge mit der bis dahin geübten Praxis der Amnestierung von Kriegsverbrechen im Friedensschluss gebrochen. Zum anderen verstärkte sich in der Folge des Ersten Weltkriegs die internationale Diskussion über eine völkerstrafrechtliche Ordnung. Im Völkerbund wurde 1924 ein Protokoll unterzeichnet, das den Angriffskrieg als internationales Verbrechen deklarierte. Genau wie zehn Jahre später eine Konvention zur Verfolgung von Terrorismus, in deren Folge man sich im Völkerbund 1937 sogar auf die Errichtung eines internationalen Strafgerichtshofs verständigte, trat das Protokoll über den Angriffskrieg nie in Kraft. Doch es bestätigt die Präsenz völkerstrafrechtlicher Fragen auf der internationalen Agenda. Außerdem zählte nun erstmals der Angriffskrieg zu den völkerstrafrechtlichen Tatbeständen, der als „Verbrechen gegen den Frieden" in der Vorbereitung und Durchführung des Nürnberger Prozesses zum zentralen Völkerstrafrechtstatbestand aufsteigen sollte. In geradezu dialektischer Weise förderte darüber hinaus Deutschland mit seiner völkerstrafrechtlichen Verweigerungs-, Obstruktions- und Verschleppungstaktik nach 1918 die Bemühungen um eine Internationalisierung der völkerstrafrechtlichen Gerichtsbarkeit, weil das deutsche Verhalten und die Leipziger Prozesse einen Beleg dafür bildeten, dass der jeweils betroffene einzelne Staat nicht willens sein würde, Kriegsverbrechen, aber auch andere Völkerrechtsverbrechen ernsthaft strafrechtlich zu verfolgen.[37]

Ohne die Massen- und Menschheitsverbrechen des Nationalsozialismus ist freilich der völkerstrafrechtliche Verrechtlichungsschub in den Jahren nach 1945, verstanden als Kodifizierungs- und Institutionalisierungsschub, nicht denkbar. In der politischen und juristischen Auseinandersetzung mit den deutschen Verbrechen im Zweiten Weltkrieg bildete sich eine normative Ordnung heraus, die zwar in den Jahrzehnten des Ost-West-Konflikts blockiert blieb und daher keine Wirksamkeit entfalten konnte, die sich aber im veränderten internationalen System nach 1990 und angesichts konkreter Herausforderungen (Jugoslawien, Ruanda) rasch reaktivieren und implementieren ließ. Die normative Ordnung von Nürnberg, wie sie seit 1941 in einer Serie alliierter Verhandlungen und entsprechenden vertraglichen Vereinbarungen entstand und zu deren wortgewaltigstem Verfechter der amerikanische Chefankläger in Nürnberg Robert H. Jackson wurde, kreiste um den Imperativ der *rule of law* in den Staatenbeziehungen und um das Ziel, die völkerrechtliche Normenordnung auch mit strafrechtlichen Mitteln durchzusetzen. Das hob den Nürnberger Prozess 1945/46 deutlich über seine unmittelbare Aufgabe hinaus, die nationalsozialistischen Makroverbrechen zu ahnden und die dafür Verantwortlichen zu bestrafen, und unterlegte ihm in universaler Absicht das Ziel, internationalen Frieden mit rechtlichen beziehungsweise

---

[37] Vgl. *Claus Kreß*, Versailles – Nürnberg – Den Haag. Deutschland und das Völkerstrafrecht, in: Fakultätsspiegel der Juristischen Fakultät der Universität zu Köln 2006, S. 13–55, hier S. 21 f. In seiner Nürnberger Eröffnungsrede erwähnte der amerikanische Chefankläger Jackson explizit das Scheitern nationaler Strafverfolgung nach dem Ersten Weltkrieg als Begründung für das Internationale Militärtribunal der Alliierten.

rechtsstaatlichen Mitteln zu erreichen. In Nürnberg überlappten sich Rechtsschöpfung und Rechtsanwendung.[38]

Die völkerstrafrechtlichen Normen, die das Londoner Statut zur Errichtung eines *Internationalen Militärtribunals* zur Verfolgung der deutschen Hauptkriegsverbrecher fixierte, wurden als „Nürnberger Prinzipien" durch eine Resolution der UN-Generalversammlung unmittelbar nach Ende des Nürnberger Prozesses, am 11. Dezember 1946 bekräftigt. Eine weitere UN-Resolution beauftragte 1947 die Völkerrechtskommission (ILC) der Vereinten Nationen mit der Ausarbeitung dieser Prinzipien zu einem Basisdokument für die internationale Rechtsprechung. Die Kommission legte ihr Ergebnis zwar 1950 der Generalversammlung vor, doch angesichts der Eskalation des Ost-West-Konflikts kam es nicht mehr zu einer Abstimmung über die Annahme des Dokuments. Gleichwohl hatte das Völkerstrafrecht in den „Nürnberger Prinzipien" von 1950 eine kodifizierte Form gefunden, auf die sich die Vereinten Nationen nach 1990 unmittelbar wieder bezogen. Die „Nürnberger Prinzipien" enthalten zum einen den Grundsatz individueller Verantwortlichkeit für Völkerrechtsverbrechen und schließen eine Immunität für staatliche Repräsentanten oder im Staatsauftrag handelnde Personen aus. Zum anderen nennen die „Nürnberger Prinzipien" die drei völkerstrafrechtlichen Tatbestände: Verbrechen gegen den Frieden (Vorbereitung und/oder Durchführung eines Angriffskriegs), Kriegsverbrechen und Verbrechen gegen die Menschheit.[39] Außerhalb der „Nürnberger Prinzipien" gehört auf der Basis der UN-Völkermordkonvention von 1948 auch Völkermord zu den gegenwärtig international anerkannten und kodifizierten völkerrechtlichen Straftatbeständen.[40]

Vertiefter Analyse bedürfen in der Perspektive der Geschichte der internationalen Beziehungen weniger Planung, Durchführung und Ergebnisse des Nürnberger Prozesses selbst. Herauszuheben ist in diesem Zusammenhang die paradigmatische Bedeutung des Nürnberger Prozesses als „Initialzündung für eine justizförmige Aufarbeitung deutscher Kriegs- und Besatzungsverbrechen", wenngleich die heutige Forschung zur politischen und gesellschaftlichen Auseinandersetzung mit der NS-Vergangenheit stärker auch die kollektiv entlastenden Wirkungen einer schnellen juristischen Abrechnung mit den NS-Verbrechen betont.[41] Doch international betrachtet muss sich der Blick weiten auf die breiteren Bestrebungen zur Errichtung einer globalen normati-

---

[38] Vgl. *Albin Eser*, Das Internationale Militärtribunal von Nürnberg aus deutscher Perspektive, in: Herbert R. Reginbogin/Christoph Safferling (Hrsg.), The Nuremberg Trials. International Criminal Law since 1945. München 2006, S. 53–59, hier S. 54.

[39] Der Text der „Nürnberg Principles" von 1950 findet sich u. a. in: *Werle*, Völkerstrafrecht, S. 500.

[40] Siehe dazu *Eckart Conze/Christoph Safferling* (Hrsg.), The Genocide Convention 60 Years after its Adoption. Den Haag 2010.

[41] Siehe dazu *Weinke*, „Von Nürnberg nach Den Haag"?, S. 24. Vor einer „Nürnberg-Hagiographie" warnt in diesem Zusammenhang der britische Historiker Donald Bloxham, hier zit. nach: ebd., S. 21. Vgl. *Donald Bloxham*, Genocide on Trial. War Crimes Trials and the Formation of Holocaust History and Memory. Oxford 2001.

ven Nachkriegsarchitektur, für die das IMT-Statut von 1945, die „Nürnberger Prinzipien" von 1946/50 und die Völkermordkonvention von 1948 eine ebenso wichtige Rolle spielen wie die Charta der Vereinten Nationen von 1945 und die *Allgemeine Erklärung der Menschenrechte* von 1948. Dabei sind auch Widersprüche zu thematisieren wie derjenige, dass die UN-Charta das traditionelle Verbot einer Einmischung in die inneren Angelegenheiten anderer Staaten bekräftigte, dass aber zugleich die Entwicklung des humanitären Völkerrechts und des völkerrechtlichen Menschenrechtsschutzes nicht nur dem Individuum Völkerrechtssubjektivität verlieh, sondern den absoluten Souveränitätsanspruch des Einzelstaates relativierte – bis hin zum Konzept der Schutzverantwortung (*Responsibility to Protect – R2P*) der internationalen Gemeinschaft für den Einzelnen und seine Menschenrechte, das seit den 1990er Jahren zu einem zentralen Thema der internationalen Politik, vor allem im UN-Kontext, und des internationalen Rechts geworden ist. Beobachter sprechen vor diesem Hintergrund bereits von einem Übergang vom modernen Völkerrecht des 20. Jahrhunderts zu einem kosmopolitischen Weltrecht des 21. Jahrhunderts, weil die Rechts- und Ordnungsvorstellungen des 20. Jahrhunderts der durch die Globalisierung, verstanden insbesondere als Bedeutungsverlust des klassischen Nationalstaats, fundamental veränderten Welt des 21. Jahrhunderts nicht mehr gerecht würden.[42]

Doch es wäre verfehlt, solchen Entwicklungen eine rein idealistische Teleologie zu unterlegen. So hat Mark Mazower auf die genuin politischen Interessen hingewiesen, die in den Jahren um 1945 den Aufstieg des Konzepts der Menschenrechte befördert hätten. Menschenrechte hätten sich gut mit der im Westen, insbesondere in den USA, populären Totalitarismus-Theorie verbinden lassen, die in ihrem Zentrum den Konflikt zwischen dem Einzelnen und dem totalitären Staat betonte. Insofern war die Frage nach den Menschenrechten zunächst gut auf die Auseinandersetzung mit dem Nationalsozialismus anzuwenden, sie gewann aber mit der Verschärfung des Ost-West-Konflikts wichtige politische, weil legitimatorische, Bedeutung für die westlich-amerikanische Konfrontation mit der Sowjetunion. Den amerikanischen Internationalisten, die nach Kriegsende 1945 mit einem politischen Comeback des Isolationismus zu rechnen hatten, bot die Idee der Menschenrechte eine neue ideelle Grundlage internationalistisch-universalistischer Politik. Und schließlich erhielt die neue Menschenrechtspolitik in fast zynischer Wendung auch Unterstützung aus ostmitteleuropäischen Staaten, deren Regierungen (oder Exilregierungen) im Rekurs auf individuelle Menschenrechte eine Chance sahen, die Minderheitenschutzverträge zu relativieren oder gar ganz abzuschaffen, die ihnen in der europäischen Neuordnung nach 1919 von den Großmächten aufgezwungen worden seien (einschließlich der Legitimierung

---

[42] Vgl. *Pfeil*, Globale Verrechtlichung, S. 284 f.; ausführlicher *Angelika Emmerich-Fritsche*, Vom Völkerrecht zum Weltrecht. Berlin 2007.

von Bevölkerungsverschiebungen und Vertreibungen nach 1945).[43] Ähnlich systematisch und problemorientiert wie in den letzten Jahren die Menschenrechtspolitik[44] bedürfte auch die Völkerstrafrechtspolitik im weiteren Kontext internationaler Politik und auch als Politikgeschichte von Ideen intensiverer Zuwendung.

Die chronologische Entwicklung kann allenfalls den Ausgangspunkt für eine kritische Auseinandersetzung bieten, die auch stärker die Zeit des Ost-West-Konflikts einbeziehen müsste, in der zwar einerseits die Entwicklung und internationale Anwendung völkerstrafrechtlicher Normen auf Eis lagen, wie überhaupt die Dekaden des Ost-West-Konflikts eine „tief greifende Strukturkrise des Völkerrechts" bedeuteten.[45] Andererseits aber war das Völkerstrafrecht mit seinen Standards, Ansprüchen und Idealen ja in der Welt. Und in den Konflikten unterhalb der systemischen Ebene der Ost-West-Konfrontation, nicht zuletzt im Zusammenhang mit der Dekolonialisierung, kam es nicht nur zu schwersten Menschenrechtsverletzungen und Kriegs- und Völkerrechtsverbrechen, sondern in den ost-westlich bestimmten politischen Auseinandersetzungen wurden diese Kriegs- und Völkerrechtsverbrechen wieder und wieder im Sinne gegenseitiger Vorwürfe politisch-propagandistisch instrumentalisiert.[46] Im Umfeld des Vietnamkriegs verdichtete sich diese Thematisierung sowohl in der internationalen Politik als auch innerhalb einzelner, vor allem westlicher Gesellschaften. Ganz bewusst, aber noch kaum historisch untersucht, stellten sich die seit 1966 stattfindenden „Russell-Tribunale" in die Kontinuität völkerstrafrechtlicher Gerichtsverfahren und insbesondere des Nürnberger Prozesses und sind damit ein Beleg für die Präsenz und die Virulenz völkerstrafrechtlicher Normen in den Jahrzehnten des Ost-West-Konflikts.

Mit Blick auf die Entwicklungen im Völkerstrafrecht seit 1990 ist nicht nur die Geschichte der wieder aufgenommenen Institutionenbildung in ihren ver-

---

[43] *Mark Mazower*, The Strange Triumph of Human Rights, 1933–1950, in: The Historical Journal 47, 2004, S. 379–398, hier S. 386–389; in weiterer Perspektive *ders.*, No Enchanted Palace. The End of Empire and the Ideological Origins of the United Nations. Princeton 2009. Vgl. auch *Elizabeth Borgwardt*, A New Deal for the World. America's Vision for Human Rights. Cambridge, Mass. 2005.

[44] Die Geschichte der Menschenrechte ist ein von Historikern systematisch, problemorientiert und in ihrer internationalen Dimension erst seit relativ kurzer Zeit bearbeitetes Forschungsfeld. Einen guten Überblick über aktuelle Forschungsansätze und -perspektiven bietet *Stefan-Ludwig Hoffmann* (Hrsg.), Moralpolitik. Geschichte der Menschenrechte im 20. Jahrhundert. Göttingen 2010; siehe aber beispielsweise auch den Aufsatz von *Jan Eckel*, Utopie der Moral, Kalkül der Macht. Menschenrechte in der globalen Politik nach 1945, in: AfS 49, 2009, S. 437–484. Einen historischen Gesamtüberblick liefert *Eike Wolgast*, Geschichte der Menschen- und Bürgerrechte. Stuttgart 2009. Siehe auch den Beitrag von *Jost Dülffer* in diesem Band.

[45] *Wilhelm G. Grewe*, Spiel der Kräfte in der Weltpolitik. Theorie und Praxis der internationalen Beziehungen. Frankfurt a. M. u. a. 1981, S. 269.

[46] Für einen überzeugenden geschichtswissenschaftlichen Zugriff auf diesen Komplex, freilich nicht erschöpfend, sondern exemplarisch, und stärker in menschenrechts- als in völkerstrafrechtshistorischer Perspektive, siehe *Fabian Klose*, Menschenrechte im Schatten kolonialer Gewalt. Die Dekolonialisierungskriege in Kenia und Algerien 1945–1962. München 2009.

schiedenen Ausformungen historisch zu analysieren, sondern es ist auch diese Entwicklung in ihrer politischen Bedingtheit und Dynamik zu untersuchen. Dabei tritt der Widerstand von Staaten gegen eine Weiterentwicklung der völkerstrafrechtlichen Normen- und Institutionenordnung in den Blickwinkel. Es geht hier auch um die Frage nach der Machtverteilung zwischen internationalen Organisationen und souveränen Staaten.[47] Die historisch kaum überraschende, aber sich seit 1990 neu ausformende Spannung zwischen der Dynamik und dem globalen und egalisierenden Anspruch des Völkerstrafrechts einerseits und der politischen Opportunität sowie den politischen Interessen einzelner Staaten (unter fortdauerndem Rekurs auf die Prinzipien der Souveränität und der Nichteinmischung) andererseits ist als Thema und Gegenstandsbereich der Internationalen Geschichte in ganz unterschiedlichen Dimensionen zu fassen und zu behandeln.

III. Transitional Justice

Die Entwicklung und Anwendung von Völkerstrafrecht gehört aber noch in einen weiteren thematischen Kontext, der seit einigen Jahren das verstärkte Interesse der sozialwissenschaftlichen, zum Teil auch schon der historischen Forschung gefunden hat. Völkerstrafrecht wird in diesem Zusammenhang als Teil beziehungsweise als eine mögliche Ausformung weiter reichender Prozesse von *Transitional Justice* betrachtet und analysiert. Auch diese Perspektive verlangt eine systematische analytische Verknüpfung der Beschäftigung mit völkerstrafrechtlichen Normen und Praktiken einerseits und mit inneren politischen, sozialen und sozialkulturellen Entwicklungen in Transitionsgesellschaften. Damit wäre dann auch an ein wichtiges Grundpostulat der Internationalen Geschichte in ihrer konzeptionellen Entwicklung und Ausrichtung anzuschließen, nämlich der systematischen Verknüpfung von internationalen und innerstaatlichen beziehungsweise innergesellschaftlichen Entwicklungen und der Erforschung der historischen Dynamik ihrer Interdependenz und ihrer Wechselwirkungen.[48] *Transitional Justice* steht heute als Begriff für Versuche, nach Kriegen, Bürgerkriegen oder Diktaturen massive Menschenrechtsverletzungen und Gewalttaten (Makro-Verbrechen, Makro-Kriminalität)[49] aufzuarbeiten, um dadurch den Übergang zu einer nachhaltig friedlichen, meist demokratischen Gesellschaftsordnung zu ermöglichen. Dazu gehören

---

[47] Vgl. *Kerstin von Lingen*, „Crimes against Humanity". Eine umstrittene Universalie im Völkerrecht des 20. Jahrhunderts, in: Zeithistorische Forschungen, Online-Ausgabe, 8, 2011, H. 3, URL: http://www.zeithistorische-forschungen.de/16126041-vonLingen-3-2011.
[48] Siehe dazu *Eckart Conze*, Zwischen Staatenwelt und Gesellschaftswelt. Die gesellschaftliche Dimension internationaler Geschichte, in: Loth/Osterhammel (Hrsg.), Internationale Geschichte, S. 117–140.
[49] Zum Begriff der Makro-Verbrechen bzw. der Makro-Kriminalität siehe *Jäger*, Makroverbrechen.

retributive, restaurative und erzieherische Maßnahmen. In dem Begriff schwingt mit, dass die Phase des Übergangs (*transition*) eng mit dem Streben nach Gerechtigkeit (*justice*) – allerdings eben nicht nur in einem strafrechtlichen Sinn – verknüpft ist. *Transitional Justice* steht für die Grundannahme, dass Gerechtigkeit eine notwendige Voraussetzung für Frieden und Stabilität darstellt.[50] *Transitional Justice* wird bislang überwiegend als eine innerstaatliche und innergesellschaftliche Entwicklung betrachtet und analysiert; die internationalen Dimensionen der Übergangsprozesse, auf die gerade völkerstrafrechtliche Elemente hindeuten, tauchen eher am Rande auf.

Doch die Wirkung von Völkerstrafrecht in Prozessen von *Transitional Justice* ist umstritten. Damit völkerstrafrechtliche Maßnahmen in Übergangsgesellschaften eine stabilisierende, aber auch dauerhaft pazifizierende und womöglich sogar demokratisierende Wirkung entfalten können, müssen sie von den betroffenen Gesellschaften breit und konsensual akzeptiert werden. Was aber heißt das?[51] Von der Akzeptanz völkerstrafrechtlicher Normen und Praktiken kann letztlich erst dann gesprochen werden, wenn entweder die Geltung internationalen (Straf-)Rechts in nationalen Gesellschaften ohne gesellschaftlichen und/oder politischen Widerstand anerkannt ist beziehungsweise wenn entsprechende Strafverfahren durchgeführt werden können oder wenn diese Gesellschaften in der Lage sind, selbst mit der eigenen Unrechtsvergangenheit umzugehen. Diese Akzeptanz war aber historisch, wie ein Blick auf Deutschland nach 1918 oder 1945 zeigt, keineswegs immer gegeben oder gar selbstverständlich. Eine historische Fragestellung zielt zunächst auf das Verhältnis beziehungsweise das Spannungsverhältnis zwischen dem internationalen Willen oder der internationalen Forderung, in spezifischen nationalen Kontexten und Konstellationen völkerstrafrechtliche Normen zur Anwendung zu bringen, einerseits und der nationalen gesellschaftlichen Bereitschaft, dies zu akzeptieren, andererseits.

Aber der Fragehorizont reicht weiter: Sind in der betroffenen Gesellschaft die den völkerstrafrechtlichen Normen zugrunde liegenden Menschenrechte akzeptiert? Die Akzeptanz von Völkerstrafrecht und völkerstrafrechtlicher Verfahren ist ohne die Akzeptanz von Menschenrechten nicht zu denken. Achtung und Geltung der Menschenrechte einerseits und des Völkerstrafrechts andererseits stehen in einem Verhältnis wechselseitiger Abhängigkeit. Doch der Men-

---

[50] Dieses Begriffsverständnis folgt *Susanne Buckley-Zistel/Anika Oettler*, Was bedeutet Transitional Justice?, in: Susanne Buckley-Zistel/Thomas Kater (Hrsg.), Nach Krieg, Gewalt und Repression. Vom schwierigen Umgang mit der Vergangenheit. Baden-Baden 2011, S. 21–38, besonders S. 21; vgl. auch *Alberto Costi*, Addressing the Major Legal, Political, and Practical Obstacles Facing Hybrid Tribunals in Post-Conflict Situations. Learning from Past Experience and Lessons for the Future, in: Beth A. Griech-Polelle (Hrsg.), The Nuremberg War Crimes Trial and its Policy Consequences Today. Baden-Baden 2009, S. 131–155, hier S. 154.

[51] Die folgenden Überlegungen stützen sich auf eine gemeinsam mit *Albrecht Kirschner* (Marburg) verfasste Ausarbeitung, die eingeflossen ist in eine nicht veröffentlichte Projekt- und Machbarkeitsstudie: Gründung der Internationalen Akademie Nürnberger Prinzipien. Nürnberg 2011, insbesondere S. 60–67.

schenrechtsdiskurs ist, wie bereits erwähnt, nicht frei von politischen und machtpolitischen Interessen. Allgemein gilt: In dem Maße, in dem die Menschenrechte beziehungsweise der Menschenrechtsdiskurs als eurozentrisch, als westlich oder als christlich-abendländisch wahrgenommen werden, sind davon auch die Akzeptanz- und Durchsetzungschancen von internationalem Strafrecht berührt. Dies verlangt eine Auseinandersetzung mit der Problematik, dass das Völkerstrafrecht, so wie es sich insbesondere nach 1945 entwickelt hat, materiell und auf seiner Begründungs- und Zielsetzungsebene als eurozentrisch oder westlich bestimmt angesehen und kritisiert wird.

Die Geschichte des Völkerstrafrechts und seiner Anwendung ist auch die Geschichte des Vorwurfs, mit zweierlei Maß zu messen oder Machtinteressen über Rechtsimperative zu stellen. Der Hinweis auf die Dominanz subsaharisch-afrikanischer Konstellationen in der Tätigkeit des Internationalen Strafgerichtshofs in Den Haag ist nur die aktuelle Ausformung eines älteren und allgemeineren Arguments der Kritik.

Erkennen die betroffenen Gesellschaften die von der internationalen Gemeinschaft kodifizierten völkerstrafrechtlichen Tatbestände überhaupt an und sehen sie ein, dass es in ihrer – kriegerischen oder diktatorischen – Vergangenheit völkerstrafrechtlich relevante Straftaten gegeben hat? Und sind diese Gesellschaften beziehungsweise alle wichtigen Gruppen der Gesellschaft (besonders nach Bürgerkriegssituationen und gruppenbezogener Gewalt bis hin zu genozidalen Ereignissen) der Meinung, dass völkerstrafrechtliche Verfahren eine angemessene Reaktion auf makro-kriminelle Taten darstellen? An diesem Punkt beispielsweise ließe sich eine am Völkerstrafrecht interessierte Internationale Geschichte mit einer historischen und sozialwissenschaftlichen Genozidforschung verbinden.[52] Was ist Völkermord? Rechtswissenschaft und Rechtspraxis können sich an der Definition in Artikel 2 der UN-Völkermordkonvention von 1948 orientieren:

Genocide means any of the following acts committed with the intent to destroy, in whole or in part, a national, ethnical, racial or religious group, as such.

Aber sowohl in der internationalen Politik als auch in innergesellschaftlichen Zusammenhängen wird der Begriff „Genozid" nicht nur im Sinne einer präzisen, tatbestandsorientierten juristischen Definition gebraucht, sondern oftmals in ganz diffuser Weise. Aber die Frage, welche Verbrechenskomplexe in völkerstrafrechtlich relevanten Kontexten mit dem Etikett „Völkermord" versehen werden, welcher Akteur mit welchen Interessen von Völkermord spricht, ist für die politische, gesellschaftliche und mediale Wahrnehmung der begangenen Verbrechen und ihre Behandlung in der internationalen Politik von erheblicher Bedeutung.[53]

---

[52] Einführend dazu *Boris Barth*, Genozid. München 2006; vgl. auch *Conze/Safferling* (Hrsg.), The UN Genocide Convention.

[53] Vgl. dazu die am Beispiel Israels und der innerisraelischen Diskussion getroffenen Befunde von *Moshe Zimmermann*, Genocide and the Genocide Convention in Israel, in: ebd., S. 125–132.

Der Erfolg völkerstrafrechtlicher Maßnahmen im Sinne von *Transitional Justice* hängt also mitnichten nur vom politischen Willen und der Durchsetzungsfähigkeit der internationalen Gemeinschaft ab, in der wiederum selbst die Akzeptanz völkerstrafrechtlicher Normen und Institutionen immer wieder umstritten war und bis heute umstritten ist. Die Bundesrepublik Deutschland ist erst in den 1990er Jahren zum Advokaten einer internationalen Strafrechtsordnung geworden. Ihre Geschichte in den Jahrzehnten davor belegt, wie schwierig es ist und wie lange es dauern kann, bis Gesellschaften, in denen es zu Kriegs- und Menschheitsverbrechen gekommen ist, im Kontext weiter reichender *Transitional Justice*-Prozesse auch eine (völker-)strafrechtliche Auseinandersetzung mit der Unrechtsvergangenheit zu akzeptieren bereit sind. Die Nürnberger Prozesse waren nie breit akzeptiert. Hinter dem Vorwurf der „Siegerjustiz" oder der Kritik an der vermeintlichen Missachtung des strafrechtlichen Rückwirkungsverbots verbarg sich noch jahrzehntelang eine bis in die politischen, administrativen und akademischen Eliten reichende, ja von ihnen ausgehende Ablehnung der völkerstrafrechtlichen Verfahren nach 1945.[54] Auch geschichtswissenschaftliche Untersuchungen zielen in diesem Kontext letztlich auf die Möglichkeiten und Bedingungen der Anwendung und Verbreitung einer normativen Ordnung, in diesem Fall des Völkerstrafrechts und der ihm zugrunde liegenden Normen. Das erfordert eine intensivere auch geschichtswissenschaftliche Hinwendung zu der von Sozialwissenschaftlern schon adressierten Frage, wie internationale Normen gerade auch menschenrechtlicher Provenienz in innerstaatliche soziale Praxis transformiert werden können.[55]

Je stärker man sich mit der Wirkung völkerstrafrechtlicher Maßnahmen, mit der Akzeptanz von Völkerstrafrecht und – allgemeiner – mit dem Imperativ „Frieden durch Recht" befasst, desto mehr Interesse zieht schließlich die Frage auf sich, welchen Beitrag das Völkerstrafrecht, auch als normative Ausformung internationalen politischen Handelns, zu einer positiven politischen oder gesellschaftlichen Wirkung (Stabilisierung, Versöhnung, Befriedung etc.) leisten kann. Wer sich von der normativen Entwicklung und von der Geschichte der internationalen Völkerstrafrechtspolitik entfernt und sich dem weiteren Kontext von gesellschaftlichen *Transitional Justice*-Prozessen zuwendet, der wird sich mit der Frage konfrontiert sehen: Steht nicht möglicherweise der Imperativ des Rechts dem Imperativ der Versöhnung entgegen? Das ist eine auch für die deutsche Entwicklung zentrale Frage, in der die Forderung nach gesellschaftlicher Versöhnung – gemeint ist in der Regel: die Versöhnung von Opfern und Tätern – nicht selten, und zwar sowohl nach 1945 als auch

---

[54] Dazu im Überblick *Kress*, Versailles – Nürnberg – Den Haag; *Weinke*: „Von Nürnberg nach Den Haag".
[55] Siehe dazu beispielsweise *Thomas Risse/Kathryn Sikkink*, The Socialization of International Human Rights Norms into Domestic Practices, in: Thomas Risse u. a. (Hrsg.), The Power of Human Rights. Cambridge 1999, S. 1–38.

nach 1990, dazu diente, Kritik am justiziellen und damit auch völkerstrafrechtlichen Umgang mit einer Unrechtsvergangenheit zu üben und diese rechtsförmige Auseinandersetzung mit der Vergangenheit und den Tätern zu beenden. Stärker ins Internationale gewendet, führt dies zu der Frage, ob die Drohung mit völkerstrafrechtlichen Sanktionen oder die Anwendung von Völkerstrafrecht nicht die politische Lösung eines Konflikts erschweren oder gar verhindern kann, ob nicht Konfliktbeilegungs- oder Friedensbemühungen mit strafrechtlichen Maßnahmen kollidieren.[56] Wenngleich eine Gegenüberstellung von Politik und Recht relativ schematisch erscheint und man vielmehr die Anwendung von Völkerstrafrecht als integralen Bestandteil politischen Handelns und politischer Strategien betrachten muss, tritt hier doch ein brisantes Spannungsverhältnis zutage.

Die innergesellschaftliche Wirkung von Völkerstrafrecht und völkerstrafrechtlicher Verfahren ist also keineswegs nur abhängig von der Durchsetzungsmacht internationaler Politik, sondern sie steht in einem komplexen Bezugssystem, das von ganz unterschiedlichen Faktoren (rechtlich-normativen, politischen, sozialen, kulturellen) beeinflusst wird. Die Wechselwirkungen innerhalb dieses Bezugssystems, in dem internationale und innerstaatliche beziehungsweise innergesellschaftliche Entwicklungen untrennbar miteinander verflochten sind, verweisen einmal mehr auf den systemischen Zusammenhang von Innen und Außen, der auch im Hinblick auf die Entwicklung von Völkerstrafrecht und Völkerstrafrechtspolitik der geschichtswissenschaftlichen Analyse bedarf.

[56] Vgl. *Jäger*, Makroverbrechen, S. 343.

Matthias Schulz
Internationale Institutionen

Internationale Institutionen sind in aller Munde. Kein Tag vergeht, ohne dass Berichte mit Informationen oder Stellungnahmen von Seiten globaler, europäischer oder anderer regionaler Institutionen durch die Presse gehen und Licht auf Flüchtlingsströme und humanitäre Hilfe, Klimaschutz, Rohstoffe, Menschenrechtsverletzungen, Sicherheits-, Entwicklungsfragen, Handelsdispute oder andere Probleme dieser Welt werfen. Wenn auch Historikerinnen und Historiker internationale Institutionen vermehrt zu Objekten oder archivalischen Ausgangspunkten ihrer Forschungen machen, ist dies ein Indiz für das wachsende Bewusstsein darüber, dass weltweite Verflechtungen, Austauschprozesse und vernetzte Politik nicht erst seit gestern die eng gewordene Brille der Nationalhistoriographie sprengen. Integrations- und Globalisierungsprozesse sind über ihre ökonomische Dimension hinaus aufgrund ihrer langen Dauer, Vielschichtigkeit und Komplexität zu Leitthemen innovativer historischer Forschung geworden,[1] und in diesem Rahmen lassen sich internationale Institutionen, deren Anzahl sich von dreißig vor dem Ersten Weltkrieg auf heute weit über eintausend vermehrt hat,[2] nur noch schwerlich ignorieren.[3]

Dieser Befund mag auf den ersten Blick überraschen. Doch wer in den Rückspiegel schaut, kann Veränderungen in der politik- wie geschichtswissenschaftlichen Landschaft schnell erkennen. Die lang andauernde Deutungshegemonie der realistischen und neorealistischen Theorieparadigmata in den internationalen Beziehungen,[4] die auch die geschichtswissenschaftliche Produktion zu internationalen Fragen unausgesprochen dominierte, hatte internationale Institutionen und ihre Vorläufer lange Zeit als Objekte wissenschaftlicher Forschung marginalisiert. Internationale Institutionen zur Wahrung des Weltfriedens waren aus dieser theoretischen Perspektive ein Produkt des religiösen Eiferers Woodrow Wilson oder auf den Boden der Tatsachen gebrachte und damit zugleich zerstörte Utopien, die dazu dienten, die öffentliche Meinung nach den unglaublichen Opfern, die die Weltkriege der Menschheit abgefordert haben, zu beruhigen. Für wirklich wichtige, politische Entscheidungen und für die Lösung gravierender Probleme dagegen schienen sie aus die-

---
[1] Siehe etwa *Jürgen Osterhammel*, Geschichte jenseits des Nationalstaats: Studien zu Beziehungsgeschichte und Zivilisationsvergleich. Göttingen 2001; *Thomas Bender* (Hrsg.), Rethinking American History in a Global Age. Berkeley, Los Angeles 2002; *Jürgen Osterhammel/Niels P. Petersson*, Geschichte der Globalisierung: Dimensionen, Prozesse, Epochen. München 2003; *Margrit Pernau*, Transnationale Geschichte. Göttingen 2011.
[2] Geschätzt sind hier ausschließlich zwischenstaatliche Institutionen. Siehe *Robert O. Keohane*, Power and Governance in a Partially Globalized World. London/New York 2002, S. 28.
[3] Siehe z. B. *Madeleine Herren*, Internationale Organisationen seit 1865: Eine Globalgeschichte der internationalen Ordnung. Darmstadt 2009; siehe unten weitere Neuerscheinungen.
[4] Vgl. etwa *Keohane*, Power and Governance, S. 29.

ser Perspektive irrelevant. Nur „Idealisten" konnten allen Ernstes glauben, dass es gelingen würde, durch Institutionen Machtfaktoren auszuschalten und eine Völkerrechtsordnung zu konstituieren. In der Sozial- und Kulturgeschichte spielten internationale Institutionen bis vor Kurzem ebenfalls keine Rolle.[5] Erst der Aufstieg des „liberalen Institutionalismus" und des Neofunktionalismus als Deutungsmuster und die Entwicklung eines neuen Vokabulars zur Analyse internationaler Institutionen brachten seit den siebziger Jahren – u.a. mit Evan Luard, Ernst-Otto Czempiel, Robert Keohane sowie Joseph Nye[6] und unter Rückgriff auf funktionalistische Vorläufer wie David Mitrany und Ernest B. Haas – verstärkt die Einsicht,[7] dass Staaten internationale Institutionen gründen, weil Hegemonie als Mittel zur Durchsetzung nationaler Interessen nicht (dauerhaft) erreicht werden kann, weil unter den Voraussetzungen des Sicherheitsdilemmas und der wachsenden Interdependenz Absprachen zwischen Staaten notwendig sind, und weil bilaterale Absprachen zu instabil sind und Asymmetrien verschärfen und infolgedessen „regulative" und „normengebende" Funktionen in einem multilateralen Rahmen verstetigt werden müssen. Ob internationale Institutionen lediglich Foren zwischenstaatlicher Konfliktaustragung und Verhandlungen sind oder sie unter ihren Mitgliedern „Bindekraft" entwickeln und ihnen damit eine regulative Eigendynamik innewohnt, die den Handlungsrahmen der Staaten über den ursprünglich vorhergesehenen Regelungsbereich hinaus einschränkt,[8] bleibt zwar umstritten.[9] Die Deutungsparadigmen haben sich jedoch angenähert: Liberale Institutionalisten betrachten Institutionen nicht mehr überhöht als Verteidiger des Rechts gegen die Macht von Staaten, sondern vielmehr „realistisch" als Orte der Aushandlung von Normen und der Regulierung von Interessenkonflikten.[10] Demnach sind zwar Staaten für die politischen Entscheidungen zentral, aber sie können sich dem normativen und öffentlichen Rahmen, den sie selbst geschaffen haben und in dem diese Entscheidungen nach mehr oder

---

[5] Siehe aber u.a. die innovativen Arbeiten des Kreises um *Madeleine Herren* und *Sandrine Kott* unten.

[6] Siehe *Ernst-Otto Czempiel* (Hrsg.), Die anachronistische Souveränität. Köln 1969; *Evan Luard*, International Agencies: The Emerging Framework of Interdependence. London 1977; *Robert O. Keohane*, Power and Interdependence; *ders.*, After Hegemony: Cooperation and Discord in the World Political Economy. Princeton 1984; *ders.*, Neorealism and Its Critics. New York 1986; *ders.*, International Institutions and State Power. Boulder 1989.

[7] *David Mitrany*, Towards International Government. London 1933; *Ernest B. Haas*, The uniting of Europe: political, social and economic forces 1950–1957. London 1958; *Inis B. Claude*, Swords to Plowshares: Problems and Progress of International Organization. New York 1956.

[8] Eine knappe Einführung in die Theorie(n) des Institutionalismus bietet *Gert Krell*, Weltbilder und Weltordnung: Einführung in die Theorie der Internationalen Beziehungen. 3. Aufl. Baden-Baden 2004, S. 239–264.

[9] Siehe *John Mearsheimer*, The False Promise of International Institutions, in: International Security 19, 1994/1995, Heft 3, S. 5–49; vgl. *Keohane*, Power and Governance, S. 28–38.

[10] Vgl. zum neueren Forschungsstand u.a. *Detlef F. Sprinz*, Internationale Regime und Institutionen, in: Gunther Hellmann/Klaus Dieter Wolf/Michael Zürn (Hrsg.), Die neuen Internationalen Beziehungen: Forschungsstand und Perspektiven in Deutschland. Baden-Baden 2003, S. 251–273; *Volker Rittberger/Bernhard Zangl*, Internationale Organisationen: Politik und Geschichte. Opladen 2003.

weniger transparenten Kriterien getroffen werden, schwerlich entziehen. Auch Großmächte stützen demnach ihre Außenpolitik bevorzugt auf internationale Institutionen, um dort Regeln und Standards für bestimmte Politikbereiche zu setzen und zugleich ihre Einhaltung zu gewährleisten, so beispielsweise den Internationalen Währungsfonds (IMF), die Welthandelsorganisation (WTO) oder die Internationale Atomenergiebehörde.[11] Denn mit Keohane machen internationale Institutionen zwischenstaatliche Beziehungen vorhersehbarer; sie reduzieren „Transaktionskosten", d. h. „costs for making and enforcing agreements" in einer unsicheren, risikobehafteten Welt.[12] Insbesondere seit dem friedlichen Ende des Kalten Krieges haben Theorien, die der *Überbewertung* materieller Tatsachen und vermeintlich harter nationaler Interessen und Machtstrukturen eine Absage erteilen und Institutionen, Ideen, Werte und Normen eine größere Rolle im Staatensystem einräumen, Konjunktur. Entsprechend sucht die neuere historische Forschung internationale Institutionen nicht nur aus der Perspektive zwischenstaatlicher Interessenkonflikte und auf der Basis staatlicher Archive zu betrachten, sondern als Brennpunkte von Netzwerken, in denen Sekretariate, nationale und transnationale Zivilgesellschaft, Experten und Regierungen zusammentreffen und Politik und ihre normativen Richtlinien aushandeln.[13] Archive internationaler Institutionen helfen bei der Dechiffrierung dieser Netzwerke und Normen.

Vor dem Hintergrund dieses Paradigmenwechsels hat die geschichtswissenschaftliche Erforschung internationaler Institutionen nicht zuletzt aufgrund der ersten großen historischen Jubiläen der UNO und anderer Nachkriegsorganisationen Mitte der neunziger Jahre Konjunktur. Die UNESCO, die Weltbank, die Europäische Union, der Internationale Währungsfonds und die Internationale Arbeitsorganisation (ILO) begannen oder beginnen, ihre eigene Geschichte zu erforschen bzw. erforschen zu lassen, um ihre „Ordnungsleistungen" der Öffentlichkeit bewusster zu machen.[14] Archive, die den neuen Wissensdurst nach Globalgeschichte stillen, wurden geöffnet bzw. besser hergerichtet (UNESCO, UNO Genf, UN-Hochkommissar für Flüchtlinge, Internationales Komitee des Roten Kreuzes, ILO u. a. m.), das Völkerbundarchiv wurde in das UNESCO-Register „Memory of the World" aufgenommen, um seine wesentliche Bedeutung für die globale Zeitgeschichte symbolisch zu untermauern. Selbst unter Politologen macht sich ein „historical turn" bemerkbar. So haben Politikwissenschaftler der City University of New York das

---

[11] Einschließen lassen sich institutionalisierte Militärallianzen, die ich jedoch hier aufgrund ihres spezifischen militärischen Charakters nicht berücksichtige.
[12] *Keohane*, Power and Governance, S. 30.
[13] Siehe *Matthias Schulz*, Netzwerke und Normen in der internationalen Geschichte, in: Historische Mitteilungen (HMRG), 17, 2004, S. 1–13; *Eckhardt Fuchs/Matthias Schulz*, Globalisierung und transnationale Zivilgesellschaft in der Ära des Völkerbunds, in: ZfG 54, 2006, Heft 10, S. 837–839.
[14] Ziel ist auch die Imagepflege. Dass dabei auch gute wissenschaftliche Darstellungen möglich sind, zeigt *Harold James*, International Monetary Cooperation Since Bretton Woods. Washington D.C. u. a. 1996.

Intellectual History of the United Nations-Projekt ins Leben gerufen und in der von Indiana University Press verlegten gleichnamigen Reihe bereits ein gutes Dutzend Publikationen veröffentlicht. Leider ist bisher kein einziger Historiker daran beteiligt, und archivalische Forschungen sind darin die Ausnahme. Doch von Genf ausgehend hat sich inzwischen ein Netzwerk gebildet, dem sich fast 200 Historikerinnen und Historiker aus aller Welt angeschlossen haben, die über internationale Organisationen forschen.[15]

Mit dieser Forschungskonjunktur verschiebt sich auch der Blickwinkel auf internationale Institutionen. Hatte die ältere Forschung vor allem (sicherheits-)politische Aspekte des Völkerbunds und der Vereinten Nationen aus der Sicht von einzelnen Staaten oder zwischenstaatlicher Konflikte analysiert – dieser Forschungsansatz wird weiter verfolgt, denn er fördert immer wieder neue Teilerkenntnisse –,[16] unterstreicht die neuere Forschung vor allem die ideellen Wurzeln, die praktischen sowie normativen Impulse, die aus diesen Institutionen erwachsen sind, und untersucht die „weichere" Seite (Paul Kennedy) der Tätigkeit internationaler Institutionen und deren Wirkkraft. Die vielfältigen sozialen, humanitären, entwicklungs- und umweltpolitischen, menschenrechtlichen, wirtschafts-, finanz- und geldpolitischen sowie staats- oder demokratiebildenden Bemühungen internationaler Institutionen stehen nun im Mittelpunkt, von der Sammlung und Aufbereitung statistischen Materials angefangen über die Entwicklung von Regimen bis hin zu praktischen Dienstleistungen für Gesellschaften: Die Rede ist von den *vielen* Vereinten Nationen. Diese Diversifizierung der Forschungsperspektiven soll im Folgenden exemplarisch anhand der Geschichte des Völkerbunds und der Vereinten Nationen vorgestellt werden, die aufgrund ihres universellen Anspruchs und ihrer zumindest symbolisch zentralen Rolle in den Friedensordnungen nach 1919 bzw. nach 1945 eine besondere Betrachtung verdienen. Zunächst ein paar grundlegende Bemerkungen zum Institutionenbegriff und zu den Etappen der Institutionenbildung im internationalen System.

I. Grundlagen

1. Institutionenbegriff

Die historische Deutung von internationalen Institutionen bedarf einer kurzen definitorisch-theoretischen Annäherung[17] Je nach Abgrenzung fallen sowohl

---

[15] Siehe History of International Organizations Network (HION)-Website: www.hion.ch/.
[16] Siehe u. a. *Edward C. Luck*, Mixed Messages: American Politics and International Organization 1919–1999. Washington 1999; *Joachim Wintzer*, Deutschland und der Völkerbund 1918–1926. Paderborn 2006; *Jacques Bariéty*, Aristide Briand, la Société des nations et l'Europe, 1919–1932. Strasbourg 2007.
[17] Vgl. zum Folgenden *Matthias Schulz*, Normen und Praxis: Das Europäische Konzert der Großmächte als Sicherheitsrat (= Studien zur internationalen Geschichte Bd. 21). München 2009, S. 9–13, v. a. S. 11 f.

rechtlich begründete Einrichtungen als auch soziologisch fassbare, spontan entstandene Praktiken und Muster unter den Institutionenbegriff. Im engeren politischen Sinn meint der Begriff „Herrschaftsgebilde" oder „gemeinschaftliche Schutzeinrichtungen",[18] die mit Hilfe von normativen Richtlinien Ordnung stiften, in dem sie Mitglieder eines Gemeinwesens zu Verhaltensweisen anhalten und Bindekraft entwickeln: „Politische Institutionen", so heißt es bei Gerhard Göhler, „sind ... immer dann historisch zu orten, wenn es um Ordnungsleistungen für ein soziales Ganzes geht".[19] Weiter werden eine gewisse Konstanz und gleichbleibende Struktur als Merkmale gefordert. *Internationale* politische Institutionen, und nur um die soll es hier gehen, sind folglich dann erkennbar, wenn Ordnungsleistungen nicht innerhalb eines Staates, sondern auf *zwischenstaatlicher* Ebene für eine Gruppe von Staaten erbracht werden, diese Leistungen regelmäßig abgerufen werden und nach annähernd geregelten Verfahren ablaufen.[20]

2. Institutionenbildung als Modernisierung des internationalen Systems

Internationale Institutionenbildung ist eine Folge von zwei ganz unterschiedlichen Impulsen, nämlich einerseits friedlichen Verflechtungsprozessen, deren Träger nach stabilen Regulierungsmechanismen verlangen, und andererseits von gewaltsamen Störungen des internationalen Systems, die das Bewusstsein über das Sicherheitsdilemma in einer Staatenwelt und über die Folgen von Zusammenbrüchen internationaler Regelsysteme schärfen. Daraus resultieren seit den Napoleonischen Kriegen zunächst spontane, einfach strukturierte, dann mit Statuten und eigener Rechtspersönlichkeit ausgestattete, internationale Institutionen zur Stabilisierung von Friedensordnungen, als Rahmen für die Produktion allgemeinverbindlicher Entscheidungen und Erzeuger von Regeln und Normen.[21] Internationale Institutionenbildung verstetigt und verändert die Kommunikationsstrukturen und fördert damit die *Modernisierung* im Sinne einer (allerdings reversiblen) „Vergesellschaftung" und fortschreitenden „Verrechtlichung" des internationalen Systems. Für Historiker erwächst daraus der Anreiz, die Ursachen und Folgen des Wandels von institutionellen Strukturen, Praktiken und Normen in der langen Dauer und im Einzelfall zu betrachten. Die Modernisierung des internationalen Systems lässt sich unter dem Gesichtspunkt der Institutionenbildung vereinfacht in vier Epochen strukturieren, wobei die ersten beiden hier lediglich als Vorläufer des Völkerbunds erwähnt seien.

[18] *Rainer Lepsius*, Interessen, Ideen und Institutionen. Opladen 1990.
[19] *Gerhard Göhler*, Einleitung, in: ders./Kurt Lenk/Herfried Münkler/Manfred Walther (Hrsg.), Politische Institutionen im gesellschaftlichen Umbruch: Ideengeschichtliche Beiträge zur Theorie politischer Institutionen. Opladen 1990, S. 14.
[20] Einen Sonderfall stellt die Europäische Union dar, die gewisse bundesstaatliche bzw. supranationale Charakterzüge angenommen hat und als politisches System *sui generis* gilt.
[21] *Schulz*, Normen und Praxis, S. 9f.

a) Vorläufer

Auf den Trümmern des zerstörten Gleichgewichtssystems entstand am Ende der Napoleonischen Kriege zunächst das Europäische Konzert als „direktoriales" Organ im Staatensystem.[22] Das Konzert bestand ausschließlich aus Großmächten und wandte sich primär gegen Hegemonieversuche (z. B. zunächst gegen Frankreich, 1856 und nach dem Vorfrieden von San Stefano 1878 gegen Russland, während der Marokkokrise 1906 gegen das Deutsche Reich) bzw. bemühte sich, Konflikte zwischen Großmächten einzudämmen. Darüber hinaus erfüllte es Ordnungsfunktionen bei internationalen Konflikten, Bürgerkriegen und humanitären Krisen, die eine einzelne Großmacht aufgrund der Rivalitäten unter den Großmächten bzw. mangels Legitimität nicht hätte ausführen können. Mit Ausnahme zweier Phasen, in denen ideologische Aspekte (Eindämmung von Revolutionen, imperiale Expansion) seine Handlungsmuster dominierten, trug es weitaus pragmatischer, häufiger und regelmäßiger zur Linderung des Sicherheitsdilemmas für die europäische Staatenwelt bei, als es die ältere Forschung gesehen hat. Es wahrte über weite Strecken des 19. Jahrhunderts relative Stabilität *in Europa*, managte und begrenzte Wandel und legitimierte erste humanitäre Interventionen (bei denen freilich nicht alle Akteure nur von humanitären Gesichtspunkten geleitet waren).[23] Es erwies sich allerdings mangels eines kodifizierten Normenkatalogs als anfällig für Machtmissbrauch durch wechselnde Mehrheiten von Staaten. So nutzten es die Habsburgermonarchie und auch Frankreich als Instrument zur Pseudolegitimierung bzw. Kontrolle von antirevolutionären Interventionen (1820–1823). Die Mehrzahl seiner Mitglieder nutzte auf dem Berliner Kongress (1878) die Instabilität des Osmanischen Reiches zur Selbstbereicherung.[24] Schließlich spielte es insbesondere mit dem Afrika-Kongress in Berlin 1884/1885 durch die Annahme der *terra nullius*-Doktrin eine unselige, legitimierende Rolle für den europäischen Imperialismus in Übersee.[25] Ohne auf Vorläufer aufbauen zu können, begründete das Konzert die „erste Schutzeinrichtung im Staatensystem", jedoch genügte es „bald weder vom Institutionalisierungsgrad noch vom Mitgliederbestand her" – d. h. aufgrund seiner direktorialen Struktur – den Regulierungsbedürfnissen einer mit Beginn der Freihandelsära sich in rasantem Tempo globalisierenden Welt. Es verfestigte Ungleichheit zwischen Großmächten und

---

[22] Ebd.
[23] Siehe ebd., Kapitel über die Interventionen im griechischen Unabhängigkeitskrieg und in der osmanischen Provinz Syrien, sowie *Matthias Schulz*, The Guarantees of Humanity: The Concert of Europe and the Origins of the Russo-Ottoman War of 1877, in: Brendan Simms/D.J.B. Trim (Hrsg.), Humanitarian Intervention: A History. Cambridge 2011, S. 184–204; weiterführend zum Thema der humanitären Intervention *David Rodogno*, Réflexions liminaires à propos des interventions humanitaires des Puissances européennes au XIXe siècle, in: Relations internationales 131, 2007/3, S. 9–25.
[24] *Schulz*, The Guarantees of Humanity, 203f.
[25] Vgl. Normen und Praxis, S. 533f., sowie zur Orientkrise und zum Afrika-Kongress zusammenfassend *Matthias Schulz*, Das 19. Jahrhundert. Stuttgart 2011, S. 240–245 und S. 250–266.

Kleinstaaten sowie zwischen Europa und außereuropäischen Zivilisationen, die mit den Mitteln des entstehenden europäischen Völkerrechts und unter dem Mantel des Zivilisationsstandards praktisch entrechtet wurden.[26] Sein Regulierungspotential wurde regelmäßig dann eingeschränkt oder gar annulliert, wenn eine Großmacht Ehre und imperiale Ambitionen über gewachsene Verhaltensnormen und Verständigungswillen setzte. Dennoch hat sich das direktoriale Strukturprinzip bis heute im UN-Sicherheitsrat behauptet.

Schon während der 1860er Jahre setzte auch angesichts der Legitimitätskrise des Konzerts eine neue Welle der Institutionenbildung ein.[27] Dabei handelte es sich um sogenannte internationale Büros, die in Anlehnung an die seit 1831 bestehende Rheinschifffahrtskommission sowie an die 1863–1864 entstehende Internationale Rot-Kreuz-Bewegung eng umgrenzte, meist technische Aufgaben der Regulierung der grenzüberschreitenden Kommunikation (die Internationale Union der Telegraphie-Verwaltungen gegründet 1865, Büro in Bern ab 1868, der Weltpostverein mit Büro ebenfalls in Bern 1875, Eisenbahnunion 1890, ebenfalls Bern, Radiotelegraphische Union 1906, die unter die Verwaltung der Telegraphie-Union kam), der Standardisierung von Maßeinheiten und des Schutzes vor Krankheiten und Seuchen (Hygiene- und Seuchenämter) übernahmen. Ein bedeutender Teil der Verflechtungen wurde in dieser Epoche gleichwohl noch ohne internationale Institutionen auf bilateralem oder unilateralem Wege stabilisiert, so z. B. der Handel durch das Meistbegünstigungsprinzip und die Währungsstabilität durch die Annahme des Goldstandards. Neu waren in dieser Phase die Impulse, die aus der Zivilgesellschaft, der Wirtschaft sowie aus staatlichen Verwaltungen abseits der Ministerien für auswärtige Angelegenheiten in die internationale Politik getragen wurden, ebenso wie die zunehmende Beteiligung der Mittel- und Kleinstaaten Europas und immer mehr auch Nord- und Lateinamerikas sowie Asiens an der Regulierung der internationalen Beziehungen. Völkerrechtler riefen 1873 das *Institut du droit international* ins Leben, setzten sich für die obligatorische Schiedsgerichtsbarkeit ein und entwickelten in dieser Phase die Idee einer internationalen Organisation für den Weltfrieden auf der Basis und zur Einhaltung des Rechts.[28] Ihre Wünsche wurden nur zum geringen Teil befriedigt in der Einrichtung eines Internationalen Schiedsgerichtshofes auf den Haager Konferenzen von 1899 und 1907. Eine Gruppe

---

[26] Zitate und vgl. *Schulz*, Normen und Praxis, S. 645; sowie zum Zivilisationsstandard ebd. S. 342 f. und S. 534; weiterführend *Gerrit W. Gong*, The ‚Standard of Civilization' in International Society. Oxford 1984.

[27] Grundlegend hierzu *Madeleine Herren*, Hintertüren zur Macht: Internationalismus und modernisierungsorientierte Außenpolitik in Belgien, der Schweiz und den USA, 1865–1914 (= Studien zur internationalen Geschichte Bd. 9). München 2000; auch *F.S.L. Lyons*, Internationalism in Europe 1815–1914. Leyden 1963.

[28] *Martti Koskenniemi*, The Gentle Civilizer of Nations: The Rise and Fall of International Law, 1870–1960. Cambridge 2002.

von Parlamentariern errichtete 1889 einer Initiative der Pazifisten Frédéric Passy und William Randal Cremer folgend die *Interparlamentarische Union*, aus der ein Weltparlament hervorgehen sollte.

b) Völkerbund und Vereinten Nationen: Gemeinsamkeiten und Unterschiede

Während des Ersten Weltkrieges, der diese Projekte zunächst vereitelte, reifte insbesondere in Großbritannien bei Politikern wie Lord Robert Cecil und Lord Phillimore und den USA bei dem Präsidentenberater Colonel House und US-Präsident Woodrow Wilson die Unterstützung für das Projekt einer internationalen Organisation. In Frankreich wurde es etwa von dem prominenten Juristen und Politiker Léon Bourgeois, in Belgien von dem Präsidenten des Internationalen Friedensbüros Henri La Fontaine schon vor dem Weltkrieg unterstützt. In den 1920 seitens der alliierten und assoziierten Siegermächte gegen das Deutsche Reich und zur Stabilisierung der internationalen Beziehungen errichteten Völkerbund flossen die im 19. Jahrhundert entwickelten Ideen und Praktiken des Konzerts, der internationalen „technischen" Büros, der friedlichen Streitbeilegung und eines Weltparlaments mehr oder weniger ein.[29] Mit einem engeren Völkerbundrat bestehend aus den zunächst vier Hauptmächten (die USA traten dem Völkerbund nicht bei) und vier gewählten Staaten, einer Versammlung aller Staaten, einem Sekretariat und einem Internationalen Gerichtshof wurde die erste an Statuten gebundene internationale Organisation mit theoretisch weitreichender Verantwortung für die Wahrung des Weltfrieden ausgestattet. Die 32 Gründerstaaten des Völkerbunds (darunter die USA, die den Pakt nicht ratifizierten, und die britischen Kolonien Südafrika und Britisch-Indien) verpflichteten sich im Völkerbundpakt, der Bestandteil des Versailler Friedensvertrages (VV) mit dem Deutschen Reich war, das jedoch dem Völkerbund aufgrund seiner Kriegsschuld (Art. 231 des VV) zunächst nicht beitreten durfte (Beitritt erfolgte 1926), zum gegenseitigen Respekt der Souveränität und der Grenzen, zur je konditionalen friedlichen Streitbeilegung und zu gegenseitigem Schutz, zu offener Diplomatie, zu offenen Weltmeeren und fairem Handel, versprachen Abrüstung und visierten die Zusammenarbeit in sozialen und humanitären Fragen an. Insbesondere in der Abrüstung, der friedlichen Streitbeile-

---

[29] Die erste großangelegte Geschichte des Völkerbunds schrieb kein Historiker, sondern ein ehemaliger hochrangiger Mitarbeiter des Völkerbundssekretariats *Francis P. Walters*, A History of the League of Nations. 2 Bde. London 1952. Die erste wissenschaftliche Synthese in deutscher Sprache schrieb *Alfred Pfeil*, Der Völkerbund: Literaturbericht und kritische Darstellung seiner Geschichte. Darmstadt, 1976, darauf folgte *Fred S. Northedge*, The League of Nations. Its Life and Times 1920–1946. Leicester 1986; *Hermann Weber*, Vom Völkerbund zu den Vereinten Nationen. Bonn 1987. Siehe zuletzt *Pierre Gerbet/Marie-Renée Mouton/Victor-Yves Ghébali*, Le rêve d'un ordre mondial de la SDN à l'ONU. Paris 1996; The United Nations Library at Geneva/The League of Nations Archives (Hrsg.), The League of Nations 1920–1946: Organization and Accomplishments: A Retrospective of the First Organization for the Establishment of World Peace. New York/Genf 1996.

gung und der von dem tschechoslowakischen Außenminister Edvard Beneš 1925 erstmals so genannten „kollektiven Sicherheit", aber auch in der Förderung der wirtschaftlichen Zusammenarbeit erlitt der Völkerbund Schiffbruch. Er scheiterte an dem konzeptionellen Widerspruch zwischen dem „harten" Versailler Frieden und dem der Satzung nach schwachen System kollektiver Sicherheit, das mit dem Einstimmigkeitsprinzip so viele Ausflüchte erlaubte, wie es Staaten gab. Strukturell betrachtet, mangelte es an einem Mächtekonzert, das zur Eindämmung von Aggressoren in der Lage gewesen wäre. Die ständigen Ratsmitglieder Frankreich und Großbritannien konnten diese Aufgabe allein nicht bewerkstelligen. Die seit 1922 faschistische italienische Regierung war daran wenig interessiert, Japan war zu weit weg und schied ohnehin bereits vor dem Deutschen Reich aus (1933, 1935). Außerdem gelang es nicht, die dem Regelsystem des Völkerbunds entsprechenden Veränderungen im Staatensystem in den Mentalitäten zu verankern: Die Bindekraft der Mitglieder an die Organisation hatte nicht genug Zeit, sich zu entwickeln, nicht zuletzt weil seine Führungsmächte nicht wirklich imperialistische Gewohnheiten gegen die neue „offene Diplomatie" austauschen mochten.

Interessant ist der Völkerbund dennoch, gerade aufgrund des Spannungsverhältnisses zwischen der zeittypischen imperialen Mentalität der in ihm dominierenden europäischen Großmächte und der auf ihn projizierten pazifistischen Utopie. Der Völkerbund band zahlreiche vor dem Ersten Weltkrieg gewachsene Bereiche der internationalen Zusammenarbeit in einer Organisation. Unter seiner Ägide entstanden überdies zahlreiche neue Regime wie das Mandatssystem und der Minderheitenschutz. Außerhalb des Pakts schuf er den Nansen-Pass für staatenlose Flüchtlinge, eine Konvention für den Flüchtlingsschutz, engagierte sich im Kinderschutz und entwickelte ein enges Netzwerk mit humanitären Organisationen in Genf, darunter insbesondere mit dem *Internationalen Komitee des Roten Kreuzes*, der *Liga der Rot-Kreuz-Gesellschaften* und dem Internationalen Kinderhilfswerk (*Union internationale de secours aux enfants*). Er erwies sich als unverzichtbares Forum für den politischen und Expertenaustausch in der Wirtschafts-, Finanz- und Währungspolitik und entwickelte ganz neue Aufsichts-, Regulierungs- und Beratungsfunktionen wie z. B. bei der finanziellen Sanierung von Staaten, der Organisation von Plebisziten, der Entgegennahme und Prüfung von Petitionen oder als Erbringer von technischen Leistungen und Wissenstransfer. Dazu gehörte auch die Sammlung und Verarbeitung von Informationen aus allen Mitgliedstaaten u. a. über soziale, ökonomische, rüstungspolitische, gesundheitspolitische Probleme und Entwicklungen, die Aufbereitung und Verbreitung von Statistiken, mithin die „Demokratisierung" von Informationen. Er erbrachte damit Dienstleistungsaufgaben für seine Mitgliedstaaten einschließlich der Bevölkerungen in den Mandatsgebieten, die potentiell Fortschritt und Stabilität förderten. Unterschätzt wurde zudem bisher der gesamte Komplex der Beziehungen zwischen dem internationalen Sekretariat und der entstehenden transnationalen Zivilgesellschaft bzw. Sekretariat und Expertennetzwerken.[30]

Die Siegerallianz des Zweiten Weltkrieges nannte sich ab Januar 1942 (Washingtoner Erklärung) Vereinte Nationen und gründete mit *der United Nations Relief and Rehabilitation Agency* 1943 eine Organisation für Nahrungsmittelhilfe zugunsten der vom Nazi-Terror befreiten Nationen. Die eigentliche UNO wurde auf der Konferenz von San Francisco am 26. Juni 1945 von fünfzig Staaten unter Führung der USA, Großbritanniens und der UdSSR begründet, um mit Hilfe von vier, schließlich fünf „Polizisten" – China, schließlich auch Frankreich – die internationale Sicherheit zu garantieren.[31] Das unter dem Mantel der UNO begründete Netzwerk internationaler Organisationen übernahm sämtliche unter dem Völkerbund begonnenen Aktivitäten bzw. baute sie aus. Sie übernahm auch den Sitz des Völkerbunds in Genf für einen Teil der wirtschaftlichen, humanitären und sozialen Aktivitäten und Abrüstungsverhandlungen. Trotz der offensichtlichen Kontinuitäten modernisierte die UNO das universelle Staatensystem in Qualität und Quantität jedoch tiefgreifend, was schon im Vergleich des Umfangs der Organisationen zum Ausdruck kommt – der Völkerbund hatte zu seinen besten Zeiten (1929) sechshundertdreißig Mitarbeiter, davon lediglich 155 im höheren Dienst („professional staff"); allein das UNO-Sekretariat beschäftigte 2005 über 30 000 Mitarbeiter, darunter rund 13 000 „professional staff", mit den nicht autonomen Fonds, Programmen und Kommissariaten insgesamt sogar über 50 000 Mitarbeiter.[32] Dabei sind die Angestellten der heutigen Weltbankorganisationen und des *Internationalen Währungsfonds*, die *Welthandelsorganisation* und die *Internationale Arbeitsorganisation*, die *UNESCO* und die *Food and Agricultural Organization* noch nicht einmal mitgerechnet. Die Sitze des UN-Sekretariats, der Spezialorganisationen, Programme, Fonds und Sonderorganisationen des sogenannten UN-Systems verteilen sich auf fast alle Kontinente, und durch die Mitarbeiterbüros im „Feld", insbesondere die sog. *Resident Representatives* des UN-Entwicklungsprogrammes (UNDP), die in fast allen Entwicklungsländern mit einem Büro vertreten sind, die Pakete des

---

[30] Siehe die Beiträge zum Thema „Globalisierung und transnationale Zivilgesellschaft im Zeitalter des Völkerbundes" im Sonderheft der ZfG 54. Jg., 2006, Heft 10 (hrsg. von Eckhardt Fuchs und Matthias Schulz).

[31] Zur Geschichte der UNO siehe *Evan Luard*, History of the United Nations, A History of the United Nations, Bd. 1, The Years of Western domination, 1945–1955; Bd. 2, The Age of Decolonization, 1955–1965. London/Basingstoke 1989; *Helmut Volger*, Geschichte der Vereinten Nationen, München. Wien 1995; *Gerbet/Mouton/Ghébali*, Le rêve d'un ordre mondial; *Paul Kennedy*, The Parliament of Man: The United Nations and the Quest for World Government. London 2006; *Maurice Bertrand*, L'ONU. 6. Aufl. Paris 2006; *Jussi Hanhimäki*, The United Nations: A Very Short Introduction. Oxford 2008.

[32] Dazu zählen u. a. UNICEF, das Entwicklungshilfsprogramme UNDP, das Hochkommissariat für Flüchtlinge UNHCR, das Hochkommissariat für Menschenrechte UNHCHR, UNRWA (Relief and Works Agency, Hilfswerk für palästinensische Flüchtlinge im Nahen Osten), die UN-Universität in Tokyo, UNCTAD, das International Trade Center, die Verwaltung der International Civil Service Commission sowie der UN Pensionsfund u. a.

Welternährungsprogramms (WFP) oder Schulbusse von UNICEF ist die UNO heute weltweit personell und auch symbolisch präsent.[33] Das UN-System ist nicht so klein, wie es manche Vergleiche suggerieren.

Die Kompetenzen zwischen Sicherheitsrat und der Generalversammlung,[34] sind klarer aufgeteilt als zwischen ihren Vorläufern im Völkerbund, denn im Gegensatz zum Völkerbundrat ist der UN-Sicherheitsrat (1945 bestehend aus elf, seit 1965 aus fünfzehn Staaten) permanent verfügbar und grundsätzlich allein für alle Fragen des Weltfriedens verantwortlich. Er entscheidet mit Mehrheit, räumt jedoch den fünf Großmächten mit permanentem Sitz – China, Frankreich, Großbritannien, UdSSR (heute Russland) und USA – ein Vetorecht in allen politischen (im Gegensatz zu Verfahrens-) Fragen ein, womit die direktoriale Tradition des Konzerts im UNO-System eine Wiederauferstehung feierte. Der UNO wurden gegenüber dem Völkerbund außerdem zwei neue Organe mitgegeben, ein Wirtschafts- und Sozialrat (ECOSOC) sowie ein Treuhandrat für die ehemaligen Mandatsgebiete des Völkerbunds. Dadurch wurden die Aktivitäten im Bereich der wirtschaftlichen und sozialen Zusammenarbeit sowie der Handlungsspielraum der UNO in kolonialen Fragen deutlich gestärkt. Seit Beginn der Dekolonialisierung avancierte die Entwicklungshilfe zur mit Abstand wichtigsten Dienstleistung der UNO, ihr ist auch der größte Teil des Budgets unter Einschluss der freiwilligen Beiträge gewidmet.[35] Der Wirtschafts- und Sozialrat, das Entwicklungshilfeprogramm UNDP (seit 1965) und seine Vorläufer[36] sowie eine Reihe von UN-Organisationen und Programmen haben sich seither auf die Entwicklungshilfe spezialisiert: von der Alphabetisierung über die Modernisierung der Landwirtschaft, die Bekämpfung von Krankheiten bis hin zur Exportförderung und zur nachhaltigen Entwicklung. Weitere wichtige Neuerungen umfassen die Stärkung des Generalsekretärs in der Satzung, der kraft Amtes den Sicherheitsrat zusammenrufen kann, das konzeptionelle Umschwenken von Minderheiten- auf Menschenrechtsschutz sowie die „Erfindung" des *Peace-Keeping* während der Suez-Krise (1956), d. h. die Friedenssicherung in Krisengebieten durch sog. Blauhelm-Soldaten.

Sowohl in der Fortbildung des Völkerrechts als auch in den Bereichen der Friedenssicherung und den „weichen" Gebieten ist die UNO weitaus aktiver und erfolgreicher als der Völkerbund. Wenn die neuere Forschung ein Bild der „vielen" Vereinten Nationen vermittelt – der UNO der Dekolonialisierung, der Entwicklung, der Menschenrechte, der Friedenssicherung, des Um-

---

[33] Siehe *John Mathiason*, Invisible Governance: International Secretariats in Global Politics. Bloomfield, Ct. 2007, S. 2.

[34] Zur Generalversammlung siehe *Robert F. Gormann*, Great Debates at the United Nations: An Encyclopedia of Fifty Key Issues, 1945–2000. Westport, Conn./London, 2001.

[35] Das reguläre zweijährige Budget der UNO betrug 2006/2007 ca. 3,6 Mrd US-Dollar. Dazu kamen freiwillige Beiträge über 8 Mrd. US-Dollar. Dabei sind die Haushalte der Sonderorganisationen nicht mit eingerechnet. *Mathiason*, S. 2.

[36] Expanded Programme for Technical Assistance (seit 1948), United Nations Special Fund (seit 1959).

weltschutzes –,[37] ist das so genannte UN-System auf der anderen Seite so verästelt, unüberschaubar und damit schwierig koordinierbar geworden, dass selbst Experten ein kohärentes System nur schwer erkennen können. So muss sich die UNO trotz bedeutender Reformanstrengungen seit Ende des Kalten Krieges weiterhin u. a. Ineffizienz, Bürokratisierung und die unzureichende Verbindlichkeit des Multilateralismus insgesamt vorwerfen lassen.

II. Forschungstrends

1. Internationale Sekretariate: Regimegestalter, Dienstleister am ‚global commons'

Die Sekretariate internationaler Institutionen haben die historische Forschung – mit Ausnahme der Generalsekretäre[38] – nur marginal interessiert, doch verdienen sie es, aus neuen Blickwinkeln betrachtet zu werden, denn sie stehen gewissermaßen im Zentrum der Deutungs- und Methodenkontroversen zwischen Realisten und (Neo-)Funktionalisten bzw. liberalen Institutionalisten über den Einfluss internationaler Institutionen. Der Klassiker von Jean Siotis über das Völkerbundssekretariat und die Anfänge des UNO-Sekretariats, der vorbildlich neben der Struktur und den administrativen und exekutiven Funktionen bereits die Mentalität der Mitglieder des erst ab 1919 im Völkerbund entstandenen internationalen öffentlichen Dienstes gegenüber dem globalen Gemeinwohl untersucht, zeichnet die Professionalisierung, die anfängliche angelsächsische Dominanz und erst allmähliche Internationalisierung des Korpsgeistes im Völkerbundsekretariat sowie die während des Kalten Krieges stark politisierten Rekrutierungspraktiken des UNO-Sekretariats nach.[39] Einblicke in Milieu, Mentalitäten, die Kontakte des Völkerbundsekretariats mit Lobbyisten, Expertenmilieus und großen Stiftungen sowie in die Arbeitsweise internationaler Sekretariate zwischen den Kriegen bieten zahlreiche neuere Forschungen,[40] darunter insbesondere solche über die Gesund-

---

[37] Entsprechend enthält das Oxford Handbuch der Vereinten Nationen neben vielen Artikeln zur Friedenssicherung auch umfassende Einträge zu Frauen, Kinderschutz, humanitären Aktionen, Gesundheit und ansteckenden Krankheiten, natürlichen Ressourcen u.v.m.. *Thomas G. Weiss/Sam Daws* (Hrsg.), The Oxford Handbook on the United Nations. Oxford 2007.

[38] *James Barros*, Office without Power: Secretary-General Sir Eric Drummond, 1919–1933. Oxford 1979; *ders.*, Betrayal from within: Joseph Avenol, Secretary-General of the League of Nations, 1933–1940. New Haven 1969; *Douglas Gageby*, The Last Secretary-General: Sean Lester and the League of Nations. Dublin, Town House 1999; *Josef-Thomas Göller*, Anwälte des Friedens: Die UNO und ihre sechs Generalsekretäre. Bonn 1995; *Leon Gordenker*, The UN Secretary-General and Secretariat. London/New York 2005; *Romuald Sciora*, A la maison de verre: l'ONU et ses secrétaires généraux. Paris 2006.

[39] Zu den Rekrutierungsproblemen des UN-Sekretariats siehe *Jean Siotis*, Essai sur le secrétariat international. Genève 1963, S. 229–233.

[40] *Christine Manigand*, Les Français au service de la Société des Nations. Bern 2003.

heits- bzw. die Wirtschaftsorganisation des Völkerbunds, die Typen von Dienstleistungen einer internationalen Organisation erkennen lassen: Materialsammlung, Aufarbeitung, Vernetzung, Politikberatung, Politikkontrolle und verschiedenste Exekutivfunktionen (z. B. Flüchtlingshilfe, Mandat über Danzig, Finanzreform Österreichs) gehören bereits dazu.[41]

Die anschauliche Studie von Thant Myint-U und Amy Scott über das UN-Sekretariat ist eher eine Verwaltungsgeschichte.[42] Sie kritisiert die Vermehrung von Abteilungen und hohen Posten, die vielfach dem politischen Druck der Mitgliedstaaten nach prestigeträchtigen Posten geschuldet ist, beklagt die unzureichende Kompetenzabgrenzung sowie die Politisierung wichtiger Abteilungen des Sekretariats insbesondere während des Kalten Krieges. Positiver stimmen Untersuchungen über die Demokratisierung von Informationen. Michael Wards Panorama des Statistischen Büros der UN erlaubt einen Blick hinter die Kulissen der „Vermessung der Welt" u. a. in demographischer, ökonomischer, edukativer, sozialer und gesundheitspolitischer, umwelt- und menschenrechtspolitischer Hinsicht.[43] Die Harmonisierung und Weiterentwicklung der volkswirtschaftlichen Gesamtrechnung anhand neuer Erkenntnisse der Ökonomie und die unter dem Einfluss ökologischer Debatten seit Beginn der siebziger Jahre einsetzende Entwicklung eines Systems für umweltökonomische Gesamtrechnung (*System for environmental and economic accounts*, SEEA), die die Aufzehrung von nicht erneuerbaren Ressourcen und Umweltschädigung berücksichtigt, werden beispielhaft als faszinierende Geschichten der Vernetzung von weltweit führenden Experten präsentiert, darunter neun Ökonomen und Umweltökonomen, die nicht zuletzt für ihre Arbeit im Rahmen der UN mit dem Nobelpreis ausgezeichnet wurden.[44] Ziel der statistischen Erfassung ist die Verbesserung der politischen Entscheidungsgrundlagen sowie der Lebensqualität von Menschen unter unterschiedlichen kulturellen, ökonomischen, ökologischen und politischen Rahmenbedingungen. Beispiele sind der jährliche Human Development Report durch

---

[41] *Iris Borowy*, Coming to Terms with World Health: The League of Nations Health Organisation 1921–1946. Frankfurt a. M./Bern 2009; *dies.*, Die internationale Gesundheitspolitik des Völkerbunds zwischen globalem Denken und europäischem Führungsanspruch, in: ZfG, 54. Jg., 2006, Heft 10, S. 864–875; zur Wirtschaftsorganisation *Matthias Schulz*, Deutschland, der Völkerbund und die Frage der europäischen Wirtschaftsordnung. Hamburg 1997; sowie *ders.*, Globalisierung, regionale Integration oder Desintegration? Der Völkerbund und die Weltwirtschaft, in: ZfG, 54. Jg., 2006, Heft 10, S. 840–851; und *Louis W. Pauly*, Who Elected the Bankers? Surveillance and Control in the World Economy. Ithaca/London 1997; *Anthony Endres/Grant A. Fleming*, International Organizations and the Analysis of Economic Policy 1919–1950. Cambridge 2002; *Patricia Clavin/Jens-Wilhelm Wessels*, Transnationalism an the League of Nations: Understanding the Work of Its Economic and Financial Organization, in: Contemporary European History 14/4, 2005, S. 465–492; *Yann Decorzant*, La Société des Nations et l'apparition d'un nouveau réseau d'expertise économique et financière (1914–1923), in: Critique internationale, 2011/3, Heft 52, S. 35–50.

[42] *Thant Myint-U/Amy Scott*, The UN Secretariat: A Brief History (1945–2006). New York 2007.

[43] *Michael Ward*, Quantifying the World: UN Ideas and Statistics. New York 2004.

[44] *Ward*, S. 76 ff. und S. 204 ff.; vgl. auch *Louis Emmerij/Richard Jolly/Thomas G. Weiss*, Ahead of the Curve? UN Ideas and Global Challenges (= UNIHP). Bloomington, Indianapolis 2001, S. 1.

UNDP und der Index für menschliche Entwicklung, die zur Pflichtlektüre politischer Entscheidungsträger geworden sind.

Bei John Mathiason werden die Sekretariate internationaler Institutionen, aber insbesondere der UNO, umfassender als Dienstleistungsunternehmen der Staatengemeinschaft vorgestellt, die Informationen mobilisieren und aufarbeiten, an der Errichtung von Regimen entscheidend mitwirken (Umwelt, Menschenrechte, Ozeane, Drogenhandel) und die bemüht sind, ihre Methoden zu verbessern, um die Einhaltung („compliance") von Normen seitens der Staaten zu verbessern. Darüber hinaus erscheinen internationale Sekretariate als wichtige Akteure „im Feld", als humanitäre, entwicklungspolitische und sicherheitspolitische Dienstleister. Eine Fülle von Fallstudien dient Mathiason als Grundlage. Beispielsweise untersucht er die durch Erderwärmung bzw. jahrzehntelange Dürre ausgelöste, doch durch Krieg im Norden Äthiopiens und zwischen Äthiopien und Somalia verschärfte Hungersnot in der Sahelzone Anfang der achtziger Jahre, die rund 35 Millionen Menschen direkt betraf und potentiell eine Region von 200 Millionen Menschen gefährdete. Nur die UNO verfügte über das lokale, logistische, humanitäre und sicherheitspolitische Know-How, um mit dem seinerzeit neu eingerichteten *Office for Emergency Operations in Africa* eine erste Nothilfe und später durch UNDP deren Umwandlung in nachhaltige Hilfe und Entwicklung zu koordinieren.[45]

2. Transnationale Zivilgesellschaft und internationale Institutionen – Facetten humanitärer, sozialer, menschenrechtlicher und wirtschaftlicher Zusammenarbeit

Zu den innovativsten Ansätzen der neuesten Forschung über internationale Institutionen zählen Perspektiven einer transnational erweiterten Sozialgeschichte. Für sie stellen internationale Institutionen Orte der Zirkulation von Informationen und Modellen sowie privilegierte Observatorien der Globalisierung und ihrer Widersprüche bzw. Dynamiken dar.[46] Beziehungen zwischen Zivilgesellschaft, Expertennetzwerken, internationalen Sekretariaten und die Netzwerke der Arbeit im „Feld" bilden hier Objekt oder den Zugang der Forschungen. Viele Forschende haben sich diesem dynamischen Forschungsfeld anhand unterschiedlicher thematischer Felder zugewandt, von denen hier nur einige angerissen werden können.

Das Völkerbundsekretariat suchte von Anbeginn den Kontakt zu bereits bestehenden technischen internationalen „Büros" und privaten transnationa-

---

[45] *Mathiason*, Invisible Governance, S. 184ff. (wie Anm. 33).
[46] Siehe zuletzt *Sandrine Kott*, Les organisations internationales, terrains d'étude de la globalisation. Jalons pour une approche socio-historique, in: Critique internationale, Heft 52, 2011/3, S. 9–16; *Sandrine Kott*, Dynamiques de l'internationalisation: l'Allemagne et l'Organisation internationale du travail (1919–1940), in: Critique internationale, Heft 52, 2011/3, S. 69–84; sowie *Fuchs/Schulz*, Globalisierung und transnationale Zivilgesellschaft, siehe Anm. 13.

len Assoziationen, die es animierte, in Genf ihren Sitz zu nehmen.[47] Dies war bei älteren Büros, die auf ihre Unabhängigkeit bedacht waren, nicht immer erfolgreich, doch das *Internationale Friedensbüro* und auch die *Interparlamentarische Union* siedelten beispielsweise von Bern bzw. Brüssel nach Genf um, und die *Internationale Frauenliga für Frieden und Freiheit*, das *Internationale Kinderhilfswerk* (1919), der Vorläufer des Weltkirchenrats (*Office central d'entraide des Eglises*, 1922), der *Jüdische Weltkongress*, das *Internationale Büro für Erziehung* (*Bureau international d'éducation*, 1925), die *Christian Disarmament Conference* (1931) sowie ca. 50 weitere religiöse, studentische, indigene, Intellektuellen-, Diaspora- sowie andere transnationale Assoziationen nahmen ihren Hauptsitz in Genf. So wurde Genf in den zwanziger Jahren zum weltweiten „Hotspot" transnationaler zivilgesellschaftlicher Aktivitäten, des Informationsaustauschs und der Kontakte zwischen Zivilgesellschaft, Weltpolitik und der Weltorganisation. Die Völkerbund-Welt wird in innovativer Weise visualisiert als ‚Netzwerk von Netzwerken' auf der LONSEA-Website an der Universität Heidelberg, die unter Leitung von Madeleine Herren konzipiert und eingerichtet wurde.[48]

Die Strukturierung der Beziehungen zu zivilgesellschaftlichen und zwischenstaatlichen Organisationen gehörte auf Seiten des Völkerbunds zu den Aufgaben der Sektion „Internationale Büros"; die engsten Kontakte mit der Zivilgesellschaft entwickelte jedoch das Nansen-Büro für Flüchtlinge, das nach der von dem Polarforscher und norwegischen Politiker Fridtjof Nansen erfolgreich organisierten Repatriierung von russischen und mitteleuropäischen Kriegsgefangenen seine Tätigkeit zugunsten von russischen Bürgerkriegsflüchtlingen aufnahm und später auf griechische, türkische, armenische, bulgarische und assyrische Flüchtlinge erweiterte. Es war ebenso wie die zum Kampf gegen Typhus in Mittelosteuropa gegründete Gesundheitsorganisation des Völkerbunds bei diesen Aktivitäten auf die Mitwirkung und Unterstützung durch Diaspora- und die Rot-Kreuz-Organisationen sowie das Internationale Kinderhilfswerk UISE angewiesen.[49] Für jüdische und politische Flüchtlinge aus Nazi-Deutschland wurde 1934 ein gesondertes Flüchtlingshilfswerk in London geschaffen, da die Völkerbundstaaten nach dem Scheitern der Abrüstungskonferenz einen Eklat mit dem Deutschen Reich vermeiden wollten.

---

[47] Anna-Katharina Woebse, „To cultivate the international mind": Der Völkerbund und die Förderung der globalen Zivilgesellschaft, in: ZfG, 54. Jg., 2006, Heft 10, S. 852–863.

[48] League of Nations Search Engine, http://www.lonsea.de/. Zu Madeleine Herren-Oesch vgl. auch Anm. 3 und 27 und den Beitrag in diesem Band. Zur liberalen Theorie der internationalen Beziehungen als „Netzwerk"-Welt siehe *Anne-Marie Slaughter*, A New World Order: Government Networks and the Disaggregated State. Princeton 2004. Slaughter lokalisiert Netzwerke jedoch zwischen Regierungen einerseits sowie zwischen Regierungen und Zivilgesellschaft andererseits. Siehe mit weiteren Literaturhinweisen *Matthias Schulz*, Netzwerke und Normen.

[49] *Francesca Piana*, Humanitaire et politique, in medias res: le typhus en Pologne et l'Organisation internationale d'hygiène de la SDN (1919–1923), Relations internationales 138, 2009/2, S. 23–38.

Nach dem Tod Fridtjof Nansens 1931 und dem Rücktritt des Generalsekretärs Eric Drummond beschädigte sein Nachfolger Joseph Avenol allerdings die Netzwerke, die Nansen zur Zivilgesellschaft aufgebaut hatte, indem er die Kontakte des Sekretariats einschränkte.[50]

Indessen spielten Netzwerke zwischen Völkerbundsekretariat und Zivilgesellschaft auch eine erhebliche Rolle für die Entwicklung „transnationaler" Politikforschung und -beratung im Rahmen der Wirtschafts- und der Gesundheitsorganisation des Völkerbunds, die jeweils unabhängig voneinander Kontakte u. a. zur Rockefeller-Stiftung und zu Gesundheitsexperten bzw. zur Internationalen Handelskammer und zu proeuropäischen Wirtschaftsgruppierungen unterhielten.[51] Unter den neusten historischen Arbeiten, die das Potential des zivilgesellschaftlichen Ansatzes untermauern, zählt Anna-Katharina Wöbses Studie, die die historische Dimension des Weltnaturschutzes im Völkerbund und den frühen Vereinten Nationen erstmals sichtbar macht und ordnet. Sie beleuchtet Netzwerke zwischen Naturschutzverbänden, Umweltexperten und Teilen des Völkerbundsekretariats sowie der frühen UNESCO und zeigt „vergessene" frühe Ansätze der Umwelt-Governance, besonders des Schutzes der Weltmeere vor Ölverschmutzung und des Artenschutzes vor kurzsichtiger wirtschaftlicher Ausbeutung auf.[52]

In der UN-Satzung wird Nichtregierungsorganisationen (NGOs) erstmals offiziell eine beratende Rolle zugebilligt. Ein Hauptgebiet der NGO-Tätigkeit im Rahmen der UNO stellen neben Umwelt- und Entwicklungsfragen die Menschenrechte dar. Die Vereinten Nationen betraten im menschenrechtlichen Bereich Neuland, da das Minderheitenschutzsystem des Völkerbunds primär sicherheitspolitischen Motiven entsprang und vorrangig der Stabilisierung der Territorialordnung in Mittelosteuropa nach dem Ersten Weltkrieg dienen sollte.[53] Menschenrechtliche Kontinuitätslinien lassen sich eher im Bereich des Kinderschutzes aus der Völkerbundära herleiten,[54] der von einem starken En-

---

[50] *Dzovinar Kévonian*, Réfugiés et apatrides dans les années vingt: un enjeu humanitaire pour la paix nouvelle, in: Roger Durand/Jean-Daniel Candaux/Antoine Fleury (Hrsg.), Genève et la paix: Acteurs et enjeux: Trois siècles d'histoire. Genf 2005, S. 297–324.

[51] Siehe Anm. 41; und *Matthias Schulz*, Europa-Netzwerke und Europagedanke in der Zwischenkriegszeit, in: Europäische Geschichte Online (EGO), hg. vom Institut für Europäische Geschichte (IEG). Mainz 2010.12.03, URL: http://www.ieg-ego.eu/schulzm-2010-de, zuletzt eingesehen am 19.03.2012.

[52] *Anna-Katharina Wöbse*, Weltnaturschutz: Umweltdiplomatie in Völkerbund und Vereinten Nationen 1920–1950. Frankfurt a. M. 2012.

[53] *Erin Jenne*, Nested Security and the League Minorities Regime: Lessons from Conflict Management in Interwar Europe, unveröffentlichter Tagungsbeitrag präsentiert in Genf am 25. Nov. 2011; weiterführend *Erin K. Jenne*, Ethnic Bargaining: The Paradox of Minority Empowerment. Ithaca/N.Y. 2006.

[54] *Dominique Marshall*, The construction of children as an object of international relations: the Declaration of children's rights and the Child Welfare Committee of League of Nations, 1900–1924, in: The International Journal of Children's Rights 7, 1999, S. 103–147; *Joëlle Droux*, L'internationalisation de la protection de l'enfance: acteurs, concurrences et projets transnationaux (1900–1925), in: Critique internationale, Heft 52, 2011/3, S. 17–33.

gagement zivilgesellschaftlicher Akteure getragen und in UNICEF fortgesetzt wurde.[55] Die beste Analyse über menschenrechtliche NGOs und das UN-System liefert die Arbeit von Anne-Marie Clark über *Amnesty International* (AI).[56] Clark zeichnet nach, wie AI als seit 1964 beim ECOSOC akkreditierte Nichtregierungsorganisation über Kontakte zum Sekretariat und zu Diplomaten einzelner Länder (u. a. Irland, Schweden) den Menschenrechtsdiskurs im Rahmen der UNO von Anbeginn stark beeinflusste. Durch die gezielte Weitergabe von Informationen schützte AI vielfach erfolgreich politische Verfolgte vor dem Tod, erreichte deren Befreiung. Es konnte durch Publizitäts-Kampagnen die Agenda der UNO-Menschenrechtskommission beeinflussen und mit ihrer Hilfe neue Menschenrechtsnormen durchsetzen, so etwa Konventionen gegen Folter (1984), gegen die Todesstrafe (1989) und zum Schutz von politischen Oppositionellen gegen das Einsperren ohne Benachrichtigung der Angehörigen (1990). Beispiele zeigen dass die Stärken der NGO-Arbeit vor allem im Bereich der von Regierungen unabhängigen Recherche, Mobilisierung der öffentlichen Meinung und der Skandalisierung liegen, während die UNO das Normengerüst stellt und Regierungen förmlich an den Pranger stellen kann,[57] was die Menschenrechtskommission aber selten getan hat. Die Bilanz auf dem Gebiet des Menschenrechtsschutzes verzeichnet zwar u. a. mit der Abschaffung der Apartheid-Politik (späte) Erfolge, ist aber gerade im Bereich der „compliance" von eklatanten Misserfolgen gekennzeichnet[58] Ob die umfassenden Reformen des UN-Menschenrechtssystems seit den frühen neunziger Jahren dauerhaft Besserung bringen, ist weiter zu beobachten.

3. Imperialismus, Antikolonialismus und der Komplex der „langen" Nord-Süd-Beziehungen

Die dunkle Seite internationaler Institutionen versuchen eine Reihe neuer Forschungen über die Nord-Süd-Beziehungen in der langen Dauer offenzulegen. Das als Fortsetzung des Kolonialismus mit anderen Mitteln zu bezeichnende Mandatssystem des Völkerbunds weckt bereits seit Langem das Interesse von Historikern, eignet es sich doch in besonderer Weise, um Ambivalenzen des internationalen Systems zwischen imperialistischer Machtpolitik, Verrechtlichung und Legitimierung zu verdeutlichen.[59] Neue „subalterne"

---

[55] *Maggie Black*, Children First: The Story of UNICEF, Past and Present. Oxford 1996.
[56] *Ann Marie Clark*, Diplomacy of Conscience: Amnesty International and Changing Human Rights Norms. Princeton 2001.
[57] Siehe *Ramesh Thakur*, Human Rights: Amnesty International and the United Nations, in: Journal of Peace Research, Nr. 31, Heft 2, Mai 1994, S. 143–160.
[58] *Roger Normand/Sarah Zaidi*, Human Rights at the UN: The Political History of Universal Justice (=UNIHP). Bloomington 2008. Die unter Idi Amin in Uganda sowie unter Pol Pot und den Khmer Rouge in Kambodia begangenen Verbrechen tauchen in der Studie leider nicht auf.
[59] Siehe den Literaturüberblick von *Susan Pederson*, The Meaning of the Mandates System: An Argument, in: Geschichte und Gesellschaft, 2006/4, S. 560–582.

Perspektiven eröffnet Hussein Alkhazragi mit einer Studie, die zeigt, wie die Beziehungen von arabischen Staaten und Mandatsgebieten zum Völkerbund sich von Hoffnung in enttäuschte Ablehnung verwandeln.[60] Passend dazu zeigt der britische Historiker Mark Mazower in seiner Studie „No Enchanted Palace" anhand von Miniaturen von geistigen „Gründervätern" von Völkerbund bzw. Vereinten Nationen – Jan Smuts, Alfred Zimmern, Raphael Lemkin und Jawaharlal Nehru – die Dominanz imperialistischer Ideologien bei der Geburt dieser Institutionen auf.[61] Internationale Institutionen sind in der Perspektive Smuts' und Zimmerns Kontrollinstrumente der angelsächsischen Welthegemonie mit anderen Mitteln. Mazowers Helden sind Lemkin und Nehru, die sich für die „guten" Vereinten Nationen einsetzen. Lemkin, der tragische Held, gelang zwar die Annahme der Anti-Genozid-Konvention von 1948, aber um den Preis des Verzichts auf den ursprünglich angestrebten Minderheitenschutz. Nehru hingegen setzte sich mit der antikolonialen Reinterpretation der Charta der Vereinten Nationen durch, da er geschickt die Anti-Apartheid-Politik in Südafrika zur Mobilisierung der Generalversammlung gegen Rassismus und weiße Kolonialherrschaft nutzte. Spezialstudien haben bereits vor Mazower untermauert, dass die UNO-Mehrheit bei der Dekolonialisierung zunächst der alten Mandatsgebiete, die als Treuhandgebiete unter die Aufsicht des UNO-Treuhandrats kamen, dann auch u. a. in Indonesien und Afrika über die Generalversammlung und schließlich auch die Kommission für Dekolonisierung erheblichen Druck auf die Kolonialmächte ausgeübt hat.[62] Denn die Machtverhältnisse innerhalb der UNO begannen sich seit Ende der vierziger Jahre durch Indiens Sprecherrolle der Dritten Welt, die amerikanische und sowjetische Haltung und die Minorisierung der europäischen Kolonialmächte in allen UN-Gremien zu verändern. Kalter Krieg und die Sorge der Staaten um ihr eigenes Image ließen die Unterstützung für die Kolonialmächte abschmelzen. Mazowers Einschätzung, dass die UNO sich relativ zügig von den imperialistischen Zielen der alten europäischen Großmächte befreite, weist auf eine positive Entwicklung, womit zugleich deutlich wird, dass die durch die UNO geschaffene Weltöffentlichkeit tatsächlich über Diskurse Werte und Normen verschieben bzw. Außenpolitik in neue Richtungen steuern kann.

Eine Reihe neuerer Studien untermauert, dass mit der Dekolonialisierung seit Mitte der fünfziger Jahre die Dritte Welt politisch, operativ und finanziell ins Zentrum der UNO rückte.[63] Diese bereits von Gerbet, Ghébali und Mou-

---

60 Siehe *Hussein Alkhazragi*, Un petit Prince à la SdN: La lutte du Roi Hussein du Hedjaz pour l'indépendance des provinces arabes de l'Empire ottoman, in: Relations internationales 147, 2011/3, S. 7–23.
61 *Mark Mazower*, No Enchanted Palace: The End of Empire and the Ideological Origins of the United Nations, Princeton. Oxford 2009.
62 Siehe zusammenfassend *Marc Michel*, Décolonisations et émergence du tiers monde. 2. Aufl. Paris 2005, v. a. S. 137 ff., S. 174 ff. und S. 215 ff.; spezieller für die Zeit ab 1960 *Maurice Barbier*, Le comité de décolonisation des Nations Unies. Paris 1974.
63 Siehe *Emmerij/Jolly/Weiss*, Ahead of the Curve?, S. 43 ff.

ton angedeutete Entwicklung wird zugespitzt in Craig Murphys Geschichte des Entwicklungsprogrammes UNDP, wonach die UNO im Wesentlichen zu einer Entwicklungsorganisation wurde.[64] UNDP erscheint bei Murphy als Teil einer lernenden Organisation, die entwicklungspolitische Fehlentscheidungen getroffen oder unterstützt hat, aber im Gegensatz zur Weltbank lokale Traditionen und Selbstbestimmungsrechte respektiert und nicht mit fertigen Entwicklungsmodellen kommt, sondern Projekte mit Regierungen der Dritten Welt den lokalen Bedürfnissen entsprechend entwickelt, geeignete Partner in den reichen Ländern sucht, und umsetzt. Anhand von Grundsatzpapieren und Projektbeispielen zeichnet Murphy die entwicklungspolitische Philosophie und Praxis von UNDP und des weiteren UN-Systems insgesamt nach, die sich von der Alphabetisierung und der Bekämpfung übertragbarer Krankheiten über die Finanzierung von Investitions-Vorstudien für Großprojekte, bis hin zur Förderung der landwirtschaftlichen Entwicklung, von Regierungsdienstleistungen, der wirtschaftlichen Entwicklung von Frauen und kleineren und mittleren Unternehmen verlagert und viele „vergessene" bzw. nie ins „westliche" Bewusstsein vorgedrungene Erfolge vorzuweisen hat.[65]

4. Friedenssicherung: intellektuelle Wandlungen, praktische Erfahrungen

Nachdem sicherheitspolitische Aspekte der Geschichte des Völkerbunds und der Vereinten Nationen lange im Vordergrund der Forschungen standen,[66] beschäftigen sich neuere Studien hier insbesondere mit dem Sicherheitsrat und Menschenrechten,[67] mit Konfliktvermeidung sowie der „intellektuellen" Entwicklung der UN-Friedensstrategien. Der langjährige Mitarbeiter des UN-Sekretariats, Jurist und einstige Hochkommissar für Menschenrechte *ad interim* (2003/2004) Bertrand Ramcharan hat jüngst eine Studie über die nicht leicht fassbare präventive Diplomatie vorgelegt.[68] Bereits im Europäischen Konzert vielfach, aber nicht immer erfolgreich praktizierte Mediationstechni-

---

[64] *Craig N. Murphy*, The United Nations Development Programme: A Better Way? Cambridge 2006.
[65] Vgl. zahlreiche Beispiele bei *Murphy*, insb. S. 84–94.
[66] *Vaughan Lowe/Adam Roberts/Jennifer Welsh/Dominik Zaum* (Hrsg.), The United Nations Security Council and War: The Evolution of Thought and Practice since 1945. Oxford 2010; *Edward Luck*, UN Security Council: Practice and Promise. London/New York, 2006; *David M. Malone* (Hrsg.), The UN Security Council: From the Cold War to the 21st Century. Boulder 2004; *Ramesh Thakur*, The United Nations, Peace and Security: From Collective Security to the Responsibility to Protect. Cambridge 2006; über die Jahre seit Ende des Kalten Krieges *Chinmaya R. Garekhan*, The Horseshoe Table: An Inside View of the UN Security Council. Dehli 2007.
[67] *Sydney D. Bailey*, The UN Security Council and Human Rights, Basingstoke. London/New York 1994; *Bertrand G. Ramcharan*, The Security Council and the Protection of Human Rights. The Hague 2002; *Bardo Fassbender* (Hrsg.), Securing Human Rights? Achievements and Challenges of the UN Security Council. Oxford 2011.
[68] *Bertrand Ramcharan*, Preventive Diplomacy at the UN Bloomington/Indianapolis 2008.

ken bei Gefahr des Ausbruchs von Feindseligkeiten wurden von dem zweiten Generalsekretär Dag Hammarskjöld neu entdeckt und von U Thant in der Kubakrise erfolgreich angewandt. Weniger bekannt sind die zahlreichen kleineren Mediationen des Generalsekretärs und des Sicherheitsrates, vor allem diejenigen, bei denen es gelang, Konflikte unterhalb der Kriegsschwelle zu halten, wie beispielsweise die erste Berlin-Krise, der iranisch-britische Konflikt über Bahrain (1969/1970), der durch eine Fact-Finding Mission des UN-Sondergesandten und Friedensnobelpreisträgers Ralph Bunches und Feststellung des Volkswillens gelöst wurde, der türkisch-bulgarische Konflikt (1989) wegen bulgarischer Ausweisungen von über 300 000 Bürgern türkischer Herkunft, die inner-südafrikanische Krise zwischen dem *African National Congress* und der *Inkatha Freedom Party* 1992, die erfolgreiche Konfliktlösung zwischen Eritrea und Jemen 1995–1996 sowie durch Kofi Annan zwischen Kamerun und Nigeria 2002.[69] Von Interesse ist – neben den Fallstudien – auch Ramcharans Analyse der Entwicklung des Instrumentariums der UNO zur Konfliktprävention. Traditionell wurden je nach Fall „stille Diplomatie" oder öffentlicher Druck mittels Resolutionen des Sicherheitsrates eingesetzt, sog. „fact-finding missions" oder Plebiszite unter UN-Aufsicht durchgeführt oder Rechtsmeinungen des Internationalen Gerichtshofes eingeholt. Perez de Cuellar versuchte vor allem, die Reaktionsgeschwindigkeit des UN-Sekretariats zu verbessern, indem er die Kapazitäten des Sekretariats für rechtzeitiges „fact-finding" ausbaute. Unter Boutros Boutros-Ghali wurde diese Politik fortgesetzt. Die *Agenda for Peace* sah u. a. neu die *präventive* Stationierung von Blauhelmen, die in der Vergangenheit meist erst nach Einstellung von begonnenen Feindseligkeiten stattfand, und lokale Missionen des UN-Sicherheitsrates vor Ort vor, der – wie das Europäische Konzert mit seinen Kollektivrepräsentationen[70] – auf diese Weise Druck auf die Parteien ausüben sollte. Innovativer war seine Agenda für Demokratisierung, die die Theorie des demokratischen Friedens geradewegs in die diplomatische Praxis überführen wollte mit dem Ausbau der Kapazitäten der UNO, die Demokratie in fragilen Staatswesen – als Grundlage für inneren Frieden und in Erkenntnis der Tatsache, dass die „neuen Konflikte" nach Ende des Kalten Krieges überwiegend Bürgerkriege waren – zu stärken. An ihre Seite stellte Boutros-Ghali die Agenda für Entwicklung, da er Unterentwicklung als wesentliche Konfliktursache identifizierte. Die theoretisch versierteste Neuausrichtung fand unter Kofi Annan statt, der in Fortsetzung der Reflexionen seines Vorgängers einen Katalog struktureller Maßnahmen innerhalb konfliktgefährdeter Gesellschaften (Ausbau der Fähigkeiten zum Selbstmanagement von Konflikten, Friedenserziehung, Förderung einer dialogischen Kultur der Demokratie) und systematischer Maßnahmen zur Konfliktvermeidung seitens der internationalen

---

[69] Ebd., insb. S. 84–104.
[70] Siehe *Schulz*, Normen und Praxis, S. 95, 143, 239, 334, 382, 425, 528, 568, 573–575, 612 und siehe auch im Index unter Kollektivnote, S. 707.

Gemeinschaft erarbeiten ließ (Unterbindung des illegalen Diamanten- und Waffenhandels, der Proliferation von ABC-Waffen, Kampf gegen Armut, Schutz der natürlichen Lebensgrundlagen).[71] Auch sog. „smarte" Sanktionen treffen auf wachsendes Interesse in der Forschung.[72]

5. State-Building

Ein letzter innovativer Forschungstrend, der hier angerissen werden soll und der großes Potential verkörpert, rückt das sogenannte State-Building nach Konfliktsituationen in den Mittelpunkt. In diesem Bereich kann die UNO ihr umfangreiches Know-How einbringen,[73] wenn sie Geberländer findet, die die jeweiligen Aktivitäten finanziell unterstützen; überdies genießt sie insbesondere in den Entwicklungsländern die Legitimität, die den USA oder anderen (post-)imperialen Akteuren fehlt. Durch Blauhelme und Ausbildung von Sicherheitskräften kann sie den inneren Frieden sichern, durch das Büro des Koordinators für humanitäre Angelegenheiten und das Weltnahrungsmittelprogramm die Nahrungsgrundversorgung sicherstellen, durch Verwaltungsexperten den zivilen Staatsapparat, Gesundheitsexperten die medizinische Versorgung, durch Alphabetisierungprogramme das Bildungswesen, durch Friedenspädagogik den demokratischen Dialog, durch Wahlorganisation und -beobachter den demokratischen Prozess, durch Entwicklungshelfer die landwirtschaftlichen Grundlagen und die Wasserversorgung, durch Handelsförderung die Exportwirtschaft usw. auf bessere Grundlagen stellen. Fehlschläge und Probleme in postkonfliktuellen Situationen gibt es zuhauf, doch die langjährigen Erfahrungen im Bereich der Konfliktnachbearbeitung, Versöhnung und im Wiederaufbau handlungsfähiger staatlicher Strukturen in Kambodscha, Namibia, Teilen Ex-Jugoslawiens oder in Osttimor zeigen, dass beachtliche Teilerfolge möglich sind, die eine friedlichere Welt in Aussicht stellen. Die UNO war nie so stark in innergesellschaftliche Friedensprozesse involviert wie seit 1990.

Fazit

Neben einer kritischen Literatur, die die grundsätzlichen Funktionsdefizite des Multilateralismus hervorhebt,[74] unterstreichen die hier knapp skizzierten

---

[71] Siehe *Ramcharan*, Preventive Diplomacy (wie Anm. 68).
[72] Siehe z. B. *David M. Malone*, The International Struggle over Iraq: Politics in the UN Security Council 1980–2005. Oxford, New York 2007.
[73] *James Dobbins* u. a. (Hrsg.), The UN's Role in Nation-Building: From the Congo to Iraq. Santa Monica 2005.
[74] Siehe z. B. *Guillaume Devin*, Le multilatéralisme est-il fonctionnel? in: Bertrand Badie/Guillaume Devin (Hrsg.), Le multilatéralisme: nouvelles formes de l'action internationale. Paris 2007, S. 145–165.

Forschungsperspektiven die starke Ausdifferenzierung der zum kleineren Teil geschichtswissenschaftlichen, zum größeren Teil politologischen, aber historisch orientierten Forschung zu internationalen Institutionen nach Politikbereichen. Sie untermauern einen schwachen Trend hin zu Sekretariaten und einen stärkeren zu zivilgesellschaftlichen Akteuren als nicht mehr ganz so neuen, aber doch erst neuerdings beachteten „Mitspielern" im internationalen System. Viele der zitierten politikwissenschaftlichen Arbeiten sind ohne Berücksichtigung staatlicher, institutioneller und zivilgesellschaftlicher Archive entstanden, was insbesondere für die meisten Arbeiten des UNIHP geht, so dass für Historiker ein weites Feld für echte Grundlagenforschung geöffnet ist. Auch methodisch sind einige Arbeiten problematisch; *UN Voices*, einer der ersten Bände des UNIHP, reproduziert Banalitäten aus Interviews, ohne Kontexte zu erarbeiten oder Geschichte eingehend zu problematisieren.[75] Die Ideengeschichte und knappe empirische Politikanalysen mögen für eine erste Orientierung nützlich sein, Historiker werden, wie die qualitätsvollen, wirklich geschichtswissenschaftlichen Arbeiten über den Völkerbund zeigen, mehr nach Konkretem suchen, Ereignissen auf den Grund gehen wollen, Dokumente interpretieren anstatt sie nur zu reproduzieren. Hier bleibt vieles zu tun, und die fünf ausgewiesenen Forschungsrichtungen mögen Anregungen sein, wie und wo theoretische Reflexion auf zeitgemäßem Niveau mit archivalischer Forschung und historischer Problematisierung verbunden werden kann.

---

[75] *Thomas G. Weiss/Tatiana Carayannis/Louis Emmerij/Richard Jolly*, UN Voices: The Struggle for Development and Social Justice. Bloomington, Indianapolis 2005.

Ursula Lehmkuhl
Umwelt

Seit dem von Franz-Josef Brüggemeier in dieser Reihe 2000 publizierten Forschungsbericht zur Internationalen Umweltgeschichte[1] hat sich das Forschungsfeld weiter ausdifferenziert. Die Anzahl der Publikationen ist kaum noch überschaubar.[2] Themen und methodische Zugriffe bleiben jedoch diffus und Syntheseversuche stecken noch in den Kinderschuhen. Umweltgeschichte erscheint als „Disziplin ohne disziplinäre Grenzen", ‚Umwelt' entwickelt sich zunehmend zu einer historischen Fundamentalkategorie, die ähnlich wie ‚gender' „bei jeglicher Beschäftigung mit der Vergangenheit mitgedacht" wird.[3] Bemerkenswert ist, dass trotz des ungebrochenen Booms und der ständig wachsende Anzahl von Umwelthistorikerinnen und Umwelthistorikern, sich die junge geschichtswissenschaftliche Teildisziplin erst jüngst für Perspektiven globalhistorischer Forschung geöffnet hat. So spricht John F. Richards in einem Artikel von 2006 von „World Environmental History" als einem „emerging field".[4] Vergegenwärtigt man sich die Publikationen der letzten zehn Jahre, so verfestigt sich der Eindruck, dass sich, entgegen dem allgemeinen Trend innerhalb der Geschichtswissenschaft, im Bereich der Umweltgeschichte nationale historiographische Traditionen eher konsolidiert haben und mit ihnen national-spezifische empirischen Untersuchungsgegenstände und an nationalen Problemlagen orientierte Fragestellungen.[5] Dies ist nicht zuletzt das Re-

---

[1] *Franz-Josef Brüggemeier*, Internationale Umweltgeschichte, in: Wilfried Loth/Jürgen Osterhammel (Hrsg.), Internationale Geschichte. Themen – Ergebnisse – Aussichten (= Studien zur Internationalen Geschichte, Bd. 10). München 2000, S. 371–385.
[2] Für eine umfassende Bibliographie zur Umweltgeschichte bis 2005 vgl. *Ursula Lehmkuhl/Hermann Wellenreuther* (Hrsg.), Historians and Nature. Comparative Approaches to Environmental History. Oxford/New York 2007; einen guten Überblick zum Forschungsstand geben *Nils Freytag*, Deutsche Umweltgeschichte – Umweltgeschichte in Deutschland. Erträge und Perspektiven, in: Historische Zeitschrift 283, 2006, S. 383–407; *Michael Toyka-Seid*, Auf der Suche nach dem Eigen-Sinn – die Umweltgeschichte zwischen Konsolidierung und Globalisierung, in: Neue Politische Literatur 53, 2008, S. 365–380.
[3] Vgl. *Toyka-Seid*, Auf der Suche nach dem Eigen-Sinn, S. 367; ähnlich argumentieren: *Ellen Stroud*, Does Nature always Matter? Following Dirt Through History, in: History and Theory, Special Issue on Environmental History 42, 2003, S. 75–81.
[4] *John F. Richards*, An Emerging Field: World Environmental History, in: Comparativ 16, 2006, S. 122–138. Vgl. auch *Robert B. Marks*, World Environmental History. Nature, Modernity, and Power, in: Radical History Review 107, 2010, S. 209–225.
[5] So lassen sich amerikanische, deutsche, britische, französische, aber auch indische und afrikanische Eigenentwicklungen unterscheiden. Für einen Überblick vgl. *Caroline Ford*, Nature's Fortunes: New Directions in the Writing of European Environmental History, in: The Journal of Modern History 79, 2007, S. 112–133; für die afrikanische Geschichtsschreibung vgl. *William Beinart*, The Rise of Conservation in South Africa: Settlers, Livestock, and the Environment 1770–1950. Oxford/New York 2003; *William Beinart/Peter A. Coates*, Environment and History: The Taming of Nature in the USA and South Africa. London/New York 1995; *Nancy Joy Jacobs*, Environment, Power, and Injustice: A South African History. Cambridge, New York 2003.

sultat ihrer unterschiedlichen historiographischen Entstehungsbedingungen und Entwicklungspfade. Besonders signifikant zeigen sich diese Unterschiede am Beispiel der deutschen und amerikanischen Umweltgeschichte. In der deutschen Geschichtswissenschaft ist das Thema ‚Umwelt' und ‚Natur' primär über die Technik-, Industrie- und Stadtgeschichte in den geschichtswissenschaftlichen Kanon aufgestiegen und hat hier einen deutlichen Schwerpunkt in der Neueren und Neuesten Geschichte.[6] In den USA entwickelte sich die Umweltgeschichte aus der Geschichte des amerikanischen Westens und der Besiedlungsgeschichte heraus. Zeitlich parallel zu den großen humangeographisch inspirierten Forschungsbeiträgen der französischen *Annales*-Schule standen in der frühen amerikanischen Forschung Naturregionen, Landschaften und ihre historische Bedeutung im Zentrum des Interesses.[7] Historisch gehen hier die Arbeiten bis in das 16./17. Jahrhundert zurück. Es ist das Verdienst amerikanischer Umwelthistoriker, auf die Bedeutung von Infektionskrankheiten und dadurch ausgelöster Epidemien im Kontext der europäischen Expansionsgeschichte aufmerksam gemacht zu haben.[8]

Mehr als in anderen historischen Teildisziplinen wirkt sich der Faktor ‚Raum' unmittelbar auf Inhalte und Forschungsinteressen aus. Die Umweltgeschichte ist durch eine doppelte raum-zeitliche Standortgebundenheit geprägt: der nationale Raum als Untersuchungsgegenstand und die nationalhistoriographischen Kontextbedingungen, die mit ihren Fragestellungen und Forschungsansätzen auch den Blick auf den Gegenstand beeinflussen. So ist die gegenwärtig zu beobachtende Öffnung umweltgeschichtlicher Forschung für internationale, transnationale und globale Fragen vor allem eine Reaktion auf das zunehmende Interesse der Geschichtswissenschaft insgesamt an glo-

---

[6] Paradigmatisch hierfür sind die Arbeiten von Franz-Josef Brüggemeier, Joachim Radkau und Frank Uekötter: *Joachim Radkau*, Technik in Deutschland: Vom 18. Jahrhundert bis heute. Umfassend überarb. und aktualisierte Ausg. Frankfurt a. M./New York 2008; *Franz-Josef Brüggemeier*, Das unendliche Meer der Lüfte: Luftverschmutzung, Industrialisierung und Risikodebatten im 19. Jahrhundert. Essen 1996; *Franz-Josef Brüggemeier/Jens Ivo Engels* (Hrsg.), Natur- und Umweltschutz nach 1945: Konzepte, Konflikte, Kompetenzen. Frankfurt a. M. 2005; *Frank Uekötter*, Die Wahrheit ist auf dem Feld. Eine Wissensgeschichte der deutschen Landwirtschaft. Göttingen 2010; ders., Umweltgeschichte im 19. und 20. Jahrhundert. München 2007; für die angelsächsische Forschung vgl. *Edmund Russell/James Allison/Thomas Finger*, The Nature of Power. Synthesizing the History of Technology and Environmental History, in: Technology and Culture: The International Quarterly of the Society for the History of Technology 52, 2011, S. 246–260.

[7] Vgl. *Walter Prescott Webb*, The Great Plains. Boston 1931; ders., The Great Frontier. Boston 1952; für einen historiographischen Überblick vgl. *Richard White*, Environmental History: The Development of a New Historical Field, in: Pacific Historical Review LIV 1985, S. 297–335; *Alfred W. Crosby*, The Past and Present of Environmental History, in: American Historical Review 100, 1995, S. 1177–1189; *Carolyn Merchant*, Major Problems in American Environmental History: Documents and Essays. 2. Aufl. Boston 2005.

[8] *Alfred W. Crosby*, The Columbian Exchange: Biological and Cultural Consequences of 1492. Westport CN 1972; ders., The Columbian Voyages, the Columbian Exchange, and their Historians. Washington, DC 1987; ders., Germs, Seeds and Animals: Studies in Ecological History. Armonk, N.Y. 1994; ders., Ecological Imperialism: The Biological Expansion of Europe, 900–1900. Cambridge/ New York 1986.

bal- und weltgeschichtlich orientierten Forschungsthemen. An den damit einhergehenden konzeptionellen Diskussionen hat sich die Umweltgeschichte allerdings noch nicht substantiell beteiligt. Die unter dem Rubrum ‚Globalgeschichte' figurierenden umwelthistorischen Beiträge bleiben auffällig diffus und unkonturiert.[9] Konzeptionelle Beiträge und Lösungsansätze zu den zentralen methodischen und heuristischen Fragen, die in der Debatte um den „global turn" innerhalb der Geschichtswissenschaft gestellt werden, lassen sich nur in Umrissen erkennen. Letztlich bleibt das Potential der Umweltgeschichte für die Diskussion um die Internationalisierung und Transnationalisierung historischer Methoden und Analyseraster unausgeschöpft. Im Folgenden sollen ausgehend von dem Versuch, das breite Feld umwelthistorischer Forschungsbeiträge zu systematisieren, erste Überlegungen zum Beitrag der Umweltgeschichte zur Themen- und Methodendebatte innerhalb der Internationalen Geschichte, verstanden als Sammelbegriff für die verschiedenen Spielarten verflechtungsgeschichtlicher Herangehensweisen, vorgetragen werden. Neben der Frage nach den Kategorien ‚Raum' und ‚Zeit' im Kontext globalhistorischer und umwelthistorischer Forschung werden dazu auch die Kontroversen um einen anthropozentrischen oder biozentrischen Zugang zur Umweltgeschichte auf ihre Relevanz für die historische Erfassung von Dimensionen internationaler Geschichte geprüft.

Umweltgeschichte: Forschungsgegenstand und Analyseperspektiven

Umweltgeschichte analysiert die Wechselbeziehungen zwischen Mensch und Natur. Zu unterscheiden sind dabei im Wesentlichen drei analytische Perspektiven: *erstens* die perzeptions-, diskurs- oder kulturgeschichtliche Richtung, die untersucht, wie Menschen die Natur wahrgenommen haben und wie diese Wahrnehmung den menschlichen Umgang mit der natürlichen Umwelt geprägt hat. Hierzu zählen Studien, die die ideelle und kulturelle Repräsentation von Natur und Umwelt im Kontext von Umwelt-Ethiken, Gesetzen, Mythen, Literatur und Bildender Kunst hinsichtlich ihrer Bedeutung für die Strukturierung der Interaktion von Mensch und Natur untersuchen.[10] *Zwei-*

---

[9] Vgl. *Edmund Burke/Kenneth Pomeranz*, The Environment and World History. Berkeley 2009; *Joachim Radkau*, Nature and Power: A Global History of the Environment. 1. engl. Aufl. New York 2008; *I.G. Simmons*, Global Environmental History: 10 000 BC to AD 2000. Edinburgh 2008; *William Beinart/Lotte Hughes*, Environment and Empire. Oxford/New York 2007; *J. Donald Hughes*, An Environmental History of the World. Humankind's Changing Role in the Community of Life. London/New York 2001.

[10] Vgl. *Phil Macnaghten/John Urry*, Contested Natures. London 1998; *I.G. Simmons*, Changing the Face of the Earth: Culture, Environment, History. Oxford/New York 1989; *Alexander Wilson*, The Culture of Nature: North American Landscape from Disney to the Exxon Valdez. Cambridge, MA 1992; kritisch hierzu: *Donald Worster*, Seeing Beyond Culture in: Journal of American History 76 1989/1990, S. 1142–1147.

tens ist die kritisch-handlungsorientierte Richtung zu nennen, die danach fragt, wie Menschen das ökologische System, die Landschaft, die Natur, in der sie leben, verändert und an ihre Bedürfnisse angepasst haben. Diese Studien thematisieren die Interaktion zwischen Mensch und Natur in ihren sozioökonomischen, ökologischen und kulturellen Kontexten und sind häufig durch ein Ausbeutungs- oder Zerstörungsnarrativ gekennzeichnet. *Drittens* schließlich gibt es eine öko- oder biozentrische Richtung, die Natur als historischen Akteur erforscht und danach fragt, wie Natur bzw. das ökologische System, verändert durch den Menschen, diesen dazu zwingt, seine Kulturen, Ökonomien und Politiken den neuen Umweltanforderungen anzupassen. Diese Forschungsrichtung beschäftigt sich insbesondere mit Naturkatastrophen, Epidemien, dem Klimawandel, der Umweltverschmutzung und Verstädterung[11] und nimmt häufig eine Perspektive der *longue durée* ein. Konzeptionell stehen diese Studien – ohne dass dies allerdings offen thematisiert werden würde – in der Tradition der welt- bzw. universalgeschichtlichen Ansätze von Fernand Braudel, Arnold Toynbee und Friedrich Ratzel,[12] die alle drei von einem Primat der Natur ausgehen und in gewisser Weise als Vorgänger gegenwärtiger globalhistorischer Bemühungen betrachtet werden können.[13]

Historiographiegeschichtlich folgt die sich in den 1940er und 1950er Jahren etablierende welt- resp. universalhistorisch orientierte Forschung der historischen Geographie als Disziplin, die sich bereits im 19. Jahrhundert mit Umwelt in globaler Perspektive beschäftigte. Mit den von der *Annales*-Schule eingeführten Zeitkonzepten der *quasi-immobilité* (Le Roy Ladurie) und der *longue durée* öffnete sich die Geschichtswissenschaft für Fragestellungen und Untersuchungsfelder, die jenseits der von Historikern traditionell präferierten Perspektive auf die Rolle und Bedeutung menschlichen Handelns im Kontext historischer Wandlungsprozesse liegen.[14] Inhaltlich ging damit eine Verlagerung auf die historische Untersuchung von langfristigen Trends und demographischen und Umweltfaktoren einher. So historisiert beispielsweise Fernand Braudel in seinem monumentalen Werk über den Mittelmeerraum

---

[11] Vgl. programmatisch: *Donald Worster*, History as a Natural History: An Essay on Theory and Method, in: Pacific Historical Review LIII 1984, S. 1–19; ders., Transformations of the Earth: Toward an Agroecological Perspective in History, in: Journal of American History 76 1989/90, S. 1087–1106; ders., Under Western Skies: Nature and History in the American West. New York/Oxford 1992; ders., An Unsettled Country: Changing Landscapes of the American West. Albuquerque 1994.

[12] Vgl. ausführlich *Ursula Lehmkuhl*, Historicizing Nature: Time and Space in German and American Environmental History, in: dies./Hermann Wellenreuther (Hrsg.), Historians and Nature. Comparative Approaches to Environmental History. Oxford/New York 2007, S. 17–44.

[13] *Jürgen Osterhammel*, Raumerfassung und Universalgeschichte, in: ders. (Hrsg.), Geschichtswissenschaft jenseits des Nationalstaats. Studien zu Beziehungsgeschichte und Zivilisationsvergleich. Göttingen 2001, S. 151–169.

[14] *Peter Burke*, The French Historical Revolution: The Annales School, 1929–89. Stanford CA 1990; *Stuart Clark* (Hrsg.), The Annales School: Critical Assessments. London/New York 1999; *Lutz Raphael*, Die Erben von Bloch und Febvre: Annales-Geschichtsschreibung und *Nouvelle Histoire* in Frankreich 1945–1980. Stuttgart 1994.

‚Raum' und ‚Umwelt' in einem komplexen temporalen Modell, das zwischen *permanence, longue durée* und *courte durée* unterscheidet und das die Wechselbeziehung zwischen den verschiedenen Zeitdimensionen betont.[15] Ähnliches finden wir im weltgeschichtlichen Werk von A.J. Toynbee. Er interpretiert die Entstehung der Hochkulturen als menschliche Antworten auf Klima- und Umweltherausforderungen.[16] Neben seinem Beitrag zur Einführung einer ökologischen Perspektive ist auch sein Verdienst zur Überwindung der eurozentrischen Erzählstrategie von der technologischen und politischen Überlegenheit des Westens hervorzuheben. In diesem doppelten Sinne hat Toynbee mehr als andere Welt- und Universalhistoriker die Forschungsagenda gegenwärtiger Versuche, eine globale Umweltgeschichte zu schreiben, präfiguriert.[17] Der gelernte Naturwissenschaftler Friedrich Ratzel hat schließlich durch seine empirisch gesättigten völkerkundlichen und humangeographischen Arbeiten zu einer „Revolutionierung des Raumbewusstseins"[18] beigetragen. Er fragte „nach den Zusammenhängen zwischen Raumverhältnissen und gesellschaftlicher Charakterbildung"[19] und schließt aus seinen Beobachtungen in China und Nordamerika, dass die Umwelt spezifische Aufgaben der „Raumbewältigung" stelle, auf die die betroffenen Gesellschaften in unterschiedlicher Form und mit unterschiedlichem Erfolg reagierten.[20] Insbesondere die jüngeren Arbeiten des britischen Historikers I.G. Simmons stehen in dieser Argumentationstradition.[21] Daneben finden wir globalhistorisch orientierte Beiträge, die vergleichend oder verflechtungsgeschichtlich arbeiten und empirisch einen kürzeren historischen Zeitraum umfassen. Die globale Perspektive wird hier über den analysierten Raum eingeführt.[22]

---

[15] *Fernand Braudel*, La Méditerranée et le monde Méditerranéen à l'époque de Philippe II. Paris 1949.

[16] *Arnold Joseph Toynbee/Edward D. Myers*, A Study of History. London/New York 1948; *Jürgen Osterhammel*, Arnold J. Toynbee. A Study of History, in: Volker Reinhardt (Hrsg.), Hauptwerke der Geschichtsschreibung. Stuttgart 1997, S. 647–650.

[17] *Richard Grove/Vinita Damodara*, Imperialism, Intellectual Networks, and Environmental Change. Origins and Evolution of Global Environmental History, 1676-2000: Part II, in: Economic and Political Weekly October 21 2066, S. 4497–4505, hier S. 4497–98.

[18] *Jürgen Osterhammel*, Raumerfassung und Universalgeschichte, S. 157.

[19] Ebd., S. 158.

[20] *Friedrich Ratzel*, Die chinesische Auswanderung: Ein Beitrag zur Cultur- und Handelsgeographie. Breslau 1876; ders., Städte und Culturbilder aus Nordamerika. Leipzig 1876; ders., Politische Geographie. München/Leipzig 1897; ders., Anthropogeographie. 2. Aufl. Stuttgart 1899.

[21] *I.G. Simmons*, An Environmental History of Great Britain. From 10 000 Years Ago to the Present. Edinburgh 2001; ders., Global Environmental History; vgl. auch *Dieter Groh/Michael Kempe/Franz Mauelshagen* (Hrsg.), Naturkatastrophe. Beiträge zu ihrer Deutung, Wahrnehmung und Darstellung in Text und Bild von der Antike bis ins 20. Jahrhundert. Tübingen 2003.

[22] *Joachim Radkau*, Nature and Power; *Beinart/Hughes*, Environment and History; *Burke/Pomeranz*, The Environment and World History; *Alfred W. Crosby*, Epidemic and Peace, 1918. Westport CN 1976; *Joachim Radkau*, Die Ära der Ökologie: Eine Weltgeschichte. München 2011; *Uekötter*, Umweltgeschichte im 19. und 20. Jahrhundert; *John R. McNeill*, Something New Under the Sun. An Environmental History of the Twentieth-Century World. London 2000.

Donald Worster fordert eine Unterscheidung zwischen globalgeschichtlich orientierten umwelthistorischen Forschungsbeiträgen, die sich mit weltweit zu findenden Phänomenen beschäftigen und globalhistorischen Beiträgen, die sich dadurch auszeichnen, dass sie „the involvement of all the spheres of the planet, including the upper atmosphere in its capability of diffusing uniformly the gases which it receives more regionally" in den Blick nehmen.[23] Ein solcher „planetary approach" ist ehrgeizig und geht deutlich über das hinaus, was unter dem zugegebenermaßen diffusen Begriff ‚Globalgeschichte' jenseits des Phänomens ‚Umwelt' verstanden wird. Ansätze zu einer empirischen Umsetzung eines solchen Ansatzes findet man in den Versuchen, z. B. die Entwicklung des Weltklimas historisch aufzuarbeiten.[24]

Vergegenwärtigt man sich die Themenbreite der global bzw. weltweit orientierten umwelthistorischen Forschung, muss man zweifellos zu dem Schluss kommen, dass Umweltgeschichte den gegenwärtigen Trend zur Ausdifferenzierung der geschichtswissenschaftlichen Beschäftigung mit Phänomenen, die eine grenzüberschreitende Betrachtungsweise erforderlich machen, unterstützt. So können beispielsweise die Geschichte internationaler Verträge zum Schutz der Wandervögel oder der Wale,[25] oder die Geschichte des Montrealer Protokolls[26] als typische Beispiele für internationale Zusammenarbeit, dem klassischen Gegenstandsbereich Internationaler Geschichte bzw. der neueren Diplomatiegeschichte oder der Geschichte des internationalen Systems bewertet werden.[27] Demgegenüber stellt die Geschichte des internationalen zivilgesellschaftlichen Engagements für die Rettung der Natur ein klassisches Beispiel transnationaler Vernetzung dar.[28] Typisch verflechtungsgeschichtliche Themen

---

[23] *Donald Worster*, The Vulnerable Earth: Toward a Planetary History, in: ders. (Hrsg.), The Ends of the Earth: Perspectives on Modern Environmental History. Cambridge/New York 1988, S. 3–20.

[24] *H.H. Lamp*, Climate, History and the Modern World. 2. Aufl. London 1995.

[25] *Kurkpatrick Dorsey*, The Dawn of Conservation Diplomacy: U.S.-Canadian Wildlife Protection Treaties in the Progressive Era. Seattle 1998.

[26] *Winfried Lang* (Hrsg.), The Ozone Treaties and their Influence on the Building of International Environmental Regimes. Wien 1997; *Rosalind Twum-Barima/Laura B. Campbell*, Protecting the Ozone Layer through Trade Measures: Reconciling the Trade Provisions of the Montreal Protocol and the Rules of the GATT. Nairobi 1994.

[27] In diesem Bereich sind die Übergänge zwischen geschichtswissenschaftlichen und politikwissenschaftlichen Arbeiten fließend. Vgl. *Helmut Breitmeier/Oran R. Young/Michael Zürn*, Analyzing International Environmental Regimes: From Case Study to Database. Cambridge, MA 2006; *Ralph H. Espach*, Private Environmental Regimes in Developing Countries: Globally Sown, Locally Grown. New York 2009; *Patrick Hayden* (Hrsg.), Debating Environmental Regimes. Hauppauge, NY 2002; *Sebastian Oberthür/Thomas Gehring* (Hrsg.), Institutional Interaction in Global Environmental Governance: Synergy and Conflict among International and EU Policies. Cambridge, MA 2006; *Oran R. Young/Gail Osherenko*, Polar Politics: Creating International Environmental Regimes. Ithaca, NY 1993.

[28] Vgl. zur Geschichte von Green Peace *Frank Zelko*, Make it a Green Peace: The History of an International Environmental Organization (erscheint demnächst); *John-Henry Harter*, New Social Movements, Class and the Environment: A Case Study of Greenpeace Canada. Newcastle upon Tyne 2011.

wie Migration, Diffusion, Transfer und *encounter* werden insbesondere von jenen Historikern behandelt, die sich mit der Geschichte von Epidemien beschäftigen.[29] Die Analyse der Ausbreitung von Infektionskrankheiten im Kontext der Geschichte der europäischen Expansion und des Kolonialismus ist ein Weg, die von der Internationalen Geschichte geforderte Pluralität des Zivilisationskonzeptes historisch-empirisch zu untermauern. Interessant ist dabei jedoch auch die Beobachtung, dass entgegen der von neueren globalhistorischen Arbeiten vertretenen Annahme von der grundsätzlichen Offenheit und historisch immer schon gegebenen Verflechtung von Kulturen und Zivilisationen, sich diese in ‚infektionshistorischer' Hinsicht weitgehend als geschlossene Einheiten entwickelt haben. Erst der mit der europäischen Expansion einhergehende Kulturkontakt verursachte die Katastrophe, bei der beispielsweise in Nordamerika mehr als 90% der Ureinwohner als Folge der Erkrankung an europäischen Infektionskrankheiten wie Masern, Cholera, Typhus, Malaria, Syphilis etc. ihr Leben verloren.[30]

Raumbegriff und Raumbewusstsein

Zu den zentralen Verdiensten der Debatte um Theorien, Ansätze und Themen globalhistorischer Forschung gehört die Wiederentdeckung der Kategorie ‚Raum' als geschichtswissenschaftliche Grundkategorie.[31] Geschichtsschreibung bezieht sich zwar immer auf bestimmte Lokalitäten und in der Tat hat – wie Karl Schlögel argumentiert – Geschichte ihre Schauplätze und Tatorte,[32] aber während ‚Raum' und ‚Zeit' seit dem 18. Jahrhundert im Allgemeinen aufeinander bezogen werden, blieben ‚Raum' und ‚Geschichte' bis in die jüngste Zeit hinein zwei unverbundene Kategorien.[33] Dies hat sich mit der Kritik am räumlichen Container-Denken und am methodologischen Natio-

---

[29] *Crosby*, Epidemic and Peace; *ders.*, Germs, Seeds and Animals: Studies in Ecological History; *Alfred W. Crosby*, America's Forgotten Pandemic: The Influenza of 1918. 2. Aufl. Cambridge/New York 2003; *William Cronon*, Changes in the Land: Indians, Colonists, and the Ecology of New England. 1. überarbeitete Aufl. New York 2003.

[30] Vgl. insbesondere die Arbeiten von *Crosby*, The Columbian Exchange; *ders.*, Ecological Imperialism; *ders.*, The Columbian Voyages; dieses umwelthistorische Forschungsergebnis hat mittlerweile Eingang selbst in Überblicksdarstellungen zur amerikanischen Geschichte gefunden. „European diseases destroyed the American population more effectively than any weapons and demoralized the survivors by their scale: perhaps 90 per cent of the Indians died of these infections – smallpox, measles, malaria, yellow fever – in the first centuries after the discoveries." *Hugh Brogan*, The Penguin History of the United States of America. 2. Aufl. London 2001, S. 5.

[31] Vgl. *Jürgen Osterhammel*, Die Wiederkehr des Raumes: Geopolitik, Geohistorie und historische Geographie, in: Neue Politische Literatur 43 1997, S. 374–397; *ders.*, Raumbeziehungen. Internationale Geschichte, Geopolitik und historische Geographie, in: Loth/Osterhammel (Hrsg.), Internationale Geschichte, S. 287–308; *ders.l*, Raumerfassung und Universalgeschichte.

[32] *Karl Schlögel*, Im Raume lesen wir die Zeit: Über Zivilisationsgeschichte und Geopolitik. München 2003, S. 9.

[33] *Reinhart Koselleck*, Zeitschichten: Studien zur Historik. Frankfurt a. M. 2000, S. 79.

nalismus der Geschichtswissenschaft verändert. Die im Zuge des *spatial turn* seit den späten 1990er Jahren insbesondere von den Kulturwissenschaften fokussierten Prozesse der De- und Re-Territorialisierung und ihrer Korrelate – *boundaries, borderlands, landscapes* und *diasporas* – haben auch die Aufmerksamkeit des Historikers auf die grundsätzliche „spatiality of human life" gelenkt.[34] Mit dem *spatial turn* hat sich ein Verständnis von Raum etabliert, das jenseits eines rein physischen und territorial gebundenen Konzeptes auf dessen Konstruktcharakter hinweist. Ein sozial und kulturell rückgebundenes Raumkonzept betrachtet Räumlichkeit als Resultat oder Effekt des Sozialen. Mit der darüber eingeführten Differenzierung zwischen *space* und *place*[35] wird auch die Geschichtlichkeit des Raums markiert und Raum als Kategorie historischer Forschung zurückgewonnen. Raum ist eine historisch kontingente und vor allem konstruierte und relationale Größe. Der globale, der transnationale, aber auch der Grenzraum ist ein konstruierter und dynamischer Raum. Grenzen sind fluide und verändern sich über Zeit. Grenzräume bieten sich aufgrund der in ihnen zu beobachtenden kulturellen Austausch- und Hybridisierungsvorgänge als Untersuchungsgegenstand für die Analyse von Transfer- und Trankulturationsverläufen sowie für die Erfassung von Verflechtungsprozessen zwischen unterschiedlichen Kulturen an.[36]

‚Raum', im Sinne von physischer Umwelt und Natur, von Landschaft und Region, ist der Untersuchungsgegenstand umwelthistorischer Forschung schlechthin. Umweltgeschichte beschäftigt sich mit dem Einfluss von räumlich-geographischen Gebilden auf menschliches Verhalten und umgekehrt. Die untersuchten Räume umfassen globale maritime Verbindungen, globale Siedlungen, Diasporas und *frontiers*, Flüsse, Küsten, Städte, Prärien und land- bzw. forstwirtschaftliche Nutzflächen, aber auch Urwälder und Wildnis. Auch diese physischen Räume sind keine fixen Größen, sondern einem ständigen

---

[34] Vgl. *Edward Soja*, Afterword, in: Stanford Law Review 48, 1996, S. 1421–1429.
[35] Vgl. *Kate A. Berry/Martha L. Henderson*, Geographical Identities of Ethnic America: Race, Space, and Place. Reno 2002; *Anne Buttimer/David Seamon* (Hrsg.), The Human Experience of Space and Place. New York 1980; *Erica Carter/James Donald/Judith Squires* (Hrsg.), Space and Place: Theories of Identity and Location. London 1993; *André C. Drainville*, Contesting Globalization: Space and Place in the World Economy. London/New York 2004; *Setha M. Low/Denise Lawrence-Zúñiga* (Hrsg.), The Anthropology of Space and Place: Locating Culture. Malden, MA 2003.
[36] *Arjun Appadurai*, Global Ethnospaces: Notes and Queries for a Transnational Anthropology, in: R. Fox (Hrsg.), Recapturing Anthropology. Santa Fe 1991, S. 191–210; *Joël Bonnemaison/Chantal Blanc-Pamard/Maud Lasseur/Christel Thibault*, Culture and Space: Conceiving a New Cultural Geography. London 2005; *Neil Brenner*, Beyond State-Centrism? Space, Territoriality, and Geographical Scale in Globalization Studies, in: Theory and Society 28, 1999, S. 39–78; *Ranjan Chakrabarti*, Space and Power in History: Images, Ideologies, Myths, and Moralities. Kolkata 2001; *Thomas Faist/Eyüp Özveren*, Transnational Social Spaces: Agents, Networks, and Institutions. Aldershot, Burlington VT 2004; *Setha M. Low/Denise Lawrence-Zúñiga*, The Anthropology of Space and Place: Locating Culture; *Ludger Pries*, Migration and Transnational Social Spaces. Aldershot/Brookfield, VT 1999; *Karl S. Zimmerer*, Globalization and New Geographies of Conservation. Chicago 2006.

Wandel unterworfen. Die Ökologie hat eindrücklich gezeigt, dass ‚Natur' keine stabile, in steter Harmonie befindliche Einheit ist. Natur ändert sich auch ohne menschliches Zutun. Die Vorstellung von der jungfräulichen Natur ist ein Mythos. Naturkatastrophen wie Überschwemmungen, Vulkanausbrüche, Erdbeben und Tsunamis verändern auch die davon betroffenen Naturräume.

Die Transformation von Natur und Umwelt ist also keineswegs allein auf die Interaktion zwischen Mensch und Natur zurückzuführen, wie es die in vielen umwelthistorischen Arbeiten mitschwingenden ‚imperialistischen' und modernisierungstheoretischen Meistererzählungen suggerieren. So wird zu Recht etwa auf die Bedeutung tierischer Akteure, z. B. die Ziege oder das Schaf, und ihre Umwelt und Raum verändernden Wirkungen hingewiesen.[37] Historikern fällt es allerdings nicht leicht, auf den Menschen als historischen Akteur zu verzichten, auch Umwelthistorikern nicht. Auch sie privilegieren die Rolle menschlichen Handelns zur Erklärung historischer Wandlungsprozesse, nicht zuletzt deshalb, weil Menschen schriftliche Zeugnisse hinterlassen, die immer noch primär als Grundlage für die Rekonstruktion historischer Welten herangezogen werden. Die meisten umwelthistorischen Studien basieren auf einem anthropozentrischen Ansatz und analysieren und beklagen die durch den Menschen verursachte Veränderung der Natur. So wird beispielsweise die seit dem frühen 19. Jahrhundert mit der Abholzung der Wälder einhergehende Transformation der natürlichen Umwelt durch die europäischen Siedler in Nordamerika beschrieben als destruktive Aneignung und Transformation von Natur. Siedler kolonisieren und beuten die scheinbar ‚unberührte' Natur aus und zerstören sie. Ähnliche Argumentationsmuster findet man in den Arbeiten, die sich mit der Veränderung des deutschen und europäischen Waldes beschäftigen.[38] Auch hier steht die gewaltsame Aneignung von natürlichem Raum und dessen Transformation durch den Menschen im Zentrum der historischen Darstellung von Umweltveränderungen. Das ‚imperialistische', oder auch das Zerstörungs-, Ausbeutungs-, Verfalls- und Niedergangsnarrativ, hat sich mit der Politisierung des Themas Umwelt infolge der sich gesellschaftlich und politisch etablierenden Ökologiebewegung der späten 1960er und 1970er Jahre verfestigt. Fast ausnahmslos erzählen die neueren umweltgeschichtlichen Arbeiten die Geschichte vom Natur zerstörenden und Natur beherrschenden Menschen.[39]

---

[37] *Joachim Radkau*, Scheuklappen und Sackgassen der historischen Umweltforschung, in: Wolfram Siemann/Nils Freytag (Hrsg.), Umweltgeschichte: Themen und Perspektiven. München 2003, S. 168–186.
[38] *Christoph Ernst*, Den Wald entwickeln: Ein Politik- und Konfliktfeld in Hunsrück und Eifel im 18. Jahrhundert. Diss. phil. München 2000; *Albrecht Lehmann*, Von Menschen und Bäumen: Die Deutschen und ihr Wald. 1. Aufl. Reinbek 1999. Kritisch: *Radkau*, Scheuklappen und Sackgassen.
[39] Vgl. *William Cronon*, Changes in the Land: Indians, Colonists, and the Ecology of New England. New York 1983; *Worster*, An Unsettled Country; *Beinart/Coates*, Environment and History; *Franz-Josef Brüggemeier/Thomas Rommelspacher* (Hrsg.), Besiegte Natur. Geschichte der Umwelt im 19. und 20. Jahrhundert. München 1989.

Eine Relativierung des ‚imperialistischen' Narrativ findet man zum einen in historischen Arbeiten, die in Kooperation mit naturwissenschaftlichen Disziplinen langfristige Trends in der Veränderung des Ökosystems erforschen, zum anderen in perzeptions- und kulturgeschichtlich orientierten Forschungsbeiträgen. So weist etwa Alan Taylor im Hinblick auf die Geschichte des Besiedlungsprozesses des amerikanischen Westens darauf hin, dass der Wunsch der Siedler nach Naturbeherrschung Resultat einer Dialektik von Alltagserfahrung und der erzählenden Verarbeitung dieser Erfahrung gewesen sei.[40] Die unzähligen zeitgenössischen Geschichten über die unbarmherzige, gefährliche und bedrohliche Natur hätten die Naturwahrnehmung der Siedler maßgeblich geprägt. Die in Folge der Besiedlung stattfindende Transformation von Wildnis in eine produktivere und sicherere Version von Natur sei von den historischen Akteuren wahrgenommen worden als ein Substitutionsprozess und nicht als ihre Zerstörung. Natur im Sinne von Wildnis sollte ersetzt werden durch eine gezähmte, pastorale Natur.[41] Naturbeherrschung und Naturzerstörung seien demnach Folge eines von den historischen Akteuren grundsätzlich als antagonistisch und feindlich wahrgenommenen und gelebten Verhältnisses zu ihrer natürlichen Umwelt. Das, was in der historischen Rückschau als Naturzerstörung interpretiert wird, war aus Sicht der Zeitgenossen Selbstschutz und damit überlebensnotwendig.

Neben der perzeptiven Ebene müssen allerdings auch die nichtintendierten Folgen menschlichen Handelns für die Umwelt berücksichtigt werden. Vor dem Hintergrund unseres Interesses an globalhistorischen Fragestellungen geht es dabei auch darum, den systemischen Zusammenhang von kollektivem Handeln und ökologisch folgeträchtigen Kleinstereignissen, von Veränderungen von Raum/Umwelt über Zeit, zu erfassen, die jenseits der Wahrnehmungsschwelle der handelnden historischen Akteure liegen und die sich nicht in ein einfaches historisches Kausalmodell von geplantem Handeln und seinen Folgen pressen lassen. Hierbei stellen sich neue Herausforderungen für die historische Forschung insofern, als Intentionalität und Kausalität als Elemente einer dominant handlungstheoretisch basierten geschichtswissenschaftlichen Herangehensweise in Frage gestellt oder zumindest neu perspektiviert werden müssen.

In der Interpretation von Natur und Umwelt als Wildnis sowie als grundsätzlich gefährlich und bedrohlich scheint ein zweites Metanarrativ auf, das in umwelthistorischen Arbeiten mitschwingt und die Wahrnehmung und Interpretation von Raum im Sinne der eingangs erwähnten doppelten Standortgebundenheit umwelthistorischer Arbeiten maßgeblich prägen: das Modernisierungs- und Fortschrittsparadigma. Das Ausmaß der seit dem 19. Jahrhundert

---

[40] *Alan Taylor*, ‚Wasty Ways': Stories of American Settlement, in: Louis S. Warren (Hrsg.), American Environmental History. Oxford 2003, S. 102–118; überblickshaft *Ursula Brumm*, Geschichte und Wildnis in der amerikanischen Literatur. Berlin 1980.
[41] *Taylor*, ‚Wasty Ways', S. 105.

zu beobachtenden Formen der Naturbeherrschung und Naturausbeutung war in erster Linie Folge des technologischen Fortschritts. Die industrielle und wissenschaftliche Revolution sowie die Energierevolution des 19. Jahrhunderts ermutigten und ermöglichten dem Menschen eine bis dato nicht realisierbare Nutzung von Rohstoffen und die Manipulation von Flora und Fauna. Eine wichtige Rolle spielte dabei die Wissenschaft. Die systematische Beobachtung der Natur legte die wissenschaftlichen Grundlagen für die Verbesserung der menschlichen Fähigkeiten, die natürliche Umwelt zu manipulieren und zu verändern.[42] Im Unterschied zu neueren globalhistorischen Ansätzen, die die Modernisierungs- und Fortschrittserzählung als eurozentrisch und unilinear kritisieren, bleibt die Umweltgeschichte im Hinblick auf diesen Punkt seltsam still. Selbst jüngere Beiträge, die globale Umweltgeschichte im Titel tragen, beziehen sich unreflektiert auf Beispiele aus der Geschichte des euro-atlantischen Raums und extrapolieren von hier aus auf globale Entwicklungstrends.[43]

Die im Rahmen umwelthistorischer Forschung mitschwingenden Erzählungen von Fortschritt und Modernisierung basieren auf einem Raumkonzept, demzufolge der Westen in der Regel als Ort der Modernität dargestellt und als Raum der Zivilisation und Kultur interpretiert wird. Der Rest der Welt, die nicht-westliche, oder ‚außereuropäische' Welt, erscheint demgegenüber als *wilderness*, als Raum, der zivilisiert und modernisiert wurde und wird, durch den Bau von Staudämmen, Autobahnen, Mega-Cities, aber auch durch die Einführung von Kunstdünger zur Intensivierung der Landwirtschaft, die Entwicklung von Atomkraft und die exzessive und nachholende Nutzung fossiler Energieträger. Zwar werden diese Entwicklungen von der Umweltgeschichte kritisch beleuchtet, und es ist ihr Verdienst, dass die Geschichte von Kolonisation und Dekolonisierung mittlerweile den Faktor Umwelt und Natur miteinbezieht. Aber sie hat sich bislang nicht konzeptuell mit den Raumkonzepten auseinandergesetzt, die dem Fortschritts- und Modernisierungsparadigma zugrunde liegen.

Am Fortschrittsparadigma des 19. und 20. Jahrhunderts lässt sich die Historizität von Raum und Raumvorstellungen besonders prägnant erfassen. Hier kann die Umweltgeschichte von den Debatten um Konzepte, Themen und Perspektiven der Internationalen Geschichte lernen. Aber auch umgekehrt könnte die Umweltgeschichte einen Beitrag zur konzeptionellen Schärfung des globalhistorischen Raumbegriffes leisten. Denn sosehr auch der Ansatz der *multiple modernities* zur Pluralisierung von Zivilisations- und Kulturbegriffen und damit zur grundsätzlichen Akzeptanz der Pluralität von (Kultur)Räumen beigetragen hat,[44] so sehr bleibt auch dieses Konzept im Kern einem Eurozen-

---

[42] Zu diesem Argument vgl. *Richards*, An Emerging Field.
[43] So auch *Joachim Radkau*, Natur und Macht: Eine Weltgeschichte der Umwelt. München 2000. Vgl. kritisch hierzu: *Marks*, World Environmental History, S. 216.
[44] *S. N. Eisenstadt*, Multiple Modernities. New Brunswick, NJ 2002; *ders.*, Comparative Civilizations and Multiple Modernities. Leiden/Boston 2003.

trismus verhaftet. Multiple Modernen sind relationale Größen. Sie werden immer im Verhältnis zur europäischen Moderne als Ursprung und Maßstab von Modernität und Fortschritt betrachtet.[45] So bleibt die Operationalisierung von Raum als Basiskategorie globalhistorischer Forschung nach der Wiederentdeckung seiner Historizität ein zentrales geschichtstheoretisches Desiderat. Dabei ist nach Konzepten zu suchen, die möglichst auch eine Lösung für die kritisierte Empirie-Ferne der Globalgeschichte und ihrer Quellenproblematik bieten. Die Umweltgeschichte könnte hier weiterführende Perspektiven eröffnen. Umweltgeschichte unterstreicht die Lokalität globaler Entwicklung und setzt damit dem häufig zu findenden Homogenisierungsargument eine mikrohistorische Perspektive entgegen, ohne gleichzeitig in das ebenso problematische Gegenargument von der Autonomie lokaler Entwicklungen einzustimmen. Durch die Berücksichtigung der Interdependenz unterschiedlicher Raumebenen im Sinne eines *jeux d'échelles*[46] zeigt global orientierte umwelthistorische Forschung empirisch gesättigt und quellennah die räumlichen Varietäten des Umgangs mit globalen Entwicklungen auf und thematisiert gleichzeitig über die Analyse räumlich variierender Effekte global wirkender Kräfte globale Entwicklungstrends.

Umwelthistorische Zeitkonzepte und Periodisierungsvorschläge

Die deutsche Umweltgeschichte hat einen deutlichen empirischen Schwerpunkt im Bereich der Neueren und Neuesten Geschichte. Die Studien konzentrieren sich klassischerweise auf das Industriezeitalter. In seiner „Einführung in die Neuere Geschichte" stellt Winfried Schulze Schlüsselbegriffe der Neuzeit vor, die für eine „Verklammerung von Lebenswelt und historischen Gegenständen" sorgen und „damit für immer erneuerte Lebensnähe historischen Fragen." Zu diesen Begriffen zählt Schulze exemplarisch „Modernisierung, Säkularisierung, Revolution, Verrechtlichung, Zivilisierung, Sozialdisziplinierung und Widerstand". Gemeinsam sei diesen Begriffen, „daß sie Prozesse der Veränderung in einem weiten Sinne beschreiben". Damit sei zugleich ein Tatbestand berührt, „der geradezu als zentrale Aussage neuzeitlicher Geschichte angesprochen werden kann". Die neuzeitliche Geschichte sei „durch tiefgreifende Veränderungen und deren zunehmende Beschleunigung charakterisiert".[47] Die Umweltgeschichte ergänzt die den Erzählungen über die Neuzeit zugrunde liegenden temporalen Kategorien von Wandel und Beschleuni-

---

[45] Vgl. *Luis Roniger/Carlos H. Waisman* (Hrsg.), Globality and Multiple Modernities: Comparative North American and Latin American Perspectives. Brighton 2002; *Dominic Sachsenmaier/ S. N. Eisenstadt* (Hrsg.), Reflections on Multiple Modernities: European, Chinese, and Other Interpretations. Leiden/Boston 2002.
[46] *Jacques Revel* (Hrsg.), Jeux d´échelles. La micro-analyse à l´expérience. Paris 1996.
[47] *Winfried Schulze*, Einführung in die Neuere Geschichte. 3. Aufl. Stuttgart 1996, S. 60.

gung um Zeitvorstellungen wie *preservation, conservation* und *sustainability*, die Dauer und Beharrungskraft implizieren. Mit den zeitliche Dauer implizierenden Kategorien ‚Bewahrung' und ‚Nachhaltigkeit' wird der dominant sozialhistorisch geprägte Zeit-Diskurs um wichtige Dimensionen ergänzt. Umweltgeschichte macht darauf aufmerksam, dass sich das menschliche Denken auch in der Neuzeit, beginnend mit der Industrialisierung und Urbanisierung, zwischen den beiden Polen von Fortgang und Bewahrung bewegt.[48]

Die zeitliche Binnenstruktur des Nachhaltigkeitsbegriffs ist zwar derjenigen des Fortschritts entgegengestellt. Analog zu den oben genannten historischen Zeitkategorien beinhaltet Nachhaltigkeit aber gleichzeitig auch Erfahrungs- und Erwartungsanteile und damit implizit Zukunftsentwürfe. Nachhaltigkeit indiziert oder registriert vorgegebene Sachverhalte und wird so, ähnlich wie Fortschritt, Revolution oder Modernisierung, selbst zum Faktor der Bewusstseinsbildung und Verhaltenssteuerung.[49] Im Unterschied zu den aus dem historischen Erfahrungsraum der euro-atlantischen Geschichte abgeleiteten Kategorien von Fortschritt und Modernisierung, bietet Nachhaltigkeit einen vom kulturellen Ballast der europäischen Geschichte befreiten Zugang zur Analyse globaler historischer Entwicklungen.

Neben der Nachhaltigkeit als temporalem Gegenkonzept zu Fortschritt ist über die zeitlichen Strukturen von Umwelt nachzudenken. Die in den 1970er Jahren geführte Debatte um die wissenschaftliche Selbstverständigung der Sozialgeschichte drehte sich u. a. um den Zusammenhang und die zeitliche Spezifik von Ereignis und Struktur. Die globalhistorische Diskussion setzt diese Debatte in gewisser Weise fort, macht sie aber durch die Hinzunahme der Kategorie Raum ungleich komplexer und hat u. a. eine Diskussion über die Periodisierungen von Globalisierungsprozessen eingeläutet. So unterscheidet etwa Chris Bayly verschiedene Stadien der Geschichte der Globalisierung, getragen von jeweils unterschiedlichen Akteuren und mit unterschiedlichen regionalen Zentren: archaische Globalisierung, Proto-Globalisierung (1600–1800), moderne Globalisierung sowie eine Phase der postkolonialen Globalisierung (1950).[50] Einig sind sich die Globalisierungshistoriker, dass der Prozess der Globalisierung eine lange Geschichte aufweist, die nicht linear verläuft, sondern geprägt ist von sich abwechselnden Phasen der Verdichtung globaler Interaktion und der Distanzierung und Abschottung.

Auch die Umweltgeschichte hat neue Chronologien und neue Periodisierungen vorgeschlagen. Sie orientiert sich dabei an sehr unterschiedlichen Entwicklungsparametern. So stehen Chronologien, die sich an der Entwicklung

---

[48] Vgl. *Radkau*, Nature and Power, S. xii.
[49] Vgl. *Reinhard Koselleck*, Moderne Sozialgeschichte und historische Zeiten, in: Pietro Rossi (Hrsg.), Theorie der modernen Geschichtsschreibung. Frankfurt a. M. 1987, S. 173–190, hier S. 189.
[50] *Christopher A. Bayly*, ‚Archaic' and ‚Modern' Globalization in the Eurasian and African Arena, ca. 1750–1850, in: Anthony G. Hopkins (Hrsg.), Globalization in World History. New York/London 2002, S. 45–72. Vgl. auch den Beitrag von Niels P. Petersson in diesem Band.

von Klimadaten, von Preisen und Ernteerträgen oder an demographischen Trends orientieren, solchen gegenüber, die die Nutzung energetischer Rohstoffe als Periodisierungshilfe vorschlagen. Edmund Burke und Kenneth Pomeranz erklären beispielsweise, dass die Menschen bevor sie Techniken zur Gewinnung und Nutzung von Kohle als fossilem Energieträger entdeckten in einem „Zeitalter der Solarenergie" (Age of Solar Energy) lebten. Mit der industriellen Revolution habe dann das „Zeitalter fossiler Energie" begonnen.[51] Ähnlich argumentiert I.G. Simmons:

> Humans' interest in the energy content of plants and animals was for millennia in recently captured energy coming from the last year in most plants, a bit longer in animals and longer still with wood for fuel, but there was a massive change when, in the eighteenth century, photosynthesis became widely usable in the form of coal.[52]

Ausgehend von der unterschiedlichen Nutzung fossiler Energie unterscheidet Simmons drei Phasen in der Geschichte der Menschheit: das Zeitalter der Sammler und Jäger, das Zeitalter der Landwirtschaft und das Zeitalter fossiler Energien.[53] Die Veränderung in der Nutzung fossiler Brennstoffe, die mit der industriellen Revolution einherging, wird von Burke als beispielloser Einschnitt und Bruch in den Beziehungen zwischen Mensch, Natur und Umwelt markiert. Auch Simmons bewertet den Wandel von einem Energie-Regime zum nächsten als Weg der Zerstörung des Gleichgewichts zwischen Mensch und Natur. Zu Recht weist Robert Marks deshalb darauf hin, dass diese neuen umwelthistorisch informierten Periodisierungsversuche zwingend auf eine Neubewertung der frühneuzeitlichen Geschichte hinauslaufen, „not as a ‚forerunner' to the modern world from which the historian or social theorist finds causal connections, but as an unsustainable dead end".[54]

Auch in Fragen der Periodisierung ist eine auffällige Isolierung des umwelthistorischen Diskurses von den Leitdebatten der Internationalen Geschichte und selbst der Neueren und Zeitgeschichte festzustellen. Dabei weist die von Bayly und Hopkins für die Globalisierungsgeschichte vorgeschlagene Periodisierung in archaische Globalisierung, Proto-Globalisierung und moderne Globalisierung eine auffälige zeitliche Übereinstimmung mit den von Simmons vorgestellten Phasen der Menschheitsgeschichte auf. Das Zeitalter der fossilen Brennstoffe korreliert mit der Phase der modernen Globalisierung und die Phase der Proto-Globalisierung besitzt zeitliche Parallelen zur intensiveren Nutzung von Holz als fossilem Brennstoff im Zeitalter der Landwirtschaft. Hier scheint sich eine interessante Brücke für einen Austausch zwischen Globalisierungshistorikern und Umwelthistorikern über zentrale Konzepte und Leitkategorien einer Geschichte jenseits des Nationalstaats aufzutun.

---

[51] *Burke/Pomeranz*, The Environment and World History, S. 35–36.
[52] *Simmons*, Global Environmental History, S. 8.
[53] Ebd., S. 10.
[54] *Marks*, World Environmental History, S. 214.

Natur als Akteur: Biozentrische versus anthropozentrische Zugänge zum Phänomen Umwelt

Umweltgeschichte beschäftigt sich nicht allein mit dem Einfluss von räumlich-geographischen Gebilden auf menschliches Verhalten, sondern untersucht auch Umweltereignisse, wie Überschwemmungen, Vulkanausbrüche oder andere Naturkatastrophen im Hinblick auf ihre Bedeutung für den Wandel natürlicher Umweltbedingungen. Umwelthistoriker arbeiten hier häufig transdisziplinär in Kooperation mit naturwissenschaftlichen Disziplinen wie etwa der Klimaforschung, der physischen Geographie, der Ozeanographie und der Ökologie.[55] Es ist auffällig, dass umwelthistorische Arbeiten, die sich mit Naturereignissen und dem Wandel des Ökosystems beschäftigen, häufig eine globalhistorische Perspektive und/oder eine Perspektive der *longue durée* einnehmen. Die naturwissenschaftliche Fundierung umwelthistorischer Forschung ist in den USA insgesamt ausgeprägter als in Europa. Amerikanische Umweltgeschichte ergänzt die deutlicher sozialhistorisch geprägte Perspektive europäischer Umwelthistoriker um geologische, meteorologische, geographische und medizinische Fragestellungen. Damit einher geht eine größere Bereitschaft, die Akteursqualitäten von Natur und Umwelt zu thematisieren, basierend auf einem eher naturwissenschaftlichen Verständnis von ‚Natur'.

Die Ereignishaftigkeit von Naturkatastrophen weist auf die Wirkmächtigkeit einer außerhalb der Sphäre menschlichen Handelns und Verhaltens liegenden Größe hin. In Umweltereignissen drückt sich die „Macht der Natur" aus.[56] Naturkatastrophen besitzen die Fähigkeit, gesellschaftliche Ordnungssysteme massiv zu beeinflussen, ja gar zum Wanken zu bringen, indem sie die räumlichen und ökologischen Kontextbedingungen abrupt verändern, Infrastrukturen zerstören und die institutionelle Ordnung in Frage stellen. Naturkatastrophen werden zwar immer noch häufig im Kontext des historischen Krisenparadigmas analysiert.[57] Immer öfter wird der Blick aber auch gelenkt auf die Mechanismen und Anpassungsprozesse, mit denen Gesellschaften auf Umweltkrisen reagieren, um ihre Überlebensfähigkeit zu sichern. Während sich in der Sozio-Ökologie das Phänomen Resilienz bezogen auf die Anpassungsfähigkeit von Ökosystemen bereits als Analyseperspektive etabliert hat, wird das Konzept erst jüngst für die historische Forschung entdeckt.[58] Auch

---

[55] Vgl. hierzu das Forschungsprogramm des Interdisziplinären Graduiertenkollegs „Naturale Umwelt und gesellschaftliches Handeln in Mitteleuropa" an der Universität Göttingen.
[56] *Péter Szabó*, Why History Matters in Ecology: An Interdisciplinary Perspective, in: Environmental Conservation 37, 2010, S. 380–387. Hier auch weiterführende Literatur.
[57] Vgl. hierzu etwa das Programm des Tübinger SFB 923 „Bedrohte Ordnungen".
[58] Für einen historischen Zugriff auf das Resilienz-Phänomen vgl. *Thomas J. Wilbanks/Robert W. Kates*, Beyond Adapting to Climate Change: Embedding Adaptation in Responses to Multiple Threats and Stresses, in: Annals of the Association of American Geographers 100, 2010, S. 719–728; *Margaret Wilder/Christopher A. Scott/Nicolas Pineda Pablos/Robert G. Varady/Gregg M. Garfin/Jamie McEvoy*, Adapting Across Boundaries: Climate Change, Social Learning, and Resilience in the U.S.-Mexico Border Region, in: ebd., S. 917–928; *Bas van Bavel/Jan Luiten*

Umwelterfahrung ist eine historische Kontingenzerfahrung, auf die die betroffenen Menschen kreativ mit institutionellen, organisatorischen und normativen Wandel reagieren. Ausgehend von dieser Beobachtung fragen Umwelthistoriker danach, wie Menschen mit der Macht der Natur umgehen, welche Vorsichts- und Frühwarnsysteme sie etablieren und mit welchen Institutionen und Organisationen sie auf Naturkatastrophen antworten.[59]

Die Wirkmächtigkeit von Naturereignissen hat im Kontext des sich seit den 1980er Jahren intensivierenden Austauschs zwischen der Umweltgeschichte und der Ökologie eine bis heute andauernde Debatte zwischen Vertretern eines biozentrischen und eines anthropozentrischen Zugangs zur Umweltgeschichte provoziert.[60] Erstere gehen wie oben ausgeführt als Historiker dem menschlichen Handeln und der Rolle des Menschen im Umgang mit Natur nach. Sie betrachten und analysieren Natur als Konstrukt, als Idee, als menschliche Vorstellung von Natur bzw. untersuchen die Folgen der menschlichen Interaktion mit der natürlichen Umwelt. Die Vertreter einer biozentrischen Perspektive stellen hingegen Natur als eigenständigen und vom Menschen unabhängigen Akteur heraus. Eine solche naturalistische Perspektive auf ‚Natur' wird u.a. von dem bekannten amerikanischen Umwelthistoriker Donald Worster vertreten. Worster argumentiert, dass Natur als eigenständige Größe, gleichsam als historisches Subjekt betrachtet und wertgeschätzt werden müsse, das unabhängig von ihrer sozialen, kulturellen oder wirtschaftlichen Bedeutung für den Menschen existiere. Natur sei „an order and a process that we did not create, and [that, U.L.] in our absence [...] will continue to exist". Worster kritisiert kulturwissenschaftliche Zugänge zur Umweltgeschichte, weil er befürchtet, dass durch eine Betonung der Kulturprägung von Natur die umwelthistorische Forschung Gefahr laufe, die Natur als vom Menschen unabhängige Einheit aus dem Blick zu verlieren und sich allein noch damit zu beschäftigen, wie Individuen und soziale Gruppen Natur erlebt hätten.[61]

Trotz dieser sehr klar formulierten Position weist aber auch Worster darauf hin, dass Natur immer auch „a creation of our minds" sei, „and no matter how hard we may try to see what it is objectively, in and by and for itself, we are to a considerable extent trapped in the prison of our own consciousness and web of meanings." Letztlich vertritt Worster die von der Ökologie heraus-

---

van Zanden, The Jump-Start of the Holland Economy during the Late-Medieval Crisis, c. 1350–c. 1500, in: The Economic History Review 57, 2004, S. 503–532.
[59] Vgl. *Bruce M.S. Campbell*, Nature as Historical Protagonist: Environment and Society in Pre-Industrial England, in: The Economic History Review. A Journal of Economic and Social History 63, 2010, S. 281–314; *Marie Luisa Allemeyer*, „Kein Land ohne Deich!" Lebenswelten einer Küstengesellschaft in der Frühen Neuzeit. Göttingen 2006.
[60] Vgl. *Wolfram Siemann/Nils Freytag*, Umwelt – Eine geschichtswissenschaftliche Grundkategorie, in: Wolfram Siemann (Hrsg.), Umweltgeschichte. Themen und Perspektiven. München 2003, S. 7–20, hier: S. 7; *Lehmkuhl*, Historicizing Nature; *Toyka-Seid*, Auf der Suche nach dem Eigen-Sinn.
[61] Vgl. die Diskussion im Journal of American History: *Donald Worster, et al.*, A Roundtable: Environmental History, in: Journal of American History 74, 1990, S. 1087–1147.

gearbeitete Position, dass Natur und Umwelt „the result of interactions between nature and culture" seien.[62] An genau diesem Punkt treffen sich die Argumente von Donald Worster und Joachim Radkau, der als wohl vehementester Verfechter einer anthropozentrischen Umweltgeschichtsschreibung genannt werden muss. Für Radkau ist eine Geschichte, „in der nicht der Mensch, sondern die Natur im Mittelpunkt steht [...] ein arger Stolperstein".[63] Radkau lehnt den biozentrischen Ansatz ab, weil es keine „natürliche Natur" gäbe. „Natur" sei immer schon eine von Menschen veränderte Größe. Er erklärt:

Das Ideal der ‚unberührten' Natur ist ein Phantom. Ein Produkt des Kultes der Virginität. Eine unbefangene Umwelthistorie handelt nicht davon, wie der Mensch die reine Natur schändete, sondern handelt von Organisations-, Selbstorganisations- und Dekompositionsprozessen in hybriden Mensch-Natur-Kombinationen.[64]

Gleichwohl weist auch Radkau darauf hin, dass die Natur ihr Eigenleben hat „und keineswegs nur Komponente menschlicher Handlungen" sei.[65] Das Verhältnis von Mensch und Natur und die sich darin wiederfindenden Interaktionsformen seien äußerst komplex, komplexer jedenfalls als es die sozialhistorisch und handlungstheoretisch fundierten historischen Arbeiten annehmen.

Eine im Sinne ökologischer Grundannahmen und eines ökologischen Grundverständnisses von Natur und Umwelt erweiterte Interpretationsperspektive bietet Andrew Isenberg in seiner Analyse des Prozesses der Ausrottung des amerikanischen Bisons im 19. Jahrhunderts.[66] Isenberg argumentiert, dass erst das Zusammenspiel von Ökonomie, Ökologie und Kultur als zentrale Kontextbedingungen des Interaktionsverhältnisses von Mensch und Natur den Prozess der Ausrottung des Bisons erklären helfen. Isenberg zeigt wie Ökonomie, Ökologie und Kultur im Rahmen sich überlappender *encounter*-Situationen im Sinne eines *jeux d'échelles* zusammenwirkten.[67] Im Kontext der Begegnung zwischen Mensch und Natur (konkret: Indianer, Euro-Amerikaner und die Great Plains) lassen sich historisch spezifische interkulturelle und ökologische Austauschprozesse ausmachen, die die Interaktionen zwischen Menschen und ihrem (Lebens-)Raum charakterisieren. In Folge dieser Begegnungen und Interaktionen hätten die Menschen ihre Verhaltensweisen und der Raum sein „natürliches Gesicht" verändert. Damit wird nicht nur ein Zusammenhang zwischen Raum und Identität hergestellt, sondern auf Veränderungsprozesse hingewiesen, die durch die Begegnung von Mensch

---

[62] Ebd., S. 302.
[63] *Joachim Radkau*, Nachdenken über Umweltgeschichte, in: Siemann (Hrsg.), Umweltgeschichte, S. 165–186, hier S. 167–8.
[64] *Radkau*, Scheuklappen und Sackgassen. S. 168.
[65] Ebd., S. 169.
[66] *Andrew C. Isenberg*, The Destruction of the Bison: An Environmental History, 1750–1920. Cambridge, New York 2000.
[67] Dieses Modell geht auf Arthur F. McEvoy zurück. Vgl. hierzu *Arthur F. McEvoy*, The Fisherman's Problem: Ecology and Law in the California Fisheries, 1850–1980. Cambridge 1986, S. 3–16. Isenberg synthetisiert den von McEvoy entwickelten Ansatz mit Hilfe des „encounter"-Konzeptes.

und Umwelt ausgelöst werden und beide gleichermaßen betreffen. Aus der Dialektik zwischen dem physischen Raumbegriff und den Prozesskategorien *frontier* und *encounter* resultiert eine neue analytische Perspektive, die für die Besiedlungsgeschichte der USA ebenso bedeutsam ist wie für die politische Ideengeschichte, die Sozialgeschichte, aber eben auch die Internationale Geschichte.

Das analytische Dreieck von Ökonomie, Ökologie und Kultur eröffnet zusammen mit der Berücksichtigung unterschiedlicher Raumebenen (Mikro-/Makroperspektive) und einem konstruktivistischen Raumkonzept Forschungsperspektiven, die Struktur und Ereignis, *longue durée* und *histoire événementielle*, physische Umwelt und konstruierten resp. angeeigneten Raum als historische Analysekategorien zu verbinden vermögen. Die Umweltgeschichte zeigt, wie die Untersuchung regionaler Entwicklungen oder kurzer Zeitspannen mit Perspektiven der mittleren oder der langen Dauer sowie überregionalen oder globalen Zusammenhänge zusammengebracht werden können. Zugleich zeigt sie, wie die Untersuchung konkreter Phänomene immer auch die Möglichkeit birgt, universale Aussagen über die konstitutive Beziehungskonstellation in historischer Perspektive zu treffen: Die Staubstürme der 1930er-Jahre in den Great Plains lassen ebenso verallgemeinernde Überlegungen über die Wechselwirkungen von Natur und Gesellschaft zu wie der frühneuzeitliche Deichbau an den Nordseeküsten, der Kautschuk-Boom in Brasilien im späten 19. Jahrhundert oder die Entwicklung des Ruhrgebietes im 20. Jahrhundert.

Jochen Oltmer
Migration

Migration bildete weltweit ein zentrales Element der weitreichenden Transformation von Wirtschaft, Gesellschaft und Kultur im 19. und 20. Jahrhundert. Die politisch-territoriale Expansion Europas über die Grenzen des Kontinents hinaus korrespondierte im ‚langen' 19. Jahrhundert mit der Ausbreitung der Europäer über die Welt, aus der ein tiefgreifender Wandel in der Zusammensetzung der Bevölkerungen vor allem in den Amerikas, im südlichen Pazifik, aber auch in Teilen Afrikas und Asiens resultierte. Weltwirtschaftliches Wachstums, aber auch die globale ökonomische Integration war im gesamten Beobachtungszeitraum abhängig von der Verfügbarkeit des Produktionsfaktors Arbeit und der Bewegung von Arbeitskräften im Raum zur Erschließung standortgebundener natürlicher Ressourcen. Arbeitswanderungen erwiesen sich deshalb als Konjunktur- und Krisensymptome; die Veränderung ihrer Dimensionen und Verläufe spiegelt wie ein Barometer die Entwicklung globaler, nationaler und regionaler Ökonomien.

Die Entwicklung räumlicher Bevölkerungsbewegungen blieb aber auch gebunden an die Genese von Herrschaftsverhältnissen und von politischen Prozessen: Individuelles und kollektives Handeln von (potenziellen) Migranten unterlag staatlichen, politischen und administrativen Einflüssen und Einflussnahmen. Zwangsmigrationen wiederum waren Ausdruck der staatlichen und gesellschaftlichen Akzeptanz der Beschränkung von Freiheit und körperlicher Unversehrtheit. Menschen reagierten auf bewaffnete Konflikte mit Bewegungen im Raum. Bis in die Gegenwart ist die Vorstellung verbreitet, durch die Nötigung zur Migration ließe sich Herrschaft stabilisieren oder könnten politische Interessen durchgesetzt werden.

Wegen der Vielgestaltigkeit des globalen Wanderungsgeschehens im 19. und 20. Jahrhundert beschränken sich die folgenden Bemerkungen darauf, einige zentrale Strukturmuster räumlicher Bevölkerungsbewegungen herauszuarbeiten. Nach einem knappen Überblick über die Beobachtungsperspektiven der Historischen Migrationsforschung konzentriert sich der Beitrag zunächst darauf, Hintergründe und Erscheinungsformen von Migration zu skizzieren und durch einige wenige Beispiele zu illustrieren. Im Anschluss bietet er einen kurzen Überblick über die Genese von Migrationsregimen, die intra- und interregionale sowie grenzüberschreitende Migrationsbewegungen in eine Struktur fügten und ihr einen Rahmen boten.

1. Beobachtungsperspektiven der Historischen Migrationsforschung

Historische Migrationsforschung untersucht räumliche Bevölkerungsbewegungen unterschiedlichster Größenordnung auf den verschiedensten sozialen Ebenen.[1] Das gilt für die vor allem mit Hilfe von prozess-produzierten Massendaten in ihren Dimensionen, Formen und Strukturen erfassbaren europäischen überseeischen Massenabwanderungen des ‚langen' 19. Jahrhunderts[2] oder für die zwischen Land und Stadt bzw. den verschiedenen Städtetypen und -größen fluktuierenden intra- und interregionalen Arbeitswanderungen im Prozess von Industrialisierung und Urbanisierung.[3] Es gilt aber auch für die Frage nach den Motiven, Ansiedlungs- bzw. Integrationsstrategien einzelner Gruppen, Familien oder Individuen, wie sie sich beispielsweise für die zunehmende Beschäftigung ausländischer Arbeitsmigranten in den west-, mittel- und nordeuropäischen Industriestaaten im späten 19. und frühen 20. Jahrhundert sowie mit deutlich größeren Dimensionen seit den 1950er Jahren beobachten lassen.

Historische Migrationsforschung untersucht sowohl Wanderungsprozesse, die auf dauerhafte Niederlassung in einem Zielgebiet ausgerichtet waren (und entsprechender Vorbereitungen in den Herkunftsgebieten bedurften), als auch die zahlreichen Formen zeitlich befristeter Aufenthalte – von den saisonalen oder zirkulären Bewegungen über die mehrjährigen Arbeitsaufenthalte in der Fremde bis hin zu dem in der Regel über einen begrenzten Zeitraum aufrecht erhaltenen Umherziehen als ortloser Wanderarbeiter. Damit überwindet sie eine lange in der historischen Forschung dominierende Sicht, die Migration vorwiegend als einen linearen Prozess verstand, der von der Wanderungsentscheidung im Ausgangsraum über die Reise in das Zielgebiet bis zur dort vollzogenen dauerhaften Niederlassung reichte. Die Entwicklung von bi- und multiregionalen Wanderungssystemen[4] mit jahrhundertelanger Tradition ge-

---

[1] Begriffe und Ansätze: *William H. McNeill/Ruth S. Adams* (Hrsg.), Human Migration. Patterns and Policies. Bloomington 1978; *Dirk Hoerder/Leslie Page Moch* (Hrsg.), European Migrants. Global and Local Perspectives. Boston 1996; *Virginia Yans-McLaughlin* (Hrsg.), Immigration Reconsidered. History, Sociology and Politics. New York 1990; Klaus J. Bade, Sozialhistorische Migrationsforschung. Göttingen 2004; *Dirk Hoerder/Jan Lucassen/Leo Lucassen*, Terminologien und Konzepte in der Migrationsforschung, in: Klaus J. Bade/Pieter C. Emmer/Leo Lucassen/Jochen Oltmer (Hrsg.), Enzyklopädie Migration in Europa vom 17. Jahrhundert bis zur Gegenwart. 3. Aufl. Paderborn 2010, S. 28–53; *Jan Lucassen/Leo Lucassen* (Hrsg.), Migration, Migration History, History. Old Paradigms and New Perspectives. 3. Aufl. Bern 2005; *Jochen Oltmer*, Migration im 19. und 20. Jahrhundert. München 2010.

[2] Überblickende Perspektiven zur europäischen überseeischen Migration: *Walter Nugent*, Crossings. The Great Transatlantic Migrations 1870–1914. Bloomington 1992; *Dudley Baines*, Emigration from Europe 1815–1930. Cambridge 1995; *Klaus J. Bade*, Europa in Bewegung. Migration vom späten 18. Jahrhundert bis zur Gegenwart. München 2000, S. 121–168.

[3] *Ad van der Woude/Akira Hayami/Jan de Vries* (Hrsg.), Urbanization in History. A Process of Dynamic Interactions. Oxford 1990; *Paul M. Hohenberg/Lynn Hollen Lees*, The Making of Urban Europe 1000–1994. 2. Aufl. Cambridge 1995.

[4] *Jan Lucassen*, Naar de Kusten van de Noordzee. Trekarbeid in Europees perspektief 1600–1900. Gouda 1984.

hört ebenso zum Gegenstandsbereich moderner Historischer Migrationsforschung wie die Momentaufnahme der gesamten Migrationssituation in einem Raum, bei der Wechselwirkungen zwischen unterschiedlichen Wanderungsformen in einer spezifischen sozio-ökonomischen, demographischen und politischen Konstellation ausgeleuchtet werden.[5]

Historische Migrationsforschung fragt nach 1. den Hintergründen und Formen von Abwanderungen; 2. den Mustern räumlicher Bewegungen zwischen Herkunfts- und Zielgebieten im Kontext der politischen, wirtschaftlichen und kulturellen Wechselbeziehungen zwischen beiden Räumen; 3. den Dimensionen, Formen und Folgen der Zuwanderung im Zielgebiet, die in einen Generationen übergreifenden Prozess dauerhafter Ansiedlung und Integration münden konnte sowie 4. den Rückwirkungen der Abwanderung auf die Ausgangsräume.[6] Untersuchungsfelder der Historischen Migrationsforschung sind zum einen das Wanderungsgeschehen und zum andern das Handeln im Migrationsprozess vor dem Hintergrund der Entwicklung von Bevölkerung, Umweltbedingungen, Wirtschaft, Gesellschaft, Recht, Politik und Kultur in den Ausgangs- und in den Zielräumen. Die Frage nach dem Wanderungsgeschehen zielt dabei auf Umfang, Entwicklungen und Strukturen, diejenige nach dem Handeln im Migrationsprozess auf Motivationen, Mentalitäten und die Funktionsweise von Netzwerken.

2. Hintergründe und Erscheinungsformen von Migration

Migration kann als die auf einen längerfristigen Aufenthalt angelegte räumliche Verlagerung des Lebensmittelpunktes von Individuen, Familien, Gruppen oder auch ganzen Bevölkerungen verstanden werden.[7] Unterscheiden lassen sich im 19. und 20. Jahrhundert verschiedene Erscheinungsformen globaler räumlicher Bevölkerungsbewegungen (s. Tabelle 1).[8] Sieht man von den Zwangswanderungen ab (s. unten), streben Individuen, Familien oder Gruppen danach, durch Bewegungen zwischen geographischen und sozialen Räumen Erwerbs- oder Siedlungsmöglichkeiten, Arbeitsmarkt-, Bildungs-, Aus-

---

[5] Gesamtdarstellungen zur globalen und europäischen Migrationsgeschichte: *Bade*, Europa in Bewegung; *Dirk Hoerder*, Cultures in Contact. World Migrations in the Second Millennium. Durham 2002; *Leslie Page Moch*, Moving Europeans. Migration in Western Europe since 1650. 2. Aufl. Bloomington 2003; *Patrick Manning*, Migration in World History. New York 2005; *Bade/Emmer/Lucassen/Oltmer* (Hrsg.), Enzyklopädie Migration in Europa.

[6] *Klaus J. Bade*, Sozialhistorische Migrationsforschung, in: Ernst Hinrichs/Henk van Zon (Hrsg.), Bevölkerungsgeschichte im Vergleich: Studien zu den Niederlanden und Nordwestdeutschland. Aurich 1988, S. 63–74.

[7] Überlegungen zur Definition des Gegenstandes und seiner Erscheinungsformen: *Oltmer*, Migration im 19. und 20. Jahrhundert, S. 1–9.

[8] Ausführlicher: *Jochen Oltmer*, Migration im Kontext von Globalisierung, Kolonialismus und Weltkriegen, in: Walter Demel u. a. (Hrsg.), WBG-Weltgeschichte. Von den Anfängen bis ins 21. Jahrhundert, Bd. 6: Globalisierung. 1880 bis heute, Darmstadt 2010, S. 177–221.

bildungs- oder Heiratschancen zu verbessern bzw. sich neue Chancen zu erschließen.[9] In diesen Kontext gehören auch die großen interkontinentalen Wanderungen des ‚langen' 19. Jahrhunderts, die wahrscheinlich 55 bis 60 Millionen Europäer umfassten.

Tabelle 1: Migrationsformen

Formen	Merkmale, Teilphänomene und Beispiele
Arbeitswanderung	Migration zur Aufnahme unselbstständiger Erwerbstätigkeit in Gewerbe, Landwirtschaft, Industrie und im Dienstleistungsbereich
Bildungs- und Ausbildungswanderung	Migration zum Erwerb schulischer, akademischer oder beruflicher Qualifikationen (Schülerinnen und Schüler, Studierende, Lehrlinge/Auszubildende)
Dienstmädchen/Hausarbeiterinnenwanderung	Migration im Feld der haushaltsnahen Dienstleistungen, häufig gekennzeichnet durch relativ enge Bindung an eine Arbeitgeberfamilie, ungeregelte Arbeitszeiten und prekäre Lohnverhältnisse
Entsendung	Grenzüberschreitende, temporäre Entsendung im Rahmen und im Auftrag von Organisationen/Unternehmen: ‚Expatriats'/‚Expats'; Kaufleute und Händlerwanderungen zur Etablierung/Aufrechterhaltung von Handelsfilialen; Migration im Rahmen eines militärischen Apparates (Söldner, Soldaten, Seeleute), von Beamten oder von Missionaren
Gesellenwanderung	Wissens- und Technologietransfer durch Migration im Handwerk, Steuerungsinstrument in gewerblichen Arbeitsmärkten durch Zünfte
Heirats- und Liebeswanderung	Wechsel des geographischen und sozialen Raumes wegen einer Heirat oder einer Liebesbeziehung
Kulturwanderung	Wechsel in kulturell attraktive Städte und Stätten (‚Künstlerkolonien', Weltstädte / ‚Global Cities' als kulturelle Zentren)
Nomadismus/ Migration als Struktur	Permanente oder wiederholte Bewegung zur Nutzung natürlicher, ökonomischer und sozialer Ressourcen durch Viehzüchter, Gewerbetreibende, Dienstleister oder brandrodende Bauern
Siedlungswanderung	Migration mit dem Ziel des Erwerbs von Bodenbesitz zur landwirtschaftlichen Bearbeitung
Sklaven- und Menschenhandel	Migration (Deportation) zur Realisierung von Zwangsarbeit, d. h. jeder Art von Arbeit oder Dienstleistung, die von einer Person unter Androhung irgendwelcher Strafen verlangt wird
Wanderarbeit	Arbeitswanderung im Umherziehen, ortlose Wanderarbeitskräfte finden sich vor allem im Baugewerbe (Eisenbahnbau, Kanalbau)
Wanderhandel	Handelstätigkeit im Umherziehen, meist Klein- und Kleinsthandel, z. B. Hausierer
Wohlstandswanderung	Migration finanziell weitgehend unabhängiger Personen aus vornehmlich klimatischen oder gesundheitlichen Erwägungen (Rentner- und Seniorenwanderung, ‚lifestyle migration')
Zwangswanderung	Migration, die sich alternativlos aus einer Nötigung zur Abwanderung aus politischen, ethno-nationalen, rassistischen oder religiösen Gründen ergibt (Flucht, Vertreibung, Deportation, Umsiedlung)

---

[9] *Charles Tilly*, Migration in Modern European History, in: McNeill/Adams (Hrsg.), Human Migration, S. 48–72.

In den ersten drei Jahrhunderten des europäischen Kolonialismus seit dem späten 15. Jahrhundert hatten rund 8 bis 9 Millionen Europäer insgesamt den Kontinent verlassen, meistenteils handelte es sich um maritime und militärische Arbeitsmigranten. Nur der geringere Teil siedelte sich dauerhaft andernorts an, wobei die Amerikas das Hauptziel bildeten. Überschlägige Berechnungen sind zu dem Ergebnis gekommen, dass ca. 10 Millionen Menschen in den mehr als drei Jahrhunderten zwischen dem Eintreffen Kolumbus' in der Karibik 1492 und dem Jahr 1820 dauerhaft in die Amerikas zogen. Davon kamen rund 2 Millionen aus Europa und etwa 8 Millionen als Sklaven aus Afrika.[10] Seit dem frühen 19. Jahrhundert wuchs die Zahl der Menschen rapide an, die Europa den Rücken kehrten. Die Phase beschleunigter kolonialer Erschließung der Welt und weltwirtschaftlicher Verdichtung in den letzten dreißig, vierzig Jahren vor Beginn des Ersten Weltkriegs bildete dann den Höhepunkt. Der kleinere Teil der europäischen Interkontinentalwanderer nahm Pfade über Land und siedelte sich vornehmlich in den asiatischen Gebieten des Zarenreichs an. Der überwiegende Teil überwand die maritimen Grenzen des Kontinents: Von den 55 bis 60 Millionen Europäern, die zwischen 1815 und 1930 nach Übersee zogen, gingen mehr als zwei Drittel nach Nordamerika, wobei die USA gegenüber Kanada mit einer um mehr als das Sechsfache höheren Zuwandererzahl eindeutig dominierten. Rund ein Fünftel wanderte nach Südamerika ab, ca. 7 Prozent erreichten Australien und Neuseeland. Nordamerika, Australien, Neuseeland, das südliche Südamerika sowie Sibirien bildeten als europäische Siedlungsgebiete Neo-Europas.[11]

Die Besiedlung Neo-Europas bedeutete eine Verdrängung der einheimischen Bevölkerung in periphere Räume und zeigte nicht selten genozidale Tendenzen; denn sie führte zu einer weitreichenden Marginalisierung oder sogar völligen Beseitigung der überkommenen ökonomischen und sozialen Systeme, Herrschaftsgefüge und kulturellen Muster.[12] Den zentralen Anstoß für eine verstärkte europäische Zuwanderung bildete im 19. Jahrhundert in allen Fällen die beschleunigte Einbindung der Siedlungsräume in den Weltmarkt.[13]

---

[10] *Jan Lucassen/Leo Lucassen*, The Mobility Transition Revisited, 1500–1900: What the Case of Europe can offer to Global History?, in: Journal of Global History 4, 2009, S. 347–378, hier S. 355f.; im Detail für die Abwanderung aus den wichtigsten europäischen Herkunftsländern s. die Beiträge in: Nicholas Canny (Hrsg.), Europeans on the Move. Studies on European Migration, 1500–1800. Oxford 1994.
[11] Datenquelle für die Angaben hier und im Folgenden: *Bade*, Europa in Bewegung, S. 121–168; *Nugent*, Crossings. The Great Transatlantic Migrations, S. 27–107; *Page Moch*, Moving Europeans, S. 147–160. Über den Umfang der europäischen transatlantischen Migration sind nur unsichere Angaben überkommen. Das ist ein Resultat sehr unterschiedlicher Erfassungsbedingungen in den Herkunfts- und in den Zielländern, aber auch einer hohen Dunkelziffer aufgrund einer großen Zahl von Migranten, die kein Interesse daran hatten, sich erfassen zu lassen, nicht zuletzt, weil sie mit Hilfe der Abwanderung dem Militärdienst zu entgehen strebten.
[12] *Anthony Dirk Moses* (Hrsg.), Empire, Colony, Genocide. Conquest, Occupation, and Subaltern Resistance in World History. New York/Oxford 2008.
[13] Zu diesem facettenreichen Zusammenhang: *Jochen Oltmer*, Globale Migration. Geschichte und Gegenwart. München 2012.

Das späte 19. Jahrhundert bietet sich dabei als Zäsur an: In den 1880er Jahren begann eine Phase verstärkter kolonialer Expansion, die zur Aufteilung der Welt unter den (europäischen) Kolonialmächten führte. Zugleich kam es zu einer beschleunigten internationalen ökonomischen Verdichtung und Vernetzung. Das Volumen des Welthandels stieg von den späten 1870er Jahren bis 1913 um mehr als das Dreifache. Agrarische und industrielle Produktion und Produktivität wuchsen rasch, neue Märkte wurden beschleunigt erschlossen. Die Verkehrsrevolution führte zu einem erneuten, beachtlichen Rückgang der Transportkosten, die Kommunikationsrevolution zu einer wesentlichen Verbesserung der Möglichkeiten der Information über Chancen der Ansiedlung oder Arbeitnahme andernorts.

Neben die Ansiedlung von Europäern in den kolonialen Räumen traten die vielgestaltigen und umfangreichen Migrationen insbesondere von Afrikanern und Asiaten als unmittelbares oder mittelbares Ergebnis der globalen politisch-territorialen und wirtschaftlichen Expansion Europas: Sie waren als Flucht, Vertreibung oder Umsiedlung Ergebnis der Aufrichtung und Durchsetzung von Kolonialherrschaft. Sie waren als Deportation Ergebnis des in vielen Kolonialgebieten praktizierten Zwangs zum Anbau marktförmiger Produkte oder der weitreichenden Etablierung von Plantagenwirtschaften, die auf längere Sicht auf zahlreiche (Zwangs-)Arbeitskräfte angewiesen blieben. Sie waren als Arbeitswanderungen Ergebnis der Veränderung ökonomischer Strukturen, darunter insbesondere der Exploration und raschen Ausbeutung von für die europäische Industrialisierung wichtigen Rohstoffvorkommen, der Umstellung der Landwirtschaft auf Handelspflanzen, des Wachstums urbaner Wirtschaftsräume oder des Ausbaus der Infrastruktur (Eisenbahn-, Kanal- und Hafenbau). Oder sie waren als landwirtschaftliche Siedlungswanderungen Ergebnis der Erschließung neuer Siedlungszonen beispielsweise durch Kultivierungsmaßnahmen oder durch die Öffnung neuer Siedlungsgebiete durch Eroberung oder Erwerb.[14] Beispiele bieten hierfür etwa die Erschließung des großen Mündungsdeltas des Irrawaddy im britischen Burma seit den 1850er Jahren oder des Mekong-Deltas im französischen Vietnam für den Reisanbau. Auch die Teeplantagen in Assam und Darjeeling in Britisch-Indien zogen sehr viele, überwiegend weibliche Arbeitskräfte an. Zu den neuen großen Bergbaukolonien, die auf die Arbeitskraft von Zuwanderern angewiesen waren, zählten vor allem Südafrika (Gold, Diamanten) und Nord-Rhodesien, das spätere Sambia (Kupfer): Millionen von Arbeitskräften kamen aus den angrenzenden Gebieten des südlichen Afrika, Indien, China und Europa.

Räumliche Bewegungen zur Erschließung oder Ausnutzung von Chancen strebten nicht ausschließlich nach einer Stabilisierung oder Verbesserung der Lebenssituation von Zuwanderern im Zielgebiet. Wanderungszweck konnte gleichermaßen die Verbesserung der Lage der Migranten oder ihrer Familien

---

[14] Unzählige Beispiele bietet: *Wolfgang Reinhard*, Geschichte der europäischen Expansion. 4 Bde. Stuttgart 1983–1990.

in der Herkunftsgesellschaft sein, wie bei den saisonalen Arbeitswanderungen oder bei den Rückwanderungen[15] nach Jahren oder Jahrzehnten der Erwerbstätigkeit in der Ferne. Eine ausgesprochen hohe Bedeutung haben bis in die Gegenwart für einzelne Haushalte, für regionale Ökonomien oder selbst für ganze Volkswirtschaften die mehr oder minder regelmäßigen Geldüberweisungen durch Migranten an zurückbleibende Familienmitglieder.[16]

Migration bildete in den genannten Kontexten ein Element der Lebensplanung und verband sich häufig mit (erwerbs-)biographischen Grundsatzentscheidungen wie Heirat, Beginn einer beruflichen Ausbildung oder Einstieg in einen Beruf bzw. Übernahme eines Arbeitsplatzes; der überwiegende Teil der Arbeits-, Ausbildungs-, Siedlungs- und Heiratswanderer war mithin jung. In derartigen sozialen Konstellationen resultierte der Wanderungsentschluss aus persönlichen Entscheidungen oder Arrangements in Familienwirtschaften. Individuelle bzw. familienwirtschaftliche Handlungsalternativen gab es allerdings vor allem dann nicht, wenn aufgrund von wirtschaftlichen, sozialen oder umweltbedingten Krisen existenzielle Not drohte oder herrschte (s. Tabelle 2).

Bei den Wanderungen, die auf die Umsetzung ökonomischer und sozialer Chancen ausgerichtet waren, lassen sich Herkunfts- und Zielgebiet vornehmlich durch ein ökonomisches Gefälle unterscheiden. Es muss keineswegs als übergreifender wirtschaftlicher Entwicklungsunterschied zwischen zwei kontinentalen Großräumen verstanden werden, sondern beschränkte sich vielmehr häufig auf einzelne kleinräumige Marktsegmente. Spezifische soziale Merkmale von Individuen bzw. Mitgliedern von Familien oder Gruppen, darunter vor allem Geschlecht, Alter und Position im Familienzyklus, berufliche Stellung und Qualifikationen sowie Zuschreibungen (vor allem hinsichtlich der Zugehörigkeit zu ‚Ethnien‘, ‚Kasten‘, ‚Rassen‘ oder ‚Nationalitäten‘), die sich nicht selten mit Privilegien und Geburtsrechten verbanden, bedingten den Marktzugang und damit auch die Wahrnehmung von Chancen durch Migration.

Kommunikationsprozesse motivierten und strukturierten räumliche Bevölkerungsbewegungen; ob und inwieweit eine Abwanderung als individuelle oder familienwirtschaftliche Alternative verstanden wurde, hing entscheidend vom Wissen über Migrationsziele, -pfade und -möglichkeiten ab. Damit Arbeits-, Ausbildungs- und Siedlungswanderungen einen gewissen Umfang und eine gewisse Dauer erreichten, bedurfte es kontinuierlicher und verlässlicher Informationen über das Zielgebiet. Zentral war die mündliche oder schriftliche Übermittlung von Wissen über Beschäftigungs-, Ausbildungs-, Heirats- oder Siedlungschancen durch vorausgewanderte (Pionier-)Migranten, deren

---

[15] *Mark Wyman*, Round-trip to America. The Immigrants Return to Europe, 1880–1930. Ithaca 1993.
[16] Historisches Beispiel: *Gary B. Magee/Andrew S. Thompson*, Lines of Credit, Debts of Obligation. Migrant Remittances to Britain, c. 1875–1913, in: Economic History Review 59, 2006, S. 539–577.

Nachrichten aufgrund von verwandtschaftlichen oder bekanntschaftlichen Verbindungen ein hoher Informationswert beigemessen wurde. Vertrauenswürdige Informationen standen dem potenziellen Migranten häufig nur für einen Zielort bzw. für einzelne, lokal begrenzte Siedlungsmöglichkeiten oder spezifische Segmente des Arbeits- oder Ausbildungsmarktes zur Verfügung, sodass realistische Wahlmöglichkeiten zwischen verschiedenen Zielen nicht gegeben sein mussten.

Tabelle 2: Hintergründe und raum-zeitliche Dimensionen von Migration

Hintergrund	– Chancenwahrnehmung (Arbeits- und Siedlungswanderungen)
	– Zwang (Flucht, Vertreibung, Deportation, meist politisch und weltanschaulich bedingt oder Folge von Kriegen)
	– Krise (z. B. umweltbedingte Zwänge aufgrund menschlicher oder natürlicher Umweltzerstörung; Abwanderung aufgrund akuter wirtschaftlicher und sozialer Notlagen)
	– Bildung/Ausbildung (Erwerb von beruflichen oder akademischen Qualifikationen)
	– Kultur (Kulturwanderungen, Wohlstandswanderungen)
Raum	– intraregional (Nahwanderungen)
	– interregional (mittlere Distanz)
	– grenzüberschreitend (muss keine großen Distanzen umfassen, der Grenzübertritt hat aber in der Regel erhebliche rechtliche Konsequenzen für das Individuum)
	– interkontinental (große Distanzen mit in der Regel relativ hohen Kosten)
Richtung	– unidirektional (Wanderung zu einem Ziel)
	– etappenweise (Zwischenaufenthalte werden eingelegt, v. a. um Geld für die Weiterreise zu verdienen)
	– zirkulär (mehr oder minder regelmäßiger Wechsel zwischen zwei Räumen)
	– Rückwanderung
Dauer des Aufenthalts	– saisonal
	– mehrjährig
	– Arbeitsleben
	– Lebenszeit und intergenerationell

Die Bedeutung verwandtschaftlich-bekanntschaftlicher Netzwerke kann nicht überschätzt werden. Verwandte oder Bekannte bildeten beispielsweise die erste Station oder das direkte Ziel der Reise von 94 Prozent aller Europäer, die um 1900 in Nordamerika eintrafen.[17] Mindestens 100 Millionen private ‚Auswandererbriefe' sind z. B. 1820–1914 aus den USA nach Deutschland geschickt worden und kursierten in den Herkunftsgebieten im Verwandten- und Bekanntenkreis. Herkunftsräume und Zielgebiete waren über transatlantische Migrationsnetzwerke und Kommunikationssysteme miteinander verbunden. Ähnliches galt für die intra- und interregionalen Migrationsverhältnisse und damit beispielsweise auch für die Kommunikation zwischen Stadt und Umland im Kontext der Urbanisierung.[18]

---

[17] *Hoerder/Lucassen/Lucassen*, Terminologien und Konzepte.
[18] *Walter D. Kamphoefner*, Soziale und demographische Strukturen der Zuwanderung in deutsche Großstädte des späten 19. Jahrhunderts, in: Hans-Jürgen Teuteberg (Hrsg.), Städtewachs-

Wissen über Chancen und Gefahren der Ab- bzw. Zuwanderung, über räumliche Ziele, Verkehrswege sowie psychische, physische und finanzielle Belastungen vermittelten darüber hinaus mündliche und schriftliche Auskünfte staatlicher, religiöser oder privater Organisationen und Beratungsstellen. Die verschiedensten Medien verbreiteten zudem Informationen, die für den Wanderungsprozess von Belang waren – von der ‚Auswandererliteratur‘ des 19. Jahrhunderts über Artikel in Zeitungen und in Zeitschriften bis hin zu Berichten im Rundfunk, im Fernsehen und im Internet.[19] Auch die staatliche oder private Anwerbung von Arbeits- oder Siedlungswanderern – z. B. mit Hilfe von Agenten bzw. Werbern – kann als eine Form des Transfers von Wissen über Chancen der Migration verstanden werden.[20] Welche Informationen wann und mit welcher Intensität und Reichweite zur Migrationsentscheidung beitrugen und Migrationspfade prägten, hing von zahlreichen individuellen oder gruppenspezifischen Faktoren ab, die sowohl von der Situation (bzw. dem Wissen darüber) im Ausgangsraum als auch in der Zielregion bestimmt waren.

Darüber hinaus spielten Opportunitätsmomente eine nicht unerhebliche Rolle: Räumliche Bewegungen wurden beispielsweise abgebrochen, weil bereits ein im Zuge einer Transitwanderung zunächst nur als Zwischenstation gedachter Ort unverhofft neue Chancen bot. Umgekehrt konnte sich das geplante Ziel als ungeeignet oder wenig attraktiv erweisen, woraus eine Weiterwanderung resultierte. Zudem mochte der Erfolg im Zielgebiet die Rückkehr in die Heimat möglich oder der Misserfolg sie nötig machen. Häufig wurde die geplante Rückkehr aufgeschoben, bis die Fremde Heimat geworden war und die alte Heimat zur Fremde. Vom Ende der 1950er Jahre bis zum sogenannten ‚Anwerbestopp‘ 1973, der die Rekrutierung ausländischer Arbeitskräfte durch die Bundesanstalt für Arbeit beendete, kamen z. B. rund 14 Millionen ausländische Arbeitskräfte nach Westdeutschland, ca. 11 Millionen, rund 80 Prozent also, wanderten wieder ab.

Den Hintergrund für diese enorme grenzüberschreitende Fluktuation, die sich auch in den anderen westeuropäischen Industriestaaten in den ersten drei Jahrzehnten nach dem Ende des Zweiten Weltkriegs beobachten lässt, bildete ein hohes Wachstum der Weltwirtschaft und eine Expansion der Arbeitsmärkte. Der Durchschnitt der Weltexporte war in der Phase der beschleunig-

---

tum, Industrialisierung und sozialer Wandel. Beiträge zur Erforschung der Urbanisierung im 19. und 20. Jahrhundert. Berlin 1986, S. 95–116; *Wolfgang Kromer*, Propagandisten der Großstadt. Die Bedeutung von Informationsströmen zwischen Stadt und Land bei der Auslösung neuzeitlicher Land-Stadt-Wanderungen illustriert an Beispielen aus dem Hohenloher Land und den benachbarten Zentren Frankfurt a. M., Mannheim, Nürnberg und Stuttgart. Frankfurt a. M. 1985.

[19] Zur Bedeutung der Auswanderungsliteratur s. z. B. *Walter D. Kamphoefner*, Westfalen in der Neuen Welt. Eine Sozialgeschichte der Auswanderung im 19. Jahrhundert. Göttingen 2006, S. 107–119.

[20] Beispiel: *Ingrid Schöberl*, Amerikanische Einwandererwerbung in Deutschland 1845–1914. Stuttgart 1990.

ten globalwirtschaftlichen Integration zwischen 1870 bis 1913 jährlich um 3,9 Prozent gestiegen, erreichte dann im Zeichen einer tiefgreifenden De-Globalisierung in den Jahrzehnten von 1913 bis 1950 aber nur noch rund 1 Prozent. Demgegenüber wuchs die Weltwirtschaft 1950 bis 1973 mit 8,6 Prozent wesentlich stärker. In den wirtschaftlichen Zentren der Welt entstand nun ein hoher Bedarf an Arbeitskräften in bestimmten Arbeitsmarktsegmenten und Beschäftigungsbereichen, der mit den jeweiligen nationalen Arbeitskräftepotenzialen bald nicht mehr gedeckt werden konnte.

Anwerbung und Zuwanderung ausländischer Arbeitskräfte schienen ein Mittel zu sein, die Lücken am Arbeitsmarkt zu schließen. Die Migrationsströme ehemals wichtiger Herkunftsländer der Transatlantik-Wanderung wie Italien, Spanien, Portugal oder Griechenland richteten sich nunmehr ganz oder weitgehend auf die expandierenden Arbeitsmärkte der nord-, west- und mitteleuropäischen Industrieländer aus. Demgegenüber blieb der gesamte ost-, ostmittel- und südosteuropäische Raum, der seit dem späten 19. Jahrhundert die Abwanderung aus Europa zu großen Teilen gespeist hatte, mit dem Kalten Krieg und der hermetischen Teilung Europas von den Wanderungszielen in Übersee, aber auch in West-, Nord- und Mitteleuropa abgeschnitten.

In allen Zielländern übernahmen die Arbeitsmigranten in der Regel un- und angelernte Tätigkeiten in der industriellen Produktion mit hoher körperlicher Beanspruchung, gesundheitlicher Belastung und Lohnbedingungen, die viele Einheimische nicht mehr akzeptieren wollten. Westdeutschland erreichten vornehmlich Arbeitskräfte aus Südeuropa und der Türkei: In der Bundesrepublik Deutschland wuchs die ausländische Erwerbsbevölkerung von 1961 bis 1973 von ca. 550 000 auf rund 2,6 Millionen an.[21] Die Zuwanderung in Frankreich und Großbritannien, aber auch in den Niederlanden und Belgien setzte sich demgegenüber aufgrund von kolonialen oder post-kolonialen Bindungen anders zusammen: Großbritannien bot seit dem British Nationality Act von 1948 allen Bewohnern der Kolonien eine einheitliche Staatsangehörigkeit und freie Einreise auf die britischen Inseln. Diese offene Regelung wurde erst seit den 1960er Jahren schrittweise zurückgenommen. Seit 1971 dürfen nur noch jene frei einreisen, die nachweisen können, dass ihre Eltern oder Großeltern in Großbritannien geboren worden waren. Zunächst wuchs vor allem die Zuwanderung aus der Karibik – bis 1960 war die Zahl der Westinder auf 200 000 angestiegen –, seit den späten 1950er Jahren dominierte dann die Zuwanderung vom indischen Subkontinent. 1971 hielten sich 480 000 Menschen in Großbritannien auf, die in Indien oder Pakistan geboren worden waren, bis 2001 stieg ihre Zahl auf rund 1 Million an. In Frankreich dominierten bis Mitte der 1970er Jahre Zuwanderungen aus Südeuropa auf der Basis von Anwerbeverträgen, seit den frühen 1960er Jahren aber stiegen die Anteile der

---

21 Hierzu und zum Folgenden: *Jochen Oltmer/Axel Kreienbrink/Carlos Sanz Diaz* (Hrsg.), Das ‚Gastarbeiter'-System. Arbeitsmigration und ihre Folgen in der Bundesrepublik Deutschland und Westeuropa. München 2012.

Migranten aus den ehemaligen nordafrikanischen Kolonien. 1968 bildeten Algerier nach Italienern und Spaniern die drittgrößte Zuwanderergruppe, seit den späten 1960er Jahren wuchs auch die Zuwanderung aus Marokko und Tunesien sowie aus den ehemaligen französischen Kolonien in Indochina, im subsaharischen Afrika und in der Karibik.

Die frühen 1970er Jahre brachten den Niedergang der alten Industrien (Eisen- und Stahlindustrie, Textilindustrie, Bergbau), die viele un- und angelernte Arbeitskräfte beschäftigt hatten. Der Stopp der Anwerbung ausländischer Arbeitskräfte in den europäischen Industriestaaten 1973/74 steht sinnbildlich für den Strukturwandel am Arbeitsmarkt.[22] Rationalisierung und Automatisierung der Produktion ließen in den 1970er und 1980er Jahren die Nachfrage nach unqualifizierten Beschäftigten beschleunigt absinken. Die digitale Revolution seit den 1980er Jahren, die alle Erwerbsbereiche betraf, forcierte diese Entwicklung.

3. Migrationsregime im euro-atlantischen Raum

Jenseits der geschilderten individuell oder gruppenspezifisch wirksamen Faktoren beeinflussten Migrationsregime die Entstehung, Umsetzung und Gestaltung von Migrationsoptionen Einzelner, von Familien oder Gruppen; sie kontrollierten, förderten, steuerten oder begrenzten das Handeln von (potenziellen) Migranten. Elemente von Migrationsregimen bildeten für die Rahmung und Gestaltung von Migrationsprozessen relevante Wertorientierungen und Traditionen, weltanschauliche und politische Prinzipien, obrigkeitlich bzw. staatlich gesetzte Regeln, institutionelle Gefüge sowie administrative Entscheidungsprozeduren und Handlungsmuster. Sie waren abhängig von je spezifischen Vorstellungen über den Stellenwert von Migration und Migranten und geprägt durch ein Geflecht von sozial-, bevölkerungs- und arbeitsmarktpolitischen, wirtschafts- und nationalitätenpolitischen, sicherheits- und außenpolitischen Interessen. Ihren Ausdruck fanden sie in Vorstellungen und Debatten über Konzepte wie Nation, Zugehörigkeit und Identität, aber auch über die ökonomische Situation oder die Sicherheit im Alltag.[23]

Staatliche oder obrigkeitliche Zwangsmaßnahmen bildeten einen der wichtigsten Hintergründe für Flucht, Vertreibung und Deportation. Zwangsmigration wird durch eine Nötigung zur Abwanderung verursacht, die keine realistische Handlungsalternative zulässt. Sie kann Flucht vor Gewalt sein, die Leben und Freiheit direkt oder erwartbar bedroht, zumeist aus politischen, ethno-

---

[22] *Marcel Berlinghoff*, Das Ende der ‚Gastarbeit'. Die Anwerbestopps in Westeuropa 1970–1974. Paderborn 2012.

[23] *Jochen Oltmer*, Einführung: Europäische Migrationsverhältnisse und Migrationsregime in der Neuzeit, in: Ute Frevert/Jochen Oltmer (Hrsg.), Europäische Migrationsregime (Themenheft der Zeitschrift ‚Geschichte und Gesellschaft' 35, 2009, H. 1), S. 5–27.

nationalen, rassistischen oder religiösen Gründen. Zwangsmigration kann aber auch gewaltsame Vertreibung, Deportation oder Umsiedlung bedeuten. Nicht selten verbanden sich solche Formen mit Zwangsarbeit.[24] Zwangsmigrationen sind meist Ergebnis von Krieg, Bürgerkrieg oder Maßnahmen autoritärer Systeme – vor allem die Weltkriege, aber auch die Prozesse von Kolonisation und Dekolonisation bildeten elementare Katalysatoren in der globalen Geschichte der Zwangswanderungen im 19. und 20. Jahrhundert. Die Zahl der Flüchtlinge, Vertriebenen und Deportierten im Europa des Zweiten Weltkriegs wird beispielsweise auf 50 bis 60 Millionen Menschen geschätzt und damit auf nicht weniger als 10 Prozent der Bevölkerung des Kontinents. Auch der Krieg im pazifischen Raum führte zu einer enormen Zahl von Flüchtlingen und Vertriebenen: Insgesamt soll sie allein im japanisch-chinesischen Krieg 1937 bis 1945 mit 95 Millionen jene in Europa deutlich überstiegen haben. Dass die Prozesse der Dekolonisation ebenfalls Massenzwangswanderungen hervorbringen konnten, verdeutlicht die britische Teilung der Kronkolonie Indien 1947: Die nationalistisch aufgeheizte, von zahllosen Gewalttaten gekennzeichnete Atmosphäre mündete in eine riesige Welle von Flucht und Vertreibung, die 14 bis 16 Millionen Menschen innerhalb weniger Wochen und Monate im Sommer und Herbst 1947 betraf.

Migrationsregime lassen sich in zwei elementaren, eng miteinander verflochtenen Feldern beobachten: 1. ‚Mobilitätsregime', die auf die Rahmung des Zugangs zu einem Territorium bzw. der Abwanderung aus einem Staatsgebiet verweisen, sowie 2. ‚Präsenzregime', die die Normen und Praktiken der Einbeziehung bzw. des Ausschlusses von Zuwanderern in gesellschaftlichen Funktionsbereichen wie beispielsweise Politik, Recht, Wirtschaft oder Erziehung umfassen. Im Folgenden soll die Genese der Mobilitätsregime im Vordergrund stehen, die für die Dynamik des internationalen Wanderungsgeschehens ein höheres Gewicht hatten als Präsenzregime.

Mit dem neuzeitlichen Prozess der Territorialisierung, der Etablierung zunehmend festgefügter staatlicher Grenzen, der Monopolisierung von Gewalt, Gesetzgebung und Rechtsprechung, dem Ausbau administrativer Kapazitäten, der langfristigen Entstehung staatlicher Grenzregime und der Konstituierung von Untertanenverbänden bzw. Staatsbevölkerungen wurden verfeinerte Kategorien entwickelt, die die Zulassung oder Verhinderung der Abwanderung eigener Untertanen bzw. Staatsangehöriger sowie die Zulassung oder Abweisung von Zuwanderern an den Grenzen ermöglichten.

Konsolidierung territorialer Herrschaft verweist mithin auch auf das Streben nach der Abgrenzung und Demarkation des eigenen Herrschaftsgebietes, auf die autonome Kontrolle über die Grenze und damit auch auf die Überwa-

---

[24] *Jochen Oltmer*, Krieg, Migration und Zwangsarbeit im 20. Jahrhundert, in: Hans-Christoph Seidel/Klaus Tenfelde (Hrsg.), Zwangsarbeit im Europa des 20. Jahrhunderts. Bewältigung und vergleichende Aspekte. Essen 2007, S. 131–153; ders., Migration, Krieg und Militär in der Frühen und Späten Neuzeit, in: Matthias Asche u. a. (Hrsg.), Krieg, Militär und Migration in der Frühen Neuzeit. Münster 2008, S. 37–55.

chung des Grenzverkehrs. Grenzkontrollsysteme erfordern Dokumente, die über die Identität des (potenziellen) Grenzgängers möglichst präzise Auskunft geben und seinen Grenzübertritt legitimieren, d. h. die Legitimität einer Zu- oder Abwanderung zureichend belegen. Derlei Reisedokumente haben in der Neuzeit unterschiedlichste Formen gehabt und zeichneten sich lange in Fortsetzung älterer Traditionen[25] durch einen geringen Grad an Formalisierung sowie eine stark klientelorientierte Vergabepraxis aus. Zumeist erst im späten 19. Jahrhundert mündete sie in die Entwicklung standardisierter Identitätsdokumente, die die Qualität von ‚Pässen' erreichten, weil sie von einer staatlichen Behörde oder im amtlichen Auftrag nach gesetzlich oder administrativ festgeschriebenen Vergabekriterien ausgegeben wurden. Die Geschichte der Mobilitätsregime ist eng mit der Geschichte des Passwesens verbunden.[26]

Vor allem die großräumigen europäischen Imperien besaßen jedoch nur unscharfe Grenzräume. Das galt besonders für Ostmittel- und Südosteuropa, wo sich das Zarenreich, die Habsburgermonarchie, Preußen-Deutschland und das Osmanische Reich trafen. Das galt aber auch für Südeuropa, wo vor allem Spanien und Portugal jeweils Kontinente übergreifende Rechts- und Verwaltungsräume bildeten: Beide Staaten verfügten über Grenzen bzw. Grenzräume in Europa, Afrika, Asien und Amerika zugleich. Dieses territoriale Konstrukt hat bis in die Gegenwart Folgen für die Migrations- und Staatsangehörigkeitsverhältnisse der iberischen Staaten.[27] In Westeuropa bot die Kontinente übergreifende Staatlichkeit der britischen, französischen und niederländischen Imperien vergleichbare Dimensionen hinsichtlich der Abgrenzung des jeweiligen Territoriums und der damit verbundenen Fragen der Einrichtung und Aufrechterhaltung von Mobilitätsregimen und insbesondere von Staatsangehörigkeiten.[28] Allein aufgrund der Unschärfen in den Grenzziehungen konnte

---

[25] *Valentin Groebner*, Der Schein der Person. Steckbrief, Ausweis und Kontrolle im Europa des Mittelalters. München 2004.

[26] *Andreas Fahrmeir*, Klassen-Grenzen: Migrationskontrolle im 19. Jahrhundert, in: Rechtsgeschichte 12, 2008, S. 125–138; ders., From Economics to Ethnicity and Back: Reflections on Emigration Control in Germany, 1800–2000, in: Nancy L. Green/François Weil (Hrsg.), Citizenship and those who leave. The Politics of Emigration and Expatriation. Urbana 2007, S. 176–191, hier S. 178–185; *Leo Lucassen*, A Many-Headed Monster: The Evolution of the Passport System in the Netherlands and Germany in the Long Nineteenth Century, in: Jane Caplan/John Torpey (Hrsg.), Documenting Individual Identity. The Development of State Practices in the Modern World. Princeton 2001, S. 235–253; *John Torpey*, The Invention of the Passport. Surveillance, Citizenship and the State. Cambridge 2000.

[27] *Ida Altmann*, Transatlantic Ties in the Spanish Empire. Stanford 2000; *Tamar Herzog*, Defining Nations. Immigrants and Citizens in Early Modern Spain and Spanish America. New Haven 2003; *Hans-Otto Kleinmann*, Der atlantische Raum als Problem des europäischen Staatensystems, in: Jahrbuch für Geschichte Lateinamerikas 38, 2001, S. 7–30; *Horst Pietschmann*, Spanien und Portugal, in: Bade/Emmer/Lucassen/Oltmer (Hrsg.), Enzyklopädie Migration in Europa, S. 220–242, hier S. 220–226.

[28] *Carl Bridge/Kent Fedorowich* (Hrsg.), The British World: Diaspora, Culture, and Identity. London 2003; *Daniel Gorma*, Imperial Citizenship. Empire and the Question of Belonging. Manchester 2006; *Jan Lucassen/Rinus Penninx*, Newcomers. Immigrants and their Descendants in the Netherlands 1550–1995. Amsterdam 1997; *Ulbe Bosma/Remco Raben*, De oude Indische

sich die Kontrolle über den Zugang zum Territorium bzw. das Verlassen des Staates nicht auf eine lineare Grenze beschränken und war zum Teil auch gar nicht hierauf konzentriert. Vielmehr blieb das gesamte Territorium ein Raum der Zugangskontrolle.[29]

Mobilitätsregime waren aber nicht nur abhängig von der Existenz scharfer (und damit kontrollierbarer) Grenzen, sondern auch von den staatlichen Kapazitäten zur Durchführung von Grenzkontrollen. Staatliches Kontrollbedürfnis und staatliche Kontrollkapazitäten standen lange in einem Missverhältnis: Dieses Bedürfnis war ausgesprochen hoch, die verfügbaren Kapazitäten nicht nur durch die unscharfen Grenzziehungen beschränkt, sondern auch durch die geringen personellen Kapazitäten staatlicher Administration. Bevor es im 20. Jahrhundert flächendeckend zur Etablierung von Grenzpolizeien kam, die unmittelbar an den Grenzen stationiert waren, sicherten die im frühen 19. Jahrhundert in Europa gegründeten Gendarmerien als nach französischem Vorbild militärisch organisierte Polizeien zu Fuß und zu Pferde vornehmlich Grenzräume und Verbindungswege im Hinterland. Wegen der geringen personellen Kapazitäten des Staates übernahmen bei den Zugangskontrollen im Binnenland nicht nur Amtsträger mit anderen Tätigkeitsschwerpunkten Kontrollaufgaben, vielmehr wurden auch zahlreiche Privatpersonen in das Kontrollgeschäft einbezogen (und nehmen zum Teil bis in die Gegenwart solche Aufgaben wahr): Hoteliers, Gastwirte, Fährleute etc.

Dass die europäische Überseewanderung im ‚langen' 19. Jahrhundert solche Ausmaße erreichte, war auch ein Ergebnis eines geringen staatlichen Interesses an einer Behinderung von Ab- und Zuwanderung und spärlicher Kontrollkapazitäten. Eine Reaktion auf den hohen Bedarf an Arbeitskräften in Nordamerika bildete die Passfreiheit der USA seit 1802. Zugleich lag in weiten Teilen Europas die transatlantische Massenabwanderung im Interesse von Staaten und Kommunen: Massenarmut und Unterbeschäftigung, und damit auch die daraus resultierenden politischen Gefahren, schienen sich auf diese Weise vermindern zu lassen, und auch der Abwanderung von Revolutionären oder politisch Verdächtigen in die Vereinigten Staaten wurden kaum administrative Hindernisse in den Weg gelegt.

Von staatlichem Desinteresse an der Kontrolle dieser Massenauswanderung aber reden zu wollen, wäre dennoch falsch: Häufig gaben die Behörden in Europa erst dann Auswanderungskonsense und Reisepässe aus, wenn die potenziellen Überseemigranten ihre Steuern bezahlt, ihre Schulden beglichen und ihren Militärdienst absolviert hatten. Das war der Hintergrund für die hohe Zahl undokumentierter – weil illegaler – Abwanderungen, die aufgrund der Passfreiheit in den USA allerdings nicht mit dem Problem restriktiver

---

wereld 1500–1920. Amsterdam 2003; *Gérard Noiriel*, Population, immigration et identité nationale en France, XIX–XXe siècle. Paris 1992; *Patrick Weil*, Qu'est-ce qu'un Français? Histoire de la nationalité française depuis la Révolution. Paris 2002.
[29] *Fahrmeir*, Klassen-Grenzen.

Mobilitäts- und Präsenzregime konfrontiert waren; denn es ging um illegale Ausreise, nicht um aufenthaltsrechtliche Illegalität.

Ein Wandel setzte in den 1850er und 1860er Jahren in Europa ein: Das Kontrollsystem wurde gelockert; denn immer mehr Staaten in West-, Mittel- und Nordeuropa schafften dem US-amerikanischen und britischen Vorbild (seit 1836) entsprechend die Pass- und Visumpflicht ab, bis am Ende der 1860er Jahre nur noch für das Überschreiten der Grenze zum Zarenreich ein Einreisevisum erforderlich war. Dem Wirtschaftsliberalismus dieser Jahrzehnte galten Pässe, Visa und Grenzkontrollen nicht nur als Behinderung des immens aufsteigenden internationalen Handels und der grenzüberschreitenden Expansion der Kapitalmärkte, sondern auch als Blockade der für das Wachstum der Produktion als unabdingbar geltenden uneingeschränkten Freizügigkeit aller Arbeitskräfte. Verflechtung der Märkte war nunmehr den politischen Eliten wichtiger als Sicherheitspolitik. Das Rotteck-Welckersche Staatslexikon kommentierte 1864 in seiner dritten Auflage die Neuentwicklung im Artikel zum Passwesen mit der Bemerkung: „Neuerlich haben denn auch die Regierungen des Continents eingesehen, daß die Paßgesetze mit der bürgerlichen und wirthschaftlichen Freiheit nicht ferner vereinbar sind."[30] Interne und grenzüberschreitende Migration galt in dieser Phase wirtschaftlicher Prosperität vor allem als Ausweis von Modernität, von Dynamik.

Der Anstoß zur Intensivierung der europäischen Grenzkontrollen kam wiederum aus den USA. Verschiedene Entwicklungen trugen dort zur erneuten Zunahme staatlicher Einflussnahmen auf das Migrationsgeschehen bei: Nativistischen Bewegungen gelang es, die Verschärfung der Einwanderungsrichtlinien zu forcieren. Armut, spezifische Krankheiten, aber auch die Herkunft aus bestimmten Weltgegenden bildeten seit den amerikanischen Einwanderungsgesetzen von 1882 und 1891 Argumente, potenzielle Einwanderer abzuweisen und sie auf Kosten der Reedereien zurückzuschicken.[31] Ellis Island, die 1891 eingerichtete zentrale US-amerikanische Einwandererstation, bildete nunmehr die einzige Schleuse für die Zuwanderung über See, während bis dahin die USA über zahlreiche Häfen und über die Landwege im Süden und Norden zugänglich gewesen waren. Daneben gab es nur noch die für die besonders scharf beobachteten chinesischen Zuwanderer eingerichtete Durchgangsstation in San Francisco, die 1909 auf das vorgelagerte Angel Island verlegt wurde – „its isolation in San Francisco Bay making it a physical metaphor of Chinese marginaliziation".[32] Zugleich war auch der Zugang über den Land-

---

[30] Art. Paßwesen, in: Das Staats-Lexikon. Encyklopädie der sämmtlichen Staatswissenschaften für alle Stände, Bd. 11. 3. Aufl. Leipzig 1864, S. 329–332, hier S. 331.
[31] *Edward P. Hutchinson*, Legislative History of American Immigration Policy 1798–1965. Philadelphia 1981; *John Higham*, Strangers in the Land. Patterns of American Nativism, 1860–1925. New York 1988; *Aristide R. Zolberg*, A Nation by Design. Immigration Policy in the Fashioning of America. New York 2006.
[32] *Adam M. McKeown*, Melancholy Order. Asian Migration the Globalization of Borders. New York 2008, S. 252.

weg (vor allem über das kanadische Territorium) durch die Beschränkung auf einzelne Grenzübergänge einer verschärften Kontrolle unterzogen worden.

Die Zentralisierung und Verschärfung der US-amerikanischen Grenzkontrollen forcierte die Aufrichtung neuer Kontrollsysteme in Europa. Das galt vor allem für Preußen-Deutschland, dem wichtigsten Durchgangsland für ost-, ostmittel- und südosteuropäische Überseeauswanderer, dessen Schifffahrtslinien den Auswandererverkehr über den Atlantik dominierten: Weil die amerikanischen Einwanderungsbehörden in Ellis Island entsprechend den Einwanderungsgesetzen von 1882 und 1891 alle als mittellos oder als (Über-)Träger ansteckender Krankheiten geltenden Grenzgänger auf Kosten der Reedereien in die Ausgangshäfen zurückschickten, waren die deutschen Schifffahrtsgesellschaften daran interessiert, bereits in Hamburg und Bremerhaven niemanden an Bord zu nehmen, der nicht den Vorgaben der US-Einwanderungsgesetze entsprach. Die deutschen Schifffahrtsgesellschaften und die an deren wirtschaftlichem Erfolg interessierten deutschen Staaten gingen deshalb dazu über, den Grenzübertritt potenzieller europäischer Auswanderer bereits in neu errichteten Kontrollstationen an den Grenzen nach Ost- und Südosteuropa sowie in den Durchwandererstationen im Binnenland (vor allem dem eigens gebauten ‚Auswandererbahnhof‘ Ruhleben in Berlin) zu überwachen. Im Rahmen dieser ‚Durchwandererkontrolle‘ wurden Grenzkontrollen verschärft, der Zugang an bestimmte Bedingungen geknüpft, Migrationspfade auf Grenzstationen und auf einzelne Eisenbahnstrecken festgelegt.[33] Das galt im Übrigen nicht nur für Deutschland als wichtigstem Durchgangsland. Ganz ähnlich operierten andere Staaten, die ebenfalls ein wirtschaftliches Interesse daran hatten, dass die Schifffahrtsgesellschaften das Geschäft mit der überseeischen Auswanderung aufrechterhalten konnten, ob es in Italien um Genua ging oder in den Niederlanden um Rotterdam, in Großbritannien um Hull, Liverpool oder Southampton bzw. in Norwegen um Bergen.[34]

Zur Entwicklung der amerikanischen Einwanderungsgesetze der 1880er und 1890er Jahre trug auch die Einflussnahme der US-amerikanischen Arbeiterbewegung bei, die in einer kontinuierlich wachsenden Zuwanderung eine Gefahr für die Stabilität der Löhne und Arbeitsverhältnisse sowie für die Entwicklung der eigenen Organisationen sah.[35] Ähnliche Phänomene lassen sich

---

[33] *Michael Just*, Ost- und südosteuropäische Amerikawanderung 1881–1914. Transitprobleme in Deutschland und Aufnahme in den Vereinigten Staaten. Stuttgart 1988; *Tobias Brinkmann*, „Travelling with Ballin". The Impact of American Immigration Policies on Jewish Transmigration within Central Europe, 1880–1914, in: International Review of Social History 53, 2008, S. 459–484.

[34] *Torsten Feys* (Hrsg.), Maritime Transport and Migration. The Connections between Maritime and Migration Networks. St. John's 2007.

[35] *Catherine Collomp*, Labour Unions and the Nationalisation of Immigration Restrictions in the United States, 1880–1924, in: Andreas Fahrmeir/Olivier Faron/Patrick Weil (Hrsg.), Migration Control in the North Atlantic World. The Evolution of State Practices in Europe and the United States from the French Revolution to the Inter-War Period. New York 2003, S. 237–252.

in europäischen Staaten beobachten, in denen im späten 19. Jahrhundert die voranschreitende Integration der Arbeiterbewegungen in den Staat zu einer stärkeren Kontrolle der Zuwanderung führte. Der sogenannte ‚Schutz des nationalen Arbeitsmarktes', wie ihn auch deutsche Gewerkschaften diskutierten[36], bot beispielsweise in den Niederlanden, aber auch in Frankreich einen zentralen Anknüpfungspunkt für die Verschärfung der Kontrollen.[37]

In der Perspektive einer langen Entwicklungslinie im 19. Jahrhundert könnte man mithin pointierend davon sprechen, dass die amerikanische Pass- und Visumfreiheit von 1802 ein Modell für die Abschaffung des Pass- und Visumzwangs in Europa Mitte des 19. Jahrhunderts wurde. Die Restriktionen in der amerikanischen Einreisepraxis seit den 1880er Jahren schlugen auf der europäischen Seite ebenfalls durch, jetzt aber wesentlich rascher.

Neben der Verlagerung der US-amerikanischen Zugangskontrollen in das europäische Vorfeld wirkten auch andere Elemente: Die Annahme einer massiven Seuchengefährdung durch ost-, ostmittel- und südosteuropäische Grenzgänger führte zur Etablierung gesundheitlicher Überprüfungen von Zu- und Durchwanderern, die administrativer Apparate und Grenzkontrollstationen bedurften.[38] Mit unterschiedlichem Gewicht kamen hinzu: Fremdenfeindlichkeit und Rassismus im Kontext von Nationalismus, Kolonialismus und Imperialismus. Einheimische und zugewanderte Minderheiten wurden als Bedrohung von innerer Sicherheit, Gesellschaft und Kultur der Nation verstanden. Restriktive Minderheitenpolitik und Zuwanderungsschranken gegenüber ausländischen Staatsangehörigen und die Aufrichtung formeller bzw. informeller Integrationsbarrieren sollten die vorgeblichen Gefahren von Minderheitenbildungen minimieren.

Vor, in erster Linie aber mit und unmittelbar nach dem Ersten Weltkrieg wuchs das Kontrollbedürfnis gegenüber Migranten erheblich an. Zugleich nahmen die administrativen Kontrollkapazitäten enorm zu. Der Politikwissenschaftler Arnold Bergsträsser thematisierte anlässlich des 6. Deutschen Soziologentages in Zürich 1928 migrationspolitische Neuentwicklungen und protokollierte eine „Tendenz zu einer Art staatlicher Verantwortlichkeit für die Wanderungsbedingungen" in ganz Europa.[39] In der Kriegswirtschaft war vor allem der Arbeitsmarkt ein bevorzugtes Objekt staatlicher Kontrolle und Intervention geworden; Rekrutierungen von ausländischen Arbeitskräften

---

[36] *Martin Forberg*, Ausländerbeschäftigung, Arbeitslosigkeit und gewerkschaftliche Sozialpolitik. Das Beispiel der Freien Gewerkschaften zwischen 1890 und 1918, in: Archiv für Sozialgeschichte 27, 1987, S. 51–81.

[37] *Leo Lucassen*, The Great War and the Origins of Migration Control in Western Europe and the United States (1880–1920), in: Anita Böcker (Hrsg.), Regulation of Migration. International Experiences. Amsterdam 1998, S. 45–72.

[38] *Paul Weindling*, Epidemics and Genocide in Eastern Europe 1890–1945. Oxford 2000.

[39] Diskussionsbeitrag von Arnold Bergsträsser zum Vortrag von Franz Oppenheimer über ‚Die Wanderung, vorwiegend vom universalhistorischen und ökonomischen Gesichtspunkte' anlässlich der Verhandlungen des Sechsten Deutschen Soziologentages vom 17. bis 19. September 1928 in Zürich. Tübingen 1929, S. 195–198, hier S. 196.

hatten hierbei eine wichtige Rolle gespielt. Arbeitsmarktpolitik und die damit unmittelbar verbundene Ausländerbeschäftigungspolitik entwickelten sich in der Nachkriegszeit vor allem aufgrund dieser Erfahrungen zu einem wesentlichen Politikbereich. Außerdem förderte der Erste Weltkrieg mit seinem extremen Nationalismus die Ausgrenzung, zum Teil auch die staatlich betriebene oder zumindest geförderte Austreibung von Minderheiten sowie allgemein Fremdenfeindlichkeit. Auch diese Tendenz trug in der Nachkriegszeit zu einer deutlich restriktiveren Zuwanderungs- und Minderheitenpolitik bei.[40]

„Die Wanderungsbedingungen werden Gegenstand politischer Beziehungen, diplomatischer Verhandlungen, völkerrechtlicher Abmachungen", auch das galt Bergsträsser 1928 als neu.[41] Mit dem Ersten Weltkrieg war im gesamten atlantischen Raum im zwischenstaatlichen Personenverkehr der Sichtvermerkzwang – in der Regel sowohl Ein- als auch Ausreisevisa – eingeführt worden.[42] Das war ein Ergebnis des Sicherheits- und Abgrenzungsbedürfnisses der Staaten im Ersten Weltkrieg gewesen; im Vordergrund standen die hypertrophe Angst vor Spionen und die Sorge, eigene Staatsangehörige könnten der Militärpflicht entgehen. Die Diskussion um die Rücknahme des Visumzwangs bildete ein Element der europäischen Außenpolitik der 1920er Jahre: Visumfreiheit schien nicht nur den Reiseverkehr zu erleichtern, sondern vor allem auch den Waren- und Kapitelverkehr anzukurbeln, galt also als Mittel der Wirtschaftsförderung. Visumfreiheit symbolisierte aber auch zwischenstaatliches Vertrauen; ein Anspruch, der sich bis in die Gegenwart beobachten lässt.

Andere wichtige und im Vergleich zur Zeit vor dem Ersten Weltkrieg neue Instrumente der Migrationskontrolle und -steuerung wurden nach 1918 Grenzsperren und Kontingentierungen. Hinzu kamen binationale Wanderungsabkommen, deren lange europäische Geschichte mit dem Vertrag über die Anwerbung von Arbeitskräften zwischen Frankreich und Polen 1919 begann. Anwerbeabkommen bildeten in der Zwischenkriegszeit sowie in den ersten drei Jahrzehnten nach dem Ende des Zweiten Weltkriegs ein zentrales migrationspolitisches Instrument[43], das für Staaten mit hohem Arbeitskräftebedarf unabdingbar wurde, um ausländische Arbeitskräfte stetig und in der für nötig erachteten großen Zahl ins Land holen zu können: In den mehr als fünf Jahrzehnten zwischen dem Ende des Ersten Weltkriegs und den Anwerbestoppmaßnahmen der europäischen Zuwanderungsländer Anfang der 1970er Jahre wurden rund 120 solcher bilateraler Anwerbeverträge geschlossen.

---

[40] *Jochen Oltmer*, Migration und Politik in der Weimarer Republik. Göttingen 2005; *Christiane Reinecke*, Grenzen der Freizügigkeit. Migrationskontrolle in Großbritannien und Deutschland, 1880–1930. München 2010.

[41] Diskussionsbeitrag von *Arnold Bergsträsser* zum Vortrag von Franz Oppenheimer anlässlich des Sechsten Deutschen Soziologentages 1928, S. 196.

[42] *John Torpey*, The Great War and the Birth of the Modern Passport System, in: Caplan/Torpey (Hrsg.), Documenting Individual Identity, S. 256–270.

[43] *Christoph Rass*, Institutionalisierungsprozesse auf einem internationalen Arbeitsmarkt: Bilaterale Wanderungsverträge in Europa zwischen 1919 und 1974. Paderborn 2010.

Die Anwerbeverträge garantierten zum einen den west-, mittel- und nordeuropäischen Anwerbeländern den Zugang zum Arbeitsmarkt eines Abwanderungslandes zu genau geregelten Konditionen und gaben zum andern den Abwanderungsländern die Möglichkeit, Einfluss auf die Zusammensetzung der Abwanderung sowie auf die Arbeits- und Lebensbedingungen im Zielland zu nehmen. In der Zwischenkriegszeit bildeten in dem europäischen Migrationsvertragssystem vornehmlich ostmittel- und südosteuropäische Staaten sowie Italien und Spanien Herkunftsländer, nach dem Zweiten Weltkrieg und der Teilung der Welt im ‚Kalten Krieg' zählte ein Großteil der Anrainer des Mittelmeers zu den Vertragspartnern der anwerbenden Länder West-, Mittel- und Nordeuropas. Der Kooperation zwischen einem Ziel- und einem Herkunftsland im Rahmen der vertraglich abgestimmten Migrationsbeziehungen entsprach der Konfrontation zwischen den anwerbenden Staaten: Vor dem Hintergrund des enormen Arbeitskräftebedarfs, den die westeuropäischen Staaten in der Hochkonjunkturperiode vornehmlich nach dem Zweiten Weltkrieg hatten – von der Schweiz über Frankreich, Österreich, die Benelux-Staaten und Schweden bis zur Bundesrepublik Deutschland – ist der Siegeszug des Anwerbevertrags auch ein Ausdruck der Konkurrenz zwischen den Anwerbeländern.

Die Anwerbestoppmaßnahmen der europäischen Hauptzuwanderungsländer Anfang der 1970er Jahre führten nicht zu der erwünschten Rückwanderung der Angeworbenen (oder zumindest nicht im erhofften Umfang), vielmehr verfestigten sich ihre Bleibeabsichten, denn Ausländer, die ihre Arbeitsverhältnisse beendeten, um für einige Zeit in ihre Heimat zurückzukehren, hatten meist keine Chance mehr, erneut als Arbeitswanderer zugelassen zu werden. Wollten sie nicht auf Dauer von ihren Familien im Herkunftsland getrennt leben, standen sie vor der Alternative einer endgültigen Rückkehr oder eines Familiennachzugs. Die Folgen von Anwerbung und Anwerbestopp bilden mithin die zentralen Grundlagen für die gegenwärtige Migrationssituation in Europa.

4. Schluss

„The history of European migration is the history of European social life", lautet die weit reichende Perspektive, die Charles Tilly 1978 in einem programmatischen Aufsatz formulierte, der zu den Referenztexten Historischer Migrationsforschung zählt.[44] Sie gilt es zu ergänzen um die Dimension der Rahmung von Migrationsverhältnissen durch Migrationsregime und damit die Frage nach dem Wandel staatlicher, politischer und administrativer Dispositionen gegenüber den sich verändernden migratorischen Herausforderungen und die daraus resultierende Einflussnahme auf die Migrationsverhältnisse.

---

[44] *Tilly*, Migration in Modern European History, S. 72.

Anders als in der zweiten Hälfte des 19. Jahrhunderts prägte im 20. Jahrhundert zunehmende staatliche Einflussnahme die globalen Migrationsverhältnisse: Die ökonomisch führenden Staaten der Welt haben heute migrationspolitische Muster durchgesetzt, die auf eine strikte Kontrolle von Zuwanderung zielen. Zentrale Elemente sind nicht nur restriktive Visa- und Einreisebestimmungen gegenüber potenziellen Zuwanderern, die nicht aufgrund von hoher Qualifikation oder Besitz als begehrte Träger von (‚Human'-)Kapital gelten, sondern auch Verträge mit Herkunftsländern, die darauf ausgerichtet sind, die Rückkehr jener Zuwanderer zu garantieren, die aus ökonomischen Gründen für zeitweilig erforderlich erachtet werden. Ein solcher Befund widerspricht nicht der Beobachtung, dass Migration weiterhin für Individuen, Gruppen und Bevölkerungen ein zentrales Mittel der Wahrnehmung von Chancen ist. Restriktive Migrationsregime können räumliche Bevölkerungsbewegungen nicht verhindern, wie die massenhaften illegalen Grenzübertritte und illegalen Aufenthalte beweisen. Ökonomisch prosperierende Regionen werden auch weiterhin Menschen in großer Zahl anziehen.

Niels P. Petersson
Globalisierung

Globalisierung ist ein Begriff, mit dem Historiker vor der letzten Jahrtausendwende wenig anzufangen wussten.[1] Neben einer berechtigten Skepsis gegenüber modischen Begrifflichkeiten spielte damals gerade in Deutschland auch ein generelles Desinteresse des Faches an staatenübergreifenden Zusammenhängen eine Rolle. Die großen Theoriedebatten wurden zwischen den Anhängern nationalstaatlich orientierter Sozialgeschichte und denjenigen einer in Alltags- und Mikrohistorie verwurzelten neuen Kulturgeschichte ausgetragen. Die Geschichte der internationalen Beziehungen galt als Spielwiese von Anhängern methodisch wie politisch überlebter Positionen. Was sich jenseits der Grenzen der fünf Großmächte des 19. Jahrhunderts abspielte, wurde ohnehin in eine auch institutionell stiefmütterlich behandelte Restkategorie der „außereuropäischen Geschichte" abgeschoben. Allerdings gab es auch nahe am disziplinären Mainstream durchaus methodische und inhaltliche Anknüpfungspunkte für eine Historisierung des Globalisierungsbegriffs, insbesondere in den Forschungen und Theoriedebatten zum historischen Vergleich und zur Transfergeschichte und in Arbeiten zu den europäischen Imperialismen.[2]

Mittlerweile hat sich das Bild grundlegend gewandelt, wenn auch Deutschland hinsichtlich der empirischen Forschung und institutionellen Verankerung deutlich hinter den angelsächsischen Ländern zurückbleibt und globalisierungsgeschichtliche Arbeit hier zum großen Teil von Doktorandinnen und Doktoranden geleistet wird.[3] Einer der Pioniere der Globalisierungsgeschichte, A.G. Hopkins, bemerkte jüngst, seine ersten Beiträge zum Thema seien auf eisiges Schweigen gestoßen, aber seit der Mitte des Jahrzehnts sei Globalisierung in aller Munde, mittlerweile begännen sogar die Opportunisten ihre Segel in den neuen Wind zu drehen.[4] Was hat sich verändert? Für Hopkins ist

---

[1] Drei frühe Beiträge sind *Wolfram Fischer*, Expansion, Integration, Globalisierung. Studien zur Geschichte der Weltwirtschaft. Göttingen 1998; *A.G. Hopkins*, Back to the Future: From National History to Imperial History, in: Past & Present, 164, 1999, S. 198–243 und *Knut Borchardt*, Globalisierung in historischer Perspektive. München 2001.
[2] Vgl. *Johannes Paulmann*, Internationaler Vergleich und interkultureller Transfer. Zwei Forschungsansätze zur europäischen Geschichte des 18. bis 20. Jahrhunderts, in: HZ, 267, 1998, S. 649; *Boris Barth/Jürgen Osterhammel*, Whatever happened to Imperialism? Wolfgang J. Mommsen und die Imperialismustheorie, in: Christoph Cornelißen (Hrsg.), Geschichtswissenschaft im Geist der Demokratie. Wolfgang J. Mommsen und seine Generation. Berlin 2010, S. 159–174.7
[3] Einen Überblick über die Forschungslandschaft in Deutschland geben *Hans-Heinrich Nolte*, Zum Stand der Weltgeschichtsschreibung im deutschen Sprachraum, in: Zeitschrift für Weltgeschichte, 9, 2008, S. 89–113 und *Jürgen Osterhammel*, Global History in a National Context: The Case of Germany, in: Österreichische Zeitschrift für Geschichtswissenschaft, 20, 2009, S. 40–58.
[4] *A.G. Hopkins*, The Historiography of Globalization and the Globalization of Regionalism, in: Journal of the Economic and Social History of the Orient 53, 2010, S. 19–36.

entscheidend, dass in einer von Ereignissen wie den Anschlägen des 11. September 2001 und der globalen Finanzkrise geprägten Welt historische Untersuchungen von „global issues and long-run material developments" unabweisbar erschienen. Der „global turn" ist für Hopkins eindeutig auch ein „material turn", weg von postmodernen Ansätzen und Kulturalismus mit ihrer Skepsis gegenüber Erklärungen und „großen Erzählungen" und zurück zur Analyse langfristig wirksamer Makroprozesse. Ob das der einzige Grund für den Wandel ist, mag dahingestellt bleiben – es gibt auch zahlreiche Beispiele für eine Auseinandersetzung mit der Geschichte von Globalisierungsphänomenen aus Perspektiven, die vom *cultural turn* inspiriert sind.[5] Unbestreitbar ist jedoch die Diagnose, dass global und transnational zugeschnittene Themen seit einigen Jahren Konjunktur haben und mittlerweile zumindest unter jüngeren Historikerinnen und Historikern und in der Geschichte des 19. und 20. Jahrhunderts gar zu einer Art neuer Orthodoxie geworden sind, der zumindest ein Lippenbekenntnis geschuldet ist.

1. Begriff und Periodisierung

Es gibt im Grunde zwei Zugänge zum Globalen.[6] Additiv-vergleichend gelangt man zu einem Panorama ähnlichen Überblick über die Geschichten der Regionen der Welt, für den sich die Bezeichnung Weltgeschichte bzw. World History eingebürgert hat. Hier ist es unerheblich, ob es sich um die Geschichte von isoliert lebenden Gruppen von Menschen handelt, oder von solchen, die in engem Austausch mit anderen Gruppen standen. Globalisierungsgeschichte hingegen geht weiträumigen Transfers und Vernetzungen zwischen Gruppen und Individuen nach.[7] Weite Bereiche der Weltgeschichte gehören somit nicht in den Gegenstandsbereich einer Geschichte von Globalisierung, nicht zuletzt etwa die gesamte Geschichte ausschließlich in kleinräumige oder intra-kontinentale Interaktionsräume eingebundener Gruppen und Individuen. Weltgeschichte gibt es auch ohne Globalisierung – auch wenn sie es sich nicht leisten sollte, Globalisierungsprozesse zu ignorieren.

Historiker begegneten dem Konzept der Globalisierung zunächst mit Skepsis. Konstruktiv und mit großer Klarheit artikulierte dieses Unbehagen der

---

[5] Dies gilt insbesondere für die vom Postkolonialismus inspirierte Historiographie der Imperien; vgl. z. B. *Catherine Hall/Sonya O. Rose* (Hrsg.), At Home with the Empire: Metropolitan Culture and the Imperial World. Cambridge 2006.

[6] Vgl. z. B. *Patrick O'Brien*, Historiographical Traditions and Modern Imperatives for the Restoration of Global History, in: Journal of Global History, 1, 2006, S. 3–39. Vgl. für diesen Abschnitt auch allgemein *Jürgen Osterhammel*, Globalizations, in: Jerry H. Bentley (Hrsg.), The Oxford Handbook of World History. Oxford 2011.

[7] Während Weltgeschichte und *world history* in ihrem Bedeutungsgehalt eindeutig bestimmt sind, besteht unglücklicherweise Uneinigkeit im Gebrauch von Globalgeschichte und *global history*, die mal synonym mit *world history*, mal eher im Sinne einer Geschichte von Globalisierungsprozessen verstanden werden.

Afrika-Historiker Frederick Cooper.[8] Cooper kritisierte, dass der Begriff „Globalisierung" einen einheitlichen, zielgerichteten und homogenisierenden Prozess suggeriere, was weder mit der weitaus komplexeren Geschichte der Integration der Welt im Einklang stehe, noch brauchbare Forschungsfragen generieren könne. Cooper sprach sich dafür aus, konkreter nach der Genese der in der heutigen Welt zu beobachtenden Verflechtungen und Interaktionsräume zu fragen, nach Strukturen und Institutionen, die aus Interaktion entstehen und diese verstetigen helfen, und auch die Bedeutung von Grenzen, Blockaden und Exklusionsmechanismen im Blick zu behalten.

Es scheint, als sei diese Warnung vernehmlich und rechtzeitig genug ausgesprochen worden; vielleicht hat Cooper auch schlicht unterschätzt, wie sehr sich seine Fachkollegen quellengestützter Forschung und präzisen Aussagen verpflichtet fühlen. Größtenteils ist der Globalisierungsbegriff in der Geschichtswissenschaft jedenfalls nicht als Einladung zu hemmungsloser Generalisierung aufgefasst worden, sondern als Anreiz, sich mit bislang zu wenig beachteten Fragestellungen und Themen zu befassen. Historikerinnen und Historiker machten sich als erstes daran, den Begriff zu historisieren, kritisch nach Ungleichheit und Widersprüchen zu fragen, und den Bestand des bereits vorhandenen Wissens auf Korrektive zur Erzählung einer linear und unaufhaltsam fortschreitenden Globalisierung abzuklopfen. Wo Historiker über Globalisierung schreiben, ist dementsprechend oft vom Verhältnis von Lokalem und Globalem die Rede, von Orten und Grenzen, von Biographien, vom Aufbau und Verfall von Institutionen. Globalisierungsgeschichte setzt in der Regel „von unten" bzw. lokal an, statt die Existenz eines Weltsystems, einer Weltwirtschaft oder einer Weltgesellschaft *a priori* anzunehmen.[9] Genau wie die transnationale Geschichte untersucht sie, wie sich Austauschprozesse zu Netzwerken, Interaktionsräumen, Strukturen oder Systemen verdichten, die durch Institutionen stabilisiert werden. Sie interessiert sich für Inklusion *und* Exklusion, Konvergenz *und* Divergenz, für Zonen und Epochen der Netzverdichtung ebenso für Konsolidierung und Einigelung. Unter der Perspektive der Globalisierung tritt an die Stelle einer statischen Auffassung von Staaten, Gesellschaften, Kulturen und Volkswirtschaften eine dynamische. In all dem ähnelt Globalisierungsgeschichte der transnationalen Geschichte.

Bedarf es des Begriffs der Globalisierung überhaupt, wenn eine so große methodische Nähe zur transnationalen Geschichte besteht? Gibt es einen fundamentalen Unterschied zwischen dem Aufbau von Netzwerken und Arbeitsteilung im lokalen Raum oder zwischen zwei Nachbarstaaten einerseits und im Weltmaßstab anderseits? Ein kurzer Blick auf die Geschichte von Fernverflechtungen genügt, um eine Reihe solcher Unterschiede zu finden: (1) Glo-

---

[8] *Frederick Cooper*, What is the Concept of Globalization Good For? An African Historian's Perspective, in: African Affairs, 100, 2001, S. 189–213.
[9] Dieser Zugang ist ausführlicher skizziert bei *Jürgen Osterhammel/Niels P. Petersson*, Geschichte der Globalisierung: Dimensionen, Prozesse, Epochen. 4. Aufl. München 2007.

bale Integration verbindet Regionen miteinander, die sich in Ressourcenausstattung, Klimabedingungen, technologischem Niveau, Lebensstandard, regionalspezifischen Produkten und Kultur erheblich voneinander unterscheiden. Dementsprechend groß sind die potentiellen Auswirkungen neuer Verknüpfungen zwischen Arbeitskraft, Ressourcen, Märkten, Ideen usw. über Kontinente hinweg – ein einfaches Beispiel wie der „Columbian Exchange", der Austausch von Nutzpflanzen und -tieren zwischen der Alten und Neuen Welt, illustriert dies. Ebenso wächst das Potential für kulturelle Missverständnisse, für Machtungleichgewichte, welche imperialistische Expansionsbewegungen begünstigen, für Ausbeutung. (2) Im globalen Rahmen können polyzentrische Strukturen höherer Ordnung entstehen, also etwa Netzwerke von Weltstädten[10] oder Systeme von Weltmächten. (3) Schließlich hat man es nur im globalen Maßstab mit einem System ohne Außenwelt zu tun, in dem die „Frontiers" geschlossen sind und man dem Anderen nicht aus dem Weg gehen kann. Solche Überlegungen sprechen dafür, die Globalisierungsgeschichte nicht der transnationalen Geschichte zuzuschlagen und umgekehrt nicht jede länderübergreifende Fragestellung automatisch der Globalisierungsgeschichte zuzuordnen. Pragmatisch wird man von Globalisierungsgeschichte sprechen können, wenn es um Wirkungsketten geht, die mehr als zwei Kontinente oder Makroregionen einschließen. Das ist häufiger der Fall, als man denkt.[11]

Hinzu kommt, dass transnationale Geschichte bestimmte Vorlieben ausgeprägt hat, die bei der historischen Analyse von Globalisierungsprozessen auch hinderlich sein können. (1) Beispielsweise interessiert sie sich nicht besonders für die Geschichte der politischen Macht und der zwischenstaatlichen Beziehungen.[12] Globalisierung bedeutet aus der Sicht der Geschichtswissenschaft jedoch nicht die Abschaffung des Staates; immer wieder wird auch deutlich, wie sehr Globalisierungsprozesse durch staatliches Handeln angestoßen, gelenkt und kanalisiert und in einzelnen Staaten als Grundlage, nicht Bedrohung, nationaler Macht angesehen werden.[13] (2) Transnationale Geschichte

---

[10] Vgl. hierzu *Saskia Sassen*, The Global City: New York, London, Tokyo. Princeton 2001.
[11] Vgl. dazu sämtliche großen neuen Standardwerke der Makrohistorie: *C. A. Bayly*, The Birth of the Modern World, 1780–1914: Global Connections and Comparisons. Oxford 2004; *John Darwin*, After Tamerlane: The Global History of Empire since 1450. London 2007; *Ronald Findlay/Kevin H. O'Rourke*, Power and Plenty: Trade, War and the World Economy in the Second Millennium. Princeton 2007 (hier die Einteilung der Weltwirtschaft in die Makroregionen Westeuropa, Osteuropa, die islamische Welt, Zentralasien, Südasien, Südostasien, Ostasien, Amerika); *Jürgen Osterhammel*, Die Verwandlung der Welt. Eine Geschichte des 19. Jahrhunderts. München 2009.
[12] *Patricia Clavin*, Time, Manner, Place: Writing Modern European History in Global, Transnational and International Contexts, in: European History Quarterly, 40, 2010, S. 624–640, hier S. 626 und 628.
[13] *Eckart Conze*, Abschied von Staat und Politik? Überlegungen zur Geschichte der internationalen Politik, in: ders. (Hrsg.), Geschichte der Internationalen Beziehungen. Erneuerung und Erweiterung einer historischen Disziplin. Köln 2004, S. 15–43; *Christof Dejung/Niels P. Petersson* (Hrsg.), The Foundations of Worldwide Economic Integration: Powers, Institu-

konzentriert sich in der Praxis weitgehend auf innereuropäische oder transatlantische Prozesse. Dabei wird oft ein eurozentrisches Weltbild mitsamt seiner Analysekategorien reproduziert und der nichtwestlichen Welt zumindest implizit, aber oft ohne näheres Hinsehen, eine passive Rolle zugewiesen. Gareth Austin etwa hat die Forderung erhoben, nicht nur den „eurocentrism of agency" zu überwinden, sondern auch den „eurocentrism of concepts".[14]

Wie groß war die historische Bedeutung globaler Prozesse und Netzwerke, verglichen mit lokalen und intra-kontinentalen? Wann ist es gerechtfertigt, angesichts zunehmender interkontinentaler Verflechtung von Globalisierung zu sprechen? Und wann wird eine solche Globalisierung zu einer Dimension der historischen Entwicklung, die sich, unabhängig vom betrachteten Gegenstand, nicht länger übergehen lässt? Hier überschneiden sich Fragen der Periodisierung und solche der Begriffsbildung.[15] Das lässt sich durch den Vergleich zwischen den Periodisierungsangeboten von O'Rourke/ Williamson und Flynn/Giráldez verdeutlichen, ohne den inzwischen kein einführender Beitrag zum Thema mehr auszukommen vermag.[16] Flynn und Giráldez sehen den Aufbau stabiler weltumspannender Handelsnetze mit dem europäischen Ausgreifen nach Asien und Lateinamerika in der Frühen Neuzeit als Beginn der Globalisierung an. Ein symbolisches Datum ist für sie die Gründung Manilas als Zwischenstation im Handel zwischen Asien und Amerika im Jahre 1571. Seitdem gebe es globale Vernetzungen, die den Charakter der beteiligten Regionen dauerhaft veränderten. Für O'Rourke und Williamson hingegen beginnt Globalisierung erst im Laufe des 19. Jahrhunderts. Ihr Argument ist, dass sich jede dauerhaft und tiefgreifend wirksame Verflechtung in der Angleichung von Preisen in allen beteiligten Regionen niederschlagen muss. Solange Preise primär von Angebot und Nachfrage auf einzelnen lokalen oder regionalen Märkten beeinflusst werden, können interkontinentale Verbindungen keine besonderen Auswirkungen gehabt haben. In dieser Perspektive beginnt Globalisierung mit den großen Transport- und Kommunikationsrevolutionen (Eisenbahn, Dampfschiff, Telegraph) in der Mitte des 19. Jahrhunderts.

---

tions, and Global Markets, 1850–1930. Cambridge 2012; *Niels P. Petersson*, Anarchie und Weltrecht. Das Deutsche Reich und die Institutionen der Weltwirtschaft, 1890–1930. Göttingen 2009, S. 339–356.

[14] *Gareth Austin*, Global History in (Western) Europe: Explorations and Debates, in: Sven Beckert/Dominic Sachsenmaier (Hrsg.), Global History Globally (im Erscheinen).

[15] Zum folgenden *Raymond Grew*, Expanding Worlds of World History, in: Journal of Modern History, 78 , 2006, S. 878–898; *Michael Lang*, Globalization and Its History, in: Journal of Modern History, 78, 2006, S. 899–931; *Adam McKeown*, Periodizing Globalization, in: History Workshop Journal, 63, 2007, S. 218–230.

[16] *Dennis O. Flynn/Arturo Giráldez*, Born with a „Silver Spoon": The Origin of World Trade in 1571, in: Journal of World History, 6, 1995, S. 201–221; *Dennis O. Flynn/Arturo Giráldez*, Born Again: Globalisation's Sixteenth Century Origins (Asian/Global Versus European Dynamics), in: Pacific Economic Review, 13, 2008, S. 359–387; *Kevin H. O'Rourke/Jeffrey G. Williamson*, When Did Globalization Begin?, in: European Review of Economic History, 6, 2002, S. 23–50.

Offenkundig liegen den unterschiedlichen Periodisierungen auch zwei unterschiedliche Globalisierungsbegriffe zugrunde. Hier kann es hilfreich sein, zwischen Globalisierung als Prozess und als Zustand zu unterscheiden.[17] Es ist angeraten, einzelne Globalisierungsprozesse genauer zu beschreiben und ihre Bedeutung nicht zu überschätzen, will man sich von dem Begriff nicht zu ahistorischer Gleichsetzung vergangener Epochen mit der Gegenwart verleiten lassen. Globalisierung als Zustand beschreibt eine Welt, in der sich kaum etwas noch ohne Berücksichtigung der globalen Perspektive analysieren lässt. Für die soziologische und politologische Gegenwartsdiagnostik der 1990er und 2000er Jahre war dieser Punkt mit dem Ende des Kalten Krieges, der Liberalisierung der Märkte und der Ausbreitung der neuen Kommunikationstechnologien am Ende des 20. Jahrhunderts erreicht. Allerdings wurden ähnliche Diagnosen auch schon ein Jahrhundert zuvor mit ähnlicher Berechtigung gestellt.

Daran sieht man: Globalisierung ist reflexiv – die Entwicklung eines globalen Bewusstseins ist Bestandteil von Globalisierung. Dennoch ist das Reden über Globalisierung kein zuverlässiger Indikator für Globalisierung, zumal „Globalisierung" als Begriff der Gegenwartsdiagnose bisher stets dazu benutzt wurde, die beispiellose Neuartigkeit gegenwärtiger Zustände zu behaupten. Globalisierung ist, wie McKeown sagt, „a process that is continually obsessed with its own newness".[18] In vielen Globalisierungsdiskursen steht nicht die Auseinandersetzung mit den Ursachen und Folgen intensivierter weltweiter Interaktion im Mittelpunkt, sondern ein sehr viel lokaleres Interesse oder Projekt.[19]

Periodisierungsdebatten helfen, den Begriffsgehalt zu klären und empirisch belastbare Indikatoren für Globalisierung zu finden. Da Globalisierung verschiedene Lebensbereiche umfasst, überlagern sich unterschiedliche Periodisierungen. Es ist jedoch immerhin einfacher, Globalisierungsgeschichte zu periodisieren als Weltgeschichte, denn Globalisierungsprozesse umfassen *per definitionem* verbindende Faktoren, während Weltgeschichte es oft mit voneinander isolierten Gesellschaften zu tun hat, die keinerlei gemeinsamen Kausalitäten ausgesetzt sind. Lässt sich darüber hinaus festlegen, in welchen *langfristigen* Rahmen sich die Geschichte der Globalisierung im 19. und 20. Jahrhundert einfügt? Hier zeigen sich rasch die Grenzen von Makroperiodisierungen. Hat man es etwa beim Niedergang des vorübergehend aufblühenden Handelsnetzes der Seidenstraße mit einem abgebrochenen Anlauf zur Globalisierung zu tun,[20] oder mit einem Bruch in einem durchgehenden

---

[17] Vgl. *Jan de Vries*, The Limits of Globalization in the Early Modern World, in: Economic History Review, 63, 2010, S. 710–733.
[18] *McKeown*, Periodizing Globalization, S. 219.
[19] Vgl. mit unterschiedlicher Stoßrichtung *Rainer Spree*, Globalisierungs-Diskurse – gestern und heute, in: Jahrbuch für Wirtschaftsgeschichte 2003, S. 35–56; *Paul Hirst/Grahame Thompson*, Globalization in Question: The International Economy and the Possibilities of Governance. Cambridge 1999.
[20] *A.G. Hopkins*, The History of Globalization – and the Globalization of History?, in: ders. (Hrsg.), Globalization in World History. London 2002, S. 11–46; *C.A. Bayly*, „Archaic" and „Modern" Globalization in the Eurasian and African Arena, *c.* 1750–1850, in: ebd., S. 47–73.

Konvergenzprozess?²¹ Mit empirischen Mitteln lässt sich eine Entscheidung für oder gegen einen dieser Entwürfe kaum rechtfertigen. Sie können daher entweder als metaphysisch abgetan, oder als heuristische Anregungen zum besseren Fragen angenommen werden. Vorsichtig soll hier für letzteres plädiert werden: Periodisierungen werfen Fragen nach Zusammenhängen ebenso wie nach Trennlinien auf. Globalisierung sollte auch hier, nochmals die Warnungen Frederick Coopers und auch C.A. Baylys aufgreifend, als „heuristisches Werkzeug, nicht als Beschreibung linearen sozialen Wandels" dienen.²²

Globalisierungsgeschichte hat sich herausdifferenziert aus der transnationalen, außereuropäischen und Weltgeschichte. Sie hält im Bewusstsein, dass historische Prozesse sich auf verschiedenen räumlichen Ebenen und in sich wandelnden räumlichen Konfigurationen abspielen. Sie hat gelernt, mit „agency" statt akteurslosen Prozessen zu arbeiten und ist sich bewusst, dass das Denken in Begriffen von Verflechtung und Integration nicht von Spannungen, Konflikten und Ungleichheit ablenken darf.²³

2. Prozesse

Wie lassen sich unter Berücksichtigung der vorstehenden Überlegungen die Grundtendenzen der Geschichte der Globalisierung über das 19. und 20. Jahrhundert hinweg skizzieren? Zu Beginn des 19. Jahrhunderts haben wir es mit einer bereits durch globale Beziehungsnetze geprägten Welt zu tun: die Plantagenwirtschaft, deren Warenketten über den ökonomisch eng verdichteten atlantischen Raum hinaus bis nach Asien reichten, und die weltumspannende Rivalität der europäischen Großmächte des 18. Jahrhunderts, wie sie etwa im Siebenjährigen Krieg zum Ausdruck kam, können als Beispiele dienen. Die „atlantischen Revolutionen" am Ende des Jahrhunderts hatten globale Auswirkungen, an denen sich die durchgängig wirksame Dialektik von Globalisierung und Fragmentierung verdeutlichen lässt:²⁴ aus den durch die handelnden Personen, gemeinsame Ideen ebenso wie militärisch und ökonomisch miteinander verknüpften Revolutionen in Frankreich und den Amerikas ergab sich eine politische Fragmentierung – die amerikanischen Kolonien Frankreichs, Spaniens und Großbritanniens erlangten die Unabhängigkeit als nach modernsten europäischen Konzepten entworfene, aber politisch selbständige Nationalstaaten.

---

[21] *David Northrup*, Globalization and the Great Convergence: Rethinking World History in the Long Term, in: Journal of World History, 16, 2005, S. 249.
[22] *Bayly*, „Archaic" and „Modern" Globalization, S. 48.
[23] Vgl. z. B. *Matthias Middell/Katja Naumann*, Global History and the Spatial Turn: From the Impact of Area Studies to the Study of Critical Junctures of Globalization, in: Journal of Global History, 5, 2010, S. 149–170.
[24] *Ian Clark*, Globalization and Fragmentation: International Relations in the Twentieth Century. Oxford 1997.

Wichtiger war die Industrielle Revolution. Industrialisierung war ein lokaler oder regionaler Prozess, der bis heute nicht den ganzen Globus erfasst hat. Ihre Voraussetzungen und Auswirkungen jedoch waren von Anfang an global. Ihr wichtigster Rohstoff war die aus Amerika importierte Baumwolle, und die neuen Stoffe verdrängten Importe aus Indien. Dass die industrielle Revolution nicht wie manche frühere produktivitätssteigernde Neuerung rasch an Grenzen stieß, lag nicht nur an dem neuen Energieträger Kohle, sondern auch an Globalisierung; denn die neuen Industrien fanden Märkte und Rohstoffe in wirtschaftlich komplementären Ergänzungsräumen in Amerika, Afrika und später Asien.[25] Die Auswirkungen der Industrialisierung schließlich lassen sich als Beschleunigung und Intensivierung von Globalisierungsprozessen beschreiben, insbesondere durch leistungsfähige Militär- und Transporttechnologie, Warenexporte und die Telegraphie. Die „Great Divergence", d.h. das plötzlich zwischen dem euroatlantischen Raum und dem Rest der Welt zunehmende Macht- und Wohlstandsgefälle, war in mehrerlei Hinsicht ein Globalisierungsphänomen: Der Vorsprung des Westens war nicht zuletzt auf seine ökonomischen Vernetzungen gegründet, das Ergebnis war ökonomische Dominanz und politisch-militärischer Imperialismus.

Während Europa sich im 19. Jahrhundert zunächst politisch auf sich selbst zurückzog, intensivierten sich die weltwirtschaftlichen Kontakte, und um die Jahrhundertmitte lässt sich eine erstaunliche Parallelität von Weltkrisen beobachten, die noch nicht hinreichend erklärt ist: der Taiping-Aufstand in China 1850-64, die 1848er-Revolutionen in Europa, der Bürgerkrieg in den USA 1861-65 und der große Aufstand in Indien 1857.[26] Es bleibt eine Herausforderung für die Globalisierungsgeschichte herauszufinden, ob hinter dieser Gleichzeitigkeit von Ereignissen auch gemeinsame Ursachen oder Verbindungen stehen.

Europäische Institutionen und europäisches Wissen wurden zu Exportschlagern, die allerdings ebenso häufig ihres Zier- wie ihres Nutzwertes wegen begehrt und deswegen in komplexen Aneignungsprozessen mal mehr, mal weniger produktiv an lokale Verhältnisse angepasst wurden.[27] Der souveräne Nationalstaat westlichen Musters wurde zum Bezugspunkt reforme-

---

[25] *Kenneth Pomeranz*, The Great Divergence: China, Europe, and the Making of the Modern World Economy. Princeton 1999. Vgl. auch *Findlay/O'Rourke*, Power and Plenty, S. 334–364 und *Joseph E. Inikori*, Africans and the Industrial Revolution in England: A Study in International Trade and Economic Development. Cambridge 2002; *Joseph E. Inikori*, Africa and the Globalization Process: Western Africa, 1450–1850, in: Journal of Global History, 2, 2007, S. 63–86. Trotz des Titels kaum etwas dazu zu sagen hat *Robert C. Allen*, The British Industrial Revolution in Global Perspective. Cambridge 2009.
[26] *Bayly*, Birth of the Modern World, S. 143–168.
[27] Bisweilen verband sich beides – demonstrative institutionelle Verwestlichung war insbesondere für kleinere Staaten eine vielversprechendere Strategie zur Sicherung staatlicher Unabhängigkeit als militärische Aufrüstung: *Gerrit W. Gong*, The Standard of „Civilization" in International Society. Oxford 1984; *Niels P. Petersson*, König Chulalongkorns Europareise 1897. Europäischer Imperialismus, symbolische Politik und monarchisch-bürokratische Modernisierung, in: Saeculum, 51, 2001, S. 297–328.

rischer Bestrebungen, wie sich insbesondere an der indischen Unabhängigkeitsbewegung, am chinesischen Reformnationalismus und natürlich an Japan zeigen lässt. Für außereuropäische Machthaber attraktiver war oftmals ein anderes westliches Modell – das der britischen Kolonialherrschaft in Indien, die wirtschaftliches Wachstum und effiziente Verwaltung ohne allzuviel lästiges demokratisches Beiwerk zu ermöglichen schien. Der Import westlicher Industrien und Bürokratien sollte nur mit einem Mindestmaß an Wertewandel einhergehen und nach Möglichkeit das „Wesen" der eigenen Kultur (und die Interessen der Mächtigen) nicht antasten. Es darf daher nicht übersehen werden, dass der Globalisierung westlichen Gedankenguts in der Praxis enge Grenzen gesetzt waren. Christliche Missionare waren zwar auch an den entlegensten Flecken der Erde anzutreffen – Konvertiten in nennenswerter Zahl hingegen selten.[28] Die Reichweite der Missionsanstrengung war größer als ihre Wirkung. Vernetzung bedeutete nicht notwendig Homogenisierung.

Im letzten Drittel des 19. Jahrhunderts ist eine nochmalige Intensivierung von Globalisierungsprozessen zu verzeichnen. Dies sind zunächst materielle Prozesse: Dampfschifffahrt, Eisenbahn, Telegraphie und andere Infrastrukturverbesserungen wie der 1869 eröffnete Suezkanal bewirkten zusammengenommen eine Transport- und Kommunikationsrevolution, in deren Folge erstmals der Handel mit Massengütern im Weltmaßstab möglich wurde, die Interkontinentalreise den Charakter des Abenteuers mit ungewissem Ausgang verlor und die Welt zunehmend als zusammenhängender Handlungsraum erschien. In der zusammenwachsenden Weltwirtschaft hatten auch scheinbar bilaterale oder binnenstaatliche Vorgänge wichtige weltwirtschaftliche Voraussetzungen und Auswirkungen: die Erschließung des Farmlands in Argentinien, Kanada und den USA wurde mit britischem Kapital finanziert und durch Exportmöglichkeiten angeregt; alle Regionen der Welt spielten wichtige Rollen beim multilateralen Ausgleich der Zahlungsbilanzen; wichtige wirtschaftspolitische Entscheidungen in fast allen unabhängigen Staaten waren durch das Währungssystem des internationalen Goldstandards weitgehend vorgegeben.[29] Die Weltwirtschaft blieb jedoch ein System mit weiterhin ganz unterschiedlichen, und unterschiedlich starken, Gliedern – Arbeitsteilung brachte neben technologisch-institutioneller Homogenisierung auch ökonomische Differenzierung mit sich.

---

[28] Vgl. hierzu die Beiträge in *Boris Barth/Jürgen Osterhammel* (Hrsg.), Zivilisierungsmissionen. Imperiale Weltverbesserung seit dem 18. Jahrhundert. Konstanz 2005; *P.J. Cain*, Character and Imperialism: The British Financial Administration of Egypt, 1878–1914, in: Journal of Imperial and Commonwealth History, 34, 2006, S. 177–200; *Timothy Mitchell*, Rule of Experts: Egypt, Techno-Politics, Modernity. Berkeley 2002.
[29] *James Belich*, Replenishing the Earth: The Settler Revolution and the Rise of the Angloworld. Oxford 2009; *Albert G. Kenwood/Alan L. Lougheed*, The Growth of the International Economy 1820–2000: An Introductory Text. London 1999; *Kevin H. O'Rourke/Jeffrey G. Williamson*, Globalization and History: The Evolution of a Nineteenth-Century Atlantic Economy. Cambridge, Mass. 1999.

Nahrung, Kleidung, Arbeit und für die Gebildeten auch das Weltbild wurden global. Die Folge der spürbar gestiegenen Alltagsbedeutung von Globalem war seine Politisierung: Das Für und Wider weltwirtschaftlicher Verflechtung wurde heftig diskutiert, und fast überall wurden protektionistische Maßnahmen zum Schutz wichtiger gesellschaftlicher Gruppen gegen die Kräfte des Weltmarkts eingeführt. Ausnahmen waren Großbritannien, wo der Freihandel Teil eines nicht nur ökonomisch begründeten gesellschaftlichen Konsenses war,[30] und diejenigen außereuropäischen Staaten, die in „ungleichen Verträgen" ihre zollpolitische Handlungsfreiheit hatten aufgeben müssen. Ein zuverlässiger Gradmesser für die Sichtbarkeit von Globalisierungsprozessen sind auch die heftigen Debatten über Migration, die überall auf der Welt geführt wurden. In den neo-europäischen Siedlergesellschaften machten rassistisch motivierte Bewegungen (in der Regel getragen von den Einwanderern der vorherigen Generation) gegen die Einwanderung aus Asien und für die Schaffung homogener „white men's countries" mobil. Gleichzeitig begannen sich der chinesische Staat und die indische Öffentlichkeit für das Schicksal der Auswanderer aus diesen Ländern und für die Verbesserung ihrer weitgehend ungeschützten Stellung auf einem zunehmend globalen Arbeitsmarkt zu interessieren.[31] Am Beispiel der Migrationsbewegungen lässt sich verdeutlichen, wie sehr Globalisierungsprozesse in jener Zeit staatlich kanalisiert und gelenkt, selektiv ermöglicht, gefördert oder gebremst wurden.[32]

Die Welt war nun so eng zusammengewachsen, dass Konflikt und Kooperation, Integration und selbst Entflechtungsprozesse wegen ihrer weitreichenden Auswirkungen und Voraussetzungen nur noch innerhalb des Kontexts von Weltwirtschaft und Weltpolitik zu verstehen waren. Zugleich aber waren überall in einem Prozess der „Territorialisierung" auch national- und kolonialstaatliche Strukturen gestärkt worden. Vielen zeitgenössischen Beobachtern und auch der Historiographie erscheinen der Aufstieg des Macht- und Interventionsstaats als kennzeichnend für die Epoche. Anders als von Marx und Engels vorhergesagt, setzte sich die Dynamik kapitalistischer Expansion nicht vollständig und ungehemmt durch. Globalisierung und Fragmentierung gingen auch weiter Hand in Hand.[33] Ein Beispiel dafür ist die allgemeine Aufmerksamkeit für „Weltpolitik" als neuen Handlungsrahmen der zwischen-

---

[30] Zu dem wichtigen Thema der „Politik der Globalisierung" um 1900 vgl. *Anthony Howe*, Free Trade and Liberal England, 1846–1946. Oxford 1997; *Cornelius Torp*, Die Herausforderung der Globalisierung. Wirtschaft und Politik in Deutschland 1860–1914. Göttingen 2005; *Frank Trentmann*, Free Trade Nation: Commerce, Consumption, and Civil Society in Modern Britain. Oxford 2008.

[31] *Marilyn Lake/Henry Reynolds*, Drawing the Global Colour Line: White Men's Countries and the International Challenge of Racial Equality. Cambridge 2008.

[32] *Valeska Huber*, Multiple Mobilities. Über den Umgang mit verschiedenen Mobilitätsformen um 1900, in: Geschichte und Gesellschaft, 36, 2010, S. 317–341.

[33] *Lang*, Globalization and Its History; *Charles S. Maier*, Transformations of Territoriality, 1600–2000, in: Gunilla Budde u. a. (Hrsg.), Transnationale Geschichte. Themen, Tendenzen und Theorien. Göttingen 2006, S. 32–55; *Wolfgang Reinhard*, Geschichte der Staatsgewalt. Eine vergleichende Verfassungsgeschichte Europas von den Anfängen bis zur Gegenwart. München

staatlichen Beziehungen, die nun fast hysterische Ausmaße erreichte, aber im weltpolitischen Allianzensystem und im Auftreten neuer, nichteuropäischer Großmächte – Japans und der USA – sowie im in einzelnen Bereichen entstehenden Internationalismus auch eine reale Basis hatte.[34] Der Erste Weltkrieg, dessen Ursachen eher regionaler Natur waren, wurde durch die militärischen Bündnisse und die wirtschaftliche Kriegführung rasch global.

Der Krieg bewirkte einen Strukturwandel der Weltwirtschaft durch die finanzielle Erschöpfung der Kriegführenden, den finanziellen und wirtschaftlichen Aufstieg der USA, die Schaffung neuer industrieller und landwirtschaftlicher Produktionskapazität auch außerhalb Europas. Hinzu kamen die eher politischen, aber ebenfalls ökonomisch bedeutsamen Kriegsfolgen wie der Ausbau des Interventions- und Wohlfahrtsstaates, Demokratisierung, die Gründung zahlreicher neuer Staaten mit Tausenden Kilometern neuer Grenzen. Dieser Strukturwandel war weltweit spürbar, nicht zuletzt in Erscheinungen wie einer Weltwirtschaftskrise und im „Weltbürgerkrieg" (Hobsbawm) zwischen den konkurrierenden Universalismen kommunistischer und liberaldemokratischer Prägung sowie den autoritär-faschistischen Ideologien. Es fällt unter diesen Bedingungen schwer, noch Themen zu finden, die *nichts* mit Globalisierung zu tun hatten – die politischen, sozialen, wirtschaftlichen und kulturellen Krisenerscheinung der Zwischenkriegszeit hatten sämtlich eine globale Dimension. Es gab neue Ansätze in den internationalen Beziehungen wie den Völkerbund oder internationale Abkommen zur Rüstungsbegrenzung. Dennoch wird diese Periode primär und für die Zeit ab 1929 auch zu Recht als eine der Deglobalisierung beschrieben.[35] Neue Globalisierungsschübe waren in dieser Zeit nicht mehr zu verzeichnen. Die „,Nationalisierung' der Gesellschaften" erreichte erst in der Mitte des 20. Jahrhunderts ihren Höhepunkt. Als Lösungen für die globalen Probleme wurden fast ausschließlich die Abschottung vom Umgang mit den lästigen „Anderen" und der Rückzug in politisch kontrollierbare Räume – den Nationalstaat, das Kolonialreich oder den erst noch zu erobernden „Großraum" – angesehen.[36] Dadurch wird die erste Hälfte des 20. Jahrhunderts zum Zeitalter der Weltkrisen und Weltkriege.

2000 und *Wolfgang Reinhard* (Hrsg.), Verstaatlichung der Welt? Europäische Staatsmodelle und außereuropäische Machtprozesse. München 1999.

[34] Und nicht nur dort, wo explizit von Weltpolitik und Weltwirtschaft die Rede war, ging es um Globalisierungsprozesse. *Frank Ninkovich* argumentiert in Global Dawn: The Cultural Foundation of American Internationalism, 1865–1890. Cambridge, Mass. 2009, „Zivilisation" sei oftmals in dem Sinne gebraucht worden, in dem wir heute von Globalisierung reden. Für einen Überblick über das sich wandelnde Raum- und Zeitbewußtsein um 1900 vgl. *Stephen Kern*, The Culture of Time and Space, 1880–1918. London 1983. Für eine kritische Analyse der Internationalismen des 19. Jahrhunderts siehe *Susan Zimmermann*, GrenzÜberschreitungen. Internationale Netzwerke, Organisationen, Bewegungen und die Politik der globalen Ungleichheit vom 17. bis zum 21. Jahrhundert. Wien 2010.

[35] *Harold James*, The End of Globalization: Lessons From the Great Depression. Cambridge, Mass. 2001.

[36] Vgl. z. B. die Zusammenstellung der Dimensionen territorialer Einigelung bei *Martin Daunton*, Britain and Globalisation since 1850: II. The Rise of Insular Capitalism, 1914–1939, in:

Nach dem Zweiten Weltkrieg lässt sich im euro-atlantischen Westen der Wiederaufbau von Vernetzungen unter amerikanischer Führung beobachten, wenn sie auch lange weder in ihrer Intensität noch in ihrer Reichweite so weit gingen wie vor 1914. Am ehesten global war die von der Blockkonfrontation geprägte internationale Politik, die durch den „Systemwettbewerb" auf alle anderen Lebensbereiche abfärbte.[37] Aber auch hier gab es unterhalb der Ebene der Weltpolitik widersprüchliche Tendenzen: die regionale Integration insbesondere in Europa, die sich sowohl als Öffnung der Nationalstaaten als auch als deren Stärkung interpretieren lässt,[38] die Auflösung der Kolonialreiche,[39] und die Tätigkeit der UNO, die als Grundprinzipien der Weltgesellschaft einerseits die Unantastbarkeit nationaler Souveränität und andererseits souveränitätseinschränkende Menschenrechtskataloge festschrieb.[40] Die Regierungen außereuropäischer Staaten machten die internationalen Organisationen „zur Hauptbühne eines öffentlichkeitswirksamen Kampfes gegen Rassismus und Kolonialismus".[41] Erst jetzt begann auch eine rasche Entwicklung im Völkerrecht und transnationalen Recht, wo bislang, abgesehen von einzelnen Teilbereichen, Fragmentierung vorgeherrscht hatte.[42] Die Geschichtswissenschaft hat sich damit noch wenig befasst.

Am stärksten ausgeprägt war der Kontrast zur Globalisierung vor dem Ersten Weltkrieg im Bereich der Wirtschaft. Im westlichen Block wurde eine multilaterale, arbeitsteilige Wirtschaft allmählich wieder aufgebaut, allerdings in immer wieder im Interesse der politischen Stabilität und des innergesellschaftlichen Lastenausgleichs abgebremstem Tempo.[43] Im östlichen Machtbereich und in der Dritten Welt war die Abschottung gegenüber dem Weltmarkt Grundlage der Wirtschaftspolitik; nur einige Staaten in Ostasien verfolgten eine Politik der exportorientierten Industrialisierung. Überall wurde über die Reichweite und Intensität ökonomischer Verflechtungen politisch entschieden, nicht durch wirtschaftliche Eigendynamik. Das zeigt sich auch auf den

---

Transactions of the Royal Historical Society (Sixth Series), 17, 2007, S. 1–33. Zitat: *Lutz Raphael*, Imperiale Gewalt und mobilisierte Nation. Europa 1914–1945. München 2011, S. 17.

[37] *Odd Arne Westad*, The Global Cold War: Third-World Interventions and the Making of Our Times. Cambridge 2005.

[38] *John Gillingham*, European Integration, 1950–2003: Superstate or New Market Economy? Cambridge 2003; *Alan S. Milward*, The European Rescue of the Nation State. London 2000.

[39] *A.G. Hopkins*, Rethinking Decolonization, in: Past & Present, 200, 2008, S. 211–247.

[40] *Mark Mazower*, No Enchanted Palace: The End of Empire and the Ideological Origins of the United Nations. Princeton 2009.

[41] *Daniel Maul/Martin Rempe*, Wandel durch Integration. Afrikanische Dekolonisierung und Internationale Organisationen, in: Zeitgeschichte Online, 2010 (http://www.zeitgeschichte-online.de/Themen-Maul-Rempe-12-2010, konsultiert am 30.12.2011).

[42] *Michael Kempe*, Fluch der Weltmeere. Piraterie, Völkerrecht und internationale Beziehungen 1500–1900. Frankfurt a. M. 2010; Petersson, Anarchie und Weltrecht; *Miloš Vec*, Recht und Normierung in der industriellen Revolution. Neue Strukturen der Normsetzung in Völkerrecht, staatlicher Gesetzgebung und gesellschaftlicher Selbstnormierung. Frankfurt a. M. 2006.

[43] Vgl. z. B. *Barry Eichengreen*, The European Economy since 1945: Coordinated Capitalism and Beyond. Princeton 2007.

Arbeitsmärkten, wo die europäischen Staaten trotz Arbeitskräftemangels bemüht waren, Migration durch staatliche Anwerbeprogramme zu kanalisieren und zu kontrollieren.[44]

Spektakuläre Globalisierungsschübe, wie sie im 19. Jahrhundert zu beobachten waren, blieben im „kurzen 20. Jahrhundert" zwischen 1914 und 1989 aus. Am auffallendsten waren Globalisierungsphänomene vielleicht im soziokulturellen Bereich, wo unterschiedlichste Internationalisierungserfahrungen zunahmen, auch jenseits von Konsummustern, Unterhaltung und Massentourismus. Auslandsstudium, international vernetzter politischer Aktivismus von unten aufgebauter „grassroots"-Bewegungen, Arbeitsmigration, der „brain drain" in die Vereinigten Staaten und anderes mehr stärkten das Bewusstsein für die weiteren Horizonte, in die Menschen nicht mehr nur als Glieder des Weltmarktes eingebunden waren, sondern die sie mit zunehmender Selbstverständlichkeit als ihren Handlungs- und Kommunikationskontext wahrnahmen.[45] Dazu gehört auch das Gefühl, dass die Menschheit Verantwortung für den Schutz der Welt vor Zerstörung durch Umweltverschmutzung und nukleare Kriege zu übernehmen hatte.[46] Es waren Entwicklungen im Bereich der Kommunikation und Kultur, nicht der Wirtschaft, die McLuhan dazu brachten, vom „global village" zu sprechen. Da dies wesentlich von Bildung, Mobilität und freiem Zugang zu Informationsmedien abhängig war, konzentrierten sich auch diese soziokulturellen Globalisierungseffekte im Westen.

Welchen wahren Kern können Historiker in der von Sozialwissenschaftlern in den 1990er Jahren erhobenen Diagnose finden, dass die Welt plötzlich, binnen weniger Jahre, in ein neues, globales Zeitalter eingetreten sei? Dass hier Sensationalismus, Desinteresse an der historischen Dimension der Wirklichkeit und ideologische Positionierungen eine wichtige Rolle spielten, ist bereits oft hervorgehoben worden.[47] Dennoch brachte der Globalisierungsbegriff eine Reihe von Veränderungen auf den Punkt, die sich seit der Mitte der 1970er Jahre allmählich entfaltet hatten: im politischen Bereich begann die Erosion der Machtblöcke im Rückblick schon im KSZE-Prozess, in intensivierten wirtschaftlichen Kontakten durch den „Eisernen Vorhang" hindurch und in

---

[44] *Reginald Appleyard*, International Migration Policies, 1950–2000, in: International Migration, 36, 2001, S. 7–20; *Carl Strikwerda*, Tides of Migration, Currents of History: The State, Economy, and the Transatlantic Movement of Labor in the Nineteenth and Twentieth Centuries, in: International Review of Social History, 44, 1999, S. 367–394.

[45] *Martin Klimke*, The Other Alliance: Student Protest in West Germany and the United States in the Global Sixties. Princeton 2009 etwa spricht von „a qualitatively new level of sociocultural networking across national borders" (S. 3). Zur Frage der „Amerikanisierung" Westdeutschlands s. z. B. *Volker Berghahn*, Industriegesellschaft und Kulturtransfer. Die deutsch-amerikanischen Beziehungen im 20. Jahrhundert. Göttingen 2010; *Anselm Doering-Manteuffel*, Wie westlich sind die Deutschen? Amerikanisierung und Westernisierung im 20. Jahrhundert. Göttingen 1999.

[46] *Joachim Radkau*, Die Ära der Ökologie. Eine Weltgeschichte. München 2011.

[47] *Hirst/Thompson*, Globalization in Question; Justin Rosenberg, The Follies of Globalisation Theory. London 2000.

den chinesisch-amerikanischen Kontakten seit 1972, bevor sie sich in den späten 1980er Jahren unerwartet beschleunigte. Die sozioökonomischen Zukunftsvisionen des „Goldenen Zeitalters" – in der Dritten Welt, im Ostblock wie auch auf der westeuropäischen Linken – waren sämtlich, wie Geoff Eley es treffend genannt hat, „left nationalist projects" gewesen, die sozialen Fortschritt durch eine strikte Kontrolle ökonomischer Globalisierung zu erreichen suchten.[48] Sie verloren seit den 1970er Jahren zusammen mit dem keynesianischen Wachstumsmodell an Plausibilität.[49] Die Liberalisierungspolitik, die sich nun durchsetzte, war hingegen eine Globalisierungspolitik: Im sogenannten „Washington Consensus" wurden Demokratie, freie Märkte und Globalisierung zugleich als Ziele und Mittel gesellschaftlicher Entwicklung propagiert. In der Regel wurde Globalisierung also durch neue politische Konstellationen und politische Entscheidungen zugunsten von ökonomischer Offenheit, Privatisierung und Wettbewerb ermöglicht und gefördert; sie war also Wirkung und nicht Ursache.

Liberalisierung des Handels und Kapitalverkehrs war eine wichtige Voraussetzung ökonomischer Globalisierung. Hinzu kam die Fortentwicklung der Informations- und Kommunikationstechnologien (auch schon vor Erfindung des „world wide web") und des Transportwesens. Auch die Bedeutung etablierter Technologien wie der Schifffahrt – Stichwort Container – und der zum Massentransportmittel für Menschen und Waren gewordenen Luftfahrt darf hier nicht vernachlässigt werden.[50] Von entscheidender Bedeutung blieb aber die Freiheit, solche Kommunikations- und Transporttechnologien im Wirtschafts-, Arbeits- und Privatleben tatsächlich zu nutzen – das ist jenseits ideologischer Überhöhung der praktische Aspekt des „Washington Consensus". Anders als dessen Verfechter vorhersagten, haben Mobilität und Kommunikation jedoch nicht notwendig zur Homogenisierung und Befriedung der Welt geführt, sondern krasse Unterschiede der Lebensverhältnisse sichtbar gemacht, zu kultureller Desorientierung beigetragen, und die Formulierung und Verbreitung radikal-fundamentalistischer Gegenentwürfe zur westlichen Moderne erleichtert.[51]

---

[48] *Geoff Eley*, Historicizing the Global, Politicizing Capital: Giving the Present a Name, in: History Workshop Journal, 63, 2007, S. 154–188, hier S. 169.

[49] *Martin Daunton*, Britain and Globalisation since 1850: IV. The Creation of the Washington Consensus, in: Transactions of the Royal Historical Society (Sixth Series), 19, 2009, S. 1–35; *Anselm Doering-Manteuffel / Lutz Raphael*, Nach dem Boom. Perspektiven auf die Zeitgeschichte seit 1970. Göttingen 2008; *Tony Judt*, Postwar: A History of Europe Since 1945. London 2005.

[50] *David Edgerton*, The Shock of the Old: Technology and Global History Since 1900. Oxford 2007; *Mark Levinson*, The Box: How the Shipping Container Made the World Smaller and the World Economy Bigger. Princeton 2006; *David Hummels*, Transportation Costs and International Trade in the Second Era of Globalization, in: Journal of Economic Perspectives, 21, 2007, S. 131–154; *Vaclav Smil*, The Two Prime Movers of Globalization: History and Impact of Diesel Engines and Gas Turbines, in: Journal of Global History, 2, 2007, S. 373–394.

[51] *Olivier Roy*, L'Islam mondialisé. Paris 2004.

Im dritten Jahrtausend unserer Zeitrechnung haben sich viele dieser Trends noch einmal vertieft und bestätigt. Unter den Bedingungen der Globalisierung der Marktwirtschaft scheint die Epoche der „Great Divergence" einer „Great Convergence" Platz zu machen, schließen Indien, China, Südkorea, Brasilien als Wirtschafts- und Industriemächte zu den westlichen Staaten und Japan auf. Afrika war von vielen Globalisierungstrends der letzten Jahrzehnte nicht erfasst worden.[52] Das scheint sich nun in Ansätzen zu ändern, und der Kontinent spielt zuweilen – beispielsweise in einzelnen Bereichen der Telekommunikationstechnologie – inzwischen sogar eine Vorreiterrolle.[53] Global integrierte Produktionsketten haben sich stabilisiert und weiten sich auch in den Bereich bislang lokal erbrachter Dienstleistungen aus. Die Finanzmarktkrise 2008 war nicht nur in ihren Auswirkungen global. Auch ihre Ursachen – jenseits des unklugen Engagements europäischer und amerikanischer Banken in faulen Hypotheken – lagen in weltwirtschaftlichen Veränderungen und Ungleichgewichten.[54] Die Krisenpolitik der westlichen Staaten und internationaler Foren zielte dann bewusst darauf ab, Deglobalisierung zu verhindern und eine Wiederholung der Abschottungs- und Deflationspolitik der Zwischenkriegszeit zu vermeiden.

Globalisierung war keine abstrakte treibende Kraft hinter den wesentlichen Vorgängen der Gegenwart. Der Begriff lenkt vielmehr die Aufmerksamkeit auf raumgreifende Ursachen und Wirkungen. Die Arbeit an globalisierungsgeschichtlichen Fragen zeigt dabei nicht zuletzt die praktische Bedeutung von Nationalstaaten und nationalstaatlichem Handeln auf. Es wird auch deutlich, dass Globalität in unterschiedlichen Modi vorangetrieben und institutionalisiert werden konnte – imperial, international, universell.[55] Globalisierung in der Gegenwart hat also einige Neuerungen gebracht, ist aber in wesentlichen Aspekten nicht ohne historische Vorbilder und spielt sich weitgehend im Rahmen bekannter Formen von Weltwirtschaft und Weltpolitik ab. Die weiterreichenden Diagnosen betreffend eine Auflösung des Nationalstaats, das Ende von Raum und Zeit usw. haben sich nicht erfüllt. Wir sind nicht in eine diffuse Postmoderne eingetreten, in der wesentliche Charakteristika der Moderne nicht mehr gelten; moderne Verkehrs- und Kommunikationstechniken haben uns nicht von den Zwängen von Raum und Zeit befreit. Von der Erosion des Staates im Prozess der Globalisierung ist wenig zu spüren. Insofern ähneln die Globalisierungsprognosen der neunziger Jahre den Modernisierungs- und Entwicklungstheorien der fünfziger – Traumbilder einer sich homogenisierenden Weltgesellschaft, die inzwischen selbst als

---

[52] *Ralph A. Austen*, Review Article: Africa and Globalization – Colonialism, Decolonization and the Postcolonial Malaise, in: Journal of Global History, 1, 2006, S. 403–408.
[53] Special Report: Telecoms in Emerging Markets, in: The Economist, 24. 9. 2009.
[54] *Ravi Jagannathan/u. a.*, Why Are We in a Recession? The Financial Crisis is the Symptom, Not the Disease, NBER Working Paper 15404. Cambridge, Mass. 2009.
[55] Vgl. *Valeska Hubers* in Vorbereitung befindliche Arbeit über die „Kanalisierung" von Mobilität in der Suezkanal-Region.

globale politische Projekte historisiert, als Beschreibungen sozialen Wandels hingegen überholt sind.[56]

3. Perspektiven

Jürgen Osterhammel empfahl im Jahr 2000 im Vorgängerband den Globalisierungsbegriff als Mittel, um zwei damals spürbare Beschränkungen der Internationalen Geschichte zu überwinden: die inhaltliche Fixierung auf die politische Geschichte und die geographische auf die Nordhalbkugel.[57] In den letzten Jahren hat geradezu ein Boom an Forschungen eingesetzt, die methodisch transnational und global orientiert sind. Der größere Teil davon verortet sich außerhalb der traditionellen Geschichte der zwischenstaatlichen politischen Beziehungen – und oft auch ganz außerhalb einer Internationalen Geschichte, die sich als mehr oder weniger vorsichtige Erweiterung der Geschichte der internationalen Beziehungen versteht. Der Globalisierungsbegriff scheint auch in traditionell eher am Nationalstaat, am Landstrich oder am Dorf interessierten Forschungsrichtungen das Interesse an weiter reichenden Vernetzungen geweckt zu haben.[58] Inwieweit dadurch bestehende Forschungsergebnisse in Frage gestellt oder bloß in einen breiteren Rahmen eingeordnet werden, ist noch nicht abzusehen. Auch besteht, wie bei jedem historiographischen Modephänomen, die Gefahr der Verwahrlosung, sollte die bei Neuansätzen stets vorhandene und oft produktive Diskrepanz zwischen theoretischen Postulaten und deren Einlösung in der empirischen Arbeit nicht überwunden werden. Die logistischen, finanziellen, linguistischen und zeitlichen Hindernisse, mit denen ein Forschungsprojekt zu Fernverflechtungen oftmals verbunden ist, dürfen dabei keineswegs unterschätzt werden. Allerdings sollte man sie auch nicht überschätzen – Globalisierungsgeschichte ist keine *histoire totale*, sondern eine praktisch handhabbare Geschichte *ausgewählter* Wirkungsketten.

Aus gegenwärtiger Sicht bedürfen insbesondere drei Themenkomplexe verstärkter Aufmerksamkeit: (1) In Darstellungen frühneuzeitlicher Globalisierungsprozesse spielen nichtwestliche Akteure eine wesentlich wichtigere Rolle als in solchen über das 19. und 20. Jahrhundert, wo häufig eine auf Europa, den Nordatlantik oder das britische Weltreich fokussierte Perspektive einge-

---

[56] Vgl. z.B. *Hubertus Büschel/Daniel Speich* (Hrsg.), Entwicklungswelten. Globalgeschichte der Entwicklungspolitik. Frankfurt a.M./New York 2009.

[57] *Jürgen Osterhammel*, Internationale Geschichte, Globalisierung und die Pluralität der Kulturen, in: Wilfried Loth/Jürgen Osterhammel (Hrsg.), Internationale Geschichte. Themen – Ergebnisse – Aussichten. München 2000, S. 387–408.

[58] Vgl. z.B. zur Agrargeschichte *Eric Vanhaute*, The End of Peasantries? Rethinking the Role of Peasantries in a World-historical Perspective, in: Review, 31, 2008, S. 39–59; zur Konsumgeschichte *Alexander Nützenadel/Frank Trentmann* (Hrsg.), Food and Globalization: Consumption, Markets and Politics in the Modern World. Oxford 2008; zur Geschichte der Arbeitswelt die weiter unten zitierte Literatur.

nommen wird.[59] Neuere Forschungen zeigen, dass man hier oft nicht genau genug hingeschaut hat. Die Arbeitsmigration innerhalb Asiens, und von Asien nach den USA, Australien, Afrika und der Karibik wird in ihrer weltwirtschaftlichen und sozialgeschichtlichen Bedeutung inzwischen oftmals der transatlantischen Auswanderung gleichgestellt.[60] Die Bedeutung einheimischer Händler, Arbeitskräfte, Unternehmer, Soldaten und Verwaltungskräfte für die Stabilität und Prosperität des britischen Empires kann kaum überschätzt werden.[61] David Washbrook hat die These aufgestellt:

> The British Empire, and the world capitalist system which it did so much to expand, rested heavily on the intermediation of agencies constituted outside the core. Without those agencies, the forces of world capitalism would have been either much weaker, or else of a very different kind, than they were – and the history of the world would have been of a very different order.[62]

Im 20. Jahrhundert ist die innere Geschichte europäischer Staaten häufig genug die Geschichte von Kolonialmächten, die mit dem Problem konfrontiert waren, den Status von Bürgern und Untertanen mit unterschiedlicher Kultur und Hautfarbe zu definieren und dabei eine Balance zwischen Diskriminierung und Integration zu halten.[63] Die Migrationsprozesse der Gegenwart haben in ähnlicher Weise der Geschichte außereuropäischer Kulturen und religiöser Bewegungen eine unmittelbare Relevanz für die innere Entwicklung europäischer Gesellschaften verliehen. Auch die Abhängigkeit vom Rohöl aus dem Nahen Osten, die „Dritte Welt" als Schauplatz des Systemwettbewerbs und die Unterentwicklung als Grundlage für Kritik am westlichen Kapitalismus verdeutlichen die Bedeutung der nichtwestlichen Regionen der Welt im 20. Jahrhundert. Gegen Ende des 20. Jahrhunderts schließlich ist die Bedeutung asiatischer Schwellen- und Industriestaaten für Weltpolitik und Weltwirtschaft nicht mehr zu übersehen – und zwar sowohl als staatliche Akteure in den internationalen Beziehungen als auch in den „global flows" innerhalb der multinationalen Konzerne.[64] Japan gewinnt mittlerweile auch im Bereich von Konsum und Jugendkultur einen eigenständigen Einfluss. Damit ist allerhöchstens angedeutet, wo nichtwestliche Beiträge zu Globalisierungsprozes-

---

[59] Vgl. z. B. *Niall Ferguson*, Empire: How Britain Made the Modern World. London 2003; *O'Rourke/Williamson*, Globalization and History.

[60] *Adam McKeown*, Melancholy Order: Asian Migration and the Globalization of Borders. New York 2008; ders., Chinese Emigration in Global Context, 1850–1940, in: Journal of Global History, 5, 2010, S. 95–124.

[61] *Darwin*, After Tamerlane; *Claude Markovits*, Structure and Agency in the World of Asian Commerce during the Era of European Colonial Domination (c. 1750–1950), in: Journal of the Economic & Social History of the Orient, 50, 2007, S. 106–123.

[62] *David Washbrook*, South Asia, the World System and World Capitalism, in: Journal of Asian Studies, 49, 1990, S. 479–508 und S. 490.

[63] *Benno Gammerl*, Untertanen, Staatsbürger und Andere. Der Umgang mit ethnischer Heterogenität im Britischen Weltreich und im Habsburgerreich 1867–1918. Göttingen 2010.

[64] Victoria de Grazia stellt deswegen in ihrer Studie zur Globalisierung im Einzelhandel fest: „WalMart's global expansion is at least as much an Asian story as an American one": *Victoria de Grazia*, Globalizing Commercial Revolutions, in: Gunilla Budde/u. a. (Hrsg.), Transnationale Geschichte. Themen, Tendenzen und Theorien. Göttingen 2006, S. 238–253, hier S. 250.

sen auch im Zeitalter der Vorherrschaft des Westens – in der Epoche der „Great Divergence" – zu suchen sein können. Fast vollkommen unbestellt ist das Feld der „Süd-Süd"-Kontakte.[65] Eine genaue Einschätzung des nichtwestlichen Beitrags zur Geschichte von Globalisierungsprozessen ist noch nicht möglich. Sie erforderte eine umfassende thematisch-geographische Erweiterung, d. h. ein globalisierungshistorisches Maximalprogramm der Erforschung der Rolle nichtwestlicher Akteure in Globalisierungsprozessen.

(2) Die 1970er Jahre entwickeln sich fast so schnell wie die Globalisierung zu einem Modethema der historischen Forschung. Das Jahrzehnt erscheint zunehmend als „one of the most important turning points of the twentieth century and as the moment of origin of many of our current dilemmas".[66] Dazu gehört auch die Herausbildung der gegenwärtigen Form von Globalisierung durch die Öffnung von Staaten, Gesellschaften und Volkswirtschaften. Dies ist natürlich eine Frage der politischen Ökonomie, aber auch des gesellschaftlichen Wandels, der neuen sozialen Bewegungen und international tätigen Nichtregierungsorganisationen und des immer selbstverständlicheren transnationalen Denkens, Fühlens und Handelns im Alltag.[67] Durch die These vom Rückzug des Staates gegenüber den Kräften der Globalisierung lässt sich dieser Wandel nicht auf den Begriff bringen, und das nicht nur, weil Globalisierung – wie schon ausgeführt – in der Regel das Ergebnis staatlicher Politik war. Was sich verändert hat, lässt sich vielleicht eher als die Wiederentdeckung des ungeplanten Strukturwandels beschreiben – im internationalen System wie innerhalb von Gesellschaften wird permanente Veränderung inzwischen wieder als Merkmal der Moderne angesehen und nicht *per se* als Krisenerscheinung.[68] Die Macht des Staates wird von den politisch maßgebenden Kräften kaum noch ernsthaft als Gestaltungsmacht gegen „den Westen" und „das Kapital" aufgefasst. Zugleich aber ist vielerorts ist die Rolle des Staates heute viel bedeutender, die der Weltmärkte viel unbedeutender als vor 100 Jahren, wie Jim Tomlinsons Analyse der „Deglobalisierung Dundees" im Laufe des 20. Jahrhunderts zeigt.[69] Vor dem Ersten Weltkrieg waren die Einwohner der schottischen Stadt direkt von den Kräften der Weltmärkte abhän-

---

[65] Drei Beispiele aus ganz unterschiedlichen thematischen Feldern: *Selçuk Esenbel*, Japan's Global Claim to Asia and the World of Islam: Transnational Nationalism and World Power, 1900–1945, in: American Historical Review, 109, 2004, S. 1140–1170; *See Seng Tan/Amitav Acharya* (Hrsg.), Bandung Revisited: The Legacy of the 1955 Asian-African Conference for International Order. Singapore 2008; *Christine Hatzky*, Kubaner in Angola. Süd-Süd-Kooperation und Bildungstransfer 1976–1991. München 2012; siehe auch den Beitrag von *Christine Hatzky* in diesem Band.

[66] *Sven Beckert*, History of American Capitalism, in: Eric Foner/Lisa McGirr (Hrsg.), American History Now. Philadelphia 2011, S. 314–335, hier S. 326.

[67] *Niall Ferguson u. a.* (Hrsg.), The Shock of the Global: The 1970s in Perspective. Cambridge, Mass./London 2010.

[68] *Wolfgang Streeck*, The Crises of Democratic Capitalism, in: New Left Review, 71, 2011, S. 5–29.

[69] *Jim Tomlinson*, The Deglobalisation of Dundee, c. 1900–2000, in: Journal of Scottish Historical Studies, 29, 2009, S. 123–140.

gig: Hauptarbeitgeber waren die Juteindustrie und der Schiffbau, beide unmittelbar der Weltkonjunktur und internationaler Konkurrenz ausgesetzt. Der Lebensstandard hing maßgeblich von der Verfügbarkeit billiger Getreide- und Fleischimporte aus Übersee ab. Heutzutage hingegen ist der größte Arbeitgeber in Dundee der öffentliche Dienst und nach dem Niedergang der klassischen Industrien ist kaum ein Arbeitsplatz in der Stadt noch direkt vom internationalen Wettbewerb betroffen. Tomlinson verschweigt allerdings, dass die Steuermittel, welche die lokale Wirtschaft in Dundee am Leben halten, zu einem erheblichen Teil von global agierenden Banken in der City of London erwirtschaftet wurden – mit dem Wegfall dieser Einnahmen seit der Finanzkrise 2008 ist der britische Wohlfahrtsstaat in Frage gestellt. Für den Umbruch der 1970er Jahre geht es also – ähnlich wie für die Beschreibung der Zwischenkriegszeit – darum, die eigene Gesellschaft in übergreifenden Prozessen zu situieren, den Formenwandel des Nationalstaats zu beschreiben und die Bedeutung der übernationalen Einbindung von Gesellschaften und Volkswirtschaften zu bestimmen.

(3) Globalisierung in der Geschichte der Arbeitswelt. Hier haben die multinationalen Konzerne in den 1970er Jahren begonnen, die Produktionsschritte vertikal unternehmensintern auf den jeweils günstigsten Standort zu verlagern, und horizontal einen scharfen Kostenwettbewerb zwischen funktional gleichen Standorten aufzuziehen. Dahinter stand die zunehmend global wirksame Überzeugungskraft neuer Management-Theorien (Stichworte: Kernkompetenzen, Outsourcing, Lean Production), die auf Effizienz durch Spezialisierung, Arbeitsteilung und Wettbewerb abzielten. Sie wurden von den USA aus global verbreitet, orientierten sich z. T. an japanischen Vorbildern und waren in der Praxis nicht immer mit lokalen Arbeitskulturen kompatibel.[70] Einzelne Berufsfelder, insbesondere wenig anspruchsvolle, niedrig entlohnte Arbeiten in der Fertigung, verschwinden ganz aus den entwickelten Ländern und werden nunmehr von Arbeitskräften in den Schwellenländern oder von Maschinen erledigt. Industriegüter werden nun in interkontinentaler Kooperation entwickelt und gefertigt, und das zunehmend für einen Weltmarkt (der allerdings zum Leidwesen der Marketing-Strategen weniger homogen ist erwartet). Die Verfügbarkeit günstiger Konsumgüter aus den Schwellenländern verändert Konsumverhalten, Alltag und Habitus der Arbeitnehmer und stützt dadurch den Wandel im Selbstverständnis von Produzenten zu Konsumenten, mit dem auch die Abkehr von kollektiv organisierter Verteilungspolitik und eine verstärkte Akzeptanz von Wettbewerb, Ungleichheit und Leistungsgesellschaft einhergehen.[71] Auch in den Schwellenländern entstehen derweil neue Mittelschichten und Märkte, häufig zunächst in Enklaven mit besonders güns-

---

[70] Vgl. z. B. *William Knox/Alan McKinlay*, American Multinationals and British Trade Unions, c. 1945–1974, in: Labor History, 51, 2010, S. 211–229.
[71] *Avner Offer*, British Manual Workers: From Producers to Consumers, c. 1950–2000, in: Contemporary British History, 22, 2008, S. 537–571.

tigen oder besonders gebildeten Arbeitskräften. Die Auswirkungen auf die bislang ganz im nationalstaatlichen Rahmen organisierten Systeme der Lohnverhandlungen und gewerkschaftlichen Interessenvertretung sind deutlich spürbar.[72] Bisher ist es nur in Sonderfällen wie der Schifffahrt gelungen, Arbeitnehmerinteressen erfolgreich transnational zu organisieren.[73]

Die Geschichte der Arbeit in globaler Perspektive ist ein vielversprechendes Feld, in dem sich Globalisierungsprozesse mit den Anliegen der sozial- und kulturgeschichtlich interessierten Forschungsrichtungen verbinden lassen.[74] Inzwischen wird auch in der Sozialgeschichte und „labour history" eine nationalstaatlich eingegrenzte Analyse zunehmend als einengend angesehen; die Grundlagen für eine angemessene historiographische Einordnung vergangener Epochen wie auch für politische Schlussfolgerungen aus den eingetretenen Veränderungen werden in einer globalgeschichtlichen Erweiterung gesucht.[75] Je mehr die Voraussetzungen des Arbeitslebens sich globalisierten, desto weniger konnte die Geschichte der Arbeit ohne die Einordnung in globale Kontexte auskommen – und desto weniger kann man sich darauf beschränken, es bei dieser Einordnung bewenden zu lassen, desto mehr muss sich die Forschung auf die Geschichte der Arbeitswelt in allen interdependenten Regionen einlassen.[76]

Globalisierungsgeschichte bildet nur einen kleinen Teil der Internationalen Geschichte. Nicht jedes Thema muss in globaler Perspektive abgehandelt werden. Zugleich hat Globalisierungsgeschichte aber auch gezeigt: in der Neuzeit lässt sich fast nichts mehr ohne die Berücksichtigung des Kontexts global wirksamer Prozesse und Rahmenbedingungen adäquat erforschen. Der Begriff der Globalisierung lenkt die Aufmerksamkeit auf diese großräumigen Kontexte und hilft, Fragestellungen und Erklärungen in diesem Rahmen zu entwickeln.[77] Aus all dem ergibt sich ein doppelter Auftrag für die Globalisierungsgeschichte: Zum einen wird es nötig sein, in natürlicher Erweiterung von Ansätzen der transnationalen und internationalen Geschichte den globalen Wirkungsketten und Kontexten dort die gebührende Aufmerksamkeit zu

---

[72] Vgl. z.B: *Huw Beynon*, Working for Ford. 2. Aufl. London 1984; *Thomas Fetzer*, The Late Birth of Transnational Labour Cooperation: Cross-Border Trade Union Networks at Ford and General Motors (1953–2001), in: Labour History Review, 75, 2010, S. 76–97.

[73] *Nathan Lillie*, A Global Union for Global Workers: Collective Bargaining and Regulatory Politics in Maritime Shipping. London/New York 2006; umfassender *Leon Fink*, Sweatshops at Sea: Merchant Seamen in the World's First Globalized Industry from 1812 to the Present. Chapel Hill 2011.

[74] Vgl. z. B. *Marcel van der Linden*, Workers of the World: Essays toward a Global Labor History. Leiden 2008; *Marcel van der Linden*, The Promise and Challenge of Global Labor History, in: International Labor & Working-Class History, 40, 2012.

[75] Vgl. insbesondere die jüngeren Beiträge von *Jürgen Kocka*, z. B. Bewegung in der Geschichtswissenschaft, in: Merkur, 61, 2008; Arbeiten an der Geschichte. Gesellschaftlicher Wandel im 19. und 20. Jahrhundert. Göttingen 2011.

[76] Einen Überblick über derartige Forschungen bietet z. B. *Jennifer Bair*, On Difference and Capital: Gender and the Globalization of Production, in: Signs, 36, 2010, S. 203–226.

[77] *Osterhammel*, Globalizations.

schenken, wo sie für eine kleinräumiger zugeschnittene deutsche und europäische Geschichte wichtig sind. Die Reflexion über die globale Einordnung des eigenen Themas sollte für alle Historikerinnen und Historiker, die über die Geschichte des 19. und 20. Jahrhunderts arbeiten, unumgänglich sein. Um dieses Minimalprogramm zu ermöglichen, bedarf es zum anderen einer inhaltlichen und konzeptionellen Erweiterung. Wir wissen noch zu wenig darüber, wie die Fernwirkungen der europäischen Geschichte und die kausalen „Entanglements" mit den Geschichten anderer Weltregionen aussahen. Dafür ist eine intensivere Befassung mit der außereuropäischen Geschichte nötig. Dabei helfen die „global history" und die Kooperation mit Wissenschaftlern aus außereuropäischen Ländern, wie sie in den USA gängig, in Deutschland hingegen noch relativ wenig ausgeprägt ist.[78] Fehlt diese weitere Dimension, muss die globale Einbettung der Geschichte der eigenen Gesellschaft auf Spekulation und Halbwissen gegründet bleiben. In Zukunft wird es daher darum gehen, im Dialog zwischen groß- und kleinräumig zugeschnittenen Forschungen die Reichweite, Dynamik, lokale Wirksamkeit und Relevanz globaler Prozesse und Strukturen zu untersuchen. Das geht nur, wenn kleinräumig zugeschnittene Forschung sich der globalen Dimension bewusst ist, während zugleich die an Makroprozessen interessierten Arbeiten im Blick behalten, dass Makroprozesse der Anbindung an menschliches Handeln bedürfen, welches notwendig an bestimmten Orten stattfindet. Dann kann der Blick auf Globalisierungsprozesse über die bloße Feststellung globaler Interdependenz hinaus einen Beitrag leisten zum Verständnis aller Forschungsfragen in einer Geschichte der modernen Welt.

---

[78] Vgl. dazu demnächst den von *Sven Beckert* und *Dominic Sachsenmaier* herausgegebenen Sammelband *Global History Globally*.

Marc Frey
Entwicklungspolitik

Forschungsgegenstand

Die Geschichte der Entwicklungspolitik ist ein Forschungsfeld, das seit etwa fünfzehn Jahren an Dynamik gewinnt. Es lässt sich grob der Internationalen Geschichte zuordnen, aber auch die Kolonialgeschichte, die Regionalwissenschaften, die Anthropologie, die Wirtschafts-, Geschlechter- und Kulturgeschichte sowie historisch interessierte Sozialwissenschaftler beteiligen sich an ihrer historischer Erforschung.[1] Institutionelle Akteure der Entwicklungspolitik selbst haben bislang relativ wenig zur historischen Aufarbeitung beigetragen.[2] Dies lässt sich nur unbefriedigend mit den auf Gegenwart und Zukunft gerichteten Zielen ihrer Tätigkeit begründen.

Das wachsende Interesse an der Geschichte der Entwicklungspolitik hat vor allem zwei Ursachen.[3] Erstens wandelten sich nach dem Ende des Kalten Krieges die internationalen Beziehungen. Probleme der Beziehungen zwischen industrialisierter Welt und Entwicklungsländern gewannen an Bedeutung, und mit den rasanten Transformationsprozessen in China und Indien seit den 1980er bzw. 1990er Jahren rückten nationale Entwicklungsstrategien in breitere Diskussionskontexte. Globale Herausforderungen wie der Klimawandel, die Verteilung von Armut und Reichtum oder Fragen individueller Möglichkeiten und Chancen sind mehr denn je zu zentralen Problemen globalen Regierens geworden. Vorwiegend jüngere Historikerinnen und Historiker tragen diesem Wandel Rechnung und bemühen sich um eine Historisierung dieser wichtigen Phänomene. Zweitens, und damit zusammenhängend, hat sich die Internationale Geschichte in einer Art und Weise neuen Themen und Herangehensweisen geöffnet, wie dies noch vor zwanzig Jahren

---

[1] Aktuelle Überblicke zur Forschung bieten *Hubertus Büschel*, Geschichte der Entwicklungspolitik, Version: 1.0, in: Docupedia-Zeitgeschichte, 11. 2. 2010, https://docupedia.de/zg/Geschichte_der_Entwicklungspolitik?oldid=75517; *Frederick Cooper*, Writing the History of Development, in: Journal of Modern European History 8.1, 2010, S. 5–23; *Marc Frey/Sönke Kunkel*, Writing the History of Development: A Review of the Recent Literature, in: Contemporary European History 20, 2011, S. 215–32; *Corinna R. Unger*, Histories of Development and Modernization: Findings, Reflections, Future Research, in: H-Soz-u-Kult, 9. 2. 2010, http://hsozkult.geschichte.hu-berlin.de/forum/2010-12-001.

[2] Ausnahmen bilden etwa das *United Nations Intellectual History Project* (s. u.) sowie *Edward S. Mason/Robert E. Asher*, The World Bank Since Bretton Woods. Washington, DC, 1973; *Devesh Kapur/John P. Lewis/Richard Webb*, The World Bank: Its first half Century, 2 Bde. Washington, DC, 1997.

[3] Panoramen der historischen Forschung bieten *Hubertus Büschel/Daniel Speich* (Hrsg.), Globalgeschichte der Entwicklungszusammenarbeit. Frankfurt a. M. 2009; *Frederick Cooper/Randall Packard* (Hrsg.), International Development and the Social Sciences: Essays on the History and Politics of Knowledge. Berkeley 1996.

kaum denkbar gewesen wäre. Längst ist Internationale Geschichte nicht mehr nur Diplomatiegeschichte, sondern eine Geschichte der grenzüberschreitenden Interaktionen, Vernetzungen und der Vergleiche. Diese Erweiterungen ermöglichen nicht nur eine disziplinäre Öffnung, sondern auch die Verknüpfung von etablierten und neuen Fragestellungen und Themen. Ein Beispiel: nicht länger wird die Geschichte des Kalten Krieges allein als eine Geschichte konkurrierender Macht und Mächte, als ideologische Konfrontation und Systemauseinandersetzung verstanden, sondern auch als Wettbewerb unterschiedlicher Modernisierungsentwürfe für die damals so genannte ‚Dritte Welt'.[4] Eine Institutionalisierung des Themenfeldes ‚Geschichte der Entwicklungspolitik' in Arbeitskreisen, Vereinigungen oder um Zeitschriften, wie das etwa für die Geschichte des Kalten Krieges der Fall ist, gibt es jedoch noch nicht.[5]

Der Forschungsgegenstand ‚Geschichte der Entwicklungspolitik' ist nicht klar umrissen, was zu einem Gutteil der schillernden Bedeutung des Begriffs ‚Entwicklung' geschuldet ist. Die Anzahl der Definitionen von ‚Entwicklung' ist kaum noch überschaubar und abhängig von disziplinärer und temporaler Verortung. Gemeinsam ist allen Definitionen jedoch ein lineares Verständnis von Zeit. In seiner allgemeinsten Bedeutung kann ‚Entwicklung' als ein ‚mehr desselben' verstanden werden, also als ein Zugewinn kultureller, materieller oder sozialer Güter in einer sozialen Einheit über einen bestimmten Zeitraum. Folgt man dieser Definition, dann hätte Entwicklung wohl eine von Menschen abhängige Qualität, die historisch bis in die Antike und darüber hinaus zurückverfolgt werden kann. Begreift man ‚Entwicklung' als einen Prozess intentionalen sozialen Handelns mit der Absicht, bestimmte sozio-ökonomische Ziele zu erreichen, lässt sich seine Entstehung in der Zeit der Aufklärung verorten, als die Idee von ‚Fortschritt' erstmals breit diskutiert wurde.[6] Damit verbunden sind die normative Vorstellung eines Prozesses, das Wirken von Akteuren und das Vorhandensein von Strategien. Ermöglicht wird ‚Entwicklung' durch ‚Entwicklungspolitik', eine Politik, die materielle und immaterielle Ressourcen mobilisiert, um bestimmte, dem Ideal von Fortschritt entsprechende Ziele zu erreichen (Modernisierung). In der Regel ist dieses Ideal sozio-ökonomisch definiert und unterscheidet zwischen einem ‚Ist' und einem ‚Soll'-Zustand. Entwicklungspolitik bildet demnach die Summe der Maßnahmen, die einen ‚Soll'-Zustand in einen ‚Ist-Zustand' verwandelt. Sie struktu-

---

[4] Siehe *Bernd Stöver*, Der Kalte Krieg 1947–1991. Geschichte eines radikalen Zeitalters. München 2011; *David Engerman/Corinna R. Unger* (Hrsg.), Modernization as a Global Project, Themenheft Diplomatic History 33.3, 2009; *Nils Gilman*, Mandarins of the Future. Modernization Theory in Cold War America, Baltimore 2003; *Michael Latham*, The Right Kind of Revolution. Modernization, Development, and U.S. Foreign Policy from the Cold War to the Present. Ithaca, NY 2011.

[5] Siehe etwa die Zeitschriften Journal of Cold War Studies (seit 1999) und Cold War History (seit 2000).

[6] *H.W. Arndt*, Economic Development. The History of an Idea. Chicago 1987, S. 3–48; *Björn Hettne*, Thinking About Development. London/New York 2009, S. 3.

riert Gegenwart im Sinne von Modernisierungsparadigmen und operationalisiert Zukunft.[7]

Temporale Verortung und Motivationen

Entwicklungspolitik als Instrument des Regierens ist seit Jahrtausenden bekannt. Als Spezialfall hat sich ein zeitgenössisches Verständnis durchgesetzt, der diese als Transferpolitik von Wissen, Techniken und materiellen Ressourcen zwischen Gebern und Nehmern im internationalen und transnationalen Rahmen begreift. Entwicklungshilfe, Entwicklungszusammenarbeit und Entwicklungspolitik werden häufig synonym verwendet. Wann diese historisch in Erscheinung trat, ist umstritten. Üblicherweise markierten der Marshall-Plan, das Point IV-Programm des amerikanischen Präsidenten Harry Truman und die damit verbundene Institutionalisierung des Entwicklungsgedankens den Beginn der internationalen Entwicklungspolitik. Im Point IV Programm unterschied Truman zwischen entwickelten Ländern und „underdeveloped areas", die von Armut, Krankheiten und Stagnation gekennzeichnet seien. Technische Hilfe könne „help them realize their aspirations for a better life".[8]

Studien zu technischen Hilfsprogrammen des Völkerbundes und zum Wissenstransfer anderer Internationaler Organisationen sowie Arbeiten zur Kolonialgeschichte verweisen jedoch auf Kontinuitäten, die bis ins ausgehende 19. Jahrhundert zurückreichen. Denn hier wurden erstmals zentrale Aspekte von Entwicklungspolitik identifiziert, die bis heute gültig sind: Wissenschaft und Technik der sich selbst als „entwickelt" Begreifenden konnten dazu beitragen, die Lebensbedingungen von Menschen in den Kolonien und außereuropäischen Ländern und Territorien zu verbessern und sie zugleich einer europäisch definierten Ordnung zu unterwerfen. Nur selten, so die Überzeugung, verfügten diese Menschen über die materiellen und immateriellen Ressourcen, Entwicklung selbst zu leisten. Das daraus folgende asymmetrische Machtverhältnis und die durch eine kulturelle und sozio-ökonomische Hierarchie charakterisierte Beziehung umriss der britische Kolonialminister Joseph Chamberlain 1895:

> I regard many of our colonies as being in the condition of undeveloped estates, and estates which can never be developed without imperial assistance. ... I shall be prepared to consider ... any case which may occur in which, by the judicious investment of British money, those estates which belong to the British Crown may be developed for the benefit of their population and for the benefit of the greater population which is outside.[9]

---

[7] Beispielhaft für andere Einführungen in die Entwicklungspolitik siehe *Werner Lachmann*, Entwicklungspolitik, 4 Bde. München 2004; *Paul Kevenhörster/Dirk van den Boom*, Entwicklungspolitik. Wiesbaden 2009; *Anthony Payne/Nicola Phillips*, Development. Cambridge 2010; *Adam Szirmai*, The Dynamics of Socio-Economic Development. An Introduction. Cambridge 2005.

[8] Department of State Bulletin, 30. Januar 1949, S. 123.

[9] Zitiert nach *Toyin Falola*, Development Planning and Decolonization in Nigeria. Gainesville, FL 1996, S. 9.

Chamberlain und andere Gleichgesinnte dachten primär an wirtschaftliches Wachstum in den Metropolitanmächten. Sie disqualifizierten Lebensweisen, die nicht den ihren entsprachen, als „nicht zivilisiert" und „nicht entwickelt".[10] Aber sie erkannten, dass sich eine europäisch definierte wirtschaftliche Modernisierung der Kolonien vortrefflich als Legitimation kolonialer Ausbeutung eignete.

Bis zum Zweiten Weltkrieg investierten Kolonialmächte primär in ihre Kolonien, um deren Erzeugnisse und Rohstoffe besser nutzen zu können. Seit Ende des Ersten Weltkrieges ging es jedoch auch um eine materielle Verbesserung von Lebensbedingungen der Menschen in den Kolonien. So stellten etwa die britische und die französische Regierung Mittel für Investitionen nicht nur für Infrastrukturmaßnahmen bereit (zumeist Eisenbahnen, Straßen und Häfen), sondern auch für ländliche Entwicklung, Bildung und Gesundheit.[11] Der Völkerbund war in der internationalen Gesundheitspolitik aktiv und entsandte Experten, die als Berater nationaler Regierungen in China oder in Siam/Thailand tätig waren.[12] Die eingesetzten Mittel waren jedoch relativ gering, und erst mit dem sogenannten *Bruce Report* des Völkerbundes vom August 1939 konkretisierte sich ein internationales Verständnis von Entwicklungspolitik, das von einer interessierten Öffentlichkeit, Politikern, Technokraten und Wissenschaftlern geteilt wurde.[13]

Nach 1945 flossen moralisch-ethische Gesichtspunkte in Entwicklungspolitik ein, und humanitäre Motive gewannen zunehmend an Bedeutung.[14] Wohl am deutlichsten artikulierte sich dies bei Nichtregierungsorganisationen oder

---

[10] *Boris Barth/Jürgen Osterhammel* (Hrsg.), Zivilisierungsmissionen. Imperiale Weltverbesserung seit dem 18. Jahrhundert. Konstanz 2005.

[11] *Bernard H. Bourdillon*, Colonial Development and Welfare, in: International Affairs 20.3, 1944, S. 369–380; *Joseph Morgan Hodge*, Triumph of the Expert. Agrarian Doctrines of Development and the Legacies of British Colonialism. Athens, OH 2007; *Jacques Marseille*, Empire Colonial et Capitalisme Français: Histoire d'un divorce. Paris 1984; *Suzanne Moon*, Technology and Ethical Idealism: A History of Development in the Netherlands East Indies, Leiden 2007; *Herward Sieberg*, Colonial Development. Die Grundlegung moderner Entwicklungspolitik durch Großbritannien 1919–1949. Wiesbaden 1985; *Martin Thomas*, The French Empire between the Wars. Manchester 2005.

[12] *Stefan Hell*, Siam and the League of Nations. Modernization, Sovereignty, and Multilateral Diplomacy, 1920–1940. Bangkok 2010; *Susanne Kuss*, Der Völkerbund und China. Technische Kooperation und deutsche Berater 1928–34. Münster 2005; *Norbert Meienberger*, Entwicklungshilfe unter dem Völkerbund. Ein Beitrag zur Geschichte der internationalen Zusammenarbeit in der Zwischenkriegszeit unter besonderer Berücksichtigung der technischen Hilfe an China. Winterthur 1965; *Jürgen Osterhammel*, ,Technical Co-operation' between the League of Nations and China, in: Modern Asian Studies 13.4, 1979, S. 661–680; *Margherita Zanasi*, Exporting Development: The League of Nations and Republican China, in: Comparative Studies in Society and History 49.1, 2007, S. 143–169.

[13] The Development of International Co-operation in Economic and Social Affairs, Report of the Special Committee, Special Supplement to the Monthly Summary of the League of Nations. Genf, August 1940. Siehe auch den Beitrag von Madeleine Herren in diesem Band.

[14] Wichtig, aber wegen seiner Priorisierung des Humanitären letztlich nicht überzeugend ist *David Lumsdaine*, Moral Vision in International Politics: The Foreign Aid Regime, 1949–1989. Princeton 1993.

bei der skandinavischen Entwicklungshilfe, die Mitte der fünfziger Jahre einsetzte, um das spezifisch skandinavische Modell des Wohlfahrtsstaates zu exportieren.[15] Insgesamt aber überwogen realpolitische und wirtschaftliche Interessen. Entsprechend bildeten neo-realistische und/oder liberale Erklärungsansätze internationaler Beziehungen, von Historikerinnen und Historikern zumeist intuitiv-implizit verwendet, die theoretische Basis für eine empirische Analyse der Geschichte von Entwicklungspolitik. Rücken Internationale Organisationen in den Mittelpunkt der Betrachtung, eignen sich *global governance*-Theorien.[16]

In der spätkolonialen Welt diente Entwicklungspolitik dazu, europäische Herrschaft zu legitimieren und zu stabilisieren (wobei etwa im Fall Großbritanniens die Einkünfte seiner afrikanischen Besitzungen ein Mehrfaches der Investitionen ausmachten).[17] Amerikanische Entwicklungshilfe war zunächst primär ein Instrument der Politik des Kalten Krieges, auch sie besaß eine systemstabilisierende Qualität.[18] Innerhalb des UN-Systems fungierte Entwicklungshilfe seit Ende der vierziger Jahre als ein zunehmend wichtigeres Instrument globalen Regierens. Eine zentrale Voraussetzung dafür war die ausgreifende Vermessung der Welt und ihrer sozialen Einheiten: funktionale Organisationen des UN-Systems wie die *Food and Agricultural Organization*, die *Population Division* oder das *UN Expanded Program of Technical Assistance* sammelten auf zunehmend globaler Ebene Daten und ermöglichten genauere quantitative Analysen zu Armut und Reichtum, Bevölkerungsentwicklungen und Agrarproduktion. Wohl am wirkmächtigsten war die globale Etablierung des Wertes Bruttosozialprodukt (die Summe von Verbrauch, Investitionen, Regierungsausgaben und Export) als Bezugsgröße nationaler Volkswirtschaften; er war 1934 erstmals vom amerikanischen Ökonom Simon Kuznets definiert und nach 1945 ungeachtet erheblicher Fachkritik von den Vereinten Nationen aufgegriffen worden.[19]

---

[15] *Helge Pharo/Monika Pohle Fraser* (Hrsg.), The Aid Rush. Aid Regimes in Northern Europe during the Cold War, 2 Bde. Oslo 2008.

[16] *Tim Dunne/Milja Kurki/Steve Smith* (Hrsg.), International Relations Theories: Discipline and Diversity. Oxford 2010; *Robert Jackson/Georg Sørensen*, Introduction to International Relations: Theories and Approaches. Oxford 2010; *Margaret P. Karns/Karen A. Mingst*, International Organizations. The Politics and Processes of Global Governance. London 2004; *Robert O Keohane*, After Hegemony. Cooperation and Discord in the World Political Economy. With a new Preface by the Author. Princeton 2005.

[17] *Andreas Eckert*, ‚We Are All Planners Now.' Planung und Dekolonisation in Afrika, in: Geschichte und Gesellschaft 34. 3, 2008, S. 375–397; *David K. Fieldhouse*, Black Africa 1945–1980. Economic Decolonization and Arrested Development. London 1986, S. 5; *Marc Frey*, Control, Legitimacy, and the Securing of Interests: European Development Policy in Southeast Asia from the late Colonial period to the 1960s, in: Contemporary European History 12.4, 2003, S. 395–412.

[18] *Marc Frey*, Dekolonisierung in Südostasien. Die Vereinigten Staaten und die Auflösung der europäischen Kolonialreiche 1930–1961. München 2006, S. 241–278.

[19] *Daniel Speich*, Der Blick von Lake Success: Das Entwicklungsdenken der frühen UNO als ‚lokales Wissen', in: Büschel/Speich (Hrsg.), Entwicklungswelten, S. 143–174. Siehe auch *Nick*

Entwicklungshilfe war (und ist) jedoch nicht nur eine Frage des Angebots, sondern auch der Nachfrage. Und die gab es reichlich. Angefangen mit Indien, wo die Kongresspartei bereits in den dreißiger Jahren intensive Überlegungen zur sozio-ökonomischen Entwicklung nach der Unabhängigkeit anstellte, setzten die zumeist in Europa, Nordamerika oder der Sowjetunion ausgebildeten Eliten Asiens und Afrikas auf Kapital- und Wissenstransfers aus der industrialisierten Welt.[20] Lateinamerikanische Länder versprachen sich insbesondere von Internationalen Organisationen mehr Hilfe. Am Ende der Epoche kolonialer Ausbeutung und Entrechtung war die Erwartung politischer Eliten Asiens, Afrikas und Lateinamerikas groß, dass die Vereinigten Staaten nicht nur Westeuropa (Marshallplan) unterstützen und dass die ehemaligen Kolonialmächte einschließlich Japans eine Art Wiedergutmachung leisten würden. Entwicklungspolitik erschien als zentrales Instrument von *nation building*.

Üblicherweise orientiert sich die Chronologie der Entwicklungshilfe seit 1945 an politischen Wegmarken. Nach einer formativen Phase in den fünfziger Jahren erklärten die Vereinten Nationen im Jahre 1961 das noch junge Jahrzehnt optimistisch zur „Entwicklungsdekade". 1969 bescheinigte der von der Weltbank in Auftrag gegebene Pearson-Bericht wirtschaftliche Erfolge, vor allem aber vielfaches Scheitern, und er forderte verstärkte Bemühungen von Gebern und Nehmern (unter anderem die Anhebung der Entwicklungshilfe auf 0.7% des Bruttosozialprodukts der Geberländer). Ein ebenfalls von der Weltbank in Auftrag gegebener Bericht einer internationalen Nord-Südkommission bilanzierte 1980 wiederum Erfolge und Scheitern, wobei er den während der siebziger Jahre breit diskutierten Themen Ungleichheit und Gerechtigkeit breiten Raum einräumte. Sieben Jahre später, 1987, trug eine UN-Kommission dem nun verstärkt reflektierten Zusammenhang zwischen Umwelt und Entwicklung Rechnung (seitdem ist beispielsweise der Begriff „nachhaltiges Wachstum" in aller Munde). Seit der Jahrtausendwende steht die Entwicklungshilfe im Zeichen der Millenniumsziele der Vereinten Nationen, die im weiteren Sinn dem *human capacity building* zuzuordnen sind.[21]

So wichtig die Berichte für den zeitgenössischen Diskurs über Entwicklungshilfe waren, so wenig brauchbar erscheinen sie für eine Akteure, Theorien

---

Cullather, The Foreign Policy of the Calorie, in: The American Historical Review 112.2, 2007, S. 337–364 und *Michael Ward*, Quantifying the World: UN Ideas and Statistics. Bloomington, IN, 2004.

[20] *Benjamin Zachariah*, Developing India. An Intellectual and Social History. New Delhi 2005.
[21] UN Resolution 1710, 19. Dezember 1961, in: http://daccess-dds-ny.un.org/doc/RESOLUTION/GEN/NR0/167/63/IMG/NR016763.pdf?OpenElement [22.01.2012]; *Lester B. Pearson*, Chairman, Partners in Development: Report of the Commission on International Development. New York 1969; der so genannte Brandt-Bericht findet sich in http://www.stwr.org/special-features/the-brandt-report.html [22.01.2012]; United Nations World Commission on Environment and Development, Our Common Future. New York 1987, http://www.un-documents.net/wced-ocf.htm; United Nations Millenium Declaration (A/res/55/2). September 2000, http://www.un.org/millennium/declaration/ares552e.htm.

und Praktiken berücksichtigende Periodisierung. Fragehorizonte wie Wirtschaftswachstum, sektorale Präferenzen, Institutionen, gutes Regieren, Gesundheit, Bildung, Umwelt oder Geschlecht lassen sich ebenso wenig auf gemeinsame Wegmarken festlegen wie die Abfolge von Theorien oder das Auftreten unterschiedlichster Akteure. Je nach Forschungsinteresse fällt eine Periodisierung anders aus.

Akteure

Auch wenn sich in der industrialisierten Welt seit den siebziger Jahren die Funktion des Staates vom „Herrschaftsmonopolisten" hin zu einem „Herrschaftsmanager" wandelte, spielten (und spielen) Nationalstaaten nach wie vor eine zentrale Rolle in der Entwicklungszusammenarbeit.[22] Quantitativ lässt sich dies an der *Official Development Assistance* (ODA) der in der *Organization of Economic Cooperation and Development* (OECD) vertretenen Industrieländer zeigen. Die bedeutendsten Geberländer bilateraler und multilateraler Entwicklungshilfe schlossen sich 1960/61 im *Development Assistance Committee* (DAC) zusammen, um ihre Entwicklungshilfe besser zu koordinieren. Seitdem entwickelte sich das DAC zu einem wichtigen Forum nationaler und multilateraler Entwicklungshilfe. Die in ihm vertretenen Industrieländer vergaben 1960 36,6 Milliarden Dollar, 1970 40,7 Mrd., 1980 61,2 Mrd., 1990 80.4 Mrd., 2000 78.2 Mrd. und 2010 127.5 Mrd.[23] Trotz seiner Bedeutung ist eine historische Aufarbeitung des DAC – seine Regel- und Normenmacht, die Qualität der Kooperation oder das Agieren von Nehmerländern – erst in Ansätzen erfolgt.[24]

Unter den DAC-Mitgliedern ragten die Vereinigten Staaten als wichtigster Geber von Entwicklungshilfe heraus. Sie definierten im *Point IV Program* von 1949 erstmals die Notwendigkeit von Entwicklungshilfe im globalen Kontext, und sie nutzten ihre Ressourcen während des Kalten Krieges dazu, Systemkompatibilität in anderen Staaten herzustellen und strategische Partnerschaften zu schmieden. Die historische Forschung ist sich darin einig, dass die amerikanischen Regierungen nach 1949 ihre Entwicklungshilfe primär nach politisch-strategischen Erwägungen vergaben. Sie repräsentierten nicht allein eine von militärisch-politischer Macht und wirtschaftlicher Potenz charakterisierte Gegenwart. Bis zur Krise der siebziger Jahre empfahlen sie sich als „high mass consumption society", wie es prominent der Wirtschaftshistoriker

---

[22] Philipp Genschel/Bernd Zangl, Metamorphosen des Staates: Vom Herrschaftsmonopolisten zum Herrschaftsmanager, in: Leviathan 36. 3, 2008, S. 430–454.

[23] http://webnet.oecd.org/dcdgraphs/ODAhistory/ [17.1.2012].-alle Angaben in Dollarpreisen von 2009.

[24] *Amit das Gupta*, Development by Consortia: International Donors and the Development of India, Pakistan, Indonesia and Turkey in the 1960s, in: Comparativ. Zeitschrift für Globalgeschichte und vergleichende Gesellschaftsforschung 19. 4, 2009, S. 96–111.

und politische Spitzenbeamte Walt Rostow formulierte – als vorweggenommene Zukunft menschlicher Gesellschaften.[25] Emblematisch verweist die mediale Inszenierung von Besuchen von Würdenträgern aus Ländern der Dritten Welt auf das entwicklungspolitische Potential, das von der Massenkonsumgesellschaft ausgehen sollte.[26] Der *Hoover Dam* am Colorado, Ziel unzähliger Delegationen aus Asien, Afrika und Lateinamerika, symbolisierte nicht nur einen Triumph menschlicher Ingenieursleistung über die Natur. Die Gewinnung von Energie, seine Bedeutung für die Agrarindustrie Kaliforniens und die Entwicklung urbaner Räume verdeutlichten die multifunktionalen Möglichkeiten rationaler Planung und technischer Konstruktion.[27]

An diesem Modell vorweggenommener Zukunft wirkten neben der Politik zahlreiche andere Akteure mit. Sozialwissenschaftler erarbeiteten Entwicklungstheorien und untersuchten Gesellschaften, Universitäten bauten Expertenstäbe und Wissensbestände auf und lockten mit Studienreisen und Stipendien für Studierende, Wissenschaftler und Entwicklungsexperten aus der „Dritten Welt."[28] Große Stiftungen wie die Rockefeller- oder Ford-Foundation oder das *Carnegie Endowment for International Peace* engagierten sich weltweit, um gesellschaftliche Strukturen zu verändern beziehungsweise in ihrem Sinn zu beeinflussen (*social engineering*). So stellte etwa die *Ford Foundation* zwischen 1952 und 1970 270 Millionen Dollar für Familienplanungsprogramme und demographische Forschung bereit, um eine prognostizierte malthusianische Falle in den Entwicklungsländern zu vermeiden.[29] Bewusst distanzierten sich Regierungs- und Nichtregierungsakteure vom Kolonialismus, galt dieser doch als historischer Anachronismus und in Zeiten des Kalten Krieges als abträglich für eine positive Selbstdarstellung des ‚freien Westens' und seiner Führungsmacht.

Eine stetig wachsende Zahl US-amerikanischer Historiker beschäftigt sich mit diesen wohl am besten untersuchten Bereichen der globalen Geschichte der Entwicklungspolitik. Dabei stehen drei Komplexe im Vordergrund: die

---

[25] *Walt W. Rostow*, The Stages of Economic Growth. A Non-Communist Manifesto. Cambridge, MA 1960.

[26] *Sönke Kunkel*, Iconic Empire: The United States and the Rise of the Visual Age, 1961–1974, Diss. phil. Bremen 2011, S. 80–113, 156–184.

[27] *Richard P. Tucker*, Containing Communism by Impounding Rivers: American Strategic Interests and the Global Spread of High Dams in the Early Cold War, in: John R. McNeill/Corinna R. Unger (Hrsg.), Environmental Histories of the Cold War. New York 2010, S. 139–163.

[28] *Gilman*, Mandarins of the Future; *Christopher Simpson*, Universities and Empire. Money and Politics in the Social Sciences During the Cold War. New York 1998; *Corinna R. Unger*, Development Aid between National Interests and Philanthropy. American Public and Private Aid to the „Third World" in the Postwar Era, in: Thorsten Borring Olesen/Helge Pharo (Hrsg.), Aid Norms and Aid Realities. Foreign Aid and its Dynamics in a Historical and Comparative Context, Oslo 2012 [im Druck].

[29] *John C. Caldwell/Pat Caldwell*, Limiting Population Growth and the Ford Foundation Contribution. London 1986; *Marc Frey*, Neo-Malthusianism and Development: Shifting Interpretations of a Contested Paradigm", in: Journal of Global History 6.1, 2011, S. 75–96.

Produktion von Wissen und Techniken, Transfers und seine Grenzen und der Zusammenhang von Wissen und Macht. Etwas voreilig haben amerikanische Historiker Entwicklungspolitik als ein genuin amerikanisches Produkt interpretiert und der Tradition der Zeitgenossen folgend die europäische und internationale Entwicklungspolitik vor und nach 1945 weitgehend ignoriert. In dieser hegemonialen Meistererzählung wurzelt Entwicklungspolitik im amerikanischen Progressivismus des ausgehenden 19. Jahrhunderts und erfährt im New Deal und seiner intellektuell-institutionellen Hinterlassenschaft ihre ins Globale reichende Konkretisierung. Mehr noch: das Modernisierungsparadigma wird als Ideologie gedeutet, die einen maßgeblichen Einfluss auf die amerikanische Außenpolitik seit dem zweiten Weltkrieg gehabt habe. Zumeist nur auf amerikanische Quellen rekurrierend haben sie jedoch auch die Grenzen skizziert, innerhalb derer Entwicklungshilfe operierte und auf die Handlungsspielräume der Nehmer verwiesen.[30] Häufig genug wandelten Nehmer Vorgaben ab, hielten sich nicht an Konditionen oder verweigerten sich Erwartungen. Ein prominentes Beispiel bietet die *Alliance for Progress* der sechziger Jahre. Lateinamerikanische Regierungen ignorierten Forderungen nach Landreformen und Liberalisierung.[31]

Auf westlicher Seite traten seit Ende der fünfziger Jahre weitere wichtige Geberländer hinzu, allen voran Japan und die Bundesrepublik Deutschland, die unter dem Druck der Vereinigten Staaten entwicklungspolitische Institutionen aufbauten. Während Japan vorwiegend regional, also im südostasiatischen Raum aktiv wurde, nahm die westdeutsche Entwicklungspolitik rasch eine globale Dimension an. Auch sie war stark von politischen und außenwirtschaftlichen Kriterien bestimmt; beispielsweise kooperierten ihre entwicklungspolitischen Organisationen, die *Kreditanstalt für Wiederaufbau*, die *Carl Duisberg Gesellschaft* (Inwent), die *Gesellschaft für technische Zusammenarbeit* und der *Deutsche Entwicklungsdienst* (die letztgenannten drei Organisationen fusionierten 2011 zur *Gesellschaft für Internationale Zusammenarbeit*) nicht mit Staaten, die die ehemalige DDR anerkannten.[32]

---

[30] Siehe *Corinna R. Ungers* hervorragenden Forschungsbericht Histories of Development and Modernization: Findings, Reflections, Future Research, in: H-Soz-u-Kult 09.12.2010, http://hsozkult.geschichte.hu-berlin.de/forum/2010-12-001. Beispielhaft siehe *David Ekbladh*, The Great American Mission. Modernization and the Construction of an American World Order. Princeton 2010; *Latham*, The Right Kind of Revolution; *Amy Staples*, The Birth of Development. How the World Bank, Food and Agricultural Organization, and World Health Organization Changed the World, 1945–1965. Kent OH, 2006. Differenzierter und skeptischer *Nick Cullather*, The Hungry World. America's Cold War Battle Against Poverty in Asia. Cambridge, MA 2010.

[31] *Jeffrey F. Taffet*, Foreign Aid as Foreign Policy: the Alliance for Progress in Latin America. New York 2007.

[32] *James Byrne*, Our Own Special Brand of Socialism: Algeria and the Contest of Modernities in the 1960s, in: Diplomatic History 33.3, 2009, S. 427–447; *Amit Das Gupta*, Handel, Hilfe, Hallstein-Doktrin: Die bundesdeutsche Südasienpolitik unter Adenauer und Erhard 1949–1966. Husum 2004; *Bastian Hein*, Die Westdeutschen und die Dritte Welt. Entwicklungspolitik und Entwicklungsdienste zwischen Reform und Revolte 1959–1974. München 2006; *Carol Lan-*

Mitte der fünfziger Jahre betrat auch die Sowjetunion als entwicklungspolitischer Akteur medienwirksam die Bühne der Weltpolitik. Zunächst in Asien, insbesondere in Indien und Indonesien, später auch in Afrika, warb sie mit zumeist prestigeträchtigen Großprojekten für eine sozialistische Planwirtschaft und die vermeintliche Überlegenheit ihres Wirtschaftsmodells. Quantitativ eher unbedeutend und konzentriert auf wenige Länder, die als Neutrale dem Kalten Krieg fernbleiben wollten oder die ohnehin sozialistisch waren, bewirkte die sowjetische Entwicklungshilfe eine Dynamisierung des Kalten Krieges, die Nehmerländern erhebliche Handlungsspielräume verschaffte.[33]

Diese Entwicklung wurde noch gefördert durch die Konkurrenz innerhalb der kommunistischen Welt, insbesondere zwischen der Sowjetunion und der Volksrepublik China. Chinesische Vorstellungen von Modernisierung und Moderne lassen sich bis in die 1860er Jahre zurückverfolgen. Nach 1949 verwandelte die Kommunistische Partei China in ein Laboratorium radikalen *social engineerings* und in ein Modell sozio-ökonomischer Entwicklung.[34] Während des ‚Großen Sprungs nach Vorn' (1958–1961) hatte dies katastrophale Folgen, die mindestens zwanzig Millionen Menschen das Leben kosteten. Dezentralisierte Planung und die Verknüpfung landwirtschaftlicher Entwicklung mit kleinindustrieller Fertigung empfahl China während der sechziger Jahre anderen Ländern, insbesondere in Südostasien und Afrika. Die Kulturrevolution der späten sechziger Jahre, die neueren Forschungen zufolge weniger destruktiv für die chinesische Wirtschaft war wie bislang angenommen, änderte daran nichts. Im Gegenteil: die teilweise Zerschlagung zentraler Planungs- und Lenkungsapparate förderte Eigeninitiative und bereitete den Weg für die Wirtschaftsreformen Deng Xiaopings.[35] So baute China Anfang der siebziger Jahre das bis dahin drittgrößte Infrastrukturprojekt des subsaharischen Afrika: eine Eisenbahn zwischen dem Minengürtel Sambias und der tansanischen Hafenstadt Daressalam.[36]

Tansania ist ein gutes Beispiel für ein Land, das sowohl von westlichen (insbesondere skandinavischen) Gebern als auch von kommunistischen Ländern

---

caster, Foreign Aid: Diplomacy, Development, Domestic Politics. Chicago 2006, S. 110–142, 171–189; *Heide-Irene Schmidt*, Pushed to the Front: The Foreign Assistance Policy of the Federal Republic of Germany, 1958–1971, in: Contemporary European History 12.4, 2003, S. 473–507; *Massimiliano Trentin*, Modernization as State Building: The Two Germanies in Syria, 1963–1972, in: Diplomatic History 33.3, 2009, S. 487–505.

[33] *Andreas Hilger*, The Soviet Union and the Socialist Camp: Elite Formation for the Third World, in: Jost Dülffer/Marc Frey (Hrsg.), Elites and Decolonization in the Twentieth Century. Basingstoke 2011, S. 262–286; ders., Revolutionsideologie, Systemkonkurrenz oder Entwicklungspolitik? Sowjetisch-indische Wirtschaftsbeziehungen in Chruschtschows Kaltem Krieg, in: Archiv für Sozialgeschichte 48, 2008, S. 389–410.

[34] *Sabine Dabringhaus*, Geschichte Chinas im 20. Jahrhundert. München, 2009, S. 14, 131; *Thoralf Klein*, Geschichte Chinas. Von 1800 bis zur Gegenwart. Paderborn 2007, S. 231.

[35] *Odd Arne Westad*, The Great Transformation. China in the Long 1970s, in: Niall Ferguson u. a. (Hrsg.), The Shock of the Global. The 1970s in Perspective. Cambridge, MA 2010, S. 65–79.

[36] *Jamie Monson*, Africa's Freedom Railway. How a Chinese Development Project Changed Lives and Livelihoods in Tanzania. Bloomington, IN 2009.

unterstützt wurde. Auch Indien, Pakistan, Indonesien oder Ägypten nutzten die Konkurrenz der beiden Supermächte, um bessere Bedingungen und mehr Mittel von beiden Seiten zu erhalten. Kleinere Länder verfügten über weniger Autonomie, aber selbst das in den sechziger Jahren von Sozialisten regierte Mali bezog gleichzeitig von der Sowjetunion, der Volksrepublik China, Frankreich, der *Europäischen Wirtschaftsgemeinschaft* (EWG) und dem *Internationalen Währungsfonds* Mittel etwa für ein großes Bewässerungsprojekt im Binnendelta des Niger.[37]

Mittlerweile zu Klassikern geworden sind anthropologische Arbeiten über die destruktiven und Menschen verachtenden Konsequenzen bürokratischer Planungswut und über die negativen Folgen staatlich verordneter Entwicklungsprojekte, die ungeachtet aller Widerstände und offensichtlicher Mängel durchgeführt wurden.[38] Ihre Leistungen bestehen nicht nur in einer schonungslosen Abrechnung mit zynischer Macht, asymmetrischen Machtverhältnissen und Menschenrechte missachtendem *social engineering*. Sie haben auch den Blick der Historiker für die wichtigen Erträge benachbarter Disziplinen geöffnet und zu weiteren Forschungen angeregt, die sich mit der ‚Nehmer-Perspektive' und den lokalen Wirkungen von Entwicklungshilfe beschäftigen.[39] Vielfach erweisen sich diese Ansätze dennoch als problematisch. Das gilt nicht nur im Hinblick auf Sprachkompetenz, die Zugänglichkeit von Archiven und den Gehalt des dort Vorzufindenden. Erforderlich sind auch Kenntnis von Kulturen und Gesellschaften, ökonomische Kompetenz, Vertrautheit mit den Erträgen geo-, sozial- und kulturwissenschaftlicher Forschung und die Fähigkeit, Makro-, Meso- und Mikroebenen sinnvoll aufeinander zu beziehen.[40]

Internationale Organisationen und Internationale Nichtregierungsorganisationen spielten schon früh eine Rolle in der Entwicklungspolitik. Die im

---

[37] Central Intelligence Agency, Economic Intelligence Committee Report, „Aid and Trade Activities of Communist Countries in Less Developed Areas of the Free World, 1 January–30 June 1964", Declassified Documents Reference System, Doc. no. CK3100507403.

[38] *James C. Scott*, Seeing Like a State. How certain Schemes to Improve the Human Condition have Failed. New Haven, CT 1998; *Arturo Escobar*, Encountering Development. The Making and Unmaking of the Third World, Princeton 1995; *James Ferguson*, The Anti-Politics Machine. „Development", Depoliticization, and Bureaucratic Power in Lesotho. Cambridge 1990. Siehe auch *Michael Adas*, Dominance by Design. Technological Imperatives and America's Civilizing Mission. Cambridge, MA 2006; *Dirk van Laak*, Weiße Elefanten. Anspruch und Scheitern technischer Großprojekte im 20. Jahrhundert. Stuttgart 1999.

[39] *Sunil Amrith*, Decolonizing International Health: India and Southeast Asia, 1930–65. Basingstoke 2006; *Bryson Gwiyani-Nkhoma*, Irrigation Development and its Socioeconomic Impact on Rural Communities in Malawi, in: Development Southern Africa 28. 2, 2011, S. 209–223; *Martin Rempe*, Fit für den Weltmarkt in fünf Jahren? Die Modernisierung der senegalesischen Erdnusswirtschaft in den 1960er Jahren, in: Büschel/Speich (Hrsg.), Entwicklungswelten, S. 241–273; *Corinna R. Unger*, Rourkela, ein Stahlwerk im Dschungel. Industrialisierung, Modernisierung und Entwicklungshilfe im Kontext von Dekolonisation und Kaltem Krieg 1950–1970, in: Archiv für Sozialgeschichte 48, 2008, S. 367–388.

[40] Ein hervorragendes Beispiel bietet *Emil Schreyger*, L'Office du Niger au Mali: la Problematique d'une grande Entreprise agricole dans la Zone du Sahel. Wiesbaden 1984.

Bruce-Report des Völkerbundes formulierten Überlegungen flossen in die Charta und in die Gründung des Wirtschafts- und Sozialrates der Vereinten Nationen ein.[41] Das *UN Expanded Program for Technical Assistance* (EPTA) nahm im Juni 1950 seine Arbeit auf; Anfang der fünfziger Jahre stellten Mitgliedstaaten 20 Millionen Dollar bereit, 1959 30 Millionen.[42] 1965 ging daraus das *United Nations Development Program* (UNDP) hervor, das 2012 über ein Budget von etwa 850 Millionen Dollar verfügte.[43] Zwischen 2005 und 2011 veröffentlichte das *United Nations Intellectual History Project* in siebzehn Bänden Analysen zur UN Entwicklungspolitik und ihrer Geschichte. Autoren von einem Drittel der Bände waren selbst Mitarbeiter der Vereinten Nationen, die Quellenbasis ist in der Regel auf UN Material beschränkt. Nichtsdestotrotz ist das Unterfangen, differenziert Transparenz herzustellen, für Internationale Organisationen beispiellos.[44]

Neben einer ganzen Reihe anderer UN Organisationen wie der FAO oder der *World Health Organization* gewann insbesondere die 1944 im amerikanischen Bretton Woods gegründete *International Bank for Reconstruction and Development* sowie ihr seit 1960 operierender Arm *International Development Association* an Bedeutung.[45] In den Anfangsjahren lag ihr Förderschwerpunkt auf dem Wiederaufbau Westeuropas. Im entwicklungspolitischen Bereich legte sich die Weltbank nach internen Kontroversen auf die Förderung insbesondere von Infrastrukturmaßnahmen und von Industrialisierung fest. Soziale Kriterien von Entwicklung fanden für die nächsten zwei Jahrzehnte kaum Eingang in die Kreditvergabe der Weltbank.[46] Aus einer Reihe von noch dar-

---

[41] *Martin D. Dubin*, Toward the Bruce Report: the Economic and Social Programs of the League of Nations in the Avenol Era, in: *United Nations Library Geneva* (Hrsg.), The League of Nations in Retrospect. Berlin/New York 1983, S. 42–72.

[42] *David Owen*, The United Nations Expanded Program of Technical Assistance – A Multilateral Approach, in: The Annals of the American Academy of Political and Social Science 323.1, 1959, S. 25–32. Zu einem zeitgleichen Programm des Commonwealth of Nations in Asien siehe *Ursula Lehmkuhl*, Kanadas Öffnung nach Asien: Der Colombo-Plan, das „New Commonwealth" und die Rekonstruktion des Sterlinggebietes, 1949–52. Bochum 1990.

[43] http://www.beta.undp.org/content/undp/en/home/presscenter/speeches/2011/07/06/clark-undp-institutional-budget-estimates-for-2012-2013.html [17.1.2012]. Siehe auch *Craig N. Murphy*, The United Nations Development Programme. A Better Way? Cambridge 2006.

[44] http://www.unhistory.org/publications/ [17.1.2012]. Besonders hervorzuheben sind folgende Bände: *Louis Emmerij/Richard Jolly/Thomas G. Weiss*, Ahead of the Curve? UN Ideas and Global Challenges. Bloomington, IN 2001; *Richard Jolly/Louis Emmerij/Dharam Ghai/Frédéric Lapeyre*, UN Contributions to Development Thinking and Practice. Bloomington, IN 2004; *John Toye/Richard Toye*, The UN and Global Political Economy: Trade, Finance, and Development. Bloomington, IN 2004; *Devaki Jain*, Women, Development, and the UN: A Sixty Year Quest for Equality and Justice. Bloomington, IN 2005; *Olaf Stokke*, The UN and Development: From Aid to Cooperation. Bloomington 2009.

[45] *Staples*, The Birth of Development. Siehe auch *Ruth Jachertz/Alexander Nützenadel*, Coping with Hunger? Visions of a Global Good System, 1930–1960, in: Journal of Global History 6.1, 2011, 99–119.

[46] *Michele Alacevich*, The Political Economy of the World Bank: the Early Years. Stanford 2009; *ders.*, The World Bank and the Politics of Productivity: the Debate on Economic Growth, Poverty, and Living Standards in the 1950s, in: Journal of Global History 6, 2011, S. 53–74.

zulegenden Gründen wandelten sich Anfang der siebziger Jahre das Selbstverständnis der Bank und ihre Förderpraxis erheblich. Seitdem vervielfachte sich ihr Kreditvolumen auf etwas über 40 Milliarden Dollar (2011) pro Jahr.[47] Die massive Ausweitung des Portfolios ging einher mit der Transformation der Bank hin zu einer Denkfabrik (*knowledge bank*), die gemeinsam mit dem DAC und dem UNDP Theorien und weltweite Praktiken der Entwicklungspolitik bestimmt.

Ein weiterer wichtiger Akteur, den ich hier den Internationalen Organisationen zuordne, war die *Europäische Wirtschaftsgemeinschaft* (EWG, später EG und EU). Erste Forschungen bestätigen in wesentlichen Teilen zeitgenössische Bewertungen: Die EWG-Entwicklungspolitik wurde bis in die siebziger Jahre hinein primär von französischen postkolonialen Interessen geleitet. Das Personal in der Brüsseler Zentrale kam aus der französischen (und belgischen) Kolonialbürokratie, und gefördert wurden ehemalige Kolonien in Asien, Afrika und der Karibik. Zwar bemühte sich die EWG-Entwicklungspolitik um eine Emanzipation von französischer Dominanz, doch gelang dies erst mit der Erweiterung der EWG und sich verändernder Theoreme in der Entwicklungspolitik während der siebziger Jahre.[48]

Eine zunehmend wichtige Rolle in der globalen Entwicklungspolitik spielten die Internationalen Nichtregierungsorganisationen. Seit den 1960er Jahren vervielfachte sich ihre Zahl: angemeldet waren bei der *Union of International Associations* im Jahre 1960 1268 Internationale Nichtregierungsorganisationen, 1970 2795, 1984 12 686 und 2004 51 509.[49] Viele von ihnen verfolgten im weitesten Sinn entwicklungspolitische Agenden, wobei die Trennlinien zwischen humanitärer Hilfe und Entwicklungshilfe nicht immer klar zu ziehen waren. Gemeinsam mit den Internationalen Organisationen sorgten sie dafür, dass Entwicklungshilfe von immer mehr Menschen als globales Anliegen betrachtet wurde und zunehmend nicht mehr vom Kalten Krieg bestimmt wurde. Internationale Nichtregierungsorganisationen folgten humanitären Motiven, stellten Weltöffentlichkeit her und prägten zunehmend die Entwicklungspolitik. Ein Beispiel war die Integration von Menschenrechten in Diskurse und Praktiken der Entwicklungspolitik seit den späten sechziger Jah-

---

[47] World Bank, The World Bank's Budget: Trends and Recommendations for Fiscal Year 2012, 9.8.2011, www.worldbank.org [17.1.2012].
[48] *Veronique Dimier*, Bringing the Neo-Patrimonial State Back to Europe. French Decolonization and the Making of European Development Aid Policy, in: Archiv für Sozialgeschichte 48, 2008, S. 433–457; *Martin Rempe*, Entwicklung im Konflikt. Die EWG und der Senegal, 1957–1975. Köln 2012; *Urban Vahsen*, Eurafrikanische Entwicklungskooperation. Die Assoziierungspolitik der EWG gegenüber dem subsaharischen Afrika in den 1960er Jahren. Stuttgart 2010.
[49] *Akira Iriye*, Global Community. The Role of International Organizations in the Making of the Contemporary World. Berkeley 2002, S. 98, 129, und Union of International Associations, Statistics on International Organizations, 2004, http://www.uia.be/sites/uia.be/files/statistics/organizations/types-2004.pdf [20.01.2012].

ren.⁵⁰ Seit den fünfziger Jahren nicht zuletzt von den Akteuren selbst kultivierte Zuschreibungen – größere Effizienz, geringere Verwaltungskosten, lokale Nähe – waren und sind allerdings mit Vorsicht zu behandeln. Vielfach entwickelten sich Internationale Nichtregierungsorganisationen zu funktionalen Instrumenten staatlicher Akteure. Die amerikanische Organisation CARE etwa erhielt einen Großteil ihrer Mittel über Jahrzehnte vom Kongress.⁵¹ Umstritten war (und ist) auch ihre Beziehung zu staatlichen Akteuren. Einerseits konnten INGOs in eine gefährliche Nähe etwa zu Diktaturen geraten (Myanmar, Nord-Korea), andererseits bemühten sie sich vielfach um Distanz. Dies verhinderte die Stärkung bestehender Institutionen – seit Jahrzehnten ein wesentliches Ziel der Entwicklungspolitik – und förderte den Aufbau konkurrierender Strukturen. Außerdem verfolgten INGOs eben auch eigene Agenden, wie ein Beispiel aus dem nördlichen Togo zeigt. Dort unterstützte Anfang des neuen Jahrtausends eine dänische Organisation Schulkinder, knüpfte die Hilfe jedoch an Bedingungen. Diese unterwarfen lese- und schreibunkundige Eltern einer entwürdigenden Rechenschaftspflicht und untergruben traditionelle Beziehungen innerhalb der Familie. Entwicklung konnte nicht erfolgen, weil die Organisation die Region nach einigen Jahren wieder verließ.⁵² Schließlich mussten sich INGOs dem Vorwurf des ‚demokratischen Defizits' aussetzen. Dazu ebenfalls ein Beispiel: *Die International Planned Parenthood Federation* (IPPF), die sich seit 1952 für Familienplanung und weniger Kinder in der Dritten Welt einsetzt, verfolgte bis in die achtziger Jahre hinein primär das Ziel, Arme dazu zu bringen, weniger Kinder zu bekommen. Damit folgte sie einem malthusianischen und elitären Impetus, demzufolge relativer Wohlstand eher durch die Reduzierung von Armen als von Armut zu erreichen sei.⁵³ Auch institutionell ließ (und lässt) sich ein ‚demokratisches Defizit' konstatieren. INGOs wie Greenpeace sind hierarchisch strukturiert, Agenden und Kampagnen sind nicht das Ergebnis demokratischer Aushandlungsprozesse.

---

50 *Iriye*, Global Community, S. 103, 105, 111, 142. Siehe auch *John Boli/George M. Thomas* (Hrsg.), Constructing World Culture: International Nongovernmental Organizations since 1875. Stanford 1999; *Madeleine Herren*, Internationale Organisationen seit 1865. Eine Globalgeschichte der internationalen Ordnung. Darmstadt 2009; *Bob Reinalda*, Routledge History of International Organizations. From 1815 to the Present. London 2009.
51 *Heike Wieters*, Of Heart-felt Charity and Billion Dollar Enterprise: Growth, Innovation Processes, and Competition amongst Humanitarian NGOs in Historical Perspective – the case of CARE, in: *Marc Frey/Sönke Kunkel/Corinna R. Unger* (Hrsg.), Shifting Visions of Development: International Organizations and the Rise of Global Governance, New York 2013.
52 *Charles Piot*, Nostalgia for the Future. West Africa after the Cold War, Chicago 2010, S. 133–162.
53 *Matthew Connelly*, Fatal Misconception. The Struggle to Control World Population. Cambridge, MA 2008, insbesondere S. 316f. und 375f.; *Maria Mesner*, Geburtenkontrolle. Reproduktionspolitik im 20. Jahrhundert. Wien 2010; *Warren C. Robinson/John A. Ross* (Hrsg.), The Global Family Planning Revolution. Three Decades of Populations Policies and Programs. Washington, DC 2007.

Theorien und Praktiken

Als Beginn einer systematischen Theoretisierung von Entwicklungspolitik gilt die europäische Aufklärung, und Adam Smith oder David Ricardo dürfen in keiner Anthologie zur Entwicklungspolitik und Geschichte fehlen. Auch Karl Marx ist selbstverständlich vertreten, während Friedrich List, der ‚Erfinder' der deutschen Nationalökonomie, zu Unrecht vernachlässigt wird. In China genießt er als Vordenker von Importsubstitution und Exportorientierung dagegen großes Ansehen.[54] Und vielleicht sollten sich Historikerinnen und Historiker nicht von den eurozentrischen Narrativen der historischen Verortung von Entwicklungstheorie beirren lassen.[55] Die Meiji-Restauration in Japan oder die grundlegenden Staats- und Wirtschaftsreformen in Siam durch König Chulalongkorn bieten reichlich Anschauungsmaterial einer geplanten und gezielten Modernisierung. Für die Geschichte der Entwicklungspolitik dürfte eine Schrift des chinesischen Nationalisten Sun Yat-sen von 1920 interessant sein. Darin entwarf er umfassende Pläne für eine sozialistischen Vorstellungen entsprechende sozio-ökonomische Modernisierung Chinas (Infrastruktur, Industrialisierung, Landwirtschaft, Bewässerung, Wiederaufforstung, Urbanisierung) unter Mithilfe ausländischen Kapitals.[56]

Was Sun für den chinesischen Kontext skizzierte, fand sich zwei bis drei Jahrzehnte später auch in den Arbeiten der frühen Entwicklungstheoretiker: Straßen, Häfen und Eisenbahnen galten als Arterien des Wachstums, Industrialisierung als Schlüssel zur Transformation ländlicher, zurückgebliebener Gesellschaften in moderne, zunehmend urbane soziale Systeme.[57] Auch woher das für die gewaltigen Investitionen notwendige Kapital kommen sollte, war den frühen Entwicklungsökonomen klar, so verschieden ihre Theorien auch sein mochten: aus dem landwirtschaftlichen Sektor (Steuern, Preisbindungen) und in Form ausländischen Kapitals.[58] Das ökonomische Ziel war die Steigerung des Bruttosozialprodukts, die politischen Ziele *nation building*, die Stärkung staatlicher Institutionen und ihrer Kapazität zum rationalen Pla-

---

[54] *Sharad Chari/Stuart Corbridge*, (Hrsg.), The Development Reader, London 2008; *Marc Edelman/Angelique Haugerud* (Hrsg.), Anthropology of Development and Globalization. From Classical Political Economy to Contemporary Neoliberalism. Oxford 2005; *Nicola Spakowski*, National Aspirations on a Global Stage: Concepts of World/Global History in Contemporary China, in: Journal of Global History 4. 3,2009, S. 475–495.
[55] *Arndt*, Economic Development; *Gerald M. Meyer*, Biography of a Subject: An Evolution of Development Economics. Oxford 2004; *Gilbert Rist*, The History of Development. From Western Origins to Global Faith. 3. Aufl. London 2008.
[56] *Sun Yat-sen*, The International Development of China. Shanghai 1920.
[57] Aus soziologischer Perspektive grundlegend für die Entwicklungspolitik und Entwicklungshilfe *Talcott Parsons*, The Social System. Glencoe, IL 1951.
[58] In Auswahl: *William Arthur Lewis*, Economic Development with Unlimited Supplies of Labor, in: The Manchester School 22, 1954, S. 139–191; *Ragnar Nurkse*, Problems of Capital Formation in Underdeveloped Countries. New York 1953; *Paul N. Rosenstein-Rodan*, Problems of Industrialization of Eastern and South-Eastern Europe, in: Economic Journal 53, 1943, S. 202–211; *Walt W. Rostow*, The Take-Off into Self-Sustained Growth, in: Economic Journal 60, 1956, S. 25–48.

nen und technokratischen Implementieren sowie die Förderung einer Gesellschaft westlichen (oder sozialistischen) Zuschnitts. Doch möglicherweise haben sich Historikerinnen und Historiker etwas zu sehr von der zeitgenössischen Rhetorik und einer entsprechenden Quellendichte in die Irre führen lassen. Auch wenn etwa die Weltbank Infrastrukturen und großen Industrieprojekten den Vorzug gab, so förderten Geber in den USA und Europa sowie nationale Regierungen in Asien und Afrika eine Vielzahl von Projekten in unterschiedlichen Sektoren (Landwirtschaft, Gesundheit, Bildung, Institutionen). Eine qualitative und quantitative Bilanz steht allerdings noch aus.[59] Ebenso wenig systematisch erforscht ist der Zusammenhang zwischen Entwicklungsökonomie und der Politik von Gebern und Nehmern, möglichen Wissenstransfers zwischen den Akteuren und die wechselseitigen Wirkungen auf Theoriebildung und Praxis.

Die Hochzeit der Modernisierungstheorie, die von den späten vierziger Jahren bis in die späten sechziger Jahre reichte, war politisch überwölbt durch den Kalten Krieg und die Dekolonisierung. Hohe Preise für Grundstoffe und Nahrungsmittel (bis Mitte der sechziger Jahre) förderten Zuversicht in die von den Entwicklungsökonomen aufgestellten Pläne und Prognosen. Staatliche Planung erschien nicht nur in den Entwicklungsländern als eine Voraussetzung für sozio-ökonomische Entwicklung; dies galt auch für Westeuropa und ohnehin für die kommunistischen Länder. Insbesondere amerikanische Historiker interpretieren die der US-Entwicklungshilfe dieser Zeit zugrundeliegende Modernisierungstheorie auch als eine Strategie der Amerikanisierung. Diese Analyse bedarf jedoch einer Ergänzung: Die staatstragenden Eliten der Dritten Welt standen unter enormen Druck, ihre während der Dekolonisierung gemachten Versprechen – bessere Lebensbedingungen – nach der Unabhängigkeit einzulösen. Die zahllosen Militärputsche gegen nationalistische Regime in Afrika in der zweiten Hälfte der sechziger Jahre und selbst die sogenannte „Emergency" in Indien (1975/76) lassen sich auch als Versuche deuten, die „Revolution der wachsenden Erwartungen" mit Gewalt zu kanalisieren beziehungsweise zu unterdrücken.[60]

Ende der sechziger Jahre wurde deutlich, dass sich die in die ‚Entwicklungsdekade' gesetzten Hoffnungen nicht erfüllt hatten. Die folgende Neuorientierung der Entwicklungshilfe in den siebziger Jahren jedoch allein mit den im Pearson Bericht der Weltbank identifizierten Fakten und Problemen in Verbindung zu bringen, wäre verfehlt.[61] Vielmehr traf eine komplexe Gemenge-

---

[59] Primär die letzten beiden Jahrzehnte der Entwicklungshilfe bewertet (insgesamt positiv) *Roger C. Riddell*, Does Foreign Aid Really Work? Oxford 2007.
[60] Agrarexperte Wolf Ladejinsky an Kenneth Iversion (Ford Foundation), undatiert [November 1954], in: *Louis J. Walinsky* (Hrsg.), Agrarian Reform as Unfinished Business. The Selected Papers of Wolf Ladejinski. New York 1977, S. 204. Der während der fünfziger Jahre weitverbreitete Begriff stammt nicht von Ladejinski selbst.
[61] *Lester B. Pearson*, Chairman, Partners in Development: Report of the Commission on International Development. New York 1969 (dt. Ausgabe Der Pearson-Bericht. Bestandaufnahme der Kommission für Internationale Entwicklung. Wien 1969).

lage unterschiedlicher Phänomene aufeinander. Die Entwicklungsökonomie verabschiedete sich seit Mitte der sechziger Jahre von ihrer verengten Priorisierung der Industrialisierung; Landwirtschaft und *human capacity building* gewannen an Bedeutung.[62] Dependenztheoretiker wie Raul Prebisch beklagten das parasitäre Verhalten lateinamerikanischer Eliten, die aus Eigennutz und zum Schaden ganzer Gesellschaften ein Bündnis mit dem liberalen Kapitalismus eingingen, das den Ländern der südlichen Hemisphäre eine subalterne Position zuwies und sie strukturellen Entwicklungsdefiziten aussetzte.[63] Beobachter Afrikas wie W. A. Lewis interpretierten demokratische Defizite und mangelnde wirtschaftliche Entwicklung als Pfadabhängigkeiten, die im Kolonialismus entstanden waren und die Verteilungskämpfe noch verschärften.[64] Einige liberale Entwicklungsökonomen und eine breite Front von Regierungen der Dritten Welt, lose ab 1964 in der UNCTAD organisiert, forderten bessere Marktzugänge zur industrialisierten Welt und eine gerechtere Weltwirtschaftsordnung.[65] Der Vietnamkrieg untergrub die Glaubwürdigkeit der Vereinigten Staaten und nährte Kritik an ihrem Gesellschaftssystem. Kommunikative Innovationen, allen voran die zunehmend weltweite Verbreitung des Fernsehens, machten Armut zu einem visuell erfahrbaren Erlebnis in der industrialisierten Welt und förderten die sprunghafte Ausweitung eines zivilgesellschaftlichen Sektors, der sich für mehr und bessere Entwicklungshilfe und für Menschenrechte einsetzte.[66] Schließlich rückten Ende der sechziger Jahre das globale Bevölkerungswachstum und seine Implikationen für Ressourcen und Umwelt ins Zentrum einer weltweiten Diskussion um die „Grenzen des Wachstums".[67]

All diese Phänomene, die vom Lokalen zum Globalen reichten, sind Gegenstände der Forschung, aber noch nicht systematisch auf die Geschichte der Entwicklungspolitik bezogen worden. Insgesamt und in unterschiedlicher Intensität bewirkten sie jedoch eine Orientierung der Entwicklungshilfe in Richtung von Armutsbekämpfung und Grundbedürfnissicherung. Mit diesen Konzepten, die zunächst von der Weltbank unter ihrem Präsidenten Robert S. McNamara beziehungsweise der *Internationalen Arbeitsorganisation* (ILO)

---

62 *Theodore W. Schultz*, Transforming Traditional Agriculture. New Haven 1964.
63 *Raul Prebisch*, Towards a dynamic development policy for Latin America. New York 1963.
64 *Frederick Cooper*, Africa Since 1940. The Past of the Present. New York 2002, S. 5 u. passim; *William Arthur Lewis*, Politics in West Africa. New York 1965.
65 *P.T. (Péter Tamás) Bauer*, Dissent on Development; Studies and Debates in Development Economics. London 1971; *Sönke Kunkel*, Negotiating Globalization: International Organizations, the United States and the Rise of Global Governance, 1964–1980, MS; *Toye/Toye*, The UN and Global Political Economy, S. 184–229.
66 Zu Biafra siehe *Jonathan Benthall*, Disasters, Relief and the Media. London 1993.
67 *Paul R. Ehrlich*, The Population Bomb. New York 1968 (dt. Ausgabe Die Bevölkerungsbombe. München 1971); *Garrett Hardin*, „The Tragedy of the Commons", in: Science, 162, 13.12.1968, S. 1243–1248; *Donella H. Meadows* u. a., The Limits to Growth: A Report for the Club of Rome's Project on the Predicament of Mankind. New York 1972 (dt. Ausgabe Die Grenzen des Wachstums. Bericht des Club of Rome zur Lage der Menschheit. Stuttgart 1972).

propagiert und von anderen Institutionen und Organisationen übernommen wurden, vollzog die globale Entwicklungshilfe einen radikalen Wandel: nicht länger sollte Entwicklungshilfe Kollektiven oder Staaten zukommen, sondern Individuen.[68] Die von der ILO definierten Grundbedürfnisse betrafen Nahrung, Kleidung und Wohnraum sowie Zugang zu Trinkwasser, Gesundheitsfürsorge und Bildung. Während der siebziger Jahre verzehnfachte die Weltbank ihr Kreditvolumen, um möglichst viele Menschen zu erreichen. Parallel dazu koordinierten die im DAC vertretenen Geber ihre Entwicklungshilfe besser (Multilateralisierung), um politische Einflussnahme zu verringern, aber auch, um die sich bereits zu diesem Zeitpunkt abzeichnende Überschuldung vieler afrikanischer Staaten besser beobachten zu können.

Welche entwicklungspolitischen Wirkungen die Sicherung von Grundbedürfnissen und die Armutsbekämpfung gehabt haben, ist unter Sozialwissenschaftlern und Praktikern der Entwicklungshilfe umstritten und von Historikern noch nicht bewertet worden. Man wird sicherlich mit Frederick Cooper und anderen zwischen der Mikro- und der Makroebene unterscheiden (das so genannte Mikro-Makro-Paradox).[69] Jeder neue Brunnen, jede neue Straße und jeder neue Kleinkredit mag das Leben von Individuen positiv beeinflusst haben. Offensichtlich misslang jedoch ein Aggregieren vieler kleiner Investitionen zu einem größeren Ganzen. Wirtschaftliches Wachstum jedenfalls generierten die Praktiken der siebziger Jahre zumindest in den meisten afrikanischen Ländern nicht. Dagegen nutzten ost- und südostasiatische Staaten und eine ganze Reihe lateinamerikanischer Länder, allen voran Argentinien, Brasilien, Chile und Mexiko, das Jahrzehnt dafür, die bereits in der Vergangenheit empfohlenen Entwicklungsstrategien – Importsubstitution und Exportorientierung – weiter zu verfeinern und in die Praxis umzusetzen. Auch wenn die Einkommensunterschiede insbesondere in Lateinamerika eklatant blieben (und bleiben sollten), gelang es vielfach, das Bruttosozialprodukt pro Kopf der Bevölkerung erheblich zu steigern, und in vielen der genannten Länder entwickelte sich eine zunehmend breitere Mittelschicht.[70]

Äußerst kontrovers diskutierten Zeitgenossen und Sozialwissenschaftler die wirtschaftspolitischen Weisungen von Weltbank und Internationalem Währungsfonds in den achtziger und neunziger Jahren. Joseph Stiglitz, Nobelpreisträger und ehemaliger Chef-Ökonom der Weltbank, argumentierte etwa, die beiden Institutionen hätten den Entwicklungsländern „fehlerhafte Wirtschaftstheorien" empfohlen und „dadurch viele Menschen in Armut und viele

---

[68] Zur ILO siehe *Jasmien Van Daele* u. a. (Hrsg.), ILO histories: Essays on the International Labour Organization and its Impact on the World during the Twentieth Century. Bern/New York 2010; *Daniel Maul*, Menschenrechte, Sozialpolitik und Dekolonisation: Die Internationale Arbeitsorganisation (IAO) 1940–1970. Essen 2007.

[69] *Cooper*, Writing the History of Development. Die breite Literatur zu makro-quantitativer Forschung ist hier nicht berücksichtigt. Siehe aber *Riddell*, Does Foreign Aid Really Work?

[70] *Walther L. Bernecker*, Port Harcourt, 10. November 1995. Aufbruch und Elend in der Dritten Welt. München 1997, S. 56f.

Staaten ins soziale und politische Chaos gestürzt".[71] Andere meinen, die Rezeptur aus Marktliberalisierung, Abbau von Handelshemmnissen und Subventionen sowie Privatisierung von Staatsbetrieben habe zwar städtische Konsumenten schwer getroffen. Dafür hätten afrikanische Bauern, wie von den internationalen Entwicklungsorganisationen seit Jahrzehnten gefordert, erstmals marktgerechte (und damit höhere) Preise für ihre Produkte erhalten. Zudem hätten afrikanische Regierungen nur partiell die an die sogenannten *structural adjustment loans* geknüpften Bedingungen erfüllt.[72]

Dieser Diskussionsausschnitt einer komplexen Debatte verweist auf einige der Herausforderungen, mit denen Historikerinnen und Historiker konfrontiert sind, wenn sie sich der jüngeren Zeitgeschichte der Entwicklungspolitik annehmen. Hier wie auch bei anderen Themen gilt es, lokal und global zu forschen, projektbezogene Detailuntersuchungen mit übergeordneten Entwicklungen und Prozessen abzugleichen, die Binnensichten und Wahrnehmungen der Akteure zu berücksichtigen und mit realhistorischen Entwicklungen zu spiegeln.

Ausblick

Der hier präsentierte knappe Abriss hat den Schwerpunkt auf Aspekte der (internationalen) politischen Ökonomie gelegt. Damit ist das Forschungsfeld „Geschichte der Entwicklungspolitik", wie eingangs betont, jedoch bei weitem nicht abgesteckt. Großes Potential bieten geschlechtergeschichtliche Arbeiten, Studien zu Nichtregierungsorganisationen und vor allem Arbeiten, die sich mit lokalen Wirkungen von Entwicklungsprojekten befassen. Ebenso vielversprechend erscheinen mir Studien zu Internationalen Organisationen, zu Problemen von Wissenstransfer und Wissenszirkulation sowie zu einzelnen Feldern der Entwicklungspolitik wie Gesundheit, Bildung, Bevölkerung, Landwirtschaft usw.

Wenn eine Geschichte der Entwicklungspolitik Möglichkeiten für heutiges Denken und Handeln aufzeigen will, sollte sie klare Bewertungen und prägnante Thesen formulieren. Sie sollte nicht einfach eine Geschichte des Scheiterns technokratischer Planung liefern oder in eine naive Kritik am Optimismus und an der Fortschrittsgläubigkeit früherer Generationen verfallen. Gerade in einer Zeit, in der Entwicklungshilfe mehr denn je kritisiert wird und

---

[71] *Joseph Stiglitz*, Die Schatten der Globalisierung. Bonn/Berlin 2002, S. 32f.
[72] *Robert J. Berg*, Foreign Aid in Africa: Here's the Answer-Is it Relevant to the Question?, in: Robert J. Berg/Jennifer Seymour Whitaker (Hrsg.), Strategies for African Development. A Study for the Committee on African Development Strategies Sponsored by the Council on Foreign Relations and the Overseas Development Council. Berkeley 1986, S. 505–543; *David K. Fieldhouse*, The West and the Third World. Trade, Colonialism, Dependence and Development. Oxford 1999, S. 243–249; *Nicolas van de Walle*, African Economies and the Politics of Permanent Crisis. Cambridge 2001, S. 152–187.

die Erwartungen an sie so hoch wie nie sind, können Historikerinnen und Historiker auf wichtige Erfahrungen der Entwicklungspolitik der vergangenen neunzig Jahre hinweisen.[73] Denn eines ist bei allem Für und Wider der Entwicklungspolitik gewiss: vor dem Hintergrund weitverbreiteter Armut in Afrika und in anderen Teilen der Welt und angesichts von globalem Bevölkerungswachstum und Klimawandel wird sie uns noch auf Jahrzehnte begleiten.

---

[73] *Robert Calderisi*, The Trouble with Africa: Why Foreign Aid Isn't Working. London 2006; *Paul Collier*, The Bottom Billion: Why the Poorest Countries are Failing and What Can be Done About It. Oxford 2007; *William Easterly*, The White Man's Burden. Why the West's Efforts to Aid the Rest have Done so much ill and so little Good. New York 2006; ders. (Hrsg.), Reinventing Foreign Aid. Cambridge, MA 2009; *Dambisa Moyo*, Dead Aid: Why Aid is Not Working and How there is another Way for Africa. New York 2009; *Jeffrey D. Sachs*, The End of Poverty. Economic Possibilities for Our Time. New York 2005; *Volker Seitz*, Afrika wird armregiert oder Wie man Afrika wirklich helfen kann. Mit einem Vorwort von Rupert Neudeck. München 2010.

Anselm Doering-Manteuffel

„Soziale Demokratie" als transnationales Ordnungsmodell im 20. Jahrhundert

I. Internationale und transnationale Geschichte.

Sozialreform und Sozialverfassung in den Industrieländern Europas und den USA gelten gemeinhin nicht als Themen des historiographischen Arbeitsfelds „Internationale Geschichte". Mit dem Begriff des Internationalen wird die Vorstellung verbunden, dass es hier um die zwischenstaatliche Politik der Regierungen souveräner Nationalstaaten geht, mithin um Kabinettspolitik oder parlamentarisch kontrollierte Außenpolitik. Das Paradigma des souveränen Nationalstaats prägt seit dem 19. Jahrhundert die akademische und publizistische Öffentlichkeit der europäischen Länder. Hier festigte sich das historistische Geschichtsverständnis „Männer machen Geschichte" zu einem Stereotyp der historischen Analyse, so dass „Geschichte" mehr oder weniger nur aus machtpolitischem Handeln mittels Außen- und Militärpolitik bestand. Dieses Verständnis prägte die Historiker zumal in den Staaten der rivalisierenden Imperialmächte. Es erreichte seinen Höhepunkt in den 1920er Jahren, als die Ursachen und Ergebnisse des Ersten Weltkriegs der Erklärung bedurften. Längst gab es intellektuell hochrangige Gegenbewegungen – die Impulse zur kulturgeschichtlichen Ausweitung des Blicks auf die Vergangenheit durch die Schule Karl Lamprechts vor dem Ersten Weltkrieg oder die Revolution in der Wahrnehmung von Raum, Zeit und Mensch durch die französische Schule der „Annales" seit den 1920er/1930er Jahren –, aber die historistische Grundauffassung von der Handlungsautonomie der geschichtsmächtigen Einzelpersönlichkeit und der Autonomie der auswärtigen Politik behielt ihre Geltung. Sie wurde gebraucht und erschien unverzichtbar. Nach 1945 musste es dann nicht nur darum gehen, die Entstehungsbedingungen des Zweiten Weltkriegs in die Nationalgeschichten der Europäer einzuordnen, sondern auch den Ort und das Selbstverständnis der Staaten im neuen Kräfteparallelogramm des Kalten Krieges zu bestimmen. Die Bezugsgröße dieser auf Außenpolitik und Internationale Beziehungen konzentrierten Historiographie war der *Staat* – der souveräne Einzelstaat in Gestalt seiner Regierungen, seiner Ministerien, seiner „Männer".[1]

Nach dem Ende des Ost-West-Konflikts ging die Bedeutung des *Staates* zurück, in den Vordergrund trat der *Markt*. Der Wandel vom Primat der Staaten

---

[1] *Friedrich Jaeger/Jörn Rüsen*, Geschichte des Historismus. München 1992; *Otto Gerhard Oexle*, Geschichtswissenschaft im Zeichen des Historismus. Göttingen 1996; *Lutz Raphael*, Geschichtswissenschaft im Zeitalter der Extreme. Theorien, Methoden, Tendenzen von 1900 bis zur Gegenwart. München 2003.

zum Primat der Märkte vollzog sich seit der Mitte der 1990er Jahre unaufhaltsam bis zum Kollaps des globalen Finanzmarkts 2008. Der Begriff „transnational" begann seine Karriere.[2] Anfangs in den Sozialwissenschaften beheimatet, bezeichnete er staatsübergreifende Verflechtungen und Organisationsstrukturen, die sich unterhalb der Handlungsebene von Regierungen entwickelten und immer einflussreicher wurden – Amnesty International (seit 1961) und Greenpeace (seit 1970) seien hier als die prominentesten Beispiele genannt. Nach 1990 löste sich der Begriff aus dem sozialwissenschaftlichen Gehäuse und breitete sich in den Medien und der öffentlichen Sprache aus. An der Wende zum 21. Jahrhundert hatte „transnational" den Begriff „international" nahezu überformt und eine neue Bedeutung angenommen, die die wechselseitige Durchdringung multipler Wissenskulturen beschrieb.[3]

II. Der Begriff „Soziale Demokratie".

Das ist der historische Kontext, in den dieser Beitrag zur internationalen und transnationalen Geschichte von Sozialreform und Sozialer Demokratie eingeordnet ist. Den Gegenstand bildet ein Ordnungsmodell westlicher Industriegesellschaften, welches seit den Jahrzehnten der Hochindustrialisierung gesellschaftliches Handeln, politische Öffentlichkeit und Regierungspolitik beeinflusst und antreibt. Das Nachdenken über die Anpassung der sozialökonomischen und politischen Regularien an die Strukturen des Industriesystems und das Experimentieren mit je unterschiedlichen, aber systemisch eng verwandten Lösungen, um diese Strukturen zum Nutzen der arbeitenden Menschen, die in sie eingebunden waren, zu humanisieren, bildeten die Kennzeichen dieser länderübergreifenden Dynamik. Wie unterschiedlich trotz aller Verwandtschaft diese Reformbewegungen im je eigenen nationalkulturellen Umfeld erschienen, zeigt der Blick auf die Bezeichnungen. Am einfachsten wäre es, wir würden das historische Phänomen epochen- und nationenübergreifend „Sozialliberalismus" nennen, weil es im Kern darum ging, den klassischen, auf das bürgerliche Individuum ausgerichteten Liberalismus des frühen und mittleren 19. Jahrhunderts zur Gesellschaft hin, zum Verbund der Vielen, der zahllosen Individuen, zu öffnen. Doch was ist „Liberalismus" in den USA, was in Frankreich? Was bedeutet „Liberalismus" in Deutschland, einem Land, welches das bloße Wort nach dem Ersten Weltkrieg regelrecht ausspie und zum Tabu machte?

---

[2] Siehe Googlebooks Ngram Viewer für die Zeit von 1950 bis 2000 im englischen und deutschen Sprachraum für das Wort „transnational".
[3] *Jürgen Osterhammel*, Transnationale Gesellschaftsgeschichte: Erweiterung oder Alternative?, in: Geschichte und Gesellschaft 27 (2001), S. 464–479; *Michael Werner/Bénédicte Zimmermann*, Vergleich, Transfer, Verflechtung. Der Ansatz der *Histoire croisée* und die Herausforderung des Transnationalen, in: Geschichte und Gesellschaft 28 (2002), S. 607–636; siehe auch *Gunilla Budde* u. a. (Hrsg.), Transnationale Geschichte. Themen, Tendenzen und Theorien. Göttingen 2006.

Die gesellschaftspolitische Entwicklung, die am Ende des 19. Jahrhunderts einsetzte, wurde in den USA *progressivism* genannt, in England *New Liberalism*, in Frankreich (neben anderen Bezeichnungen) *radicalisme* und in Deutschland *Sozialreform*.[4] Nach dem Ersten Weltkrieg änderte sich die Begrifflichkeit, als die Grenze zwischen Bürgertum und Arbeiterschaft durch die im Krieg entstandene Massengesellschaft ihre Bedeutung verloren hatte. Jetzt ging es um die politisch-ökonomische Neuordnung von Sozialverfassung in den europäischen Nachkriegsgesellschaften. Im Mittelpunkt stand das Problem, wie Massengesellschaft und repräsentative Demokratie in Übereinstimmung zu bringen seien. Der Begriff *social democracy*, der die Entwicklung seit den 1920er Jahren bezeichnet, ist allein im Englischen eindeutig, während er im Deutschen verkürzend mit der SPD identifiziert wird und im Französischen das historische Geschehen der Zwischenkriegszeit nicht angemessen erfasst.[5] Neue Herausforderungen stellten sich mit der Weltwirtschaftskrise von 1930 bis 1933, auf die der amerikanische New Deal die wirkungsvollste Antwort gab. Darin waren Vorstellungen von *social democracy* und *welfare state building* miteinander verwoben, die im Zweiten Weltkrieg ihre Ergänzung im englischen Beveridge-Plan erhielten und nach dem Kriegsende mit dem Marshall-Plan und den Anfängen der westeuropäischen wirtschaftlichen Zusammenarbeit die Grundlagen schufen für den Wohlfahrtsstaat und dessen Einbindung in die parlamentarisch-demokratische und liberal-soziale Ordnung der Länder im euro-atlantischen Wirtschaftsraum.[6] Der Wohlfahrtsstaat festigte sich in den zweieinhalb Jahrzehnten des Nachkriegsbooms bis 1973 und wurde nach dessen Ende wiederum durch neue Begriffe und Steuerungsideologien wie *neoconservatism* in den USA und Großbritannien oder *Neoliberalismus* im deutschen Sprachraum den veränderten Bedingungen angepasst.[7]

Die Suche nach dem passenden Begriff lässt sowohl die Verschiedenheiten der nationalkulturellen Ausformungen als auch die Verwandtschaften im historischen Geschehen *als internationale Geschichte* erkennen. Dieser Beitrag verwendet mit dem Begriff Sozialreform ein Wort aus dem deutschen Handlungsfeld, das ohne Schwierigkeit auch auf die britische und amerikanische Entwicklung anwendbar ist. Die Soziale Demokratie hingegen ist ein ins

---

[4] *Ronald D. Rotunda*, Liberalism as Word and Symbol. Iowa City 1986; *James T. Kloppenberg*, Uncertain Victory. Social Democracy and Progressivism in European and American Thought, 1870–1920. New York/Oxford 1986; *Michael Freeden*, The New Liberalism. An Ideology of Social Reform. Oxford 1978; *Roland Höhne/Ingo Kolboom*, Sozialliberalismus in Frankreich, in: Karl Holl u. a. (Hrsg.), Sozialer Liberalismus. Göttingen 1986, S. 149–170; *Daniel T. Rodgers*, Atlantic Crossings. Social Politics in a Progressive Age. Cambridge, Mass./London 1998, S. 52–75.
[5] *Michael Freeden*, European Liberalisms. An Essay in Comparative Political Thought, in: European Journal of Political Theory 7 (2008), S. 9–30 und Anm. 27.
[6] *Gerhard A. Ritter*, Der Sozialstaat. Entstehung und Entwicklung im internationalen Vergleich. München 1989.
[7] *Anselm Doering-Manteuffel/Lutz Raphael*, Nach dem Boom. Perspektiven auf die Zeitgeschichte seit 1970. Göttingen ³2012.

Deutsche übernommener englischer Terminus, der nicht nur die Verflechtungen zwischen Deutschland, den USA und Großbritannien in der ersten Hälfte des 20. Jahrhunderts sichtbar machen kann, sondern auch die Orientierung der westdeutschen Bundesrepublik (und der Mehrzahl der west- und nordeuropäischen Länder) auf ein angloamerikanisch eingefärbtes, wiewohl historisch transnational grundiertes Ordnungsmodell in der zweiten Hälfte.

III. Forschungskonjunkturen im gesellschaftlichen Wandel.

Die internationale Forschung weist zwei besonders intensive Phasen in der Auseinandersetzung mit den Problemkreisen Sozialreform, Soziale Demokratie und Wohlfahrtsstaatlichkeit auf. Das war zum einen die Zeit der sozialliberalen, von sozialdemokratischen Parteien gestalteten, Prädominanz in Westeuropa, deren Kernphase die Jahre von 1970 bis 1980 bildeten, während die Spanne insgesamt von den mittleren 1960er Jahren bis zur Mitte der 1980er Jahre reichte. Die fachwissenschaftliche Entwicklung verlief als Funktion des gesellschaftlichen Prozesses. In der Geschichtswissenschaft breitete sich die Sozialgeschichte aus; die Institutionalisierung vollzog sich in der ersten Hälfte der 1970er Jahre. Die westdeutsche Zeitschrift „Geschichte und Gesellschaft" entstand 1975. Das Interesse der Historiker galt der Industriegesellschaft im späten 19. und frühen 20. Jahrhundert, während die Zeit nach 1945 vornehmlich von den Sozialwissenschaften behandelt wurde. In diesen Jahren entstanden Arbeiten zur bürgerlichen Sozial- und Interessenpolitik in der kapitalistischen Wirtschaftsordnung zwischen 1880 und dem Ersten Weltkrieg, zur Geschichte der Wohlfahrtsstaaten in Europa seit 1920, zu den Problem des „organisierten" oder des marktwirtschaftlichen Kapitalismus sowie der Symbiose von Sozialdemokratie und Keynesianismus.[8]

---

[8] Aus der Fülle der Literatur sei an dieser Stelle verwiesen auf *Hans Günter Hockerts*, Hundert Jahre Sozialversicherung in Deutschland. Ein Bericht über die neuere Forschung, in: Historische Zeitschrift 237 (1983), S. 361–384; sodann auf einige Werke, die den Zeittrend in den Geistes- und Sozialwissenschaften seit den 1970er Jahren repräsentieren: *Heinrich August Winkler* (Hrsg.), Organisierter Kapitalismus. Voraussetzungen und Anfänge. Göttingen 1974; *Peter Flora/Arnold J. Heidenheimer* (Hrsg.), The Development of Welfare States in Europe and America. New Brunswick/London 1981; *Jens Alber*, Vom Armenhaus zum Wohlfahrtsstaat. Analysen zur Entwicklung der Sozialversicherung in Westeuropa. Frankfurt a. M./New York 1982; *Wolfgang J. Mommsen/Wolfgang Mock* (Hrsg.), Die Entstehung des Wohlfahrtsstaates in Großbritannien und Deutschland 1850–1950. Stuttgart 1982; *Michael Freeden*, The New Liberalism. An Ideology of Social Reform. Oxford 1978; *ders.*, Liberalism Divided. A Study in British Political Thought 1914–1939. Oxford 1986; *Charles S. Maier*, Recasting Bourgeois Europe. Stabilization in France, Germany, and Italy in the Decade after World War I. Princeton 1975; *Rüdiger vom Bruch* (Hrsg.), Weder Kommunismus noch Kapitalismus. Bürgerliche Sozialreform in Deutschland vom Vormärz bis zur Ära Adenauer. München 1985; *Peter A. Hall* (Hrsg.), The Political Power of Economic Ideas. Keynesianism across Nations. Princeton 1989; *Kenneth O. Morgan*, Socialism and Social Democracy in the British Labour Party, 1945–1989, in: Archiv für Sozialgeschichte 29 (1989), S. 245–271; *Fritz W. Scharpf*, Sozialdemokra-

Das war zum andern die Anfangsphase der Globalisierung, die man recht grob an die Jahreszahlen 1995 bis 2005 binden kann. Hier wurde die ideologische Kehrtwende in den Steuerungsideologien vom 20. zum 21. Jahrhundert spürbar, die sich in der Sprache der Politik, in den Interessenbekundungen der Wirtschaft und den Medien ausbreiteten. Staat und Verbände sollten nicht länger als die maßgeblichen Ordnungsfaktoren im Industriesystem gelten, denn die Strukturkrise im industriellen Sektor und die wachsende Arbeitslosigkeit erschien als Folge einer zu engen Verkopplung der Wirtschaft mit dem Staat. Die Verantwortung für Fehlsteuerungen in den Industriestaaten wurde in der Fixierung der Politik auf soziale Sicherheit in der Arbeitsgesellschaft gesehen. Jetzt verschoben sich die Parameter. An die Stelle des Staats sollte der Markt treten. In der Gesellschaft erhielt das Eigeninteresse des Individuums den Vorrang vor der Mitverantwortung des Bürgers in der Gesellschaft. Macht und Herrschaft gingen von den Staaten und Regierungen auf „die Märkte" über, in denen anonyme Einzelne die staatsfreie Zone des globalen Kapitalismus ausgestalteten. Dieser Wandel verschob auch die gesellschaftliche Orientierung des Staatsbürgers. Es verwundert daher nicht, dass in der historischen Forschung, die seit den 1990er Jahren geleistet wurde, die Auseinandersetzungen mit den Erscheinungsformen des Laisser-faire-Kapitalismus und den sozialen Gegenbewegungen besonders markant ausgefallen ist. Eine Suche setzte ein nach dem Mittelweg zwischen Manchestertum und Wohlfahrtsgesellschaft seit der Hochindustrialisierung, und es galt die Frage, zu welcher Zeit und unter welchen Bedingungen ein solcher Weg eingeschlagen worden war. Die Forschung nahm die Herausforderung der Globalisierung auf und richtete das Augenmerk auf die Analyse von transnational verflochtenen sozialen und ideellen Prozessen seit dem Beginn des 20. Jahrhunderts, oder sie erweiterte die seit 1980 praktizierte Methode des historischen Vergleichs zur Analyse der kulturellen Durchdringung, des Angleichens und Unterscheidens. Die geschichtswissenschaftliche Erschließung der Denkwege und ideellen Verflechtungen von nationalen Eliten und transnationalen Expertengruppen bildete die Realität einer Welt ab, in der nicht mehr die statische Ordnung von Staat und Gesellschaft die Norm bildete, sondern die fluide Wirklichkeit im System der digitalen Kommunikation und Ökonomie.[9]

tische Krisenpolitik in Europa. Frankfurt a. M./New York ²1987; *Gøsta Esping-Andersen*, The Three Worlds of Welfare Capitalism. Cambridge 1990; *Michel Albert*, Capitalisme contre Capitalisme. Paris 1991.

[9] *Rodgers*, Atlantic Crossings; *Friedrich Jaeger*, Amerikanischer Liberalismus. Perspektiven sozialer Reform zu Beginn des 20. Jahrhunderts. Göttingen 2001; *Michael McGerr*, A Fierce Discontent. The Rise and Fall of the Progressive Movement. New York 2003; *Alan Dowley*, Changing the World. American Progressives in War and Revolution. Princeton/Oxford 2003; *Marcus Gräser*, Wohlfahrtsgesellschaft und Wohlfahrtsstaat. Bürgerliche Sozialreform und Welfare State Building in den USA und in Deutschland 1880–1940. Göttingen 2009; *Karl H. Metz*, Die Geschichte der sozialen Sicherheit. Stuttgart 2008; *Norman Birnbaum*, After Progress. American Social Reform and European Socialism in the Twentieth Century. Oxford 2001; *Dick Leonard* (Hrsg.), Neuausgabe von: *Anthony Crosland*, The Future of Socialism

IV. Bürgertum und *middle classes* als Agenten von Sozialreform 1870 bis 1914.

In den Anfängen der Sozialreform verbanden sich unterschiedliche Motive und Traditionen, von denen einige in der frühneuzeitlichen Sozialkultur und gemeindlicher Fürsorge in den europäischen Ländern verwurzelt waren, andere sich erst neu herausbildeten angesichts der dynamischen Prozesse von Industrialisierung, Urbanisierung und Arbeitsmigration. Das prägte die zweite Hälfte des 19. Jahrhunderts, als in der Wirtschaft und in den Städten die große Zeit bürgerlicher Kraftentfaltung erreicht wurde. Ihrem Selbstverständnis nach war bürgerliche Kultur in ausgeprägter Weise Individualkultur. Selbstbestimmung bildete die Norm, sowohl im politischen Gemeinwesen als auch im Wirtschaftsunternehmen. Die Idee des selbstbestimmten Individuums war doppelt verankert – zum einen in der Theorie des Besitzindividualismus und zum andern im Diskurs über Recht und Verantwortung des *citoyen* in der politischen Öffentlichkeit. Besitzanspruch und staatsbürgerliche Selbstverpflichtung gehörten zusammen. Mit dem Blick auf das Kommende kann man sagen, dass genau darin der mittlere Weg zwischen dem Laisser-faire-Kapitalismus und dem antikapitalistischen Sozialismus angelegt war: Wirtschaftsfreiheit und Sozialverantwortung bildeten im Ideengebäude des Liberalismus durchaus einen Zusammenhang. Das Problem bestand immer aufs neue darin, sie in angemessener Form zusammenzubringen, um die je aktuellen Probleme auch zu lösen.

Staatsbürgerliches Mitspracherecht war an Besitz gebunden. Nur eine kleinere Zahl von begüterten und wirtschaftlich leistungsfähigen Menschen kam in dessen Genuss. Die Dominanz der bürgerlichen Schicht beziehungsweise der *middle classes* fußte auf dem sozial und rechtlich austarierten System des Besitztumsprivilegs, gewonnen entweder aus der Familientradition oder erworben aus Unternehmergeist. Die Grundsätze der bürgerlichen Geschäftswelt verbanden Ideen der persönlichen Freiheit des Wirtschaftens im Handlungsprinzip des Laisser-faire miteinander: Der größtmögliche Nutzen für die größtmögliche Zahl würde dann erreicht, wenn sich der Unternehmer unbehelligt von jeder Einflussnahme durch kameralistische Gängelung entfalten konnte, wie das im Merkantilismus der Fall gewesen war. Das Laisser-faire-Prinzip fand seine klassische Ausprägung im sogenannten Manchester-Liberalismus, der dann als Gegenbewegung die Frühformen des Sozialismus und den organisierten Kampf für die Rechte der *labouring poor* hervorbrachte. Die Unzulänglichkeiten des Laisser-faire-Kapitalismus und die inhumanen Auswirkungen des sich selbst überlassenen Gewinnstrebens zeigten sich in allen Ländern des euro-atlantischen Wirtschaftsraums spätestens dann, als die Hochindustrialisierung erreicht war, die großen Eisenhütten, Maschinen- und

(1956). London 2006; *Howard Brick*, Transcending Capitalism. Vision of a New Society in Modern American Thought. Ithaca/London 2006.

Textilfabriken die Szene beherrschten und im Zuge der Urbanisierung Massen anonymer Arbeitskräfte aus dem ländlichen Umraum, entfernteren Regionen oder aus Übersee in die industriellen Ballungsräume strömten. Das menschliche Elend in den Industriequartieren rief den Willen zu Abhilfe, Reform, Sozialreform hervor. Die Träger solcher Initiativen waren Repräsentanten der *middle classes* und des Bürgertums.

In den Jahrzehnten der Hochindustrialisierung vor dem Ersten Weltkrieg, von 1880 bis 1914, entstand die Grundform des Sozialliberalismus in England und den USA. Frankreich beließ die Entwicklung zwischen den Polen bloßer Armenfürsorge oder öffentlicher Sicherung für alle Staatsbürger unentschieden. In Deutschland blieb die sozialreformerische Aktivität des Bürgertums an die kommunale Ebene gebunden, nachdem seit 1883 die staatliche Sozialversicherung auf nationaler Ebene eingeführt wurde. Sowohl der amerikanische Progressivismus als auch der englische *New Liberalism* nahmen Gestalt an als ideenpolitische Konzepte, nicht als politische Bewegungen oder Parteien. Der Sozialliberalismus war zum Zeitpunkt seiner Entstehung eine gesellschaftliche Bewegung. Das Engagement der beteiligten Bürger und der wachsenden Anzahl von Experten wirkte sich daher nicht direkt in ministeriellen Maßnahmen der Sozialpolitik aus. Die materiellen Entscheidungen blieben als Einzelereignisse zunächst auf Gemeinden, Regionen, Industriebetriebe beschränkt. Unter den Beteiligten bildete sich jedoch eine neue, weiterführende Überzeugung aus, die sie medial auch mit Entschiedenheit verbreiteten. Neben dem materiellen Strang der Sozialpolitik kam der ideenpolitische Strang zum Vorschein, und hier entstanden maßgebliche gesellschaftspolitische Grundannahmen des 20. Jahrhunderts.[10]

Der neue, progressive Liberalismus brachte ein sozialintegratives Verständnis von Gesellschaft hervor, das jetzt den Vorrang erhielt vor der alleinigen Geltung des Individualismus. Die Axiome des Liberalismus blieben unangetastet, wurden aber erweitert und an die neuen Bedingungen angepasst. Der Glaube an die Vernunft, an die Rationalität menschlichen Handelns und der Glaube an die Freiheit der Einzelperson gehörten untrennbar zusammen. Diese Grundauffassung des aufklärerischen Denkens schloss die Kategorie des Fortschritts in sich, der im optimistischen Weltbild des Liberalismus als stete Vorwärtsentwicklung mit humanem Maß verstanden wurde. Damit war auch der Glaube verbunden, dass die Menschen verbesserungsfähig sind, und das führte zu der Überzeugung von der grundsätzlichen Verbesserungsfähigkeit der sozialen Beziehungen. So wurde die Tradition des individual-liberalen Denkens angesichts der massenhaften Zunahme der Industriearbeiterschaft von der neuen Vorstellung eines Sozialen Liberalismus überformt. Das war eine gemeinsame Entwicklung in den Industrieländern des euro-atlantischen Wirtschaftsraums.[11]

---

[10] *Dawley*, Changing the World; *McGerr*, A Fierce Discontent; *Freeden*, New Liberalism; *Ritter*, Sozialstaat; *Metz*, Soziale Sicherheit.
[11] *Rodgers*, Atlantic Crossings, S. 76–111; *Gräser*, Wohlfahrtsgesellschaft.

Sozialreformerisches Engagement entstand in den Städten. Die städtische Sozialpolitik wurde zur Manifestation des Willens, das plurale Gefüge unterschiedlichster Formen menschlicher Existenz aus der Umklammerung durch gierige Wirtschaftsinteressen zu lösen und der Stadt ein eigenes soziales Bewusstsein zu vermitteln. Der Trend ging dahin, die moderne städtische Infrastruktur als öffentliches Eigentum der Kommunen auszugestalten und bestehende Einrichtungen in privatem Eigentum zu kommunalisieren. Die Eigenart dieser Sozialpolitik lag indes in ihrer schichtenspezifischen Ausprägung, die sich – in Europa mehr als in den USA – bis zum Ersten Weltkrieg als unhintergehbar erwies. Bürgerliche Sozialreform galt den Benachteiligten, die der Mittelschicht nicht angehörten, und schuf damit eine klare klassengesellschaftliche Trennlinie. Die Sozialreformer versicherten sich in ihrem Engagement und durch ihr Engagement gewissermaßen selbst des eigenen materiell und kulturell saturierten Status. Objekt von Sozialreform konnte daher nie die eigene Schicht des bürgerlichen Mittelstands sein. Das Engagement richtete sich im klassenspezifischen Sinn auf das Gemeinwohl der Arbeiterschaft in den Elendsquartieren. Versorgungs- und Ernährungsbedingungen waren zu verbessern, und die Hygiene musste durch öffentliche Bäder, Kliniken, Schlacht- und Milchhöfe gefördert werden. Der Ausbau der städtischen Verkehrssysteme und der Betriebe für Gas, Wasser und Elektrizität kam hinzu.[12]

In Deutschland gab es den Begriff des Bürgermeisterliberalismus, der ergänzend verwendet wurde zu dem auch in England gebräuchlichen Terminus Munizipalsozialismus, um die bürgerliche Kommunalpolitik und deren Abkehr vom Laisser-faire der Manchesterliberalen zu beschreiben. Beide Begriffe akzentuierten die Ausrichtung und Begrenzung auf die Kommune deutlich. Das ist für die deutsche Entwicklung besonders folgenreich geworden. Der Grund lag in der Strategie Bismarcks, die Politik der Sozialreform auf die Ebene des Reichs zu ziehen und zu einem gesamtstaatlichen Anliegen zu machen. Die Sozialversicherung mit den Gesetzen zur Kranken-, Unfall- sowie Alters- und Invalidenversicherung wurde seit 1883 eingeführt und diente Bismarck gar nicht so sehr als Waffe im Kampf gegen die Sozialdemokraten, sondern als Gift zur Schwächung des kraftvollen Liberalismus in den Großstädten. 1878/79 hatte der Reichskanzler die Kooperation mit den Liberalen aufgekündigt, die Grundsätze des Freihandels widerrufen und dem Protektionismus den Vorrang eingeräumt. Mit den Reichsgesetzen zur Sozialversicherung wurden die in der Sozialreform engagierten Liberalen auf das kommunale Handlungsfeld begrenzt. Zugleich wurde dem politischen Liberalismus die Möglichkeit zur Annäherung an die Arbeiterfrage verstellt, indem politisch-propagandistisch die Arbeiterschaft mit „Sozialis-

---

[12] *Rodgers*, Atlantic Crossings, S. 112–159; *Gräser*, Wohlfahrtsgesellschaft, S. 249–344; *Nadine Klopfer*, Die Ordnung der Stadt. Raum und Gesellschaft in Montreal (1880 bis 1930). Köln u. a. 2010.

mus" identifiziert wurde. Nach den Rückschlägen seit 1848 verlor der Liberalismus in Deutschland in den 1880er Jahren endgültig die Chance, maßgeblich die politische Zukunft der Reichsgesellschaft zu gestalten. Die nationale Spielart von Sozialliberalismus entfaltete sich deshalb hierzulande anders als in England und den USA, aber sie blieb dennoch gebunden an die transnationale Entwicklung im nordatlantischen Wirtschaftsraum. Die Politik der Sozialreform wurde in Deutschland in weiten Bezügen zu einer staatlichen Maßnahme.[13]

V. Kriegskollektivismus, Massengesellschaft und das Problem der Demokratie 1914 bis 1930.

Mit dem Weltkrieg begann eine andere Zeit. Die Vorherrschaft der Mittelklasse endete. Die Wirklichkeit des Krieges ebnete die Unterschiede zwischen den anonymisierten Existenzformen des Frontsoldaten im Maschinenkrieg und des Industriearbeiters in der Kriegsproduktion ein. Als sich abzeichnete, dass der Krieg nicht von kurzer Dauer sein würde, machte der anhaltende Bedarf an Menschen, Rohstoffen, Waffen, Maschinen und Nahrung andere Formen der Wirtschaftsorganisation erforderlich. Die Deutschen mussten die Auswirkungen der alliierten Seeblockade kompensieren, Franzosen und Belgier den Verlust ihrer Schwerindustrie infolge der deutschen Besetzung, und die Briten bedurften der Hilfe des gesamten Empire mit Rohstoffen, Nahrungsmitteln und Soldaten. Die Notwendigkeiten der Kriegsfinanzierung machten die Vereinigten Staaten weit früher zu einem Alliierten der Ententemächte, als es der förmliche Kriegseintritt im April 1917 anzeigte. Was von der Ideologie des Laisser-faire während der Hochindustrialisierung noch praktisch wirksam geblieben war, geriet weiter in den Hintergrund. Damit veränderten sich auch die Parameter der bürgerlichen Sozialreform. Der englische *New Liberalism* und der amerikanische Progressivismus verloren ebenso wie die Repräsentanten der Sozialreform im wilhelminischen Deutschland den machtvollen Gegner, dessen Orientierung am Unternehmensgewinn, ohne Berücksichtigung der Bedürfnisse der Arbeiterschaft, den Vorkämpfern des Sozialliberalismus als Folie gedient hatte, vor der sie ihre Politik projektierten. Der Kriegskollektivismus bestimmte die sozialökonomische Wirklichkeit, und daraus entstand die klassen- und schichtenübergreifende Massengesellschaft. 1918 war das eine überwiegend verarmte, körperlich und seelisch ausgelaugte und politisch verunsicherte soziale Formation. Sie gab den europäischen Industrieländern der frühen 1920er Jahre das Gesicht, bevor der Dreiklang aus Verstädterung, Modernisierung und Kon-

---

[13] *Ritter*, Sozialstaat; *Wolther von Kieseritzky*, Liberalismus und Sozialstaat. Liberale Politik in Deutschland zwischen Machtstaat und Arbeiterbewegung (1878–1893). Köln u. a. 2002; *Gräser*, Wohlfahrtsgesellschaft, S. 256–260.

sum das andere, der Zukunft zugewandte Gesicht der späten zwanziger Jahre hervortreten ließ.[14]

Im Kriegskollektivismus wurden die Aktionsfelder der bürgerlichen Sozialreform in wachsendem Ausmaß von den Arbeiterparteien, den Gewerkschaften und den Interessenverbänden der konfessionellen Sozialpolitik überformt. Die Grenzen zwischen sozialdemokratischer und bürgerlicher Politik verschoben sich. In den kriegführenden Ländern tauchten neue Vorschläge über die Einbeziehung der (sozialistischen) Arbeiterbewegung in die (kapitalistische) Kriegswirtschaft auf, die zur Neubestimmung der politischen Rolle der Arbeiterschaft und zur Entstehung des Korporativismus beitrugen. In Deutschland wurden mit dem „Gesetz über den Vaterländischen Hilfsdienst" vom Dezember 1916 Betriebsräte und Mitbestimmung eingeführt. Dieser Anfang in der Entwicklung der Arbeitsbeziehungen bildete nach der Sozialversicherung aus den 1880er Jahren das Fundament, auf dem die deutsche Sozialverfassung fortan ruhen sollte. In allen europäischen Ländern begann mit der Regelung der Arbeitsbeziehungen die politische Mitwirkung der Arbeiterschaft als Anfang von innerbetrieblicher Demokratie. Der parlamentarische und regierungspolitische Einfluss der sozialdemokratischen Parteien galt der Ausgestaltung der Sozialversicherung, dem sozialen Wohnungsbau und den Maßnahmen zu gesellschaftlicher Planung und Regulierung der Wirtschaft. Das waren vor 1914 Themen der bürgerlichen Sozialpolitik gewesen, von denen sich die orthodoxen Sozialisten ferngehalten hatten, denn die Bourgeoisie war Klassengegner, nichts sonst. Nach 1918 hatte der Klassengegensatz seine abschottende Bedeutung verloren, und die Repräsentanten der Arbeiterbewegung in den Parteien und Gewerkschaften stellten sich der Verantwortung, den Wiederaufbau und die Neuordnung mit zu gestalten. Deshalb gehörten der Ausbau der Sozialverfassung und die Demokratisierung der Politik grundsätzlich zusammen.

Ungeachtet aller nationalkulturellen Unterschiede bildete der sozialliberal grundierte demokratische Internationalismus, den die Parteien der Linken und der Mitte trugen, für die nächsten Jahre eine ideelle Norm. Ihr Einfluss äußerte sich sowohl in der Gesellschaftspolitik – Sozialversicherung, Wohnungsbau, Sozialplanung, Wirtschaftsregulierung – als auch in der Außenpolitik – Völkerbund, Friedensbewegung, Entspannungsbemühungen. Die Zeit der Entfaltung war kurz, weil die Weltwirtschaftskrise seit 1930 die Weiterentwicklung beendete, und die innergesellschaftlichen Widerstände in den verschiedenen Ländern waren groß. Dennoch wurden nach dem Ersten Weltkrieg Weichen gestellt und Maßnahmen ergriffen, an die sich in der westeuropäischen Rekonstruktionsphase nach 1945/50 anknüpfen ließ. In den 1920er Jahren musste die Vergangenheit bewältigt werden, aber es wurde auch die

---

[14] *Rodgers*, Atlantic Crossings, S. 290–317; *Gunther Mai*, Europa 1918–1939. Mentalitäten, Lebensweisen, Politik zwischen den Weltkriegen. Stuttgart u. a. 2001; *Lutz Raphael*, Imperiale Gewalt und mobilisierte Nation. Europa 1914–1945. München 2011, S. 82–130.

Zukunft verhandelt. Die Zeit der Stabilisierung von 1924 bis 1930 hatte Modellcharakter für die europäische Politik der 1950er und 1960er Jahre.[15]

Aus diesem Blickwinkel stechen die Schattenseiten des Geschehens in den zwanziger Jahren sogleich ins Auge. Sozialreform wurde nach dem Ersten Weltkrieg zu einer Politik des Ausbaus und der Ausgestaltung der Sozialverfassung, deren Kennzeichen ihr korporativer Charakter war. Das galt in Deutschland und Frankreich ausgeprägter als in Großbritannien oder gar den USA, doch handelte es sich insgesamt um einen transnationalen Trend. Sowohl in den Bereichen der Sozialversicherung als auch in der Regelung der Arbeitsbeziehungen oder der Modernisierung von Infrastrukturen bildeten sich Bürokratien sowie Gruppen von Experten und Sozialingenieuren heraus, die die Weiterentwicklung der Industriegesellschaft als Modernisierung zu planen und zu steuern beanspruchten. Korporativismus aber erschwerte die Entfaltung demokratischer Politik. Das Ordnungsmodell des Sozialliberalismus beziehungsweise der Sozialen Demokratie wurde davon direkt berührt, denn hier musste es ja nicht zuletzt auch darum gehen, die Rolle des Individuums in der Demokratie zu bestimmen. Das betraf zum einen die Auseinandersetzung um Mitbestimmung und demokratische Praxis in den Arbeitsbeziehungen, die innerbetriebliche Demokratie. Es betraf zum andern die Ordnung der Massengesellschaft im Pluralismus der Gruppeninteressen und politischen Parteien, die repräsentative parlamentarische Demokratie. Norm und Praxis einer Sozialverfassung für die moderne Massengesellschaft, die den Erfordernissen des Industriesystems unter den Bedingungen der Marktwirtschaft entsprach, wurden erprobt im Mächtedreieck der organisierten Vertretungen von Arbeiterparteien, Gewerkschaften, konfessioneller oder freier Verbände einerseits, der staatlichen Bürokratie von der kommunalen bis auf die nationale Ebene andererseits und drittens der Repräsentation der Arbeitgeber.[16]

Für das weitere Geschehen in den 1930er und 1940er Jahren wurde es bedeutsam, dass im Jahrzehnt nach dem Ersten Weltkrieg kein funktionsfähiger Weg der Integration von Wirtschafts- und Sozialverfassung und repräsentativer Demokratie gebahnt werden konnte. Sowohl die Protagonisten im Mäch-

---

[15] *Dawley*, Changing the World, S. 1–39, S. 341–358; *Joseph A. McCartin*, Labor's Great War. The Struggle for Industrial Democracy and the Origins of Modern American Labor Relations 1912–1921. Chapel Hill/London 1997, S. 156–172; *Freeden*, Liberalism Divided, S. 45–77; *Ritter*, Sozialstaat, S. 102–129; *Gerald D. Feldman*, The Great Disorder. Politics, Economics, and Society in the German Inflation, 1914–1924. New York/Oxford 1993; *Jost Dülffer/Gottfried Niedhart* (Hrsg.), Frieden durch Demokratie? Genese, Wirkung und Kritik eines Deutungsmusters. Essen 2011.

[16] *Jaeger*, Amerikanischer Liberalismus, S. 202–265; *Thomas Etzemüller* (Hrsg.), Die Ordnung der Moderne. Social Engineering im 20. Jahrhundert. Bielefeld 2009; *Andrea Rehling*, Konfliktstrategie und Konsenssuche in der Krise. Von der Zentralarbeitsgemeinschaft zur Konzertierten Aktion. Baden-Baden 2011. – Zur frühen Diagnose der Spannung zwischen Bürokratie und Demokratie durch Max Weber noch in der Zeit vor dem Ersten Weltkrieg siehe *Wolfgang J. Mommsen*, Max Weber und die deutsche Politik 1890–1920. Tübingen ²1974; *Kloppenberg*, Uncertain Victory, S. 349–394, S. 381 ff.

tedreieck des Korporativismus als auch die Protagonisten im parlamentarischen System der repräsentativen Demokratie waren nach 1920 von ihrer generationellen Erfahrung aus der Zeit vor dem Weltkrieg geprägt, die Klassentrennung, wirtschaftlichen Liberalismus, bürgerlich-individualistisches Engagement in sich schloss, aber nicht die egalitäre Demokratie. Die neue Realität der Fundamentalpolitisierung der Massengesellschaft über politische Parteien, mediale Öffentlichkeit und parlamentarische Repräsentation, mithin die Einübung in die aktive Staatsbürgerrolle, war selbst dort noch nicht zur Gewohnheit geworden, wo der Parlamentarismus traditionell das politische System prägte. Die Spannung zwischen der Entriegelung der Massengesellschaft in sozialökonomischer wie in staatsbürgerlich-politischer Hinsicht und der Steuerung von Wirtschaft und Gesellschaft in korporativer Form dürfte ein wichtiger Grund für die hohe Zahl an Streiks in allen Ländern des euro-atlantischen Wirtschaftsraums gewesen sein, die im letzten Kriegsjahr begannen, zwischen 1919 und 1922 in den westeuropäischen Montanrevieren eskalierten und 1926 im englischen Generalstreik den Höhepunkt erreichten.[17]

In den 1920er Jahren spielte die Kategorie des Individualismus in der politischen Öffentlichkeit des demokratischen Staats kaum eine Rolle. Selbstbestimmung und Repräsentation waren in Formen der Gemeinschaftsbildung eingebunden, die mit liberaler Vergesellschaftung entweder gar keine Verwandtschaft aufwiesen, wie das im Faschismus und Nationalsozialismus der Fall war, oder aber Demokratie und Marktwirtschaft mittels politischer Propaganda und ausgefeiltem *social engineering* ohne Beachtung von Individualinteressen zu stabilisieren versuchten. Das galt für den New Deal. Es stellt sich mithin die Frage, wie es gelingen konnte, nach dem Zweiten Weltkrieg eine neue Orientierung an der Kategorie des liberalen Individuums in einer sozialen Demokratie Wirklichkeit werden zu lassen. Wie konnte der Weg zur Integration von Wirtschafts- und Sozialverfassung und repräsentativer Demokratie gebahnt werden? Die Erfahrung der nationalsozialistischen Kriegsherrschaft und der Reformversuche des New Deal wiesen die Richtung.

VI. Wirtschaftskrise, New Deal, Korporativismus.

Die Weltwirtschaftskrise erzeugte die Vorbedingungen für das Kommende. Sie traf im Westen die Vereinigten Staaten am schwersten und in Europa das Deutsche Reich. Daher gingen von diesen beiden Ländern die stärksten Wirkungen aus. Die Folgen indes konnten gegensätzlicher nicht sein. In den USA

---

[17] Der Zusammenhang von Streiks, Korporativismus und Legitimationsdruck der Demokratie wird selten thematisiert. Vgl. hier *John N. Horne*, Labour at War. France and Britain, 1914–1918. Oxford 1991; *Richard Overy*, The Morbid Age. Britain and the Crisis of Civilization, 1919–1939, S. 50–92; *McCartin*, Labor's Great War, S. 147–172; *Heinrich August Winkler*, Von der Revolution zur Stabilisierung. Arbeiter und Arbeiterbewegung in der Weimarer Republik 1918 bis 1924. Berlin/Bonn ²1985, S. 393–433; *Rodgers*, Atlantic Crossings, S. 290ff.

wurde der New Deal in Gang gesetzt, dessen erste Phase bis 1937 alles in allem wenig erfolgreich verlief. In Deutschland ebnete der wirtschaftliche Zusammenbruch den Nationalsozialisten den Weg zur Macht. Sie beseitigten den liberalen Rechtsstaat und die rechtsstaatliche Bindung der Sozialverfassung. Sie steuerten auf den Krieg los, der scheinbar die Ergebnisse des Versailler Vertrags revidieren sollte, im Kern aber auf die Eroberung eines rassistisch und terroristisch verwalteten Imperiums in Europa zielte. Der Krieg brachte die USA als stärkste Wirtschaftsmacht der Welt ins Spiel und transformierte seit 1939/40 auch die Ideen des New Deal in dessen zweiter Phase. Daraus gingen die Konzepte und Impulse für die Ordnung des nordatlantischen Wirtschaftsraums hervor, die seit 1942/44 geplant und von 1947 an verwirklicht wurden. Die Formen sozialliberaler Ordnung in Westeuropa, die nach 1960 allmählich sichtbar wurden, hatten hier ihren Ursprung.[18]

Die Geschichte des New Deal kann auf diesen wenigen Seiten nicht ausgebreitet werden. Zum Verständnis der internationalen Dimension gesellschaftlicher Ordnungspolitik ist es jedoch wichtig, einige Handlungsstränge zu beachten, die die Verschränkungen mit und Kontraste zu europäischen Entwicklungen erkennen lassen. Massenarbeitslosigkeit und das Zusammenbrechen des Finanzmarkts setzten Energien frei, mittels staatlicher Steuerung Arbeit zu beschaffen durch großangelegte Maßnahmen zum Ausbau der Infrastruktur. Das Tennessee Valley Project und die verkehrstechnische Erschließung weiter Räume im Westen und Süden der USA sind bekannte Beispiele aus der amerikanischen Geschichte, die mit dem Bau von Kraftwerken und Verkehrswegen ihre Entsprechung in Deutschland fanden. Die Planungen dazu stammten aus den 1920er Jahren, die Krise ermöglichte jetzt die Verwirklichung. Infrastrukturplanung und Sozialplanung sollten Hand in Hand gehen, indem der Staat die Finanzierung regelte, um die Menschen in Lohn und Brot zu bringen. Die Erfolge fielen bescheiden aus, doch das Entscheidende war der konzeptionelle Zugriff. Merkmal der amerikanischen Entwicklung war es, dass der Individualismus als Kernelement liberalen Ordnungsdenkens zurückgedrängt wurde, indem die unternehmerische Freiheit in einem höheren Maß als je zuvor an die planerischen Reformvorgaben der Bundesregierung in Washington gebunden wurde. Anders gesagt: Um die Grundlagen des freiheitlichen Gemeinwesens – den Zusammenhang von Marktwirtschaft und Demokratie – zu stabilisieren, wurde ein höheres Maß an staatlicher Steuerung praktiziert. Dies aber widersprach dem Prinzip der umfassenden Selbstbestimmung des

---

[18] *Alan Brinkley*, The End of Reform. New Deal Liberalism in Recession and War. New York 1996; *Steve Fraser/Gary Gerstle* (Hrsg.), The Rise and Fall of the New Deal Order, 1930–1980. Princeton 1989; *Michael Hogan*, The Marshall Plan. America, Britain, and the Reconstruction of Western Europe. Cambridge 1987; *Charles S. Maier/Günter Bischof* (Hrsg.), The Marshall Plan and Germany. West German Development within the Framework of the European Recovery Program. New York/Oxford 1991; *Anselm Doering-Manteuffel*, Wie westlich sind die Deutschen? Amerikanisierung und Westernisierung im 20. Jahrhundert. Göttingen 1999; *Victoria de Grazia*, Irresistible Empire. America's Advance through Twentieth-Century Europe. Cambridge, Mass./London 2005.

Individuums als *homo oeconomicus*. Deshalb eigneten dem New Deal in der Anfangszeit durchaus radikale Züge, die über die Praxis der Sozialreform aus der Zeit des Progressivismus weit hinausgingen und als „Sozialismus" bekämpft wurden. Immerhin gelang es, die Sozialversicherung nach europäischem Vorbild als eine gesamtstaatliche Regelung einzuführen. Was in der Ära Roosevelt dann in den Folgejahren praktiziert wurde, war eher eine atlantische Variante von Sozialer Demokratie. Sie band die Handlungsspielräume des Einzelnen an die Erfordernisse des Gemeinwohls und wies der nationalen Regierung die Kompetenz zu, über den Rahmen einerseits von Freiheit, andererseits von Begrenzung zu bestimmen. Mit diesem Profil war der New Deal offen für die Aufnahme der Wirtschaftstheorie des britischen Ökonomen John Maynard Keynes, weil diese dem Staat die Aufgabe fiskalpolitischer Globalsteuerung des Gemeinwesens zuwies. Zum Keynesianismus gehörte die These, dass solche Steuerung in wirtschaftsschwachen Zeiten durch staatliche Kreditaufnahme dazu dienen sollte, die Vollbeschäftigung zu sichern und den Arbeitnehmern ein angemessenes Einkommen zu gewährleisten, anstatt sie in die Arbeitslosigkeit zu schicken. Der Arbeitnehmer würde dann als Konsument zum Marktteilnehmer und mit seiner Nachfrage die Produktionsfähigkeit der Unternehmen sicherstellen können. Dieses System der nachfrageorientierten Marktwirtschaft setzte die Entschlossenheit des Staates zur Einflussnahme auf die wirtschaftlichen Rahmenbedingungen voraus. In der zweiten Phase des New Deal seit 1937/39 wurde der Keynesianismus zur Richtschnur für die Experten in den amerikanischen Planungsstäben. Er löste den Rigorismus der ersten Phase mit den Ansätzen zur staatlichen Kontrolle einzelner Wirtschaftszweige ab und lieferte maßgebliche Grundideen für den Marshall-Plan.[19]

Im Dritten Reich wurden die Infrastrukturprojekte in einer eigenen Form des Korporativismus verwirklicht, der allein den Staat, die Partei und die Unternehmerschaft erfasste. Die Gewerkschaften wurden sofort entmachtet und unterdrückt, Betriebszellen und Deutsche Arbeitsfront waren autoritär geführte Organisationen. Arbeitsbeziehungen im Sinne innerbetrieblicher Mitbestimmung gab es nicht länger. Im NS-System wurde jede Form von Individualismus und Selbstbestimmung konsequent beseitigt und die Gesellschaft zur Volksgemeinschaft erklärt, die über die ideologische Definition des rassisch und politisch „Gemeinschaftsfremden" hermetisch verriegelt wurde. Die Sozialpolitik wirkte als Funktion solcher Volksgemeinschaft, indem sie den als gemeinschaftsfremd stigmatisierten Menschen den staatsbürgerlich garantier-

---

[19] *Wolfgang Schivelbusch*, Entfernte Verwandtschaft. Faschismus, Nationalsozialismus, New Deal 1933-1939. München 2005; *Kiran Klaus Patel*, „Soldaten der Arbeit". Arbeitsdienste in Deutschland und den USA 1933-1995. Göttingen 2003; *Brinkley*, The End of Reform, S. 15-136; *Rodgers*, Atlantic Crossings, S. 409-484; *Hogan*, The Marshall Plan, S. 1-25; *Albert O. Hirschmann*, How the Keynesian Revolution Was Exported from the United States, and Other Comments; *Peter A. Hall*, Conclusion: The Politics of Keynesian Ideas, in: *ders.* (Hrsg.), The Political Power of Economic Ideas, S. 347-359; S. 361-391.

ten Rechtsanspruch auf Teilhabe am Sozialstaat bestritt. Der Nationalsozialismus beseitigte den für jedes freiheitliche Gemeinwesen grundlegenden Zusammenhang von Staatsbürgerschaft und Selbstbestimmung mit einem Strich. Die Sozialpolitik kam dem entmündigten Volksgenossen in dem Maß zugute, wie es die traditionsgebundene Bürokratie im Umgang mit der Willkür von Partei und Staatsministerien zuließ. Dieses System hatte mit der sozialstaatlichen Tradition in Deutschland selbst und den sozialreformerischen, demokratisch-sozialen Fortentwicklungen seit dem Ersten Weltkrieg ideell nichts mehr gemein, auch wenn die soziale Sicherheit im NS-Staat formell aufrechterhalten blieb.[20] Nach der bedingungslosen Kapitulation ließ sich daran nicht anknüpfen. Zwar entfalteten die Infrastrukturpolitik des Dritten Reichs und die Formen wirtschaftlich-technischer Modernisierung Wirkungen in die Nachkriegszeit hinein, aber die Bundesrepublik Deutschland bezog sich auf das sozialstaatliche Erbe der Weimarer Republik. Die Bürokratie des Sozialstaats aus der Weimarer Zeit, die auch im Dritten Reich tätig geblieben war, verteidigte das Weimarer Erbe sogleich erfolgreich gegen den Versuch des Alliierten Kontrollrats, die Sozialversicherung in eine einheitliche Grundversicherung zu ändern und damit die Tradition aus den 1880er Jahren für tot zu erklären. Darüber hinaus aber war das westdeutsche Gemeinwesen offen für Einflüsse von außen. Daraus erklärt sich die große Bedeutung des New Deal-Liberalismus, den der Marshall-Plan transportierte, gerade für die Bundesrepublik, auch wenn das im Anfang mehr als ein Jahrzehnt lang kaum spürbar wurde.[21]

VII. Beveridge-Report, Marshall-Plan und die Kontinuität der (west)deutschen Sozialverfassung.

Ein Merkdatum in der internationalen Geschichte der Sozialreform ist das Jahr 1942, als in London der Beveridge-Plan vorgelegt wurde. Er gilt als Gründungsurkunde des modernen Sozialstaats in Großbritannien.[22] Die Nähe zu Keynes

---

[20] *Karl Teppe*, Zur Sozialpolitik des Dritten Reiches am Beispiel der Sozialversicherung, in: Archiv für Sozialgeschichte 17 (1977), S. 192–250; *Ritter*, Sozialstaat, S. 130–138, akzentuiert überwiegend die Traditionslinien in der Bürokratie, übergeht die Politik des systematischen Rechtsbruchs und marginalisiert die Ausgliederung der Gemeinschaftsfremden. Zur sozialpolitischen Lage in der NS-Volksgemeinschaft siehe *Norbert Götz*, Ungleiche Geschwister. Die Konstruktion von nationalsozialistischer Volksgemeinschaft und schwedischem Volksheim. Baden-Baden 2001, S. 349–417.

[21] Vgl. die aus nationaler Perspektive argumentierenden Beiträge in: *Hans Günter Hockerts* (Hrsg.), Drei Wege deutscher Sozialstaatlichkeit. München 1998, und die euroatlantisch orientierten Texte von *Charles S. Maier*, Introduction: ‚Issue then is Germany and with it Future of Europe'; sowie *Michael Hogan*, European Integration and German Reintegration: Marshall Planners and the Search for Recovery and Security in Western Europe, in: *Maier/Bischof* (Hrsg.), The Marshall Plan and Germany, S. 1–39, S. 115–170.

[22] Der Beveridge-Plan. Sozialversicherung und verwandte Leistungen. Bericht von *Sir William Beveridge*, dem britischen Parlament überreicht im November 1942. Zürich 1943; *José Harris*, William Beveridge. A Biography. Oxford 1977.

kam trotz deutlicher Unterschiede darin zum Ausdruck, dass im Zentrum der Überlegungen eine auf Vollbeschäftigung zielende Wirtschaftspolitik des Staates stand, die mit der Sozialpolitik verkoppelt war. Anders als Keynes sah Beveridge aber nicht die Nachfragesteuerung als Instrument an, um Vollbeschäftigung zu erreichen, sondern die staatlich organisierte Zuweisung von Arbeitsplätzen und Verteilung von Arbeitskräften. Die Neuordnung der Sozialversicherung war vorgesehen als ein einheitliches, umfassendes System einer Volksversicherung, das wiederum Bestandteil war eines Entwurfs für die Neuordnung der Gesellschaft. Politisch stand Beveridge in der Mitte der Gesellschaft. Er gehörte nicht zur Labour-Partei, auch nicht zur gewerkschaftlichen Linken, sondern wäre am treffendsten als Sozialliberaler zu bezeichnen. Um so auffallender war die Tendenz seines Sozialplans, die liberale Tradition aufzukündigen. Wie es seit der Weltwirtschaftskrise transnational zu beobachten war, wurde dem Selbstbestimmungsanspruch des Einzelnen kein Raum zugestanden. Die aufklärerisch-liberale Kategorie des Individualismus spielte keine Rolle. Schärfer noch als der New Deal, dem es in der vergleichsweise radikalen Anfangsphase gerade darum gegangen war, die Funktionsfähigkeit des systemischen Zusammenhangs von Demokratie und Marktwirtschaft sicherzustellen, präsentierte der Beveridge-Plan ein sozialistisch inspiriertes Programm in Gestalt von Lohn- und Preiskontrollen, Verzicht auf freie Tarifverhandlungen, Verstaatlichungen im Wohnungsbau und Demokratisierung des Erziehungswesens in egalitärem Verständnis. Dem Staat wurde die Aufgabe der Investitionskontrolle zugewiesen, und die allmähliche Vergesellschaftung des Privatbesitzes an Produktionsmitteln sollte in Angriff genommen werden. Keynesianisch war die Grundannahme, dass ausreichend dimensionierte Sozialleistungen die Kaufkraft gerade dann stabilisieren würden, wenn die Menschen ohne Arbeit waren, weshalb der Sozialpolitik große konjunkturpolitische Bedeutung zukomme.[23]

Als 1945 eine Labour-Regierung unter Premierminister Clement Attlee ins Amt kam, setzte diese die Empfehlungen des Beveridge-Reports um, indem sie Verstaatlichungen in den Schlüsselsektoren Bergbau, Stahlindustrie, Schiffs- und Flugzeugbau, Eisenbahnen und Elektrizitätsversorgung einleitete und den Wohnungsbau und das Erziehungswesen unter staatlichen Einfluss stellte. Entscheidend jedoch war die Sozialversicherung, die in der Klassengesellschaft Großbritanniens unter den Anspannungen der Kriegsnation einen Anspruch für jedermann auf Teilhabe an staatlich gewährleisteter sozialer Sicherheit vorsehen sollte. Doch der sozialistische Impuls verlor bald an Durchschlagskraft. 1951 kamen die Konservativen unter Winston Churchill wieder an die Regierung. Bereits im Vorfeld hatten sie zwar den Wohlfahrtsstaat anerkannt und folgten im beginnenden Wirtschaftsaufschwung der frühen 1950er Jahre dem eingeschlagenen Pfad. Doch setzten sie dem Trend zur Egalisierung der

---

[23] *José Harris*, Einige Aspekte der britischen Sozialpolitik während des Zweiten Weltkriegs, in: *Mommsen/Mock* (Hrsg.), Wohlfahrtsstaat, S. 255–270; *Ritter*, Sozialstaat, S. 145–149.

Gesellschaft Widerstand entgegen. Durchaus im Einvernehmen mit der Arbeiterbewegung entwickelte sich so die Revision einer zentralen Grundannahme des Beveridge-Reports. Dessen egalisierender Ansatz und die später daran gebundene Idee eines staatlich gewährleisteten Grundeinkommens hob den Unterschied zwischen Arbeitslosigkeit und Armut auf. Das sollte so nicht gelten. Es blieb schließlich dabei, dass Ansprüche an den Sozialstaat durch Arbeit begründet sein mussten; der erste Anspruch des Bürgers war sein Anspruch, Arbeit zu haben. Armut hingegen konnte vom Arbeitnehmerdasein gänzlich unanhängig sein; sie wurde weiterhin über die Sozialhilfe gemildert. In der Sozialversicherung wurde der Grundsatz einheitlicher Zahlungen ersetzt durch gestaffelte Beiträge, die an das persönliche Einkommen gebunden waren und gestaffelte Versicherungsleistungen ermöglichten. So überdauerten nur jene Grundannahmen des Beveridge-Plans die ersten Nachkriegsjahre, die im Kalten Krieg und beginnenden Nachkriegsboom mit der transnationalen Ordnung von Wohlfahrtsstaatlichkeit vereinbar waren.[24]

Die Idee der klassenlosen Gesellschaft verschwand. Die Kategorie der individuellen Selbstbestimmung kam zur Geltung, indem die Ausdifferenzierung der Gesellschaft in der marktwirtschaftlichen Ordnung mit den unterschiedlichen Einkommensgruppen auch in der Sozialversicherung unterschiedliche Lohnansprüche nach sich zog. Nachdem die egalitären, scheinbar sozialistischen Ordnungsideen eliminiert waren, wurde der Zusammenhang von Marktwirtschaft und Demokratie im Wiederaufbau sichtbar. Jedwede Individualität in der Marktgesellschaft blieb aber eingebunden in den Rahmen des gesellschaftspolitischen liberalen Konsenses, der mit den amerikanischen Einflüssen nach Westeuropa kam und in der Verkopplung des New Deal-Liberalismus mit keynesianischer Wirtschafts- und Finanzpolitik angelegt war. Die neue Festigung der Marktwirtschaft und der demokratischen Ordnung der Gesellschaft gewann seit 1947/48 an Plausibilität aus dem Systemgegensatz zum Kommunismus im entstehenden Ostblock. Sie schuf Sicherheit. Auch deshalb hatten die egalitären oder sozialistischen Neuordnungsvorstellungen in Westeuropa keine Chance. Das galt für Großbritannien ebenso wie für die Länder auf dem Kontinent, in denen die teils sozialistischen, teils kommunistischen Impulse in den vom Krieg verwüsteten Gesellschaften des Jahres 1945/46 aus dem Antifaschismus motiviert waren.[25]

In Deutschland versuchten die Alliierten im Kontrollrat, ein dem Beveridge-Plan ähnliches System der Einheitsversicherung einzuführen. In der Bevölkerung waren Erwartungen auf eine Vergesellschaftung von Grundstoffindustrien regional verbreitet. Die Überzeugung vom axiomatischen Zusammenhang zwischen Kapitalismus und Faschismus ließ den Wiederaufbau nach

---

[24] *Jürgen C. Heß*, Die Sozialpolitik der Regierung Attlee, in: Mommsen/Mock (Hrsg.), Wohlfahrtsstaat, S. 306–324; *Metz*, Soziale Sicherheit, S. 98–117.
[25] *Wilfried Loth*, Die Teilung der Welt. Geschichte des Kalten Krieges 1941–1955. München 2000, S. 156–179; *Eckart Conze*, Die Suche nach Sicherheit. Eine Geschichte der Bundesrepublik Deutschland von 1949 bis in die Gegenwart. München 2009, S. 9–18.

sozialistischen Prinzipien geradezu zwingend erscheinen. Doch aus all dem ist nichts geworden. Die Sozialversicherung blieb in der gegliederten Form erhalten, autonome Krankenkassen und die für Arbeiter und Angestellte getrennt konzipierte Rentenversicherung kennzeichnete weiterhin das deutsche System. Nach der Gründung der Bundesrepublik und der DDR wurde im Osten die Sozialpolitik im egalitären Sinne umgestaltet, während im Westen die Grundsätze der Sozialverfassung aus den zwanziger Jahren ausgestaltet wurden. Den Höhepunkt der national eigenständigen sozialpolitischen Entwicklung in der Bundesrepublik bildete 1957 die Rentenreform, die auf einen Schlag die Altersarmut der Rentner beseitigte und, gekoppelt an die Entwicklung der Löhne, die Höhe der Altersrente „dynamisierte". Die neue Rentengesetzgebung trug ganz entscheidend zur Ausgestaltung des Wohlfahrtsstaats und zur Entstehung der Wohlfahrtsgesellschaft als Konsumgesellschaft bei.[26]

Wie in Großbritannien und der Bundesrepublik, so war auch in Frankreich, Belgien und den Niederlanden die nationale Eigenentwicklung kein Ausdruck völliger Autonomie in sozialökonomischer Hinsicht, sondern komplementär eingebunden in die internationalen Rahmenbedingungen. Die Auswirkungen des Marshall-Plans im Europäischen Wiederaufbauprogramm seit 1948, die Gründung der Montan-Union 1950/51 und die allmähliche Ausbreitung des makroökonomischen Ordnungsdenkens mit den Kategorien Vollbeschäftigung und Nachfragesteuerung bis 1960/65 banden die Länder in der Periode des Nachkriegsbooms immer enger zusammen.[27]

VIII. Konsensliberalismus und Soziale Demokratie

Dem Marshall-Plan und der amerikanischen Wiederaufbaupolitik in Westeuropa eigneten moralische Antriebskräfte, die mit der politischen Ökonomie direkt verwoben waren. Die Einflüsse aus dem New Deal-Liberalismus sorgten in ihrer Verbindung mit dem Keynesianismus dafür, dass hier Gesellschaft, Wirtschaft und Staat zusammengedacht wurden. Um eine funktionierende Wirtschaft aufzubauen, waren die politischen und gesellschaftlichen Voraussetzungen zu schaffen, unter denen die Demokratie – George Marshall hatte von „freien Institutionen" gesprochen – bestehen konnte. Zweifellos stellte der Marshall-Plan ein hegemoniales Konzept der Amerikaner dar, um in Westeuropa einen homogenen Wirtschaftsraum entstehen zu lassen, dessen innere Ordnung mit der des eigenen Landes ausreichend verwandt sein musste, um

---

[26] *Hans Günter Hockerts*, Das Gewicht der Tradition: Die deutsche Nachkriegssozialpolitik und der Beveridge-Plan, in: *ders.*, Der deutsche Sozialstaat. Entfaltung und Gefährdung seit 1945. Göttingen 2011, S. 43–70; *ders.*, Sozialpolitische Entscheidungen im Nachkriegsdeutschland. Alliierte und deutsche Sozialversicherungspolitik 1945 bis 1957. Stuttgart 1980; *ders.*, Wie die Rente steigen lernte: Die Rentenreform 1957, in: *ders.*, Sozialstaat, S. 71–85.

[27] *Metz*, Soziale Sicherheit, S. 117–127 (zu Frankreich); *Ritter*, Sozialstaat, S. 145–179; *Hartmut Kaelble*, Kalter Krieg und Wohlfahrtsstaat. Europa 1945–1989. München 2011, S. 23–175.

für die USA optimale Wirtschaftsbeziehungen zu ermöglichen. Zugleich aber war der Marshall-Plan ein politökonomisches Programm mit dem Ziel, die Fehler aus den Jahren 1918 bis 1920 nicht zu wiederholen. Dazu gehörte die Regelung des Waren- und Währungskreislaufs, aber auch die Einflussnahme auf den Umgang von Siegern und Besiegten in Europa untereinander. Dementsprechend verlangte die amerikanische Regierung von den Teilnehmern am Wiederaufbauprogramm nicht nur, dass sie sich gemeinschaftlich über die Verteilung der Mittel einigten, sondern auch, dass sie in ihren Ländern das politische System und die Wirtschaftsverfassung nach denselben Prinzipien gestalteten: Rechtsstaat, Demokratie und Marktwirtschaft hatten einen unhintergehbaren Zusammenhang zu bilden.[28]

Indem nun die Praxis der Demokratie überall dort, wo sie die Weltwirtschaftskrise und den Angriff des Nationalsozialismus überlebt hatte, vom Vorrang des Gesellschaftsdenkens, des liberalen Konsenses bis hin zum egalitären freiheitlichen Sozialismus, vor dem *homo oeconomicus* geprägt worden war, eignete dem Demokratiekonzept der vom Marshall-Plan geförderten Wiederaufbaupolitik eine soziale Komponente von internationaler Geltung. Im nordatlantischen Wirtschaftsraum passten die europäischen, anfangs sozialistisch durchsäuerten, Vorstellungen vom Wiederaufbau mit dem ursprünglich linken, später linksliberalen Impuls des New Deal gut zusammen. Dennoch war das amerikanische Ordnungsmodell, welches in den 1940er Jahren entstand und 1947 nach Europa transferiert wurde, im Unterschied zu den europäischen Angeboten, von Anbeginn an liberal. Die Eigenart dieses Liberalismus war sein konsensualer, auf gesellschaftlichen Ausgleich gerichteter Zuschnitt. In diesem Liberalismus hatte der Konsens der Individuen und der verschiedenen gesellschaftlichen Gruppen den Vorrang vor dem Anspruch auf die Priorität des Ich und die Marktfreiheit des Individuums ohne soziale Rückbindung. Dieser Konsens ließ sich nach innen vertreten, solange es ein entgegengesetztes Außen gab. Der Ost-West-Konflikt bot in Gestalt des kommunistischen Gegners die Chance der Polarisierung, die beide Seiten nutzten. So entstanden das Modell und die Praxis eines Sozialliberalismus in Gestalt der Sozialen Demokratie aus den vielfach verwobenen politischen, wirtschaftlichen und ideellen Entwicklungen der ersten Jahrhunderthälfte nunmehr in den Jahren von 1948 bis 1955. Das war die Inkubationsphase. Es sollte ein Jahrzehnt vergehen, in dem die europäische Demokratie überwiegend von konservativen Kabinetten gelenkt wurde, bevor der „liberale Konsens" in seiner Verbindung mit dem Keynesianismus das Handeln der Europäer beherrschte. Die langen sechziger Jahre, die von etwa 1957/58 bis 1973/75 dauerten, wurden zur Kernzeit des Ordnungsmodells der Sozialen Demokratie

[28] *Hogan*, Marshall Plan; *Wilfried Loth*, Der Weg nach Europa. Geschichte der europäischen Integration 1939–1957. Göttingen ²1991; *ders.*, The Cold War and the social and economic history of the twentieth century, in: *Melvyn P. Leffler/Odd Arne Westad* (Hrsg.), The Cambridge History of the Cold War. Bd. 2. Cambridge 2010, S. 503–523, S. 569f.; *Jost Dülffer*, Europa im Ost-West-Konflikt 1945–1990. München 2004, S. 38ff., S. 149–160.

in Westeuropa. Soziale Reformpolitik diente in diesen gut fünfzehn Jahren dazu, der seit 1950 entstandenen Wohlfahrtsgesellschaft in möglichst hohem Maß die Teilhabe am Wohlstand zu ermöglichen. Wohlfahrt und Wohlstand flossen ineinander und brachten die Konsumgesellschaft des Nachkriegsbooms hervor, deren Sorglosigkeit und Unbeschwertheit zu den Kennzeichen dieser Zeit gehörten. Denn der Internationalismus, der im Ordnungsmodell der Sozialen Demokratie angelegt ist, konnte sich seit 1962/65 in der Zeit der Entspannungspolitik dergestalt bemerkbar machen, dass zwar der kommunistische Gegner weiterhin existierte, aber seiner Bedrohlichkeit beraubt zu sein schien. So lässt sich die These formulieren, dass das Ordnungsmodell der Sozialen Demokratie den Zenit erreichte, als Sozialliberalismus und Entspannungspolitik national, transnational und international politikbestimmend waren – eine kurze Zeit in der Geschichte des 20. Jahrhunderts, in ihrer Bedeutsamkeit jedoch auch ein markantes Ergebnis der Krisen und Kriege seit 1900.

IX. Soziale Demokratie und Internationale Geschichte.

Fragen wir abschließend nach dem Ertrag, den unser Ansatz zur Klassifikation der Dimensionen von internationaler Geschichte leisten kann. Das Ordnungsmodell „Soziale Demokratie" prägte die Entwicklung der meisten Länder im europäisch-atlantischen Wirtschaftsraum. Die Sowjetunion repräsentierte ein Gegenmodell zur Sozialreform in den kapitalistischen Gesellschaften und brachte dieses nach 1945 in allen Staaten des Ostblocks zur Geltung. Die *Demokratie* grenzt unseren Blick auf die Staaten außerhalb des bolschewistischen Einflusses ein, konfrontiert uns jedoch in den Jahrzehnten von 1922/33 bis 1945 mit dem kapitalistischen Korporativismus der faschistischen Regime. Dennoch, ja gerade deshalb lässt sich die durchgreifende Gestaltungskraft von Sozialreform mit dem Ziel der Sozialen Demokratie nur dann angemessen erfassen, wenn man die transnationale Dynamik beachtet.

Die Soziale Demokratie stellt die ordnungspolitische Grundlage des „Westens" dar, die sich nach dem Ersten Weltkrieg zu entwickeln begann und nach dem Zweiten Weltkrieg zur Entfaltung gelangte. Entstehung und Wirkung des Marshall-Plans spielen darin eine zentrale Rolle.[29] Man wird dessen Bedeutung nicht gerecht, wenn man ihn allein als Instrument der amerikanischen Außen- und Außenwirtschaftspolitik betrachtet. Vielmehr gilt es, seine Verkopplung mit dem Ordnungsmodell der Sozialen Demokratie zu beachten, und aus dieser Perspektive tritt die länder- und staatenübergreifende Verflechtung von Internationaler Politik, Sozialpolitik und gesellschaftlicher Entwicklung ins Bild. Als Ralf Dahrendorf 1983 vom „Ende des sozialdemokratischen Jahrhunderts" sprach, um die Veränderungen im Industriesystem „nach

---

[29] *Loth*, The Cold War and the social and economic history of the twentieth century, S. 510–513.

dem Boom" zu beschreiben, konnte er das nur als Hypothese formulieren.[30] Forschungen zur gegenwartsnahen Zeitgeschichte werden dieses Problem erschließen.

---

[30] *Ralf Dahrendorf*, Am Ende des sozialdemokratischen Jahrhunderts, in: *ders.*, Die Chancen der Krise. Über die Zukunft des Liberalismus. Stuttgart 1983, S. 16–24; vgl. *Doering-Manteuffel/ Raphael*, Nach dem Boom.

Simone Derix
Transnationale Familien[1]

I. Familie transnational

Die internationale Geschichte barg seit jeher das Potenzial, transnationale Perspektiven in der Geschichtswissenschaft zu stärken.[2] Zumindest in Deutschland wandte sich eine zunehmende Zahl von Historikerinnen und Historikern den komplexen Verflechtungen jenseits des Nationalstaats aber erst zu, als sich Vertreter der Gesellschaftsgeschichte mit ihrem nationalgeschichtlichen Fokus unzufrieden zeigten. Ihre Unzufriedenheit gründete darin, dass derartige Arbeiten zwar die Behauptung einer inneren Homogenität von Nationen aufgebrochen hatten, aber weiterhin die „integrity and autonomy of the nation in relation to other nations" a priori setzten: „While each nation contains a multitude of diverse and competing worlds, it stands on its own and remains autonomous in relation to others." Von der Nation her denkend plädierte Michael Geyer 1989 dafür, „beyond the nation" zu schauen, wenn man den Nationalstaat verstehen wolle.[3] Bis heute ist die Mitte der 1990er Jahre entstandene Debatte über transnationale Geschichte[4] in der deutschen Geschichtswissenschaft nicht loszulösen von dem Wunsch der Gesellschaftsgeschichte nach Erneuerung, die – darin der internationalen Geschichte ähnlich, nur eben im Effekt bislang erfolgreicher – als Erweiterung vollzogen wird.[5]

Unabhängig davon, wie man das institutionelle Verhältnis von internationaler Geschichte zur Gesellschaftsgeschichte heute bewerten mag, scheinen

---

[1] Für anregende Kritik danke ich Christof Dejung, Johannes Gramlich und Maren Möhring.
[2] Vgl. *Patricia Clavin*, Defining Transnationalism, in: Contemporary European History 14, 2005, S. 421–439. Philipp Gassert weist mit Recht auf die entsprechenden Debatten in „Diplomatic History" seit Ende der 1980er Jahre hin, *Philipp Gassert*, Transnationale Geschichte, Version: 1.0, in: Docupedia-Zeitgeschichte, 16.02.2010, https://docupedia.de/zg/Transnationale_Geschichte?oldid=75537 (07.01.2012).
[3] *Michael Geyer*, Historical Fictions of Autonomy and the Europeanization of National History, in: Central European History 22, H. 3/4, 1989, S. 316–338, Zitate S. 316 u. 318.
[4] Vgl. für die gesellschaftsgeschichtlich geprägte Diskussion im deutschsprachigen Raum etwa *Gunilla-Friederike Budde/Sebastian Conrad/Oliver Janz* (Hrsg.), Transnationale Geschichte. Themen, Tendenzen und Theorien. Göttingen 2006; *Alexander Nützenadel*, Globalisierung und transnationale Geschichte, in: H-Soz-u-Kult, 23.02.2005, http://hsozkult.geschichte.hu-berlin.de/forum/2005-02-004 (07.01.2012); *Kiran Klaus Patel*, Transnationale Geschichte – Ein neues Paradigma?, in: H-Soz-u-Kult, 02.02.2005, http://hsozkult.geschichte.hu-berlin.de/forum/2005-02-001 (07.01.2012)
[5] Vgl. dazu *Jürgen Osterhammel*, Transnationale Gesellschaftsgeschichte: Erweiterung oder Alternative?, in: GG 27, 2001, S. 464–479. Osterhammel weist in der ersten Fußnote, S. 464, auf das frühe Bekenntnis zur Erweiterung als „Denk- und Aktionsform der Historischen Sozialwissenschaft" hin: *Werner Conze*, Sozialgeschichte in der Erweiterung, in: NPL 19, 1974, S. 501–508.

die alten Grabenkämpfe zumindest inhaltlich in Auflösung begriffen zu sein. Beide Strömungen integrieren kulturgeschichtliche Herangehensweisen in ihre Forschungen, bekunden ein intensives Interesse an makrohistorischen Perspektiven, wie sie etwa die Weltgeschichte und die Globalgeschichte entwickelt hat,[6] und beschäftigen sich mit Akteurinnen und Akteuren und deren Handlungsspielräumen. Dabei eröffnet gerade die transnationale Perspektive neue Möglichkeiten, über gemeinsame Schnittstellen das Wissen und die Arbeitsweisen der internationalen Geschichte mit jenen der Sozial- und Gesellschaftsgeschichte zu kombinieren.

Eine solche mögliche Schnittstelle stellen Familien dar. Programmatische Überlegungen zur transnationalen Geschichte betrachten Familie und Verwandtschaft als „most effective actors on a transnational plain": Sie verfügen über eine „remarkable ability [...] not only to stretch over huge distances, but to retain and, in fact, regain distant authority about local affairs".[7] Familien können als Sonden in das Leben unter globalisierten Bedingungen gelten. Sie agieren über nationale Grenzen hinweg, werden aber zugleich stets mit nationalen Rahmenbedingungen und Institutionen konfrontiert und sind gezwungen, damit zu ihrem Vor- und Nachteil umzugehen. Auch die nahesten und intimsten Beziehungen können eine globale Dimension bzw. Reichweite haben.

Die Erforschung transnationaler Familien kann an eine Vielzahl von Forschungen anknüpfen. Während die historische Familien- und Verwandtschaftsforschung transnationale Nahbeziehungen erst in jüngster Zeit für sich entdeckt hat,[8] untersucht die Migrationsforschung seit langem Menschen in Bewegung.[9] Dabei rückten zunehmend durch kulturgeschichtliche Ansätze und Überlegungen der *Cultural* und *Postcolonial Studies*[10] angeregte Fragen nach den Auswirkungen transnationaler Lebensformen auf Nahbeziehungen

---

[6] Vgl. zur Differenzierung von Weltgeschichte und Globalgeschichte *Jürgen Osterhammel*, Weltgeschichte. Ein Propädeutikum, in: Geschichte in Wissenschaft und Unterricht 56, H. 9, 2005, S. 452–479, besonders S. 458–462.

[7] *Michael Geyer*, Where Germans Dwell: Transnationalism in Theory and Practice, Luncheon Talk, GSA 2006, Pittsburgh, in: H-Net, 12.10.2006, http://h-net.msu.edu/cgi-bin/logbrowse.pl?trx=vx&list=h-german&month=0610&week=b&msg=6Ipa/qqNnOPa4EWRx1UksA&user=&pw= (07.01.2012). Vgl. auch *Konrad Jarausch*, Reflections on Transnational History, in: H-Net Discussion „Transnationalism", 20.06.2006, http://h-net.msu.edu/cgi-bin/logbrowse.pl?trx=vx&list=h-german&month=0601&week=c&msg=LPkNHirCm1xgSZQKHOGRXQ&user=&pw= (07.01.2012).

[8] Vgl. programmatisch *Christopher H. Johnson/David Warren Sabean/Simon Teuscher/Francesca Trivellato* (Hrsg.), Transregional and Transnational Families in Europe and Beyond. Experiences Since the Middle Ages. New York 2011.

[9] Vgl. *Klaus J. Bade*, Europa in Bewegung. Migration vom späten 18. Jahrhundert bis zur Gegenwart. München 2000; *Klaus J. Bade* (Hrsg.), Enzyklopädie Migration in Europa. Vom 17. Jahrhundert bis zur Gegenwart. Paderborn 2007. Vgl. auch den Beitrag von *Jochen Oltmer* in diesem Band.

[10] Besonders einflussreich war hier *Homi K. Bhaba*, The Location of Culture. London/New York 1994.

und Identitäten in den Vordergrund[11] und ergänzten das zuvor dominante sozialhistorische Interesse an den Gründen für die Ortswechsel und an den Formen und Mustern von Migration, die vornehmlich bipolar zwischen Herkunfts- und Ankunftsort, -region und -nation konzipiert wurde. In ähnlicher Weise hat sich auch die Migrationssoziologie von einem linear-bipolaren Wanderungskonzept gelöst und sich den komplexen Zugehörigkeitsfragen transnationaler Identitäten zugewandt.[12] Vielversprechend erscheint hier die analytische Unterscheidung zwischen geographischen Räumen einerseits und sich über nationale Grenzen erstreckenden sozialen Räumen andererseits.[13]

Während migrationshistorische wie -soziologische Arbeiten oftmals einen starken Fokus auf jene Wanderungsformen gelegt haben, die aus Not, Verfolgung und Zwang resultierten, finden sich Forschungen zu jenen transnationalen Lebensformen, die ohne erkennbare Notlagen etwa von begüterten gesellschaftlichen Gruppen gewählt wurden, eher in anderen Feldern des Fachs. So hat sich die Wirtschaftsgeschichte bereits früh mit Kaufleuten, Unternehmern und Finanzdienstleistern beschäftigt, die transregional, transkontinental und – nach der Entstehung des Nationalstaats – transnational agierten,[14] wobei diese vornehmlich im Spannungsverhältnis von Herkunfts- und Ankunftsregion zwischen Einbürgerung und Diaspora betrachtet wurden und selten als mobile Akteure zwischen einer Vielzahl geographischer Räume in den Blick gerieten.[15] Familie gilt dabei implizit als relevanter Faktor für die Netzwerkbildung, wird aber oft nicht eigens thematisiert.[16] Wenn die Rolle

---

[11] Eine knappe Skizze bietet *Elizabeth Buettner*, Family, in: Akira Iriye/Pierre Yves Saunier (Hrsg.), Palgrave Dictionary of Transnational History. London 2009, S. 377–379. Exemplarisch seien hier zudem die Arbeiten von *Donna Gabaccia* genannt, etwa Italy's many Diasporas. Seattle 2000 und der mit *Loretta Baldassar* herausgegebene Band Intimacy and Italian Migration: Gender and Domestic Lives in a Mobile World. New York 2011.

[12] Hier sind etwa die Arbeiten von *Nikola Tietze* wegweisend, vgl. ihr jüngst abgeschlossenes Forschungsprojekt „The Construction of Belonging in Immigrant Societies", http://www.his-online.de/en/research/completed-projects/sociology-of-belonging.html (07.01.2012) sowie ihre Aufsätze: Zinedine Zidane. Dribbelkunst sub- und transnationaler Zugehörigkeit gegen nationalstaatliche Einheitsverteidigung, in: Gabriele Klein/Michael Meuser (Hrsg.), Ernste Spiele. Zur politischen Soziologie des Fußballs. Bielefeld 2008, S. 59–85 und Zinedine Zidane oder das Spiel mit den Zugehörigkeiten, in: Mittelweg 36 15, H. 4, 2006, S. 73–92.

[13] Vgl. *Ludger Pries*, Die Transnationalisierung der sozialen Welt. Sozialräume jenseits von Nationalgesellschaften. Frankfurt a. M. 2008.

[14] Vgl. exemplarisch *Christine Dobbin*, Asian Entrepreneurial Minorities. Conjoint Communities in the Making of the World-Economy, 1570–1940. Richmond 1996; *David Hancock*, Citizens oft he World. London Merchants and the Integration of the British Atlantic Community, 1735–1785. Cambridge 1995; *Ulrike Freitag*, Arabische Buddenbrooks in Singapur, in: Historische Anthropologie 10, 2008, S. 208–223; *Margrit Schulte Beerbühl*, Deutsche Kaufleute in London: Welthandel und Einbürgerung 1660–1818. München 2007; *Andreas Gestrich/Margrit Schulte Beerbühl* (Hrsg.), Cosmopolitan Networks in Commerce and Society, 1660–1914. London 2011.

[15] Eine Ausnahme stellt dar *Charles A. Jones*, International Business in the Nineteenth Century: The Rise and Fall of a Cosmopolitan Bourgeoisie. Brighton 1987.

[16] Ausnahmen bilden etwa *Christof Dejung*, Netzwerke des Vertrauens. Sozial- und kulturgeschichtliche Grundlagen des Welthandels am Beispiel der Handelsfirma Gebrüder Volkart,

der nahen und fernen Verwandtschaftsbeziehungen explizit untersucht wird, dann zumeist mit Blick auf ihre stützende und gewinnbringende Funktion.[17] Während „schwarze Schafe" mangels wirtschaftlicher Erfolge, die lange als Indikatoren für die Bedeutung wirtschaftlicher Akteure galten,[18] von der älteren Unternehmensgeschichte marginalisiert und förmlich aus den Studien herausgeschrieben wurden, besteht heute ein merkliches Interesse an dem Zusammenspiel aller Familienmitglieder und an ihren Positionen in familialen und anderen sozialen Netzwerken bzw. am Gesamtkomplex Familie als Störfaktor und Gefährdung für unternehmerisches Handeln.[19] Für eine wirtschafts- und großbürgerliche Klientel liegen somit zwar bereits eine Vielzahl von Erkenntnissen vor, aber in ihrer Gesamtheit blieb die Bürgertumsforschung – und mit ihr große Teile der Familiengeschichte, da diese mit Blick auf das 19. und 20. Jahrhundert eng aufeinander bezogen waren und sind – bis vor kurzem lokalen, regionalen und nationalen Rahmen verhaftet.[20] Somit müssen das quantitative und qualitative Ausmaß bürgerlicher Transnationalität erst noch ermittelt werden. David Sabean konstatiert mit Blick auf das 19. Jahrhundert, dass „hundreds of German families […] coordinated their activities across national boundaries in global networks", und entwickelt dabei die Hypothese, dass der Zusammenhalt über ähnliche Mechanismen,

---

1851–1999 (abgeschlossene Habilitation, erscheint demnächst); *Angelika Epple*, Das Unternehmen Stollwerck. Eine Mikrogeschichte der Globalisierung. Frankfurt a. M. u. a. 2010; *Adelheid von Saldern*, Netzwerkökonomie im frühen 19. Jahrhundert. Das Beispiel der Schoeller-Häuser. Stuttgart 2009.

[17] Als Paradebeispiel für ein lange Zeit erfolgreiches weltumspannendes Familiennetzwerk gelten die Rothschilds. *Adam Kuper* hat „fraternity", „primus inter pares" und „intermarriage" als die drei zentralen Prinzipien der Rothschilds skizziert. Ihren Einsatz von Verwandtschaft für unternehmerische Ziele versteht der Anthropologe als „creative adaptation to the unique structure of a multinational family bank", Incest & influence. The private life of bourgeois England. Cambridge 2009, S. 119–125, vgl. ausführlich zu den Rothschilds *Niall Ferguson*, Die Geschichte der Rothschilds. Propheten des Geldes, 2 Bde. München 2002; *Rainer Liedtke*, N M Rothschild & Sons. Kommunikation im europäischen Bankenwesen des 19. Jahrhunderts. Köln 2006.

[18] Einen Perspektivwechsel dokumentieren *Ingo Köhler/Roman Rossfeld* (Hrsg.): Pleitiers und Bankrotteure. Geschichte des ökonomischen Scheiterns vom 18. bis 20. Jahrhundert. Frankfurt a. M. u. a. 2012.

[19] Vgl. etwa *Sheryllyne Haggerty*, I could ‚do for the Dickmans': When Family Networks Don't Work, in: Gestrich/Beerbühl, Cosmopolitan Networks, S. 317–342; *Simone Derix*, Die Knappheiten der Vermögenden. Ökonomische Perspektiven auf den Familiennamen, in: Zeitschrift für Kulturwissenschaften, H. 1, 2011, S. 35–43.

[20] Dies gilt für die Bürgertumsforschung Frankfurter und Bielefelder Provenienz wie für die bis in die Gegenwart einflussreichsten familienhistorischen Studien wie etwa *Leonore Davidoff/Catherine Hall*, Family Fortunes. Men and Women of the English Middle Class, 1780–1850. London 2002 oder *Leonore Davidoff/Megan Doolittle/Janet Fink/Katherine Holden*, The family story. Blood, Contract, and Intimacy, 1830–1960. London 1999. Auch das vor kurzer Zeit abgeschlossene interdisziplinäre europäische Großprojekt „Kinship and Social Security", das zwar auf Analysen der Gegenwart zielt, aber auch historische Kapitel umfasst, gliedert sich in der Durchführung wie in der Präsentation nach Nationalstaaten, *Patrick Heady* (Hrsg.), Family, Kinship and State in Contemporary Europe, 3 Bde. Frankfurt a. M. u. a. 2010.

wie sie aus Lokal-, Regional- und Nationalstudien bekannt sind, gestiftet wurde.[21]

Während sich Umgang und Folgen globaler Mobilität bürgerlicher Schichten erst in Ansätzen erkennen lassen, geht man in der Geschichtswissenschaft umgekehrt für den europäischen Adel davon aus, dass er transnational mobil war und grenzübergreifende familiale Netzwerke pflegte. Doch am Heiratsverhalten des Hochadels zwischen 1700 und 1918 wird erkennbar, dass diese Einschätzung einer Korrektur bedarf. Adelsfamilien agierten zwar in grenzüberschreitenden Netzwerken, aber dieser transnationale Aktionsraum hatte innere Regeln und Grenzen. Europa wurde nicht von einer *European family of dynasties* regiert, sondern vielmehr von „several smaller networks of relatives".[22] Am Beispiel von Adelsfamilien lassen sich zudem die Probleme beobachten, mit denen sich transnationale Familien angesichts eines im 19. Jahrhundert wachsenden Drucks, sich mit einer Nation zu identifizieren, konfrontiert sahen, wenn etwa Angehörige einer Familie als Mitglieder verschiedener royaler Häuser in unterschiedlichen Staaten lebten und diese repräsentierten.[23] Jüngst hat dieses Spannungsverhältnis von verwandtschaftlicher Nähe und teils intimer Vertrautheit einerseits und unterschiedlichen nationalen Loyalitäten andererseits neue Aufmerksamkeit erfahren, indem der Erste Weltkrieg als Krieg unter Cousins gedeutet wurde und damit das Verhältnis von Familie und internationaler Geschichte miteinander eng verband.[24] Diese dramatische Bündelung kann jedoch nicht darüber hinwegtäuschen, dass die Bedeutung verwandtschaftlicher Netzwerke auf internationaler Ebene weder konzeptionell noch empirisch hinreichend erschlossen ist.[25]

Wenngleich sich in allen gesellschaftlichen Schichten Beispiele für transnationale Familien finden lassen, so stellt sich doch die Frage nach der

---

[21] *David Sabean*, German International Families in the Nineteenth Century. The Siemens Family as a Thought Experiment, in: Johnson u.a., Transregional and transnational Families, S. 229–252, hier S. 231.

[22] *Daniel Schönpflug*, One European Family? A Quantitative Approach to Royal Marriage Circles 1700–1918, in: Karina Urbach (Hrsg.), Royal Kinship. Anglo-German Family Networks. München 2008, S. 25–34, hier S. 26.

[23] Besonders aufschlussreich hierzu etwa *Monika Wienfort*, Marriage, Family and Nationality. Letters from Queen Victoria and Crown Princess Victoria 1858–1885, in: Urbach, Royal Kinship, S. 117–130. Zur Nationalisierung der Monarchen generell *David Cannadine*, The context, performance and meaning of ritual: the British monarchy and the ‚invention of tradition', in: Eric Hobsbawm/Terence Ranger (Hrsg.), The invention of tradition. Cambridge 1983, S. 101–164; *Johannes Paulmann*, Pomp und Politik. Monarchenbegegnungen in Europa zwischen Ancien Régime und Erstem Weltkrieg. Paderborn 2000; vgl. umgekehrt zum Konsum der Monarchen durch die Untertanen *Eva Giloi*, Monarchy, Myth, and Material Culture in Germany 1750–1950. Cambridge 2011.

[24] Vgl. etwa *Catherine Clay*, King, Kaiser, Tsar. The Royal Cousins who led the World to War. New York 2006; *Miranda Carter*, George, Nicolas and Wilhelm. Three Royal Cousins and the Road to World War I. New York 2009.

[25] Vgl. zur lokalen Bedeutung verwandtschaftlicher Netzwerke in der Politik: *Carola Lipp*, Verwandtschaft – ein negiertes Element in der Politischen Kultur des 19. Jahrhunderts, in: HZ 282, H. 2, 2006, S. 31–78.

Reichweite und Relevanz dieser Beispiele. Der Politologe Kees van der Pijl sowie die Soziologen Ulrich Beck und Ralf Dahrendorf konstatieren mit Blick auf die Gegenwart die Existenz einer transnationalen Klasse bzw. Elite, die losgelöst von nationalen Rahmungen agierten.[26] Dagegen betont der Soziologe Michael Hartmann, gestützt auf vergleichende Studien zu den beruflichen Laufbahnen von Spitzenmanagern in den Industriestaaten, die Beharrungskraft nationaler Karrieremuster und bezweifelt die These von einer Inter- oder Transnationalisierung der Eliten.[27] Aus historischer Perspektive hat Jürgen Osterhammel darauf hingewiesen, dass die Nationalgesellschaft weiterhin „der umfassendste lebensweltliche Bezugsrahmen der meisten Menschen" bleibe, nur „Minderheiten [...] transnationale oder kosmopolitische Orientierungen" ausbildeten und Transnationalität daher über „kein sozial*strukturelles* Substrat" verfüge. Gleichwohl bedürfe der Begriff Gesellschaft „der Öffnung für unscharfe Mischlagen, Importe von außen, Überschreitungen".[28]

Dieser Gedanke lässt sich weiter führen: Nationale Rahmungen verlieren für transnational agierende Menschen keineswegs an Bedeutung. Im Gegenteil tritt ihre Bedeutung für die Handlungsmöglichkeiten umso deutlicher hervor, wenn Menschen ihre transnationalen Beziehungen und Bewegungen „nicht zuletzt im Widerstand gegen fortbestehende nationalstaatliche Einschränkungen", wie sie Einreisebestimmungen, Aufenthaltsregelungen, Grenzkontrollen etc. markieren, behaupten müssen.[29] Möglicherweise werden die national dominierten „Möglichkeiten und Spielräume, die sich der Handlungskompetenz des Individuums bieten" für Forscherinnen und Forscher gerade dort besonders gut sichtbar, wo Grenzen überschritten werden.[30] Dabei kommen Menschen, deren Leben sich über mehrere Nationen erstreckten, „‚teilnehmenden Beobachter[n]'" gleich,[31] die es erlauben, „Globalisierungsprozesse nicht nur auf der staatlichen und formellen wirtschaftlichen Ebene" zu betrachten, sondern etwa ihre „alltagsgeschichtliche und geschlechterspezi-

---

[26] *Kees van der Pijl*, Transnational classes and international relations. London 1998; *Kees van der Pijl*, Nomads, Empires, States. London 2007; *Ulrich Beck*, Jenseits von Klasse und Nation: Individualisierung und Transnationalisierung sozialer Ungleichheiten, in: Soziale Welt 59, 2008, S. 301–325; *Ralf Dahrendorf*, Die globale Klasse und die neue Ungleichheit, in: Merkur 54, 2000, S. 1057–1068. Dahrendorf hat sich 2009 von dieser Position wieder distanziert: *Ralf Dahrendorf*, Die Derivatisierung der Welt und ihre Folgen. Ein Gespräch mit Ralf Dahrendorf zum 80. Geburtstag, in: Leviathan 37, 2009, S. 177–186.
[27] *Michael Hartmann*, Die transnationale Klasse – Mythos oder Realität?, in: Soziale Welt 60, 2009, S. 285–303.
[28] *Osterhammel*, Transnationale Gesellschaftsgeschichte, S. 475 u. 478.
[29] Ebd., S. 473.
[30] *Bernd Hausberger*, Globalgeschichte als Lebensgeschichte(n), in: ders. (Hrsg.), Globale Lebensläufe. Menschen als Akteure im weltgeschichtlichen Geschehen. Wien 2006, S. 9–27, hier S. 16.
[31] *Dietmar Rothermund*, Unsichere Transaktionen in globalen Lebensläufen, in: Hausberger, Globale Lebensläufe, S. 281–288, hier S. 287.

fische Dimension" einzubeziehen.[32] Der Fokus auf die Agency, also auf die Handlungskompetenz und -mächtigkeit der Menschen erschwert eine einfache Einteilung in „Gewinner und Verlierer von Globalisierungsprozessen"[33] und öffnet den Blick für ein komplexes Zusammenspiel aus Möglichkeiten, Einschränkungen, Gefahren und Kosten.

Es tritt zudem deutlich zutage, dass Menschen angesichts der Globalisierung nicht gleich werden, sondern dass Differenzierungen nach Rasse, Klasse, Geschlecht und Lebensalter – wie etwa Elizabeth Buettners Studie zum Familienleben indo-britischer Kolonialbeamten, die ein Pendelleben zwischen Kolonie und Metropole führten, zeigt – mindestens ebenso wirksam sind wie innerhalb nationaler Gesellschaften.[34] Gerade diese Notwendigkeit zur differenzierten Betrachtung der Wirksamkeit und Wechselwirkung dieser Taxonomien schafft ein Gegengewicht zu den oftmals unscharfen und verallgemeinernden Akteursbegriffen makrohistorischer Ansätze.

Familien mit Erfahrungen, Wohnsitzen und Kontakten in unterschiedlichen Nationen zum Ausgangspunkt für historische Untersuchungen zu nehmen, bietet darüber hinaus den Vorteil, dass dadurch unsere Vorstellungen von einer Hierarchie der Bedeutung von Staaten grundsätzlich ins Wanken geraten. Durch ihr Handeln schaffen diese Familien gleichsam eine eigene familiale Kartierung der Welt. Sie bringen bisweilen Staaten ins Spiel, die aus der Vogelperspektive der europäischen und internationalen Geschichte meistens als klein und unbedeutend vernachlässigt werden. Generell hinterfragen Familien als Handelnde die Kategorien, nach denen die Geschichtswissenschaft die Bedeutung und das politische Gewicht von Staaten misst, da sie bisweilen Nationen nach Kriterien gewichten, die sich Forscherinnen und Forschern retrospektiv nicht unmittelbar, sondern nur über die intensive Beschäftigung mit den damals Lebenden erschließen. Die familiale Kartographie der Welt verschiebt nicht nur unsere Sicht auf das internationale Staatenensemble, sondern rückt auch die Bedeutung des Lokalen wieder in den Blick. Denn die bisherigen Forschungen zeigen, dass eine hohe räumliche Mobilität und eine sichtbare lokale und regionale Zugehörigkeit bzw. Zugehörigkeiten oft miteinander verschränkt sind.[35]

---

[32] *Barbara Potthast*, Elisa Alicia Lynch (1831–1886): ein weiblicher Lebenslauf zwischen den Kontinenten, in: ebd., S. 169–195, hier S. 191.

[33] Ebd.

[34] *Elizabeth Buettner*, Empire Families. Britons and Late Imperial India. Oxford 2004. Eine in dieser Hinsicht ebenfalls beeindruckende Studie zu transnational lives ist *Martha Hodes*, The Sea Captain's Wife: A True Story of Love, Race, and War in the Nineteenth Century. New York 2006.

[35] Gribaudi hat etwa für die napoletanischen Camorra-Clans überzeugend argumentiert, dass sich mit der internationalen Dimension auch die lokale verstärke, vgl. *Gabriella Gribaudi*, Camorra-Clans und die Kontrolle von Territorium im heutigen Neapel, in: Historische Anthropologie 18, H. 3, 2010, S. 423–449.

II. Familie quer zur Staatenwelt? Die Thyssens

Das Beispiel der Familie Thyssen ermöglicht im Folgenden schlaglichtartige Einblicke in das komplexe Verhältnis von lokalen, nationalen und multinationalen Bezügen und die damit verbundenen konzeptionellen und empirischen Herausforderungen an die geschichtswissenschaftliche Arbeit.

Die Familie Thyssen ist bisher vor allem als deutsche Industriellenfamilie untersucht worden, die durch den von August Thyssen im letzten Drittel des 19. Jahrhunderts begründeten Stahlkonzern in der Montanindustrie des Ruhrgebiets verankert ist. Im Zentrum standen dabei vor allem August und Fritz Thyssen, deren Lebenswege in enger Verschränkung mit der deutschen Geschichte gezeichnet wurden.[36] Doch bereits zu Beginn des 20. Jahrhunderts bemühte sich der Thyssenkonzern nahezu global um den Zugang zu Rohstoffen, er entwickelte ein eigenes Verkehrs- und Vertriebsnetz in Europa und Übersee und suchte, Kapital über eigene Banken im Ausland zu sichern. Ebenso wie das Unternehmen internationalisierte sich die Familie. Bereits August Thyssens Alltag zeichnete sich durch die hohe Dichte von Geschäftsreisen aus, die ihn nicht nur aus dem Ruhrgebiet hinausführten, sondern regelmäßig aus dem Deutschen Reich.[37] Auch Fritz Thyssen absolvierte ein beachtliches dienstliches Reisepensum, das ihn im ersten Jahrzehnt des 20. Jahrhunderts etwa in die USA (1901), nach Indien und Georgien (1908) führte.[38] Bereits vor der Jahrhundertwende hatten die drei Söhne August Thyssens, wie er selbst, längere Zeit im Ausland verbracht – teils zu Ausbildungszwecken, teils ohne Erwerbstätigkeit – und sich damit in eine gängige Praxis des Wirtschaftsbürgertums eingereiht.[39] Seit dem Ende des 19. Jahrhunderts residierten auch zunehmend mehr Thyssens außerhalb des Deutschen Reiches und unterhielten teils mehrere Häuser und Hotelsuiten gleichzeitig, u. a. in Belgien, den Niederlanden, der Schweiz, Österreich, Ungarn, Großbritannien, Frankreich, den USA, Argentinien und Kuba. Diese Internationalisierung stand

---

[36] Vgl. *Günter Brakelmann*, Zwischen Mitschuld und Widerstand. Fritz Thyssen und der Nationalsozialismus. Essen 2010; *Hans Otto Eglau*, Fritz Thyssen. Hitlers Gönner und Geisel. Berlin 2003; *Jörg Lesczenski*, August Thyssen 1842–1926. Lebenswelt eines Wirtschaftsbürgers. Essen 2008; *Werner Plumpe/Jörg Lesczenski*, Die Thyssens, in: Volker Reinhardt (Hrsg.), Deutsche Familien. Historische Portraits von Bismarck bis Weizsäcker. München 2005, S. 208–243; *Manfred Rasch*, August Thyssen. Der katholische Großindustrielle der Wilhelminischen Epoche, in: Manfred Rasch/Gerald D. Feldman (Hrsg.), August Thyssen und Hugo Stinnes. Ein Briefwechsel 1898–1922. München 2003, S. 17–107; *Manfred Rasch*, August Thyssen und sein Sohn Heinrich Baron Thyssen-Bornemisza. Die zweite und dritte Unternehmergeneration Thyssen, in: ders. (Hrsg.), August Thyssen und Heinrich Thyssen-Bornemisza. Briefe einer Industriellenfamilie 1919–1926. Essen 2010, S. 9–78; *Stefan Wegener* (Hrsg.), August und Joseph Thyssen. Die Familie und ihre Unternehmen. 2. Aufl. Essen 2008. Derzeit im Entstehen: *Simone Derix*, Die Thyssens. Familie und Vermögen (1880er bis 1960er Jahre).
[37] Vgl. *Lesczenski*, August Thyssen, S. 101 f.
[38] Vgl. ThyssenKrupp Konzernarchiv, A/640 und A/715/2.
[39] Vgl. etwa *Toni Pierenkemper*, Die westfälischen Schwerindustriellen 1852–1913. Göttingen 1979, S. 48–59.

anfänglich im Kontext der Hochindustrialisierung; sie verwies aber darüber hinaus auf einen weiteren Rahmen, der mit Blick auf die Thyssens mindestens ebenso bedeutend war: das Entstehen eines globalen Finanzmarkts seit dem ausgehenden 19. Jahrhundert. Die potenziell weltweite Zirkulierbarkeit des Geldes eröffnete ganz neue geographische Räume als Orte des familialen ökonomischen Handelns. Der wachsende Wohlstand und die Internationalisierung bedingten sich dabei wechselseitig.[40] Die weltweite Aktivität der Familie diente dabei nicht ausschließlich der gezielten Suche nach neuen vorteilhaften Investitionsmöglichkeiten und Standorten, sondern trug auch Züge der Verschwendung, die nicht unmittelbar auf eine Wertsteigerung ausgerichtet waren und sich der ökonomischen Logik von Produktion und Reproduktion zu entziehen suchten. Gleichwohl sind auch diese Praktiken – um 1900 etwa alle Formen des vom Adel und Teilen des Großbürgertums praktizierten kosmobilen Müßiggangs – nicht frei von Möglichkeiten der Verwertung. So dienten saisonale Reisen zu den prestigeträchtigen europäischen Bade- und Kurorten oder die Teilnahme an Jagden sowie an den ersten Autorennen gewiss der sozialen Distinktion und der Mehrung des gesellschaftlichen Prestiges.[41] Zudem entstanden auf diese Weise neue Kontakte bzw. konnten bereits geknüpfte Bekanntschaften gepflegt werden. Nicht nur über geschäftliche Aktivitäten, sondern auch über gesellige Anlässe aller Art knüpften die Thyssens ein nahezu globales Netz von weiteren und engeren Bekanntschaften, die sich teils als lebenslange Ressourcen erweisen sollten, auf welche die Thyssens bei Bedarf zurückzugreifen suchten.[42]

Während in geschäftlichen Aktivitäten bis Mitte des 20. Jahrhunderts vor allem die männlichen Familienmitglieder als Akteure sichtbar wurden, traten gerade in diesem Bereich auch die weiblichen Thyssens als aktiv Handelnde in Erscheinung. Zu den so gewonnenen Verbindungen zählten u. a. Diplomaten unterschiedlicher Nationen, Politiker und Vertreter der europäischen Herrscherhäuser, was den Zugang zu den unterschiedlichen nationalen Gesellschaften erleichterte und den Zugriff auf schwer zugängliche politische Informationen sowie Unterstützungsleistungen privilegieren konnte. Obwohl es zu kurz gegriffen wäre, die Eheschließungen der Thyssens auf eine gezielte Heiratspolitik zu reduzieren, konnten doch einige dieser potenziell hilfreichen Beziehungen über Heiraten verstetigt und damit zur verlässlichen Ressource werden. Dazu gehört die Ehe Gabriele Thyssen-Bornemiszas, einer Tochter Heinrich Thyssen-Bornemiszas, der die Niederlande seit den 1920er Jahre als Wohnsitz und Drehscheibe seiner ökonomischen Aktivitäten genutzt hatte,

---

[40] Vgl. etwa die Einleitung und das erste Kapitel bei *Moritz Schularick*, Finanzielle Globalisierung in historischer Perspektive. Kapitalflüsse von Reich nach Arm, Investitionsrisiken und globale öffentliche Güter. Tübingen 2006.
[41] Vgl. *Thorstein Veblen*, The Theory of the Leisure Class. New York 1994 [1899].
[42] Die Vorteile schwacher Kontakte hat erstmalig *Marc Granovetter* herausgestellt, The Strength of Weak Ties, in: American Journal Sociology 78, 1973, S. 1360–1380.

mit Adolph Bentinck van Schoonheten.[43] Gewiss profitierte Bentinck v. a. in seiner diplomatischen Karriere auch von den Beziehungen der Familie seiner Frau; gleichzeitig war Bentinck aber auch interessant für die Thyssens. Als Mitglied des Hochadels stellte er nicht nur ein Bindeglied zu den höchsten gesellschaftlichen Kreisen der Niederlande dar. Der Jurist hatte zudem aufgrund seiner Tätigkeit im niederländischen Finanzministerium in den 1930er Jahren und später als Diplomat, der bis zum Rang des Botschafters der Niederlande aufstieg, Wissen, Erfahrungen und Kontakte gewonnen, die für die Familie seiner Ehefrau vor allem nach 1945 bei Fragen der Rückerstattung von Vermögen von großem Nutzen waren. Ähnliches gilt für Janos Wettstein von Westersheimb, den zweiten Ehemann von Heinrichs erster Ehefrau Margit. Als ungarischer Diplomat konnte er dem früheren Ehemann und den Kindern seiner Ehefrau, so lange sie ungarische Staatsbürger waren, den Zugang zu amtlichen Papieren ermöglichen und etwa als ungarischer Botschafter in Bern seinem Stiefsohn Hans-Heinrich nach Kriegsausbruch 1939 die Einreise und das Leben in der Schweiz erleichtern. Diese Beispiele zeigen bereits, dass grenzüberschreitende familiale Verbindungen Handlungsspielräume eröffneten. Diese Handlungsspielräume lagen quer zu nationalen Beschränkungen und wurden daher von den jeweiligen nationalen staatlichen Behörden oftmals übersehen oder nur durch Zufall entdeckt.

Wenngleich sich nicht alle Handlungen der Thyssens über Verwertungslogiken erklären lassen, suchten sie doch die ökonomischen und rechtlichen Möglichkeiten, die sich ihnen weltweit boten, für ihre Zwecke zu nutzen. Staaten und Nationen erscheinen als Ressourcen für familiale Zwecke. Dies wird etwa deutlich in der nationalen Vielfalt der Wohnsitze oder den mehrfachen Wechseln von Staatsangehörigkeiten im weiteren Familienverband. Zum Teil erklärt sich die Flexibilität der nationalen Zugehörigkeit aus der in vielen Teilen Europas zumindest bis Mitte des 20. Jahrhunderts verbreiteten Rechtslage, dass sich die Staatsangehörigkeit einer Frau und der gemeinsamen Kinder nach der Staatsangehörigkeit des Ehemannes richtete.[44] So wurde etwa schon Ende des 19. Jahrhunderts Hedwig Thyssen, die geschiedene Ehefrau Augusts und Mutter von Fritz, August jr., Heinrich und Hedwig, durch die Ehe mit einem Brüsseler Adeligen zur Belgierin. Ihre Enkelinnen Margit und Gabriele, beide durch den Vater Heinrich gebürtige Ungarinnen, erlangten im Laufe ihres Lebens über ihre Ehemänner die österreichische, uruguayische und schweizerische respektive die niederländische Staatsangehörigkeit. Gewiss waren diese Ehen nicht wegen der sich daraus ergebenden Staatsangehörigkeiten

---

[43] Vgl. *C.B. Wels*, Bentinck van Schoonheten, Adolph Willem Carel baron (1905–1970), in: Biografisch Woordenboek van Nederland, http://www.historici.nl/Onderzoek/Projecten/BWN/lemmata/bwn3/bentinck [29-05-2008] (07.01.2012).

[44] Vgl. etwa zeitgenössisch für die erste Hälfte des 20. Jahrhunderts *Angèle Auburtin*, Die Staatsangehörigkeit der verheirateten Frau, in: Zeitschrift für ausländisches öffentliches Recht und Völkerrecht 8, 1936, S. 36–61; vgl. grundsätzlich zum Thema Staatsangehörigkeit *Andreas Fahrmeir*, Citizenship. The Rise and Fall of a Modern Concept. London 2007.

geschlossen worden, aber die möglichen rechtlichen Vorteile, die sich daraus – etwa beim Vermögenstransfer – ergaben, suchten die Thyssens gezielt für sich zu nutzen. Da die Staatsangehörigkeit der Frauen an den Ehemann gebunden war, lässt sich nur schwer fassen, inwiefern sie auch eigene Motive und Hoffnungen mit einem Wechsel verknüpften. Bei den Männern hingegen traten deren Beweggründe deutlicher hervor. So war Heinrich Thyssens Annahme der ungarischen Staatsangehörigkeit eng geknüpft an die Übernahme des Adelstitels seiner Frau. Nach seiner Heirat mit der ungarischen Adeligen Margit Bornemisza 1906 ließ er sich ein Jahr später durch seinen Schwiegervater adoptieren, um dessen Titel eines Barons tragen und vererben zu können. 1907 stand die Option für Ungarn im Kontext der Nobilitierung. Später war die Motivation nicht so eindeutig. Bis zu seinem Tode 1947 erneuerte Heinrich Thyssen-Bornemisza mehrfach, etwa nach dem Vertrag von Trianon 1921, seine ungarische Staatsangehörigkeit, obwohl er nach 1919 nie wieder in Ungarn lebte. Ein Grund mag drin liegen, dass ihm diese Staatsangehörigkeit den Status des Fremden und damit der politischen Distanziertheit an den Orten sicherte, an denen er lebte, den Niederlanden und der Schweiz. Sie markierte zudem eine räumliche Distanz zwischen dem v. a. in Deutschland und den Niederlanden verorteten Vermögen und seinem ungarischen Eigentümer. Im Zusammenspiel mit einer komplexen Verschachtelung der Gesellschaften, auf die das Vermögen verteilt war, erschwerte die Zugehörigkeit zu einer anderen Nation zudem für die jeweiligen staatlichen Behörden, Rechtsverstöße aufzudecken und zu sanktionieren, ja Eigentumsverhältnisse überhaupt erst wahrzunehmen. Auch in privatrechtlicher Hinsicht erwies sich die ungarische Staatsangehörigkeit für Heinrich als vorteilhaft, da die Frau im ungarischen Eherecht eine sehr schwache Position hatte und der Ehemann bei Scheidungen über eine deutlich bessere Ausgangsposition verfügte.[45] Nicht nur bei Scheidungen, sondern bei Gerichtsprozessen jeder Art versuchten männliche wie weibliche Thyssens, das Rechtsforum und den rechtlichen Rahmen so auszusuchen, dass sie für ihre Zwecke möglichst erfolgversprechend waren. Daher verwundert es nicht, dass bereits der Ort, an dem ein Rechtsstreit ausgetragen werden sollte, bzw. die Frage, welches nationale Recht zuständig sei, zu einem eigenen Streitpunkt werden konnten. Die gezielte Wahl eines Staates oder eines Gliedstaates, verstanden als eigener Rechtsraum, hatte noch weitreichendere Konsequenzen, wenn es um finanzielle Investitionen und die Gründungen von Gesellschaften, Holdings und Stiftungen ging, die Vermögen sichern und dem staatlichen Zugriff entziehen sollten. Mit Familienstiftungen in der Schweiz, Kapitalgesellschaften in den Niederlanden, Trusts in den USA etc. schufen die Thyssens über Jahre ein globales Vermögensgeflecht, das der räumlichen Ausbreitung der Familienmitglieder in nichts nachstand. Voraussetzung für diese internationale Anlagepraxis war die Kenntnis der jeweiligen nationalen wirtschaftlichen, politischen und rechtlichen Rahmenbe-

---

[45] Dies dokumentiert etwa *Anton Almási*, Ungarisches Privatrecht, 1. Bd. Berlin/Leipzig 1922.

dingungen. Wenngleich die Thyssens bereits in der Familie ökonomisch und monetär sozialisiert wurden, indem bereits mit Kindern über Märkte, Geld, Anlagemöglichkeiten und Finanzpraktiken kommuniziert wurde,[46] stützten sie sich seit den 1910er Jahren zunehmend auf ein Netz von Rechts- und Finanzberatern, die sich teils als maßgebliche Konstrukteure des Thyssenschen Finanzkomplexes ausmachen lassen, der sich v. a. zwischen Deutschland, den Niederlanden, der Schweiz, den USA, Argentinien und am Rande Großbritannien entspannte. Ziel war es dabei, Vermögen so zu institutionalisieren, dass staatlicher Zugriff, kriegerische Auseinandersetzungen oder wirtschaftliche und monetäre Krisen den Bestand des Vermögens möglichst nicht minderten und zu jeder Zeit zumindest ein Teil des Vermögens verfügbar blieb.

Gerade mit Blick auf das 20. Jahrhundert wird deutlich, dass die genannten familialen (Vermögens)sicherungsstrategien nicht immer aufgingen. Auch wohlhabende Familien mussten ihr Handeln in Erwartung von bzw. als Reaktion auf veränderte Gesetzeslagen, politische Regime- und Systemwechsel und kriegerische Auseinandersetzungen ändern. Sie waren nicht immer Herren der Lage und konnten allen Absicherungsversuchen zum Trotz zu Flüchtlingen und Verfolgten werden. Die Thyssen-Bornemiszas sahen sich etwa durch den kommunistischen Umbruch unter Béla Kun ab März 1919 gezwungen, ihren ungarischen Wohnsitz Rohoncz binnen kurzer Zeit zu verlassen. Zwar konnte die Familie ihr dortiges Schloss schon bald wieder zur Sommerfrische nutzen, aber sie hatte den Hauptwohnsitz nun in die Niederlande verlagert.[47]

Die bislang meist betrachtete „Flucht" der Thyssens stellte das Verhalten Amélie und Fritz Thyssens im September 1939 dar. Beide befanden sich in Bad Gastein, als Fritz Thyssen, zu jener Zeit NSDAP-Reichstagsabgeordneter, die Aufforderung erhielt, zu einer Reichstagssitzung nach Berlin zurückzukehren. Thyssen kam dem nicht nach, sondern brach stattdessen mit seiner Ehefrau und der Familie seiner Tochter in die Schweiz auf. Mit dem 2. September 1939 endete für diesen Teil der Thyssen-Familie die freie Wahl des Aufenthaltsortes. Während ihre Tochter Anita Zichy mit Mann und Kindern nach Argentinien emigrieren konnte, reisten Amélie und Fritz von der Schweiz nach Frankreich, wo sie Ende 1940 verhaftet und nach Deutschland ausgeliefert wurden. Bis 1945 waren diese Thyssens Gefangene des Deutschen Reiches, danach reglementierten die Alliierten ihren Aufenthalt, bis beide im

---

[46] Vgl. exemplarisch den Brief August Thyssens vom 11. Juli 1919 an seinen zu diesem Zeitpunkt elfjährigen Enkel Stefan, in dem der Großvater wegen der großen Kosten Einsparungen bei den Dienstboten anmahnt und Stefan die geplante Besteuerung großer Vermögen erläutert, *Manfred Rasch* (Hrsg.), August Thyssen und Heinrich Thyssen-Bornemisza. Briefe einer Industriellenfamilie 1919–1926. Essen 2010, S. 102f.

[47] In den familieninternen Erzählungen markiert das Verlassen des Schlosses einen gravierenden Einschnitt, der in der Familie zum Inbegriff der Fluchterfahrung wurde und zur Folie, vor der man spätere politische Umbrüche und Verlusterfahrungen deutete. So verglich Stefan Thyssen-Bornemisza in den 1950er Jahren, als er Kuba nach dem Umsturz durch Fidel Castro kurzfristig verlassen musste und sein Hab und Gut zurückließ, seine Fluchterfahrung mit den Ereignissen von 1919.

Dezember 1949 nach Abschluss des Entnazifizierungsverfahrens nach Argentinien ausreisen konnten, wo sie nach zehn Jahren der Trennung Anfang 1950 ihre Tochter wiedersahen.[48] Wenngleich die Thyssens gegenüber anderen Gefangenen in ihren konkreten Lebensumständen privilegiert waren, mussten sie für lange Zeit auf ihre räumliche Freizügigkeit verzichten.

Dieses Beispiel demonstriert die Reichweite staatlicher Macht auch für transnationale Akteurinnen und Akteure. Zugleich dokumentiert es die Bedeutung transnationaler Beziehungen als Ressource in der Auseinandersetzung mit unterschiedlichen staatlichen Stellen. Denn Fritz und Amélie konnten sich in Zeiten, in denen sie in Deutschland enteignet waren und zugleich keinen Zugang zu ihrem Vermögen in anderen Staaten hatten, erstens auf die finanzielle Unterstützung durch Verwandte und Freunde verlassen. Zweitens bemühte sich ein heterogener Kreis alter Bekannter, Berater und Geschäftspartner in Zusammenarbeit mit ihrer Tochter Anita Zichy nach 1945, ihre Ausreisegenehmigung und die Rückgabe beschlagnahmten Vermögens im Ausland zu erwirken. So hatte Anita Zichy im Frühjahr 1947 den US-Senator und Demokraten Burton K. Wheeler dafür gewinnen können, sich im Weißen Haus für Fritz Thyssens Ausreise zu verwenden.[49] Zudem setzte sich 1947 Hugo Stinnes' ältester Sohn Edmund, in den USA ein prominenter Repräsentant der Quäker, dafür ein, dass Thyssen aus Deutschland auswandern konnte. Er agierte gemeinsam mit dem Hauptankläger der Nürnberger Prozesse, Robert Kempner, seinem Schwager Gero von Schulze-Gaevernitz, einem engen Mitarbeiter des US-Geheimdienstchefs Allen Dulles im Zweiten Weltkrieg, und dem Großbankier Jakob Goldschmidt, der wie Stinnes in den 1930er Jahren in die USA emigriert war und stets den Kontakt zu Fritz Thyssen gehalten hatte.[50] Unabhängig davon hatte auch der britische Diplomatensohn und Militär Henry Mowbray Howard, ein überzeugter Katholik und Jugendfreund Fritz und Heinrich Thyssens, in den 1940er Jahren den Kontakt zu Thyssen gehalten und 1950 versucht, über den irischen Labour-Abgeordneten Hugh Delargy eine Freigabe des in Großbritannien beschlagnahmten Vermögens der von Fritz Thyssen dominierten Pelzer-Stiftung zu erreichen.[51] In der Schweiz gehörte Heinrich Blass zu den zuverlässigsten Vertrauten Fritz Thyssens und seiner Angehörigen. Der Direktor der Schweizerischen Kreditanstalt hatte Thyssen bereits in den 1930er Jahren bei der Konstruktion von Vermögensgesellschaften unterstützt und die Anlagen in der Schweiz und in

---

[48] Vgl. die Unterlagen in ThyssenKrupp Konzernarchiv, NEll/24.
[49] Vgl. Department of State, Memorandum of Conversation, 7.10.1947, National Archives and Record Administration (NARA), College Park, RG 59, CDF 1945-1949, Box 5540, Doc. 835.111/10-747.
[50] Vgl. US Political Advisor for Germany, Censorship Intercept on Fritz Thyssen, 17.5.1947, NARA, College Park, RG 59, CDF 1945–1949, Box 6743, Doc. 862.20235/5-1747; US Occupation Headquarters, WWII OMGUS Property Control & External Assets Branch, General Records of the US Census Section Chief, Thyssen Interrogation, NARA, College Park, RG 260, Entry A1 427, Box 667.
[51] Vgl. Henry M. Howard an Hugh Delargy, 3.4.1950, National Archives, London, BT 271/585.

Liechtenstein betreut, die zur Unterstützung Anita Zichys dienen sollten.[52] Nach 1939 fungierte Blass für Thyssen als Mittelsmann in seiner politischen Korrespondenz als auch in der Kommunikation mit der Tochter; er versuchte zudem 1947 Fritz Thyssens Auswanderungswunsch über Kontakte in Argentinien zu realisieren.[53]

Politische Umbrüche und Kriege schränkten nicht nur die Freizügigkeit der Personen ein, sondern bedrohten auch den Zugang zum und den Erhalt von Vermögen. Als Reaktion auf die monetäre und wirtschaftliche Instabilität des Jahrzehnts nach dem Ende des Ersten Weltkriegs sowie auf staatliche Versuche, Vermögen zu erfassen und zu versteuern, suchten die Kinder August Thyssens teils in Verbindung mit ihren Cousins ihre Vermögensverhältnisse für staatliche Stellen möglichst intransparent zu gestalten. Daher gründeten sie in den 1920er und 1930er Jahren mehrere Holdings und Familienstiftungen mit Holdingfunktionen, die sie in verschiedenen Staaten ansiedelten bzw. nach verschiedenen nationalen Rechten gründen ließen.[54] In diesem Geflecht lässt sich nur schwer ausmachen, welchem Thyssen was gehörte und wer auf welche Weise zumindest finanziell miteinander verbunden war.

Wie schwierig es war, dieses Geflecht zu erschließen, das aufs engste mit familialen Beziehungen verknüpft war, zeigt sich etwa an der Pelzer-Stiftung. Die Stiftung trug den Mädchennamen von Fritz Thyssens Mutter. Hedwig de Neuter, geborene Pelzer und geschiedene Thyssen, war durch Heirat belgische Staatsangehörige. Sie bevollmächtigte im September 1931 einen niederländischen Anwalt, der sowohl für Fritz als auch für dessen Bruder Heinrich tätig war, auf ihren Namen eine Familienstiftung schweizerischen Rechts mit Sitz in Ennenda im schweizerischen Kanton Glarus zu gründen. Weder Fritz Thyssen noch seine Tochter Anita wurden bei der Gründung oder im Stiftungsrat namhaft, gleichwohl scheinen beide größere Geldsummen auf die Stiftung übertragen zu haben und über die Stiftung gewirtschaftet zu haben. Die Pelzer-Stiftung wurde just in jener Phase ins Leben gerufen, als das Deutsche Reich zwischen August und Oktober 1931 ein System der Devisenbewirtschaftung einführte, das darauf zielte, „eine absolute Kontrolle über den gesamten Devisenbesitz und Devisenverkehr der deutschen Wirtschaft und Bevölkerung zu erlangen".[55] Die Stiftung lässt sich demnach als Versuch der

---

[52] Vgl. US Occupation Headquarters, WWII OMGUS Property Control & External Assets Branch, General Records of the US Census Section Chief, Thyssen Interrogation, NARA, College Park, RG 260, Entry A1 427, Box 667.

[53] Vgl. Politische Flüchtlinge in der Schweiz: Fritz Thyssen, Bundesarchiv Bern, E2001D, 1000/1552, Bd. 112; US Political Advisor for Germany, Censorship Intercept on Fritz Thyssen, 17.5.1947, NARA, College Park, RG 59, CDF 1945–1949, Box 6743, Doc. 862.20235/5-1747.

[54] Bislang sind solche Verflechtungsstrukturen vor allem mit Blick auf Konzerne untersucht worden, vgl. etwa *Gerard Aalders*, Operatie Safehaven. Kriustocht gegen een Vierde Rijk. Amsterdam 2006.

[55] *Ralf Banken*, Das nationalsozialistische Devisenrecht als Steuerungs- und Diskriminierungsinstrument 1933–1945, in: Johannes Bähr/Ralf Banken (Hrsg.), Die Wirtschaftssteuerung durch Recht im Nationalsozialismus. Studien zur Entwicklung des Wirtschaftsrechts im Interventionsstaat des „Dritten Reichs". Frankfurt a. M. 2006, S. 121–236, hier S. 132.

Thyssens deuten, die staatliche Kontrolle ihres Vermögens zu erschweren bzw. zu verhindern. Die Verknüpfung einer belgischen Stifterin mit einer schweizerischen Stiftung, deren Stiftungsrat neben der Stifterin nur Niederländer angehörten, war ein Versuch, diesen Charakter der Stiftung gegenüber deutschen Behörden zu camouflieren.

Die Pelzer-Stiftung bildet nur ein Element einer größeren Struktur, deren Ausmaß und Komplexität erst nach Ende des Zweiten Weltkriegs allmählich zutage trat. Denn die Stiftungen und Holdings der Thyssens hatten ihr Kapital auf verschiedene Nationen verteilt. Die USA und Großbritannien stießen auf diese Zusammenhänge, als sie im Zuge der Enemy Property Acts Vermögen beschlagnahmten, das sie mit den Thyssens in Verbindung brachten. Aber dieser Zusammenhang musste wegen der am Beispiel der Pelzer-Stiftung explizierten Camouflage-Technik erst einmal mühsam bewiesen werden, als die Stiftungen und Holdings nach dem Krieg das beschlagnahmte Vermögen zurückforderten. Zudem hatten sowohl die USA als auch Großbritannien anfänglich nur Fritz Thyssen im Blick und übersahen daher lange Zeit, dass auch Heinrich Thyssen-Bornemisza, Cousins der beiden Brüder und weibliche Familienmitglieder in den so genannten „Thyssen-Komplex" hineinspielten. Die verschiedenen Staatsangehörigkeiten der Thyssens verkomplizierten die Sachlage zusätzlich. Während bei Fritz und Amelie Thyssen die Frage im Vordergrund stand, ob ihre Staatenlosigkeit rechtsgültig sei bzw. ihr Vermögen trotz der Aberkennung der deutschen Staatsagehörigkeit durch das NS-Regime als deutsches Vermögen und damit als Feindvermögen gelten könne,[56] war der Fall bei den Thyssen-Bornemiszas noch komplexer. Sie agierten über niederländische Gesellschaften, weshalb sich nach dem Krieg zu ihren Gunsten auch die niederländische Regierung in die amerikanischen und englischen Rückerstattungsprozesse einschaltete und über teils sehr konfrontative Noten agierte.[57] Darüber hinaus stand die Staatsangehörigkeit des hinter den Gesellschaften stehenden Eigentümers, Heinrich Thyssen-Bornemisza, zur Disposition, da nicht eindeutig fest stand, ob er die deutsche Staatsangehörigkeit 1907 aufgegeben hatte und/oder die ungarische stets fristgerecht erneuert hatte. Zudem hatte sich die Lage durch Heinrichs Tod 1947 dergestalt geändert, dass sich die staatlichen Stellen nun vier Erben gegenüber sahen, von denen zwei als Ungarn galten, eine als Niederländerin und einer als staatenlos, der aber während der NS-Zeit in Deutschland gelebt hatte, was jeweils andere Rechtslagen implizierte.[58]

---

[56] Vgl. US Occupation Headquarters, WWII OMGUS Property Control & External Assets Branch, General Records of the US Census Section Chief, Thyssen Interrogation, NARA, College Park, RG 260, Entry A1 427, Box 667; British Legation Berne, Legal Advice, No. 1642 Property of Fritz Thyssen, National Archives, London, FO 192/220.
[57] Vgl. Office of Alien Property (1942–1965), Litigation Case Files, 1967, NARA, College Park, RG 131, Entry A1 258, Box 60, File 2166.
[58] Diese Fragen wurden in Großbritannien diskutiert anlässlich des Verfahrens Bank voor Handel en Scheepvaart ./. Slatford [1951], National Archives, London, BT 103/853.

Diese Ausführungen können die Fülle der juristischen Probleme nur in Ansätzen skizzieren, mit denen sich die Staaten, die Thyssensches Vermögen beschlagnahmt hatten, nach 1945 konfrontiert sahen. Sie verdeutlichen jedoch, dass die im 20. Jahrhundert dominante Perspektive der einzelnen Staaten, nach der sowohl Menschen wie Gesellschaften mit einer Nation identifiziert werden sollten und Eigentumsfragen mit Fragen der Staatsangehörigkeit verknüpft waren, durch das tatsächliche Handeln etwa von Familienverbänden konterkariert wurde. Sie stellten die Staaten und ihre Rechtssysteme vor große Herausforderungen und provozierten fallbezogene zwischenstaatliche Konflikte, etwa zwischen Großbritannien, den USA, Ungarn und den Niederlanden, die staatlichen Vertretern ihre Ohnmacht deutlich vor Augen führte. Der Kommentar eines Beamten in den britischen Quellen benennt die Herausforderung, die transnationale Akteure für nationale Behörden bedeuteten: „The Pelser Stiftung [sic] is one of the most complicated of the many family foundations which has interested this Department during the last three years. Thyssen concern is so complicated and its fortunes so vast and widely spread that only an experienced lawyer could possibly hope to unravel the tangled interests."[59] Ein Weg, dieser Komplexität zu begegnen, war eine Intensivierung der zwischenstaatlichen Zusammenarbeit. Im konkreten Fall profitierten Briten und Amerikaner wechselseitig von ihren Ermittlungen und erhielten zudem Auskünfte von den Schweizer Behörden. Zugleich werden in dieser Kooperation auch die Grenzen dieses Austauschs manifest, wenn etwa unterschiedliche Interessen aufeinanderstießen oder sich staatliche Vertreter gegenüber den Beamten anderer Nationen keine Blöße geben wollten. In dem Maße, in dem die Sensibilität staatlicher Akteure für globale Verflechtungen wuchs, wurde zugleich offenkundig, dass transnationale Aktivitäten sich mit nationalen Mitteln nur schwer regulieren ließen. Transnationales Handeln führte den Nationalstaaten ihre Schwächen deutlich vor Augen.

III. Fazit

Aus der Perspektive transnationaler Familien werden sowohl die Chancen und Möglichkeiten als auch die Risiken, Gefahren und Belastungen grenzüberschreitender Lebensweisen und Vernetzungen für die Geschichtswissenschaft fassbar. Denn die Vielfalt unterschiedlicher politischer, wirtschaftlicher und rechtlicher Räume, welche die nationalstaatlich geprägte Welt des 19. und 20. Jahrhunderts eröffnete, war für die zeitgenössischen Akteurinnen und Akteure nur potenziell frei verfügbar. Die Nationalstaaten begegneten der räumlichen Freizügigkeit von Menschen und Mobilien mit staatlichen Kontrollen

---

[59] Chancery, British legation, Berne, to Western Department, Foreign Office, 22.3.1950, British Legation Berne, Legal Advice, Nr. 1642 Property of Fritz Thyssen, National Archives, London, FO 192/220.

und Versuchen, natürliche und juristische Personen möglichst eindeutig mit einer Nation zu identifizieren.[60] Genau diese nationale Perspektive und die damit verbundenen Einschränkungen dessen, was von staatlichen Behörden wahrgenommen wurde, konnten sich Akteure wie die Thyssens für ihre Zwecke zunutze machen. Gleichwohl konnten sich auch diese *global players* den Auswirkungen staatlicher Macht und zwischenstaatlicher Konflikte niemals ganz entziehen. Während Familie in der Migrations- wie in der Wirtschaftsgeschichte oftmals quer zum Staat gedacht wird, zeigt sich in diesem Fall, dass die Bande des Familiennetzwerks auch in die wirtschaftlichen und politischen Eliten unterschiedlicher Nationen reichten und sich etwa familiale, soziale und politische Netzwerke kaum voneinander trennen lassen.

Es liegt auf der Hand, dass diese Beobachtung nicht für alle transnationalen Familien gilt. Vielmehr wird so deutlich, wie stark Differenzierungen nach Klasse, Geschlecht, religiöser und ethnischer Zugehörigkeit für die Verteilung von Chancen und Möglichkeiten in einer globalisierten Welt ins Gewicht fallen. Gerade die Differenzierung nach Klassenzugehörigkeit ließe sich auch am Beispiel der Thyssens weiter erforschen, da ein Unterstützungsnetzwerk von Dienstboten, die teils die räumlichen Bewegungen ihrer Herrschaft gleichsam als begleitende Schatten mit vollzogen und teils stationär die Haushalte an den unterschiedlichen Wohnsitzen aufrechterhielten, die spezifische Lebensweise der Thyssens erst ermöglichte. Auch das komplexe Vexierspiel aus wechselnden Staatsangehörigkeiten und einem multinationalen Geflecht von Einrichtungen zur Kapitalsicherung und -mehrung ist offenkundig ein klassenspezifisches Charakteristikum, da erst ein bestimmtes Ausmaß des Vermögens dies möglich macht und aus der Logik der Akteure heraus notwendig erscheinen lässt. Auf diese Weise entstehen Zusammenhänge, die sich in ihrer Gesamtheit staatlicher Wahrnehmung und nationalen Kontrollen entziehen, und eine eigene Ebene internationaler Zusammenarbeit schaffen, die teilweise wiederum mit staatlichen Strukturen und Akteuren verflochten ist. Gerade aufgrund dieser Verflechtung agieren staatliche Akteure auch nicht nur gegen familiale Netzwerke, sondern können selbst Teil derselben sein. Jenen staatlichen Stellen, die die Beziehungen und Handlungen transnationaler Familien zu verstehen suchen, tritt die Begrenztheit ihrer nationalen Perspektive deutlich vor Augen. Sie sehen sich gleichsam zum Informationsaustausch und zur Kooperation mit anderen Staaten gezwungen. Damit provozieren transnationale Familien Formen der internationalen staatlichen Zusammenarbeit. Wenngleich das Zusammenspiel von familialen bzw. sozialen Netzwerken in einem weiteren Sinn und Staaten bislang nur in Ansätzen aufscheint, bildet sich hier ein Feld ab, das nur in der Kombination von Gesellschafts- und internationaler Geschichte analytisch und methodisch angemessen erforscht werden kann.

---

[60] Vgl. zu Kontroll- und Nationalisierungstendenzen im Zuge des Ersten Weltkriegs Christof *Dejung/Andreas Zangger*, British Wartime Protectionism and Swiss Trading Companies in Asia during the First World War, in: Past and Present, 207, May 2010, S. 181–213.

Kiran Klaus Patel
Europäische Integration

Am Anfang war Amerika

„Integration" ist ein mehrdeutiges Wort mit einer langen und einer erstaunlich kurzen Geschichte.* In vielen Sprachen ist der Terminus heute so geläufig geworden, dass er kaum hinterfragt wird. Wie vor allem Ludolf Herbst gezeigt hat, führt eine begriffsgeschichtliche Analyse jedoch zu interessanten Befunden[1]: Integration leitet sich vom lateinischen „integratio" (Wiederherstellung, Erneuerung) und dem noch häufigeren „integrare" ab. Der antike Begriff zielte primär darauf, eine verlorene Einheit zu restituieren. Grundsätzlich konnten damit alle Lebensbereiche gemeint sein. In der Antike gab es eine gewisse Bindung des Begriffs an das Göttliche, die sich spätestens mit der Aufklärung verlor. Fortschrittsglaube und mathematisch-naturwissenschaftliches Denken füllten ihn im 19. Jahrhundert mit neuer Bedeutung. Zeitgleich wurde er zunehmend mit politischen Konnotationen aufgeladen und bezog sich sowohl auf inner- als auch auf zwischenstaatliche Prozesse. Insofern lag es nahe, ihn auf Formen des Zusammenschlusses jenseits der Nationalstaaten in Europa anzuwenden.

Just dies geschah lange Zeit jedoch nicht: Zentrale Dokumente europäischer Einigung, sei es der Briand-Plan von 1929/30, das Manifest von Ventotene von 1941 oder die Deklarationen der Europabewegung der frühen Nachkriegszeit, sprachen stattdessen eher von „Föderation", „Föderierung", „Zusammenschluss" oder etwa „Union", um ihre Ziele zu umreißen.[2]

Auf politischer Ebene setzte sich der Begriff „Integration" erst seit Anfang der 1950er Jahre langsam durch. Die Debatte kristallisierte sich zunächst im Umfeld des Marshallplans und amerikanischer Analysen und Zielvorstellungen bezüglich Westeuropas. Paul G. Hoffman, der Direktor der amerikanischen Marshallplan-Verwaltung, spielte eine herausragende Rolle dabei, den Begriff auf eine Einigung Westeuropas zu beziehen und zu popularisieren. In einer viel beachteten Rede sprach er etwa 1949 davon, dass kein „path toward

---

* Ich danke Oriane Calligaro, Jacob Krumrey und Martin Rempe für die kritische Lektüre einer ersten Fassung dieses Textes.
[1] Vgl. *Ludolf Herbst*, Die zeitgenössische Integrationstheorie und die Anfänge der europäischen Einigung 1947–1950, in: Vierteljahrshefte für Zeitgeschichte 34, 1986, S. 167–205.
[2] Vgl. *Antoine Fleury* (Hrsg.), Le plan Briand d'union fédérale européenne: Perspectives nationales et transnationales. Genf 1998; das 1941 verfasste Manifest von Ventotene: *Altiero Spinelli/Ernesto Rossi*, Il Manifesto di Ventotene. Neapel 1982; sowie *Frank Niess*, Die europäische Idee – aus dem Geist des Widerstands. Frankfurt/Main 2001; *Bertrand Vayssière*, Vers une Europe fédérale? Les espoirs et les actions fédéralistes au sortir de la Seconde Guerre mondiale. Brüssel 2006.

integration should be left unexplored".³ Während Teile der US-Administration primär auf ökonomische Integration setzten und den Marshallplan als Mittel sahen, um nach amerikanischem Vorbild einen gemeinsamen Markt zu schaffen, gingen andere noch weiter. Wiederum angelehnt an das Modell der USA setzten sie auf politische Integration, auf die Schaffung der Vereinigten Staaten von Europa.⁴ Integration erschien so als Zauberformel, um die Rekonstruktion der westeuropäischen Gesellschaften nach dem Weltkrieg zu ermöglichen und um sie für den Ost-West-Konflikt zu stärken.

Der Begriff war jedoch mehr als ein Modewort. Im Vergleich zum vorhandenen politischen Vokabular wies „Integration" mehrere Vorteile auf. Integration konnte einen erreichten Zustand ebenso meinen wie einen laufenden Prozess. Aus der Antike schleppte der Begriff zudem die Konnotation der Rückkehr zur guten alten Ordnung mit sich. Entsprechend wurde europäische Einigung zumeist auch als Überwindung jener Zersplitterung des Kontinents verstanden, welche das Zeitalter des Nationalismus mit sich gebracht hatte.⁵ Aber wichtiger noch als diese dreifache Zeitstruktur, die Vergangenheit, Gegenwart und Zukunft umfasste, war etwas anderes: Im Gegensatz etwa zu „Föderierung" implizierte Integration nicht, dass die Nationalstaaten massiv beschnitten oder gar abgeschafft werden würden und ließ offen, ob es lediglich um ökonomischen, oder auch um politischen Zusammenschluss gehen solle. Diese Unbestimmtheit und Neutralität machte den Begriff konsensfähiger als alternative Konzepte.

Ausgehend von politischen Debatten wurde der Integrationsbegriff sehr bald von akademischer Seite aufgegriffen und wissenschaftlich durchdekliniert. Dieser Prozess fiel genau in jene Phase, in der mit der Montanunion von 1952 ein Projekt in die Welt gesetzt wurde, auf das sich prointegrative Hoffnungen projizieren ließen. Dabei wirkten manche Akteure auf mehreren Feldern. Der erste Präsident der europäischen Kommission, Walter Hallstein, zum Beispiel war nicht nur ein wichtiger Spieler auf institutioneller Ebene. Vor dem Krieg hatte er eine Professur für Privat- und Gesellschaftsrecht in Rostock bekleidet, nach 1945 wirkte er als Rektor am Wiederaufbau der Universität Frankfurt am Main mit. Aufgrund seines wissenschaftlichen Renommees nahmen seine zahlreichen Publikationen zum Einigungsgeschehen auch Einfluss auf den Gang akademischer Debatten. Bald sprach man auch in der Forschung von „Integration", wobei die antiken Wurzeln und die vermeintliche inhaltliche Neutralität dem Terminus den Nimbus besonderer Wissen-

---

[3] Vgl. v. a. die Rede: Hoffman's Address to Council of E.R.P. Nations, in: New York Times, 1.11.1949.

[4] Vgl. weiterhin *Herbst*, Die zeitgenössische Integrationstheorie; zur Haltung der USA etwa *Beate Neuss*, Geburtshelfer Europas? Die Rolle der Vereinigten Staaten im europäischen Integrationsprozeß 1945–1958. Baden-Baden 2000.

[5] Etwa von den Vertretern der „Abendland"-Idee; siehe *Vanessa Conze*, Das Europa der Deutschen. Ideen von Europa in Deutschland zwischen Reichstradition und Westorientierung (1920–1970). München 2005.

schaftlichkeit verschafften. Gegenstand und Begriff, politische und akademische Diskussionen befruchteten und stabilisierten sich so wechselseitig und erklären, warum „Integration" bald in vielen westeuropäischen Sprachen zur Schlüsselvokabel wurde, um in Politik, Wissenschaft und Öffentlichkeit den Prozess europäischer Einigung zu beschreiben.[6]

Was jedoch ist mit europäischer Integration genau gemeint? Im Bezug auf die internationalen Beziehungen wird der Begriff heute zumeist mit der Europäischen Union und ihren Vorläuferorganisationen gleichgesetzt.[7] Lange Zeit galt das auch für die Geschichtswissenschaft: Integrationsgeschichte war jene Institutionengeschichte, die zur EU unserer Tage führt. In jüngster Zeit ist jedoch Bewegung in diese Debatte gekommen. Die Veränderungen spiegeln teilweise übergreifende Verschiebungen in der Internationalen Geschichte wieder; teilweise sind sie spezifisch für das Untersuchungsobjekt.

Wie lässt sich das Wesen der Integration im Licht dieser Debatten fassen und wie kann die europäische Integrationsforschung im Feld der Internationalen Geschichte verortet werden? Dies soll im Folgenden anhand einer Analyse von vier Kernproblemen an der Schnittstelle zwischen Integration als historischem Phänomen und als historiographischem Gegenstand geklärt werden. Daher liefert der Hauptteil des Textes sowohl empirische Einblicke in das Thema als auch eine Diskussion neuer Forschungsansätze und historiographischer Trends. Dagegen zielen die folgenden Überlegungen weder auf eine systematisch-vollständige Wiedergabe der Historiographiegeschichte noch auf eine knappe Synthese der wichtigsten Stationen europäischer Integration oder von Integrationstheorien. All diese Dinge sind in den letzten Jahren vielfach durchleuchtet worden und insofern an anderen Orten leicht greifbar.[8]

---

[6] Vgl. grundsätzlich zum Zusammenspiel zwischen Politik und Forschung für den Integrationsprozess: *Cécile Robert/Antoine Vauchez*, L'Academie européenne. Savoirs, experts et savants dans le governement de l'Europe, in: Politix 23, 2010, S. 9–34. Am Beispiel der Integrationshistoriographie besonders gut herausgearbeitet hat dieses Zusammenspiel jüngst *Antonio Varsori*, From Normative Impetus to Professionalization: Origins and Operations of Research Networks, in: Wolfram Kaiser/ders. (Hrsg.), European Union History: Themes and Debates. Basingstoke 2010, S. 6–25; dass die Ko-Konstruktion politischer Integration und wissenschaftlicher Forschung sich heute fortsetzt, zeigt etwa *Cris Shore*, „European Governance" or Governmentality? The European Commission and the Future of Democratic Government, in: European Law Journal 17, 2011, 287–303.

[7] Davon abgesehen wird der Begriff auch auf ganz andere Zusammenhänge verwandt, etwa im Bereich der Migration. Solche Fragen werden hier ausgeklammert, wiewohl sie angesichts der zunehmenden Weitung der Internationalen Geschichte auch in das Themenfeld eines derartigen Beitrags fallen könnten. Vgl. dazu den Beitrag von Jochen Oltmer in diesem Band.

[8] Vgl. zur Historiographiegeschichte jüngst z. B. *Kaiser/Varsori*, European Union History; *Kiran Klaus Patel*, Europäische Integrationsgeschichte auf dem Weg zur doppelten Neuorientierung: Ein Forschungsbericht, in: AfS 50, 2010, S. 595–642; *Jost Dülffer*, The History of European Integration: From Integration History to the History of Integrated Europe, in: Wilfried Loth (Hrsg.), Experiencing Europe: 50 Years of European Construction 1957-2007. Baden-Baden 2009, S. 17–32; *N. Piers Ludlow*, Widening, Deepening and Opening Out: Towards a Fourth Decade of European Integration History, in: ebd., S. 33–44; als Gesamtdarstellungen etwa *Guido Thiemeyer*, Europäische Integration: Motive – Prozesse – Strukturen. Stuttgart 2010;

Zusammenschluss jenseits der Hegemonie

Europäische Integration wird in der Literatur zumeist von hegemonialen und imperialen Projekten sowie von gewaltförmigen Einigungsprozessen abgegrenzt. Die Geschichte der EU und ihrer Vorläuferorganisationen zeichne sich durch das geringe Maß an physischer Gewalt aus, mit dem sich der Einigungsprozess seit dem Zweiten Weltkrieg entfaltet habe. Souveräne Staaten hätten in gewissen Feldern und Fragen gemeinsame Regeln und Institutionen aufgestellt und sich diesen unterworfen. Europäische Integration habe somit nicht nur Frieden nach sich gezogen, sondern sei auch in friedlichen und einvernehmlichen Formen ausgehandelt worden. Damit unterscheide sie sich von anderen Phänomenen der Internationalen Geschichte, die man als Integration bezeichnen könnte, etwa kolonialen Herrschaftsverhältnissen, den vielen territorialen Neuordnungen und Arrondierungen als Ergebnisse von Kriegen und von Verträgen zwischen Staaten ohne demokratische Legitimation. Deswegen werden unter europäischer Integration normalerweise nicht die napoleonische Expansionspolitik, die Folgen des Wiener Kongresses oder die nationalsozialistische Herrschaft gefasst; vielmehr gilt sie als Reaktion auf die Gewaltgeschichte des „dunklen Kontinents".[9]

Bei dieser terminologischen Eingrenzung handelt es sich um eine normative Setzung, die sich ihrerseits nicht zuletzt aus der oben dargelegten Begriffsgeschichte seit der Nachkriegszeit erklärt. Man kann sie als solche akzeptieren oder nicht. Gewinnbringender als die Diskussion dieser Frage ist es, das Hegemonieproblem etwas weiter zu durchdenken. Erstens ist es richtig, dass kein Mitgliedsstaat bislang eine dauerhafte Hegemonie errichten konnte. Tendenzen in diese Richtung gab es dagegen durchaus. Darauf hat bereits die empirische, quellennahe Integrationsforschung seit den 1980er Jahren hingewiesen. Frankreichs Europapolitik der frühen Nachkriegszeit hatte als wesentliches Ziel, durch Integration eine Vormachtstellung für die eigene Nation zu gewinnen. Aber es gelang Frankreich letztlich nicht, eine Hegemonie zu errichten.[10] Die Bundesrepublik übte sich vielmehr, nicht zuletzt im Wissen um die Last der eigenen Geschichte, während des Kalten Krieges in einem Kurs

---

Gerhard Brunn, Die Europäische Einigung von 1945 bis heute. 2. Aufl. Stuttgart 2009; *Gabriele Clemens/Alexander Reinfeldt/Gerhard Wille*, Geschichte der europäischen Integration. Ein Lehrbuch. Paderborn 2008; *Jürgen Mittag*, Kleine Geschichte der Europäischen Union. Von der Europaidee bis zur Gegenwart. Münster 2008; als Einführungen in die Integrationstheorie z. B. *Antje Wiener/Thomas Diez* (Hrsg.), European Integration Theory. Oxford 2009; *Hans-Jürgen Bieling/Marika Lerch* (Hrsg.), Theorien der europäischen Integration. Wiesbaden 2005; *Ben Rosamond*, Theories of European Integration. Basingstoke 2000.

[9] Vgl. z. B. *Wolfgang Schmale*, Geschichte Europas. Wien 2001, v. a. S. 115–128; *Rosamond*, Theories of European Integration, S. 1; zum Begriff „dunkler Kontinent" vgl. *Mark Mazower*, Dark Continent: Europe's Twentieth Century. New York 2000.

[10] Vgl. zu Frankreichs Rolle im Einigungsprozess etwa *Gérard Bossuat*, Faire l'Europe sans défaire la France. 60 ans de politique d'unité européenne des gouvernements et des présidents de la République française (1943–2003). Brüssel 2005.

der Selbstbescheidung; erst in jüngster Zeit könnte sich dies ändern.[11] Großbritannien tönte zwar phasenweise in den 1960er Jahren, dass es Mitglied werden müsse, „so that we can take the lead in Europe" – es strebte diese Rolle jedoch nicht konsequent an und übernahm sie auch nie.[12] Noch nicht einmal der viel beschworene deutsch-französische Motor konnte durchgängig eine wirklich prägende Führungsrolle einnehmen.[13] Insgesamt blieb das Mächteverhältnis innerhalb der Gemeinschaft ziemlich austariert und räumte den kleineren Mitgliedsstaaten mehr Möglichkeiten ein, ihre Positionen international zur Geltung zu bringen, als dies ohne Einigung der Fall gewesen wäre.[14]

Zweitens zeichnet sich der Einigungsprozess bei genauer Analyse weniger durch einen unhegemonialen als durch einen antihegemonialen Impuls aus. Von Anfang an war ihm ein stark antikommunistisches Moment eingeschrieben, und er zielte auf die Abwehr tatsächlicher oder unterstellter sowjetischer und sozialistischer Expansions- und Unterwanderungstendenzen. Bereits der Marshallplan, in der Literatur häufig als ein Vorläufer oder erster Ansatz westeuropäischer Integration nach 1945 verstanden, vertiefte die Teilung des Kontinents. Ähnliches galt wenig später für die Europäische Gemeinschaft für Kohle und Stahl (EGKS). Wahrgenommener oder tatsächlicher Druck von außen prägte die europäische Integration im Zeitalter des Kalten Krieges spürbar und erhöhte in den Mitgliedsstaaten immer wieder die Kompromissbereitschaft in kontroversen Themen. Entsprechend fielen Fortschritte europäischer Einigung häufig in Hochphasen des Kalten Krieges, etwa in die 1950er und die 1980er Jahre. Ins Bild passt auch, dass sich die Dynamiken der Integration in den 1960er Jahren, einer Zeit phasenweisen Entspannung, von denen des Kalten Krieges stärker abkoppelten.[15] Der Publizist Alfred Grosser hat dieses Wechselverhältnis zwischen antikommunistischem, antihegemoni-

---

[11] Vgl. zusammenfassend *Kiran Klaus Patel*, Germany and European Integration since 1945, in: Helmut Walser Smith (Hrsg.), The Oxford Handbook of Modern German History. Oxford 2011, S. 775–794; als eine Stellungnahme zu den allerjüngsten Entwicklungen *Christoph Schönberger*, Hegemon wider Willen. Zur Stellung Deutschlands in der Europäischen Union, in: Merkur 752, 2012, S. 1–8.

[12] Zitat in: *Willy Brandt*, Begegnungen und Einsichten. Die Jahre 1960–1975. Hamburg 1976, S. 202; vgl. allgemein etwa *Alan S. Milward*, The United Kingdom and the European Community: The Rise and Fall of a National Strategy, 1945–1963. London 2002.

[13] Vgl. dazu z. B. *Horst Möller/Klaus Hildebrand* (Hrsg.), Bundesrepublik Deutschland und Frankreich: Dokumente 1949–1963, 4 Bde. München 1997–1999.

[14] Vgl. dazu etwa *Baldur Thorhallsson*, The Role of Small States in the European Union. Aldershot 2000; *Simone Bunse*, Small States and EU Governance: Leadership through the Council Presidency. New York 2009.

[15] Vgl. z. B. *N. Piers Ludlow*, An Insulated Community? The Community Institutions and the Cold War, 1965 to 1970, in: ders. (Hrsg.), European Integration and the Cold War: Ostpolitik – Westpolitik, 1965–1973. London 2007, S. 137–153; vgl. für die Frühphase *Franz Knipping/Josef Becker* (Hrsg.), Power in Europe? Bd. I: Britain, France, Italy and Germany in a Postwar World, 1945–1950. Berlin 1986; *Ennio di Nolfo* (Hrsg.), Power in Europe? Bd. II: Great Britain, France, Germany and Italy and the Origins of the EEC, 1952–1957. Berlin 1992.

alem Impuls und europäischer Integration einmal provokant in der Formel zusammengefasst, dass Stalin eigentlich den ersten Karls-Preis der Stadt Aachen hätte bekommen sollen: Kaum jemand habe sich so sehr um die europäische Einigung verdient gemacht wie er.[16]

Während nicht jedermann Grossers Formulierung gefallen mag, herrscht über die antihegemoniale Stoßrichtung gen Osten in der Forschung seit langem Konsens.[17] Wirklich zu Ende gedacht wird dieser Punkt dagegen oft genug nicht. Europäische Integration wird, wie oben ausgeführt, nicht nur mit Friedlichkeit, sondern auch mit Frieden identifiziert. Bedenkt man die deutsch-französische Aussöhnung und den weiteren westeuropäischen Kontext, dann trifft das sicherlich zu.

Trotzdem erscheint die häufig verwandte Formel, dass europäische Integration Frieden gebracht habe, verkürzt und teleologisch.[18] Wäre anlässlich der Kuba-Krise 1962 der Dritte Weltkrieg ausgebrochen und hätte es danach noch eine Geschichtswissenschaft gegeben, dann hätte westeuropäische Integration wahrscheinlich als ein (nachrangiger) Faktor gegolten, der den Ost-West-Konflikt angeheizt hätte. Auch die Tatsache, dass die neutralen Staaten Österreich, Schweden und Finnland erst nach dem Ende des Kalten Krieges der EU beitraten (1995), verdeutlicht, dass die EWG durchaus als Partei im Ost-West-Konflikt gesehen wurde.[19] Darüber hinaus sollte man jene militärischen Auseinandersetzungen nicht übersehen, die einzelne Mitgliedsstaaten mit Dritten hatten, vor allem im Rahmen der Dekolonisation. Europäische Integration konnte weder den Algerienkrieg bis 1962 noch den Falklandkrieg 1982 verhindern. Insofern heißt es, weitere Kontexte wie den Kalten Krieg oder die Dekolonisation zu marginalisieren, wenn man sich ganz auf die Friedensleistung der Integration für Westeuropa konzentriert.

Neben dem antikommunistischen Moment lag der europäischen Integration nach 1945 auch insofern ein antihegemoniales Moment zu Grunde, da sie Westeuropa als „dritte Kraft" gegenüber den USA in Stellung zu bringen versuchte. Viele frühe Europa-Befürworter zielten darauf, durch Integration ein stärkeres Eigengewicht gegenüber der westlichen Vormacht zu gewinnen oder sich zumindest dem Zwei-Blöckedenken der Supermächte zu entziehen. In Deutschland findet sich diese Denkfigur etwa bei dem kritischen Katholiken Walter Dirks genauso wie bei dem pazifistischen Protestanten Martin Niemöller, bei dem rechten Sozialdemokraten Richard Löwenthal sowie bei

---

[16] *Alfred Grosser*, Wie anders sind die Deutschen? München 2002, S. 200.
[17] Vgl. z. B. bereits *Pierre Gerbet*, La Construction de l'Europe. Paris 1983, S. 69–80, als eine der ersten historisch fundierten Gesamtdarstellungen zum Einigungsprozess.
[18] Vgl. als Beispiel das einflussreiche Dokument: COM (2001) 428 final: *Europäische Kommission*, European Governance: A White Paper. Brüssel 2001, S. 7: „European integration has delivered fifty years of stability, peace and economic prosperity."
[19] Vgl. z. B. zu Österreich *Michael Gehler*, Österreichs Weg in die Europäische Union. Innsbruck 2009; ders., Der lange Weg nach Europa. 2 Bde. Innsbruck 2002; allgemeiner z. B. *Michael Gehler/Rolf Steininger* (Hrsg.), Die Neutralen und die europäische Integration, 1945–1995. Wien 2000.

dem linken Christdemokraten Jakob Kaiser.[20] Auch de Gaulles' Europapolitik folgte einem derartigen Kurs.[21]

Die USA unterstützten den Einigungsprozess dennoch bis in die 1960er Jahre massiv und flankierten ihn durch ihre Sicherheitsgarantie. Zugleich sollte man ihre Rolle nicht überbetonen.[22] Geir Lundestad sprach zwar von einem transatlantischen „Empire by integration". Demnach hätten die Westeuropäer die USA seit 1945 wiederholt eingeladen, die Führungsrolle in und für Westeuropa zu übernehmen.[23] Das ist etwas überspitzt, da im Tagesgeschäft europäischer Einigung der amerikanische Einfluss wenig spürbar war. Es wäre es für die Vereinigten Staaten allerdings relativ einfach gewesen, integrationspolitische Anstrengungen zu unterbinden. Zumindest für die Zeit des Kalten Krieges bildeten die USA deswegen eine *externe* Hegemonialmacht, welche die allgemeinen Rahmenbedingungen, gelegentlich aber auch die konkreten Spielräume europäischer Integration prägten. Deswegen wäre es falsch, europäische Integration ganz von Fragen der Hegemonie abzuheben.

Sondermerkmal Supranationalität?

Regionale Zusammenschlüsse ohne direkte Beteiligung einer offen hegemonialen Macht gibt es nicht nur in Europa. Und selbst in der Alten Welt fallen keineswegs alle in jenes Feld, welches die Literatur normalerweise als europäische Integration bezeichnet. Verwiesen sei auf ein weites Spektrum von Organisationen, das global von der African Union über Asean und Mercosur zur Shanghai Cooperation Organization reicht und in Bezug auf Europa etwa den Nordischen Rat oder die Europäische Patentorganisation umfasst.[24] Selbst die Marschallplan-Organisation OECD, auf deren Vorgängerorganisation OEEC in den späten 1940er Jahren die Hoffnungen vieler Integrationsbefürworter lagen, wird heute eher selten mit dem Kerngeschäft europäischer Integration assoziiert. Dasselbe gilt für den 1949 gegründeten Europarat als weiterem Anlauf zum Zusammenschluss Europas. Während die Integrationshistoriographie sowohl die OEEC als auch den Europarat zumeist als Vorge-

---

[20] Vgl. etwa *Wilfried Loth*, Der Weg nach Europa: Geschichte der europäischen Integration 1939–1957. 3. Aufl. Göttingen 1996, S. 28–47.

[21] Vgl. z. B. *Jeffrey Vanke*, Charles de Gaulle's Uncertain Idea of Europe, in: Desmond Dinan (Hrsg.), Origins and Evolution of the European Union. Oxford 2006, S. 141–165; *Maurice Vaïsse*, La Grandeur: Politique étrangère du général de Gaulle, 1958–1969. Paris 1998.

[22] Vgl. *Matthias Schulz/Thomas A. Schwartz* (Hrsg.), The Strained Alliance: U.S.-European Relations from Nixon to Carter. Cambridge 2010.

[23] *Geir Lundestad*, The United States and Western Europe since 1945: From „Empire" by Invitation to Transatlantic Drift. Oxford 2003.

[24] Vgl. insgesamt zur Welt der Internationalen Organisationen etwa *Akira Iriye*, Global Community: The Role of International Organizations in the Making of the Contemporary World. Berkeley 2002, v. a. S. 157–193.

schichte abtut, ruht ihre Aufmerksamkeit für die Zeit ab den 1950er Jahren zumeist einseitig auf der EWG und ihren Folgeorganisationen.[25]

Warum unterscheidet die Literatur zwischen den zunächst genannten Formen der Kooperation und dem, was dann europäische Integration heißt? Zumeist wird auf eine völkerrechtliche Differenz verwiesen, welche die EU und ihre Vorläuferorganisationen auszeichne. Primär ist damit die Supranationalität gemeint, das heißt die dauerhafte Verlagerung rechtlicher Zuständigkeiten von der nationalstaatlichen auf eine höher gelegene Ebene, so dass dort rechtsverbindliche Mehrheitsbeschlüsse mit unmittelbarer Wirkung gefasst werden können.[26] Im Gegensatz zur EU und ihren Vorgängern ging keine der anderen, oben genannten Organisationen so weit bei der Kompetenzverlagerung. Vielmehr kooperierten dort souveräne Staaten miteinander. Ihre supranationalen Elemente geben der EU dagegen einen hybriden Charakter. Sie gilt deswegen als Wesen *sui generis*, das besondere Aufmerksamkeit verdient.[27]

Wiederum ist interessant, dass diese Interpretation auf das Engste mit der Begriffsgeschichte europäischer Integration verbunden ist. Denn bereits in der Frühphase des Einigungsgeschehens wiesen die Akteure selbst auf den besonderen Charakter des Einigungsprojekts hin. So sprach etwa Hallstein in den frühen 1960er Jahren von der EWG als Wesen „sui generis, a new kind of political animal", und er grenzte sie damit von anderen Formen der Kooperation in Europa oder anderswo ab.[28] Diese Deutung hat auch die Forschung die längste Zeit geprägt und dürfte heute Mehrheitsmeinung sein. Manche, wie Timothy Garton Ash, haben sie leicht ironisch gebrochen – vertrat er doch zeitweise die Meinung, die EU sei aufgrund ihrer Unkonventionalität am besten als „the thing" charakterisiert.[29] Die meisten anderen Autoren haben sich durch eine Vielzahl von Definitionsversuchen bemüht, den *sui generis*-Charakter genauer zu fassen. So hat etwa Philippe Schmitter die EU als „new, post-Hobbesian order" bezeichnet, und Paul Kirchhof hat sie als „Staatenverbund" charakterisiert.[30]

---

[25] Vgl. z. B. *Wiener/Diez*, European Integration Theory; vgl. deswegen auch die marginale Stellung, die diese Organisationen in vielen Gesamtdarstellungen einnehmen; z. B. *Franz Knipping*, Rom, 25. März 1957: Die Einigung Europas. München 2004.

[26] Die exakte Definition von Supranationalität ist umstritten; die obige Definition stellt jedoch jenen Kern dar, auf den sich die meisten Experten einigen können; vgl. z. B. *Nigel D. White*, The Law of International Organizations, 2. Aufl. New York 2005, S. 60–62; *Guido Thiemeyer*, Supranationalität als Novum in der Geschichte der internationalen Beziehungen der fünfziger Jahre, in: Journal of European Integration History 4, 1998, S. 5–22.

[27] Vgl. mit diesem Argument z. B. *Paul P. Craig*, Institutions, Power, and Institutional Balance, in: ders./Gráinne De Búrca (Hrsg.), The Evolution of EU Law. 2. Aufl. Oxford 2011, S. 41–84; *Mark Gilbert*, Surpassing Realism: The Politics of European Integration since 1945. Oxford 2003, v. a. S. 1–4; *Thiemeyer*, Supranationalität als Novum.

[28] *Walter Hallstein*, United Europe: Challenge and Opportunity. Cambridge, MA 1961, S. 28.

[29] *Timothy Garton Ash*, Two little Letters that Make a Word too far, in: Independent, 22. 11. 1993; ders., Im Namen Europas. Deutschland und der geteilte Kontinent. München 1993.

[30] Vgl. z. B. *Philippe C. Schmitter*, The European Community as an Emergent and Novel Form of Political Domination. Madrid 1991, v. a. S. 12–29; *Paul Kirchhof*, Der deutsche Staat im Prozeß

Bereits die Montanunion von 1952 als das erste Kooperationsprojekt jener sechs Staaten, die fünf Jahre später die EWG und Euratom bilden sollten, war deutlich jedoch weniger supranational, als man es oft meint. Das mussten auch die Akteure in der Hohen Behörde der EGKS lernen, die noch 1952 davon ausgegangen waren, dass die eigenen Kompetenzen in wichtigen Bereichen „sont analogues à celles d'un Etat".[31] Nicht zuletzt aufgrund des Drucks der französischen Regierung erwies sich dies bald als Illusion.[32]

Die Römischen Verträge brachten dann einen neuen Schub für die Supranationalität. Aber selbst in jenen Politikfeldern, die fortan als vergemeinschaftet galten, behielten die Mitgliedsstaaten bedeutende Aufgaben für sich. Die Gemeinsame Agrarpolitik (GAP), das Flaggschiffprojekt der frühen EWG, bietet dafür ein Beispiel: Im agrarstrukturpolitischen Bereich blieben in den 1960er Jahren zentrale Kompetenzen bei den Mitgliedsstaaten, und im vergemeinschafteten Teil gingen wichtige Befugnisse an den Ministerrat, wo die Mitgliedsstaaten auf ihr Vetorecht drangen und wo mit dem Luxemburger Kompromiss von 1966 das Prinzip der Mehrheitsentscheidung stark relativiert wurde.[33] Aufbauend auf einer „realistischen" Deutung des Integrationsgeschehens hat eine Vielzahl von Studien zudem betont, dass Integration lediglich ein Mittel zur Rettung und Rekonstruktion der europäischen Nationalstaaten gewesen sei. Auch diese These, am prominentesten vertreten von Alan S. Milward, räumt der Supranationalität keinen zentralen Stellenwert ein.[34]

Während solche Einwände wohl bekannt sind, wird in jüngster Zeit die Eigenart der EU und ihrer Vorläufer von einer zweiten Seite hinterfragt: Guido Thiemeyer und Isabel Tölle haben jüngst argumentiert, dass sich bereits in Internationalen Organisationen des 19. Jahrhunderts supranationale Elemente fänden. Ihr Beispiel ist die Zentralkommission für die Rheinschifffahrt, die 1816 als Kind des Wiener Kongresses ihre Arbeit aufnahm und die älteste Internationale Organisation überhaupt darstellt. Mehr noch als die Zentralkommission selbst wies laut Thiemeyer und Tölle der zwischen Frankreich und dem Deutschen Reich bereits 1804 geschlossene Octroivertrag zur Rege-

---

der europäischen Integration, in: Josef Isensee/ders. (Hrsg.), Handbuch des Staatsrechts der Bundesrepublik Deutschland, Bd. VII. Heidelberg 1992, § 183, S. 855–886. Dieser Begriff ging dann auch in das berühmte Maastricht-Urteil des Bundesverfassungsgerichts ein; als eines der neuesten Beispiele für derartige Definitionsversuche vgl. *Jürgen Neyer/Antje Wiener* (Hrsg.), Political Theory of the European Union. Oxford 2011.

[31] Historisches Archiv der European Union, Florenz, CEAB 5/17, Note sur les relations extérieurs, 7. 10. 1952.

[32] Vgl. *Dirk Spierenburg/Raymond Poidevin*, Histoire de la haute autorité de la Communauté Européenne du charbon et de l'acier. Une éxperience supranationale. Brüssel 1993.

[33] Vgl. *Ann-Christina L. Knudsen*, Farmers on Welfare: The Making of Europe's Common Agricultural Policy. Ithaca 2009; *Kiran Klaus Patel*, Europäisierung wider Willen. Die Bundesrepublik Deutschland in der Agrarintegration der EWG 1955–1973. München 2009; zum Luxemburger Kompromiss *Jean-Marie Palayret/Helen Wallace/Pascaline Winand* (Hrsg.), Visions, Votes and Vetoes: The Empty Chair Crisis and the Luxemburg Compromise. Forty Years On. Brüssel 2006.

[34] Vgl. *Alan S. Milward*, The European Rescue of the Nation-State. 2. Aufl. London 2000 (1992).

lung des Schiffverkehrs auf dem Rhein derartige Elemente auf.[35] Auf eine Spurensuche nach Supranationalität hat sich kürzlich auch Fritz Georg von Graevenitz begeben und ist bei den internationalen Zuckerabkommen der ersten Hälfte des 20. Jahrhunderts fündig geworden.[36] Sicherlich handelt es sich in diesen Fällen lediglich um Ansätze von Supranationalität, aber wie oben gezeigt, waren auch die EGKS oder die EWG keineswegs vollständig supranational. Insgesamt rüttelt die Forschung somit am Sockel der Montanunion, die bisher als erste teilweise supranationale Institution galt.

Eine dritte Zangenbewegung gegen den Sonderstatus der EU und ihrer Vorgänger geht von den Politikwissenschaften aus. So hat Tanja Börzel kürzlich argumentiert, dass es nicht besonders produktiv sei, die heutige EU als singuläre Erscheinung zu verstehen. Wie auch ihre Mitgliedsländer oder andere Staaten baue sie vielmehr auf verschiedenen Formen von Governance auf, welche die gesamte Reichweite zwischen marktförmigen und hierarchischen Lösungen umfassten. Aus der Perspektive einer Governance-Forschung, für welche die Begriffe Supranationalität und Intergouvernementalismus den zentralen Stellenwert verloren haben, liegen zwischen der EU und Internationalen Organisationen oder den Nationalstaaten lediglich graduelle Unterschiede vor, nicht aber solche grundsätzlicher Natur.[37]

Zusammengefasst: Nimmt man Supranationalität als Gradmesser, so wird mit zunehmender Beschäftigung immer fragwürdiger, was an der EGKS, der EWG oder der EU einzigartig ist. Nicht in der Supranationalität an sich, sondern im hybriden Charakter liegt das Bemerkenswerte der Institutionen von der EGKS zur EU. Erste integrationshistorisch informierte Arbeiten zum 19. Jahrhundert zeigen jedoch, dass Supranationalität kein völliges Novum der Nachkriegszeit darstellt. Moderne Nationalstaatsbildung und Ansätze, die auf die Überwindung dieser Form zielten, gingen vielmehr von Anfang an Hand in Hand. In ähnlicher Weise haben Sebastian Conrad und andere in jüngerer Zeit argumentiert, dass transnationale Verflechtung und Nationsbildung nicht wie zwei Etappen einer konsekutiven Entwicklung einander folgten, sondern sich wechselseitig bedingten.[38] Zugleich implizieren die Thesen

---

35 Vgl. *Guido Thiemeyer/Isabel Tölle*, Supranationalität im 19. Jahrhundert? Die Beispiele der Zentralkommission für die Rheinschifffahrt und des Octroivertrages 1804–1832, in: Journal of European Integration History, 17, 2012, S. 177–196.

36 Vgl. *Fritz Georg von Graevenitz*, Exogenous Transnationalism: Java and „Europe" in an Organized World Sugar Market, in: Contemporary European History 20, 2011, S. 257–280.

37 Vgl. *Tanja Börzel*, European Governance: Negotiation and Competition in the Shadow of Hierarchy, in: Journal of Common Market Studies 48, 2010, S. 191–219; mit einem ganz anderen Argument, aber letztlich auch die Sonderstellung der EU in Frage stellend z. B. *Andrew Moravcsik*, Is there a ‚Democratic Deficit' in World Politics? A Framework of Analysis, in: Government and Opposition 39, 2004, S. 336–363; als kritische Reflektion des governanceturns in der EU(-Forschung) *Shore*, „European Governance"; und als Verortung dieses Forschungstrends, die EU nicht als sui generis-Wesen zu sehen, vgl. z. B. *Mette Eilstrup-Sangiovanni*, Debates on European Integration. Basingstoke 2006, S. 1–13.

38 Vgl. *Sebastian Conrad*, Globalisierung und Nation im Deutschen Kaiserreich. München 2006; vgl. als einen der Ausgangspunkte dieses Arguments in der globalisierungstheoretischen Lite-

von Börzel und anderen, dass unsere Bewertungsmaßstäbe historisch gewachsen und durch die Akteure selbst geprägt sind.

Die Wirkungsmacht europäischer Einigung: Das Beispiel ökonomischer Performanz

Ein weiterer Grund, warum die EU und ihre Vorläufer in der Integrationshistoriographie oft privilegiert werden, liegt in der schieren Wirkungsmacht der europäischen Einigung. In Zeiten der Eurokrise steht diese außer Frage; problematischer ist jedoch, diesen Faktor allzu einfach in die Geschichte zurückzuprojizieren. Lange Zeit hat sich die historische Integrationsforschung diesem Problem kaum gestellt und sich im Wesentlichen auf eine Rekonstruktion und Analyse der internationalen Verhandlungen konzentriert, die zum jeweils nächsten Integrationsschritt führten. Die Fortentwicklung von einmal in die Welt gesetzten Politiken und Behörden, etwa der Montanunion oder der gemeinsamen Wettbewerbspolitik auf Grundlage der Römischen Verträge, fand dagegen wenig Beachtung. In diesem Sinne blieb die Integrationshistoriographie lange Zeit fest in einer ziemlich klassisch angelegten Diplomatiegeschichte verankert. Sie reproduzierte in ihrer Schwerpunktsetzung zugleich jene politische Logik der Akteure, die wirtschaftliche Integration vor allem an übergreifend-politische Ziele band.[39]

Kaum beachtet wurde etwa die enorme Eigendynamik, die das Recht im europäischen Einigungsprozess entfaltet hat. Eine Serie von Entscheidungen des Europäischen Gerichtshofs hat seit den 1960er Jahren ganz wesentlich zu den Dynamiken des Einigungsprozesses beigetragen – ohne dass dies auf dem Radarschirm klassisch-diplomatiegeschichtlicher Werke angemessen erkannt würde.[40] Noch nahe liegender ist die Frage, welche ökonomischen, sozialen und kulturellen Effekte die Integration zeitigte. Auch dieses Problem hat die Forschung lange Zeit relativ wenig beschäftigt; vielmehr wurde solche Wirkungsmacht häufig einfach unterstellt. Kausalitätsannahmen dieser Art sind per definitionem problematisch.[41]

---

ratur *Arjun Appadurai*, Disjuncture and Difference in the Global Cultural Economy, in: Public Culture 2, 1990, S. 1–24.

[39] Vgl. wiederum *Kaiser/Varsori*, European Union History; *Patel*, Europäische Integrationsgeschichte auf dem Weg zur doppelten Neuorientierung.

[40] Vgl. dazu etwa *Morten Rasmussen*, From Costa vs. ENEL to the Treaties of Rome: A Brief History of a Legal Revolution, in: Miguel Poiares Maduro/Loïc Azoulai (Hrsg.), The Past and Future of EU Law: The Classics of EU Law Revisited on the 50th Anniversary of the Rome Treaty. Oxford 2010, S. 69–85; *Antoine Vauchez*, Integration-through-Law. Contribution to a Socio-history of EU Political Commonsense, in: EUI RSCAS Working Papers 10, 2008.

[41] Deswegen hat sich ein Teil der Geschichtswissenschaft von solchen Kausalitätsfragen weitgehend verabschiedet. Das gilt besonders für die Kulturgeschichte; vgl. z. B. *Thomas Mergel*, Überlegungen zu einer Kulturgeschichte der Politik, in: GG 28, 2002, S. 574–606.

Ein Beispiel: Bekanntlich konzentrierten sich die integrationspolitischen Bemühungen die längste Zeit primär auf das Ökonomische. Welchen Beitrag hat also die europäische Einigung zur Wirtschaftsgeschichte Westeuropas geleistet? Es liegen erstaunlich wenige Studien zur wirtschaftlichen Dimension europäischer Integration vor, und es gibt es kaum einen Brückenschlag zur Politikgeschichte europäischer Einigung. Aber auch inhaltlich lässt sich kein Konsens ausmachen. Während etwa Barry Eichengreen errechnet hat, dass sich die Einkommen in den EWG-Staaten als Effekt europäischer Einigung zwischen 1959 und 1969 um stattliche vier Prozent erhöhten, spricht Béla Balassa von einem Anstieg des Bruttoinlandsprodukts im selben Zeitraum um weniger als ein Prozent.[42] Auf Balassa und anderen aufbauend haben Werner Plumpe und André Steiner jüngst die provokante Frage aufgeworfen, ob es nicht einen Zusammenhang zwischen Wachstumsschwäche in den letzten Jahrzehnten und Einigung gebe – schließlich habe sich das Wirtschaftswunder im Wesentlichen vor Einsetzen der politischen Integration in Westeuropa vollzogen. Statt institutionelle Schritte als Motor zu sehen, erscheint sie hier eher als Hindernis.[43] An der Schnittstelle zwischen Institutionengeschichte und wirtschaftshistorischer Analyse sind somit viele Probleme ungeklärt. Das gilt noch mehr, wenn man sich für den Zusammenhang zwischen innereuropäischen und weltwirtschaftlichen Entwicklungen interessiert, da die Wechselwirkungen natürlich nicht an den Außengrenzen der Mitgliedsstaaten Halt machten.[44] Auch ein Schulterschluss zu den wenigen sozialhistorisch angelegten Studien europäischen Zuschnitts ist noch nicht erfolgt; zugleich interessiert sich die Soziologie erst seit Neuerem in größerem Umfang für europäische Integration.[45] Lediglich in Bezug auf Identitätsfragen gibt es in jüngster Zeit interessante Querverbindungen zur

---

[42] Vgl. *Barry Eichengreen*, The European Economy since 1945: Coordinated Capitalism and Beyond. Princeton 2007, v.a. S. 163–197; *Béla Balassa*, Trade Creation and Diversion in the European Common Market: An Appraisal of the Evidence, in: ders. (Hrsg.), European Economic Integration. Amsterdam 1975, S. 77–118; vgl. z.B. auch *Willem Molle*, The Economics of European Integration: Theory, Practice, Policy, 5. Aufl. Ashgate 2006; *Gerold Ambrosius*, Wirtschaftsraum Europa. Vom Ende der Nationalökonomien. Frankfurt/Main 1996, v.a. S. 10–63.

[43] Vgl. *Werner Plumpe/André Steiner*, Dimensionen wirtschaftlicher Integrationsprozesse in West- und Osteuropa nach dem Zweiten Weltkrieg, in: Jahrbuch für Wirtschaftsgeschichte 2, 2008, S. 21–38. Mit anderen Argumenten, aber einer ähnlichen Stoßrichtung vgl. auch *John Gillingham*, European Integration, 1950–2003: Superstate or New Market Economy? New York 2003.

[44] Vgl. dazu etwa *Alessandra Bitumi/Gabriele D'Ottavio/Giuliana Laschi* (Hrsg.), La Comunità europea e le relazioni esterne 1957–1992. Bologna 2008, S. 12.

[45] Vgl. als eine der wenigen Ausnahmen *Hartmut Kaelble*, Sozialgeschichte Europas. 1945 bis zur Gegenwart. München 2007; als Einstieg in die soziologischen Debatten *Sabine Saurugger/Frédéric Mérand*, Does European Integration Theory Need Sociology?, in: Comparative European Politics 8, 2010, S. 1–18; und als einer der ersten empirischen Versuche eines Brückenschlags zwischen der Internationalen Geschichte der Integration und der Sozialgeschichte *Nicolas Verschueren*, Fermer les mines en construisant l'Europe: Une histoire sociale de l'intégration européenne. Unpublizierte Dissertation, Freie Universität Brüssel, 2010.

Politikgeschichte, etwa wenn nach den Veränderungen im Selbstverständnis geforscht wird, die sich aus der Mitarbeit an europäischen Institutionen ergaben.[46] Zu jener kulturhistorischen Wende, welche die Internationale Geschichte in den letzten Jahren wesentlich geprägt hat, bleiben die Bindungen bisher dennoch lose.

Mehrere Gründe lassen sich für diese besondere Politik- und Institutionenzentrierung der Integrationsgeschichte ins Feld führen. Biographische Faktoren und Schulenbildungen sowie wissenschaftsorganisatorische Gründe wären hier etwa zu nennen. Ein weiterer Faktor stellt die besondere Komplexität des Einigungsprozesses dar: Eine stetig steigende Zahl von Mitgliedsstaaten gilt es dabei ebenso zu bedenken wie die kontinuierliche Ausweitung von miteinander interagierenden Kompetenzfeldern in einem zunehmend unübersichtlichen Umfeld. Die sprachlichen, logistischen und darstellerischen Barrieren, diesen Zusammenhängen gerecht zu werden, sind immens. Das gilt umso mehr, da die Integrationsgeschichte besonders seit den 1990er Jahren mit leichter Verspätung dem generellen Trend der Internationalen Geschichte gefolgt ist[47] und nun stark auf multiarchivalische und multinationale Forschungen setzt. Wer aber kann Italienisch und Dänisch; wer hat die Zeit und die Mittel, in den Archiven von mehr als einem halben Dutzend Mitgliedsstaaten zu forschen, ohne dabei wichtige Außenperspektiven, wie die der USA, zu vernachlässigen? All dies mag zugleich dazu beigetragen haben, dass eine Öffnung der Integrationsgeschichte über die Diplomatiegeschichte hinaus erst in Ansätzen erfolgt ist und die Unterstellung von deren Relevanz für den Einigungsprozess oft allzu unreflektiert erfolgt. Forschungspraktisch zeigt sich heute außerdem, dass das Mantra einer möglichst weitgehenden multiarchivischen Recherche neu durchdacht werden muss. Ebenso dringlich stellt sich die Frage, wie jene Entökonomisierung der Geschichtswissenschaft[48], welche das Fach als Ganzes ebenso prägt wie die Internationale Geschichte und die Integrationsgeschichte, aufgehalten werden kann. Schließlich ist offensichtlich, dass ein rein institutionenhistorischer Zugriff auf enge Grenzen stößt.

---

[46] Vgl. z. B. *Katja Seidel*, The Process of Politics in Europe: The Rise of European Elites and Supranational Institutions. London 2010; *Maximilian Müller-Härlin*, Nation und Europa in Parlamentsdebatten zur Europäischen Integration. Identifikationsmuster in Deutschland, Frankreich und Großbritannien nach 1950. Baden-Baden 2008; *Stefan Seidendorf*, Europäisierung nationaler Identitätsdiskurse? Ein Vergleich französischer und deutscher Printmedien. Baden-Baden 2007; *Achim Trunk*, Europa, ein Ausweg. Politische Eliten und europäische Identität in den 1950er Jahren. München 2007.

[47] Vgl. als wichtigen Ausgangspunkt dieser Debatte in der Internationalen Geschichte: *Charles S. Maier*, Marking Time: The Historiography of International Relations, in: Michael G. Kammen (Hrsg.), The Past Before Us: Contemporary Historical Writing in the United States. Ithaca 1980, S. 355–387.

[48] Vgl. *Jürgen Kocka*, Bodenverluste und Chancen der Wirtschaftsgeschichte, in: VSWG 82, 1995, S. 501–504.

Transnationale Wende und extrinsische Perspektive

Die vierte und letzte Dimension lässt sich unter den Stichpunkten transnationale Wende und extrinsische Perspektive zusammenfassen. Zumeist geht es hier darum, andere Akteursgruppen als lediglich jene von staatlicher Seite in den Blick zu nehmen und in dieser Hinsicht unsere Vorstellung von „europäischer Integration" zu verändern. Wiewohl dieser Ansatz relativ jung ist, hat er in kurzer Zeit eine erstaunliche Menge an Befunden generiert.

Freilich, seit langem gab es empirische Arbeiten zur Rolle von Interessenverbänden oder Parteien in der Integration. Milwards Studien bieten dafür viele Beispiele, sind zugleich aber bezeichnend. Wiewohl etwa Jean Monnets Aktionskomitee für die Vereinigten Staaten von Europa, das britische Advisory Committee of the Car Manufacturers' Association oder die Amicale Parlementaire Agricole sein Standardwerk „The European Rescue of the Nation-State" bevölkern[49], ist seine These ganz auf die Rolle der Mitgliedsstaaten zugeschnitten. Deswegen ist sein Werk zu Recht als „state-centric" bezeichnet worden, und eine ähnliche Kritik ließe sich auch an vielen anderen Arbeiten formulieren, die auf „realistischen" Prämissen fußen.[50] Erst in den letzten Jahren ist eine explizite Debatte über Alternativen entstanden. Zu erwähnen sind etwa die Arbeiten von Wolfram Kaiser, der neben empirischen Beiträgen eine Typologie entwickelt hat, wie transnationale Akteure Einfluss auf die europäische Einigung genommen haben. Eine wachsende Zahl von Studien zur Rolle von Parteinetzwerken, Lobbygruppen oder Wissenschaftlern haben solche konzeptionellen Aussagen empirisch unterfüttert.[51]

Bereits bevor es zur Verdichtung der Debatte über Transnationalität im Einigungsprozess kam, rückte ein Teil der Forschung das Eigengewicht supranationaler Institutionen auf die Agenda. Vor allem die Arbeiten von N. Piers Ludlow verdienen in diesem Kontext Beachtung, der neben der multiarchivalischen Analyse der Mitgliedsstaaten den Blick auf die Europäische Kommission und weniger bekannte Akteure wie den COREPER geschärft hat.[52]

---

[49] Vgl. *Milward*, The European Rescue of the Nation-State.
[50] Vgl. zur Kritik etwa *Wolfram Kaiser/Brigitte Leucht/Morten Rasmussen* (Hrsg.), The History of the European Union: Origins of a Trans- and Supranational Polity 1959–72. New York 2009; zur nach wie vor (zu) großen Bedeutung des Realismus für die Internationale Geschichte vgl. z. B. *Patrick Finney*, Introduction: What is International History?, in: ders. (Hrsg.), Palgrave Advances in International History. New York 2005, S. 1–35.
[51] Vgl. *Wolfram Kaiser*, Christian Democracy and the Origins of European Union. Cambridge 2007; ferner z. B. *Michael Gehler/Wolfram Kaiser/Brigitte Leucht* (Hrsg.), Netzwerke im europäischen Mehrebenensystem von 1945 bis zur Gegenwart. Wien 2009..
[52] Vgl. *N. Piers Ludlow*, The European Community and the Crises of the 1960s: Negotiating the Gaullist Challenge. London 2006; vgl. auch bereits sein in dieser Hinsicht ähnlich angelegtes, erstes Buch: *ders.*, Dealing with Britain: The Six and the First UK Application to the EEC. Cambridge 1997. – COREPER steht für den Ausschuss der Ständigen Vertreter der Mitgliedsstaaten in Brüssel, die Abkürzung kommt vom französischen Comité des représentants permanents.

Zugleich verweisen diese Forschungen darauf, dass die vor allem von Politikwissenschaftlern geliebte Unterscheidung in staatlich/nichtstaatlich häufig verschwimmt, während Akteure häufig durch die Vielfalt ihrer Bindungen und Ämter an Wirkungsmacht gewinnen. Bei Jean Monnet etwa war die Person wichtiger als das Amt, schließlich hielt er nie eine wichtige Position auf nationaler Ebene und diente auch nur relativ kurz als Präsident der Hohen Behörde der EGKS. Trotzdem wurde er zum Beispiel in den USA mit hohen Würden empfangen und spielte eine wichtige Rolle als Netzwerker, besonders über das von ihm organisierte Aktionskomitee.[53] Deswegen gerät eine Differenzierung, die – wiederum der Politikwissenschaft folgend – „transnational" über den Akteurscharakter definiert, an ihre Grenzen. In der breiteren Debatte über Transnationale Geschichte gibt es die Tendenz, Transnationalität eher als wissenschaftliche Perspektive und demnach über das erkenntnisleitende Interesse zu verstehen[54], und diesen Ansatz lohnt es sich auch für die Integrationsgeschichte künftig weiter zu verfolgen.[55] Zugleich ist der von Ludlow geprägte Begriff der „supranational history of European integration" ein wenig unscharf, da er sich selbst primär für Kommission und Ministerrat interessiert, dagegen dem für diesen Zusammenhang immens wichtigen Europäischen Gerichtshof kaum Raum gibt. Außerdem wird er dem hybriden Charakter der EU und ihrer Vorläufer nicht gerecht.[56]

Insgesamt haben Studien unter dem Banner der trans- und der supranationalen Geschichte in den letzten Jahren wesentlich dazu beigetragen, den Charakter europäischer Integration genauer zu bestimmen. Mit leichter Verspätung haben sie jene konzeptionellen Veränderungen vollzogen, welche die Internationale Geschichte insgesamt prägen. Zur interdisziplinären Debatte über den Einigungsprozess tragen sie zudem bei, indem sie eine Kernannahme vieler politikwissenschaftlicher Studien hinterfragen: ob nämlich jene Formen des „Regierens jenseits des Nationalstaats", die oft als „new modes of governance" bezeichnet werden, tatsächlich so neu sind, wie in der Nachbardisziplin oft behauptet wird.[57]

---

[53] Vgl.. Une dynamique européenne. Le Comité d'Action pour les États-Unis d'Europe. Actes du colloque organisé par la Fondation Jean Monnet pour l'Europe, Lausanne, 11 et 12 septembre 2009. Paris 2011.

[54] Vgl. etwa *Akira Iriye/Pierre-Yves Saunier*, Introduction, in: dies. (Hrsg.), The Palgrave Dictionary of Transnational History. New York 2009, S. XVII–XX.

[55] Vgl. dazu *Patel*, Europäisierung wider Willen.

[56] Vgl. *Ludlow*, The European Community and the Crises of the 1960s.

[57] Vgl. *Michael Zürn*, Regieren jenseits des Nationalstaats: Globalisierung und Denationalisierung als Chance. Frankfurt/Main 1998; *Thomas Risse/Ursula Lehmkuhl* (Hrsg.), Regieren ohne Staat? Governance in Räumen begrenzter Staatlichkeit. Baden-Baden 2007. Pars pro toto für die Literatur, die davon ausgeht, dass es sich um „neuartige Formen" handele, vgl. *Paul Thurner*, Die graduelle Konstitutionalisierung der Europäischen Union: Eine quantitative Fallstudie am Beispiel der Regierungskonferenz 1996. Tübingen 2006, hier S. 3; dagegen historisch deutlich sensibler: *Ingeborg Tömmel/Amy Verdun*, Innovative Governance in the European Union, in: dies. (Hrsg.), Innovative Governance in the European Union: The Politics of Multilevel Policymaking. Boulder 2009, S. 1–8.

Zur transnationalen Dimension tritt außerdem die komparative, welche zugleich weitere Kontexte stärker berücksichtigt. Bisher ist das Gros der Integrationshistoriographie primär „intrinsisch" vorgegangen und hat sich dem Binnengefüge europäischer Institutionen zugewandt. Dieser Zugriff stützte zugleich die Unterstellung von Einmaligkeit in Bezug auf EGKS, EWG oder EU. Demgegenüber ist in den letzten Jahren das Interesse daran gewachsen, systematischer zu vergleichen und europäische Integration diachron und synchron breiter zu kontextualisieren. Wie erkenntnisfördernd es ist, wenn man sich dem 19. Jahrhundert zuwendet und nach den Wurzeln der Supranationalität sucht, wurde bereits anhand der Thesen von Thiemeyer, Tölle und Graevenitz verdeutlicht. Ähnliches gilt für die wenigen vorhandenen, systematisch-diachronen Analysen, die hinter 1945 zurückgehen und etwa nach dem Vergleich von Kooperationsformen in der Globalisierungswelle vor 1914 und für die Zeit nach 1945 fragen.[58] Auf der synchronen Ebene verweisen außerdem erste Studien jüngst darauf, dass sich der EWG-Pfad gelegentlich als Holzweg erwies, da es bereits auf einer anderen inter- oder transnationalen Plattform zu einer Form der Kooperation gekommen war, welche den Bedürfnissen der beteiligten Akteure mehr entsprach als der Gang nach Brüssel. Was bislang aus EU-Perspektive einseitig als Scheitern verstanden wurde, erscheint so in neuem Licht – und verweist auf die Notwendigkeit, die EU und ihre Vorläufer stärker im Kontext anderer Foren zu studieren sowie in Wechselwirkung mit nichteuropäischen Akteuren.[59] Auch jene Studien, welche jüngst die Frage nach dem Wechselverhältnis von Integration und Globalisierung aufwerfen, zielen über den Tellerrand des bisher Vorhandenen hinaus und suchen den Anschluss an weitere Debatten im Feld der Internationalen Geschichte.[60]

Schluss: Integrationsgeschichte sine fine

In einem Manuskript aus dem Jahr 1965 charakterisierte Rolf Lahr, Staatssekretär im Auswärtigen Amt, die Sonderstellung der Europäischen Einigung in der Nachkriegsgeschichte in dreierlei Hinsicht: „dank der Neuartigkeit der

---

[58] Vgl. etwa *Christian Henrich-Franke/Cornelius Neutsch/Guido Thiemeyer* (Hrsg.), Internationalismus und Europäische Integration im Vergleich. Fallstudien zu Währungen, Landwirtschaft, Verkehrs- und Nachrichtenwesen. Baden-Baden 2007.
[59] Vgl. z. B. *Kiran Klaus Patel/Johan Schot*, Twisted Paths to European Integration: Comparing Agriculture and Transport in a Transnational Perspective, in: Contemporary European History 20, 2011, S. 383–403; *Martin Rempe*, Entwicklung im Konflikt. Die EWG und der Senegal, 1957–1975. Köln 2012.
[60] Vgl. etwa *Gérard Bossuat* (Hrsg.), L'Europe et la mondialisation. Paris 2006; *Anne Deighton/Gérard Bossuat* (Hrsg.), L'Union européenne, acteur de la sécurité mondiale. Paris 2007.

Methoden", aufgrund der „schon erzielten Erfolge" sowie schließlich „im Blick auf die hochgesteckten Ziele".[61]

Nimmt man die obigen Befunde zusammen, so stellt sich die Frage nach den Spezifika der EU und ihrer Vorläufer im Umfeld anderer europäischer und internationaler Organisationen mit neuer Dringlichkeit. Supranationalität, lange als spezifisch für EGKS, EG und EU gesehen, war jüngsten Erkenntnissen zufolge keine völlig neuartige Methode. Zugleich werfen Arbeiten wie die von Börzel das Problem auf, ob Kategorien wie Supranationalität und Intergouvernementalismus entscheidend sind, um politische und administrative Praktiken zu verstehen.

Auch bei der Frage nach den Erfolgen, als Lahrs zweitem Kriterium, muss man differenzieren. Beachtlich waren diese auf der Ebene politischer Verhandlungen: Dass man sich auf eine so enge Form der Kooperation verständigen konnte, muss für sich als überaus bemerkenswert gelten. Die Auswirkungen auf die konkret betroffenen Sektoren – sei es bei Kohle, Stahl, Euratom oder späteren Projekten – blieben dagegen oft weit hinter den Erwartungen zurück. Auch der Beitrag zur Umsetzung übergreifender Antriebskräfte neben der ökonomischen Dimension – wie der Friedenssicherung, der Einhegung Deutschlands, oder der politischen Konkurrenzfähigkeit gegenüber den Supermächten[62] – lässt sich häufig nur ex post bemessen, wobei sich dann schnell das Kausalitäts- und das Teleologieproblem stellt.[63] Denn leicht sitzt man der Versuchung auf, Motive mit Effekten gleichzusetzen und Elemente der EU von heute auf die genau vor 60 Jahren geschaffene Montanunion zurückzuprojizieren. Für die Zeitgenossen blieben die genauen ökonomischen und sozialen Effekte kaum greifbar, und das europäische Projekt wurde eher durch einen permissiven Konsens getragen als durch breite Unterstützung. Selbst heute ist die Geschichte seiner wirtschaftlichen und sozialen Auswirkungen erstaunlich schlecht untersucht. Eine einfache Antwort nach den „erzielten Erfolgen" ist somit jenseits von politischen Sonntagsreden kaum möglich. Dem Problem weiter nachzugehen wäre dagegen umso spannender.

Was bleibt, ist nicht zuletzt das dritte der von Lahr identifizierten Elemente – „die hochgesteckten Ziele". In der Tat: Dauerhafter als bei OECD oder dem Europarat wurden die Vorläufer der Europäischen Union unserer Tage zur Projektionsfläche, auf die sich weitreichende Hoffnungen konzentrierten – wie etwa die mit der Montanunion verbundene Idee, durch eine „Solidarité

---

[61] Archiv für Christlich-Demokratische Politik, Sankt Augustin, 01-407, 004/4, Rolf Lahr, Zukunftsfragen der Europäischen Gemeinschaften, 1965.
[62] Vgl. zu diesen Antriebskräften *Wilfried Loth*, Explaining European Integration: The Contribution from Historians, in: Journal of European Integration History 14, 2008, S. 9–26, hier S. 12–16; diese These hat er erstmals verteten in: ders., Der Prozeß der europäischen Integration: Antriebskräfte, Entscheidungen, Perspektiven, in: Gewerkschaftliche Monatshefte 46, 1995, S. 703–714; vgl. jetzt auch zu dem Problem *Thiemeyer*, Europäische Integration.
[63] Vgl. dazu v. a. *Mark Gilbert*, Narrating the Process: Questioning the Progressive Story of European Integration, in: Journal of Common Market Studies 46, 2008, S. 641–662.

de fait" mittel- oder langfristig ein neues Europa zu schaffen.[64] Seit dem Vertrag zur Gründung über die Montanunion haben sich alle zentralen Übereinkünfte in der Geschichte der EU – inklusive der Verträge von Maastricht (1992), Nizza (2001) sowie Lissabon (2007) – in leicht variierenden Formulierungen auf die „Schaffung einer immer engeren Union der Völker Europas" festgelegt.[65] Im Gegensatz zu anderen internationalen Organisationen, die in ihren Präambeln zum Teil ähnlich weitreichende Ziele umstecken[66], tritt die EU ebenso wie ihre Vorläufer jedoch nicht nur mit solchen Ambitionen auf, sondern wird zugleich von Nationalstaaten, Nichtregierungsorganisationen und den normalen Bürgern zunehmend mit solchen identifiziert – unabhängig davon, ob man diese Vision teilt oder ablehnt. Die Aushandlungsprozesse über hochgesteckte Ziele und die wachsende Anerkennung, dass die Institutionen europäischer Einigung ernstzunehmende politische Akteure sind,[67] erscheinen geradezu als Kerncharakteristiken des gesamten Prozesses. Die Zuschreibung besonderer Bedeutung erscheint so letztlich als spezifischer für die europäische Einigung als das antihegemoniale Moment an sich, als Elemente der Supranationalität oder verbriefte ökonomische Performanz.

Vor diesem Hintergrund taten die Akteure der europäischen Integration selbst alles, um ihr Projekt von „normalen" Internationalen Organisationen abzugrenzen und den *sui generis*-Charakter des Prozesses zu betonen. Wie eingangs gezeigt, gingen sie so weit, sich mit Integration sogar einen eigenen Begriff zu schaffen – weshalb die Begriffsgeschichte besondere Beachtung verdient. Zugleich gelang es der EU und ihren Vorläufern immer wieder, eigenständig entstandene organisatorische Strukturen zu marginalisieren oder unter ihrem Dach zu bündeln. Die zunehmende Randständigkeit der EFTA, 1960 als Konkurrenzorganisation zur EWG entstanden, bietet dafür ein gutes Beispiel, besonders mit dem Übertritt Großbritanniens 1973 von der einen zur anderen Organisation. Oder, um nur ein zweites Beispiel zu nennen: Die Tendenz im öffentlichen Sprachgebrauch, die EU mit Europa gleichzusetzen, stellt einen wesentlichen Erfolg auf der symbolischen Ebene dar, da er die

---

[64] Vgl. die Deklaration z. B. online verfügbar über http://europa.eu/abc/symbols/9-may/decl_fr.htm.

[65] Vgl. hier nach Amtsblatt der Europäischen Union, 30. 3. 2010: 2010/C 83/01; zu den symbolischen Implikationen und dem Bedeutungsverlust dieser Denkfigur als Motto der EU im Vergleich zu früheren Jahren, vgl. *Ian Manners*, Symbolism in European Integration, in: Comparative European Politics 9, 2011, S. 243–268. Angesichts der reduzierten EU-Symbolik im Lissabonner Vertrag im Vergleich zum Verfassungsvertrag ist es bemerkenswert und bezeichnend, dass sich diese Formel auch in das jüngste Dokument gerettet hat.

[66] Vgl. z. B. Satzung des Europarats v. 5. 5. 1949: „ein engerer Zusammenschluß aller gleichgesinnten Völker Europas"; Nordatlantik-Vertrag v. 4. 4. 1949: „innere Festigkeit und das Wohlergehen im nordatlantischen Gebiet zu fördern".

[67] Vgl. zu dieser Forschungsperspektive, die die Gegebenheit des Akteurscharakters hinterfragt, *William Walters/Jens Henrik Haahr*, Governing Europe: Discourse, Governmentality and European Integration. Abingdon 2005; vgl. auch den Ansatz von *Chris Rumford* (Hrsg.), The SAGE Handbook of European Studies. Los Angeles 2009.

Distanz zwischen hochgesteckten Zielen und der politischen Praxis überwölbt.

Wenngleich die Ziele somit ambitioniert waren, sollte man nicht übersehen, dass sich Integration die längste Zeit auf nachrangige Politikbereiche konzentrierte, die zugleich in einer äußerst technokratischen Sprache gefasst wurden.[68] Die längste Zeit blieb es somit eine kleine Elite und eine kleine Gruppe besonders Interessierter, für welche die EU und ihre Vorläufer weitreichendere Ziele verkörperte. Dagegen stand die Mehrheit der Bevölkerung in und jenseits der Mitgliedsstaaten dem Gebilde ziemlich desinteressiert gegenüber. Nicht die hochgesteckten Ziele an sich, sondern die Mischung zwischen Ambitionen für den Kreis der Eingeweihten und einer Distanz zu den Bürgern, wie sie auf nationalstaatlicher Ebene in Westeuropa nach 1945 kaum denkbar war: Dies erscheint als zentrales Charakteristikum des Einigungsprozesses.

Neben diesen inhaltlichen Befunden sollte der Beitrag verdeutlichen, wie spannend die Integrationsgeschichte ist. Methodisch blieb die Integrationshistoriographie zwar so lange Zeit wie kaum ein zweiter Zweig der Internationalen Geschichte eng politik- und organisationenhistorisch zentriert und diplomatiehistorisch angelegt. Eine Vorreiterrolle kann sie nicht beanspruchen. In den letzten fünf bis zehn Jahren ist jedoch viel Bewegung in dieses Feld gekommen. Deswegen ist es bedauerlich, wenn die Internationale Geschichte als Ganzes davon noch nicht allzu viel mitbekommen hat, sondern die interessanten Veränderungen primär auf anderen Gebieten wähnt.[69] Zugleich sind viele Probleme bislang nur angerissen worden – etwa die Frage nach dem besonderen symbolischen Nimbus, den die europäische Integration für sich in Anspruch nimmt. Lediglich ein kulturhistorisch informierter Ansatz wird hier weiterhelfen, und davon ausgehend ließen sich wiederum andere Teilbereiche der Internationalen Geschichte inspirieren.[70]

Fast schon dröhnend ist das Schweigen der deutschen Geschichtswissenschaft zu diesen Problemen. Die Zahl der Wissenschaftlerinnen und Wissenschaftler zwischen 30 und 60, die sich ernsthaft mit europäischer Einigungsgeschichte befassen und in der Bundesrepublik lehren, lässt sich an wenigen

---

[68] Vgl. dazu etwa *Kathleen R. McNamara*, Constructing Europe: Insights from Historical Sociology, in: Comparative European Politics 8, 2010, S. 127–142; *Laura Cram*, Banal Europeanism: European Union Identity and National Identities in Synergy, in: Nations and Nationalism 15, 2009, S. 101–108.

[69] Vgl. etwa die Themenhefte *Glenda Sluga*, The Transnational History of International Institutions, in: Journal of Global History 6, 2011, 219–297; *Iris Schröder/Susanne Schattenberg/Jan-Holger Kirsch* (Hrsg.), Internationale Ordnungen und neue Universalismen im 20. Jahrhundert, in: Zeithistorische Forschungen 8/3, 2011, http://www.zeithistorische-forschungen.de/site/40208106/default.aspx, in dem die Integrationsgeschichte keine wesentliche Rolle spielt.

[70] Vgl. zu dem neu erwachten Interesse an einer kulturwissenschaftlich inspirierten Analyse des Integrationsprozesses etwa das Themenheft: *Vincent Della Sala* (Hrsg.), Political Myth, Mythology and the European Union, in: Journal of Common Market Studies 48, 2010, S. 1–190.

Fingern abzählen. Jene Faszination, welche der Begriff „europäische Integration" nicht nur in der Politik, sondern auch in der Forschung der 1950er und 1960er Jahre ausübte, hat die deutsche Geschichtswissenschaft am Beginn der zweiten Dekade des 21. Jahrhunderts kaum erfasst. Teilweise scheut man davor zurück, sich für eine affirmative Legitimationswissenschaft herzugeben, und in der Tat gibt es diese Gefahr. Ob diese allerdings notwendigerweise größer ist, als wenn Deutsche an staatlich finanzierten Universitäten in Deutschland über deutsche Geschichte forschen, sei dahin gestellt. Ein konstruktivkritisches Verhältnis zur Integration als einem spannenden Forschungsgegenstand hat man in der Bundesrepublik dagegen nicht entwickelt, sondern übt sich primär in Abstinenz.

Es mag ironisch erscheinen, just in dem Moment für eine Integrationshistoriographie zu plädieren, in dem sich einige ihrer Grundprämissen und ihr bisheriger Gegenstand aufzulösen scheinen. Wie dieser Beitrag zu zeigen versucht hat, ist es jedoch just dieses neue Reflektionsniveau, die „the thing" und das zugehörige Forschungsfeld besonders interessant machen.

Wolfram Pyta

Hegemonie und Gleichgewicht

„Hegemonie" und „Gleichgewicht" zählen zu den bevorzugten Ordnungskategorien in der Geschichte internationaler Beziehungen. Beide sind insofern eng miteinander verwoben, als eine gleichgewichtsorientierte Politik lange Zeit als adäquate Antwort auf unstatthafte hegemoniale Machtzusammenballung ausgegeben wurde. So ließ sich in der klassischen, 1948 erstmals publizierten Darstellung von Ludwig Dehio „Gleichgewicht oder Hegemonie"[1] die europäische Geschichte seit 1500 auf das Ringen zwischen diesen beiden ordnungsstiftenden Prinzipien reduzieren, wobei Dehio wie weite Teile der Historiographie aus der Legitimität einer Gleichgewichtspolitik wie aus der moralischen Absage an Hegemonialpolitik keinen Hehl machten. Dehio schuf damit ein einflussreiches Interpretament, das in der klassischen Diplomatiegeschichte bis heute überaus wirkmächtig geblieben ist.[2] Die Favorisierung des Gegensatzpaars Gleichgewicht versus Hegemonie beruht allerdings auf einer theoretischen Grundannahme, die nicht immer offen expliziert wird: dass die Geschichte internationaler Beziehungen im Kern im Ringen um Macht aufgehe, wobei Hegemonie und Gleichgewicht als zwei unterschiedliche Optionen des Umgangs mit diesem überzeitlichen Problem der Weltgeschichte erscheinen. Wirft man allerdings einen politikwissenschaftlich geschärften Blick auf die Geschichte der internationalen Beziehungen, dann wird schnell deutlich, dass diese Deutung einen verengten Blickwinkel auf dieses hochkomplexe Phänomen widerspiegelt, wie ihn die realistische bzw. neorealistische Theorie pflegt. Insofern besteht das Kernproblem einer problemorientierten Analyse der Geschichte internationaler Beziehungen mit Hilfe der Kategorien „Hegemonie" und „Gleichgewicht" darin, sich nicht unreflektiert auf neorealistische Vorannahmen festzulegen, welche Komplexität und Dynamik zwischenstaatlicher Interaktionen nicht adäquat einfangen können.[3]

Daher drängt sich die Frage auf, ob „Hegemonie" und „Gleichgewicht" aus dieser unausgesprochenen Fixierung auf derartige Prämissen befreit werden können und damit anschlussfähig an komplementäre Ansätze sind, die andere Akzente setzen. Der Ansatz des „Institutionalismus" legt das Hauptaugen-

---

[1] Hier wird zitiert nach der neu herausgegebenen und mit einem aussagekräftigen Nachwort versehenen Neuausgabe des Jahres 1996: *Ludwig Dehio*, Gleichgewicht oder Hegemonie. Betrachtungen über ein Grundproblem der neueren Staatengeschichte, hrsg. und mit einem Nachwort versehen von Klaus Hildebrand. Zürich 1996.
[2] „Hegemonie" und „Gleichgewicht" sind unexplizierte Leitmotive der umfassenden Gesamtdarstellung von *Klaus Hildebrand*, Das vergangene Reich. Deutsche Außenpolitik von Bismarck bis Hitler. Stuttgart 1995.
[3] Zu den blinden Flecken neorealistischer Prämissen vgl. den grundlegenden Aufsatz von *Paul Schroeder*, Historical Reality vs. Neo-realist Theory, in: International Security 19, 1994, S. 108–149.

merk auf qualitativ neue Kooperationsbeziehungen zwischen Staaten, denen die Fähigkeit attestiert wird, den friedensgefährdenden Staatenwettbewerb zu entschärfen. Der „Konstruktivismus" wählt einen ergänzenden Zugriff, indem er nach den handlungsleitenden Normen der zentralen außenpolitischen Akteure fragt. Ein Strukturwandel internationaler Beziehungen ist demgemäß vor allem das Resultat tiefgreifender kultureller Wandlungsprozesse vor allem bei außenpolitischen Eliten.[4]

Es ist die leitende These dieses Essays, dass „Hegemonie" ein Ordnungsprinzip ist, welches in diesem Sinne eine Neuakzentuierung und damit partielle Rehabilitierung erfahren hat, angestoßen durch die magistrale Studie des amerikanischen Historikers und Politikwissenschaftlers Paul W. Schroeder „The Transformation of European Politics, 1763–1848".[5] Der Terminus „Gleichgewicht" kann sich demgegenüber nicht von seiner Fixierung auf die Vorannahme eines letztlich als anarchisch geltenden Staatenwettbewerb lösen, so dass sein Erkenntniswert zur Durchleuchtung vergangener Epochen limitiert ist.

Keinesfalls darf man in den Fehler verfallen, eine am Begriff des Gleichgewichts ausgerichtete Deutung bestimmter Abschnitte der Vergangenheit durch Historiker und Publizisten vorschnell mit der tatsächlichen Wirksamkeit dieses Prinzips für die leitenden Akteure gleichzusetzen.[6] Das mythenbildende Potential des „Gleichgewichts der Kräfte" wird schon allein dadurch sichtbar, dass das Projekt „Europäische Erinnerungsorte" diesem Begriff einen eigenen Eintrag gewidmet hat.[7] Die nachfolgenden Ausführungen lassen sich daher von der Frage leiten, „in welchem Maß das Denken in der Kategorie des Gleichgewichts tatsächlich politikwirksam geworden ist in dem Sinn, dass praktische Politiker so oder so geartete Gleichgewichtsvorstellungen zur Richtschnur politischen Handelns erhoben".[8] Ein solcher Ansatz, der konstruktivistische Ansätze heranzieht und „Gleichgewicht" damit zu der vom Konstruktivismus akzentuierten normativen Grundausstattung auf der Akteursebene rechnet, erfordert im Rahmen eines Essays eine Konzentration auf diejenigen Epochen der europäischen Geschichte, in denen „Gleichgewicht" wie „Hegemonie" unzweifelhafte Prinzipien zur Strukturierung der Staatenpolitik bildeten. Daher ist es angemessen, den Fokus auf den Zeitraum vom Ende des spanischen Erbfolgekrieges 1713/14 bis zum Ende des Zweiten Weltkrieges 1945 zu richten.

---

[4] Als Einführung geeignet sind u. a. *Gert Krell*, Weltbilder und Weltordnung. Einführung in die Theorie der internationalen Beziehungen.Baden-Baden 2004; *Jürgen Hartmann*, Internationale Beziehungen.Wiesbaden 2009.
[5] *Paul Schroeder*, The Transformation of European Politics 1763–1848. Oxford 1994.
[6] Dazu *Schroeder*, Historical Reality.
[7] *Arno Strohmeyer*, Gleichgewicht der Kräfte, in: Pim den Boer/Heinz Duchhardt/Georg Kreis/ Wolfgang Schmale (Hrsg.), Europäische Erinnerungsorte 2. München 2012, S. 611–618.
[8] *Heinz Duchhardt*, Balance of Power und Pentarchie. Internationale Beziehungen 1700–1785. Paderborn 1997, S. 17.

Kontingentes Gleichgewicht

In den Friedensverträgen von Utrecht fand das „Gleichgewicht" im Jahre 1713 erstmals Einzug in zwischenstaatliche Vertragswerke. Doch darf die Präsenz der Kategorie der „équilibre" im Vertragsvölkerrecht nicht überschätzt werden, da dieser Begriff im Laufe des 18. Jahrhunderts keineswegs zu einer Standardformel in den internationalen Verträgen avancierte.[9] Andererseits stieg „Gleichgewicht" in diesem Zeitraum parallel zur Verfestigung des europäischen Mächtesystems zur Pentarchie zu einem strukturbildenden Prinzip zwischenstaatlichen Agierens auf. Die Ursachen lagen nicht zuletzt darin, dass die „bellizistische Disposition des absoluten Fürstenstaates"[10] und dessen dynastische Verwundbarkeit zwischenstaatliche Konflikte anheizten und damit alle Akteure mit dem Problem einer gewissen Regulierung kriegerisch ausgetragener Staatenkonkurrenz konfrontierten. Zudem hatte das 18. Jahrhundert – abgesehen von wenig erfolgreichen Experimenten in Gestalt der Kongresse von Cambrai (1724/25) und Soissons (1728) – keine Mechanismen etabliert, um potentiell kriegerisch eskalierende zwischenstaatliche Konflikte im Vorfeld auf diplomatischem Wege zu lösen. Daher griffen die Staaten bedenkenlos zum Mittel des Krieges, wenn sie sich davon partikulare Vorteile versprachen; und diese Neigung wurde noch forciert, wenn durch das Aussterben einer regierenden Dynastie Begehrlichkeiten potentieller Aspiranten genährt wurden.

Unzweifelhaft war die Vorstellung vom „Gleichgewicht der Kräfte" in der Publizistik speziell des 18. Jahrhunderts weit verbreitet.[11] Doch dieser Befund enthebt den Historiker nicht der Nachfrage, wie es mit der Handlungsrelevanz dieser Kategorie bestellt war. Eine solche Anfrage sollte sich insbesondere auf jene Schlüsselkonstellationen der internationalen Politik richten, in denen durch Wegfall eines zentralen Akteurs eine Kräfteverschiebung drohte, die Hegemoniebildung und damit eine flagrante Missachtung des Gleichgewichtsprinzips begünstigte. Dieser Zustand stellte sich besonders gravierend im Jahre 1740 ein, als das Haus Habsburg mit dem Tode des Kaisers Karl VI. im Mannesstamme ausstarb und europäische Mächte – allen voran Preußen, Bayern und Frankreich – die daraus resultierende Verwundbarkeit dieses etablierten europäischen Herrscherhauses dazu nutzten, sich territorial so zu bereichern, dass eine Zerlegung des habsburgischen Territorialkomplexes und damit der Ausfall einer europäischen Führungsmacht auf der Agenda stand.

---

[9] *Heinz Duchhardt*, Grundmuster der internationalen Beziehungen in der Frühen und Späten Neuzeit, in: Jens Siegelberg/Klaus Schlichte (Hrsg.), Strukturwandel internationaler Beziehungen. Zum Verhältnis von Staat und internationalem System seit dem Westfälischen Frieden. Opladen 2000, S. 74–85.
[10] *Johannes Kunisch*, Fürst – Gesellschaft – Krieg. Studien zur bellizistischen Disposition des absoluten Fürstenstaates. Köln 1992.
[11] *Arno Strohmeyer*, Theorie der Interaktion. Das europäische Gleichgewicht der Kräfte in der frühen Neuzeit. Wien 1994.

Eigentlich wäre zu erwarten gewesen, dass diese lebensbedrohliche Situation den alten Verbündeten Großbritannien auf den Plan rufen würde, zumal das Inselreich prädisponiert zu sein schien für die Rolle des „balancer", der sich aufgrund seiner Randlage dann in kontinentaleuropäische Querelen einmischt, wenn eine der europäischen Mächte den bedrohlichen Status einer Hegemonialmacht zu erlangen drohte, insbesondere der Hauptrivale Frankreich. Alle diese Voraussetzungen trafen zu, als der Einmarsch preußischer Truppen in Schlesien im Dezember 1740 den Auftakt bildete zu weiteren militärischen Aktionen gegen das Haus Habsburg, in deren Gefolge ein bayerisch-französisches Heer im November 1741 Prag erreichte und die böhmischen Stände den bayerischen Herzog Karl Albrecht zum König von Böhmen ausriefen. Großbritannien eilte jedoch dem alten Allianzpartner in der Stunde von dessen größter Not nicht zu Hilfe und verhielt sich damit nicht gleichgewichtskompatibel.

Gewiss ist in Rechnung zu stellen, dass die britische Aktionsfreiheit auf dem Kontinent durch die Rücksichtnahme auf das in Personalunion regierte Hannover beeinträchtigt war. Es war daher nicht zuletzt der militärische Druck französischer Truppen auf Hannover, der die britische Regierung unter Robert Walpole von einem aktiven Engagement zugunsten Wiens zurückschrecken ließ. Doch die britische Passivität beim Existenzkampf Österreichs ist ein unzweifelhafter Beleg dafür, dass die politische Umsetzung der „balance of power" kein Automatismus, sondern sehr viel stärker konstellations- und akteursabhängig war. Es war daher denn auch ein Personalwechsel in der britischen Politik, der 1742 mit John Carteret einen kontinentaleuropäisch ausgerichteten Außenpolitiker in eine Führungsposition beförderte, von der aus er die Verhinderung einer drohenden französischen Hegemonie zum zentralen Ziel britischer Politik erhob: „ We must consequently ... support the House of Austria which is the only power that can be placed in the balance against the princes of the family of Bourbon".[12] Der Österreichische Erbfolgekrieg endete 1748 im Frieden von Aachen nicht zuletzt dank des britischen Einsatzes damit, dass das Haus Habsburg in Gestalt von Schlesien und Parma zwar territoriale Verluste erlitt, aber insgesamt seine Großmachtstellung nicht eingebüßt hatte und das europäische Kräfteverhältnis nicht aus dem Gleichgewicht geraten war.

Mit dem Preußen Friedrichs des Großen hatte 1740 eine Macht die Bühne der großen europäischen Politik betreten, die sich nach dem Ende des Siebenjährigen Krieges 1763 endgültig als eine der fünf europäischen Großmächte etabliert hatte. In struktureller Hinsicht warf das Preußens Friedrichs allerdings erhebliche Probleme auf, weil sich dieser Staat zumindest bis 1763 als unberechenbarer Akteur erwies, der sich selbst um Regulierungen wie das

---

[12] Rede Carterets, nun Earl Granville, am 27. Januar 1744 im House of Lords, abgedruckt in *Joel H. Wiener* (Hrsg.), Great Britain: Foreign Policy and the Span of Empire 1689–1971. Bd. I, New York 1972, S. 88.

„Gleichgewicht" wenig scherte, wenn es dem eigenen Vorteil zu dienen schien. Es ist bezeichnend, dass in den edierten Werken Friedrichs des Großen Verweise auf die Geltungskraft dieses Prinzips in Hinsicht auf seine Außenpolitik praktisch nicht zu finden sind. Das Handeln Friedrichs legt zugleich Zeugnis davon ab, wie sehr die politische Bedeutung der „balance du pouvoir" in der zweiten Hälfte des 18. Jahrhunderts abnahm. Zugleich demonstriert die preußische Politik speziell des Jahres 1756, wie sehr sich ein Staat in eine existenzbedrohende Situation hineinmanövrieren konnte, wenn er selbst die schwachen Ordnungsprinzipien europäischer Mächtepolitik außer Acht ließ.[13] Denn Friedrich verspekulierte sich gründlich, als er mit Großbritannien in Gestalt der Westminsterkonvention vom Januar 1756 ein Bündnis abschloss, dessen negative Folgen für seine Beziehungen zu Frankreich er kontrollieren zu können glaubte. Denn dieser von Seiten Frankreichs als Affront gedeutete Akt führte in Frankreich wie in Österreich zur Entwertung von Gleichgewichtsvorstellungen und ebnete den Weg für die „diplomatische Revolution" des Jahres 1756, in der sich die scheinbaren „Erbfeinde" Versailles und Wien verbündeten. Durch den Einfall in Sachsen im August 1756 verlieh Preußen der bourbonisch-habsburgischen Verbindung zudem noch jene gegen Preußen gerichtete offensive Note, die dazu führte, dass keine Gleichgewichtsdoktrin Preußen mehr schützte. Seit diesem Zeitpunkt kämpfte Preußen um seine schiere Existenz und stand mehr als einmal am Rande des Abgrunds.

Der Siebenjährige Krieg offenbarte die Brüchigkeit der „balance of power", weil gleich drei europäische Großmächte – Österreich, Frankreich sowie Russland – einen Krieg gegen das schwächste Glied in der Pentarchie führten und dabei eine weitgehende Zerstückelung dieses Staatswesens in Kauf nahmen, die das europäische Kräfteverhältnis zu Gunsten Österreichs und Russlands verändert hätte. Zwar rührten sich in der französischen Diplomatie Kräfte, die genau deswegen eine Preisgabe des alten Verbündeten in der Reichspolitik nicht für opportun hielten.[14] Aber die Tatsache, dass sich die Allianz Frankreichs mit Österreich immer mehr zum Anker französischer Außenpolitik entwickelte und gleichgewichtsorientierte Kalküle diese Generallinie nicht wesentlich zu beeinflussen vermochten, spricht Bände.

Der strategische Lenker der österreichischen Politik, Staatskanzler Kaunitz, hatte sein letztlich erfolgreiches Werben um Frankreich ausdrücklich damit motiviert, Frankreich von einer gleichgewichtsorientierten Politik im Reiche abzubringen und Preußen dem Schicksal seiner Zerstückelung auszuliefern. Er war deshalb sogar bereit, die gesamten Österreichischen Niederlande an Frankreich abzutreten, „wann man hiermit die völlige Entkräftung des Königs

---

[13] *Wolfram Pyta*, Von der entente cordiale zur Aufkündigung der Bündnispartnerschaft. Die preußisch – britischen Allianzbeziehungen im Siebenjährigen Krieg 1758–1762, in: FBPG 10, 2000, S. 1–48, v. a. S. 42–47.

[14] *Sven Externbrink*, Friedrich der Große, Maria Theresia und das Alte Reich. Deutschlandbild und Diplomatie Frankreichs im Siebenjährigen Krieg. Berlin 2006, v. a. S. 114–117.

in Preußen erkaufen könnte."¹⁵ Für den politischen Architekten des von den Zeitgenossen als sensationell eingestuften Bündnisses mit Frankreich spielte das Gleichgewichtsprinzip keine ordnungsstiftende Funktion mehr; vielmehr ließ er sich vom instrumentellen Interesse an der Zerschlagung Preußens sowie der Erweiterung des österreichischen Handlungsspielraums im Reich sowie in Ostmitteleuropa leiten.¹⁶

Auch die britische Politik während der weltpolitischen Zäsur der Jahre 1756 bis 1763 zeugt von der abnehmenden Bindungskraft der Gleichgewichtsvorstellung. Denn wie zu Beginn des Österreichischen Erbfolgekrieges begnügte sich Großbritannien zunächst aus Rücksicht auf Hannover mit der Rolle eines passiven Beobachters, als eine der europäischen Großmächte – in diesem Fall Preußen – mit dem Rücken zur Wand stand. Erst die siegreiche Schlacht von Roßbach stellte im November 1757 die Bündnisfähigkeit Preußens her, so dass unter dem neuen Leiter der britischen Außenpolitik, William Pitt, im April 1758 eine Konvention zwischen Großbritannien und Preußen abgeschlossen wurde, in der sich die britische Seite zu einem ungewöhnlich großen finanziellen und militärischen Engagement verpflichtete. Für die leitende Fragestellung dieses Beitrags ist dieses britisch-preußische Bündnis ergiebig, weil es zum einen eine dynamische Interaktion zwischen „Gleichgewicht" und „Hegemonie" zum Ausdruck bringt, zum anderen aber auf qualitativ neue Strukturprinzipien jenseits klassischer Gleichgewichtsvorstellungen verweist.

Aus britischer Sicht bewegte sich die Allianz mit Preußen insofern in der Bahn der „balance of power", als sie diejenige kontinentale Macht unterstützte, die Frankreich als potentiellen Hegemon am ehesten in Schach halten konnte. Allerdings kam unter Pitt dabei erstmals ein weltpolitisches Kalkül zum Tragen, welches darauf ausgerichtet war, durch die Stärkung Preußens die französischen Kräfte so zu binden, dass Großbritannien in Nordamerika, in der Karibik sowie in Indien Frankreich als ebenbürtigen Rivalen auf der weltpolitischen Bühne auszuschalten vermochte. Pitts „integrated European and colonial strategy"¹⁷ knüpfte durchaus an bereits bestehende Konzepte britischer Außenpolitik an, verlieh ihnen aber eine bislang nicht gekannte Kohärenz. „Balance of power" fungierte dabei als europazentriertes Konzept, das zu Lasten Frankreichs angewandt wurde, um Großbritannien die Hegemonie in den Kolonien und damit der Handelspolitik zu sichern. Die französische Seite hatte dieses Kalkül erkannt und proklamierte im Gegenzug ein globalisiertes Verständnis von Gleichgewicht, das speziell in Amerika und in der

---

¹⁵ Vortrag von Kaunitz über die Abtretung der gesamten Niederlande, 29. Mai 1756, abgedruckt in *Gustav Berthold Volz* (Hrsg.), Preußische und österreichische Akten zur Vorgeschichte des Siebenjährigen Krieges. Leipzig 1899, S. 385.
¹⁶ *Lothar Schilling*, Wie revolutionär war die diplomatische Revolution? Überlegungen zum Zäsurcharakter des Bündniswechsels von 1756, in: FBPG 6, 1996, S. 163–202.
¹⁷ *Brendan Simms*, Three Victories and a Defeat. The Rise and Fall of the First British Empire, 1714–1783. London 2007, Zitat S. 454.

Handelspolitik den britischen Ansprüchen entgegentrat.[18] Doch letztlich ging Pitts Strategie auf: Frankreich verausgabte seine Kräfte in Deutschland so sehr, dass es Kanada an Großbritannien verlor.

Das Schicksal der britisch-preußischen Allianz offenbarte zugleich den immer stärkeren Schwund der Bindungskraft von Gleichgewichtsvorstellungen. Denn Pitts Nachfolger Lord Bute warf die Allianz mit Preußen im Jahre 1762 wie überflüssigen Ballast ab und reduzierte die britische Politik wieder auf jene insulare Perspektive, die Einmischungen in kontinentalen Angelegenheiten um der Bewahrung des Gleichgewichts willen abgeneigt war. Damit schnitt er im Verein mit dem neuen König Georg III. auch strategische Überlegungen Pitts ab, der Preußen auf lange Sicht als festen Bündnispartner Großbritanniens erhalten und pflegen wollte, um das kontinentale Mächtegleichgewicht auf diese Weise dauerhaft zu stabilisieren.[19]

Doch das Gleichgewicht erodierte nicht allein deswegen, weil Großbritannien seine unentbehrliche Funktion als „Balancer" nie kontinuierlich ausfüllte. Es büßte seine ordnungsstiftende Aufgabe auf dem europäischen Kontinent seit 1763 auch deswegen ein, weil Frankreich gleichgewichtsfreie Zonen in Europa hinzunehmen bereit war, um Großbritannien auf der weltpolitischen Ebene Paroli bieten zu können. Die Globalisierung der Geltungskraft der „balance du pouvoir" führte dazu, dass Frankreich insbesondere die Proklamation der Unabhängigkeit der 13 britischen Neu-Englandkolonien im Jahre 1776 als willkommenen Anlass nutzte, um den britischen Anspruch auf Hegemonie in Übersee abzuwehren. Der französische Kampf gegen britische Hegemonie in Übersee ging damit zu Lasten der Bindungskraft des Gleichgewichts auf dem europäischen Kontinent.

Unter seinem Außenminister Vergennes erklärte Frankreich 1778 Großbritannien den Krieg, dem sich in den folgenden Jahren auch noch die Seemächte Spanien und die Niederlande anschlossen. Großbritanniens Versuche, das „old system" wiederzubeleben und auf dem Kontinent nach Bündnispartnern gegen Frankreich Ausschau zu halten, scheiterten auf der ganzen Linie: Das Gleichgewichtsargument konnte auf britischer Seite nicht mehr gegen Frankreich erfolgreich zur Geltung gebracht werden, da Frankreich die Achse mit Wien als kontinentale Absicherung seiner Globalisierung der „balance du pouvoir" pflegte. Der Ausfall einer europäischen Gleichgewichtspolitik beraubte Großbritannien natürlicher Allianzpartner und ebnete maßgeblich den Weg dafür, dass das isolierte Großbritannien im Jahre 1783 endgültig seine Besitzungen in Neuengland einbüßte.[20]

---

[18] Vgl. eine entsprechende Depesche des französischen Außenministers Choiseul an den Botschafter in Stockholm aus dem Jahre 1759, auszugsweise abgedruckt bei *Georges Livet*, L' équlibre européen de la fin du XVe à la fin du XVIIIe siècle. Paris 1976, S. 114f.
[19] *Pyta*, Entente, S. 39f.; *Simms*, Victories, S. 472f.
[20] *Simms*, Victories, S. 601–661; *Orville T. Murphy*, Charles Gravier, Comte de Vergennes. French Diplomacy in the Age of Revolution: 1719–1787. Albany 1982; *Hamish M. Scott*, British Foreign Policy in the Age of the American Revolution. Oxford 1990.

Die Unterhöhlung des Gleichgewichts als europazentrierte Maxime begünstigte zudem die Ausbildung hegemonialer Subsysteme an den Rändern Europas. Der Aufstieg Russlands in der Regentschaft Katharinas der Großen zu einer regionalen Vormacht in Ostmitteleuropa war nur möglich, weil diese Randzonen im Windschatten lagen und wegen der globalen Ausweitung eines handelspolitisch definierten Gleichgewichts das rasante Vordringen Russlands in die Mitte Europas hingenommen wurde. Polen war Hauptleidtragender dieses kühlen Hinwegsehens und zugleich beredter Ausdruck einer der „balance du pouvoir" strukturell innewohnenden Tendenz, dass es zur Aufrechterhaltung einer bestimmten Machtbalance auch geboten sein konnte, territoriale Erwerbungen zu Lasten minderer Mächte so zu proportionieren, dass alle Mitglieder dieser Erwerbsgemeinschaft bedacht wurden. Insofern lässt sich mit Fug und Recht am Ausklang des *ancien régime* eine zunehmende Unfähigkeit des europäischen Mächtesystems feststellen, sowohl hegemoniale Machtzusammenballungen zu eliminieren als auch der Staatenwelt ein Minimum an Stabilität und Frieden zu bescheren.[21]

Der französische Griff nach einer beherrschenden Stellung in Europa im Gefolge der Revolutionskriege und des Aufstiegs Napoleons konnte über den prekären Zustand des „Gleichgewichts" nicht hinwegtäuschen. Zwar hatten die diversen Koalitionskriege gegen das hegemoniale Frankreich noch einmal unterstrichen, dass in existenziellen Krisen Gegenmachtbildung ein unverzichtbares Prinzip der Staatenbeziehungen blieb. Doch die Niederwerfung des napoleonischen Frankreichs bedeutete nicht, dass die Siegermächte 1814/15 ein ja bereits innerlich ausgehöhltes System wiederhergestellt hätten. Im Gegenteil: Sie nutzten die Gelegenheit zu einer großangelegten Neuordnung Europas, in deren Gefolge sich Spielregeln und Stil der zwischenstaatlichen Beziehungen fundamental wandelten.[22]

Konzert und Dissonanzen

Die 1814/15 abgeschlossenen Verträge (Erster und Zweiter Pariser Frieden; Quadrupelallianz, Wiener Kongressakte; Heilige Allianz) bereiteten den Boden für eine grundlegende Transformation der Mächtebeziehungen zu kooperativen Mechanismen der Konfliktlösung und Friedenswahrung, die bis zur Mitte des 19. Jahrhunderts Europa eine bis dahin unbekannte Phase des Friedens schenkte. Dahinter stand die feste Überzeugung einer durch die napoleonischen Kriege sozialisierten Generation von Monarchen und Staatsmännern, dass kooperative Strukturen der Staatengemeinschaft mit Frieden und Stabilität jene kollektiven Güter zu schenken vermochten, die ein durch das „Gleich-

---

[21] *Schroeder*, Transformation, S. 47–56.
[22] Dies ist die zentrale These der Studie von *Schroeder*, Transformation.

gewicht" nur schwach reguliertes System heftiger Staatenkonkurrenz nicht gewährleisten konnte. Die Verflechtung der Staaten erfolgte nicht über die Schaffung intergouvernementaler Organisationen, sondern über ein offenes und flexibles System des Konfliktmanagements in Gestalt von diplomatischen Gipfeltreffen und Konferenzen vornehmlich auf Botschafterebene.

Dieses „Konzert der Mächte"[23] lässt sich politikwissenschaftlich durchaus als Ausdruck eines liberalen Institutionalismus verstehen, der auf die erzieherische Kraft von Institutionen vertraut.[24] Doch auch kulturhistorisch ist diese Innovation ein überaus interessanter Untersuchungsgegenstand: Denn ein auf Kooperation gepolter Politikstil konnte sich nur etablieren, weil der Wandel der „rules and understandings", den Paul Schroeder als hervorstechendstes Merkmal der Zäsur von 1814/15 begreift[25], einherging mit einem tiefgehenden kulturellen Umbruch hinsichtlich der normativen Disposition der außenpolitischen Eliten. Diese „transformation of political thinking"[26] verlangt geradezu danach, unter kulturhistorischen Aspekten beleuchtet zu werden, womit sich unmittelbare Anknüpfungspunkte an eine konstruktivistische Sichtweise der Geschichte internationaler Beziehungen ergeben.

Bei einem solchen Zugriff[27] wird man der erfahrungshaften Verarbeitung der durch die napoleonischen Kriege ausgelösten politischen und moralischen Verheerungen gebührende Aufmerksamkeit schenken müssen. Der normative Wandel erscheint vor diesem Hintergrund als ein Generationenprojekt, das zentrale außenpolitische Akteure wie der britische Außenminister Castlereagh, aber vor allem der russische Zar Alexander I. internalisiert hatten. Im Falle des Napoleon-Bezwingers Alexander, der erstmals in der europäischen Geschichte Russland eine führende Rolle bei der produktiven Weiterentwicklung der Staatenbeziehungen sicherte, speiste sich die Verinnerlichung eines neuen Wertekanons in erster Linie aus den politischen Konsequenzen seines Erweckungserlebnisses. Mit der am 26. September 1815 zwischen ihm, dem österreichischen Kaiser und dem preußischen König abgeschlossenen „Heiligen Allianz" legte er die Gründungsurkunde einer normativen Umorientierung der europäischen Mächtepolitik vor, die aus dem Geist eines überkonfessionellen christlichen Internationalismus gespeist war, dem sich Alexander I. zutiefst verpflichtet fühlte.[28]

---

[23] *Heinz Duchhardt*, Konzert der Mächte, in: Pim den Boer/Heinz Duchhardt/ Georg Kreis/ Wolfgang Schmale (Hrsg.), Europäische Erinnerungsorte 2. München 2012, S. 619–623; vgl. auch *Carsten Holbraad*, The Concert of Europe. A Study in German and British International Theory 1815–1914. London 1970.

[24] *Krell*, Weltbilder, S. 239–259.

[25] *Schroeder*, Transformation, XII.

[26] *Paul W. Schroeder*, The Transformation of Political Thinking, 1787–1848, in: Jack Snyder/Robert Jervis (Hrsg.), Coping with Complexity in the International System. Boulder 1993, S. 47–70.

[27] Dieser wurde erprobt bei *Wolfram Pyta* (Hrsg.), Das europäische Mächtekonzert. Friedens- und Sicherheitspolitik vom Wiener Kongreß 1815 bis zum Krimkrieg 1853. Köln 2009.

[28] *Wolfram Pyta*, Idee und Wirklichkeit der „Heiligen Allianz", in: Frank-Lothar Kroll (Hrsg.), Neue Wege der Ideengeschichte. Paderborn 1996, S. 315–345.

Die praktische Umsetzung dieses ambitionierten Anspruchs lief auf die Etablierung einer Vorstufe eines kollektiven Sicherheitssystems hinaus – von Alexander als „alliance générale" bezeichnet –, in dem sich alle Staaten die Unversehrtheit ihrer territorialen Besitzstände garantieren und auf diese Weise potentielle Aggressoren mit der glaubhaften Androhung kollektiver Sanktionen von ihrem friedensgefährdenden Tun abbringen sollten.[29] Der erstmals auf dem Mächtekongress von Aachen im Jahre 1818 vom Zaren eingebrachte Vorstoß scheiterte zwar vor allem deshalb, weil es in das sich allmählich etablierende offene System kooperativer Strukturen ein Maß an Verdichtung und Institutionalisierung eingebracht hätte, welches die Akteure überforderte.

Doch die normative Selbstverpflichtung Russlands auf ein System konzertierter Abstimmung mit den übrigen Großmächten bewährte sich auch und gerade in solchen Situationen, in denen es an Verlockungen nicht fehlte, ohne Absprache machtpolitische Partikularvorteile herauszuschlagen, was sich insbesondere am Vorgehen Russlands in der griechischen Frage ablesen lässt, die ab 1821 für ein knappes Dezennium die europäische Mächtepolitik dominierte. Der Aufstand der Griechen auf der Peloponnes gegen die osmanische Herrschaft im Frühjahr 1821 führte zu Reaktionen des Osmanischen Reichs, die auch eine Verletzung mit Russland geschlossener Verträge einschlossen und damit dem Zarenreich eine Fülle wohlfeiler Anlässe für ein einseitiges militärisches Vorgehen boten. Doch Alexander I. griff in dieser Bewährungsprobe nicht zu traditionellen Mitteln, sondern blieb der selbstgesetzten Maxime treu, die griechische Frage nur mit Hilfe der Mechanismen des Mächtekonzerts zu lösen und nahm es dabei hin, sich vom österreichischen Staatskanzler Metternich, einem Vertreter der „alten Schule", hinhalten zu lassen.

In systematischer Perspektive ist das Verhalten Russlands zum einen bemerkenswert, weil es die Probe aufs Exempel dafür ist, dass die von der Schule des „Realismus" bezweifelte freiwillige Preisgabe machtpolitischer Vorteile zugunsten einer Bindung an übergreifende systemstabilisierende Prinzipien historisch nachzuweisen ist.[30] Zum anderen zeugt es davon, dass die Bindung an Prinzipien konsensualer Verständigung selbst einen Akteurswechsel an der Spitze einer autokratischen Herrschaftsform überdauerte. Denn nach dem plötzlichen Ableben Alexanders I. im Dezember 1825 setzte Nikolaus I. die Linie seines Bruders im Großen und Ganzen fort. Die griechische Frage wurde auf einer Botschafterkonferenz, die in London über einige Jahre hinweg als lebendiger Ausweis des Mächtekonzerts fungierte, geregelt, nachdem Russland, Frankreich und Großbritannien gemeinsam militärischen Druck auf das Osmanische Reich ausgeübt hatten.

---

[29] *Wolfram Pyta*, Konzert der Mächte und kollektives Sicherheitssystem: Neue Wege zwischenstaatlicher Friedenswahrung in Europa nach dem Wiener Kongreß 1815, in: Jahrbuch des Historischen Kollegs 1996, S. 133–173.
[30] Dazu pointiert *Schroeder*, Transformation, S. 621.

Österreich stand in dieser Frage beiseite und beteiligte sich nicht produktiv an einer europaverträglichen Lösung. Die Tatsache, dass in diesem Fall wie auch in anderen vergleichbaren Fällen immer wieder einzelne Mitglieder des Mächtekonzerts aus der Solidargemeinschaft ausscherten, ohne allerdings den Konzertmechanismus wirklich beschädigen zu können, wirft die Frage nach den Gründen hierfür auf. Dahinter verbirgt sich eine grundsätzliche Frage: Benötigt ein offenes System der Kooperation wie das „Konzert der Mächte" nicht eine oder mehrere Führungsmächte, die – gewissermaßen als Konzertmeister – auch durch den Einsatz ihrer Großmachtposition die Einhaltung und Beachtung der Regeln des Mächtekonzerts garantieren?

Genau an dieser Stelle erscheint es angebracht, den Begriff der Hegemonie einer Neubewertung zu unterziehen. Paul Schroeder hat vorgeschlagen, die Durchsetzbarkeit institutioneller Arrangements, die kollektive Güter garantieren, mit dieser aus „realistischer" Perspektive belasteten Kategorie zu erfassen und hierfür den Terminus „benign hegemony"[31] in Vorschlag gebracht. Er greift damit Anregungen aus der Politikwissenschaft auf, die unter dem Eindruck des „hegemonic leadership" der USA nach 1945 „Hegemonie" und „Kooperation" nicht als Gegensatz, sondern als sich bedingende Faktoren auffassen, sofern solche Hegemonialmächte sich normativen Prämissen und institutionellen Anordnungen zwischenstaatlicher Zusammenarbeit unterordnen.[32] Dieser Ansatz erlaubt es, die unfruchtbare Polarität von „Hegemonie" und „Kooperation" zu überwinden und einen neuen Blick auf Strukturen der europäischen Mächtebeziehungen von 1815 an zu werfen.

In diesem Sinne war es die hegemoniegleiche Stellung Russlands und Großbritanniens, die für das Funktionieren des Mächtekonzerts bürgte. Eine vertiefte Beschäftigung mit der Fülle von massiven Interessenkonflikten in Europa bis zur Mitte des 19. Jahrhunderts, welche das Potential zu kriegerischer Eskalation besaßen, führt zu dem Ergebnis, dass sich das Mächtekonzert auch deswegen insgesamt bewährte, weil es flexibel in seinen Mitteln war und den gelegentlichen Ausfall von Konzertmitgliedern verkraftete.[33] Allerdings schwanden die normativen Fundamente des Konzerts seit Mitte des 19. Jahrhunderts in dem Maße, in dem die Erfahrungen der napoleonischen Kriege verblassten und ein zunehmend unduldsamer auftretender Nationalismus immer stärkeren Einfluss auf das außenpolitische Gebaren der Großmächte gewann. Dieser Legitimationsverlust der Konzertidee war als kulturelle Unterströmung dafür verantwortlich, dass die Bereitschaft zur pragmatischen Kompromissfindung auf diplomatischem Wege zunehmend überlagert wurde von der Revitalisierung klassischer konfrontativer Politikmuster, bei welcher

---

[31] *Paul Schroeder*, Did the Vienna Settlement Rest on a Balance of Power?, in: AHR 97, 1992, S. 683–706, hier S. 694.
[32] Vgl. die klassische Studie von *Robert O. Keohane*, After Hegemony. Cooperation and Discord in the World Political Economy. Princeton 1984.
[33] *Matthias Schulz*, Normen und Praxis. Das Europäische Konzert der Großmächte als Sicherheitsrat 1815–1860. München 2009.

der Griff nach den Waffen nicht länger gescheut wurde. 1854 eskalierten die Spannungen zwischen Russland auf der einen sowie Großbritannien und Frankreich auf der anderen Seite, als das Zarenreich seine Expansion gegenüber dem schwächelnden Osmanischen Reich nicht zu zügeln bereit war und die beiden Westmächte um eines Prinzips willen in den Krimkrieg eintraten, das schon im 18. Jahrhundert in vergleichbaren Situationen bemüht worden war: das Prinzip des Gleichgewichts. Der Krimkrieg kann insofern als große Zäsur gelten, weil sich die normativen Fundamente so verschoben hatten, dass danach trotz weiterhin intakter diplomatischer Strukturen der Konfliktdämpfung das Konzert einen massiven Kontrollverlust erlitten hatte. Mit dem allmählichen Verfall der Konzertidee hielten wieder klassische Gleichgewichtsvorstellungen Einzug bei den außenpolitischen Entscheidungsträgern.

Schon die italienische Einigung 1860 und die deutsche Einigung 1871 waren auf kriegerischem Wege ohne Aktivierung der Mechanismen des Konzerts durchgesetzt worden. Daher kann es nicht verwundern, dass der Reichseiniger Otto von Bismarck in seiner Eigenschaft als außenpolitischer Steuermann des Deutschen Reichs, der neuen machtvollen Größe in der europäischen Politik, kein inniges Verhältnis zur Konzertidee entwickelte. Bismarck verkörperte den Typus des geschickten Machtpolitikers, der das Deutsche Reich geschmeidig in die Mächtekonstellation einfügte und dabei realistischen Sinn für das Machbare bewies. Bismarck erwies sich als wahrer Meister im Schmieden von Allianzen, die für einige Jahre dem Deutschen Reich größeren Handlungsspielraum verschaffen sollten; aber alle seine diplomatischen Manöver beruhten auf der Grundannahme, dass Staatenrivalitäten nicht durch kooperative Strukturen zu domestizieren seien, sondern nur durch kluge Machtpolitik beherrscht werden können. Ein Konzertpolitiker, der in übergeordneten Systemkategorien dachte, war er deswegen nicht;[34] und auch seinen Nachfolgern fehlte diese Hinwendung. Das Deutsche Reich mit seiner halbhegemonialen Stellung auf dem Kontinent fiel damit als eine Macht aus, die sich der Pflege kooperativer Strukturen verschrieb.

Da sich zudem Großbritannien nach dem Ausscheiden des liberalen Internationalisten Gladstone aus der Außenpolitik immer stärker auf seine außereuropäischen Empireinteressen zurückzog, verblieb Europa in einem überaus labilen Zustand, in dem Konzertmechanismen zwar hier und da aktiviert werden konnten, aber vor allem ab 1907 die Entschlossenheit zu bellizistischen Wagnissen immer mehr um sich griff. Parallel verlor die „balance of power" immer mehr ihre ordnungsstiftende Funktion selbst für eine Macht wie Großbritannien.

---

[34] Dazu treffend schon *Walter Medlicott*, Bismarck, Gladstone, and the Concert of Europe. London 1956, hier S. 320; vgl. auch *Dominik Haffer*, Europa in den Augen Bismarcks. Bismarcks Vorstellungen von der Politik der europäischen Mächte und vom europäischen Staatensystem. Paderborn 2010, v. a. S. 594–665.

Neuere Forschungen verstärken den Eindruck, dass die britische Politik in den letzten Vorkriegsjahren einem Denken in antagonistischen Blöcken verpflichtet war und die Bündnissolidarität mit Frankreich und vor allem Russland der britischen Politik jene Flexibilität in der Wahl von Allianzpartnern nahm, die für eine gleichgewichtsorientierte Politik charakteristisch ist.[35] Unter Außenminister Grey schlug die britische Politik eine Richtung ein, die eindeutig gegen das Gebot der „balance of power" verstieß, schwächere Mächte gegen stärkere zu unterstützen. Großbritannien stärkte nicht den innerlich labilen Vielvölkerstaat Österreich-Ungarn gegen die russischen Balkanambitionen; und auch Deutschland büßte seine Bündnisfähigkeit vor allem deswegen ein, weil es Grey nicht jene „absolute security" gewähren konnte wie die Kontinentalmacht Russland. Unmittelbar vor Kriegsausbruch 1914 stellte sich damit ein Zustand ein, der dem von 1814/15 diametral entgegengesetzt war: Nach dem Ende der napoleonischen Kriege hatten Großbritannien und Russland gemeinsam entscheidend daran mitgewirkt, mit Hilfe ihrer hegemonialen Position zukunftsweisende kooperative Strukturen zu etablieren; hundert Jahre später bildeten beide unverwundbaren Flügelmächte in Europa eine Zweckgemeinschaft zur Abgleichung ihrer Interessen vor allem in Asien. Insofern war es auch der Einbruch imperialistischer Denkmuster, der europäischen Mächten jene Flexibilität raubte, der eine europazentrierte Gleichgewichtspolitik bedurft hätte.

Wertbasierte Renaissancen

Nach dem Ende des Ersten Weltkriegs fand das Paar „Gleichgewicht" und „Hegemonie" zu neuer Dynamik zurück. Das Gleichgewichtsargument kam dem geschlagenen Deutschen Reich im Versailler Vertrag insofern zugute, als speziell die britische Seite sich dafür einsetzte, dass Deutschland als machtpolitisches Gegengewicht gegen das bolschewistische Russland fungieren konnte, wodurch sich seine Schwächung in Grenzen hielt. Doch enthielt die sich nach der Pariser Friedenskonferenz ab 1924 allmählich etablierende Ordnung Strukturprinzipien, die weit über eine Wiederbelebung der „balance of power" hinausreichten. Man kann mit Fug und Recht von einer Renaissance der alten Konzertidee sprechen, diesmal unter den Bedingungen einer amerikanisch-britischen Hegemonie.[36] Erstmals schalteten sich die USA massiv in die Gestaltung der europäischen Mächtebeziehungen ein, und zwar nicht nur durch

---

[35] Grundlegend hierzu ist *Christel Gade*, Gleichgewichtspolitik oder Bündnispflege? Maximen britischer Außenpolitik (1909–1914). Göttingen 1997 sowie *Andreas Rose*, Zwischen Empire und Kontinent. Britische Außenpolitik vor dem Ersten Weltkrieg. München 2011.

[36] Dies ist die zentrale These der wichtigsten systematischen Studie über internationale Beziehungen nach 1918, die die Erkenntnisse Paul Schroeders produktiv verarbeitet: *Patrick O. Cohrs*, The Unfinished Peace after World War I. America, Britain and the Stabilisation of Europe, 1919–1932. Cambridge 2006.

den liberalen Internationalisten Wilson, sondern auch durch seine Nachfolger aus dem republikanischen Lager. Vor allem der Einsatz der amerikanischen Finanzkraft führte dazu, dass die USA nach dem Ende der französischen Ruhrbesetzung einen kooperativen Politikstil insbesondere in Hinsicht auf den Umgang mit Deutschland etablieren konnte. Die Londoner Konferenz 1924 sowie die Locarno-Verträge ein Jahr später erscheinen aus dieser Perspektive als Ausdruck eines „new concert system"[37], dessen Garanten die beiden angloamerikanischen Mächte waren, denen es darauf ankam, eine stabile Friedensordnung in Europa zu errichten, in der unterhalb der Schwelle organisatorischer Verdichtungen ein pragmatischer Modus der Konfliktregulierung gepflegt wurde.[38]

Ähnlich wie nach 1815 ging dem ein Lernprozess bei amerikanischen und britischen Eliten voraus, welcher die Erfahrungen des Weltkriegs und der krisenhaften Eskalation bis zum Jahre 1923 nutzte, um auf dem Wege angelsächsischen Pragmatismus kreative Lösungen zu entwickeln, welche insbesondere den beiden Zentralmächten Europas – Deutschland und Frankreich – Stabilität und Sicherheit verschaffen sollten. Dabei sollte eine Eigendynamik freigesetzt werden, die auf die außenpolitischen Entscheidungsträger in Deutschland und Frankreich ausstrahlen und zur Internalisierung der normativen Grundlage des „new concert" führen sollte. Man wird mit Peter Krüger konstatieren können, dass sich in Deutschland Mitte der 1920er Jahre eine Führungsriege um Außenminister Stresemann auf diese Prämissen einließ und aus innerer Einsicht eine auf Kooperation statt auf Konfrontation gepolte Außenpolitik gestaltete.[39] Allerdings wird man auch nicht bestreiten können, dass seit Beginn der 1930er Jahre die Desintegration des „new concert system" rasant um sich griff und nicht nur in Deutschland ein unbeugsamer Nationalismus sein Haupt erhob, der den Primat der nationalen Partikularinteressen verabsolutierte. Das Scheitern dieses zukunftsweisenden Projekts zeugt zugleich davon, dass außenpolitische Elitenprojekte ohne kulturell-gesellschaftliche Unterfütterung in modernen Herrschaftsformen auf Sand gebaut sind.

Mit der Errichtung der nationalsozialistischen Herrschaft in Deutschland verschoben sich die Grundlagen europäischer Mächtepolitik fundamental. Hitler strebte nach Hegemonie über Europa, wobei er dabei zunächst einen Ausgleich mit Großbritannien suchte, dem er den Verzicht auf deutsche Weltmachtambitionen anbot, um freie Hand auf dem Kontinent zu bekommen. Der NS-Diktator ließ sich dabei von einer globalisierten Vorstellung von Gleichgewicht leiten, nach der es Großbritannien zuzumuten sei, Deutsch-

---

[37] Ebd., S. 269.
[38] Vgl. auch das Standardwerk von *Werner Link*, Die amerikanische Stabilisierungspolitik in Deutschland 1921–32. Düsseldorf 1970.
[39] *Peter Krüger*, Die Außenpolitik der Republik von Weimar. Darmstadt 1985.

land die Hegemonie auf dem Kontinent einzuräumen, wenn es dafür seine Suprematie zur See und in den Kolonien behalte.

Großbritannien wiederum experimentierte bis zum März 1939 mit einem Modus vivendi, der darauf ausgerichtet war, dem Deutschen Reich machtpolitische Konzessionen zu gewähren, um auf dem Kontinent ein gewisses Maß an Stabilität zu schaffen. Die daraus resultierende „appeasement policy" entsprang der weltpolitischen Lageeinschätzung eines „imperial overstretch" der britischen Position angesichts japanischer und italienischer Expansionen in Ostasien und dem Horn von Afrika; bei aller Konzessionsbereitschaft ließ sie aber zumindest seit der Krise um die Tschechoslowakei im Jahre 1938 keinen Zweifel darüber aufkommen, dass Großbritannien wieder zum klassischen Mittel der Gegenmachtbildung greifen würde, wenn Hitler-Deutschland einen offen expansionistischen Kurs steuern und dabei grundlegende zivilisatorische Normen im Umgang mit fremden Mächte eklatant verletzen würde.

Als Hitler am 15. März 1939 mit der militärischen Besetzung der „Rest-Tschechei" eine unzweideutige Aggression gegen ein nicht von Deutschen besiedeltes Land durchführte, hatte er den Rubikon überschritten. Großbritannien sah sich nun contre coeur in die Rolle des „balancer" gedrängt und betrieb diese Politik mit eiserner Konsequenz. So entstand im Frühjahr 1939 die geradezu klassische Konstellation, dass um der Verhinderung der Hegemonie willen Großbritannien einen Kriegseintritt nicht scheue. Es ist in diesem Kontext interessant, dass Hitler dieses Leitmotiv der britischen Politik klar erkannt hatte, wobei er das „Gleichgewicht der Kräfte" als britischen Versuch wertete, dem Deutschen Reich die aus seiner Sicht legitimen Ansprüche auf Hegemonie zu verwehren. In einer geheimen Besprechung mit den militärischen Spitzen am 23. Mai 1939[40] findet sich diese Einschätzung genau so wieder wie in seinem Aufruf an das deutsche Volk vom 3. September 1939 nach der vollzogenen britischen Kriegserklärung. Hitler stellte die britische Politik des Gleichgewichts in einen größeren historischen Kontext, wobei er die Briten beschuldigte, das Gleichgewicht auf Europa zu beschränken, um auf diese Weise die eigene Weltmachtstellung zu behaupten: „Seit Jahrhunderten hat England das Ziel verfolgt, die europäischen Völker der britischen Welteroberungspolitik gegenüber dadurch wehrlos zu machen, dass ein Gleichgewicht der Kräfte proklamiert wurde, nach dem England das Recht in Anspruch nahm, den ihm jeweils am gefährlichsten erscheinenden europäischen Staat unter fadenscheinigen Vorwänden anzugreifen und zu vernichten. So hat es die spanische Weltmacht bekämpft, später die holländische, dann die französische und seit dem Jahre 1871 die deutsche".[41]

---

[40] Das Protokoll dieser Besprechung ist abgedruckt in: *Der Prozeß gegen die Hauptkriegsverbrecher vor dem Internationalen Militärgerichtshof.* Bd. 37, Nürnberg 1949, S. 546–556.
[41] Der Aufruf Hitlers findet sich u. a. in: *Der großdeutsche Freiheitskampf.* Reden Adolf Hitlers vom 1. September 1939 bis 10. März 1940. München 1941, S. 31.

Hitler überschätzte zweifellos die Kontinuität britischer Gleichgewichtspolitik, traf aber in jedem Fall einen harten Kern britischer Grundüberzeugungen. Wenn es hart auf hart ging, entzog sich Großbritannien nicht seiner Verantwortung, jenen Mächten auf dem europäischen Kontinent in den Arm zu fallen, die dort ihre schrankenlose Vorherrschaft errichten wollten. Dass Großbritannien Hitler die Stirn bot in Einschätzung der daraus resultierenden negativen Folgen für die britische Weltmachtstellung, ist überdies ein Beleg dafür, dass Gleichgewichtspolitik im 20. Jahrhundert im Unterschied zu den Vorläufern im 18. Jahrhundert normativ unterlegt war. Die ideologische Aufladung der internationalen Beziehungen durch die fundamentale Herausforderung autoritärer und totalitärer Herrschaften ließ auch nach 1945 Gleichgewichtspolitik als ein diesmal moralisch gefordertes Gebot erscheinen, die Werte einer sich als westlich verstehenden Zivilisation gegen äußere Bedrohung zu verteidigen. Insofern führt eine direkte Linie von der britischen und US-amerikanischen Einstellung gegenüber dem totalitären und expansionistischen NS-Deutschland zur auf *containment* und Abschreckung ausgerichteten Generallinie der westlichen Staatenwelt im „Kalten Krieg", die sich im argumentativen Arsenal der klassischen Entgegensetzung von „Hegemonie" und „Gleichgewicht" bediente.

Christine Hatzky

Hierarchien?

Die Sowjetunion, Kuba und Angola. Ein Fallbeispiel

Die nach dem Zweiten Weltkrieg einsetzende dritte Welle der Dekolonisierung führte in Asien, Afrika, der Karibik und im pazifischen Raum zur politischen Unabhängigkeit fast aller Kolonien, was den Charakter der internationalen Beziehungen nachhaltig veränderte. Nach 1945 wurde das internationale Staatensystem von zwei Supermächten dominiert, die die Auflösung des europäischen Kolonialreichs beeinflussten. Während sich in Europa ein bipolares Blocksystem herausbildete, konkurrierten in der Dritten Welt neben lokalen und regionalen Akteuren die Supermächte um Einfluss auf die jungen Nationalstaaten. Das Ensemble der globalen Akteure wurde dadurch ethnisch und kulturell heterogener, wobei diese Faktoren jetzt einen sehr viel bedeutenderen Einfluss auf die internationalen Beziehungen erhielten als noch unter der weißen Vorherrschaft. Die USA und die europäischen Mächte standen für unterschiedliche Zukunftsentwürfe und Strategien für die postkoloniale Ära, was vielfältige Divergenzen zwischen ihnen hervorrief. Aber auch in der kommunistischen Hälfte der Welt herrschte Konkurrenz um Konzepte und Strategien, insbesondere nachdem in den 1950er Jahren die politisch-ideologischen Konflikte zwischen den beiden Großmächten, der Volksrepublik China und der Sowjetunion, unüberbrückbar geworden waren.[1] Während die Außenpolitik der Sowjetunion immer noch vor allem auf Europa fixiert war, positionierte sich China bereits auf Seiten revolutionärer, nationaler Befreiungsbewegungen in der Dritten Welt. Dieser Polyzentrismus erweiterte die Handlungsoptionen von antikolonialen Befreiungsbewegungen und postkolonialen Regierungen erheblich. Sie etablierten sich auch in der Bewegung der Blockfreien als Dritte Kraft und nutzten die Antagonismen zwischen den Blöcken und innerhalb der Blöcke.

Dieses neue Kräfteverhältnis wirkte sich Mitte der 1970er Jahre in der letzten Etappe der Entkolonisierung Afrikas auch auf die von Portugal beherrschten Länder aus. In Angola, das im November 1975 unabhängig wurde, nutzten drei konkurrierende Befreiungsbewegungen die Gegensätze zwischen den USA, der UdSSR und China, um lokale und regionale Machtinteressen zu verfolgen. Im Unabhängigkeitskonflikt Angolas betrat darüber hinaus ein anderer Akteur die außenpolitische Bühne der Dritten Welt: Kuba. Die Revolution hatte Kuba als einziges Land der westlichen Hemisphäre im sowjetischen

---

[1] Vgl. *Marc Frey*, Die Vereinigten Staaten und die Dritte Welt, in: Bernd Greiner/Christian Th. Müller/Dierk Walter (Hrsg.), Heiße Kriege im Kalten Krieg. Hamburg 2006, S. 35–60, hier S. 38 ff.

Einflussbereich ins Zentrum des Kalten Kriegs katapultiert. Ungeachtet dessen verfolgte die kubanische Regierung eine eigenständige, auf die Dritte Welt ausgerichtete Außenpolitik, die hier anhand ihrer Kooperation mit Angola erörtert werden soll. Auch Kuba konnte dabei die Konkurrenz zwischen den Blöcken und innerhalb des kommunistischen Blocks nutzen. Auch die mit Kuba befreundete marxistisch orientierte, angolanische Befreiungsbewegung MPLA[2] profitierte davon, denn ein groß angelegter Militäreinsatz Kubas in der letzten Phase des Unabhängigkeitskampfs war entscheidend dafür, dass sich die MPLA gegen ihre internen und externen Widersacher behaupten und Angola alleine in die Unabhängigkeit führen konnte.

Trotzdem entbrannte im Anschluss daran ein erbitterter Krieg um die Vormacht in diesem rohstoffreichen Land. Bis zum Ende des Kalten Kriegs waren darin einerseits das südafrikanische Apartheidregime und die rivalisierende Befreiungsbewegung UNITA[3] involviert, die beide direkt und indirekt von der US-Regierung unterstützt wurden. Auf Seiten der MPLA standen Kuba und die Sowjetunion. Diese Einmischung der Supermächte war zwar für die Eskalation des postkolonialen Krieges verantwortlich, trotzdem war der heiße Krieg in Angola mehr als nur ein „Stellvertreterkrieg" in Afrika. Die kubanische und die angolanische Regierung gingen bis 1991 vielmehr eine enge militärisch-zivile, bilaterale Kooperationsbeziehung ein, im Zuge derer etwa 380 000 kubanische Soldaten zum Einsatz kamen und parallel dazu etwa 50 000 kubanische Zivilisten in allen gesellschaftlichen Bereichen Aufbauhilfe leisteten.[4] Diese umfassende transatlantische Süd-Süd-Kooperation hätte allerdings ohne die finanzielle und militärische Unterstützung der Sowjetunion nicht realisiert werden können: Die Sowjetregierung subventionierte Kuba seit 1960 wirtschaftlich in großem Stil, lieferte Kriegsmaterial und entsandte militärische Berater und Ausbilder nach Angola. Aber war sie deshalb auch Hauptakteurin im Angola-Konflikt und besaß die uneingeschränkte politische und militärische Vormachtstellung innerhalb dieser Süd-Süd-Ost-Konstellation?

Am Beispiel der Kooperation zwischen der kubanischen Regierung und der angolanischen MPLA soll hier erörtert werden, inwiefern herkömmliche Vorstellungen von Hierarchien und einseitigen Abhängigkeiten zwischen Satellitenstaaten und einer Hegemonialmacht auf dieses Fallbeispiel zutreffen und wie sich die kubanisch-angolanische Verbindung im Beziehungssystem der sowjetischen Einflusssphäre verorten lässt. In den meist ausschließlich auf die Konfrontation der Supermächte konzentrierten Erzählungen des Kalten Kriegs erschien die Handlungsmacht untergeordneter Bündnispartner aus der Dritten Welt bisher häufig als bedeutungslos. Das folgende Beispiel zeigt

---

[2] *Movimento Popular de Libertação de Angola.*
[3] *União Nacinal para a Independência Total de Angola.*
[4] S. *Edward George*, The Cuban Intervention in Angola, 1965–1991. From Che Guevara to Cuito Cuanavale. London/New York 2005, S. 324, FN 1.

jedoch, dass nachgeordnete Mächte durchaus über Handlungsspielraum verfügten, um die Politik einer Führungsmacht in ihrem Sinne zu beeinflussen. Was bislang als einseitige Abhängigkeit interpretiert wurde, erscheint hier deshalb als eine wechselseitige Einflussnahme. Damit sollen aber weder ungleiche Entwicklungen noch historisch gewachsene Machtkonstellationen und -netzwerke verwischt oder verleugnet werden, sondern vielmehr bislang als „mindermächtig" erachtete Akteure ins Zentrum der Betrachtung rücken. In meinem unlängst abgeschlossenen Forschungsprojekt legte ich das Hauptaugenmerk auf die parallel zum Militäreinsatz stattfindende zivile Kooperation zwischen Kuba und Angola, die durch kubanische Ärzte, Lehrer, Techniker, Ingenieure oder Bauarbeiter in Angola geleistet wurde.[5] Dies ist die Ausgangsbasis für die Entschlüsselung der Beziehungskonstellation zwischen Angola, Kuba und der Sowjetunion.

Im Zentrum der bisherigen Forschung zum Entkolonisierungskonflikt in Angola und dem Einsatz Kubas stand die These, dass Kuba auf „Veranlassung Moskaus" in Angola eingegriffen habe. Zweifel an dieser Version wurden zwar schon seit den 1980er Jahren geäußert und Kubas eigenständige außenpolitische Rolle betont.[6] Aber erst nach dem Ende des Kalten Kriegs konnte nachgewiesen werden, dass die kubanische Regierung auf eigene Initiative in Angola eingriff.[7] Auch diese Version enthielt kaum Hinweise auf die Rolle der MPLA, sondern implizierte weiterhin, dass diese mehr oder weniger passive Empfängerin der kubanischen (und sowjetischen) Unterstützung war. Da eine konzise Darstellung des Unabhängigkeitskonflikts und des postkolonialen Kriegs aus angolanischer Perspektive noch aussteht,[8] wurde das kubanische Eingreifen weiterhin als eine „Intervention" mit einer folgenreichen Einmischung in die inneren Angelegenheiten Angolas interpretiert.[9] Um die Beziehungen der drei Akteure im postkolonialen Konflikt Angolas untereinander zu verorten, soll hier zunächst das Verhältnis der Sowjetunion zur Dritten Welt skizziert werden und im Anschluss daran die Beziehungen zwischen der Sowjetunion und Kuba. Danach wird die Dreierkonstellation zwischen der

---

[5] Es handelt sich um meine 2009 beendete Habilitationsschrift „Kubaner in Angola. Süd-Süd-Kooperation und Bildungstransfer 1976–1991", gedruckt unter demselben Titel in der Reihe Studien zur Internationalen Geschichte, München 2012.

[6] *Jorge I. Domínguez*, 1989, To Make a World Safe for Revolution. Cuba's Foreign Policy. Cambridge/London.

[7] *Piero Gleijeses*, Conflicting Missions. Havana, Washington, and Africa, 1959–1976. Chapel Hill/London 2002; *Ders.*, Misiones en conflicto. Havanna, Washington y África 1959–1976, Prólogo a la Edición Cubana: Jorge Risquet. Havanna 2004; *Ders.*, Moscow's Proxy? Cuba and Africa 1975–1988, in: Journal of Cold War Studies, Bd. 8, Nr. 4, Fall 2006, S. 98–147; *Ders.*, Kuba in Afrika 1975–1991, in Greiner/Müller/Walter (Hrsg.), Heiße Kriege im Kalten Krieg, S. 469–510.

[8] Angola, A festa e o luto. 25 anos de independencia. Luanda 2000; Angola rumo à independência o governo de transição. o. J. sowie *Jaime Drumond/Hélder Barber*, Angola: Depoimentos para História Recente, Bd. 1, 1950–1976. Luanda 1999, sind drei der ersten Versuche, sich der Geschichte der Unabhängigkeit aus angolanischer Perspektive zu nähern.

[9] *George*, The Cuban Intervention in Angola.

Sowjetunion, Kuba und Angola in den Blick genommen und abschließend werden die Besonderheiten und Charakteristika der Kooperation zwischen Kuba und der MPLA-Regierung erörtert.

Die Sowjetunion und die Dritte Welt

Nach dem Tod Stalins 1953 wuchs unter Führung des neuen ersten Sekretärs der Kommunistischen Partei, Nikita Chruschtschow, das Interesse an den antikolonialen Befreiungsbewegungen und unabhängigen Regierungen in Asien, Afrika und Lateinamerika. Dieses Umdenken wurde durch verschiedene Faktoren beeinflusst. Angesichts der veränderten globalpolitischen Konstellation ging die Sowjetregierung davon aus, dass die nukleare Bewaffnung beider Großmächte eine direkte Konfrontation unwahrscheinlicher machen und eine Politik der friedlichen Koexistenz ermöglichen würde, im Rahmen derer sich eine längerfristige Ausbreitung des Sozialismus weltweit verwirklichen ließe.[10] Die nukleare Bedrohung, die von Seiten der USA zur Eindämmung des Kommunismus benutzt wurde, konnte jetzt umgekehrt dazu dienen, befreundete Staaten in der Dritten Welt vor den USA zu schützen. Letztendlich begriffen beide Supermächte die koloniale und die postkoloniale Welt als eine Arena, in der angesichts der Pattsituation in Europa ihr Wettstreit ausgetragen werden konnte.[11] Die Sowjetregierung ging außerdem davon aus, dass die Länder der südlichen Hemisphäre durch den Entkolonialisierungsprozess Teil des sowjetischen Machtblocks würden. Bedeutende „Etappensiege" waren in dieser Logik der Triumph der Revolution in Kuba 1959 und der Rückzug der USA aus Vietnam 1975.[12]

Sowohl Chruschtschow als auch sein Nachfolger Breschnew unterstrichen die Bereitschaft, auch diejenigen Länder zu unterstützen, die keinen sozialistischen Entwicklungsweg einschlugen und verorteten den gemeinsamen Feind im Kolonialismus und Imperialismus.[13] Diese außenpolitische Akzentverschiebung war nicht nur eine Reaktion auf den wachsenden Einfluss der USA in der Dritten Welt, deren angeblich neokoloniale Politik bewusst internationale sozialistische Solidarität entgegengesetzt werden sollte, sondern auch eine Folge der Konkurrenz mit der Volksrepublik China, deren agrarisch geprägter Entwicklungsweg sich als Modell für nationale, antikoloniale Bewegungen und Regierungen der Dritten Welt als besonders attraktiv erwies. Auftakt des sowjetischen Engagements für die kolonialisierten und ehemals kolonialisierten Länder war die Bandung-Konferenz des Jahres 1955, als die

---

[10] *Odd Arne Westad*, The Global Cold War. Cambridge/New York 2005, S. 67 f.
[11] *Roger E. Kanet*, Sowjetische Militärhilfe für nationale Befreiungskriege, in: Greiner/Müller/Walter (Hrsg.), Heiße Kriege im Kalten Krieg, S. 61–83, hier S. 66 f.
[12] *Kanet*, Sowjetische Militärhilfe, S. 71.
[13] *Westad*, The Global Cold War, S. 66 f.

Dritte Welt in Gestalt von 29 Delegationen afrikanischer und asiatischer Staaten erstmals als geopolitischer Akteur in Erscheinung trat.

Die neuen außenpolitischen Prioritäten der Sowjetunion führten ab Mitte der 1970er Jahre zu einer zunehmend expansiven Politik, die sich nicht mehr auf finanzielle Unterstützung, Waffenlieferungen und Truppenausbildungsprogramme für befreundete Bewegungen und Regierungen beschränkte, sondern vermehrt aktive Eingriffe in lokale und regionale Konflikte beinhaltete. Dies war ab 1977 in Äthiopien mit kubanischer Unterstützung der Fall[14], Höhepunkt war die sowjetische Intervention in Afghanistan 1979. Unter diesen regionalen Beispielen firmierte stets auch der Angolakrieg, der meist als Auftakt dieser Expansionspolitik bewertet wurde, gerade weil der Einsatz in der älteren Literatur häufig undifferenziert als eine Aktion im Rahmen einer gemeinsamen sowjetisch-kubanischen Globalstrategie bewertet wurde.[15]

Die Sowjetunion, die kubanische Revolution und der Internationalismus

Der Triumph der Revolution in Kuba über die Batista-Diktatur weckte das Interesse der Sowjetregierung an Lateinamerika und der Karibik. Die Sowjetunion nahm jetzt erstmals außenpolitische Beziehungen in die Karibik auf und wagte sich damit sehr weit in die westliche Hemisphäre vor, die bereits im 19. Jahrhundert von den USA als Einflussbereich beansprucht worden war. Aufgrund der radikalen Reformen und der rigorosen Verstaatlichung US-amerikanischer Konzerne wurde Kuba für die Sowjetregierung zum künftigen Entwicklungsmodell für Lateinamerika. Als die Insel im Februar 1960 das erste große Handelsabkommen mit der Sowjetunion unterzeichnete, führte dies in den USA in Kürze zum vollständigen Bruch der Beziehungen. Die kubanische Regierung war jetzt explizit auf den Rückhalt der Sowjetunion angewiesen, um sich vor Übergriffen der USA zu schützen. Einen Tag vor der Invasion in der Schweinebucht im April 1961 verkündete Castro den „sozialistischen Charakter" der Revolution und stellte sich somit unter den Schutz der Sowjetunion.

Auch nach dem Scheitern der Invasion sorgte die Sowjetregierung und Kuba die Möglichkeit eines weiteren Angriffs seitens der USA.[16] Der Verlauf der Geschichte ist bekannt. In Absprache mit der kubanischen Regierung wurden sowjetische Atomraketen auf Kuba stationiert, die aber recht schnell durch ein

---

[14] S. hierzu *Gleijeses*, Moscow's Proxy?, S. 107 ff.
[15] S. *Kanet*, Sowjetische Militärhilfe, S. 72 f.
[16] Vgl. *Laurence Chang/Peter Kornbluh* (Hrsg.), The Cuban Missile Crisis, 1962: A National Security Archive Reader. New York 1992, insbesondere S. xi–xii. *Aleksandr Fursenko/Timoty Naftali*, „One Hell of a Gamble", Khruschtschev, Castro and Kennedy 1956–1964. New York 1997.

US-amerikanisches Aufklärungsflugzeug entdeckt wurden, woraufhin Chruschtschow in den Verhandlungen mit US-Präsident Kennedy schließlich ihrem Abzug zustimmte. Das war allerdings eine Absprache unter den Großmächten, die kubanische Regierung erfuhr erst aus der Presse davon und empfand das als Verrat und Verletzung ihrer Souveränität.[17] Trotzdem hielten beide an der Beziehung fest und trieben den Ausbau ihrer wirtschaftlichen Beziehungen voran, d. h. die Sowjetregierung vervielfachte ihre Subventionen für Kuba. Die kubanische Regierung behielt sich allerdings vor ungeachtet der wachsenden wirtschaftlichen Abhängigkeit einen eigenständigen außenpolitischen Kurs zu verfolgen und wusste dafür auch die politischen Antagonismen zwischen der Sowjetunion und China zu nutzen.[18] Die kubanischen Revolutionäre begriffen sich als Teil eines globalen bewaffneten Kampfes der Dritten Welt gegen Kolonialismus, Neokolonialismus und Imperialismus. Sie forderten damit nicht nur die US-Regierung heraus, sondern auch die Sowjetunion, die im Zuge der Entspannungspolitik einen „friedlichen Weg" zum Sozialismus propagierte.[19]

Zu dieser außenpolitischen Strategie der „internationalistischen Solidarität" und zum Revolutionsexport gehörte auch, dass Kuba (als einziges lateinamerikanisches Land) Gründungsmitglied der Blockfreien Bewegung war, die in Anknüpfung an die Konferenzen von Bandung und Kairo 1961 in Belgrad als dritter Machtblock und politischer Akteur gegenüber beiden Großmächten gleichermaßen aus der Taufe gehoben wurde.[20] Kubas Beziehungen zur Dritten Welt erfuhren mit der 1966 in Havanna ausgerichteten „Trikontinentalen Konferenz"[21] einen weiteren Höhepunkt. Dort wurde die Ausbreitung der Revolution auf die drei Kontinente Afrika, Asien und Lateinamerika propagiert. Diejenigen Länder, die sich bereits befreit hatten, sollten ihrerseits Befreiungsbewegungen unterstützen, das galt als echte, internationalistische Solidarität.[22] Die Kubaner waren außerdem davon überzeugt, dass sie gegenüber den Ländern des „Trikont" über eine besondere Empathie verfügten und ihnen deshalb die Führungsrolle zukam: Kubaner waren nicht „weiß", son-

---

[17] *Michael H. Erisman*, Cuba's International Relations. The Anatomy of a Nationalistic Foreign Policy. Boulder/London 1985, S. 29ff; *Domínguez*, To Make A World Safe, S. 43ff; *Mervyn J. Bain*, Soviet-Cuban Relations 1985–1991, Changing Perceptions in Moscow and Havana. Lanham/ Boulder/New York 2007, S. 21ff.; *Robert E. Quirk*, Fidel Castro. Die Biographie. Berlin 1996, S. 400ff.; *Volker Skierka*, Fidel Castro. Eine Biographie. Reinbek 2000, S. 191ff.

[18] *Erisman*, Cuba's International Relations, S. 27f.; *Michael Zeuske*, Insel der Extreme. Kuba im 20. Jahrhundert. Zürich 2004, S. 207.

[19] *William LeoGrande*, Cuban-Soviet Relations and Cuban Policy in Africa, in: Carmelo Mesa-Lago/June Belkin (Hrsg.), Cuba in Africa. Pittsburgh 1982, S. 13–50; ders., Cuba's Policy in Africa 1959–1980. Policy Papers in International Affairs, Insitute of International Studies. Berkeley 1980, S. 4f.

[20] *Olga Nazario/Juan Benemelis*, Cuba's Relations with Africa: An Overview, in: Sergio Díaz-Briquets (Hrsg.), Cuban Internationalism in Sub-Saharan Africa. Pittsburgh 1989, S. 13–28, hier S. 13.

[21] Auf der Konferenz waren 82 Vertreter antikolonialer Bewegungen und Regierungen anwesend.

[22] *Nelson, P. Valdés*, Revolutionary Solidarity in Angola, in: Cole Blasier/Carmelo Mesa-Lago (Hrsg.), Cuba in the World. Pittsburgh 1979, S. 87–117, hier S. 89.

dern ethnisch, kulturell und mental vielmehr eine Mischung aus Lateinamerikanern und Afrikanern, ja sogar Asiaten.

Die rasche Entkolonisierung Afrikas Anfang der 1960er Jahre veranlasste die kubanische Regierung, Kontakte zu afrikanischen Regierungen aufzubauen und Unterstützung für antikoloniale Bewegungen zu leisten. Die ersten Kontakte wurden mit dem 1957 unabhängig gewordenen Ghana geknüpft sowie mit der algerischen Befreiungsfront *Front de Libération Nationale* (FLN).[23] Im Dezember 1964 brach der kubanische Industrieminister Ernesto „Che" Guevara zu einer dreimonatigen Afrikareise auf, auf der es zu einer ersten direkten Begegnung mit Vertretern der angolanischen MPLA kam.[24] Abgesehen von einer temporären militärischen Unterstützung, die im Zusammenhang mit Guevaras Versuch stand, 1965 im ehemals belgischen Kongo eine Guerillafront aufzubauen[25], erwuchsen daraus zunächst keine engeren Beziehungen. Trotzdem war dies die Basis dafür, dass die MPLA 1975 die Unterstützung Kubas im Unabhängigkeitskonflikt anforderte.

Ende der 1960er Jahre zeichnete sich ab, dass sowohl das Experiment einer sozialistischen Ökonomie in Kuba als auch die Strategie des Revolutionsexports mit dem Tod Guevaras in Bolivien 1967 gescheitert war. Deshalb verfolgte die Regierung ab den 1970er Jahren innen- und außenpolitisch einen zunehmend pragmatischen Kurs, der in einen Prozess der „Sowjetisierung" von Politik und Wirtschaft mündete. Die außenpolitischen Ziele und der Internationalismus wurden neu definiert, die Unterstützung von Guerilla- und Befreiungsbewegungen wurde zugunsten diplomatischer, im völkerrechtlichen Sinne „legaler" Außenbeziehungen zu progressiven Regierungen aufgegeben.[26] Das bedeutete aber keinen Bruch mit den Prinzipien des Internationalismus, er wurde vielmehr als Strategie der künftigen Außenpolitik Kubas 1976 in der neuen Verfassung festgeschrieben.[27] Innenpolitisch bedeutete „Sowjetisierung" eine erhebliche Steigerung der finanziellen und wirtschaftlichen Unterstützung durch die Sowjetunion.[28] Dies ermöglichte den Aufbau eines flächendeckenden Gesundheits- und Bildungssystems, womit auch die materiellen und institutionellen Voraussetzungen für groß angelegte militärische und zivile Auslandseinsätze geschaffen wurden.

---

[23] *Gleijeses*, Misiones en conflicto, S. 60 ff.
[24] Ebd., S. 24; *Gleijeses*, Missions in Conflict, S. 82 f.
[25] S. *Jorge Risquet Valdés*, El segundo frente del Che en el Congo. Historia del Batallón Patricio Lumumba u. das Interview mit Rolando Kindelán Bles, dem militärischen Führer der Truppe, in: *Luis Baez*, Secretos de Generales. Havanna 1996, S. 57–62, hier S. 61 f.
[26] *Valdés*, Revolutionary Solidarity, 1979, S. 89.
[27] Ebd., S. 90.
[28] *Bain*, Soviet-Cuban Relations, S. 29 ff. Das Handelsvolumen zwischen der Sowjetunion und Kuba verdoppelte sich im Zeitraum zwischen 1980 und 1985 von 5 Mio kubanischen Pesos auf fast 10 Mio, s. ebd. S. 31.

Die Sowjetunion und Angola 1960–1975

Im Gegensatz zu den kubanisch-sowjetischen Beziehungen, die für die US-amerikanische Forschung im Kalten Krieg von vorrangigem Interesse waren, steht eine Rekonstruktion der Geschichte der Beziehungen zur MPLA weiterhin aus. Die bislang umfassendste Darstellung aus russischer Perspektive stammt von Vladimir Shubin, der die sowjetische Afrikapolitik der Regierung Breschnew bis Ende der 1980er Jahre maßgeblich beeinflusste.[29] Daraus geht hervor, dass es sich auf beiden Seiten um eine eher von Brüchen als von Kontinuitäten gekennzeichnete, schwierige Beziehung handelte. Das lag an den internen Problemen der MPLA, die bis in die 1970er Jahre hinein durch den Kampf ums politische Überleben gegen die Rivalen FNLA und UNITA geprägt war sowie durch zahlreiche Spaltungen, interne Säuberungen und Macht- und Fraktionskämpfe.[30] Der politische Einfluss der Sowjetunion auf die MPLA war Shubins Ausführungen zufolge gering und die unterschiedlichen Fraktionen der MPLA nutzten ihre Beziehungen zur Sowjetunion vor allem, um sich die bescheidene militärische und finanzielle Unterstützung gegenseitig streitig zu machen. Der letztendlich dominierende Flügel der MPLA, der von dem späteren Präsidenten des unabhängigen Angola, dem Arzt und Schriftsteller Agostinho Neto angeführt wurde, konnte sich in der letzten Phase des Unabhängigkeitskampfes die Unterstützung der Sowjetunion sichern – aber ohne politische Kompromisse einzugehen.

Die Unabhängigkeit Angolas, Kuba und die Sowjetunion

Auslöser für die Entkolonisierung Angolas war die Nelkenrevolution in Portugal im April 1974. Die progressiven Militärs und linksgerichteten Politiker, die nach dem Sturz der Diktatur die Macht übernahmen, forderten die schnelle Beendigung der Kolonialkriege und die Unabhängigkeit der Kolonien Guinea Bissau, Angola und Mosambik. In Angola konkurrierten drei antikoloniale Bewegungen miteinander, deren soziale, ökonomische und strukturelle Leitvorstellungen für die Zukunft Angolas nicht disparater hätten ausfallen können: Die FNLA[31] und die UNITA optierten für eine kapitalistische Entwicklung, die MPLA für ein undogmatisches, sozialistisches Gesellschaftsmodell[32] und sie positionierten sich somit auch auf Seiten der jeweiligen Machtblöcke. Kurz nachdem die drei Bewegungen im Januar 1975 gemeinsam mit der

---

[29] *Vladimir Shubin*, The „Hot" Cold War. The USSR in Southern Africa. London 2008, S. 7–118.
[30] Vgl. *John Marcum*, The Angolan Revolution, Bd. II. Exile Politics and Guerilla Warfare (1962–1976). Cambridge, Mass./London 1978, S. 85 ff. und S. 201; *David Birmingham*, Frontline Nationalism in Angola and Mozambique. Oxford 1992, S. 37; *Mabeko Tali*, Dissidências, Bd. I.
[31] *Frente Nacional para a Libertação de Angola.*
[32] *Franz-Wilhelm Heimer, Der* Entkolonisierungskonflikt in Angola. München 1979, S. 117 ff.

neuen portugiesischen Regierung einen Fahrplan für die Unabhängigkeit entworfen hatten, begannen schwere bewaffnete Auseinandersetzungen zwischen ihnen. Die FNLA und die UNITA wurden militärisch von der US-Regierung, von China bzw. Zaire unterstützt,[33] die MPLA von Jugoslawien und der Sowjetunion.[34] Entscheidend dafür, dass sich die MPLA gegen ihre Rivalen behaupten konnte, war aber die militärische Unterstützung, die die MPLA ab Sommer 1975 von Kuba erhielt: Die MPLA hatte sich im Mai 1975 erstmals auch an die kubanische Regierung gewandt und sie um militärische Ausbilder, Waffen, Transportmittel und finanzielle Hilfe ersucht.[35]

Da Kuba jedoch weder wirtschaftlich noch militärisch in der Lage war, einen groß angelegten, transatlantischen Einsatz in Angola zu bewerkstelligen, kam ein erprobtes Beziehungsmuster zwischen Kuba und der Sowjetunion ins Spiel: Castro wandte sich an den sowjetischen Staats- und Parteichef Breschnew, um ihn um konkrete militärische, finanzielle und logistische Unterstützung für einen Einsatz in Angola zu ersuchen – und fand Gehör.[36] Daraufhin konnte ein Großaufgebot kubanischer Truppen bereitgestellt werden. Nur durch diese massive militärische Unterstützung konnte die MPLA am 11. November 1975 in Luanda als alleinige Siegerin die Unabhängigkeit der sozialistischen Volksrepublik Angola ausrufen.[37] Unstrittig ist mittlerweile, dass die Initiative für den Angola-Einsatz nicht von der Sowjetregierung ausging, sondern von der kubanischen Regierung, die in enger Abstimmung mit der MPLA handelte. Fakt ist auch, dass die entscheidende militärische Eskalation von einer direkten Intervention der südafrikanischen Streitkräfte ausging. Das Apartheidregime hatte zuvor die UNITA und die FNLA unterstützt, um die Etablierung einer linksgerichteten Regierung zu verhindern, denn die MPLA unterstützte den bewaffneten Kampf der namibischen Befreiungsfront SWAPO, die gegen die südafrikanische Kolonisierung kämpfte und den Widerstand gegen die Apartheid schürte. Der Sieg blieb trotzdem prekär, denn die MPLA kontrollierte kaum mehr als die Hauptstadt und die erdölreiche Enklave Cabinda. Angola war nach der Unabhängigkeit vielmehr ein geteiltes Land, dessen Staatsterritorium erst militärisch erobert werden musste. Dieser Krieg, auch als „zweiter Befreiungskrieg" bezeichnet, endete im März 1976, als Südafrika seinen (vorläufigen) Rückzug antreten musste. Danach beabsichtigte auch die kubanische Regierung den Rückzug ihrer Truppen, die im Frühjahr 1976 mit etwa 36 000 Soldaten in Angola präsent waren. In dieser Phase

---

[33] Genauer hierzu s. *Norrie MacQueen*, An Ill Wind? Rethinking the Angolan Crisis and the Portuguese Revolution, 1974–1976, in: Itinerario, European Journal of Overseas History, Bd. XXVI, 2, 2000, S. 22–44, hier S. 28 ff.
[34] *Shubin*, The Hot Cold War, S. 44.
[35] *Gleijeses*, Conflicting Missions, S. 247 ff.
[36] Ebd., S. 366 ff.
[37] Die bislang besten und ausführlichsten Darstellungen dieser ersten Monate des militärischen Eingreifens kubanischer Truppen in Angola lieferten *Gleijeses*, Conflicting Missions, and *George*, The Cuban Intervention, S. 60–94. Aus kubanischer Perspektive *Marina Rey Cabrera*, La Guerra de Angola. Havanna 1989.

etablierte sich das Beziehungsmuster zwischen der kubanischen und der angolanischen Regierung, das dem des sowjetisch-kubanischen nicht unähnlich war: Der erste Präsident des unabhängigen Angola, Agostinho Neto, ersuchte die kubanische Regierung nicht nur um den Verbleib eines großen Militärkontingents, sondern auch um eine erhebliche personelle Aufstockung der bereits angelaufenen zivilen Unterstützung. Die kubanische Regierung willigte ein[38], und Neto hatte mit diesem erneuten Vorstoß den Grundstein für den Mechanismus des „Forderns und Erfüllens" gelegt, der die kubanisch-angolanische Beziehung für das nächste Jahrzehnt charakterisieren sollte.

Ungeachtet dessen, dass die kubanische Regierung zuerst den Entschluss für das militärische Eingreifen in Angola gefasst hatte und sich die Sowjetregierung erst danach darauf einließ – also die Verhältnisse zwischen der Supermacht und dem abhängigen Inselstaat auf den Kopf gestellt hatte –, beanspruchte die Sowjetregierung in hegemonialer Manier den Sieg im „zweiten Befreiungskrieg" für sich und machte Angola zum künftigen Maßstab für die aktive Solidarität mit den Völkern Asiens und Afrikas. Aus ihrer Perspektive war Angola der Beweis dafür, dass der Sozialismus in der Dritten Welt verbreitet und gleichzeitig Entspannungspolitik mit den USA betrieben werden konnte. Unter dem Eindruck des Debakels in Vietnam kam die internationale Abteilung der KPdSU zu dem Schluss, dass die USA unter bestimmten Umständen und in lokalen Konflikten besiegt werden könnten. Aus all diesen Gründen ordnete die Sowjetregierung Angola jetzt ihrem Einflussbereich zu, obwohl sie im Grunde wenig Kontrolle über die Entwicklungen dort ausübte. Sie betonte aber immerhin die sehr gute Zusammenarbeit mit der kubanischen Regierung.[39] Diese war sich des sowjetischen Hegemonialanspruchs durchaus bewusst, respektierte ihn vordergründig, um die Unterstützung nicht zu verlieren, traf aber ihre Entscheidungen über den Angola-Einsatz weiterhin unabhängig davon.

Die Antagonismen zwischen den drei Regierungen manifestieren sich bislang am offensichtlichsten an der Person Netos und seiner Anhänger innerhalb der MPLA. Während Castro und Neto eine politische Freundschaft verband und sich die Kubaner darum bemühten, Netos Autorität zu stärken, herrschte zwischen der Sowjetregierung und Neto lange Zeit Misstrauen.[40] Deutliches Indiz dafür sind die Hintergründe des Putsches gegen seine Regierung im Mai 1977.[41] Auch wenn nähere Einzelheiten bis heute nicht geklärt sind, scheint mittlerweile gesichert, dass einige sowjetische Berater und

---

[38] *Gleijeses*, Misiones en conflicto, S. XVIIIf; *Mabeko Tali*, Dissidências, Bd. 2, S. 232f.
[39] *Westad*, The Global Cold War, S. 237ff.
[40] *Westad*, The Global Cold War, S. 240f; *Shubin*, The Hot Cold War, passim.
[41] S. *Wilfred Burchett*, Southern Africa Stands up. The Revolutions in Angola, Mozambique, Zimbabwe, Namibia and South Africa. New York, 1978, S. 106ff; *David Birmingham*, Angola, in: Chabal, Patrick et al., A History of Postcolonial Lusophone Africa. London, S. 137–184., hier S. 150f.; *Lara Pawson*, The 27th May in Angola: a View from Below, in: Revista Relações Internacionais, Nr. 14, Juni 2007, S. 1–18.

Militärs in den Putsch verwickelt waren.[42] Neto hingegen ersuchte in verzweifelter Lage die Unterstützung der kubanischen Regierung, woraufhin sich das kubanische Militär an der erfolgreichen Niederschlagung des Umsturzversuches beteiligte. Obwohl Neto schon während des Putsches die sowjetische Beteiligung vermutete, brach er die Beziehungen zur Sowjetunion nicht ab. Auch hier sind die Hintergründe noch ungeklärt, aber ein Abbruch der Beziehungen hätte die Lage seiner Regierung zweifellos verschlimmert.[43] Zwei Jahre später schien sich das Blatt erstaunlicherweise gewendet zu haben, denn Neto suchte kurz vor seinem Tod in Moskau im September 1979 überraschend medizinische Hilfe in der Sowjetunion, obwohl er stets von einem kubanischen Leibarzt betreut worden war. Auch hier können über die Hintergründe bislang nur Vermutungen angestellt werden, eindeutig scheint aber die Verschlechterung des kubanisch-angolanischen Verhältnisses.[44] Diese Beispiele sind ein Hinweis darauf, dass die Interessen zwischen den drei Regierungen offenbar immer wieder stark divergierten, was sich in wechselseitigen Allianzen manifestierte. Obwohl über die Rolle, die die angolanische Regierung innerhalb dieser Konstellation einnahm, am wenigsten bekannt ist, verfolgte auch sie zweifellos eigene machtpolitische Interessen und versuchte dafür, die sowjetischen und kubanischen Antagonismen zu nutzen.

Über die weitere Zusammenarbeit Kubas mit Angola unter Netos Nachfolger, José Eduardo dos Santos, einem in der Sowjetunion ausgebildeten Erdölingenieur, bis zum Rückzug der kubanischen Truppen ist bislang nur wenig bekannt. Sicher ist, dass auch Dos Santos' inmitten des weiter eskalierenden Krieges gegen die UNITA und Südafrika – insbesondere nach dem Amtsantritt der US-Regierung unter Ronald Reagan im Januar 1981, weiterhin die Unterstützung Kubas benötigte und sich deshalb um ein gutes Verhältnis bemühte.[45] Die militärische und zivile Unterstützung Kubas wurde bis 1985 ausgebaut. Erst als die MPLA danach ganz offensichtlich eine kapitalistische Wirtschaftspolitik verfolgte und Verbindungen zu westlichen Ländern aufnahm, wurde die zivile Hilfe kontinuierlich reduziert, die Truppenstärke bis 1988 allerdings immer wieder aufgestockt.[46]

Das angolanisch-sowjetische Verhältnis betreffend schrieb Shubin, dass nach 1979 die sowjetische Unterstützung immer umfassender geworden, die

---

[42] *Shubin*, The Hot Cold War, S. 70f.
[43] Ebd. S. 70.
[44] Zu den Schwierigkeiten im kubanisch-angolanischen Verhältnis kurz vor dem Tod Netos äußerte sich der damalige Premierminister Netos, Lopo do Nascimento, mir gegenüber im Interview: Verstimmung auf kubanischer Seite habe die Tatsache hervorgerufen, dass Neto seinen kubanischen Ärzten nicht mehr vertraut und sich an sowjetische Mediziner gewandt habe. Hintergrund war ein politischer Vertrauensverlust gegenüber der kubanischen Regierung. S. Interview Angola 2006, Nr. 19, Luanda, 09.03., 11.03. und 21.03.2006 (Lopo do Nascimento).
[45] *George*, The Cuban Intervention, S. 174.
[46] Ebd., S. 301.

Militärhilfe aber stets der wichtigste Aspekt geblieben sei. Aus meinen eigenen Forschungen geht hervor, dass in vielen Bereichen der zivilen Aufbauarbeit auch sowjetische Fachkräfte im Einsatz waren, insbesondere in beratenden Funktionen, etwa in Ministerien oder im wissenschaftlich-technischen Bereich.[47] Aber im Vergleich zu den Kubanern, die mit Abstand das größte Kontingent aller ausländischen Fachkräften stellten, waren es nur sehr wenige: Eine Auflistung des angolanischen Erziehungsministeriums über ausländische Fachkräfte im Bildungsbereich im Schuljahr 1982/83 nennt 1823 Kubaner und 23 Sowjetbürger.[48] Nach Shubin sollen zwischen 1975 bis 1991 etwa 6000 Berater und Ausbilder im Angola-Einsatz gewesen sein.[49] Diese Zahl entspricht ungefähr der Relation im Bildungsbereich. Stellt man die genannte Zahl der Sowjetbürger der Anzahl der Kubaner gegenüber, also den etwa 380 000 Soldaten und ca. 50 000 Zivilisten, so waren insgesamt etwa einhundert Mal so viele Kubaner im Einsatz wie Sowjetbürger.

Darüber hinausgehende Informationen über die Zusammenarbeit zwischen Kubanern, Angolanern und Sowjets im militärischen Bereich zeugen von mehr Unstimmigkeiten und Konkurrenz (vor allem zwischen Sowjets und Kubanern) als von Einhelligkeit.[50] Aus kubanischer Perspektive gibt es kaum Informationen über das Verhältnis zu den sowjetischen Militärs[51] – aber wenn Shubin die kubanischen Militärs als „arrogant"[52] bezeichnet, so hat das den Grund, dass die Kubaner einen Guerillakrieg meisterhaft zu führen wussten (und sich darüber bewusst waren), während sowjetisches Militär eher mit konventioneller Kriegsführung vertraut war, die im Angola-Krieg weitgehend nutzlos war. In kubanischen Publikationen fanden angolanische Militärs durchaus positive Erwähnung, trotzdem ging es auch hier vor allem darum, die eigenen militärischen Leistungen in den Vordergrund zu stellen.[53] Ungeachtet aller Unstimmigkeiten setzte die Sowjetregierung ihre Militärhilfe augenscheinlich bis zum Abzug der kubanischen Truppen, mindestens aber bis 1989, fort. Auch dieses Verhaltensmuster der Hegemonialmacht war nicht neu: Bereits seit den 1960er Jahren hatte die Sowjetunion wiederholt Drittweltländer (unter anderem Kuba) finanziell oder militärisch unterstützt, obwohl diese sich weigerten, die Rolle eines Satellitenstaats anzunehmen.[54]

---

[47] Interview Angola 2006, Nr. 6, Luanda, 27.01. und 17.03.2006 (Artur Pestana, „Pepetela"); Interview Angola 2006, Nr. 19, Luanda, 09.03., 11.03. und 21.03.2006 (Lopo do Nascimento).
[48] S. RPA, MED, GICI/GII ao Gabinete do Plano do MED, Confidencial, Oficial Circular Nr. 013/GII/171/I/1983, *Cálculo de custos da Força de Trabalho Estrangeira e incremento previsto para 1983/1984*, Luanda aos 27 de Março 1983 o Director do Gabinete, J.M.d.S., 10 S.
[49] *Shubin*, Beyond the Fairy Tales, S. 337.
[50] *Shubin*, The Hot Cold War, passim; siehe hierzu auch *Gleijeses*, Moscow's Proxy?, passim.
[51] *George*, The Cuban Intervention. Diese bislang umfassendste „neutrale" Untersuchung des kubanischen Militäreinsatzes erwähnt das sowjetische Militär so gut wie gar nicht.
[52] *Shubin*, The Hot Cold War, S. 81.
[53] S. *Rey Cabrera*, La Guerra de Angola.
[54] So geschehen beispielsweise in Ägypten, wo die Sowjetregierung ungeachtet der nationalistischen Politik Nassers die Fertigstellung des Assuan-Staudamms weiter finanziell unterstützte,

Ein in diesem Zusammenhang unbekannter Aspekt der sowjetisch-angolanischen Beziehung, den Shubin erstmals erwähnt, ist die Bezahlung der militärischen „Hardware" und der sowjetischen Militärspezialisten durch die angolanische Regierung.[55] Wie noch erläutert werden wird, bezahlte die angolanische Regierung auch die kubanische Kooperation im Bildungsbereich – und möglicherweise die gesamte zivile Kooperation.[56] Dies eröffnet eine neue Perspektive auf die Beziehungen zwischen Angola und der Sowjetunion bzw. auf die zwischen Angola und Kuba. Einerseits konnte sich die Großmacht ihre Expansionspolitik offenbar nicht leisten und unterlag starken ökonomischen Zwängen, andererseits war die MPLA-Regierung dadurch nicht einmal gegenüber der Hegemonialmacht in der Rolle eines minder mächtigen Bittstellers, sondern konnte daraus Handlungsmacht schöpfen: Die angolanische Regierung bestimmte, wann und an wen sie ihre Zahlungen leistete, denn sie setzte zwischenzeitlich die Zahlungen an die Sowjetunion aus, um Schulden gegenüber westlichen Ländern zu begleichen[57] – wohl wissend, dass dies keine unmittelbaren Auswirkungen auf vereinbarten Lieferungen haben würde.

„Internationalismus mit gegenseitigen Vorteilen". Dynamik und Charakteristika der Kooperationsbeziehung zwischen Angola und Kuba

Die Beziehung zwischen Kuba und der MPLA basierte nicht nur auf politischen und ideologischen Übereinstimmungen, sondern auch auf vielfältigen ethnischen, sprachlichen und kulturellen Affinitäten sowie historischen Gemeinsamkeiten: Beide Länder waren ehemalige Kolonien, die einen lang anhaltenden, blutigen Unabhängigkeitskampf geführt hatten. Das Heer der kubanischen Unabhängigkeitskämpfer bildeten die Sklaven und ihre Nachkommen, die im 18. und 19. Jahrhundert zu Hunderttausenden vom südlichen Zentralafrika aus nach Kuba verschleppt wurden. Dies veranlasste Castro, Kuba 1975 als eine „lateinamerikanisch-afrikanische" Nation zu definieren und damit den Großeinsatz in Angola (und anderswo in Afrika) zu propagieren und zu rechtfertigen. Einigend wirkte auch der Antagonismus zwischen den ehemals Kolonisierten und den ehemaligen Kolonialmetropolen bzw. den Ländern des industrialisierten Nordens, der seinen Ausdruck in der Bewegung der Blockfreien fand, der beide Länder angehörten. Auch deshalb waren beide Regierungen nicht bereit, ihre jeweiligen regionalen und nationalen Interes-

---

s. *Bruno Engel*, Von Belgrad (1961) bis Havanna (1979). Zur Entwicklung der Bewegung der Blockfreien Staaten. Köln 1980, S. 58 ff.
[55] *Shubin*, The Hot Cold War, S. 83 f.
[56] Darüber hinaus deutete Gleijeses 2006 darauf hin, dass auch Teile des kubanischen Militäreinsatzes bezahlt worden seien. *Gleijeses*, Moscow's Proxy?, S. 118.
[57] *Shubin*, The Hot Cold War, S. 84.

sen einem übergeordneten sowjetischen Konzept unterzuordnen. Aber was motivierte, abgesehen von politischen Affinitäten, „gefühlten" Gemeinsamkeiten und erfundenen Traditionen, Kubaner und Angolaner eine so weitgehende Kooperationsbeziehung einzugehen?

Die kubanische Regierung war nicht nur daran interessiert, das Modell ihrer sozialistischen Gesellschaft als alternatives Entwicklungsmodell für die Dritte Welt zu exportieren, sondern bemühte sich vielmehr, jenseits des Atlantiks ein Netz von gleichgesinnten Verbündeten aufzubauen, um so ihren Handlungsspielraum gegenüber der US- und der Sowjetregierung zu vergrößern. Ein rohstoffreiches Land wie Angola, das nicht nur Aussicht auf die dringend benötigten Erdöllieferungen eröffnete, sondern dessen postkoloniale Regierung auch am Aufbau einer modernen, sozialistischen Gesellschaft interessiert war, war ein geradezu idealer Partner. Zu den Motivationen gehörte sicherlich auch die von Castro angestrebte Führungsrolle innerhalb der Blockfreien Staaten und in der Dritten Welt. Aber auch interne Entwicklungen, wie die Notwendigkeit einer besseren Integration der afrokubanischen Bevölkerung in die kubanische Gesellschaft[58] oder die Möglichkeit einer Ausbildung von revolutionären Kadern nach dem Vorbild Che Guevaras für die bereits in der Revolution geborene Generation, wirkten motivierend auf das Engagement in Angola.

Auf der anderen Seite fand die MPLA in der kubanischen Regierung einen ebenso vertrauenswürdigen wie risikobereiten Partner, mit dem sie auf Augenhöhe verhandeln konnte – aufgrund der kolonialen Erfahrung für Afrikaner stets ein wichtiger Aspekt bei ihrer Partnerwahl. Auch die offen demonstrierte Überzeugung von der Notwendigkeit internationalistischer Solidarität und die Bereitschaft, an die Bedürfnisse Angolas angepasste Kooperationsleistungen zu erbringen, ohne politische Bedingungen zu stellen, war ein Ausschlag gebender Grund. Oder, um es mit den pragmatischen Worten einiger MPLA-Veteranen auszudrücken, die ihre Wahl damit begründeten, dass es 1975 innerhalb des sozialistischen Lagers keine Regierung gegeben habe, die bereit gewesen wäre, sich in ein solch unkalkulierbares internationales Risiko zu stürzen.[59]

Die von Kuba geleistete Unterstützung war anfänglich ausschließlich auf den politisch-militärischen Kampf ausgerichtet, aber die in Angola angetroffenen, komplexen Herausforderungen verdeutlichten sehr schnell, dass eine weitaus umfassendere zivile Aufbauhilfe, im Sinne einer „sozialistischen Entwicklungshilfe", vonnöten war. Während vor 1975 kubanische Fachkräfte (vor allem Ärzte) nur in kleinen Gruppen in befreundete Länder des Trikont ent-

---

[58] *Frank Taylor*, Revolution, Race, and Some Aspects of Foreign Policy in Cuba since 1959, in: Cuban Studies 18, S. 19–41.
[59] Der kongolesische Historiker Mabeko Tali befragte mehrere MPLA-Führer nach ihren Motivationen, sich 1974/75 bei der Suche nach militärischer Unterstützung ausgerechnet an Kuba zu wenden und nicht an andere Staaten des Ostblocks. *Mabeko Tali*, Dissidências, Bd. II, S. 131.

sandt worden waren, kamen in Angola jetzt erstmals Tausende von Kubanern in organisierten Großgruppen zum Einsatz. Für den Bildungsbereich war das Modell des Massenbildungssystems entscheidend, das in Kuba seit 1959 erfolgreich aufgebaut wurde. Die kubanischen Konzepte wurden nach 1976 nach Angola transferiert und in den angolanischen Kontext übersetzt. Auch hier stimmten beide Regierungen darin überein, dass eine sozialistische Gesellschaft nur mit „neuen Menschen" funktionieren würde, deren Bewusstsein durch Erziehung geformt werden musste.[60] Von großer Bedeutung war auch die kubanische Unterstützung beim Aufbau eines landesweiten Bildungssystems, das beide Seiten als Grundvoraussetzung für die politische Durchdringung des Landes, die Durchsetzung staatlicher Macht und die Schaffung einer einheitlichen Staatsnation erachteten. Auch in den übrigen Kooperationsbereichen fand ein Transfer von Wissen, Informationen, kulturellen Repräsentationen und Strategien gesellschaftlicher Transformation statt, der nur durch die intensive Zusammenarbeit geleistet werden konnte.

Erreicht wurde diese Intensität der Kooperation durch ihre rasche Institutionalisierung, deren Auftakt die Unterzeichnung eines Rahmenabkommens über die wissenschaftliche und technische Zusammenarbeit im Juli 1976 bildete.[61] Das Abkommen war auf Gegenseitigkeit ausgerichtet und enthielt eine Reihe von Vereinbarungen über Handel und Wirtschaft, die auch Kubas Wirtschaft begünstigten, darunter Quoten für die Abnahme kubanischen Zuckers sowie ein Fischereiabkommen. Es verlieh der bilateralen Beziehung ein größeres Gewicht und stärkte die Verbindlichkeiten zugunsten der angolanischen Regierung. Es verdeutlichte auch, dass es sich auf Regierungsebene um eine Beziehung zwischen zwei gleichberechtigten Partnern handelte, denn über die Ziele, Abläufe und Organisation der Kooperation wurden nicht nur minutiöse schriftliche Zusatzvereinbarungen getroffen, sondern auch bilaterale Aushandlungs- und Kontrollmechanismen etabliert. Auch auf der Ebene der involvierten Institutionen und Ministerien begegnete man sich auf Augenhöhe. So konnte gewährleistet werden, dass die vertraglich vereinbarten Leistungen erfüllt und in einem festgelegten Aushandlungsprozess, an dem beide Seiten gleichermaßen beteiligt waren, immer wieder an die Bedürfnisse angepasst wurden.

Der Kooperation unterlag allerdings von Anfang an einem Mechanismus des „Forderns und Erfüllens", der von der angolanischen Regierung ausging, die immer weitergehende Forderungen stellte und die die Kubaner sich bemühten zu erfüllen. Von Seiten der kubanischen Regierung wurde dieses Verhaltensmuster durch den außenpolitischen Grundsatz der internationalistischen Solidarität getragen. Grundlage dafür war allerdings die Bereitschaft

---

[60] Die Ziele der Bildungsreform wurden 1977 in einem Grundsatzdokument festgehalten, s. *MPLA*, Princípios de base para a reformulação do sistema de educação e ensino na R.P.A. Luanda 1978.
[61] Zur Unterzeichnung des Abkommens mit der Sowjetunion s. *Shubin*, The Hot Cold War, S. 66.

der kubanischen Bevölkerung, sich an einem Einsatz in Angola zu beteiligen. Das war nicht zuletzt der Regierungspropaganda geschuldet, die an die Moral und das revolutionäre Pflichtgefühl der Kubaner appellierte. Darüber hinaus existierten aber auch zahlreiche individuelle Motivationen[62], weshalb immer genügend Freiwillige zur Verfügung standen. Viele wollten dem „heroischen Guerillero" nacheifern oder humanitäre Ziele verwirklichen; unter den Freiwilligen waren aber ebenso zahlreiche jugendliche Abenteurer und Reiselustige, die dem kubanischen Alltag entfliehen und die Welt entdecken wollten, denn ein Auslandsaufenthalt war im Kuba der 1970er und 1980er Jahre ein Privileg, das einigen wenigen Auserwählten vorbehalten war. Darüber hinaus existierten berufliche Ambitionen, denn ein zweijähriger Angola-Einsatz war nicht nur äußerst prestigeträchtig, sondern oftmals der Beginn des beruflichen Aufstiegs als Arzt, Wissenschaftler oder Führungskraft. Die Kooperation im Bildungsbereich verdeutlichte darüber hinaus, dass Kuba ab 1977 bis Mitte der 1980er Jahre weitaus mehr Lehrer entsandte, als das kubanische Bildungssystem verkraften konnte.[63] Kubanische Lehrkräfte stellten 1982/83 mit einer Präsenz von jährlich über 2000 Personen fast 80 % der gesamten ausländischen Lehrkräfte im angolanischen Bildungssektor.

Doch es waren es nicht nur altruistische oder solidarische Überzeugungen, die dieser übergroßen Kooperationsbereitschaft zugrunde lagen: Die Bezahlung der kubanischen Unterstützung durch die angolanische Regierung unterstreicht die Plausibilität des Mechanismus des „Forderns und Erfüllens".[64] Bei der Kooperation handelte es sich also auch um ein wirtschaftliches Austauschverhältnis: die kubanische Regierung erfüllte die von der MPLA-Regierung geforderte Unterstützung und konnte durch den „Verleih" von Fachkräften die Staatseinnahmen zu verbessern. Auch dies eröffnet eine neue Perspektive auf den Charakter dieser Kooperation und verdeutlicht den ihr innewohnenden ökonomischen Pragmatismus. Dadurch, dass die angolanische Regierung die Leistungen bezahlte, wird verständlich, dass ihre Forderungen erfüllt wurden. Sie gewann dadurch erheblich an Handlungsspielraum und hatte Einfluss auf sämtliche Kooperationsbedingungen.

---

[62] Eine ausführliche Untersuchung der individuellen Motivationen der Kubaner führte ich im Rahmen des Forschungsprojekts durch.

[63] RPA, Secretaria do Estado da Cooperação, Comissão de avaliação da cooperação ao Cda. Ministro da Educação, Luanda, Circular Nr. 1/CACI/SEC/Maio de 1982, Assunto: Avaliação da cooperação, 2 S. (Archiv MED). MED/GICI/GII, Evaluação das cinco nacionalidades e categoría com a maior expressão (Schaubild), ca. 1985, (Archiv MED).

[64] Die Bezahlung ist bisher nur für die Bildungskooperation nachgewiesen, aber wahrscheinlich bezahlte die angolanische Regierung auch für alle anderen Bereiche des zivilen Einsatzes. Allen bisherigen Erkenntnissen zufolge wurde die Bildungskooperation spätestens ab 1977 bis zum Rückzug der Kubaner 1991 bezahlt. Sie wurde 1977 in einem gesonderten Vertrag mit der Cubanischen Regierung vereinbart, siehe Acordo especial sobre as Condições Gerais para a realização da Colaboração económica e científico-técnica entre o Governo da República Popular de Angola e o Governo da República de Cuba. Luanda, 05.11.1977, 14 S. (Archiv MED).

Es ist an sich nicht verwerflich, dass sich die kubanische Regierung diesen Fachkräfteeinsatz bezahlen ließ, da auch sie mit Engpässen zu kämpfen hatte. Die Unstimmigkeit besteht aber darin, dass die Bezahlung der Kooperation öffentlich nie zugegeben wurde und von einem Taschengeld abgesehen, den Fachkräften nicht zugutekam, sondern auf zwischenstaatlicher Ebene geleistet wurde.[65] Das erklärt auch das komplexe bilaterale Verhandlungs- und Kontrollsystem, innerhalb dessen die angolanische Seite stets bemüht war, die erbrachten Leistungen zu überprüfen. Im Zusammenhang mit der hier zugrundeliegenden Fragestellung verdeutlicht das Verhandlungs- und Kontrollsystem andererseits, dass die zivile Kooperation ausschließlich zwischen der kubanischen und der angolanischen Regierung aushandelt und erfüllt wurde und die sowjetische Regierung keinen darauf Einfluss hatte.[66] Sowjetische Berater mögen zwar im zivilen Bereich in einzelnen Institutionen eine Rolle gespielt haben, aber auf das Gesamtkonzept für den Aufbau des postkolonialen Bildungssystems hatten die sowjetischen Berater kaum Einfluss. Aber selbst die Kubaner wirkten lediglich beratend mit, denn die Weichenstellungen wurden stets von angolanischer Seite getroffen.

Nicht in allen Aspekten waren die Bedingungen der Zusammenarbeit mit Kuba so günstig und gleichberechtigt. Dies war vor allem dem erheblichen Entwicklungsgefälle zwischen den beiden Ländern geschuldet: den schwachen infrastrukturellen und staatlichen Strukturen Angolas stand ein planvoller, gut strukturierter und flexibel organisierter Einsatz der Kubaner gegenüber. Durch die lange Kolonialherrschaft, den Krieg und den großen Fachkräftemangel waren die Voraussetzungen für den schnellen Aufbau und die Modernisierung der zivilen Infrastruktur in Angola wesentlich schwieriger als in Kuba nach der Revolution. Deshalb erwuchsen aus der Kooperation auch zahlreiche Asymmetrien, die die angolanische Seite benachteiligten. So konnten die Kubaner ihre militärische Infrastruktur und das damit verbundene Informationssystem nutzen, um eine von den angolanischen Behörden unabhängige Zivilverwaltungsstruktur aufzubauen, was ihnen eine nicht unerhebliche Handlungsautonomie im Alltag verschaffte. Die kubanisch-angolanische Beziehung war außerdem keineswegs frei von Paternalismus, denn viele Kubaner begriffen sich den Angolanern gegenüber als zivilisatorisch und kulturell überlegen.

Trotzdem lassen diese Befunde den Schluss zu, dass entgegen aller bisherigen Perspektiven beide Regierungen die Rahmenbedingungen, die Reichweite und die Umsetzung der Kooperationsbeziehung im zivilen Bereich ohne Rücksprache mit der Hegemonialmacht selbst bestimmten. Beide konnten

---

[65] Die Fachkräfte erhielten zwar Kost, Logis und Reisekosten erstattet sowie eine Lohnfortzahlung. Während ihres Angola-Aufenthalts selbst erhielten sie aber lediglich ein monatliches Taschengeld von umgerechnet etwa 10 USD.
[66] Nach allen bisherigen Erkenntnissen aus angolanischen Archiven vereinbarte die angolanische Regierung mit der Sowjetunion und anderen Ostblockstaaten jeweils separate Kooperationsabkommen.

darüber hinaus ihre jeweiligen (macht)politischen Interessen verfolgen, die nicht unbedingt deckungsgleich mit den sowjetischen Interessen waren, sondern auf den Aufbau einer transatlantischen Süd-Süd-Beziehung abzielten. Auf lange Sicht profitierte insbesondere die MPLA, die Angola bis heute regiert, von der Kooperation mit Kuba, denn der Transfer von kubanischem Herrschaftswissen unterstützte die autoritären Tendenzen in Staat und Regierung. Auch nach dem Abzug der kubanischen Truppen und Zivilisten war die MPLA ab 1991 in der Lage, ein weiteres Jahrzehnt Krieg gegen die UNITA-Rebellen zu führen und daraus 2002 siegreich hervorzugehen.

Fazit

Erst die gezielte Untersuchung der zivilen Zusammenarbeit und die Fokussierung auf die Interaktionen beider Regierungen anhand lokaler Dokumente ermöglichte es, über den Militäreinsatz hinaus die vielfältigen Verbindungen zwischen Kuba und Angola sichtbar zu machen. Dies veränderte die bisher vorherrschende Wahrnehmung dieser Beziehung: Es handelte sich nicht um ein einseitiges Abhängigkeitsverhältnis, sondern um eine weitgehend gleichberechtigte Kooperationsbeziehung, deren Dynamik und Initiative nicht von Kuba, sondern von der MPLA ausging. Auch wenn dies bislang nur anhand der Kooperation im Bildungsbereich untersucht wurde, liegt die Vermutung nahe, dass die gesamte zivile Zusammenarbeit – und vielleicht sogar auch der Militäreinsatz nach diesem Muster verliefen. Dadurch rückte die Fähigkeit der MPLA in den Vordergrund, die spezifischen Konstellationen des internationalen Beziehungssystems im Kalten Krieg für sich zu nutzen.

Der Beitrag bestätigte damit eine These, die der US-amerikanische Historiker Michael Latham im Hinblick auf die Auswirkungen des Kalten Kriegs in der Dritten Welt aufstellte: Die Eliten in Dritte Welt-Ländern seien zum Bedauern ihrer mächtigen (und mindermächtigen) Unterstützer in den wenigsten Fällen ausschließlich passive Empfänger von revolutionären oder modernisierenden Gesellschaftsmodellen gewesen, sondern hätten vielmehr eigenständige Wege verfolgt.[67] Indem Angola und Kuba eine von der Sowjetunion unabhängige bilaterale Süd-Süd-Kooperation etablierten, gelang es beiden, das hierarchische Beziehungsmuster innerhalb des sozialistischen Staatensystems aufzubrechen und ihre Außenpolitik nicht allein auf die Interessen der Hegemonialmacht auszurichten, sondern auch eigenständige bilaterale Bündnisse untereinander zu schließen.[68]

---

[67] *Latham*, The Cold War in the Third World, S. 258–280, besonders S. 268f.
[68] *Anselm Doering-Manteuffel*, Internationale Geschichte als Systemgeschichte, in: Wilfried Loth/Jürgen Osterhammel (Hrsg.), Internationale Geschichte. Themen-Ergebnisse-Aussichten. München 2000, S. 93–115, hier S. 112.

Die Bedeutung der Sowjetunion für Kuba und für Angola lag vor allem in ihrer Funktion als übergeordnete Schutzmacht, die garantierte, dass beide Länder unter den Bedingungen des Kalten Kriegs einen sozialistischen Entwicklungsweg einschlagen konnten. Da die Sowjetregierung in beiden Fällen ein Interesse an der Ausweitung ihre Einflusssphäre in der Dritten Welt hatte ohne dabei stets aktiv vor Ort im Vordergrund zu stehen, war sie bereit, den Forderungen nach finanzieller und militärischer Unterstützung sehr weit nachzukommen, verzichtete aber weitgehend darauf, Einfluss auf die lokalen Entwicklungen ausüben zu können. Im Vergleich dazu waren kubanische Militärs und zivile Fachkräfte intensiver in die Verteidigung der MPLA-Vormacht und in den Wiederaufbau des Landes involviert – ohne dabei „Stellvertreter" der Sowjetmacht gewesen zu sein. Kubas Regierung war vielmehr bestrebt, aus dem Einsatz in Angola politischen und wirtschaftlichen Nutzen zu ziehen, um dadurch größeren Handlungsspielraum gegenüber der Sowjetunion zu gewinnen.

Und wie lässt sich Angolas MPLA-Regierung innerhalb dieser Konstellation verorten? Die MPLA benötigte zweifellos die Unterstützung von außen, um sich behaupten zu können. Angesichts der globalpolitischen Konstellation des Kalten Kriegs mit seinen konkurrierenden Wirtschafts- und Gesellschaftssystemen musste sich die MPLA spätestens 1975 für eine Seite entscheiden. Die sozialistische Seite – und die ihr innewohnende Konkurrenz durch die kubanische Variante – bot die besseren Chancen. Die MPLA konnte für einen sozialistischen Entwicklungsweg optieren, von Kuba Unterstützung erhalten, ohne sich dabei der Sowjetregierung unterordnen zu müssen. Möglicherweise war dabei ihre marxistische Ausrichtung aber eher situativ, eine politische Strategie, um angesichts der geopolitischen Realitäten des Kalten Krieges die gerade gewonnene Souveränität zu verteidigen und sich die bestmöglichen Entwicklungsoptionen zu sichern. Die Tatsache, dass die MPLA die Hilfeleistungen zu bezahlen konnte, verändert die Perspektive auf ihren Status in diesem Beziehungssystem. Die MPLA stand also nicht auf der untersten Stufe eines bedürftigen Almosenempfängers ohne Mitspracherecht, sondern war ein Partner, zu dem sowohl die Sowjetunion als auch Kuba eine wechselseitige Austauschbeziehung unterhielten.

Jürgen Osterhammel
Weltordnungskonzepte

Im ersten Jahrzehnt des 21. Jahrhunderts haben Fragen der Weltordnung eine Bedeutung gewonnen, die sie in den Dekaden davor nicht besaßen. Dies gilt für die Politik ebenso wie für die Wissenschaft von den internationalen Beziehungen, etwas weniger für die Geschichtsschreibung. „Weltordnung" oder *world order* ist ein Kompositausdruck, der zu einer Modevokabel zu werden beginnt, auch wenn er noch keine höheren theoretischen Weihen erhalten hat und terminologisch-lexikalisch schwer zu fassen ist. Seine Polysemie hält ihn in der Schwebe zwischen einer normativen und einer deskriptiven Bedeutung: Soll es um gewünschte und für die Zukunft erhoffte Ordnung gehen oder um die Beschreibung von Strukturen, mit denen man Wirklichkeit abzubilden glaubt? Anders gefragt: Reden wir von „Ordnung" als „a stable and regular pattern of human behaviour", oder verstehen wir den Begriff „in terms of some purposive pattern"?[1] Ist die weltweite *anarchical society*[2] bereits eine „Ordnung" (oder ein komplizierteres Muster von mehreren Ordnungen), die analytisch sichtbar gemacht werden kann, oder soll sie erst noch eine solche werden? Sollen mit „Welt" Zusammenhänge von planetarischer Reichweite gemeint sein und gehört der Ausdruck „Weltordnung" daher in das Vokabular von Globalisierungsdiskursen, oder ist er eher in Analogie zu „Weltbild" und „Weltanschauung" zu verstehen, mithin als diffuse Bezeichnung von etwas Umfassendem und Ganzheitlichem? Ist „Weltordnung" ein Explanandum oder ein Explanans, anders gesagt: ein Phänomen, das Erklärungen herausfordert, oder ein Beitrag zur Erklärung von etwas Anderem, zum Beispiel des Weltfriedens (es herrscht Frieden, wenn und weil es eine Ordnung gibt)?

Keine dieser Ambiguitäten soll im Folgenden geklärt werden, und es ist hier nicht beabsichtigt, den Ausdruck „Weltordnung" zu einem anspruchsvollen Begriff fortzuentwickeln. Möglicherweise ist er dazu gar nicht tauglich, ebenso wenig wie er bisher zu einem Kristallisationskern bilanzierbarer Forschung geworden ist. In der Verbindung mit dem dritten Wortbestandteil „Konzept" kann er jedoch dazu dienen, den Aspekt von Wahrnehmung und Repräsentation des Internationalen in den vorliegenden Band einzuführen. „Weltordnungskonzepte" sollen dabei weder extrem weit als Kosmologien aller Art[3] noch sehr spezifisch als mentale Erfassungen eines Prozesses „globaler Ver-

---

[1] *Andrew Hurrell*, On Global Order. Power, Values, and the Constitution of International Society. Oxford 2007, S. 2, der diesen Gegensatz aber sogleich als zu grobschlächtig verwirft.
[2] *Hedley Bull*, The Anarchical Society. A Study of Order in World Politics. London 1977.
[3] Im Sinne von *Edmund R. Leach*, Social Anthropology. London 1982, S. 212: „cosmology" als eine Weltbildstruktur „which serves as a justification for everything that goes on".

gesellschaftung", als das Denken von „Globalisierung", verstanden werden.[4] Gemeint sind vielmehr Vorstellungen von relativ stabilen Beziehungsmustern im Verhältnis von Kollektiven – Nationen, Staaten, Religionsgemeinschaften, Zivilisationen, usw. – untereinander.

Weltordnung als politisches Thema der Gegenwart

Wie lässt sich das relativ neue Interesse an diesem Thema erklären? Politische ebenso wie wissenschaftliche Entwicklungen haben dazu beigetragen. In der *Politik* bewirkten mindestens zwei zeitgenössische Erfahrungen die Aufwertung von Problematiken, die sich mit dem Stichwort „Weltordnung" verbinden.

Erstens war die Konfrontation der Supermächte während des Kalten Krieges zwar keine einvernehmlich verhandelte, an Friedenszielen orientierte „Ordnung" gewesen, aber doch so etwas wie ein Ordnungs*ersatz*, der auf beiden Seiten einer verbreiteten Ordnungs*illusion* Vorschub leistete, weil er zumindest in Europa im Ergebnis den Frieden sicherte: Eine funktionierende Pseudo-Ordnung ist in der Staatenwelt allemal einer Nicht-Ordnung vorzuziehen, der in der politischen Theorie stets perhorreszierten „Anarchie".

Nach 1990/91 schienen die Voraussetzungen für eine Neu-Ordnung gegeben zu sein. Weltpolitische Idealisten hofften auf eine natürliche Harmonie der Ziele und Interessen unter den nun in aller Welt mutmaßlich entstehenden Demokratien. Realisten erwarteten, dass nach dem „Sieg des Westens" – so die vor allem von John Lewis Gaddis kanonisierte Lesart der Geschichte des Kalten Krieges[5] – die nationalen Interessen der USA mit denen der Weltgemeinschaft zusammenfallen würden und dass in einer von den Vereinigten Staaten dominierten „unipolaren" Welt westliche Ordnungsvorstellungen mit geringem Gewaltaufwand durchsetzbar wären. Der größte Unsicherheitsfaktor in solchen Visionen einer gütigen Pax Americana war (und ist) der Anspruch der wirtschaftlich erstarkenden Volksrepublik China, ihre bisherige Außenpolitik der ungebundenen Selbstständigkeit mit mächtigerem Gewicht fortsetzen zu können.

Der Terrorangriff auf die USA vom September 2001 war auf längere Sicht von sekundärer Bedeutung – die chinesische Herausforderung wird in heutigen amerikanischen Szenarien ernster genommen als die islamische – und änderte an den Weltordnungsvisionen nach dem Ende des Ost-West-Konflikts

---

[4] Mit dieser doppelten Verankerung beginnt die Erläuterung des Begriffs bei *Gert Krell*, Weltordnungskonzepte, in: Carlo Masala u. a. (Hrsg.), Handbuch der Internationalen Politik. Wiesbaden 2010, S. 27–40, hier 27.
[5] *John Lewis Gaddis*, The Cold War. A New History. New York 2005. Zum Spektrum der Möglichkeiten, den Kalten Krieg zu interpretieren, vgl. *Richard Ned Lebow*, The Rise and Fall of the Cold War in Comparative Perspective, in: Review of International Studies 25, 1999, S. 21–39.

wenig. Er erschien allein die Notwendigkeit aktiver, auch militärischer Ordnungsstiftung zu unterstreichen. Zugleich verstärkte er in westlichen Augen die Einschätzung, dass aus dem islamisch geprägten Teil der Welt kein konstruktiver Beitrag zu einer Weltfriedensordnung zu erwarten sei. Der Nahe und Mittlere Osten, der sich geopolitisch bis hin zur unberechenbaren Atommacht Pakistan erstreckt, verkörperte eben jenes Chaos, das stets der Urfeind aller Ordnung ist. Die Kriege im Irak und in Afghanistan entsprangen einer solchen dichotomischen Beurteilung. An die Stelle eines stabilen Patts zwischen bis zur Starrheit geordneten Militärblöcken trat in der Sicht der „letzten verbliebenen Supermacht" als neues Grundmuster der Weltpolitik der alte Gegensatz zwischen Zivilisation und Barbarei, rationaler Ordnung und deren irrationaler Anfeindung. In einer Situation, in der weder die islamische Welt (einschließlich des Iran) noch Russland und China in eine globale Sicherheitsarchitektur eingebunden sind, stellt sich die Frage nach einer neuen Weltfriedensordnung mit unverminderter Dringlichkeit.

Zweitens wurden zu derselben Zeit, also während der beiden Jahrzehnte vor und nach der Jahrhundertwende, eine Reihe von Problemen immer deutlicher sichtbar, von denen Nationalstaaten betroffen sind, ohne dass die Schwierigkeiten mit den Mitteln nationalstaatlicher Politik lösbar wären. Auch die bereits vorhandenen internationalen und manchmal sogar supranationalen Regelungsmechanismen reichen nicht aus. Diese Probleme wurden im Allgemeinen nicht von Regierungen identifiziert, sondern von wissenschaftlichen Experten, NGOs und aktivistischen Kräften aus jener „Zivilgesellschaft", die vielfach als Kraftquelle politischer Erneuerung jenseits des Kalten Krieges galt. Es handelte sich zum großen Teil um Umweltprobleme.[6] Keines von ihnen war drängender und ließ sich überzeugender als eine wahrhaft globale Herausforderung darstellen als die Vermeidung einer weiteren Erwärmung des Klimas. Während andere Bewegungen zum „Schutz" – dies war eine wichtige Vokabel dieser Jahre – bedrohter Werte, ob materieller oder immaterieller Art, zwar übernationale Koordination verlangten, aber doch in der Praxis auf lokalen Aktivitäten beruhten (etwa der Bewahrung eines ganz bestimmten Regenwaldes oder der Anprangerung eines ganz bestimmten autoritären Regimes, das Menschenrechte verletzte), erforderte die Verteidigung bestehender Klimaverhältnisse gegen ihre drohende Verschlechterung Regelungen auf der höchsten Ebene der internationalen Diplomatie.

Eine neue Weltordnung schien unumgänglich zu werden. Ihr Zweck wäre nicht der Schutz des Friedens (darum ging es freilich indirekt auch), sondern die Sicherung der materiellen Lebensgrundlagen für eine wachsende Weltbevölkerung. Erstmals in der Geschichte wurde „Weltordnung" nicht als Sicherheitsordnung gedacht. Es ging um einen geregelten, durch Protokolle und Verträge – etwa das Kyoto Protokoll von 2005 – abgesicherten Interessenaus-

---

[6] Dazu treffend *Hurrell*, On Global Order, S. 235: „[...] the environment is in many ways the clearest embodiment of one-world logics and one-world dynamics."

gleich zwischen ökonomisch wie ökologisch ganz unterschiedlich beschaffenen Ländern im Horizont eines putativen Gesamtinteresses der Menschheit. Weltordnung in diesem Sinne ist ebenfalls ein Bändigungsregime, nun aber eines, das nicht ein primordiales Rivalitäts- und Kampfstreben von Individuen, Interessengruppen und Staaten zügelt, sondern weniger durch Zwang und Gleichgewicht als durch Vernunfteinsicht und Solidaritätsbereitschaft den Wachstumsegoismus saturierter oder aufstrebender Konsumgesellschaften. Weltordnung nach einem solchen Verständnis dient der präventiven Abwehr antizipierter Gefahren, die ihre Ursache nicht im latenten *bellum omnium contra omnes* haben, sondern in der langfristigen Irrationalität kurzfristig rationalen Wirtschaftshandelns. Neben eine militärische Sicherheitsordnung tritt eine ökologische Solidarordnung.

Vor diesem doppelten zeitgenössischen Hintergrund gelangte das Thema „Weltordnung" in den 1990er Jahren auf die wissenschaftliche Tagesordnung.

Semantiken von „Ordnung"

Wissenschaft reflektiert nicht in einer simplen Weise tagespolitische Sorgen und zeitdiagnostische Sensibilitäten, auch wenn sie als Sozialwissenschaft von ihrem selbstgestellten Auftrag her dem Verständnis und der reformierenden Verbesserung gegenwärtiger Verhältnisse verpflichtet ist. Sie folgt teilweise – aber auch nicht mehr als das – autonom ihren inneren Entwicklungen. Ein schroffer Gegensatz zwischen internalistischen und externalistischen Modellen der Wissenschaftsgeschichtsschreibung ist unzureichend.[7] Nur die Kombination von Kontextveränderung und disziplinärer Logik kann wissenschaftliche Dynamik erklären. Die Internationale Geschichte wird in geringerem Maße von Themenkonjunkturen bestimmt als ihre theoretische Anlehnungsdisziplin, die Lehre von den Internationalen Beziehungen. Diese wiederum, als International Relations (IR) heute eine nahezu vollständig angelsächsisch dominierte Fachrichtung, schien am Anfang der 1990er Jahre ihres langwierigen Paradigmenstreits zwischen Realismus, Idealismus und Liberalismus, oder auch zwischen US-amerikanischem, szientistisch ausgerichtetem *mainstream* und eher historisch-ideengeschichtlich denkender English School müde zu werden. Mit der damals aufkommenden Richtung des Konstruktivismus suchte sie den Anschluss an einen starken neuen Trend in den Sozial- und Kulturwissenschaften.[8]

---

[7] Vgl. etwa die Bemerkungen zur Wissenschaftshistoriographie bei *Duncan Bell*, Writing the World. Disciplinary History and Beyond, in: International Affairs 85, 2009, S. 3–22.

[8] Gute Übersichten: *Sebastian Harnisch*, Sozialer Konstruktivismus, in: Masala u. a., Handbuch der Internationalen Politik, S. 102–116; *K. M. Fierke*, Constructivism, in: Tim Dunne/Milja Kurki/Steve Smith (Hrsg.), International Relations Theories. Discipline and Diversity. Oxford 2007, S. 177–194; *Gert Krell*, Weltbilder und Weltordnung. Einführung in die Theorie der internationalen Beziehungen. Baden-Baden 2009, S. 355–379.

Der Konstruktivismus, ein Reflex des *cultural turn* in den Sozialwissenschaften und damit eine Annäherung an interpretative Methodologien, kritisiert das Vorherrschen eines objektivierenden, an Strukturen orientierten Denkens in den IR und betont die Bedeutung von Normen, Regeln und Sprache. Handeln auf internationaler Ebene sei weniger von Kosten-Nutzen-Kalkülen geleitet und von weithin sachlogisch vorgegebenen Interessen gesteuert als an Wahrnehmungen und Weltbildern ausgerichtet. Anders als im klassischen Idealismus sind damit nicht abstrakte Werte und Ziele („Weltfrieden") gemeint, sondern zumeist in Gruppenprozessen entstehende und in ständigem Wandel begriffene Deutungen von Wirklichkeit. Eine so aufgefasste Wissenschaft von den internationalen Beziehungen sucht nicht nach determinierenden Ursachen, sondern nach motivierenden und legitimierenden Gründen und eher nach Perzeptionen und Visionen als nach objektiven Entscheidungsparametern. Der Konstruktivismus geht von einer Grundthese aus, die Historikern nicht fremd ist: „[...] how people and states think and behave in world politics is premised on their understanding of the world around them, which includes their own belief about the world, the identities they hold about themselves and others, and the shared understandings and practices in which they participate".[9]

Neben dem Aufkommen des Konstruktivismus verlieh eine zweite Entwicklung dem Thema der Weltordnung eine wachsende Bedeutung: der Aufstieg von Ethik und normativem Denken in der Theorie der internationalen Beziehungen.[10] Philosophen, Völkerrechtler und Politikwissenschaftler diskutierten das Problem globaler Gerechtigkeit. Es hat verschiedene Facetten: die Benachteiligung schwacher Länder des Südens in den internationalen Wirtschaftsbeziehungen (allerdings ein Thema, das nicht im Vordergrund die Debatte stand); die von Amartya Sen u. a. initiierte Diskussion über die sozialmoralischen Grundlagen von Entwicklung und Entwicklungshilfe; das Recht beziehungsweise die Pflicht der Starken, die Schwachen notfalls auch unter Verletzung staatlicher Souveränität vor Verfolgung zu schützen (*responsibility to protect*) damit zusammenhängend das alte Problem des gerechten Krieges und der („humanitären") Intervention; der Aufbau einer internationalen Strafjustiz.[11]

---

[9] *Ian Hurd*, Constructivism, in: Christian Reus-Smit/Duncan Snidal (Hrsg.), The Oxford Handbook of International Relations. Oxford 2008, S. 298–316, hier 312 f. Über die konstruktivistische Hinwendung zur Geschichte vgl. in Anlehnung an Quentin Skinner: *Christian Reus-Smit*, Reading History Through Constructivist Eyes, in: Millenium. Journal of International Studies 37, 2008, S. 395–414.

[10] Symptomatisch hier *Reus-Smit/Snidal*, Oxford Handbook of International Relations, wo jedes Kapitel über einen theoretischen Ansatz durch ein Parallelkapitel über dessen ethische Implikationen gleichsam „beschattet" wird.

[11] *Andrew Hurrell*, Die globale internationale Gesellschaft als normative Ordnung, in: Rainer Forst/Klaus Günther (Hrsg.), Die Herausbildung normativer Ordnungen. Interdisziplinäre Perspektiven, Frankfurt a. M./New York 2011, S. 103–132.

Was dabei unter Ordnung oder normativer Ordnung verstanden werden soll, ist allerdings nicht immer klar. Manchmal ist damit einfach nur die Proklamation von Normen gemeint, die mit der Autorität einzelner Experten oder Gremien als universal verbindlich bezeichnet werden. Die Ordnung besteht dann in der jeweils postulierten Hierarchisierung von Rechtsnormen. Zuweilen folgt aus der Einsicht, „dass es die Stimmen der Mächtigen sind, die die Diskussionen über die Weltordnung bestimmen",[12] der Hinweis auf Diskrepanzen zwischen Rechtsvorstellungen und den Chancen ihrer Realisierung. Im Allgemeinen ist die Rede von normativen Ordnungen, zum Beispiel verstanden als „Rechtfertigungsordnungen",[13] ein semantischer Raum, in dem sich Vertreter verschiedener Disziplinen treffen – eher eine Theoriearena als selbst schon die substanzielle Grundlage von Theorie. Der Begriff der Weltordnung ist dabei oft nur schwach besetzt, so etwa bei Forst und Günther, die darunter nicht mehr verstehen als „einen halbwegs stabilen Gleichgewichtszustand"[14] in einem breiten Spektrum der Möglichkeiten von *global governance*.

Solche Vorsicht gegenüber einer robusten Theoretisierung des Begriffs ist nicht unbegründet. Der Begriff der Weltordnung ist vieldeutig und interpretierbar. Ordnung ist eine statische Kategorie, sie sistiert Wandel, der als unberechenbar und verdächtig aufgefasst wird. Ordnung macht die Zukunft übersichtlich. Ordnung drückt der Formlosigkeit ein Muster auf. Sie ist ein Strukturbegriff und impliziert, dass etwas, das auseinander strebt, zusammengehalten und integriert wird. Ordnung ist höherwertig als Chaos. Sie ist deshalb eine Zivilisationsleistung. Der Ordnungsstifter formt das Ungeformte. Er muss sich allerdings legitimieren. Der Nutzen der Ordnung für die ihr Unterworfenen muss längerfristig ihre Kosten, etwa durch gewaltsame Repressionen, übersteigen. Ordnung hat ihren heroischen Entstehungsmoment nach dem Ende von Kriegen und Bürgerkriegen. Hier tritt der „augusteische" Typus des Pazifikators und Friedensherrschers in Erscheinung.[15] Frieden kann freilich unter verschiedenen Vorzeichen geschlossen werden: als demokratischer Frieden, als Zwangsfrieden, auch als Kirchhofsfrieden, der den Gegner vernichtet.

Ordnung ist in der internationalen Politik eng mit dem Begriff des Imperiums verbunden. Solange es keine globale Rechtsordnung gibt, die tatsächlich beachtet wird, ist die Gewaltreduktion durch imperiale Herrschaft das Grundmuster von Weltordnung. In der Geschichte waren die großen Imperien umfassende politische Organisationen des bekannten Erdkreises. In diesem Sinne umschlossen das Imperium Romanum oder das chinesische Kaiserreich wäh-

---

[12] Ebd., S. 112.
[13] *Rainer Forst/Klaus Günther*, Die Herausbildung normativer Ordnungen. Zur Idee eines interdisziplinären Forschungsprogramms, in: ebd., S. 11–30, hier 11.
[14] Ebd., S. 23.
[15] Vgl. das Konzept der „augusteischen Schwelle" bei *Herfried Münkler*, Imperien. Die Logik der Weltherrschaft – vom Alten Rom bis zu den Vereinigten Staaten. Berlin 2005, S. 115f.

rend der großen, expansiven Dynastien (z. B. Han oder Tang) eine jeweils eigene „Welt".[16] Imperien sind aber eher effizient als gerecht. Sie sind in sich hierarchisch ordnet. Das funktioniert, solange Hierarchien als grundsätzlich legitim betrachtet werden, solange kleine Staaten den Schutz der großen suchen. Die Verbindung von Frieden und Gerechtigkeit ist das oberste Ziel in zahlreichen Zivilisationen gewesen. Bis zum heutigen Tage schwebt es als utopische Erwartung über allen Diskussionen von Weltordnung.

Ideengeschichte

Wie können sich Historiker einem solchen Thema nähern? Es gibt im Prinzip zwei Möglichkeiten: zum einen Ideengeschichte, zum anderen Versuche, in einem an die historische Soziologie angelehnten Verfahren der Typenbildung „Modelle" von Weltordnung zu unterscheiden.

Der professionelle Impuls von Historikern, ihre Gegenstände in deren Gewordenheit und zeitlicher Abfolge zu betrachten, überantwortet das Thema „Weltordnungskonzepte" und damit den Grundgedanken des Konstruktivismus – „die Wirkkraft von Ideen für die internationale Politik"[17] – zunächst der internationalen Ideengeschichte oder, um die geläufigere englische Bezeichnung zu nennen, einer *history of international thought*.[18] Dieses Schnittfeld von politischer Ideengeschichte und Internationaler Geschichte steckt noch in den Anfängen. Die mit Namen wie J. G. A. Pocock, Quentin Skinner oder John Dunn verbundene *contextualist revolution* in der Geschichte des politischen Denkens[19] hat sich bisher auf Fragen innerstaatlicher Herrschaftsverhältnisse beschränkt.[20] Auch auf Handbuchebene hat die konventionelle Geschichte des politischen Denkens Vorstellungen von zwischenstaatlicher Ordnung stiefmütterlich behandelt und nicht selten in Exkurse verbannt.[21] Vielfach wurden sie der Völkerrechtsgeschichte überlassen.[22] Die Internationale Geschichte wiede-

---

[16] Es ist bis heute unter Historikern selbstverständlich von „römischer Welt" oder „le monde Chinois" zu sprechen.
[17] *Harnisch*, Sozialer Konstruktivismus, S. 111.
[18] Eine Skizze dieser Richtung: *David Armitage*, The Fifty Years' Rift. Intellectual History and International Relations, in: Modern Intellectual History 1, 2004, S. 97–109, bes. 98–101.
[19] Vgl. als Übersicht *Barbara Stollberg-Rilinger* (Hrsg.), Ideengeschichte. Basistexte. Stuttgart 2010; *Martin Mulsow/Andreas Mahler* (Hrsg.), Die Cambridge School der politischen Ideengeschichte. Berlin 2010.
[20] Es gibt wenige Ausnahmen, bes. bedeutend: *Richard Tuck*, The Rights of War and Peace. Political Thought and the International Order from Grotius to Kant. Oxford 1999.
[21] Repräsentativ: *Marcus Llanque*, Politische Ideengeschichte. Ein Gewebe politischer Diskurse. München/Wien 2008, nur S. 302–28, mit Schwerpunkt auf der Zeit der revolutionären und napoleonischen Kriege (Kant, Clausewitz). Vgl. auch *Hans Joas/Wolfgang Knöbl*, Kriegsverdrängung. Ein Problem in der Geschichte der Sozialtheorie. Frankfurt a. M. 2008.
[22] Maßstäblich sind hier die Arbeiten von *Heinhard Steiger*, Von der Staatengesellschaft zur Weltrepublik? Aufsätze zur Geschichte des Völkerrechts aus vierzig Jahren. Baden-Baden 2009.

rum hat sich bisher an ideengeschichtlichen Fragen wenig interessiert gezeigt. Sie hat vom allgemeinen Aufschwung der Ideengeschichte oder *intellectual history* – ein Indiz unter vielen dafür ist die Gründung der „Zeitschrift für Ideengeschichte" im Jahre 2008 – erst kaum profitiert.[23]

Einer Ideengeschichte von Weltordnungskonzepten und von Gedanken über Krieg und Frieden zwischen Staaten und Zivilisationen kann es nicht primär um Strategie und Taktik operativer Politik gehen; sie ist nicht nur eine Geschichte jener Ideen, die unmittelbar handlungsleitend wirksam wurden. Vielmehr muss sie sich mit philosophischen, häufig in akademischen Freiräumen entstandenen und oft von politischer Praxis weit entfernten Ideen und Vorstellungen auseinandersetzen. Mehrere Grundtypen einer Ideengeschichte des Internationalen deuten sich an:[24]

(1) *Klassikergeschichte*: eine Geschichte von Überlegungen zu Krieg, Frieden und internationalen Beziehungen in den Werken der „Klassiker des politischen Denkens": Diesem Ansatz liegt die Vorstellung zu Grunde, die meisten der Klassiker hätten auch zu diesen Fragen nicht geschwiegen. In solcher Perspektive lässt sich der Kanon „großer" Texte inspizieren und um einigere speziellere Autoren aus Völkerrecht und Kriegstheorie ergänzen. Das beginnt in der europäischen Antike zumeist nicht mit Platon und Aristoteles, sondern mit Thukydides (dem einzigen vormodernen Autor, dem viele Studierende der Internationalen Beziehungen je begegnen dürften), und findet dann Theorien der internationalen Beziehungen bei Machiavelli und Hobbes, Grotius, Pufendorf und Kant, oft auch bei Rousseau, Edmund Burke, Hegel und Marx.[25]

(2) *Disziplingeschichte*. Bei einer Disziplingeschichte der nach dem Ersten Weltkrieg entstandenen Lehre von den internationalen Beziehungen stehen ein genealogischer Ansatz und ein Professionalisierungsparadigma im Mittelpunkt. „Klassiker" werden mitunter in einer manchmal mutwillig aktualisierenden Weise – so bei einem völlig aus seinem hellenischen Kontext gelösten

---

[23] Vgl. *Annabel Brett*, What is Intellectual History Now? in: David Cannadine (Hrsg.), What Is History Now? Basingstoke 2002, S. 113–131; *Anthony Grafton*, The History of Ideas. Precept and Practice, 1950–2000 and Beyond, in: Journal for the History of Ideas 67, 2006, S. 1–32; *ders.*, The Power of Ideas, in: Ulinka Rublack (Hrsg.), A Concise Companion to History. Oxford 2011, S. 355–379.

[24] In dieser Liste fehlt ein anderer „kulturalistischer" Ansatz zur Erklärung des Entstehens und Wirkens von Weltordnungen, da er nur schwache Verbindungen zur Ideengeschichte aufweist: *Richard Ned Lebow*, A Cultural Theory of International Relations. Cambridge 2008 – eine historisch sehr kenntnisreich ausgearbeitete, aber auf simplen anthropologischen Annahmen über menschliche Motivation beruhende Theorie.

[25] *Mark V. Kauppi/Paul R. Viotti*, The Global Philosophers. World Politics in Western Thought. New York 1992; *Beate Jahn* (Hrsg.), Classical Theory in International Relations. Cambridge 2006; *David Boucher*, Political Theories of International Relations. Oxford 1998. Bei Boucher wird die chronologische Darstellung durch die Unterscheidung von drei transepochalen Tendenzen oder Schulen überformt: „empirical realism", „universal moral order" und „historical reason". Kritisch gegen „continuism" dieser Art *Edward Keene*, International Political Thought. A Historical Introduction. Oxford 2004, der die Klassiker hinter einer Art von Grammatik allgemeiner Denkformen des Internationalen zurücktreten lässt (zur Methode S. 4–7).

Thukydides – als Vorläufer der eigentlichen Fachentwicklung in Anspruch genommen, Das im wesentlichen präsentistische Fachverständnis heutiger IR-Theoretiker soll auf diese Weise um die Komponente historischer Selbstreflexion bereichert werden.[26] Besonders ergiebig ist diese Richtung, wenn sie außeruniversitäre Forschungseinrichtungen einbezieht, etwa Stiftungen oder private bzw. halboffizielle Think Tanks, und wenn sie damit auch zu *intellectual history* in einem engeren Sinne wird, einer Geschichte meinungsbildender Intellektueller und Experten.[27] Im 20. Jahrhundert hatten solche Institutionen, z. B. Carnegie Endowment for International Peace oder Brookings Institution, auch auf die Formulierung allgemeinerer Weltordnungsmodelle einen außerordentlichen, noch zu wenig untersuchten Einfluss.

(3) *Diskursgeschichte*.[28] International bisher einzigartig und unübertroffen ist Heinz Gollwitzers zweibändiges Werk *Geschichte des weltpolitischen Denkens* (1972/82).[29] Gollwitzer interessiert sich nicht für die Höhenkammliteratur des klassischen Theoriekanons, sondern betreibt das, was später eine Geschichte von Diskursen genannt werden würde. Ursprünglich hatte er vor, „einzelne weltpolitische *Denker* als Repräsentanten unterschiedlicher Richtungen exemplarisch zu behandeln", dann änderte er das Konzept hin zu einer „Geschichte des weltpolitischen *Denkens*".[30] Auf einer ungewöhnlich breiten, originell ausgewählten Quellengrundlage, die Denker unterhalb der Klassikerebene, Publizisten, sich programmatisch artikulierende Politiker und überhaupt Zeitdiagnostiker aller Art einbezog, entwickelte er ein „Ideengeflecht mit ständiger Bezugnahme auf die ihm zugeordneten politischen und gesellschaftlichen Vorgänge".[31] Gollwitzer nahm in der Praxis bereits das Ziel einer Kontextualisierung der Geschichte politischer Ideen vorweg, bevor es von den berühmten angelsächsischen Theoretikern artikuliert wurde. Ohne Kenntnis von Gollwitzers Werk hat später allein der norwegische Politologe Torbjørn L. Knutsen einen ähnlich breit angelegten, jedoch weniger sorgfältig ausgeführten Ansatz verfolgt.[32]

---

[26] *Brian C. Schmidt*, The Political Discourse of Anarchy. A Disciplinary History of International Relations. Albany, NY 1998. Als enger gefasste Studie z. B.: *Tim Dunne*, Inventing International Society. A History of the English School. Basingstoke 1998.
[27] Musterhaft: *Tokomo Akami*, Internationalizing the Pacific. The United States, Japan and the Institute of Pacific Relations in War and Peace, 1919–45. London/New York 2002. Die meisten Studien sind biographisch angelegt, z. B. *Ronald Steel*, Walter Lippmann and the American Century. Boston 1980; *Jeremi Suri*, Henry Kissinger and the American Century. Cambridge, Mass. 2007.
[28] Dieser Begriff wird hier allein zur kontrastiven Verdeutlichung verwendet. Diskurstheorie und Diskursanalyse in einem präzisen Sinne sollen damit nicht verbunden werden.
[29] *Heinz Gollwitzer*, Geschichte des weltpolitischen Denkens. 2 Bde. Göttingen 1972/82. Bd. I: Vom Zeitalter der Entdeckungen bis zum Beginn des Imperialismus; Bd. II: Zeitalter des Imperialismus und der Weltkriege.
[30] Ebd. Bd. I, S. 5 (Hervorhebungen im Original).
[31] Ebd.
[32] *Torbjørn L. Knutsen*, A History of International Relations Theory. Manchester/New York 1992.

(4) *Themenfeldgeschichte*. Unter dieser Überschrift lassen sich Geschichten speziellerer Ideenbestände zusammenfassen, zum Beispiel des „Realismus", den manche Ideenhistoriker bereits mit Thukydides, andere mit Machiavelli, wiederum andere erst mit Hans Morgenthau beginnen sehen,[33] des historisch-geographischen und geopolitischen Denkens,[34] der Imperialismustheorien,[35] des Antikolonialismus und Antiimperialismus,[36] der internationalen politischen Ökonomie,[37] der Militärstrategie und des militärischen Denkens, usw.[38]

(5) *Globalitätsgeschichten*, d. h. Geschichten eines Denkens in globalen Kategorien, anders gesagt: eines weltpolitischen Kosmopolitismus, der sich stets in einer Spannung zu partikularistischen Visionen von lokaler und nationaler Gemeinschaft entwickelte. Hier ist vor allem Jens Bartelsons gelehrte Studie *Visions of World Community* (2009) zu nennen, die chronologisch bis zu Kant und Herder reicht.[39] Es besteht eine Nähe zur Geschichte des universalhistorischen Denkens.[40] In beiden Fällen geht es darum, Wechselwirkungen zwischen Entferntem denkend zu erfassen.

Obwohl nicht alle Internationale Ideengeschichte explizit Makro-Konzepte von Weltordnung behandelt, stehen solche Konzepte bei ihr in den meisten Fällen im Hintergrund. Es ist allerdings nicht zu erwarten, dass sich ein säuberliches und geschlossenes Bild ergibt, eine nahtlose ideengeschichtliche Kontinuität, wie sie von Darstellungen suggeriert wird, in denen ein Klassiker die Fackel an den nächsten weiterreicht. Keineswegs hatte jede Epoche der europäischen Geschichte eine klare und weithin von Staatsmännern und Philosophen geteilte Vorstellung von einem übergreifenden Ganzen. Ideen-

---

[33] *Jonathan Haslam*, No Virtue Like Necessity. Realist Thought in International Relations since Machiavelli. New Haven/London 2002; *Michael C. Williams*, The Realist Tradition and the Limits of International Relations. Cambridge 2005; ders. (Hrsg.), Realism Reconsidered. The Legacy of Hans Morgenthau in International Relations. Oxford 2007.

[34] Wenige Arbeiten gehen über nationale geopolitische Diskurse hinaus, vor allem: *Geoffrey Parker*, Western Geopolitical Thought in the Twentieth Century. London 1985; ders., Geopolitics. Past, Present and Future. London/Washington, DC 1998; *Irene Diekmann/Julius H. Schoeps* (Hrsg.), Geopolitik. Grenzgänge im Zeitgeist. 2 Bde. Potsdam 2000.

[35] Dazu ist wenig Neues erschienen seit: *Bernard Semmel*, The Liberal Ideal and the Demons of Empire. Theories of Imperialism from Adam Smith to Lenin. Baltimore/London 1993.

[36] *Benedikt Stuchtey*, Die europäische Expansion und ihre Feinde. Kolonialismuskritik vom 18. bis in das 20. Jahrhundert. München 2010.

[37] *Benjamin J. Cohen*, International Political Economy. An Intellectual History. Princeton, NJ 2008 (etwas eng auf „große Denker" der letzten Jahrzehnte beschränkt).

[38] *Azar Gat*, A History of Military Thought. From the Enlightenment to the Cold War. Oxford 2001; breiter im Ansatz: *Herfried Münkler*, Über den Krieg. Stationen der Kriegsgeschichte im Spiegel ihrer theoretischen Reflexion. Weilerswist 2002.

[39] *Jens Bartelson*, Visions of World Community. Cambridge 2009. Kosmopolitismus beginnt zu einem nicht nur philosophisch, sondern auch ideenhistorisch beachteten Thema zu werden, Vgl. z. B. *Marc Belissa*, Fraternité universelle et intérêt national (1713-1795). Les cosmopolitiques du droit des gens. Paris 1998.

[40] Viele Bemerkungen dazu verstreut in *Daniel R. Woolf*, A Global History of History. Cambridge 2011.

geschichte kann hier keine Abfolge großer paradigmatischer Modelle sein. Es gibt nicht *das* Weltordnungskonzept des Mittelalters, der Aufklärung oder des Kalten Krieges. Konzepte waren selten offiziellen Charakters, Ausdruck einer allseits als solcher identifizierten Staatsraison. Die am feinsten ausgemalten Vorstellungen stammten nicht selten – was besonders Heinz Gollwitzer immer wieder deutlich macht – von Außenseitern und Einzelgängern, etwa einige der Friedensutopien der frühen Neuzeit.[41]

Die größte Aufgabe der Erforschung von Weltordnungskonzepten liegt heute darin, Denkweisen zu rekonstruieren, die außerhalb Europas und des atlantischen Westens entstanden sind.[42] In vormodernen Zeiten waren dies etwa chinesische Vorstellungen davon, wie die chinesisch geprägte Ökumene ist Ost-, Zentral- und Südostasien – neuerdings spricht man von Sinosphäre[43] – zu ordnen sei. Dabei ist vor allem für das 18. Jahrhundert ein flexibler Pragmatismus auffällig, der es verbietet, ein geschlossenes und einheitliches Konzept einer chinesischen Weltordnung anzunehmen: gegenüber Korea, Japan, dem Zarenreich oder Tibet wurden jeweils spezifische außen- und imperialpolitische Vorstellungen formuliert und realisiert.[44] Heutige chinesische Strategen legitimieren die Ziele und Methoden ihres Landes mit Lehren aus der Tiefe der eigenen Tradition und Erfahrung.[45] Ähnlich dürfte der Befund für die muslimische Welt ausfallen. Mit pauschalen Behauptungen über *jihad* und die von Epoche zu Epoche angeblich stets „blutigen" Außengrenzen des Islam[46] kann es nicht getan sein; auch binnenislamische Ordnungsvisionen

---

[41] *Kurt von Raumer* (Hrsg.), Ewiger Friede. Friedensrufe und Friedenspläne seit der Renaissance. Freiburg i.Br. 1953.

[42] Vorbildlich für die Jahrzehnte um 1900: *Sebastian Conrad/Dominic Sachsenmaier* (Hrsg.), Competing Visions of World Order. Global Moments and Movements, 1880s–1930s. New York/Basingstoke 2007.

[43] So *Andrew Phillips*, War, Religion and Empire. The Transformation of International Orders. Cambridge 2011, bes. Kap. 6–9 (die Bezeichnung „sinosphere" kam um 2003 in der Linguistik auf). Eine vorzügliche, auch auf chinesische und japanische Quellen und Darstellungen gestützte Untersuchung zur spätklassischen Sinosphäre und ihrer Desintegration im 19. Jahrhundert ist *Shogo Suzuki*, Civilization and Empire. China and Japan's Encounter with European International Society. London/New York 2009. Zur ökonomischen Dimension, die dabei zu wenig beachtet wird, vgl. die grundlegenden Arbeiten eines japanischen Wirtschaftshistorikers: *Takeshi Hamashita*, China, East Asia and the Global Economy. Regional and Historical Perspectives. London/New York 2008, ergänzend auch *Giovanni Arrighi/Takeshi Hamashita/Mark Selden* (Hrsg.), The Resurgence of East Asia. 500, 150 and 50 Year Perspectives. London/New York 2003.

[44] So schon bei einem klassischen Sammelband: *John K. Fairbank* (Hrsg.), The Chinese World Order. Traditional China's Foreign Relations. Cambridge, Mass. 1968; auch *Joseph Fletcher*, The Heyday of the Ch'ing Order in Mongolia, Sinkiang and Tibet, in: John K. Fairbank (Hrsg.), Cambridge History of China, Bd. 10. Cambridge 1978, S. 351–408; *Jürgen Osterhammel*, China und die Weltgesellschaft. Vom 18. Jahrhundert bis in unsere Zeit. München 1989.

[45] Zum Beispiel ein offenbar politisch einflussreicher Politologe aus Beijing, der sogar bis zur Zeit der Streitenden Reiche (ca. 475–221 v.Chr.) zurückgreift: *Yan Xuetong*, Ancient Chinese Thought, Modern Chinese Power. Princeton, NJ/Oxford 2011.

[46] Die früheste Quelle für diese berüchtigte, schnell in die Standardrhetorik der Islamophobie eingegangene Äußerung ist: *Samuel P. Huntington*, The Clash of Civilizations? in: Foreign Affairs 72:3, 1993, S. 22–49, hier 35: „Islam has bloody borders".

und ihre Abweichung von westlichen Mustern – warum haben sich in der muslimischen Sphäre niemals Idee und Praxis eines ausbalancierten Staatensystems entwickelt; welche anderen Muster waren ihm äquivalent?[47] – verdienen Aufmerksamkeit. Besonders wichtig wären Untersuchungen über das Zusammentreffen verschiedenartiger Weltordnungskonzepte, etwa in Fragen wie Auffassungen von Grenze, Territorialität oder überlappenden Souveränitäten.[48]

Historische (Re)konstruktion von Ordnungsmodellen

Von Ideengeschichte unterscheidet sich der zweite hier zu nennende Zugriff dadurch, dass er, weniger quellennah und stärker abstrahierend, Modelle konstruiert, mit deren Hilfe die historische Wirklichkeit verständlich gemacht werden soll. Ein Modell zeichnet sich im Verhältnis zur Sphäre der Gegenstände und Sachverhalte durch „Reduktion auf relevante Züge" aus, wobei „relational-funktionale Beziehungen" betont werden.[49] Der Status solcher Modelle in der Literatur bleibt unbestimmt. Manchmal werden sie ausdrücklich als analytische beziehungsweise didaktische Ex-post-Konstruktionen betrachtet, zuweilen aber auch als Denkbilder des Zeitgeistes, die unter den Zeitgenossen tatsächlich handlungsleitend wirkten. Im Unterschied zu jenen Vorstellungen, denen sich die Ideengeschichte zuwendet, lassen sich Modelle selten einzelnen Urhebern zu schreiben; auch fehlt ihnen oft ein argumentativer Charakter, so dass sie sich für Feinheiten der Texthermeneutik schlecht eignen. Vielmehr kommt ihnen eine ganzheitliche und oft graphische Darstellungsweise entgegen. So hat Samuel P. Huntington anschaulich mehrere „Paradigmen" (im Sinne von *mental maps*) zur kognitiven Strukturierung der Welt nach dem Ende des Kalten Krieges, d.h. jenseits der Kategorisierung nach Erster, Zweiter und Dritter Welt, unterschieden. Er versteht diese Paradigmen als „Orientierungshilfen", als „im Hintergrund unseres Bewusstseins verborgene Annahmen, Vorlieben und Vorurteile, die bestimmen, wie wir die Realität wahrnehmen, auf welche Tatsachen wir achten und wie wir deren Wichtigkeit und Vorteile einschätzen".[50] Sie lassen sich im Prinzip kartographisch abbilden.

---

[47] Eher geopolitisch als ideenhistorisch argumentierend: *Ian S. Lustick*, The Absence of Middle Eastern Great Powers. Political „Backwardness" in Historical Perspective, in: International Organization 51, 1997, S. 653–683.

[48] Eine Übersicht bei *Jürgen Osterhammel*, Krieg und Frieden an den Grenzen Europas und darüber hinaus, in: Ronald G. Asch/Wulf Eckart Voß/Martin Wrede (Hrsg.), Frieden und Krieg in der Frühen Neuzeit. Die europäische Staatenordnung und die außereuropäische Welt. München 2001, S. 443–465.

[49] Artikel „Modell", in: *Jürgen Mittelstraß* (Hrsg.), Enzyklopädie Philosophie und Wissenschaftstheorie, 4 Bde. Stuttgart 1996, Bd. 2, S. 911–13, hier 911.

[50] *Samuel P. Huntington*, Kampf der Kulturen. Die Neugestaltung der Weltpolitik im 21. Jahrhundert, dt. v. Holger Fliessbach. München/Wien 1996, S. 29–42, Zitat S. 32.

Gelegentlich, aber nicht bei Huntington, ist in diesem Zusammenhang von „Visionen" die Rede. Visionen in der Politik sind allerdings eine ambivalente Angelegenheit. Einerseits erwartet man von Politikern weitsichtige Zukunftsentwürfe über tagespolitische Machtkämpfe hinaus, eine Ahnung davon, „wohin die Reise gehen sollte". Andererseits ist die Grenze zwischen Vision und Wahn durchlässig. Der Wunsch, die Welt zu ordnen, kann auch unreifen oder gar irren Allmachtsfantasien entspringen. Zu exakt demselben historischen Moment können vollkommen unterschiedliche, normativ ganz verschiedenartig zu bewertende Denkbilder von Weltordnung nebeneinander auftreten.

Ein Beispiel: Kurz vor dem Ende des Zweiten Weltkriegs hatten die siegenden Alliierten Visionen von der Nachkriegsordnung, die in hohem Maße voneinander differierten. Franklin D. Roosevelt stellte sich eine verbesserte Neuauflage des Völkerbundes vor, in der die USA dank ihrer Militär- und Wirtschaftsmacht dominieren würden. Winston Churchill war entschlossen, das British Empire mit möglichst geringen Verlusten und nur den nötigsten Zugeständnissen an den amerikanischen Antikolonialismus in die Nachkriegszeit zu retten und außerdem für Großbritannien eine Einflusssphäre in Süd- und Osteuropa zu sichern. Stalin wiederum erstrebte als Minimum die sowjetische Kontrolle Polens, umfassende Reparationen zur Sanierung der verwüsteten sowjetischen Wirtschaft und dauerhafte Vorkehrungen, um zu verhindern, dass Deutschland jemals wieder Russland angreifen würde. Eine weitere Vision, die ehrgeizigste von allen, war damals im Scheitern begriffen: Adolf Hitlers düsterer Traum von einer „arischen" Weltherrschaft, begleitet von Völkermord und massenhafter Versklavung in Osteuropa. Auch Hitler hatte – das darf nicht vergessen werden – ein elaboriertes „Weltordnungskonzept" von „visionärer" Natur, und auch seine japanischen Verbündeten besaßen eines, das ihre eigene imperiale Vorherrschaft in Ost- und Südostasien durch das Konstrukt einer „Greater Asian Co-Prosperity Sphere" als einer besonderen Form von *normative order* rechtfertigen sollte.[51] Ein großer Unterschied besteht zwischen phantasierten bzw. „geträumten"[52] und sorgfältig erdachten Weltordnungen, ebenso zwischen solchen „Visionen" und jenen Ordnungen, die tatsächlich realisiert wurden, häufig durch Verhandlungen, Absprachen und Kompromisse.

---

[51] Dazu immer noch eine alte Studie: *Mark R. Peattie*, Ishiwara Kanji and Japan's Confrontation with the West. Princeton, NJ 1975; neuerdings *Eri Hotta*, Pan-Asianism and Japan's War, 1931–1945. New York 2007. Die Pan-Bewegungen bilden insgesamt ein wichtiges Kapitel in einer Geschichte von Weltordnungskonzepten. Vgl. etwa Sven Saaler/Christopher W.A. Szpilman (Hrsg.), Pan-Asianism. A Documentary History, 2 Bde. Lanham, Md. 2011; *Cemil Aydin*, The Politics of Anti-Westernism in Asia. Visions of World Order in Pan-Islamic and Pan-Asian Thought. New York 2007.

[52] All dies ist auch in demokratischer Politik möglich. So hat Daniel T. Rodgers in der Rhetorik von Präsident Ronald Reagan als eine semantische Grundschicht den Traum und das Träumen entdeckt: *Daniel T. Rodgers*, Age of Fracture. Cambridge, Mass./London 2011, S. 29.

In der Literatur treten Modelle von Weltordnung vor allem in zweierlei Gestalt auf. Erstens arbeiten die Politikwissenschaft[53] und auch die Politikdidaktik mit einprägsamen Veranschaulichungen von Machtverhältnissen im Raum, die es erleichtern, sich komplizierte historische Konstellationen wie die Struktur von Imperien, das europäische Staatensystem vor 1914 oder das Verhältnis zwischen den USA und Westeuropa nach 1945 zu verdeutlichen. Die am häufigsten auftretenden Modelle dieser Art sind: (a) die *imperiale* Ordnung, in der ein einziges Zentrum eindeutig über eine Vielzahl von Peripherien dominiert; (b) die *hegemoniale* Ordnung, bei der zwischen Zentrum und Peripherien kein Verhältnis der Unterwerfung, sondern eines asymmetrischer Kooperation besteht und die Peripherien untereinander intensivere Beziehungen pflegen, als dies zwischen imperialen Peripherien möglich ist; (c) der egoistische *Unilateralismus*, d. h. eine internationale Struktur, in der *major players* („Großmächte") ihre jeweils eigenen nationalen Interessen unter geringer Beachtung übergreifender Normen und Kollektivinteressen verfolgen; (d) der kooperative *Multilateralismus*, also eine Ordnung dauerhaft konvergierender Zusammenarbeit unter faktisch gleichen oder generell als gleich anerkannten nationalen Partnern.

Modelle dieser Art sind für einen ersten Zugriff nützlich, aber als Instrumente der historischen Analyse zu grob. Historiker werden nicht bei ihnen stehen bleiben und sie erst recht nicht als Erkenntnisziele von eigenem Gewicht betrachten. Einer ihrer unvermeidlichen Nachteile besteht darin, dass auf der Ebene der Akteure zu wenig differenziert wird. Trotz der Beachtung von Asymmetrien sind Modelle dieser Art unweigerlich großmachtzentriert. Das ist berechtigt, denn die Regeln, aus denen sich Weltordnung konstituiert, werden im Prinzip von einer kleinen Zahl der mächtigsten Akteure im System definiert: Macht ist „the decisive background determinant of order".[54] Die Interessen, Handlungsspielräume und Sichtweisen von mindermächtigen *minor players* werden daneben dennoch zu wenig beachtet oder ganz übersehen.[55] Dies ist auch in normativer Sicht unbefriedigend, lässt sich eine gelungene Weltordnung doch als eine solche definieren, in der Schwache würdig überleben können.

Diese Konzentration auf die Ordnenden auf Kosten der Geordneten kennzeichnet, wenngleich in geringerem Maße als üblich, auch die vergleichsweise anspruchsvolle Ausarbeitung eines solchen Modellansatzes in Barry Buzans und Richard Littles Buch *International Systems in World History* (2000), einem

---

[53] Immer noch hilfreich: *Ernst-Otto Czempiel*, Internationale Politik. Ein Konfliktmodell. Paderborn 1981, S. 53–100, S. 188–191; anders akzentuiert in *ders.*, Modelle der Weltordnung, in: Hans Vorländer (Hrsg.), Gewalt und die Suche nach weltpolitischer Ordnung, Baden-Baden 2004, S. 91–112; *Ulrich Menzel*, Konkurrierende Weltordnungsmodelle in historischer Perspektive, in: Konrad-Adenauer-Stiftung, Auslandsinfo 6/2004, S. 4–25.
[54] *Torbjørn L. Knutsen*, The Rise and Fall of World Orders. Manchester/New York 1999, S. 2.
[55] Ein origineller, auch historisch untermauerter Ansatz dazu bei *Ayşe Zarakol*, After Defeat. How the East Learned to Live With the West. Cambridge 2011.

Produkt der historisch aufgeschlossenen English School.[56] Hier wird der Begriff des „Systems"[57] in den Mittelpunkt gestellt und eine Typologie der seit dem Alten Orient aufgetretenen internationalen Systeme entworfen. Buzan und Little beziehen sich auf eine nach den Maßstäben der IR-Theorie breite historische Empirie. Sie arbeiten mit einer groben und schematischen, aber für die selbstgesetzten Ziele durchaus brauchbaren Periodisierung (pre-international, international, postmodern/global), berücksichtigen die Dimension der Entwicklung von Staat und Staatlichkeit in unterschiedlichen historischen kulturellen Zusammenhängen mit einer für IR-Theoretiker ungewöhnlichen Liebe zum Detail, bereichern ihre Analyse durch systematisch durchgehaltene Faktoren wie „interaction capacity" und Prozesse unterschiedlicher Art (military-political, economic, societal, environmental processes) und nutzen in überzeugender Weise die Möglichkeiten visueller Veranschaulichung. Das Buch scheint in der Geschichtswissenschaft bisher weniger beachtet worden zu sein, als es verdient.[58]

Zweitens haben sich Gespräche zwischen Historie und Politologie über die drei oder vier großen Nachkriegsordnungen angebahnt, die die internationale Geschichte Europas strukturieren: 1648, 1815, 1919 und, mit Einschränkungen, 1945ff.[59] Diese Daten markieren für viele IR-Spezialisten ihren bevorzugten, oft auch einzigen Zugang zur Vergangenheit. In den ersten drei Fällen – die Entwicklung unmittelbar nach dem Ende des Zweiten Weltkriegs verlief weniger einheitlich und überschaubar – stand am Ende von Kongressdiplomatie jeweils ein Vertragswerk, das sowohl neue Normen als auch mit ihnen verbundene neue Institutionen schuf. Der Diskussionsverlauf folgt einem Muster, das nicht überrascht: Die Historiker erarbeiten die empirische Grundlage, dann machen die Politologen daraus ein vereinfachtes Modell, das die Historiker als Anerkennung ihrer eigenen Bemühungen zunächst willkommen heißen, aber dann doch als leichtfertige Vergröberung überwiegend ablehnen. Bei näherem Hinsehen verlaufen die argumentativen „Fronten" jedoch etwas komplizierter, und es gibt durchaus Autoren, die die beiden disziplinären Kulturen zu verbinden und zu überbrücken wissen.[60]

---

[56] *Barry Buzan/Richard Little*, International Systems in World History. Remaking the Study of International Relations. Oxford 2000; zur English School vgl. *Richard Little*, The English School's Contribution to the Study of International Relations, in: European Journal of International Studies 6, 2000, S. 395–422; *Tim Dunne*, English School, in: Reus-Smit/Snidal, Oxford Handbook of International Relations, S. 267–285.

[57] Die schwierige theoretische Frage des Verhältnisses der Begriffe „Ordnung" und „System" zueinander muss hier beiseite gelassen werden.

[58] Es könnte im Vergleich gelesen werden mit zwei kurz davor erschienenen Arbeiten von ähnlichem Zuschnitt, die sich allerdings auf die Neuzeit beschränken: *Harald Kleinschmidt*, Geschichte der internationalen Beziehungen. Ein systemgeschichtlicher Abriß. Stuttgart 1998; *Knutsen*, Rise and Fall of World Orders.

[59] Evtl. könnte man die Pax Britannica des 19. Jahrhunderts, die nicht aus Friedensverträgen hervorging, als ein weiteres Weltordnungsmodell in diese Reihe einbeziehen.

[60] Als Vorläufer schon *F. Harry Hinsley*, Power and the Pursuit of Peace. Theory and Practice in the History of Relations between States. Cambridge 1963; später *Andreas Osiander*, The States

Dass mit dem Frieden von Münster und Osnabrück 1648 ein „Modell von koexistierenden nationalstaatlichen Rechtsordnungen"[61] auf der Grundlage eines säkularen Souveränitätsprizips geschaffen worden sei, das bis zur nächsten tiefen Zäsur 1815, eigentlich aber sogar bis zum Ende des Ersten Weltkriegs, auch faktisch das Verhältnis der europäischen Staaten untereinander gesteuert habe, ist geradezu zu einem Klischee der Politikwissenschaft geworden: kein Lehrbuch ohne ein Kapitel über „the Westphalian Order" und ohne ein weiteres über „beyond Westphalia". Die Jubiläumsfeierlichkeiten 1998 brachten eine Fülle neuer Forschungsergebnisse und Publikationen.[62] Seither sind originelle Neuinterpretationen vorgelegt worden.[63] Heinz Duchhardt hat aus geschichtswissenschaftlicher Sicht die Einwände gegen das Konstrukt eines „Westphalian System" zusammengefasst.[64] Auf diesen, auch in der angelsächsischen Literatur vertretenen „Revisionismus" haben neuerdings wiederum historisch informierte Vertreter der IR mit einer Modifikation zu simpler Konzepte geantwortet, dabei das Ereignis „1648" in die *longue durée* und in die europäische (politische) Kultur des 17. Jahrhunderts eingebettet und die Grenzen der tatsächlichen Durchsetzung „westfälischer" Prinzipien während der folgenden anderthalb Jahrhunderte anerkannt.[65] Insgesamt handelt es sich um ein Beispiel für die Konvergenz geschichts- und politikwissenschaftlicher Gesichtspunkte, aus der eigentlich eine Korrektur so manchen IR-Lehrbuchs folgen sollte.

Im Falle des Wiener Kongresses von 1814/15 kam der modellierende Durchbruch nicht aus den Sozialwissenschaften, sondern ging von einem Historiker aus, dem Amerikaner Paul W. Schroeder, einem Spezialisten u. a. für Metternich. War bis dahin das große Diplomatentreffen am Ende der Napoleonischen Kriege vor allem unter dem Gesichtspunkt individueller Staatskunst zum Zwecke der modifizierten Wiederherstellung einer bis in die 1780er Jahre be-

---

System of Europe, 1640–1990. Peacemaking and the Conditions of International Stability. Oxford 1994, sowie der gleich zu besprechende Paul W. Schroeder.

[61] *Forst/Günther*, Die Herausbildung normativer Ordnungen, S. 22.

[62] *Heinz Duchhardt* (Hrsg.), Der Westfälische Friede. Diplomatie – politische Zäsur – kulturelles Umfeld – Rezeptionsgeschichte. München 1998. Selbstverständlich enthält jede Darstellung des Dreißigjährigen Krieges auch ein Kapitel über sein verhandeltes Ende.

[63] Vor allem *Claire Gantet*, La paix de Westphalie (1648). Une histoire sociale, XVIIe– XVIIIe siècles. Paris 2001; dies., Guerre, paix et construction des États. 1618-1714. Paris 2003; *Lucien Bély*, L'art de la paix en Europe. Naissance de la diplomatie moderne XVIe–XVIIIe siècle. Paris 2007, Kap. 11-12. Berthold Grzywatz, Der Westfälische Frieden als Epochenereignis. Zur Deutung der Friedensordnung von 1648 in der neueren historischen Forschung, in: ZfG 50, 2002, S. 197-216; *Heinz Schilling*, Konfessionaliierung und Staatsinteressen. Internationale Beziehungen 1559-1660. Paderborn 2007, S. 565-601.

[64] *Heinz Duchhardt*, „Westphalian System". Zur Problematik einer Denkfigur, in: HZ 269, 1999, S. 305-315; *Andreas Osiander*, Sovereignty, International Relations, and the Westphalian Myth, in: International Organization 55, 2001, S. 251-287. Vgl. auch *Benno Teschke*, The Myth of 1648. Class, Geopolitics, and the Making of Modern International Relations. London/New York 2003: „1648" sei „more of an end than a beginning" gewesen (S. 245).

[65] Vgl. etwa die Erörterung bei *Phillips*, War, Religion, and Empire, S. 136-148.

stehenden Gleichgewichtsordnung gesehen worden, so zeigte Schroeder 1994 in seinem Werk *The Transformation of European Politics 1763–1848*, dass in Wien postrevolutionäre Politiker eine Art von Revolution der Staatenwelt herbeiführten, um künftige Kriege und Revolutionen zu vermeiden.[66] Schroeder zufolge entstand in Wien eine – allerdings auf Europa beschränkte – internationale Ordnung, die der Mächte-„Pentarchie" des Ancien Régime in manchem ähnelte, jedoch auf völlig neuen normativen Grundlagen beruhte. Der Wiener Kongress war in Schroeders Augen ein im Prinzip fortschrittlicher welthistorischer Moment, ein riesiger Schritt über das Gemetzel der Napoleonischen Kriege hinaus, zumal die Wiener Rezepte erfolgreich zur Pazifizierung Europas beitrugen. Der ältere Begriff der „Wiener Ordnung" erhielt nun einen neuen und präzisen Sinn und fand als „Vienna Order" seinen Weg in die IR-Literatur. Paul W. Schroeders Buch dürfte der einflussreichste Text der International History in den 1990er Jahren gewesen sein. Wie immer Fachleute die Meriten seiner konzentriert geschriebenen Analyse damals wie heute bewerteten und bewerten: dem Verfasser gelang das seltene Kunststück, solch weit voneinander entfernten *communities* wie Diplomatiehistoriker und IR-Theoretiker gleichermaßen für sich zu gewinnen.[67] Dies lag nicht zuletzt daran, dass er einen strukturgeschichtlichen, das Wort „System" nicht scheuenden Zugang zur Außenpolitik des frühen 19. Jahrhunderts mit dem neuen Interesse der 1990er Jahre an den normativen Grundlagen der internationalen Beziehungen in Verbindung brachte. Schroeder fand bereits 1815 Ansätze zu jener Transformation von interessenegoistischem *international system* in kooperativ-solidarische *international society*, die die English School erst ein Jahrhundert später zu beobachten glaubte.

Der dritte internationale Ordnungsschub der Neuzeit, die Pariser Friedenkonferenz von 1919/20, bedurfte einer solchen Rehabilitation nicht. Hier hatte eine „Der Kongress tanzt"-Literatur, wie sie das Bild vom Wiener Kongress lange bestimmte, niemals eine Rolle gespielt. Die Fragen waren zu ernst, das spätere „Scheitern" der „Versailler Ordnung" war zu dramatisch, um einerseits das Ereignis zu relativieren, andererseits die Protagonisten von ihren Fehlern zu entlasten. Ein historiographischer Revisionismus hat daher bei Versailles einen viel engeren Spielraum als bei Wien. Niemand wird je be-

---

[66] *Paul W. Schroeder*, The Transformation of European Politics 1763–1848. Oxford 1994; Ergänzungen und Erweiterungen in Schroeders Aufsätzen, gesammelt in: *ders.*, Systems, Stability and Statecraft. Essays on the International History of Modern Europe. New York 2004; die breiteste Entfaltung der Argumente in: *ders.*, International Politics, Peace, and War, 1815–1914, in: Tim Blanning (Hrsg.), The Nineteenth Century. Europe 1789–1914. Oxford 2000, S. 158–209.

[67] Die Schroeder-Debatte (einschließlich der Resonanz in der IR-Literatur) verdiente es, aufgearbeitet zu werden, beginnend mit einem „review symposium" in Heft 16:4 (Herbst 1994) von International History Review. Erste Einblicke geben *Peter Krüger/Paul W. Schröder* (Hrsg.), The Transformation of European Politics, 1763–1884. Episode or Model in Modern History? Münster 2002, sowie mehrere Beiträge in *Wolfram Pyta* (Hrsg.), Das europäische Mächtekonzert. Friedens- und Sicherheitspolitik vom Wiener Kongreß 1815 bis zum Krimkrieg 1853. Köln/Weimar/Wien 2009.

haupten, die Pariser Vorortverträge seien ein triumphaler Erfolg gewesen.[68] Aus zwei Gründen war „Paris" jedoch in einem viel höheren Maße als die berühmten Vorgängerkonferenzen ein Anlauf zu einer „Weltordnung": Zum einen war das Gesamtpaket der Regelungen, einschließlich des Völkerbundes und der Mandatsverwaltung für ehemalige Kolonien, in seiner Wirkung tatsächlich weltweit; zum anderen übertraf die Ordnungsrhetorik Woodrow Wilsons an Emphase alles, was sich frühere Konferenzdiplomaten geleistet hatten. Die neuere Forschung trägt erstmals dieser Globalität Rechnung. Sie betont nicht nur die immense Bedeutung der Regelungen für den Nahen und Mittleren Osten bis hin zum Vertrag von Lausanne (1923) und die Tatsache, dass die europäischen, orientalischen und kolonialen Vereinbarungen 1922 durch eine „Washingtoner Ordnung" für Ostasien und den Pazifik ergänzt wurden, sondern stellt auch die ungeheuren Erwartungen heraus, die durch Präsident Wilsons Parole von der Selbstbestimmung der Nationen überall in Kolonien und Halbkolonien geweckt wurden, Erwartungen, die nicht verschwanden, nachdem sie fast überall enttäuscht worden waren.[69] Anders als 1815 gab es 1919 eine „Weltöffentlichkeit". Dennoch wird die Ernsthaftigkeit von Wilsons Absichten heute stärker gewürdigt als vor zwei Jahrzehnten und sein „Internationalismus" nicht länger einem „Isolationismus" schroff entgegen gestellt;[70] auch der Völkerbund als Institution von Weltordnung dürfte in Zukunft eine differenziertere und in Teilen positivere Einschätzung erfahren.[71] „1919" lässt sich nicht auf eine solch elegante Formel reduzieren, wie Paul W. Schroeder sie für den Wiener Kongress gefunden hat.

Inwieweit nach der Zerrüttung der Beziehungen zwischen den Westmächten und der UdSSR, in Abwesenheit eines Friedensvertrages mit Deutschland und unter Fortbestand der europäischen Kolonialreiche unmittelbar nach dem Zweiten Weltkrieg von einem vierten neuzeitlichen Anlauf zu einer Weltordnung gesprochen werden kann, ist eine besonders schwierige Frage. Es fehlte nicht an Konzepten. Manche davon – wie die Ideen hinter der 1944 in Bretton Woods vereinbarten Weltwährungsordnung – waren neu und reagierten auf

---

[68] Eine wenig moralisierende, die tatsächlichen Handlungschancen der Beteiligten würdigende Einschätzung bei *Zara Steiner*, The Lights That Failed. European International History, 1919–1933. Oxford 2005, bes. S. 602–632. Als Einführung auch in die „peripheren" Aspekte der Pariser Regelungen: *Margaret Macmillan*, Peacemakers. The Paris Conference of 1919 and Its Attempt to End War. London 2001. Einzelne Aspekte, aber nur auf Mitteleuropa bezogen, beleuchtet *Manfred F. Boemeke/Gerald D. Feldman/Elisabeth Glaser* (Hrsg.), The Treaty of Versailles. A Reassessment after 75 Years. Cambridge 1998. Grundsätzlich wichtig: *Jost Dülffer*, Versailles und die Friedensschlüsse des 19. und 20. Jahrhunderts, in: *ders.*, Frieden stiften. Deeskalations- und Friedenspolitik im 20. Jahrhundert. Köln/Weimar/Wien 2008, S. 157–173.

[69] *Erez Manela*, The Wilsonian Moment. Self-Determination and the International Origins of Anticolonial Nationalism. Oxford 2007.

[70] Diese Umwertung begann mit *Thomas J. Knock*, To End all Wars. Woodrow Wilson and the Quest for a New World Order. New York 1992; jetzt auch *John Milton Cooper*, Woodrow Wilson. A Biography. New York 2011.

[71] Vgl. den Literaturbericht *Susan Pedersen*, Back to the League of Nations, in: AHR 112, 2007, S. 1091–1117; einige Erfolge entdeckt auch *Ruth Henig*, The League of Nations. London 2010.

Sorgen der dreißiger Jahre, andere gingen auf die Gründungszeit des Völkerbundes zurück, wiederum andere riefen ein verklärtes 19. Jahrhundert in Erinnerung: Dean Acheson, nach Roosevelts Tod der wichtigste „Visionär" unter den führenden amerikanischen Politikern, war von dem langfristig verfolgten Motiven beherrscht, unter US-Führung so etwas wie die Pax Britannica neu zu erschaffen, die er mehrfach als sein Ideal einer Weltordnung zitierte, welche Frieden und den freien Fluss von Waren und Kapital gewährleisten würde.[72]

Fraglich ist aber, ob „Weltordnung" (im Singular) als deskriptive oder gar erklärende Kategorie für die Zeit nach dem Zweiten Weltkrieg tauglich ist. Der Historiker wird hier größere Mühe als mancher Politikwissenschaftler haben, deutliche Strukturen zu identifizieren. Spätestens in den sechziger Jahren überlagerten sich mehrere Ordnungsebenen (oder Konfliktformationen) in oft widersprüchlicher Weise: die „Bipolarität" der nuklearen Blockkonfrontation; die großmachtpolitische „Multipolarität" als Folge des sino-sowjetischen Bruchs und größerer westeuropäischer Unabhängigkeit von den USA; das auf Dollarbasis gegründete Weltwährungssystem; der politische Gegensatz zwischen nationalen Befreiungsbewegungen und den spätkolonialen Metropolen; der damit verbundene, aber nicht kongruente ökonomische Nord-Süd-Konflikt, in den auch das nicht-koloniale Lateinamerika einbezogen war; die im Prinzip egalitäre Eigenwelt der UN-Institutionen und die sich in diesem Rahmen vollziehende Völkerrechtsentwicklung.

Das Konzept der „Weltordnung" ist kein besonders scharfes *Analyseinstrument* der Internationalen Geschichte. Perzeptionen und Zielvorstellungen internationaler Akteure ergeben sich selten unmittelbar aus umfassenden Weltbildern und Idealentwürfen. Verwirrung, Improvisation, Opportunismus und *bonded rationality* sind in der Praxis der Interaktion zwischen Staaten mindestens ebenso verbreitet wie Strategien und Visionen. Modelle wie das der „Westphalian Order" sind für theoretische Überlegungen hilfreicher als für das Verständnis der aus den Quellen erfassbaren Vergangenheit. Wenn Weltordnungskonzepte hingegen selbst *historisiert* werden, bilden sie einen lohnenden Gegenstand für die Geschichte des internationalen oder weltpolitischen Denkens von Thukydides bis heute. Sofern Historiker sich an Diskussionen über eine wünschbare Zukunft der Weltgemeinschaft beteiligen, stellen sie fest, dass *world order* als konkurrenzloser Leitbegriff über den normativen Debatten der Gegenwart schwebt. Nach dem Ende des einseitigen Vertrauens in Gleichgewichtsautomatismen, die pazifizierenden Wirkungen des Marktes und die friedfertige Vernünftigkeit post-nationalistischer und post-imperialer Liberalität sucht die internationale Theorie im Zeichen von „Weltordnung" nach einer praktikablen Versöhnung von Recht und Interesse.

---

[72] *Robert J. McMahon*, Dean Acheson and the Creation of an American World Order. Washington, DC 2009, S. 22, S. 215.

Autorinnen und Autoren

Prof. Dr. Eckart *Conze*, Lehrstuhl für Neuere und Neueste Geschichte an der Universität Marburg und Direktor des Internationalen Forschungs- und Dokumentationszentrums Kriegsverbrecherprozesse in Marburg (ICWC). Jüngste Buchpublikationen: *Die Suche nach Sicherheit. Eine Geschichte der Bundesrepublik Deutschland von 1949 bis zur Gegenwart* (München 2009); *Das Amt und die Vergangenheit. Deutsche Diplomaten im Dritten Reich und in der Bundesrepublik* (mit N. Frei, P. Hayes und M. Zimmermann, München 2010).

Dr. Simone *Derix*, Wissenschaftliche Mitarbeiterin am Historischen Seminar der Ludwig-Maximilians-Universität München. Jüngste Buchpublikationen: *Bebilderte Politik. Staatsbesuche in der Bundesrepublik Deutschland 1949–1990* (Göttingen 2009); in Vorbereitung: *Die Thyssens. Familie und Vermögen (1880er bis 1960er Jahre)* (Arbeitstitel).

Prof. Dr. Anselm *Doering-Manteuffel*, Professor für Neuere Geschichte und Direktor des Seminars für Zeitgeschichte der Universität Tübingen. Jüngste Buchveröffentlichung: *Nach dem Boom. Perspektiven auf die Zeitgeschichte seit 1970* (mit Lutz Raphael, Göttingen ²2010).

Prof. Dr. Jost *Dülffer*, Professor für Neuere Geschichte, Schwerpunkt: Internationale Geschichte/Historische Friedens- und Konfliktforschung, Universität zu Köln. Neuere Veröffentlichungen: *Frieden stiften. Deeskalations- und Friedenspolitik im 20. Jahrhundert* (Köln 2008); *Elites and Decolonization in the Twentieth Century*, (Hrsg. mit Marc Frey, London 2011); *Frieden durch Demokratie? Genese, Wirkung und Kritik eines Deutungsmusters* (Hrsg. mit Gottfried Niedhart, Essen 2011).

PD Dr. Jörg *Echternkamp*, Militärgeschichtliches Forschungsamt Potsdam / Martin-Luther-Universität Halle-Wittenberg. Jüngste Buchpublikationen: *Gefallenengedenken im globalen Vergleich. Nationale Tradition, politische Legitimation und Individualisierung der Erinnerung* (Hrsg. mit Manfred Hettling, München 2012); *Militär in Deutschland und Frankreich 1870–2010. Vergleich, Verflechtung und Wahrnehmung zwischen Konflikt und Kooperation* (Hrsg. mit Stefan Martens, Paderborn 2012).

Prof. Dr. Jörg *Fisch*, Lehrstuhl für allgemeine neuere Geschichte am Historischen Seminar der Universität Zürich. Einschlägige Veröffentlichungen: *Das Selbstbestimmungsrecht der Völker. Die Domestizierung einer Illusion* (München 2010); „Peoples and Nations" in: *The Oxford Handbook on the History of International Law*, erscheint voraussichtlich 2012.

Prof. Dr. Marc *Frey*, Helmut Schmidt Chair of International History an der Jacobs University Bremen. Jüngste Veröffentlichungen: *Elites and Decolonization in the Twentieth Century* (Hrsg. mit Jost Dülffer, London 2011); „Neo-Malthusianism and development: shifting interpretations of a contested paradigm", in: *Journal of Global History* 6 (2011), 75–97.

Prof. Dr. Jessica C. E. *Gienow-Hecht*, Professorin für Neuere und Neueste Geschichte mit Schwerpunkt Internationale Geschichte/Historische Friedens- und Konfliktforschung an der Universität zu Köln. Jüngste Buchpublikationen: *Sound Diplomacy. Music and Emotions in Transatlantic Relations, 1850–1920* (Chicago, 2009); *Searching for a Cultural Diplomacy* (mit Mark Donfried, Oxford/New York 2010); *Emotions in American History* (Oxford, New York, 2010).

Prof. Dr. Christine *Hatzky*, Professorin für Geschichte Lateinamerikas und der Karibik am Historischen Seminar der Leibniz Universität Hannover. Publikationen u. a.: *Kubaner in Angola. Süd-Süd-Kooperation und Bildungstransfer 1976–1991* (München 2012); *Sklaverei und Nachsklavereigesellschaften in Afrika und der Karibik* (Periplus. Jahrbuch für außereuropäische Geschichte, Hrsg. mit Ulrike Schmieder, Münster 2010).

Prof. Dr. Madeleine *Herren*, Professorin für Geschichte der Neuzeit an der Universität Heidelberg. Publikationen u. a.: *Transcultural History. Theories, Methods, Sources* (mit Martin Rüesch, Christine Sibille, Berlin 2012); *Internationale Organisationen seit 1865. Eine Globalgeschichte der internationalen Ordnung* (Darmstadt 2009).

PD Dr. Friedrich *Kießling* vertritt den Lehrstuhl für Neuere Geschichte II an der Friedrich-Alexander-Universität Erlangen-Nürnberg. Jüngere Buchpublikationen u. a.: *Das Zeitalter des Imperialismus* (= Oldenbourg Grundriss der Geschichte, Bd. 15, 5., überarb. u. erw. Aufl. München 2009, zusammen mit Gregor Schöllgen); *Die undeutschen Deutschen. Eine ideengeschichtliche Archäologie der alten Bundesrepublik 1945–1972* (Paderborn u. a. 2012).

Prof. Dr. Ursula *Lehmkuhl*, Lehrstuhl für Internationale Geschichte an der Universität Trier. Jüngste Buchveröffentlichungen: *Amerika – Amerikas. Zur Geschichte eines Namens von 1507 bis zur Gegenwart* (Hrsg. mit Stefan Rinke, Histoamericana 18, Stuttgart 2008); *Regieren ohne Staat? Governance in Räumen begrenzter Staatlichkeit* (Hrsg. mit Thomas Risse, Baden-Baden 2007); *History and Nature: Comparative Approaches to Environmental History* (Hrsg. mit Hermann Wellenreuther Oxford, New York 2007).

Prof. Dr. Wilfried *Loth*, Lehrstuhl für Neuere und Neueste Geschichte an der Universität Duisburg-Essen. Jüngste Buchveröffentlichungen: *Die Sowjetunion und die deutsche Frage. Studien zur sowjetischen Deutschlandpolitik von Stalin bis Chruschtschow* (Göttingen 2007); *Experiencing Europe. 50 Years of European Construction 1957–2007* (Hrsg. Baden-Baden 2009).

Dr. Holger *Nehring*, Reader für europäische Zeitgeschichte an der Universität Sheffield, Großbritannien. Jüngste Buchveröffentlichungen: *The Politics of Security. British and West German Protests against Nuclear Weapons and the early Cold War* (Oxford 2012); *Den Kalten Krieg denken. Beiträge zur sozialen Ideengeschichte* (Hrsg. mit Patrick Bernhard, Essen 2012).

Prof. Dr. Jochen *Oltmer*, Apl. Professor für Neueste Geschichte und Vorstand des Instituts für Migrationsforschung und Interkulturelle Studien (IMIS) der Universität Osnabrück. Jüngste Buchveröffentlichungen: *The Encyclopedia of Migration and Minorities in Europe: From the Seventeenth Century to the Present* (Hrsg. mit Klaus J. Bade, Pieter C. Emmer und Leo Lucassen, Cambridge 2011); *Globale Migration. Geschichte und Gegenwart* (München 2012).

Prof. Dr. Jürgen *Osterhammel*, Lehrstuhl für Neuere und Neueste Geschichte an der Universität Konstanz. Jüngste Buchveröffentlichungen: *Die Verwandlung der Welt. Eine Geschichte des 19. Jahrhunderts* (München 2009); *Moderne Historiker. Klassische Texte* (Hrsg. mit Fritz Stern, München 2011).

Prof. Dr. Kiran Klaus *Patel*, Professor für europäische und globale Geschichte an der Universität Maastricht. Neuere Publikationen u. a.: *Europäisierung wider Willen: Die Bundesrepublik in der Agrarintegration der EWG* (München 2009); *The United States and Germany During the Twentieth Century: Competition and Convergence* (Hrsg. mit Christof Mauch, New York 2010); *The Cultural Politics of Europe: Capitals of Culture and European Union since the 1980s* (Hrsg. London 2012).

Prof. Dr. Johannes *Paulmann*, Direktor des Leibniz-Instituts für Europäische Geschichte in Mainz. Neuere Publikationen u. a.: *EGO: Europäische Geschichte Online* (Hrsg. m. Irene Dingel www..ieg-ego.eu); *Deutscher Kolonialismus und Natur vom Kaiserreich bis zur Bundesrepublik* (Hrsg. ZfG 2008); *Die Haltung der Zurückhaltung: Auswärtige Selbstdarstellungen nach 1945 und die Suche nach einem erneuerten Selbstverständnis in der Bundesrepublik* (Bremen 2006).

Dr. Niels P. *Petersson*, Senior Lecturer für Geschichte an der Sheffield Hallam University. Jüngste Buchveröffentlichungen: *Anarchie und Weltrecht. Das Deutsche Reich und die Institutionen der Weltwirtschaft 1890-1930* (Göttingen 2009); *The Foundations of Worldwide Economic Integration: Power, Institutions, and Global Markets, 1850–1930* (Hrsg. mit Christof Dejung, Cambridge 2012).

Prof. Dr. Wolfram *Pyta*, Leiter der Abteilung für Neuere Geschichte an der Universität Stuttgart. Jüngste Buchveröffentlichungen: *Hindenburg. Herrschaft zwischen Hohenzollern und Hitler* (München 2007); *Das europäische Mächtekonzert 1815–1853* (Köln 2009).

Prof. Dr. Matthias *Schulz*, Ordinarius für Geschichte internationaler Beziehungen und transnationale Geschichte, Universität Genf. Neueste Monographien: *Das 19. Jahrhundert*. In Zusammenarbeit mit Michael Erbe und Nicola Brauch (Stuttgart 2011); *Normen und Praxis: Das Europäische Konzert der Großmächte als Sicherheitsrat, 1815–1860* (München 2009).

Studien zur Internationalen Geschichte

Herausgegeben von Wilfried Loth
und Eckart Conze, Anselm Doering-Manteuffel, Jost Dülffer und Jürgen Osterhammel

„Internationale Geschichte" stellt eine zentrale Dimension der Geschichte des 19. und 20. Jahrhunderts dar. Sie umfasst Beziehungen zwischen den Staaten und Gesellschaften ebenso wie Prozesse ihrer Vernetzung und wechselseitigen Durchdringung im Zeichen beschleunigter Kommunikation und wachsender Interdependenz. Die „Studien zur Internationalen Geschichte" wollen das Verständnis der internationalen Dimension von Geschichte fördern. Sie greifen auf, was die systematischen Sozialwissenschaften zur Erklärung der internationalen Beziehungen bereitstellen, und tragen mit empirisch dichten Untersuchungen zur Präzisierung theoretischer Einsichten bei.

Bisher erschienen:

Band 1
Gerhard Th. Mollin
Die USA und der Kolonialismus
Amerika als Partner und Nachfolger der belgischen Macht in Afrika 1939–1965
1996. 544 S., 24 Abb., 2 Karten
ISBN 978-3-05-002735-5

Band 2
Wolfram Kaiser
Großbritannien und die Europäische Wirtschaftsgemeinschaft 1955–1961
Von Messina nach Canossa
1996. 233 S.
ISBN 978-3-05-002736-3

Band 3
Konrad Canis
Von Bismarck zur Weltpolitik
Deutsche Außenpolitik 1890–1902
1997. 430 S.
ISBN 978-3-05-002758-4

Band 4
Gabriele Metzler
Großbritannien – Weltmacht in Europa
Handelspolitik im Wandel des europäischen Staatensystems 1856 bis 1871
1997. 353 S.
ISBN 978-3-05-003083-6

Band 5
Marc Frey
Der Erste Weltkrieg und die Niederlande
Ein neutrales Land im politischen und wirtschaftlichen Kalkül der Kriegsgegner
1998. 412 S.
ISBN 978-3-05-003265-0

Band 6
Guido Thiemeyer
Vom „Pool Vert" zur Europäischen Wirtschaftsgemeinschaft
Europäische Integration, Kalter Krieg und die Anfänge der Gemeinsamen Europäischen Agrarpolitik 1950–1957
1999. X, 299 S.
ISBN 978-3-486-56427-7

Band 7
Ursula Lehmkuhl
Pax Anglo-Americana
Machtstrukturelle Grundlagen anglo-amerikanischer Asien- und Fernostpolitik in den 1950er Jahren
1999. 304 S.
ISBN 978-3-486-56430-7

Band 8
Klaus Mühlhahn
Herrschaft und Widerstand in der „Musterkolonie" Kiautschou
Interaktionen zwischen China und Deutschland, 1897–1914
2000. 474 S.
ISBN 978-3-486-56465-X

Band 9
Madeleine Herren
Hintertüren zur Macht
Internationalismus und modernisierungsorientierte Außenpolitik in Belgien, der Schweiz und den USA 1865–1914
2000. VIII, 551 S.
ISBN 978-3-486-56431-5

Band 10
Internationale Geschichte
Themen – Ergebnisse – Aussichten
Herausgegeben von Wilfried Loth und Jürgen Osterhammel
2000. XIV, 415 S.
ISBN 978-3-486-56487-0

Band 11
Niels P. Petersson
Imperialismus und Modernisierung
Siam, China und die europäischen Mächte 1895–1914
2000. 492 S.
ISBN 978-3-486-56506-0

Band 12
Friedrich Kießling
Gegen den „großen" Krieg?
Entspannung in den internationalen Beziehungen 1911–1914
2002. VIII, 351 S.
ISBN 978-3-486-56635-0

Band 13
Günther Kronenbitter
„Krieg im Frieden"
Die Führung der k. u. k. Armee und die Großmachtpolitik Österreich-Ungarns 1906–1914
2003. VIII, 579 S.
ISBN 978-3-486-56700-4

Band 14
Henning Hoff
Großbritannien und die DDR 1955–1973
Diplomatie auf Umwegen
2003. 492 S.
ISBN 978-3-486-56737-3

Band 15
Guido Müller
Europäische Gesellschaftsbeziehungen nach dem Ersten Weltkrieg
Das Deutsch-Französische Studienkomitee und der Europäische Kulturbund
2005. XII, 525 S.
ISBN 978-3-486-57736-0

Band 16
Andreas Eckert
Herrschen und Verwalten
Afrikanische Bürokraten, staatliche Ordnung und Politik in Tansania, 1920–1970
2007. VIII, 313 S., 5 Abb., 1 Karte
ISBN 978-3-486-57906-2

Band 17
Marc Frey
Dekolonisierung in Südostasien
Die Vereinigten Staaten und die Auflösung der europäischen Kolonialreiche
2006. VIII, 351 S., 1 Karte
ISBN 978-3-486-58035-3

Band 18
Achim Trunk
Europa, ein Ausweg
Politische Eliten und europäische Identität in den 1950er Jahren
2007. 387 S.
ISBN 978-3-486-58187-4

Band 19
Guido Thiemeyer
Internationalismus und Diplomatie
Währungspolitische Kooperation im europäischen Staatensystem 1865–1900
2008. 255 S.
ISBN 978-3-486-58431-8

Band 20
Tim Geiger
Atlantiker gegen Gaullisten
Außenpolitischer Konflikt und innerparteilicher Machtkampf in der CDU/CSU 1958–1969
2008. 568 S.
ISBN 978-3-486-58586-5

Band 21
Matthias Schulz
Normen und Praxis
Das Europäische Konzert der Großmächte als Sicherheitsrat 1815–1860
2009. XII, 726 S.
ISBN 978-3-486-58788-3

Band 22
Johannes Berchtold
Recht und Gerechtigkeit in der Konsulargerichtsbarkeit
Britische Exterritorialität im Osmanischen Reich 1825–1914
2009. 317 S.
ISBN 978-3-486-58946-7

Band 23
Kiran Klaus Patel
Europäisierung wider Willen
Die Bundesrepublik Deutschland in der Agrarintegration der EWG 1955–1973
2009. 564 S.
ISBN 978-3-486-59146-0

Band 24
Benedikt Stuchtey
Die europäische Expansion und ihre Feinde
Kolonialismuskritik vom 18. bis in das 20. Jahrhundert
2010. 470 S., 8 Abb.
ISBN 978-3-486-59167-5

Band 25
Katja Frehland-Wildeboer
Treue Freunde? Das Bündnis in Europa 1714-1914
2010. 476 S.
ISBN 978-3-486-59652-6

Band 26
Jan Hecker-Stampehl
Vereinigte Staaten des Nordens
Integrationsideen in Nordeuropa im Zweiten Weltkrieg
2011. 471 S.
ISBN 978-3-486-70102-9

Band 27
Julia Eichenberg
Kämpfen für Frieden und Fürsorge
Polnische Veteranen des Ersten Weltkriegs und ihre internationalen Kontakte, 1918-1939
2011. VIII, 259 S.
ISBN 978-3-486-70457-0

Band 28
Christine Hatzky
Kubaner in Angola
Süd-Süd-Kooperation und Bildungstransfer 1976–1991
2012. 376 S.
ISBN 978-3-486-71286-5

Band 29
Claudia Hiepel
Willy Brandt und Georges Pompidou
Deutsch-französische Europapolitik zwischen Aufbau und Krise
2012. 346 S.
ISBN 978-3-486-71287-2

Band 30
Dimensionen internationaler Geschichte
Herausgegeben von Jost Dülffer und Wilfried Loth
2012. 432 S.
ISBN 978-3-486-71260-5